经世济世
继往开来

贺教育部

知识创新项目

成立十周年

教育部哲学社会科学研究重大课题攻关项目
"十三五"国家重点出版物出版规划项目

职业教育现代学徒制理论研究与实践探索

THEORETICAL RESEARCH AND
PRACTICAL EXPLORATION
OF MODERN APPRENTICESHIP
IN VOCATIONAL EDUCATION

徐国庆 等著

中国财经出版传媒集团
经济科学出版社
Economic Science Press

图书在版编目（CIP）数据

职业教育现代学徒制理论研究与实践探索/徐国庆等著.
—北京：经济科学出版社，2021.11
教育部哲学社会科学研究重大课题攻关项目
"十三五"国家重点出版物出版规划项目
ISBN 978-7-5218-2736-1

Ⅰ.①职… Ⅱ.①徐… Ⅲ.①职业教育-学徒-教育制度-研究-中国 Ⅳ.①G719.2

中国版本图书馆 CIP 数据核字（2021）第148436号

责任编辑：何　宁
责任校对：隗立娜
责任印制：李　鹏　范　艳

职业教育现代学徒制理论研究与实践探索
徐国庆　等著
经济科学出版社出版、发行　新华书店经销
社址：北京市海淀区阜成路甲28号　邮编：100142
总编部电话：010-88191217　发行部电话：010-88191522
网址：www.esp.com.cn
电子邮箱：esp@esp.com.cn
天猫网店：经济科学出版社旗舰店
网址：http://jjkxcbs.tmall.com
北京季蜂印刷有限公司印装
787×1092　16开　31.5印张　590000字
2021年11月第1版　2021年11月第1次印刷
ISBN 978-7-5218-2736-1　定价：128.00元
（图书出现印装问题，本社负责调换。电话：010-88191510）
（版权所有　侵权必究　打击盗版　举报热线：010-88191661
QQ：2242791300　营销中心电话：010-88191537
电子邮箱：dbts@esp.com.cn）

课题组主要成员

首席专家 徐国庆

课题组成员 贺艳芳　李　政　吴学峰　张　宇
　　　　　　　付雪凌　周瑛仪　潘剑锋　关　晶
　　　　　　　徐　涵　赵鹏飞　刘　红　陈　旭
　　　　　　　濮海慧

编审委员会成员

主　任　吕　萍
委　员　李洪波　柳　敏　陈迈利　刘来喜
　　　　樊曙华　孙怡虹　孙丽丽

总　序

哲学社会科学是人们认识世界、改造世界的重要工具，是推动历史发展和社会进步的重要力量，其发展水平反映了一个民族的思维能力、精神品格、文明素质，体现了一个国家的综合国力和国际竞争力。一个国家的发展水平，既取决于自然科学发展水平，也取决于哲学社会科学发展水平。

党和国家高度重视哲学社会科学。党的十八大提出要建设哲学社会科学创新体系，推进马克思主义中国化、时代化、大众化，坚持不懈用中国特色社会主义理论体系武装全党、教育人民。2016年5月17日，习近平总书记亲自主持召开哲学社会科学工作座谈会并发表重要讲话。讲话从坚持和发展中国特色社会主义事业全局的高度，深刻阐释了哲学社会科学的战略地位，全面分析了哲学社会科学面临的新形势，明确了加快构建中国特色哲学社会科学的新目标，对哲学社会科学工作者提出了新期待，体现了我们党对哲学社会科学发展规律的认识达到了一个新高度，是一篇新形势下繁荣发展我国哲学社会科学事业的纲领性文献，为哲学社会科学事业提供了强大精神动力，指明了前进方向。

高校是我国哲学社会科学事业的主力军。贯彻落实习近平总书记哲学社会科学座谈会重要讲话精神，加快构建中国特色哲学社会科学，高校应发挥重要作用：要坚持和巩固马克思主义的指导地位，用中国化的马克思主义指导哲学社会科学；要实施以育人育才为中心的哲学社会科学整体发展战略，构筑学生、学术、学科一体的综合发展体系；要以人为本，从人抓起，积极实施人才工程，构建种类齐全、梯队衔接的高校哲学社会科学人才体系；要深化科研管理体制改革，发挥高校人才、智力和学科优势，提升学术原创能力，激发创新创造活力，建设中国特色新型高校智库；要加强组织领导、做好统筹规划、营造良好学术生态，形成统筹推进高校哲学社会科学发展新格局。

哲学社会科学研究重大课题攻关项目计划是教育部贯彻落实党中央决策部署的一项重大举措，是实施"高校哲学社会科学繁荣计划"的重要内容。重大攻关项目采取招投标的组织方式，按照"公平竞争，择优立项，严格管理，铸造精品"的要求进行，每年评审立项约40个项目。项目研究实行首席专家负责制，鼓励跨学科、跨学校、跨地区的联合研究，协同创新。重大攻关项目以解决国家现代化建设过程中重大理论和实际问题为主攻方向，以提升为党和政府咨询决策服务能力和推动哲学社会科学发展为战略目标，集合优秀研究团队和顶尖人才联合攻关。自2003年以来，项目开展取得了丰硕成果，形成了特色品牌。一大批标志性成果纷纷涌现，一大批科研名家脱颖而出，高校哲学社会科学整体实力和社会影响力快速提升。国务院副总理刘延东同志做出重要批示，指出重大攻关项目有效调动各方面的积极性，产生了一批重要成果，影响广泛，成效显著；要总结经验，再接再厉，紧密服务国家需求，更好地优化资源，突出重点，多出精品，多出人才，为经济社会发展做出新的贡献。

作为教育部社科研究项目中的拳头产品，我们始终秉持以管理创新服务学术创新的理念，坚持科学管理、民主管理、依法管理，切实增强服务意识，不断创新管理模式，健全管理制度，加强对重大攻关项目的选题遴选、评审立项、组织开题、中期检查到最终成果鉴定的全过程管理，逐渐探索并形成一套成熟有效、符合学术研究规律的管理办法，努力将重大攻关项目打造成学术精品工程。我们将项目最终成果汇编成"教育部哲学社会科学研究重大课题攻关项目成果文库"统一组织出版。经济科学出版社倾全社之力，精心组织编辑力量，努力铸造出版精品。国学大师季羡林先生为本文库题词："经时济世　继往开来——贺教育部重大攻关项目成果出版"；欧阳中石先生题写了"教育部哲学社会科学研究重大课题攻关项目"的书名，充分体现了他们对繁荣发展高校哲学社会科学的深切勉励和由衷期望。

伟大的时代呼唤伟大的理论，伟大的理论推动伟大的实践。高校哲学社会科学将不忘初心，继续前进。深入贯彻落实习近平总书记系列重要讲话精神，坚持道路自信、理论自信、制度自信、文化自信，立足中国、借鉴国外，挖掘历史、把握当代，关怀人类、面向未来，立时代之潮头、发思想之先声，为加快构建中国特色哲学社会科学，实现中华民族伟大复兴的中国梦做出新的更大贡献！

教育部社会科学司

前 言

现代学徒制人才培养模式的创建源于人们对学徒制在技能人才培养中价值的再发现。工业革命以前,学徒制是技能培养的主要形式;工业革命以后,随着生产一线对知识的依赖程度越来越高,技能培养的实施载体逐步转向了学校职业教育。然而随着职业教育进一步发展,尤其是德国双元制的成功,20世纪90年代后期人们开始认识到,学徒制是技能人才培养不可或缺的形式,在学校职业教育中必须加入学徒制成分,完美的职业教育形式应该是学校教育与学徒制培养的有机结合。这种培养形式就是现代学徒制。

2014年,教育部出台《教育部关于开展现代学徒制试点工作的意见》,正式启动全面构建我国职业教育现代学徒制体系的实践历程。在该份教育部文件颁发之前,其实已有部分职业院校在西方国家现代学徒制理念影响下,自主开始了现代学徒制试验。从这个角度看,我国现代学徒制实践的起始时间应推算到2000年左右。尽管现代学徒制在西方国家已经积累了一段时间的实施经验,但要把它很好地植入我国职业教育人才培养模式中,仍然有许多基础性理论问题需要进行深入研究。首要解决的问题是对现代学徒制这种人才培养模式本身内涵的理解。

学术上通常把现代学徒制定义为"学校教育与学徒制相结合的技能人才培养模式",然而在实践中这一过于框架性的定义会遭遇困境,问题的关键在于二者的结合点是什么。许多现代学徒制试点院校往往把结合点定位在学校与企业层面,因而使现代学徒制成了校企合作人才培养模式的翻版。事实上,现代学徒制与校企合作人才培养模式有很大不同，或者可以说现代学徒制是最为深度的校企合作人才培养模式，那就是它的结合点要深入学生与师傅这个层面。基于这一认识，应该把现代学徒制定义为基于师徒关系的技能人才培养模式。只有在这个层面理解现代学徒制，才可能使现代学徒制突破许多制度限制，快速推进现代学徒制的实施，同时也才可能真正创造出中国特色的现代学徒制。因为中国职业教育与欧洲职业教育的最大区别就在于面临的制度环境不同。

深入理解现代学徒制的另一个关键点是对学徒制现代化的阐释。现代学徒制中包含了现代学校教育的成分，但其中的学徒制成分也并非只是简单复制传统学徒制形式，而是要对它进行现代化改造。毕竟现代学徒制与传统学徒制面对的产业完全不同，在现代产业环境中如何恢复学徒制技能培养模式涉及很复杂的理论问题。学徒制与现代教育的结合也不能是机械的，如果学徒制仍旧完全保留传统形式，那么它是无法与现代教育相结合的，而是必须对它进行现代化改造。事实上，学校职业教育诞生后，学徒制的名声并不是太好，甚至被认为是落后的技能人才培养模式。如学徒的学习内容过多受制于师傅个人能力水平；师傅超越人才培养范围之外的人身依附要求严重影响学徒学习积极性；师傅非专业的教育能力严重影响学徒学习效果；为特定师傅、特定企业服务的教育目的制约了学徒更为广泛技能的获得，等等。所以，现代学徒制必须包含对学徒制本身的现代化改造。

把现代学徒制付诸实践，还必须深入探索一个更具根本性的问题，即学徒制在当代社会到底还有什么价值，为什么要恢复学徒制这种古老的技能人才培养模式？对这一问题，人们可能会从经验学习的角度进行论证。然而经验学习对于在更宽、更深层面理解这一问题有很大局限性。现代产业发展曾经一度把学徒制的重要性完全瓦解了，那就是产业界普遍地实施批量生产模式。产业的智能化发展则构成了瓦解学徒制重要性的另一个关键性因素。那么，到底是什么因素在促使现代产业中技能人才培养还需要继续采取学徒制形式？另外，从个体角度看，学徒制到底能够给他们的生涯发展带来什么？对这些问题的深入研究既可以回答为什么要实施现代学徒制这一关键问题，也可以为如何实施现代学徒制提供更有针对性的思路。

把现代学徒制付诸实践，至少还需要两个方面的研究做支撑。一是需要企业具备什么实施条件，我国企业有什么实施条件？二是对外部需要哪些制度支撑，对内部需要进行什么制度设计？现代学徒制实施难点在于"制"的构建。基于师徒关系的技能人才培养模式如果只是在特定对象、特定时间实施，其难度并不大。如果要把它作为一个体系建立起来，难度会发生质的变化。任何体系，如果不能与原有制度相融合，并为该体系的实施创立基于文化的全新制度，那么这种体系是无法建立起来的，其成果将随着项目的完成而逐渐被强势文化销蚀。这两个方面的研究对于现代学徒制的成功实施非常重要。

本书完成的现代学徒制研究是初步的，中国特色现代学徒制构建还需要更深层面理论研究的支持，期望本书的出版能引来更多更优秀的研究成果。

本书共七章。全书由徐国庆负责整体研究思路设计和成果质量把关。第一章作者徐国庆，第二章作者关晶、刘文华、曹先仙、王维思、王启龙，第三章作者李政，第四章作者张宇，第五章作者贺艳芳，第六章作者吴学峰，第七章作者潘建峰、王广军。本书是2015年教育部哲学社会科学研究重大课题攻关项目的核心成果，研究获得了教育部社会科学司资助，在此表示感谢！该成果在研究过程中获得了南京师范大学顾建军教授、华东师范大学石伟平教授、上海师范大学惠中教授等专家的指导，还获得了杭州职业技术学院、潍坊工程职业学院等一大批职业院校的大力支持，由于学校比较多，不逐一罗列，一并表示感谢！

华东师范大学职业教育与成人教育研究所所长
徐国庆
2021年5月25日于上海

摘　要

现代学徒制的内涵主要表现在三个方面：现代学徒制是基于稳固师徒关系的技术实践能力学习方式、是新型师徒学习方式与学校职业教育相结合的人才培养模式、是一种基于现代职业教育的技术技能人才培养制度。从国际上看，英国、德国、澳大利亚、美国等国均已发展出了具有本国特色、适应本国需求的现代学徒制，如英国的现代学徒制、德国的"双元制"、美国的注册学徒制等。这些国家的现代学徒制在人才培养的设计、参与主体等方面存在一定的共性，但由于各国的经济社会发展环境差异较大，因此学徒制的现代性特征及其实施路径各有差别。我国发展现代学徒制，必须以深入研究我国的制度环境和经济社会发展特征为前提，找准发展现代学徒制的关键问题，从而构建适应国情的现代学徒制。

发展现代学徒制，需要回答的第一个问题就是脱胎于传统学徒制的现代学徒制在当代社会是否具有价值。基于知识论视角，通过对制造业、服务业和文化创意产业一线从业人员知识特征的研究结果发现，三大产业从业人员在工作过程中使用了不同类型的知识。职业教育现代学徒制在培育从业人员各类知识的过程中表现出以下七大价值：（1）为学习者提供了不同类型知识学习的情境；（2）促进知识的深层次意义建构；（3）促进知识从学校到工作场所的迁移、从工作场所到工作场所的迁移，以及从工作场所到学校的迁移；（4）促进学习者的知识创新；（5）提供了培养知识间联系的环境与要素；（6）促进不同时期学习者知识的迭代与更新；（7）激发了学习者的学习兴趣，并培养了学习者的元认知与非认知技能。

基于生涯发展的视角，通过对具有学徒学习经历的从业人员的访谈发现，学徒经历对个人职业身份、职业能力和社会关系形成的促进作用，并促进个体职业生涯发展。学徒指导作为一种技术技能人才的实践学习方式，在促进个人职业生涯成功和职业生涯发展的过程中表现出以下具体价值：（1）职业身份形成促进个人快速适应工作真实情境；（2）职业能力形成促进个人获得行业关键技术要点；（3）社会关系形成促进个体建立行业相关人脉资源。

发展现代学徒制，需要回答的第二个问题是，企业作为现代学徒制关键主体，其参与现代学徒制的动力机制为何。研究发现，企业参与职业教育现代学徒制主要受三种动力影响：行为结果性动力、社会性动力和内部控制性动力。企业作为行为主体，其所选择的发展模式是人力资源战略的基础。打破职业教育培训和企业内部培训的壁垒，实现学生从学校到进入职业的过渡，既能体现职业教育现代学徒制的教育性，更能提高学生的学习质量和效率、职业院校的培养质量和效率以及企业的内部培训质量和效率。

发展现代学徒制，需要回答的第三个问题是，如何构建体现中国国情的现代学徒制？本书从学校、区域和国家三个层面构建了现代学徒制实施的制度基础。（1）在学校层面，通过明确的学徒选拔制度、灵活的课程制度以及协调的管理制度构建，破解试点中因学习地点交替（工作场所和学校）带来的诸多不一致性问题。（2）在区域层面，审查制度的构建能有效控制学徒培养质量，企业间协商制度的构建避免外部挖人行为的发生，同时完善现有财政投入政策，杜绝部分企业以"学徒制"为名，不当获取财政补贴的投机行为。（3）在国家层面，主要从宏观的角度，通过建立协调性劳动力市场、国家专业教学标准与认证体系、完善的导师制度以及打通学徒升学通路，破解试点中学徒教育与劳动力市场间过渡不畅、学徒留任意愿不强，以及学徒培训质量难以衡量等问题。

Abstract

The connotation of Modern Apprenticeship is mainly manifested in three aspects: Modern Apprenticeship is a learning mode of technical practice ability based on the stable relationship between masters and students, a talent training mode combining the new learning mode of masters and students with school vocational education, and a training system of technical talents based on modern vocational education. From the international point of view, UK, Germany, Australia, the United States and other countries have developed Modern Apprenticeship with their own characteristics and adapt to their own needs, such as the Modern Apprenticeship in Britain, the dual system in Germany, the Registered Apprenticeship in the United States and so on. The Modern Apprenticeship in these countries has some similarities in the design of personnel training, participants and so on. However, due to the great differences in the economic and social development environment of various countries, the modern characteristics of apprenticeship and its implementation path are different. In order to develop Modern Apprenticeship in China, we must study the institutional environment and the characteristics of economic and social development in depth, find out the key problems in the development of Modern Apprenticeship, so as to build a Modern Apprenticeship suitable for the national conditions.

To develop the Modern Apprenticeship, the first question to be answered is whether the Modern Apprenticeship, born out of the traditional apprenticeship, has value in the contemporary society. Based on the perspective of epistemology, through the research on the knowledge characteristics of employees in manufacturing, service, cultural and creative industries, it is found that employees in the three major industries use different types of knowledge in the process of work. The Modern Apprenticeship system of vocational education shows the following seven values in the process of acquiring all kinds of knowledge of employees: (1) Providing learners with learning situations of different types of knowledge; (2) Promoting the deep meaning construction of knowledge; (3) Promoting the transfer of knowledge from school to workplace, from workplace to workplace, and from workplace to school; (4) Promoting the knowledge innovation of learners; (5) Providing the environment and elements to cultivate the connection between knowledge; (6) Promoting the iteration and renewal of learners' knowledge in different periods; (7) Stimulating learners' interest in learning and cultivates their metacognitive and non-cognitive skills.

Based on the perspective of career development, through interviews with employees with apprenticeship learning experience, it is found that apprenticeship experience promotes the formation of personal vocational identity, vocational competence and social relations, and promotes individual career development. Apprenticeship guidance, as a practical learning method of technical talents, has the following specific values in the process of promoting personal career success and career development: (1) the formation of vocational identity promotes individuals to quickly adapt to the real situation of work; (2) The formation of vocational competence promotes the individual to obtain the key technical points of the industry; (3) The formation of social relations promotes individuals to establish industry related human resources.

To develop Modern Apprenticeship, the second question that needs to be answered is, as the key subject of Modern Apprenticeship, what is the dynamic mechanism for enterprises to participate in Modern Apprenticeship. It is found that enterprises participating in Modern Apprenticeship of vocational education is mainly affected by three kinds of motivation: behavioral outcome motivation, social motivation and internal control motivation. As the main body of behavior, the development mode chosen by enterprises is the basis of human resource strategy. Breaking the barriers of vocational education training and enterprise internal training and realizing the transition of students from school to workplace can not only reflect the educational nature of Modern Apprenticeship system of vocational education, but also improve the learning quality and efficiency of students, the training quality and efficiency of vocational colleges and the internal training quality and efficiency of enterprises.

The third question to be answered in the development of Modern Apprenticeship is how to build a Modern Apprenticeship that reflects China's national conditions? The research constructs the institutional basis of the implementation of Modern Apprenticeship from three levels of school, region and country: (1) At the school level, through clear apprenticeship selection system, flexible curriculum system and coordinated management system construction, many inconsistency problems caused by learning place alternation (workplace and school) can be solved. (2) At the regional level, the construction of the review system can effectively control the quality of apprenticeship training, and the construction of the negotiation system between enterprises can avoid the occurrence of external poaching behavior. At the same time, it can improve the existing financial investment policy, and put an end to some enterprises' speculative behavior of improper obtaining financial subsidies in the name of "apprenticeship". (3) At the national level, mainly from a macro perspective, through the establishment of a coordinated labor market, national vocational education teaching standards and certification system, a perfect master system and opening up the apprenticeship path, we can solve the problems such as the poor transition between apprenticeship education and labor market, the weak willingness of apprentices to stay in the post, and the difficulty in measuring the quality of apprenticeship training.

目录

第一章 导论——中国情境中的现代学徒制建构　1

 第一节　现代学徒制的内涵　1
 第二节　我国发展现代学徒制的目的与目标　11
 第三节　我国发展现代学徒制面临的制度困境　17
 第四节　我国现代学徒制的实践进展　29
 第五节　我国现代学徒制构建需要的支撑条件　56
 第六节　本章小结　59

第二章 职业教育现代学徒制的国际比较研究　61

 第一节　英国和德国现代学徒制的比较研究　61
 第二节　美国佐治亚州"青年学徒制"的实践及其对我国的启示　74
 第三节　当代丹麦学徒制的制度探析　82
 第四节　英国、澳大利亚学徒制新发展之比较　90
 第五节　德国、奥地利、澳大利亚三国现代学徒制补贴政策：
     经验与启示　98
 第六节　本章小结　114

第三章 知识论视角下职业教育现代学徒制的价值研究　115

 第一节　知识论的视角与研究设计　116
 第二节　制造业从业人员的知识特征研究　121
 第三节　服务业从业人员的知识特征研究　150
 第四节　文创业从业人员的知识特征研究　177
 第五节　三大产业从业人员各类知识的形成机制研究　199

第六节　知识论视角下职业教育现代学徒制的育人价值　　203

　　　第七节　知识论视角下职业教育现代学徒制的实施策略　　221

　　　第八节　本章小结　　232

第四章▶生涯发展视角下职业教育现代学徒制的价值研究　　235

　　　第一节　学徒经历对个人职业生涯成功影响的研究设计　　235

　　　第二节　学徒经历对职业身份形成的影响　　251

　　　第三节　学徒经历对职业能力形成的影响　　267

　　　第四节　学徒经历对社会关系形成的影响　　281

　　　第五节　职业生涯视角下职业教育现代学徒制实践价值　　289

　　　第六节　本章小结　　297

第五章▶职业教育现代学徒制构建的企业基础　　299

　　　第一节　企业参与职业教育现代学徒制动力因素模型构建　　299

　　　第二节　企业参与职业教育现代学徒制的行为结果性动力　　306

　　　第三节　企业参与职业教育现代学徒制的社会性动力　　323

　　　第四节　企业参与职业教育现代学徒制的内部控制性动力　　342

　　　第五节　本章小结　　360

第六章▶职业教育现代学徒制构建的制度设计　　362

　　　第一节　制度与制度设计　　362

　　　第二节　职业教育现代学徒制构建的实践进展　　372

　　　第三节　中国情境下现代学徒制构建的制度设计　　397

　　　第四节　本章小结　　427

第七章▶职业教育现代学徒制构建的实践案例　　428

　　　第一节　杭州职业技术学院现代学徒制实践案例　　428

　　　第二节　潍坊工程职业学院现代学徒制实施案例　　441

　　　第三节　本章小结　　446

参考文献　　448

Contents

Chapter 1　Introduction: The Construction of Modern Apprenticeship in Chinese Context　1

 1.1　Connotation of Modern Apprenticeship　1
 1.2　Aim and Goal of Developing Modern Apprenticeship in China　11
 1.3　Institutional Dilemma of the Development of Modern Apprenticeship in China　17
 1.4　Practice Progress of Modern Apprenticeship in China　29
 1.5　Supporting Conditions for the Construction of Modern Apprenticeship in China　56
 1.6　Summary of Chapter　59

Chapter 2　International Comparative Study of Modern Apprenticeship in Vocational Education　61

 2.1　A Comparative Study of Modern Apprenticeship between UK and Germany　61
 2.2　Practice of "Youth Apprenticeship" in Georgia and its Enlightenment to China　74
 2.3　System of Apprenticeship in Denmark　82
 2.4　Acomparative Study of New Development of Apprenticeship between UK and Australia　90

2.5　A Comparative Study of Modern Apprenticeship Subsidy Policy of Germany, Austria and Australia: Experience and Enlightenment　98

2.6　Summary of Chapter　114

Chapter 3　Value of Modern Apprenticeship in Vocational Education from the Perspective of Epistemology　115

3.1　Perspective and Research Design of Epistemology　116

3.2　Knowledge Characteristics of Employees in Manufacturing Industry　121

3.3　Knowledge Characteristics of Employees in Service Industry　150

3.4　Knowledge Characteristics of Employees in Cultural and Creative Industry　177

3.5　Formation Mechanism of Knowledge of the Employees in Three Industries　199

3.6　Educational Value of Modern Apprenticeship in Vocational Education from the Perspective of Epistemology　203

3.7　Implementation Strategies of Modern Apprenticeship in Vocational Education from the Perspective of Epistemology　221

3.8　Summary of Chapter　232

Chapter 4　Value of Modern Apprenticeship in Vocational Education from the Perspective　235

4.1　Research Design of the Influence of Apprenticeship Experience on Personal Career Success　235

4.2　Influence of Apprenticeship Experience on the Formation of Vocational Identity　251

4.3　Influence of Apprenticeship Experience on the Formation of Vocational Competence　267

4.4　Influence of Apprenticeship Experience on the Formation of Social Relations　281

4.5　Practical Value of Modern Apprenticeship in Vocational Education from the Perspective of Career　289

4.6　Summary of Chapter　297

Chapter 5 Enterprise Foundation of Modern Apprenticeship in Vocational Education   299

    5.1   Construction of Dynamic Factors Model of Modern Apprenticeship for Enterprises Participating in Vocational Education   299

    5.2   Behavioral Outcomes Motivation of Enterprises' Participation in Modern Apprenticeship of Vocational Education   306

    5.3   Social Motivation of Enterprises' Participation in the Modern Apprenticeship of Vocational Education   323

    5.4   Internal Control Motivation of Enterprises' Participation in the Modern Apprenticeship of Vocational Education   342

    5.5   Summary of Chapter   360

Chapter 6 The Institution Design of Modern Apprenticeship Construction in Vocational Education   362

    6.1   Institution and Institution Design   362

    6.2   Practical Progress in the Construction of Modern Apprenticeship in Vocational Education   372

    6.3   Institution Design of Modern Apprenticeship Construction in China   397

    6.4   Summary of Chapter   427

Chapter 7 Practical Cases of the Construction of Modern Apprenticeship in Vocational Education   428

    7.1   Case of Modern Apprenticeship in Hangzhou Vocational and Technical College   428

    7.2   Case of Modern Apprenticeship in Weifang Engineering Vocational College   441

    7.3   Summary of Chapter   446

References   448

第一章

导论——中国情境中的现代学徒制建构

现代学徒制实施的难度，可能远远超出了政策制定者和职业院校领导、教师的预期。当人们在没有太多理论准备的条件下推出现代学徒制构建计划并在职业院校进行实践后，实践的挫折最终告诉了人们，这是一种极难实施的职业教育人才培养模式。的确如此。从世界范围来看，现代学徒制实施成功的国家是极少的，最为突出的是德国、瑞士等国家，而英国、澳大利亚虽然近年来一直在积极发展现代学徒制，但在实践中遇到的挫折也很多。与许多重大教育改革一样，实践的进展在很大程度上依赖于理论研究的推进，对一项教育改革的理论本质理解到什么水平，往往会在很大程度上影响到实践能推进到什么水平，对于现代学徒制这种极为复杂的职业教育人才培养模式和教育制度而言更是如此。本章准备探讨的问题主要有：什么是现代学徒制？我国发展现代学徒制的目的和目标是什么？我国发展现代学徒制面临什么样的制度困境？我国现代学徒制目前的实践推进情况如何？我国现代学徒制构建需要什么样的基本条件？

第一节 现代学徒制的内涵

对事物内涵的把握人们总是希望使用定义的方式进行，然而定义给人们的信息往往是很少的，对复杂概念内涵深入理解更为需要的方法是解释。现代学徒制的内涵解释需要在三个层面进行，即学习方式、人才培养模式和职业教育制度。

现代学徒制最为本质的方面是改变技能的学习方式，但学习方式的改变需要人才培养模式的支撑，而人才培养模式的实施需要教育制度的保障。只有从这三个层面才能获得对现代学徒制内涵的完整理解。

一、现代学徒制内涵的三个层面

通常认为，现代学徒制是将传统的学徒训练与现代学校教育相结合的一种企业与学校合作的职业教育制度，这是到目前为止认同度比较高的一种定义。然而，实践的深化产生了许多新问题，例如，现代学徒制是否一定要以校企合作为前提？有些职业院校绕过企业，直接把行业大师引入职业院校的工作室，以基于师徒关系的训练模式来培养学生，也完全达到了学徒制培养模式的效果，那么这种培养模式能否称为现代学徒制？再例如，有些职业院校设置了基于传统工艺的专业，这些专业一直在采取基于师徒关系的培养模式，这种培养模式能否称为现代学徒制？如果是，那么其现代性又体现在什么地方？等等。因此，有必要对现代学徒制的内涵做出更为深入的分析。

（一）现代学徒制是基于稳固师徒关系的技术实践能力学习方式

现代学徒制首先应理解为基于师徒关系的工作本位学习。实施现代学徒制的根本目的，是改变技能学习方式，即由学校本位学习转变为工作本位学习。因此，现代学徒制的内涵应先从技能学习方式这一层面进行理解。但是，工作本位学习的形式也是多种多样的，企业参观、见习、实习等都是属于工作本位学习的形式，显然不能把这些工作本位学习都归入现代学徒制。现代学徒制中的工作本位学习方式的显著特征是，学习者是在师傅的指导下系统进行技能学习的。以稳固的师徒关系为基础，系统地进行的技术实践能力学习过程才能称为现代学徒制。

师傅与学徒之间只存在松散、短期关系的人才培养方式不能称为现代学徒制。现代学徒制必须对师徒关系存续时间长短、关系的亲密程度，以及这一关系是否在学徒技术实践能力学习中发挥关键作用提出明确要求。基于稳固的师徒关系进行技术实践能力的学习，是现代学徒制最为根本的要素。同时，也不能把现代学徒制简单地等同于校企合作，校企合作只是现代学徒制构建的重要前提条件之一，但不是必备条件。现代学徒制是针对现有各种职业教育人才培养模式缺乏深度的企业师徒关系基础、技术实践能力的学习不够精深等问题提出的。

许多文献把现代学徒制界定为由企业与学校合作进行的人才培养，而在实践中也广泛存在把校企合作简单等同于现代学徒制的现象。这一定义显然没有抓住现代学徒制的本质。现代学徒制的深度推进最好有校企合作平台，但校企合作并非现代学徒制建立的必备条件，而有了校企合作关系并不意味着就建立起了现代学徒制。学习方式是否发生了变化是判断现代学徒制是否建立起来了的重要标志。

（二）现代学徒制是新型师徒学习方式与学校职业教育相结合的人才培养模式

现代学徒制中的工作本位学习发生在学校与企业合作进行的现代职业教育培养框架中，这是现代学徒制第二层面的含义。有了这个层面的界定，才可以把现代学徒制中的工作本位学习与传统学徒制中的工作本位学习区分开来。现代学徒制之所以要在学徒制前面加上"现代"二字，重要原因之一就是这种工作本位学习不是像传统学徒制中的工作本位学习那样孤立存在的，它是完整的现代职业教育的一个重要组成部分。这个完整的现代职业教育，就是学校与企业在发挥各自人才培养优势的基础上紧密合作所构建的人才培养框架。当然，基于师徒关系的工作本位学习也可以发生在校内工作室、生产性实训中心，但学校与企业合作建立的人才培养框架是实施现代学徒制的主要平台。

学徒制在技术技能人才培养中有不可替代的优势，尤其是在技术诀窍知识的传递与技术创新能力的培养方面，它的作用非常突出。但这种职业教育人才培养方法的缺陷也非常明显：（1）在传统学徒制中，师傅的指导方法非常落后，甚至没有明确的方法，全靠学徒自身领会，这不仅会导致人才培养的效率低下，还会出现不正常的人身依附关系；（2）在理论知识的传递与基础技能的训练方面，传统学徒制的弱点非常明显。师傅当然也会对学徒进行一些理论知识的训练，但现代技术需要员工掌握的理论知识不是这种培养方式所能够完成的，而是要通过系统的文化课程和技术理论课程的训练才能实现，这只能由现代学校教育来承担。例如，基础技能训练，这种在学校通过课程形式进行训练的效率要比在车间或工厂高得多。因此，培养现代工业与服务业所需要的技术技能人才，一方面需要对师傅的指导方法进行改造，把更多的现代教育学知识融入其中；另一方面需要把学徒制与学校教育有机结合起来，这样才能使传统学徒制重新焕发生命力，发挥其巨大的技术技能人才培养优势。

（三）现代学徒制是一种基于现代职业教育的技术技能人才培养制度

现代学徒制这种人才培养模式显然是非常复杂的：（1）它要深度改变学习者

的学习内容和学习方式，而这种改变会面临学习者是否愿意接受的问题；（2）这种人才培养模式要由两个本无紧密利益关系的主体，即企业和学校紧密合作来共同实施，如何使它们之间建立合理的合作关系是个极为复杂的问题；（3）现代学徒制中的工作本位学习最终要由师傅承担，然而随着我国市场经济模式的推广，参与现代学徒制的许多企业会是民营企业，即使是国有企业，其员工与企业的关系与过去的国营企业相比，也有了深刻得多的市场关系成分。企业与其师傅之间的关系，与学校与其教师之间的关系具有完全不同的性质；（4）由于企业环境非常复杂，学习者及其与师傅的关系会面临许多管理上的难题。所有这些复杂问题要有效解决，使现代学徒制作为一种人才培养模式确立起来，需要有充分的制度保障。因此在最高层面，现代学徒制应理解为一种技术技能人才培养制度。

现代学徒制的制度是建立在现代职业教育基础上的。以往的学徒制，包括民间学徒制和企业内学徒制，只是为师傅或企业自己所需要的技术技能人才服务的。这种培养制度的一个突出问题就是培养内容非常狭隘。如果学徒只学会了师傅所传授的从事职业所需要的技能，那么这不仅会影响到他们的岗位转换，也不可能使他们具备重大的技术创新能力。现代学徒制也要与订单培养模式明确区分开来。如果一种学徒制只是满足某个企业对技术技能人才的一时需求，那么这种学徒制不仅不是人性化的，而且也不可能长久。解决这一问题的方法是把现代学徒制的人才培养内容建立在公共的专业教学标准基础上，并以它为依据对培养结果进行评价和认定。只有这样，现代学徒制才能超越个别企业的狭隘性，而成为一种社会技术技能人才形成的制度。

二、现代学徒制的"现代性"解释

学徒制作为一种古老的职业教育人才培养模式，在它从传统走向现代的过程中，内涵与特征要发生哪些变化？其现代性应该如何理解？这是进一步理解这一概念的重要视角。

（一）师徒关系的现代性

现代学徒制的首要要素是师徒关系，而且这一关系要达到相当的稳定状态，学徒可以在师傅指导下系统地进行技能学习。校企合作只是现代学徒制构建的重要条件之一。现代学徒制的现代性首先体现在师徒关系的现代性。

在当代社会，师徒关系赖以存在的经济条件已发生了根本变化。传统社会的经济形态是个体手工业。在这一经济模式中，师傅与雇主的身份是统一的，雇主招收学徒的目的是招收雇工。这对其业务的开展来说极为重要，其目的不仅是增加业务量，对有些行业来说，仅有师傅一人是无法工作的，如铁匠。因此他们有着强烈的招收并训练学徒的内在动力。然而今天的经济是以企业为基本单位运作的，企业是现代经济系统的细胞。在这种经济模式中，师傅身份与雇主身份被剥离开来，师傅自身也成了雇员，在有些制度中，他们甚至是在身份上与学徒没有太大区别的雇员。在这种经济环境中，师傅训练学徒的动力何在？同时，由于师傅本身也是雇员，他们的就业也处于流动状态，这也给稳定师徒关系的构建带来了困难。

另外，传统学徒制中，师徒之间的技能传授关系依附在雇佣关系中，师傅训练学徒的主要目的不是培养能超越自己的人，而是使学徒能更好地帮助他完成工作，因此它并非一种真正的教育制度。它的明显缺陷是学徒训练时间特别长，很多时候师傅还会特地压低学徒的技能水平，使学徒不得不一直依赖于自己。即使是工厂出现以后，由工厂作为主体招收学徒，其首要目的也是完成企业自身的用工需要，而不是培养社会需要的技能人才。在工厂学徒制中，学徒所获得的技能训练是非常粗浅和狭隘的。现代学徒制要恢复的显然不是这种师徒关系。现代学徒制是在现代教育体系的基础上提出来的，它与传统学徒制产生的基础完全不同。它的首要任务是人才培养而不是员工雇佣，并且它所进行的人才培养还要能克服学校职业教育所存在的诸多问题，因此必须是一种更加合理、高效的技能培养方式。从这个角度看，先招工后招生是工厂学徒制的特征，它与现代学徒制的根本目的是相冲突的，因此不应把它作为现代学徒制构建的先决条件。

以上两个方面就是现代学徒制中师徒关系在当代构建的现实条件。第一个问题涉及的是在现代经济模式中如何重构师徒关系，第二个问题涉及的是基于现代职业教育体系要构建什么样的师徒关系。通过解决这两大问题所构建起来的师徒关系，必然内在地赋予它现代特征。解决这两大问题的根本途径是制度建设，使师徒关系脱离私人色彩，并在一定程度上脱离经济目的，把它建立在具有公共性的制度基础上。制度的核心内容是赋予师傅类似教师的角色，如给予承担了学徒训练的师傅合适的经济报酬，同时在其职业资格晋升、就业稳定、社会声誉等方面予以制度性支持，把学徒训练成效与其职业生涯发展紧密结合起来。

现代学徒制的构建不一定要以校企合作为条件，但校企合作在现代学徒制的系统构建中具有重要作用，因此基于校企合作的师徒关系的构建还涉及激发企业积极性的制度支持问题，这一直是个难题。目前许多职业院校解决这一问题的主要途径是寻找对员工技能要求高，且处于技能短缺状态的企业进行合作。这是一种合乎实践的选择。

（二）面向产业的现代性

当前对现代学徒制的界定存在泛化现象，即把存在于当前社会但面向传统产业的、有职业院校参与的学徒制均称为现代学徒制,如陶瓷制作专业的学徒制。当然,在更广泛的意义上,存在于当代社会的学徒制都会打上"现代"的烙印,而且当这种学徒制有职业院校的参与时,它与传统学徒制的确是有重要区别的。但我们要看到,现代学徒制是针对现代工业与服务业中的人才培养模式这一问题而提出的。对于传统产业而言,其人才培养采取学徒制不会存在争议,而对现代工业与服务业来说,情况就不一样了。自工业革命以后,学徒制在许多国家衰退的一个重要原因是,人们认为新的产业中技术技能人才的知识与能力结构具有普遍性的科学与标准化技能,这种知识与技能更好地获取途径是学校职业教育。之所以在当前提出发展现代学徒制,是因为人们认识到,在现代工业与服务业中技术技能人才的知识与能力结构中,经验知识仍然占据着很大比重,而要在现代产业环境下恢复学徒制,会面临非常复杂的制度问题。

事实上学徒制作为一种古老的技能人才培养模式,自工业革命以后仍然保存得较好的国家主要是德国及一些北欧国家,其他大多数国家的学徒制则经历了一个断崖式衰退过程。多数国家的学徒制只有在一些传统职业中才能找到,如我国民间的陶瓷制作工培养、理发师培养等,取而代之的是学校职业教育。然而,自20世纪90年代以来,世界上许多国家却又重新燃起了对学徒制的兴趣,并冠之以现代学徒制(有时称新学徒制)这一名称。这就使学徒制发展呈现出了一个"U"形过程,如图1-1所示。

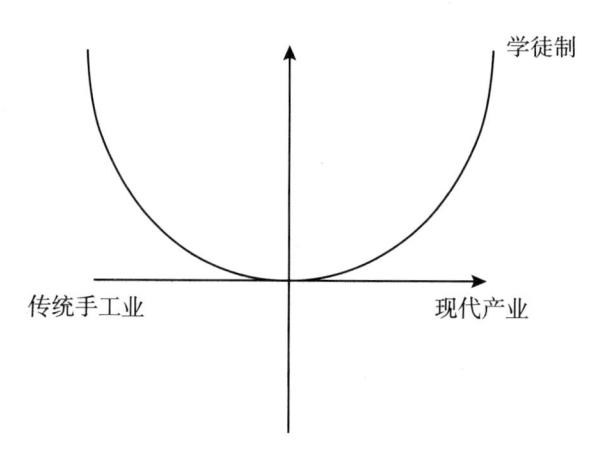

图1-1 产业形态与学徒制发展之间的关系

学徒制在近代的衰退主要有四大原因:(1)生产组织方式变革,即生产组织方式由个体模式发展到工场模式乃至现代企业模式。这一原因导致了雇主与师傅角色的分离,使师傅培养学徒的积极性大大削弱。(2)过度自由化的市场运行机制。以英国为代表,在自由主义思想的影响下,这些国家非常相信自由市场在经济发展中的作用，鼓励企业竞争，对企业的竞争行为约束很少。这种经济运行机制，会使企业更多地担心它在市场中的生存而忽略应承担的社会责任，同时也会使企业由于过度竞争而不愿意承担公共职责。这两个方面对学徒制的保存和发展来说是极为不利的。可以看到，企业在职业教育中承担职责比较多的国家通常是实施协调性市场经济的国家，如德国和日本。"在战后，这些非市场治理机制在新的民主政体与开放经济的条件下，以改头换面的形式继续发展。到了80年代，日本与德国一起成为与英美完全不同的资本主义经济形态"[1]。（3）标准化制造。这是由美国发起的，凯瑟琳·西伦对此做了精彩分析："在德国，19世纪末的金属加工制造企业关注的是技能认证；在英国，企业关注的是夺取管理控制权；在日本，企业则关心减少员工流动；在美国，企业的首要任务是理性化生产过程从而减少对技术工人的依赖"[2]。这种制造模式使得工人只需经过很短的标准化训练便可胜任工作，学徒制不再有存在的必要性。可以看到，学徒制保留得好的国家往往是保留了许多传统制造方式的国家。这里要注意制造技术与制造方式的区别，同一制造技术框架下，由于企业所追求的产品形态不同，其制造方式会有很大差别。对学徒制有需求的经济是在产品形态上注重个性化、精致化的经济。（4）科学理论在生产中的应用。自19世纪中叶，科学理论开始在生产中得到应用。今天的许多技术都是在科学理论的指导下产生的。这种技术形态使得其技术技能人才培养需要学校介入，但与此同时也给人们带来了一个错觉，即认为只要掌握好了科学理论就可以轻松地掌握技术，忽视了丰富的经验知识在技术成功应用中的重要作用。这必然会使职业教育人才培养模式完全脱离学徒制而转向学校制。

由此可见，现代学徒制构建是针对现代产业而产生的一个课题，因为学徒制的衰退与现代产业的产生与发展密切相关，学徒制在现代构建的需求也与现代产业新的发展形态密切相关，同时现代学徒制构建将遇到现代产业所特有的环境，其中的困难与解决策略只有在对现代产业属性的深入研究基础上才可能把握。因此现代学徒制的构建既不是简单地把传统学徒制复制出来，也不是简单地把传统学徒制与现代学校教育结合起来：（1）在人才培养方式层面，现代学徒制是在现代产业中恢复的学徒制。这种学徒制是培养现代产业中的技术技能人才所需要的，其中有着非常深刻的现代技术与工作方式的基础，只有对这些问题有了深入研究，才可能把握住现代学徒制的内涵，开发出现代学徒制中的学徒训练项目。（2）在制度构建层面，现代学徒制是在现代经济运行环境中恢复的学徒制。相比

---

[1] 高柏. 经济意识形态与日本产业政策［M］. 上海：上海人民出版社，2008：13.
[2] 凯瑟琳·西伦. 制度是如何演化的：德国、英国、美国和日本的技能政治经济学［M］. 上海：上海人民出版社，2010：157.

传统学徒制，现代学徒制面临的经济运行环境要复杂得多，如企业师傅参与现代学徒制的积极性问题，只有当这些问题真正得到了解决，现代学徒制才可能作为一种制度构建起来。这是现代学徒制现代性的第二个重要体现，即面向产业的现代性。

因此在现代学徒制构建过程中，不能仅仅在形式上恢复学徒制，如举行拜师仪式，而是要立足现代产业背景，构建符合现代产业需要，能够在现代产业环境中成功运行的学徒制，其策略包括三个方面：（1）选择合适的专业，开发适合采用学徒方式训练的内容。发展现代学徒制并非要把所有专业都恢复到学徒制培养模式。现代学徒制构建要根据岗位需要对专业进行选取。只有那些需要从业者具备较高实践能力与丰富经验的专业才有必要实施现代学徒制。发展现代学徒制也并非意味着要把所有专业内容都交给师傅去教授，教师在其中不用再承担主体责任，而是必须对学徒制训练内容进行精选，选择那些学徒制培养方式能在其中发挥特殊作用的内容进行课程开发。（2）要在现代产业环境中激发师傅的积极性。师傅的投入程度是影响现代学徒制质量的关键因素，然而从逻辑上看，在现代产业中师傅是不存在承担学徒训练责任的积极性的，为此需要构建一些能激发师傅积极性的制度。现代学徒制试点地区普遍意识到了这一策略的重要性，并形成了一些值得借鉴的经验，例如，有的地区在探索给予师傅准教师待遇的政策。（3）要在现代产业环境中使企业责任建制化。企业作为一个组织整体参与对现代学徒制构建有着极为重要的作用。根据德国、日本等国家的经验，要实现这一点，必须在政府与企业之间构建一种社会性的协调机制。让这种机制通过协调企业行为来推动其承担学徒训练的责任。然而这是我国极不熟悉的一个领域。我国这么多年来产学合作推进缓慢就和这一机制缺失有关。通过国际比较可以发现，这一机制不是必需的，如美国这一机制就不强，但是这一机制与经济发展路径密切相关。美国不需要这一机制，是因为其经济发展所依赖的是原创性科技成果和批量生产，这种经济发展甚至可以不需要学徒制。然而德国和日本就需要这一机制，因为它们经济发展路径选择的是发展高端制造业，生产极为精致、具有国际竞争力的产品。英国经济发展难以依赖原创性科技成果，其产业运行又缺乏这一机制，这就是英国经济难以再度振兴的重要原因。我国经济发展现在已选择了发展高端制造业这一战略路径，既然如此，那么就有必要在产业运行中构建这种协调机制。这是我国社会治理的重大课题。

（三）师傅指导方式的现代性

现代学徒制实施的关键在师傅。作为现代学徒制典范的德国双元制，其质量保障的基石便是完善的师傅制度。在职业教育办学实践中，有时对企业师傅的能力评价过高，认为企业师傅具有实实在在的工作能力，因而必然是优秀的职业教育教师。然而近些年大量企业兼职教师的聘请实践说明，如果不对企业师傅进行教育学的专门培训，即使他们的专业能力很强，也很难胜任好教育者的角色。

对学徒制来说同样如此。传统学徒制在技术技能人才培养方面的确有很多优势，但它也存在许多极为突出的问题。事实上在古代社会，接受学徒制训练从来就没有被视为在接受教育。即使是后来的企业内学徒制，其问题也是备受诟病，并不被视为一种良好的职业教育模式，到企业当学徒是青年人一种无奈的选择。比如我国企业内学徒制发展到 20 世纪 80 年代后，随着经济快速发展，在职业教育人才培养模式改革中，"认定'传、帮、带'式的师徒制已经落伍的观点也成为当时的主流"[①]。

突出问题是师傅的指导方法非常落后，甚至没有明确的方法，全靠学徒自身领会，人才培养效率非常低下，有时还会带有不正常的人身依附关系。事实上，传统学徒制只是依附于员工雇佣的一种技术技能人才培养模式，它甚至还称不上是一种真正的教育制度。如果按照这种模式去实施现代学徒制，很可能产生学生对师傅的指导不满意的现象，有时甚至可能导致师徒关系紧张。这些问题如果处理不好，就会严重影响到学徒培养质量。有的职业院校在现代学徒制试点过程中已经出现了这种问题。因此，现代学徒制要在技术技能人才培养中真正发挥重要作用，不能仅仅停留于给学生确定师傅，对师傅的指导工作进行考核，而是必须加强师傅队伍建设，让他们掌握现代教育学知识与学徒指导的原理及方法。师傅指导方式的现代化是学徒制现代性的第三个体现。

师傅也是教育者。与教师一样，他们必须具备胜任师傅工作的一些基本条件，如精湛的技能、良好的职业素养、崇高的师傅道德；他们也必须掌握现代教育学的基本知识，如教育的目的、学徒观、师徒关系观、技能学习的基本规律等。在此基础上他们还必须具备高超的学徒指导能力，这是成功指导学徒时非常重要的能力。师傅只有掌握了这一能力，学徒培养才能从非结构化发展到结构化。这同时又是一种非常复杂的能力，正如有许多教师理论水平很高，却无法把所掌握的知识清晰地讲解出来让学生掌握，师傅在指导学徒时也同样存在这一情况，技能水平高超的工匠不一定是合格的师傅。职业教育在学徒制构建中，必须把师傅培养作为一项重要工作。

师傅指导能力由两个方面构成：（1）对自己技能掌握过程的清晰认知。技能活动是一种非常复杂的心理过程。它是经过长期训练获得的，一旦获得以后，其

---

① 王星. 技能形成的社会建构——中国工厂师徒制变迁历程的社会学分析 [M]. 北京：社会科学文献出版社，2014：308.

过程便以默会的形式存在，个体能清晰地意识到的往往只是其起点和终点。技能存在形式的这一特点，使得许多师傅无法把其技能过程明确表达出来。如此，他们便不能清晰地把自己的技能传递给学徒。因此，学徒指导能力的第一个要素，应当是师傅通过对其技能活动过程的自省，获得对自己技能掌握过程的清晰认知。（2）对指导学徒进行技能学习的策略的掌握。这一要素要解决的问题是，如何把自己掌握的技能高效率、高质量地传递给学徒。这一要素包括对学徒现有知识、能力、素养、价值观及发展潜力等方面的判断；对学徒训练目标的准确理解与对训练过程的合理规划；结合工作过程对学徒进行知识讲解与操作示范的能力；对学徒技能与职业素养发展水平的准确判断。这两个方面必须通过专业化的培训，师傅才可能较好地掌握。由于师傅的工作任务具有较强的专业性，因此有必要建立师傅资格的专业认证制度。

（四）培养标准的现代性

这是现代学徒制界定中学者们普遍持有的观点。它也是现代学徒制现代性的一个重要体现方面。以往的学徒制，包括民间学徒制和企业内学徒制，只是为师傅或企业自己所需要的技术技能人才培养服务的。这种培养制度具有私人性质，它的一个突出问题是培养内容非常狭隘，学徒只是学会了师傅所掌握的从事职业所需要的技能。然而现代学徒制是正规教育体系的一个组成部分，它是一种社会的技术技能人才培养制度。学生在学徒训练期间的学习内容是完整人才培养方案的一个组成部分，其培养过程要按培养方案的整体要求来展开，学习成果也要记入整个学习成果中。因此，通常"在现代学徒制中，针对某一职业的学徒课程框架在全国范围内是统一的、强制性的，如德国的'职业培训条例'和'框架教学计划'、英国的'学徒制框架'、澳大利亚的'培训包'等"[1]。

对我国职业教育实施现代学徒制来说这是一个难点。目前职业院校在与企业合作开展现代学徒制时遇到的问题比较多，如企业不愿意深度介入，或者企业只希望通过浅层介入以赚取学徒培训费用，至于那些实施得较为成功的案例，企业也只是希望通过现代学徒制满足其对高技能人才的需求。这些企业往往处于规模的快速扩张阶段，它们对员工的技能水平要求很高，而且其技能具有特殊性，很难在外部招聘到合适的员工。职业院校通过与这些企业合作可以快速建立起学徒训练模式，因此不失为推进现代学徒制的一种有效策略。但要注意到这实际上只是一种订单式人才培养，其问题在于难以完全根据学徒技能成长的需要设计训练内容，而且这种合作处于不稳定状态，容易随着企业人才需求的变化产生较大起

---

[1] 关晶，石伟平. 现代学徒制之"现代性"辨析［J］. 教育研究，2014，35（10）：97-102.

伏。因此要使学徒制从私人性转向公共性，首要就是必须建立起企业参与现代学徒制的制度与物质基础，这是一个极为复杂的问题，"面向产业的现代性"部分做了较为深入的分析。

就实施层面来看，借鉴发达国家现代学徒制的成功经验，关键是要开发具有公共性质的学徒训练标准。这一公共性质可以体现在国家层面，也可以体现在省区市层面，在途径上可以采取政府委托各类行业协会的方式来实施。但无论如何，开发统一的学徒训练标准是实施好现代学徒制的重要基础。西方发达国家都已在21世纪初完成了这一建设，这为其目前快速推进现代学徒制提供了重要基础。在这一方面我国明显落后于这些国家。虽然我国职业教育课程改革起步的时间并不比这些国家晚，但由于我国职业教育基础比较薄弱，尤其是出色的课程开发专业人员极为稀缺，课程开发的顶层架构不够完善，使得我国职业教育课程改革推进的速度比这些国家要慢很多，至今尚未建成具有权威性的国家层面的职业教育专业教学标准。

学徒训练标准构建时要注意以下几点：（1）开发的标准要对学徒制实施有实质性的指导意义。学徒训练的最终要求可以用能力标准进行描述，但为了使标准更具操作性，应当开发用于学徒训练的项目及其质量标准。学徒训练标准应主要由训练项目、质量标准和能力标准三要素构成。（2）学徒训练的内容应当根据现代工业或服务业工作内容的特征进行开发，挖掘出现代产业中有较高劳动力市场价值的工作项目作为学徒训练内容，而不能局限于传统学徒制的眼光，把内容复杂但在现代产业中价值已不大的技能作为训练项目。现代产业对操作技能的需求越来越少，对分析、判断、设计等心智技能的需求越来越高，因此学徒训练内容构建应更多地关注需要心智技能的工作项目。（3）学徒训练内容开发还要特别注意开发需要通过学徒制才能训练出来的能力。至于更多地依赖理论学习来形成的能力，或是需要通过大量的重复训练来掌握的标准化技能，则还是应由学校教育来承担。

第二节　我国发展现代学徒制的目的与目标

我国为什么要发展现代学徒制？是仅仅为了模仿西方国家的职业教育人才培养制度，还是有我国特定的实践需求？我国要建设起一种什么样的现代学徒制？这些都是实践推进亟待回答的问题。

一、我国发展现代学徒制的目的

目前许多职业院校的现代学徒制试点更多的是政策导向的结果，而非是对其意义深刻理解后的自觉行为。任何一项重大教育改革背后都应当有着明确目的。研究我国发展现代学徒制的目的，既是为了确保这项改革在方向上的正确性，同时也为描绘我国现代学徒制的目标蓝图奠定基础。现代学徒制的发展目的是随着其实施目标的不同而不同的，这一目的有必要放在国际与历史的背景中去考察。

（一）国际社会发展现代学徒制的主要目的

现代学徒制这一概念是舶来品。尽管我国在20世纪50年代就曾使用过新学徒制这一概念，但这次的现代学徒制改革项目显然是从国外借鉴来的。过去10多年来，它是国际上许多国家职业教育改革的重要措施。不仅英国、澳大利亚、美国等发达国家是如此，许多发展中国家如南非、印度尼西亚等也是如此。它们发展现代学徒制的目的，主要是提高青年的工作经验、促进青年就业，因为青年的高失业率一直是这些国家的重大社会问题。大量研究表明，青年的高失业率和他们缺乏工作经验密切相关。国际劳工组织专家阿克斯曼（M. Axmann）和霍夫曼（C. Hofmann）的这段话充分代表了这一政策取向："对学徒体系兴趣的重燃在国际劳工组织的三方会谈中得到了回应，因为拥有学徒制的国家的青年失业率更低。研究表明，对青年人来说，学徒制是沟通学校与工作世界的有效手段，因为这可以使他们在接受技术与专业训练的同时获得工作经验。"[①]

然而，学徒制除了具有降低青年失业率的功能外，它还能够培养掌握精湛技术并具备技术创新能力的技术技能人才。从传统手工业到现代产业，学徒制在技术技能人才培养中走过了一个"U"形的发展过程。在没落了一个时期后，它在高技能人才培养中的巨大优势重新被人们发现。学徒制的这一功能发挥得最出色的国家是德国和日本。成熟的现代学徒制为这两个国家提供了大量技术精湛并具备技术创新能力的技术技能人才，支撑了两国制造业的长足发展。现代学徒制在两国的发展已是如此成熟，以至于人们不再认为有专门表述其目的的必要，所以在国外的现代学徒制文献中，很少看到有关这一目的的表述。在这两个国家中，德国模式又比日本模式更为优越，因为它实现了企业学徒制与学校职业教育

[①] Axmann, M. Overcoming the Work-inexperience Gap Through Quality Apprenticeships—The ILO's Contribution. In Akoojee, S. Apprenticeship in a Globalized World: Premises, Promises and Pitfalls. Berlin: LIT VERLAG Dr. W. Hopf, 2013（19）.

的紧密结合，即我们所说的现代学徒制。学徒制不仅是传统工业的人才支撑，更是未来智能制造的人才支持。智能化不是意味着不再需要掌握了精湛技术的技能人才，而是更需要掌握了更为精湛的技术技能人才。

随着现代工业的发展，人们一直在讨论机器将如何取代人类，关注未来工业是否还需要大量技术技能人才。然而，工业发展的实际结果往往是技术技能人才的绝对需求始终呈上升趋势。这是因为，自动化的实施虽然会导致某些环节对技术技能人才的需求减少，但同时它也会产生大量需要技术技能人才的新岗位。随之而来的另一个重要问题是，现代工业所需要的是掌握了什么样知识的人才？有些学者认为现代工业更需要掌握了科学知识的人才。例如，《后工业社会的来临》的作者认为："以科学为基础的工业的扩展，需要更多的工程师、化学家和数学家。在教育、医药和城市事务方面制定社会计划的需要，需求有大量受过社会科学和生物科学教育的人才"。[①] 在这一知识观的指导下，许多国家实施了大力发展学术型高等教育的政策。然而现在越来越多的学者提出，现代工业更为需要的既不是掌握了传统手工技艺的人才，也不是掌握了纯粹科学知识的人才，而是掌握了"专业知识"的人才。德鲁克就曾强调，知识经济时代的知识应具备实践性和专门性这两个特征；而劳耐尔认为，"专业知识是理解和掌握工作世界中的任务的前提"。[②] "专业知识"是研究现代工业背景下技术技能人才知识结构的核心概念，当前的智能化并不会改变这一趋势。只有有了扎实的工业基础，智能制造才有意义。这也是智能制造没有率先在软件业发达的美国成功，而是在制造业发达的德国取得突破的根本原因。这种知识的内部结构复杂，外部联系多样，对它的掌握必须借助主体联系更加紧密的学与教的现代学徒制。

（二）我国发展现代学徒制的重大背景

我国发展现代学徒制的目的是什么？促进青年就业确实是其目的之一，但应当不是主要目的。在我国，确实存在一些需要提供工作经验以促进其就业的青年，但从总体上看，类似于其他国家的青年高失业率问题在我国并不明显。我国目前劳动力就业的整体状况是技术技能人才短缺，不仅对高技能人才来说是如此，在普通技能人才方面也是如此。招工难成了企业的普遍问题。即使招来了工人，企业要将其稳定下来也难，因为技术技能人才的就业呈现出高流动态势。在

[①] 丹尼尔·贝尔. 后工业社会的来临——对社会预测的一项探索 [M]. 北京：新华出版社，1997：256–257.

[②] Rauner, F. The Apprenticeship Approach: A Way to Overcome Demarcations Between Vocational and Higher Education [M]. In Zhiqun Zhao. Assuring the Acquisition of Expertise: Apprenticeship in the Modern Economy. Beiing: Foreign Language Teaching and Research Press, 2011: 23.

技术技能人才的就业模式中，是否具备工作经验并不成为他们被聘用与否的先决条件。因为企业在招聘员工时，更看重的是员工是否具备了良好的基本素质，而不是他们的工作经验。为了使招聘来的员工能快速地适应工作岗位，企业一般会主动地为他们提供在岗的技能训练。无论是从职业院校招聘来的毕业生，还是从社会上招聘来的劳动工人，企业的做法都是如此。我国许多企业缺乏与职业院校合作的重要原因之一，就是这种以学徒制形式进行的训练。企业并不担心"不合作"会对其员工的工作能力产生多大影响，因为它们自己已经有针对新员工的技能训练安排。

德国的现代学徒制是我国应该借鉴的一个范本。我国发展现代学徒制的主要目的，应当定位在当前我国职业教育的重大使命上，即为产业升级提供技术精湛的技术技能人才，为实现技术创新提供具有技术研发能力的技术技能人才。目前国内较为成功的现代学徒制的实施者对这一点非常认同，他们深刻地体会到："提升企业参与积极性，就要满足其高素质技术技能人才的需求"[①]。我国产业在经历了30多年的粗放型发展后，现已全面进入了产业升级阶段。在目前这个经济发展阶段上，以要素为动力的经济发展模式已开始失去作用。因此，我国经济发展要走出中等发展国家的陷阱、进入发达国家水平，就必须转向创新驱动的经济发展模式。随着德国"工业4.0"概念的提出，我国也启动了工业发展的智能化进程，这一进程的速度远远超出了我们的想象。这既是当前我国经济发展的基本方向，也是国家确定了的基本战略。这种经济发展模式的实施不是不再需要技术技能人才，而是更需要大量技术精湛并具备创新精神与能力的技术技能人才。在这个意义上可以说，相对于其他国家，我国实施的是一种主动的现代学徒制发展战略。回顾新中国成立以来我国职业教育走过的历程，有助于我们更加深刻地理解这一问题。

（三）现代学徒制与我国职业教育人才培养模式的重大转向

从中华人民共和国成立到改革开放初期的40多年，企业内学徒制是我国培养技术技能人才的主要途径。在1963年左右，"全行业和各地方的新学徒制体系逐渐建立起来，成为后来培养后备技术工人规模最大、人数最多的培训方式"[②]。而且，20世纪50年代兴起的半工半读模式，其实就已经非常类似于德国的双元制了。当然，由于缺乏学校教育的成分（即使是半工半读模式，介入办学的也仍

---

① 潘建峰. 基于现代学徒制的高端制造业人才培养研究与实践 [J]. 中国职业技术教育，2016（5）：46-49.

② 王星. 技能形成的社会建构——中国工厂师徒制变迁历程的社会学分析 [M]. 北京：社会科学文献出版社，2014：274.

然是企业内技工学校，与今天独立于企业的职业院校有重要区别），这种学徒制的人才培养存在很多问题。但就学徒制这一点而言，这个体系仍然可以说是成功的，这种成功与当时实施完全的计划经济或市场机制彻底退出经济领域密切相关。

改革开放以后，我国企业内学徒制全面衰退。衰退的原因既与实施市场经济体制有关，也与人们关于技术技能人才培养的理念有关。不断提升的企业技术水平要求技术技能人才不仅要学会操作技能，同时也要具备更加深厚的文化知识与更为系统的专业技术理论知识，而这种知识是企业内学徒制所无法提供的。因此，企业内学徒制在当时被人们作为一种落后的技术技能人才培养模式而抛弃。人们更为向往的是能提供丰富的理论课程，同时培养方法也更加科学、更为严谨的学校职业教育。经过40多年的发展，学校职业教育尽管也经历了许多坎坷，遭遇过许多批评，但它支撑了我国经济腾飞时期对技术技能人才的庞大需求。在这段办学实践中，人们既看到了学校职业教育在技术技能人才培养中的明显优势，也看到了其弊端，即培养的人才容易脱离企业的实际需求。因此，学校职业教育一直在努力通过深化校企合作、加强企业实习来弥补这一不足。尽管校企合作的推进还不是非常完美，但这个体系在当时的技术技能人才培养中并没有产生根本性的问题。这是因为，过去我国企业的技术水平还比较落后，其主要使用的还是通用性技术。在学校培养的基础上，企业只要稍微加上一些入职培训，员工基本上就能适应岗位的工作。然而，随着我国企业技术的全面升级，以及未来产业发展对技术创新的迫切需求，学校职业教育这种技术技能人才培养模式的根本性缺陷也就暴露出来了。

学校职业教育的根本问题在于，无论其课程如何改革、师资如何培养，它只能教给学生通用性知识与技能，而无法让学生获得岗位所需要的特殊性知识与技能。在现代企业技术的发展中，后者占的比重越来越大。一个企业的技术水平往往不是取决于前者，而是取决于后者。因为前者容易通过学校教育及各种传播手段来获得，而后者的获取则必须依赖于掌握了精湛技术的专家。过去我们错误地认为，在知识经济时代，人们要掌握的主要是科学理论知识。然而，随着知识论研究的进展，人们发现在知识经济时代更为重要的其实是专业知识，这种知识的掌握需要把理论与经验结合起来。技术创新并不是一个简单的应用科学理论的过程，它需要技术技能人才在掌握科学理论的基础上长期专注于某一技术问题，才可能取得重大突破。

我国产业升级对新型技术技能人才的需求，迫使我们要对现有学校职业教育的人才培养模式进行全面反思。只有在继续保持学校职业教育人才培养优势的同时，在企业内部重建师徒关系，全面恢复学徒制，并使二者有机地结合起来，才有可能满足未来我国产业发展对技术技能人才的需求，才有可能实现我国发展现代学徒制的真正战略目的。

二、我国现代学徒制的发展目标

我国现代学徒制的实践模式是什么？我国要发展出一种什么样的现代学徒制？在以上分析的基础上，我们可以设计我国现代学徒制的结构（见图1-2）。这既可以看作我国现代学徒制的理想状态，也可以看作我国现代学徒制发展的目标。

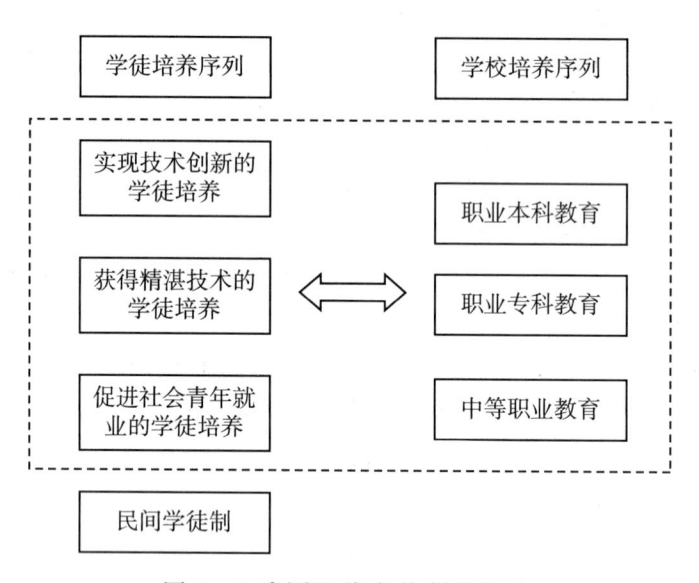

图 1-2 我国现代学徒制的结构

现代学徒制由学徒培养序列和学校培养序列这两个方面的深度合作构成。首先是学徒培养序列，根据人才培养目标定位的不同，我们可以按复杂程度将学徒培养序列划分为四个层次，即民间学徒制、促进社会青年就业的学徒培养、获得精湛技术的学徒培养和实现技术创新的学徒培养。民间学徒制是广泛存在于个体经济与微型经济中的学徒制，它的功能是训练传统的手工技艺，使学徒获得简单的操作技能。促进社会青年就业的学徒制旨在对所招收的新员工进行技能训练，以使其能胜任岗位的基本要求。这个层次的学徒培养一般由企业自身完成，但对于一些较为复杂的技术训练，也需要中等职业学校的参与。获得精湛技术的学徒培养是一种过程更长、组织更为严密、内容更为复杂的学徒制，其目标是培养掌握了精湛技术的技术技能人才，以满足企业对高技能人才的需求。这个阶段的学徒制需要与中等职业教育和职业专科教育相结合。实现技术创新的学徒培养则是更高层次的学徒制，其目标是使技术技能人才获得创新能力。这种层次的学徒制一般需要与职业专科教育和技术应用型本科教育相结合，但那些更为复杂的实现技术创新的学徒培养，则由企业在内部实施。

其次，现代学徒制的另一个重要方面是学校培养序列，它包括三个层次，即中等职业教育、职业专科教育和职业本科教育。这三个层次的职业教育都是现代学徒制所需要的，不过由于它们所对应的学徒制的层次不同，其人才培养的目标也不同。目前在我国学校职业教育体系中，较为完善的是中等职业教育和职业专科教育。虽然国家已要求新升本科院校把办学定位转向技术应用型本科教育（职业本科教育的一种类型），但这种类型的高等教育基本上还处于概念阶段，没有比较成功的转型案例。虽然转型是一个非常复杂的过程，但是我国完整的现代学徒制的构建仍然离不开职业本科教育。

在图 1-2 中，只有两个序列重叠的部分才能称为现代学徒制，其他部分的学徒制不是国民教育体系的组成部分，不应称为现代学徒制。

许多高等职业院校正在积极地发展现代学徒制，对建立现代学徒制表现出了极大兴趣，现代学徒制在高等职业院校中的推进情况要远远好于中等职业院校。这无论对职业教育来说还是对现代学徒制来说都是非常有价值的一种现象，因为多数国家的现代学徒制是在中等职业教育层面实施的，而我国的情况是高等职业院校对现代学徒制表现出了高得多的兴趣，并采取了许多具有创新意义的行动去推动现代学徒制的建设。以高等职业院校为载体发展现代学徒制，将赋予现代学徒制许多新的内涵，如在高等职业教育层面，现代学徒制的功能定位就不再仅仅是提升学生的工作经验，而是可以定位在培养适应高技术时代的专家型技术人才；现代学徒制的实施可以有效地解决高等职业院校办学中的许多难题，如改变学生厌学状况、提升学生生涯发展空间等。

第三节　我国发展现代学徒制面临的制度困境

现代学徒制的实施需要以校企合作为保障，而校企合作一直以来是我国职业教育实践的一大难点。这一难点的形成有深刻的社会经济制度和模式的原因。其现象表现是国家需求与企业需求、个体需求之间存在严重错位，即国家极为重视职业教育，然而作为产业主体的企业并不愿意参与职业教育，作为学习者的个体也不愿意接受职业教育。这一问题长期悬而未决，原因在于以往面对这一问题时，往往只是直接从激发企业参与职业教育的动力与个体接受职业教育的兴趣入手制定政策，然而职业教育研究的特殊性在于，它的问题既是教育问题，更是经济问题。特定职业教育形态是嵌入特定经济体系中的，只有分析清楚经济体系中各要素之间的关系，才能彻底理解职业教育问题的本质，也才可能彻底找到解决问题的思路。作为经济体系核心要素的产业形态与经济运行模式是否协调，对校企合作的构建有关键性制约作用。参照这一关系模型会发现，这一问题形成背后有着深刻的经济原因，那就是我国产业形态与经济运行模式之间存在不协调现象，即经济政策的二元化。

一、产业形态、经济运行模式与职业教育之间的支撑关系模型

经济社会学是20世纪90年代兴起于美国的一门学科，它是对新古典经济学进行反思和挑战的结果，主张以社会学的视角观察和解释经济现象和经济制度，因为它认为经济现象是嵌入社会结构或社会网络之中的。职业教育的企业需求是由经济行为所引起的一种社会行为，因而对它的研究需要借助经济社会学的理论观点和思维方式。

（一）产业形态与职业教育之间的支撑关系

关于职业教育发展的必要性问题，多数研究所持的观点是经济发展必须有高水平职业教育的支撑，然而对于这一观点有两个疑问。一是在德国、日本等国家的确可以看到职业教育对经济发展所产生的重要支撑作用，但经济发达的国家并非都拥有高水平的职业教育，例如，美国职业教育就远没有德国职业教育的水平高，就职业能力的培养而言，美国职业教育的水平甚至还没有我国目前高，然而美国的经济规模却非常大，很强盛，在经历2008年的金融危机后，近几年一直处于持续的温和复苏状态。从美国现象看，为什么职业教育发达与否和经济发展水平之间并不存在必然联系？二是如果职业教育发展水平与经济发展水平之间并不存在必然联系，那为什么英国职业教育体系像美国一样弱，却对其经济发展造成了重大影响，最终使得其在欧洲的经济领导地位被德国取代，并远远超越？

基于这两种现象，可以对经济与职业教育发展水平之间的关系提出以下假设 H：一个国家的经济发展是否需要职业教育的支撑，需要什么样的职业教育的支撑，要看它所实施的是什么样形态的产业；国家财富的来源途径是多种多样的，有的国家主要依靠原材料，有的国家重点发展农业，有的国家主要依靠原创性研究与金融控制，等等，只有以高端制造业为支柱的产业形态才最需要高水平的职业教

育予以支撑；如果一个国家实施的是以高端制造业为支柱的产业形态，却又没有高水平的职业教育做支撑，那么它的发展就会无法持续，从20世纪以来主要发达国家经济与职业教育的发展过程可以深刻地看到这一关系。

下面选取美国、德国、日本和英国四个国家为分析样本。

1. 美国产业形态与职业教育发展水平关系分析

在职业教育的基本出发点上，美国与德国完全不同。杜威就对美国发展职业教育的目的做了如下判断："我们国家的问题主要是一个教育问题，而不是像德国那样，是商业的或技能的问题。"[①] 美国当时发展职业教育面临着我们今天同样的问题："对德国人在执行这一政策中所获得的技能和成功，我们只能表示钦佩，因为他们推行的这种政策，在美国是很难行得通的。我们既没有这种历史背景，也没有特别重视它的实际眼光。"[②] 美国职业教育的这种发展状态一直延续到今天。和一百年前相比，尽管美国职业教育的规模与质量均有了很大程度的发展，但其基本功能定位没有根本改变，那就是为了人的教育而不是产业发展的需要，因此在美国，其职业教育称为生涯教育，生涯教育这一概念很好地体现了美国职业教育的这一功能定位。美国职业教育对产业的支撑力量很弱，其职业教育课程的岗位针对性程度比较低，如美国职业教育中很流行"群集课程"，这种课程模式的出发点是为了提升个体在就业中的适应面，但与此同时必然降低课程的岗位针对性。美国产业发展所需要的技能人才主要由企业自己的人力资源部门培训，这一需求刺激了美国人力资源学科的发展。

没有高水平职业教育支撑的美国产业，是如何使经济处于世界领先地位的呢？这是因为美国经济增长的主要源泉并非制造业，而是硅谷和华尔街，即技术创新和金融控制。

美国的制造业并非没有在其经济发展中发挥重要作用。美国的制造业一度也非常强大，整个20世纪美国制造业在世界上所占份额都是最大的。但是美国制造业的特点是，为了降低对工人技能水平的依赖，普遍采用由福特公司首创性地设计的基于流水线的批量制造模式。"在美国，企业首要的目标是通过技术革新、工作重组和标准化生产，从而实现生产过程的理性化并减少对技术工人的依赖。"[③] 这种制造模式大大降低了产品的成本，提高了市场竞争力，但同时也通过降低对技术工人的依赖而降低了对职业教育的需求。这就是美国职业教育没有德国发达，却同样可以发展起强大的制造业的重要原因。然而20世纪80年代以

---

① 杜威.杜威全集：第七卷[M].上海：华东师范大学出版社，2012：71-72.
② 杜威.杜威全集：第七卷[M].上海：华东师范大学出版社，2012：70.
③ 凯瑟琳·西伦.制度是如何演化的——德国、英国、美国和日本的技能政治经济学[M].上海：上海人民出版社，2010：248.

后，美国制造的产品由于受制造模式限制，在品质上竞争不过德国、日本的产品；而中国廉价的劳动力抵消了其标准化生产模式所降低的成本，以致其产品在低端市场上又无法和中国竞争，最终逐步丧失了竞争优势。

2. 德国、日本产业形态与职业教育发展水平关系分析

德国和日本都是职业教育非常发达的国家。其突出特征是企业对职业教育的参与程度很高，日本企业对职业教育的参与程度比德国企业还要高，因为日本职业教育的最大特色是企业内培训，即大型企业要包揽其员工的所有技能培训任务。而且与美国职业教育不同的是，德国和日本职业教育保留了较多学徒制成分，比如我们今天广泛讨论的工匠精神，便主要存在于德国和日本。这是因为德国和日本职业教育的出发点更多的是为了满足产业发展对技能人才的需求。

德国、日本职业教育的发展水平是与其产业形态相匹配的，因而很好地支撑了其经济发展。在产业发展上，德国和日本采取了与美国不同的路径。在技术的原创性方面，德国和日本没法与美国匹敌，因而它们无法控制世界上大多数原创性新技术的知识产权。虽然德国和日本也是技术实力非常强大的国家，尤其是日本，第二次世界大战以后其经济发展的基本策略就是"技术立国"，但他们的技术发明更多的是在具体的制造技术层面，而在技术的原创性方面与美国则有很大差距。如德国、日本汽车在品质上都比美国汽车更为精良，但汽车是美国人发明的。在金融领域，他们的竞争地位和美国相比就更弱了，因为第二次世界大战以后世界金融的中心只有美国。因此，德国和日本采取了另一条产业发展路径，那就是高端制造业，即通过提高产品的技能含量，生产个性化、高品质的工业品，使其在制造业领域处于引领地位。技能是其国家财富的重要来源。

在制造业领域，德国、日本采取的是与美国标准化生产所不同的生产模式。尽管他们也要采取世界上最为先进的生产技术，但德国和日本还是在采用先进生产技术的同时尽量保留了需要技能的生产方式，使得产品更加多样化，也更加精美。正如有经济社会学家在看到美国标准化制造面临的问题后所反思的："第二次世界大战以后，需要对这一模式进行反思，因为欧洲和日本的制造商纷纷采取行业内最先进的技术，并且同期交通运输成本大幅下降，高品质消费品（不同于标准化产品）市场扩张，日本、德国和其他国家的制造业企业不像美国同类产业那样，采取标准规模生产的层级制形式"。① 比如在汽车生产的组织模式上，日本丰田公司就把美国福特公司的生产线改造成了生产岛，从而大大提升了汽车组装的质量，降低了废品率。

3. 英国产业形态与职业教育发展水平关系分析

在英国，所观察到的则是另一种情形。英国是一个典型的产业形态与职业教

---

① 约翰·L. 坎贝尔，等. 美国经济治理［M］. 上海：上海人民出版社，2009：45–46.

育模式不相匹配的国家，这种不匹配最终导致了其经济的衰退。

英国是工业革命的发源地，推动第一次工业革命的核心技术——蒸汽机，是在英国诞生的。随着经济实力的崛起，英国把势力范围迅速扩张到了全世界，建立了大量殖民地。殖民地给英国带来了巨额财富，但也使英国丧失了技术革新的动力。20世纪以来，世界上鲜有原创性的技术革新诞生于英国。美国通过南北战争，取缔了南方的奴隶制度，使美国经济发展的动力转移到了技术革新。英国则完全相反。第二次世界大战以后，殖民地国家纷纷独立，技术创新的主导权与金融控制权又转移到了美国，这时英国能选择的经济发展道路应当是高端制造业。英国也确实是这样选择其经济发展道路的。

以高端制造业为主体的产业形态必须有发达的职业教育做支撑。然而与德国所不同的是，德国在第一次工业革命以后较好地保留了传统学徒制，把它发展成了双元制，英国的传统学徒制则在圈地运动、工人罢工、完全自由的市场经济等多种因素的综合作用下瓦解了。在这以后英国所建立的是一个市场导向、学校色彩很浓的职业教育体系。这就使得其要发展的产业形态缺乏相应职业教育的支撑。英国政府应当看到了这一问题，自20世纪80年代以来，推出了大量旨在促进职业教育发展的项目，我们所熟悉的许多职业教育新概念正是诞生于英国，如新职业主义、核心技能、国家资格框架、现代学徒制等，然而英国的职业教育是新概念多，实践推进得慢，成效并不明显。

技术创新与金融控制地位的丧失，难以建立起与高端制造业相适应的高水平职业教育，使得英国尽管自20世纪80年代以来一直在努力重新振兴经济，却最终没有成功。

（二）经济运行模式对产业形态与职业教育的支撑作用

那么，英国在职业教育发展中为什么会出现这一状况？德国、日本的职业教育体系如何才能建立起来？有学者在分析了英国、德国和法国三种典型职业教育体系时就曾提出，这三种职业教育体系与其各自的工作文化有密切关系，即在产业关系与劳动法方面，英国是经济优先，德国是社会优先，法国是政治优先。[①]从经济社会学角度看，这里面涉及一个重大理论问题，即高端制造业以及为其提供丰富高技能人才的职业教育，只有在相应经济运行模式下才可能产生。经济社会学家们通常把当今世界各国的经济运行模式划分为新福特主义和后福特主义，前者以美国和英国等国家为代表，后者以德国、日本等国家为代表。

---

① Wolf‐Dietrich Greinert. Towards a History of Vocational Education and Training in Europe in a Comparative Perspective, Volume I [M]. Luxembourg: Office for Official Publications of the European Communities, 2004: 19.

新福特主义产业形态的基本特征是：走低技能、低工资、低福利的产业发展路线，通过削减工资和管理成本来提高企业利润；采用标准化批量生产模式来提高产品竞争力。与这种产业形态相适应，在经济运行模式上新福特主义崇拜竞争性个人主义和自由市场的作用，主张通过提高市场自由度，如降低劳动力的社会成本，削减工会的权力，减免对企业的税收来吸引投资，比如美国参众两院通过了特朗普提出的《减税与就业法案》，旨在提高美国产品竞争力。过去多年中，美国和英国加强了市场的作用，把政府的角色定位为创造条件，以保证市场的自由运作，而不再是在雇主与雇员之间促成一种妥协。新福特主义的这些主张在美国、英国社会的许多方面得到了反映，例如，在美国，"每年的工作时间自20世纪70年代以来已增长了一个月。每年，美国人比德国人要多工作320小时，而工资反而低（至少到20世纪90年代是如此）。自1973年以来，其平均工资降了10%"①。

后福特主义产业形态的基本特征是：走高技能、高工资、高福利的产业发展路线，认为财富增长取决于技能开发，把技能开发看作国家战略。后福特主义认识到，仅仅在价格上竞争，而不提高产品和服务的质量，经济是不可能获得广泛增长的；准确定位市场，采取弹性生产系统，小批量生产，这其实就是以上所分析的高端制造产业模式。与这种产业模式相适应，后福特主义主张通过政府、雇主和工会的合作，建立扁平型的劳动组织，给所有工人提供好的工作条件、高工资，鼓励工人参与企业管理，在劳资之间建立高度的信任等措施，以提高产品和服务的质量，增强企业的经济竞争力。"比如在20世纪20年代，日本工人的工资水平已经开始与工人本人资格密切联系起来（尤其是工龄）。对于企业而言，这使之有动机对工人的技能培训进行投资，同时这也成为一个工人工资不断提高的原因之一。对于工人而言，这样的体系也使之能够'安心'投资学习企业特殊技能。"② 后福特主义国家的一个显著特征是，中产阶级中技术工人占相当大比重。

然而，新福特主义所主张的产业形态是很容易发展起来的，只需要政府放开对经济运行过程的控制，企业在逐利本性的驱动下，很容易走低技能、低工资、低福利的产业发展路线。改革开放后的20多年里，我国采取的是尽量给企业更多市场自由度的政策，把企业活力很快激发出来，取得了举世瞩目的经济发展成就，但同时也很自然地形成了低技能、低工资、低福利的产业形态。至今多数企

---

① Albritton, R. et al. Phases of Capitalist Development: Booms, Crises and Globalizations [M]. London: Palgrave Macmillan, 2001: 23.
② 凯瑟琳·西伦. 制度是如何演化的——德国、英国、美国和日本的技能政治经济学 [M]. 上海：上海人民出版社，2010：181.

业仍然表示，他们并不需要职业院校训练学生多么高水平的技能，他们更为看重愿意服从工作安排、能够吃苦耐劳的品质，这种要求反过来说明企业的技术水平还很低下。

但是，后福特主义所主张的高技能、高工资、高福利的产业形态则不会自然而然地发展起来。这一产业形态的形成需要具备两个条件，这两个条件的形成需要政府的引导、外部的逼迫以及制度的约束。企业愿意长期专注于技术研究与改进，采取通过提升产品品质来增加利润的产业形态。然而，当企业还可以通过其他途径更为轻松地提高利润时，就不会采取这一产业形态，因为这是一种需要付出艰巨努力、长期积累才能形成的产业形态。技术工人愿意钻研技术，提高技能操作水平，但这是不会自动发生的，只有把工人的技能水平与其工资挂钩，提高工人的工资和福利水平，给工人参与企业管理的机会，同时提高工人就业的稳定性，才会刺激他们主动学习技能的积极性，并保证他们有足够的时间积累技能。因此，后福特主义国家都采取有协调的市场经济运行模式，即通过政府、行业协会等民间组织对企业和个体在市场中的行为进行约束和协调，来主动推动这种产业形态的形成。从这个角度看，我国产业升级阶段经济治理的复杂性，要远高于粗放型发展阶段经济治理的复杂性。

（三）产业形态、经济运行模式与职业教育之间的支撑关系模型

分析至此，可以提出产业形态、经济运行模式与职业教育之间的支撑关系模型。这个分析模型包括三个基本要素，即产业形态、经济运行模式和职业教育形态。产业形态指产业呈现的样态，如产业类别、产业依赖的技术基础等；经济运行模式指各产业要素在运行过程中发生关系的机制；职业教育形态指职业教育呈现的样态，如产业服务型职业教育、生涯服务型职业教育；体系化职业教育、市场化职业教育，等等。

经济运行模式、产业形态与职业教育发展水平三者之间的支撑关系是：产业形态与职业教育发展之间存在紧密支撑关系，以高端制造业为主体的产业形态对职业教育要求最高，它的形成必须有高水平职业教育的支撑；以高端制造业为主体的产业形态同时还需要以协调性市场经济运行模式为基础，在自由化市场经济运行模式中，这种产业形态难以存在；高水平职业教育的形成也需要以协调性市场经济运行模式为基础，因为它需要这种制度体系推动企业参与职业教育；任何一个角的缺位，将会形成二元错位现象，使这个三角形失衡，导致整个运行体系的崩塌。

职业教育形态从功能上看，可区分为以德国为代表的产业服务型职业教育和以美国为代表的生涯服务型职业教育，前者的主要功能是服务产业发展，后者的

主要功能是服务个体生涯发展。由于功能不同，可以看到德国职业教育与美国职业教育呈现出差异很大的样态，这种差异体现在专业与课程设置、课程模式、校企关系等方面，如德国职业教育与产业界的关系比美国要紧密得多，美国职业教育甚至在课程设置上与产业结构的匹配度也不高，因为其课程设置更多地考虑的是学习者的需求。这里讨论的职业教育形态指的是产业服务型职业教育，因为只有这种形态的职业教育才有从经济学角度分析的价值，而我国要发展的正是产业服务型职业教育。

产业服务型职业教育由于其出发点是为了满足产业对技能型人才的需求，因而其人才培养过程会有许多不能完全满足个体需求的方面，如这种职业教育要保持相当大的规模，这必然影响到学生进入普通教育的机会；专业设置与产业人才需求要一致，其中会存在一些产业非常紧缺但学习者不愿意学习的专业；课程设置与岗位工作要求要一致，这会影响学生学习其他课程的机会；实践教学要求非常规范和严谨，这在一定程度上会损害学生的个性，等等。因此一个国家是否需要发展产业服务型职业教育，需要根据这个国家的产业形态来确定，只有以高端制造业为核心的产业形态才需要产业服务型职业教育。如果一个国家的产业不是这一形态，那么它就没有必要发展产业服务型职业教育，如果发展反而会导致福斯特所说的技术浪费。但它可以发展其他类型的职业教育，如美国的生涯服务型职业教育。反之，一个国家如果实施的是以高端制造业为核心的产业形态，那么这个国家就必须有产业服务型职业教育做支撑，否则这种产业体系就会由于缺乏技能型人才的支撑而无法持续下去。这是这个分析模型构建的逻辑起点。

以高端制造业为核心的产业形态需要特定的经济运行模式做支撑，其支撑作用既表现在对企业行为的引导，即使其能致力于产品质量和企业的长期发展，而不是追逐短期利益；也表现在支撑企业对技能型人才的需求，即激发社会成员学习技能的积极性。这样，产业形态、经济运行模式与职业教育形态之间就形成了如图1-3所示的三角关系。只有当这三者之间的关系相互协调，处于稳定状态时，以高端制造业为核心的产业形态才能处于良好的运行状态。只要其中任何一对关系被打破，都会使这个三角关系失去平衡，最终使产业发展水平下降。通常容易发生的问题是以高端制造业为核心的产业形态所需要的运行模式不能建立起来，从而导致个体的职业教育需求不能激发出来，形成产业对职业教育的需求与个体对职业教育的需求的矛盾状态，给职业教育发展带来极为艰难的格局。这就是这个分析模型的核心内涵。

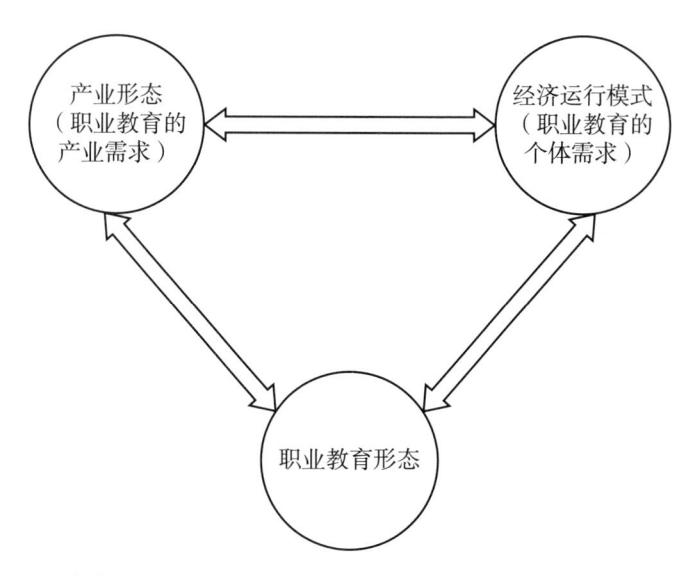

图 1-3　产业形态、经济运行模式与职业教育形态之间的依存关系

对新、后福特主义经济运行模式的比较可以看到，无论是放任还是协调，其行为对象主要包括两个方面：企业在市场中的行为，如对产品定位的选择、盈利模式的选择等；企业内部领导层与工人之间的关系模式，如科层式与扁平式。

二、我国产业形态与经济运行模式的二元化

下面参照图1-3，对我国产业形态与经济运行模式的一致性进行分析。

（一）以高端制造业为核心的产业形态选择

当前我国经济发展的一个基本方向是实现产业升级，即由劳动密集型、资源密集型产业转向技术密集型产业，通过企业技术升级重点发展高端制造业。这是一个需要持续较长时间的艰辛过程，早在1989年的《国务院关于当前产业政策要点的决定》中，就对我国当时产业结构的基本情况做出了以下判断："当前，我国社会的总需求大于社会的总供给，在产业结构上也存在着比较严重的问题。主要是加工产业生产能力过大，农业、能源、原材料和交通运输等基础产业生产能力不足；一般加工产业生产能力过大，高水平的加工能力不足；出口产品结构层次低，某些国内短线产品出口规模偏大，同国内市场供应有矛盾。"

进入21世纪后，产业结构调整构成了我国产业发展政策的核心内容。2005年国务院的《促进产业结构调整暂行规定》是我国实施产业结构调整政策的关键性文件，该份文件确定了我国产业结构调整的目标："推进产业结构优化升级，

促进一、二、三产业健康协调发展，逐步形成农业为基础、高新技术产业为先导、基础产业和制造业为支撑、服务业全面发展的产业格局，坚持节约发展、清洁发展、安全发展，实现可持续发展。"2015年国务院印发的《中国制造2025》要求："坚持把结构调整作为建设制造强国的关键环节，大力发展先进制造业，改造提升传统产业，推动生产型制造向服务型制造转变。优化产业空间布局，培育一批具有核心竞争力的产业集群和企业群体，走提质增效的发展道路。"党的十九大对未来产业发展方向继续指出，要"加快建设制造强国，加快发展先进制造业"。

建设制造业强国，发展高端制造业，是在经历了改革开放30多年来劳动密集型、资源密集型产业的发展模式后，对下一个时期我国产业发展模式的战略选择。要注意理解的是，我们所定位的高端制造业，不是美国那种完全基于先进生产线的制造业，而是以先进生产线为基础，需要依赖人的技能的制造业，即德国、日本的制造业。美国模式竞争力的衰退已为我国提供了重要经验。我国的这一选择无疑是极为明智的：产业不升级，我国工业品将由于劳动力成本上升而缺乏竞争力，经济发展很可能落入中等发达国家陷阱；选择以技术创新为基础的产业形态，实现知识产权的控制，短期内我国很难做到。尽管政府极力鼓励创新，在许多技术领域也实现了重大突破，有些创新甚至达到了原创水平，但短期内我国多数技术创新更多的还只能停留在生产技术创新层面，难以达到美国那种能实现知识产权完全控制的创新水平；我国是一个人口大国，不可能把这么多劳动人口导向服务业，包括现代服务业，必须要有相当规模的基于人的技能的制造业来提供丰富的就业机会。

（二）我国产业形态与经济运行模式的失调

目前，我国产业形态与经济运行模式之间存在失调现象。我国未来产业形态发展选择的是高端制造业，但在经济运行模式方面实施的却是过于宽松的市场模式，这就是我国经济政策的二元现象。正如有学者评述的："中国经济中没有像日本那样多的非市场治理模式。虽然计划经济的惯性导致的行政干预仍然在不同的程度上存在，但是市场已经成为中国经济中最重要的机制"[①]，"中国的发展模式已经将中国经济变成一个高度开放的市场经济"[②]。作为新兴市场经济，为了刺激市场活力，在制度建构方面我国需要时间对许多方面进行完善，因而经济运

[①] 高柏. 经济意识形态与日本产业政策——1931—1965年的发展主义 [M]. 上海：上海人民出版社，2008：4.
[②] 高柏. 经济意识形态与日本产业政策——1931—1965年的发展主义 [M]. 上海：上海人民出版社，2008：7.

行的某些方面处于高度自由状态。企业管理中的重大事件决策权，如生产什么、如何生产、在哪生产等，往往只集中在企业极少数高层领导手中，既没有企业内部的平衡机制予以协调，也没有外部的制度予以一定约束；在用工方面，如工人工资的确定、招聘与解雇员工，外部制度对企业几乎没有什么实质性约束；管理层与工人之间在工资、工作环境、工作稳定性、晋升机会等方面存在很大差距。

经济政策的二元化，使得我国产业升级过程比较艰难。党的十九大报告提出，"中国特色社会主义进入新时代，我国社会主要矛盾已经转化为人民日益增长的美好生活需要和不平衡不充分的发展之间的矛盾。"不平衡的重要表现之一是各种产业技术之间的差距，即"局部领先，系统性落后"。我国一方面拥有国际上最为先进的航天技术、高铁技术，另一方面人们却在国外大量采购优质的日常用品。局部先进的技术主要存在于国有企业，通过国家的主导和投入而产生。民营企业中除华为等少数企业非常重视产品质量的提升外，多数民营企业却由于过于宽松的市场运行环境给他们提供了其他更为轻松的利润来源途径而缺乏提升产品质量的动力，如降低工人工资、把产品销往更加不发达的地区、通过企业并购来上市融资，等等，产业技术普遍还处于比较低的水平。

然而如上所分析的，要实现党的十九大所确定的下一个阶段经济发展目标，通过走新型工业化道路实现产业升级是唯一出路。要看到的是，我国经济中已出现许多逼迫企业实现产业升级的因素，如市场竞争越来越激烈，人们对产品质量的要求越来越高，劳动力、土地等成本逐年提升，为此许多企业开始主动采取提升产品质量的战略，工人的工作环境也发生了一些重要变化，如上海市人力资源和社会保障局最近首次发布的上海市企业技能人才市场工资价位，调查数据显示，2016 年 10% 的技能人才工资水平在 17.45 万元以上，50% 的技能人才工资水平在 9.51 万元以上，而且近年来上海市技能人才工资呈快速上升趋势，此次调研对象涉及 10 多万人。[①] 但是对这一转变过程的复杂性要有深刻认识，它的最终完成需要国家确立旨在引导企业提升产品质量的产业意识形态，制定并及时推出促进产业升级的新型企业治理模式。

三、我国二元经济政策背景下的职业教育需求矛盾及解决策略

（一）新的产业形态下需要提升校企合作水平

以高端制造业为主的产业形态必须有发达的、产业服务导向的职业教育与之

---

① 罗菁. 上海首次发布技能人才市场工资价［N］. 劳动报，2017－12－15.

匹配，否则就会出现英国的情形，制造业最终由于缺乏高技能人才的支撑而发展乏力。

我国职业教育发展历来以主动服务经济发展对技能型人才的需求为基本政策方向，可以说，正是改革开放以来我国经济快速发展对技能型人才的需求，铸就了今天基本完善的现代职业教育体系。然而尽管在发展方向上采取的是这一政策，实践中我国职业教育却更多地具有英国的特征，而不是德国、日本的特征。主要体现在，企业对职业教育介入的程度很低，且缺乏制度基础。高水平的技能训练需要采取学徒制形式，职业学校教师是无法承担这一训练任务的，然而进入21世纪以来我国一直在努力推进校企合作，但却收效甚微。2014年我国推出了现代学徒制试点项目，但由于缺乏企业的支持，资金又不足，推进过程非常艰难。英国曾经发生的问题似乎正在我国重演。尽管两国有着很大的文化环境差异，但这种差异只会影响解决问题的条件与路径，而问题的性质是可以比较的。

（二）我国职业教育发展需求矛盾的经济根源

国家在产业形态发展方向上选择的是高端制造业，并深刻认识到了职业教育对高端制造业的重要支撑作用，因此非常重视发展职业教育。在国家层面，我国的产业发展政策与职业教育发展政策是相协调的。1985年的教育结构改革，提出了要使中等职业教育招生规模与普通高中大体相当的目标。中等职业教育在规模上的大发展，为改革开放以来20多年的经济高速发展提供了丰富的劳动力资源。进入21世纪，随着产业升级目标的提出，我国政府把发展职业教育提升到战略地位，并提出了促进职业教育内涵发展，构建现代职业教育体系等一系列具体目标。最早明确把职业教育置于战略地位的文件是2004年的《关于进一步加强职业教育工作的若干意见》，文件提出，"尽快改变职业教育发展相对滞后的局面，切实发挥职业教育在经济社会发展中的基础作用，是一项具有战略意义的紧迫任务"。

然而，由于我国经济运行采取的是非常宽松的市场经济运行模式，这种模式不仅使大多数企业并不具备实现产业升级的内部动力，而且由于其生产方式对高技能人才没有需求而不愿意参与职业教育；由于没有建立起适合于高端制造业的企业治理模式，企业内部并没有构建起对劳动者具有足够吸引力的工作机会，个体对通过接受职业教育进入技能型岗位的积极性不足。这就是企业不愿意参与职业教育、个体对接受职业教育缺乏兴趣的根本原因。这种状况形成了职业教育的国家需求与企业需求、个体需求之间的矛盾状态。这种矛盾状态如果不能得到消解，就可能由于缺乏支撑高端制造业所需要的大批高技能人才而使产业升级乏力，预先设定的目标不能得到实现，最终导致经济发展的下滑。

（三）重新定位企业角色是消解职业教育发展需求矛盾的关键策略

既然以高端制造业为主体的产业形态及为其提供人力资源支撑的职业教育，只有在对企业的市场行为有所限制的经济运行环境中才能得到实现，那么就需要反思我国所采取的市场经济运行模式，其关键内容是重新定位企业在市场中的角色，在保证企业自主发展积极性的前提下，通过对市场规则的调整，引导企业更多地通过提升生产工艺水平、管理水平、员工的技能水平来获取利润，使之从纯粹逐利的市场主体转变为多方力量制衡下的社会福利缔造者。

如何实现企业这一角色的转换？其中的一项关键内容是重构企业内部治理模式。后福特主义要协调的企业两类行为中，更为基础和复杂的是企业领导层与工人之间的关系，即打破领导层与工人之间的阶层化结构，使工人能参与企业的决策，改变由极少数领导者决定企业一切重大事务的治理状况。例如，在德国，法律规定企业董事会 1/3 的成员是工人。这一制度在德国也曾一度备受质疑，因为它的确会在企业面向市场的决策灵活性中存在一些障碍，但最终的实践表明，因为有了这样一种企业制度，使得工人从事生产的自觉性大大提高，并能把一线生产中捕捉到的许多市场信息反映到企业决策中，从而支撑了高技能、高品质的产业发展路径。21 世纪以来德国产业的出色表现已越来越显示出这一企业制度的优越性。

我国计划经济模式中企业缺乏市场主体地位给产业发展带来的严重问题，使得后来在市场经济改革中把其要素全部抛弃掉了。其实计划经济时代企业内部的一些治理方式是很有价值的，如工人在企业中的地位很高，并能参与企业决策，而不是像目前许多企业中的工人那样，只是流动的务工者，机器的附属品。后福特主义的企业制度对我国来说并不陌生。这是我国实现企业角色转型的一个重要基础。

另外，在经济体制上，我国实施的是中国特色社会主义市场经济。尽管我国强调要发挥市场在经济运行中的决定作用，但是，决定作用不是绝对作用，控制与协调本是我国经济运行模式的内在要素。这是企业制度改革的体制基础。当然，这个改革过程一定是极为艰难的，但除此以外，我们没有其他选择。

第四节 我国现代学徒制的实践进展

2014 年，教育部出台《教育部关于开展现代学徒制试点工作的意见》，正式启动了全面构建我国职业教育现代学徒制体系的实践历程。而在该文件颁布之前，其实已有部分职业院校在西方国家现代学徒制理念影响下，自主开始了现代学徒制试验。从这个角度看，我国现代学徒制实践的起始时间大约应推算至2000年左右。那么经过近20年的发展，尤其是近3年的大幅度推进，从全国情况看，我国现代学徒制实践总体进展如何？尚存在哪些问题？进一步发展迫切要解决的问题是什么？2017年下半年本书课题组围绕这些问题进行了全国范围的调研。

一、调研的问题结构

从现有文献看，目前已经发表了不少对我国现代学徒制实践进展情况进行描述和分析的论文，这些论文为我们把握全国现代学徒制实践进展总体情况提供了参考资料，然而这些文献显然无法完全解决这一问题，这是因为一方面这些文献只是选择某一角度对现代学徒制实践进展情况进行研究，如从高等职业教育的角度、中等职业教育的角度、某一地区的角度、某一专业的角度、某一问题的角度（如企业参与现代学徒制情况）等，尚缺乏直接针对全国情况的研究，更为重要的是：（1）这些文献对现状的描述和问题的分析多数只是基于局部的、个人的经验，缺乏全面的、大规模的数据调查基础；（2）即使有些文献在研究方法上具有实证成分，但所研究的问题往往不够深入和系统，如只是关注试点班级的情况、人才培养模式的要素等，不能在更加深入、细致的层面把握现代学徒制的实践进展情况。

"实践进展情况"本身是一个非常开放、没有明确范围界定的问题，要对它进行调查，就必须具体定义研究问题。调研问题设计的基本依据，自然应当是最能体现现代学徒制特征的要素，这就涉及什么是现代学徒制、现代学徒制实施中最难的环节是什么这些具有根本意义的问题。从以上定义看，现代学徒制的含义包括三个层面，即学习方式、人才培养模式和教育制度，如图1-4所示。

从学习方式层面看，现代学徒制实践进展首要应关注：（1）师徒关系是如何构建的，构建出的是什么样的师徒关系？（2）在师徒关系的基础上，学徒是如何进行技能学习的？从人才培养模式层面看，现代学徒制实践进展应当关注：（1）学校与企业之间的合作关系是如何建立的，所建立的是什么样的合作关系？（2）学校与企业两种环境中的学习是如何联系在一起的？从教育制度层面看，现代学徒制实践进展应当关注各试点院校和区域的制度构建情况。

可见，现代学徒制构建是个系统工程，为了较为全面地反映现代学徒制实践进展情况，本次调查确定表1-1中的调研问题结构。

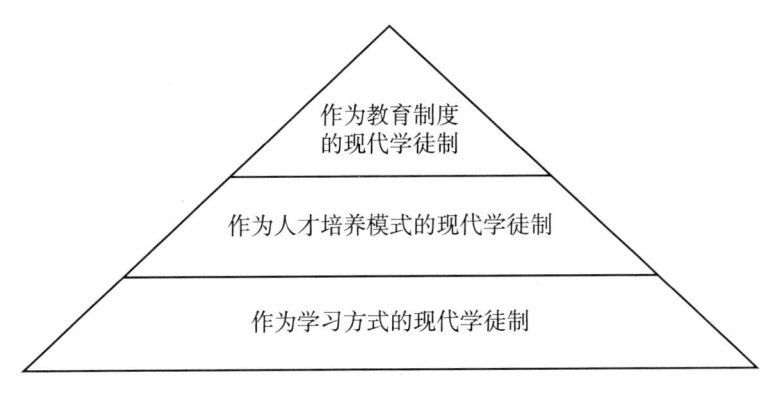

```
              作为教育制度
              的现代学徒制

         作为人才培养模式的现代学徒制

      作为学习方式的现代学徒制
```

图 1-4　现代学徒制的实践结构

表 1-1　　现代学徒制实践进展总体情况调研问题结构

一级问题	二级问题	三级问题
A. 现代学徒制对学习改变的总体情况	A-1 学习场所与时间	A-1-1　学徒学习实施的主要场所是什么 A-1-2　在企业真实岗位上学习时是否有轮岗 A-1-3　学徒学习的总时间是多长？学习时间是如何分布的
	A-2 学习内容与方法	A-2-1　师傅对学习者传授的学习内容有哪些，各自的比重如何 A-2-2　通过学徒学习，学习者获得的学习成果有哪些，各自的比重如何 A-2-3　在学徒学习阶段，师傅指导学徒主要采取哪些方式进行学习
B. 现代学徒制人才培养模式构建总体情况	B-1 对实施现代学徒制目的的理解	B-1-1　试点专业基于什么原因实施现代学徒制
	B-2 学校与企业合作关系的建立	B-2-1　校企合作中学校的职责是哪些 B-2-2　校企合作中企业的职责是哪些 B-2-3　学校与企业合作的内容有哪些 B-2-4　学校在选择合作企业时主要考虑了哪些因素 B-2-5　合作企业在所有制属性上是如何分布的 B-2-6　合作企业的规模是如何分布的
	B-3 现代学徒制人才培养方案的构建	B-3-1　现代学徒制人才培养方案的开发主体是谁 B-3-2　学习在人才培养方案中是如何嵌入的 B-3-3　学徒在哪个学习时段进行选拔

续表

一级问题	二级问题	三级问题
B. 现代学徒制人才培养模式构建总体情况	B-4 现代学徒制人才培养方案的实施	B-4-1 师徒关系是如何建立的，包括试点院校在多大程度上能参与师傅选拔，师傅选拔的条件有哪些，师傅的年龄、从业年限和技能或职称等级分布如何，学徒的选拔条件有哪些，学徒是按什么方式进行选拔的，参与现代学徒制的学生占总学生数的比例如何，师徒关系确立的主体是谁，师徒关系确立的形式有哪些，师徒协议的主要内容有哪些，每个专业拥有的师傅数和师傅平均带徒数是多少
		B-4-2 试点院校对师傅的培训情况，包括培训开展的频率，是否制订了详细的师傅培训计划，师傅培训内容有哪些
		B-4-3 现代学徒制经费投入和使用情况，包括现代学徒制急需的支持条件是什么，现代学徒制实施的生均成本是多少，地方政府和试点院校是否制定了投入标准，学校和企业学徒培训经费的用途有哪些
		B-4-4 现代学徒制质量监控实施情况，包括试点院校是否对学徒培训质量进行了监控，是否建立了统一的学徒评价标准，企业对学徒评价的方式有哪些，试点院校对学徒培训进行质量简况的方式有哪些
C. 现代学徒制支撑制度建构的总体情况	C-1 学校层面的制度建设	C-1-1 试点院校为实施现代学徒制建设了哪些制度
	C-2 学校对现有制度的改革与创新	C-2-1 试点院校为实施现代学徒制对现有制度进行了哪些改革
	C-3 政府层面的制度建设	C-3-1 政府为实施现代学徒制建设了哪些制度

二、调研对象与方法

为了获得以上问题的答案，本次调研分四个层面进行，即教育局、学校、专业和学生。针对这四个层面调研的问题各有侧重：教育局层面重点调研的问题是现代学徒制实践推进过程中区域层面的制度建构情况；学校层面重点调研的问题是现代学徒制实践推进过程中学校层面的制度建构情况；专业层面重点调研的问题是现代学徒制作为一种人才培养模式的具体形态建构情况；学生层面调研的问题是现代学徒制作为一种人才培养模式对学习方式的影响情况。

调研对象的选取以教育部所确立的现代学徒制试点区域和学校为主要依据。有些学校虽然没有正式纳入教育部所确立的试点院校，却一直在自发地坚持进行现代学徒制实践，它们的实践也是我国现代学徒制构建的一部分，因此把它们纳入本次调研的范围。本次调研涉及的省份为13个，共调研了3个教育局（分别为湖州市教育部、无锡市教育局和南通市教育局）、72所中等职业学校和高等职业学院、124个专业点、1 241位学生。教育局层面的调研对象为负责现代学徒制实践推进工作的领导、学校层面的调研对象为负责现代学徒制实践推进工作的学校领导、专业层面的调研对象为系主任或专业负责人。

调研的基本方法为问卷调查、访谈和文本收集。能够编制成明确选项的问题均采取了问卷形式，难以编制成明确选项的问题，或是需要在选择的基础上进一步了解的问题则采取了访谈形式。考虑到调查对象在问卷填写和访谈问题回答过程中会带有主观性，调研时还尽量要求调研对象提供具体的文本资料，以佐证调研结果的真实情况。如一份基于现代学徒制的人才培养方案，有时要比调研对象的主观描述更能反映现代学徒制人才培养模式实践推进的真实情况。

三、调研结果与分析

调研结果整理按照调研问题结构的逻辑来进行。

（一）现代学徒制对学习改变的总体情况

现代学徒制实践进展情况体现的首要指标是学习者的学习是否发生了根本改变。从本次调研结果来看，在明确实施了现代学徒制人才培养模式的专业，学习者的学习发生了明显变化，体现在以下几个方面。

1. 学习场所与时间

调研结果显示，明确在实施现代学徒制人才培养模式的专业，针对人才培养方式总体上采取了较有实质意义的改革措施。结果显示，88.4%的专业负责人认为他们的专业人才培养模式与非学徒制专业人才培养模式有明显区别（见表1-2）。当然，有8.1%的专业负责人认为他们的专业人才培养模式与非学徒制专业人才培养模式没有明显区别，这就是说有部分试点专业并没有真正启动现代学徒制构建工作。这一比例虽然比较小，但这种现象还是需要关注。

表1-2　　　　　与同专业非学徒制培养模式是否有差异　　　　单位：%

选项	百分比
有差异	88.4
没有差异	8.1
缺失	3.5

这一变化的具体内容是大大增加工作本位学习的比重。但是对现代学徒制内涵的理解不同，会影响到工作本位学习实施的具体场所。调研结果显示，53.7%的专业的工作本位学习是在企业真实岗位进行的（见表1-3），而且有67.4%的专业的学生能获得轮岗机会（见表1-4），但也有不少专业的工作本位学习是在企业内培训中心和校内技能训练中心进行的。虽然有些学校在通过大师工作室来实施现代学徒制，但所占比重不高。从学习场所看，把企业内培训中心与校内技能训练中心作为现代学徒制的学习场所，并没有偏离现代学徒制的学习本质。恰恰相反，对许多专业而言，它们是现代学徒制的重要学习场所。在德国的双元制中，企业内培训中心的学习也是学习者最终进入真实岗位前非常重要的学习阶段。

表1-3　　　　　　　现代学徒制学习场所分布

选项	频率	百分比（%）
企业真实岗位	79	53.7
企业内培训中心	32	21.8
校内技能训练中心	21	14.3
行业联合学院	1	0.7
跨企业培训中心	1	0.7
大师工作室（校内）	4	2.7
其他	9	6.1

表1-4　　　　　　　企业是否安排学生轮岗　　　　　　单位：%

选项	百分比
是	67.4
否	10.5
缺失	22.1

但是，把企业真实岗位、企业内培训中心纳入学习场所，并不意味着就构建起了现代学徒制人才培养模式。要构建起现代学徒制人才培养模式还需要两个条件：（1）在企业学习的时间要达到一个最低限度。这一限度是多少？目前并没有统一标准。传统学徒制的学习时间通常在3年以上，有的甚至需要7~8年。调研结果表明，学徒在工作场所学习的时间普遍低6个月，入学第二年进入的学徒较为乐观，其中22%的学徒在工作场所学习的时间超过6个月，并且有4.4%的学徒在工作场所学习的时间达到了1~1.5年（见表1-5）。但是，总体来看，学徒在企业学习的时间偏短，离完全意义上的现代学徒制有较大差距。

表1-5　　　　　　　工作本位学习持续时间占比　　　　　　单位：%

学习时间	入学第一年	入学第二年	入学第三年
3个月以下	5.4	8.0	16.1
3~6个月	3.0	15.2	17.9
6个月至1年	4.1	17.0	4.3
1~1.5年	1.6	4.4	0
1.5~3年	0.9	0.6	0

2. 学习内容与方法

那么在企业学习时，师傅对学徒传授了哪些学习内容？他们主要用哪种方式来指导学徒的学习？如表1-6所示，师傅传授最多的内容还是岗位操作技能，有67.5%的被调查者把该要素排前三；同时，30.2%的被调查者把工作过程中的经验与诀窍排前三；工作中要求的基本品质和精神、工作中各种设备的使用调试与简单维修方法的传授的可能性也比较高。其他各项内容传授的百分比则要小得多，排在前三的比例在10%上下。尤其是工作中涉及的原理性知识，师傅很少传授这方面的内容。这种学习内容结构符合一般学徒制的特征，但从现代学徒制的角度看还有待深化，如问题处理与相关原理性知识应当是现代学徒制需要突出的传授内容。如表1-7所示的师傅的指导方式也是具备一般学徒制的特征，即以观摩法为主，同时就相关内容进行一些讲解（该结果与表1-6中的工作中涉及的原理性知识的比例很低似乎有冲突，其实并不冲突，因为被试会把前者更多地理解为讲解方式发生的概率，而后者理解为传授理论性知识的教学行为发生的概率），但研讨法的使用概率就很低。

表1-6 师傅指导内容排序占比

单位:%

选项	1	2	3	4	5	6	7	8	9	10	11	12	未选
企业的基本概况	8.1	3.5	3.5	5.8	2.3	2.3	2.3	4.7	0	0	0	0	67.4
企业生产的各类产品与提供的各类服务	5.8	8.1	7.0	3.5	2.3	3.5	3.5	1.2	0	0	1.2	0	64.0
企业中各生产服务岗位及其相互之间的关系	1.2	5.8	5.8	3.5	3.5	5.8	1.2	0	1.2	1.2	1.2	0	69.8
岗位操作技能	44.2	14.0	9.3	3.5	2.3	0	0	0	0	0	0	0	26.7
工作中各种设备的使用调试与简单维修方法	2.3	19.8	15.1	7.0	7.0	0	1.2	0	2.3	0	0	0	45.3
工作过程中的经验与诀窍	11.6	7.0	11.6	16.3	7.0	2.3	0	1.2	1.2	0	0	0	41.9
面对不同的客户设计和选择方案	0	0	3.5	5.8	3.5	1.2	4.7	3.5	0	1.2	0	0	76.7
工作中遇到实际问题时如何快速决策和处理	2.3	10.5	9.3	10.5	8.1	2.3	1.2	1.2	0	1.2	0	0	53.5
工作中要求的基本品质和精神	10.5	15.1	14.0	7.0	4.7	5.8	2.3	0	0	0	0	0	40.7
个人职业生涯发展规划	4.7	1.2	3.5	4.7	8.1	3.5	5.8	2.3	3.5	0	0	0	62.8
工作中涉及的原理性知识	0	2.3	0	2.3	2.3	8.1	0	2.3	0	2.3	1.2	0	79.1
其他	3.5	2.3	0	0	0	0	0	1.2	0	0	0	0	93.0

表1-7　　　　　　　　　师傅指导方式排序占比　　　　　　　　单位：%

指导方式	第1	第2	第3	第4	第5	第6	未选
观摩法	60.5	17.4	3.5	1.2	0	0	17.4
试误法	4.7	16.3	15.1	4.7	4.7	0	54.7
讲解法	15.1	39.5	18.6	1.2	0	0	25.6
研讨法	3.5	0	11.6	10.5	4.7	0	69.8
合作法	8.1	9.3	17.4	14.0	7.0	0	44.2
其他	1.2	1.2	2.3	0	0	0	95.3

根据专业负责人的评估，现代学徒制中的学生提升的总体情况是，技能与知识方面的效果要明显高于品质与精神等方面的效果（见表1-8）这一结果与学校本位学习的效果是一致的，即尽管学校非常重视对学生品质与精神的培养，但往往是知识与技能培养的效果要明显高于品质与精神方面的培养效果。现代学徒制在学生职业品质与精神培养中的优势尚未充分开发出来。

（二）作为人才培养模式的现代学徒制构建总体情况

要形成现代学徒制所需要的学习方式，需要构建起用于支撑这种学习方式的人才培养模式。人才培养模式的构建是现代学徒制的主体部分。本次调研围绕这一层面进行了较为细致的调研，下面按照现代学徒制人才培养模式构建的基本过程呈现调研结果并进行相关分析。

1. 对实施现代学徒制目的的理解

专业层面对实施现代学徒制目的的理解的深刻程度，对现代学徒制人才培养模式构建的深入程度有直接影响，因此，本书课题组首先对这一问题进行了调研。我国实施现代学徒制的根本目的，是满足产业升级对技术技能的新要求。产业升级的最终结果是产品质量提升，而为了提升产品质量就必须提升生产技术，改进生产组织方式，这些方面的变化最终会体现在人才培养规格的变化上，从而带来了人才培养模式改革的需求。但从调研结果看，多数调研对象把实施现代学徒制的目的仅仅理解为原有校企合作人才培养模式的发展，他们没有看到实施现代学徒制人才培养模式改革与过去校企合作人才培养模式的重要区别。虽然有不少调研对象把改革目的归因到了人才培养规模的变化，但他们没有看到导致这种变化背后的产业变化原因，因而理解也是比较肤浅的。认识上的模糊和表面化，是导致目前现代学徒制人才培养模式构建难以真正深入的重要原因，如表1-9所示。

表1-8 现代学徒制中的学习效果（表中数字为百分比统计结果）

学习效果	第1	第2	第3	第4	第5	第6	第7	第8	第9	第10	第11	第12	第13	第14	第15	第16	未选
提升实践操作技能	60.5	8.1	7.0	4.7	2.3	3.5	0	0	0	0	0	0	0	0	0	0	14.0
增强对专业知识的理解与应用	2.3	36.0	5.8	4.7	4.7	2.3	1.2	0	1.2	0	0	0	0	0	0	0	41.9
增强专业学习主动性	5.8	12.8	9.3	4.7	4.7	1.2	0	0	1.2	0	0	0	0	0	0	0	60.5
坚定从业信心	5.8	3.5	7.0	4.7	9.3	3.5	0	1.2	0	0	0	1.2	0	1.2	0	0	62.8
增强职业认同	3.5	5.8	11.6	11.6	4.7	1.2	0	2.3	0	0	0	0	0	0	0	0	59.3
践行职业规范	3.5	5.8	5.8	7.0	2.3	4.7	5.8	0	0	0	0	0	0	0	0	0	65.1
追求精益求精	1.2	0	0	1.2	2.3	3.5	2.3	0	2.3	0	0	0	1.2	0	1.2	0	84.9
提升爱岗敬业态度	3.5	2.3	5.8	2.3	8.1	5.8	1.2	2.3	1.2	1.2	1.2	0	0	0	1.2	0	65.1
增强职业团队合作	2.3	3.5	7.0	11.6	8.1	1.2	2.3	2.3	1.2	0	1.2	0	0	1.2	0	0	59.3
明确职业底线和要求	0	0	2.3	3.5	0	3.5	2.3	1.2	0	2.3	1.2	1.2	0	1.2	0	0	82.6
追求创新改进	0	0	2.3	1.2	0	1.2	1.2	0	0	0	1.2	1.2	1.2	1.2	0	0	88.
遵守行业、企业规范	0	4.7	7.0	7.0	4.7	3.5	4.7	2.3	1.2	0	1.2	1.2	0	1.2	0	0	64.0
强化质量意识	2.3	3.5	3.5	2.3	4.7	2.3	0	1.2	0	1.2	0	1.2	2.3	0	1.2	0	73.3
养成认真负责的工作习惯	2.3	1.2	8.1	4.7	3.5	3.5	1.2	3.5	2.3	4.7	0	0	0	1.2	0	0	67.4
强化安全意识	3.5	3.5	4.7	3.5	1.2	7.0	4.7	1.2	1.2	0	0	1.2	0	0	1.2	0	62.8
其他	1.2	3.5	0	0	0	1.2	0	0	1.2	0	0	0	0	0	0	0	93.0

表 1 - 9　　　　　　实施现代学徒制的原因排序占比
（表中数字为百分比统计结果）　　　　　单位：%

原因	第1	第2	第3	第4	第5	第6	未选
专业原有校企合作基础	43	9.3	9.3	7	1.2	2.3	27.9
专业未来的内涵式发展	18.6	26.7	11.6	2.3	2.3	0	38.4
专业所对应行业的技术新发展	5.8	5.8	14	9.3	1.2	0	64
专业所对应行业的产品新特征	0	1.2	1.2	3.5	5.8	4.7	83.7
专业所对应行业的生产组织方式新特征	0	7	5.8	5.8	4.7	3.5	73.3
专业所对应行业对人才规格的新需求	16.3	25.6	12.8	3.5	0	3.5	38.4
其他	15.1	5.8	1.2	0	2.3	1.2	74.4

2. 学校与企业合作关系建立

一般地说，学校与企业合作关系建立是现代学徒制人才培养模式构建的前提。当然，如前所述，在更加宽泛的意义上，现代学徒制也可以绕开企业，通过直接聘用企业师傅来实施，但基于校企合作的现代学徒制是现代学徒制的主导形式。调研结果显示（见表 1 - 10 至表 1 - 12）学校和企业的职责划分均比较清晰，即学校的主要职责是完成文化基础课、专业理论课教学任务并达到相关要求，保证学生学籍和基本权力及安排教师驻厂或定期巡视；企业的主要职责是安排带教师傅，负责学生的日常带教和管理工作、提供学徒岗位及制订学徒训练方案；双方的主要合作内容是共同制订和实施人才培养方案、组建由学校教师和企业师傅组成的"双元"教师团队及共同制定相关制度。

表 1 - 10　　　　　　　　　　学校职责

选项	平均综合得分
完成文化基础课、专业理论课教学任务并达到相关要求	4.38
保证学生学籍和基本权力	4.20
安排教师驻厂或定期巡视	2.56
进行学生职业生涯规划辅导	1.48
其他	0.82
组织学生参加职业技能鉴定	0.52

表 1-11　　　　　　　　　　　企业职责

选项	平均综合得分
安排带教师傅，负责学生的日常带教和管理工作	4.26
提供学徒岗位	4.00
制订学徒训练方案	3.20
为学徒提供必要的劳动安全保障	2.34
录用考核合格并取得毕业证书的学徒，签订劳动合同	1.70
其他	0.72
进行学徒考评	0.52

表 1-12　　　　　　　　　　学校与企业合作内容

选项	平均综合得分
共同制订和实施人才培养方案	4.18
组建由学校教师和企业师傅组成的"双元"教师团队	2.94
共同制定相关制度	2.70
共同制订和实施联合招生方案	2.04
成立协调机构	1.30
其他	0.42

实施现代学徒制人才培养模式首要是选择企业。调查结果显示：（1）试点院校选择合作企业的首要考虑因素是企业规模，然后便是企业与学校以前的合作关系、企业用人计划与用人规格、企业知名度等因素（见表 1-13），对企业的技术水平及其生产组织方式则考虑不足。其实，技术水平高、生产组织方式比较适合应当是企业选择的首要考虑因素，这与现代学徒制实施目的有关。选择有一定规模的企业合作是必要的，但调研也发现，如果企业规模过大，内部结构复杂，反而会不利于现代学徒制人才培养模式的实施。（2）从合作企业属性看，大部分试点院校合作的企业首先是私营企业，其次是国有企业，外资企业等占比很小（见表 1-14）；从合作企业规模看，250 人以下员工数的企业和 1 001～5 000 人员工数的企业占比较高，呈两极分化现象（见表 1-15）。（3）大多数企业同时接受的学徒数在 50 人以下（见表 1-16）。

表 1-13　　　　　　合作企业选择主要考虑的因素　　　　　　单位：%

因素	未选	第1	第2	第3	第4	第5	第6	第7
企业规模	38.4	24.4	17.4	8.1	7.0	2.3	1.2	1.2
企业用人计划与用人规格	50.0	11.6	14.0	15.1	3.5	1.2	2.3	2.3
企业员工发展情况	53.5	4.7	8.1	17.4	4.7	8.1	2.3	1.2
企业知名度	48.8	11.6	16.3	8.1	10.5	1.2	2.3	1.2
企业所处区域	50.0	7.0	8.1	8.1	10.5	11.6	2.3	2.3
企业与学校以前的合作关系	38.4	19.8	16.3	8.1	10.5	3.5	2.3	1.2
企业技术水平及其生产组织方式	60.5	8.1	4.7	9.3	4.7	4.7	3.5	4.7
其他	76.7	10.5	4.7	3.5	3.5	1.2	0	0

表 1-14　　　　　　合作开展学徒培养企业的属性

企业性质	频率	百分比（%）
国有企业	27	25.7
私营企业	63	60.0
外资企业	9	8.6
合资企业	4	3.8
股份制公司	2	1.9

表 1-15　　　　　　合作开展学徒培养企业的规模

企业员工数（人）	频率	百分比（%）
250 以下	21	31.8
250～500	12	18.2
501～1 000	6	9.1
1 001～5 000	22	33.3
5 001～80 000	5	7.6

表 1-16　　　　　合作开展学徒培养企业接受学徒数分布

接收学徒数（人）	频率	百分比（%）
25 以下	31	44.3
25～50	28	40.0
51～100	5	7.1

续表

接收学徒数（人）	频率	百分比（%）
101~200	4	5.7
200以上	2	2.9

3. 现代学徒制人才培养方案的构建

关于人才培养方案的构建，本书课题组主要围绕人才培养方案开发主体、学徒学习在人才培养方案中的嵌入模式、学徒选拔时间等问题进行了调研。调研结果显示：（1）绝大多数试点院校的人才培养方案是校企共同开发的，企业参与了人才培养方案开发过程（见表1-17）；（2）学徒学习在人才培养方案中的嵌入模式方式以"2+1"和"1+2"模式为主（见表1-18）；（3）多数试点院校采取了入学初就对学生进行学徒选择的策略（见表1-19）。

表1-17　　　　　　人才培养方案开发主体

开发主体	未选频率	未选百分比（%）	频率	已选百分比（%）
企业开发统一的培养方案	83	96.5	3	3.5
校企合作开发统一的培养方案	27	31.4	59	68.6
师傅制订训练方案	82	95.3	4	4.7
师傅自行确定训练内容和方式	86	100.0	0	0
校企独自开发各自的培养方案	86	100.0	0	0
其他	83	96.5	3	3.5

表1-18　　　　学徒学习在人才培养方案中的嵌入模式

模式	频率	百分比（%）
学校2年+学徒制1年（简称"2+1"）	10	17.9
学校1年+学徒制2年（简称"1+2"）	8	14.3
学校1.5年+学徒制1.5年（简称"1.5+1.5"）	1	1.8
学校1.5年+实训中心0.5年+顶岗1年（简称"1.5+0.5+1"）	5	8.9
其他	32	57.1

表 1-19　　　　　　　　　　学徒选拔时段

选拔时段	频率	百分比（%）
未选择	7	8.1
开学选拔	40	46.5
第一学期期末选拔	12	14.0
第二学期期末选拔	11	12.8
第三学期期末选拔	1	1.2
第四学期期末选拔	2	2.3
第五学期期末选拔	1	1.2
其他	12	14.0
合计	86	100.0

4. 现代学徒制人才培养方案的实施

（1）师徒关系建立。现代学徒制与一般校企合作的区别在于，它要确立师傅在人才培养中的主体责任，构建起师徒关系。调研结果显示：

第一，师傅选拔。大多数学校没有参与师傅的选拔（见表 1-20），这一情况反映了校企合作中学校处于弱势地位，但它不利于人才培养质量的保障。师傅选拔中专业负责人最为看重的依次是师傅的道德素质、技能等级和从业年限（见表 1-21），这一取向是合理的。目前带教师傅多数集中在 31~40 岁（见表 1-22），从业年限集中在 20 年以下，10 年以下从业年龄的也占了 44.4% 的比例，师傅的年龄偏低，从业年限偏短（见表 1-23）。师傅的技能或职称等级多数为高级，但是该题空白较多（见表 1-24），说明专业负责人对师傅的具体情况普遍不太熟悉，在有限的回答中，调研对象的回答也很分散，因为许多师傅拥有的只是行业内的称号，如店长、总监、经理、企业骨干、执业药师等，难以归入证书的等级。

表 1-20　　　　　　　　学校是否参与师傅的选拔

选项	频率	百分比（%）
未选择	6	7.0
是	30	34.9
否	50	58.1
合计	86	100.0

表 1-21　　　　　　　　师傅选拔的条件排序占比　　　　　　　　单位：%

条件	1	2	3	4	5	6	7	8	9	10	11	12	未选
师傅从业年限	18.6	9.3	11.6	8.1	5.8	0.0	0.0	1.2	0.0	0.0	0.0	0.0	45.3
师傅技能等级	23.3	32.6	5.8	2.3	3.5	1.2	1.2	0.0	0.0	0.0	0.0	0.0	30.2
师傅业内评价	1.2	7.0	14.0	7.0	8.1	2.3	0.0	0.0	0.0	0.0	0.0	0.0	60.5
师傅性别	0.0	0.0	0.0	0.0	0.0	1.2	0.0	1.2	0.0	0.0	0.0	0.0	97.7
师傅年龄	0.0	0.0	1.2	5.8	0.0	0.0	1.2	0.0	0.0	0.0	0.0	0.0	91.9
师傅意愿	8.1	10.5	9.3	10.5	4.7	1.2	1.2	0.0	0.0	0.0	0.0	0.0	54.7
师傅所在企业意愿	4.7	3.5	7.0	3.5	7.0	2.3	0.0	2.3	0.0	0.0	0.0	0.0	69.8
师傅的道德素质	23.3	12.8	12.8	4.7	7.0	2.3	1.2	0.0	0.0	0.0	0.0	0.0	36.0
师傅与学校的先前合作关系	0.0	1.2	2.3	4.7	1.2	2.3	3.5	0.0	2.3	0.0	0.0	0.0	82.3
师傅先前指导徒弟的经历	3.5	3.5	5.8	9.3	4.7	3.5	0.0	1.2	0.0	1.2	0.0	0.0	67.4
师傅性格	0.0	0.0	3.5	2.3	0.0	3.5	2.3	0.0	0.0	0.0	1.2	0.0	87.2
其他	7.0	3.5	0.0	1.2	2.3	0.0	0.0	0.0	0.0	0.0	0.0	0.0	83.7

表 1-22　　　　　　　　师傅的年龄分布

年龄（岁）	频率	百分比（%）
20~30	6	17.6
31~40	28	51.9
41~50	15	27.8
51~60	5	9.3

表 1-23　　　　　　　　师傅的从业年限分布

从业年限（年）	频率	百分比（%）
10 以下	24	44.4
10~20	24	44.4
21~30	2	3.7
31~40	4	7.4

表1-24　　　　　　　师傅的技能或职称等级分布

技能或职称等级	频率
初级	1
中级	6
高级	17
技师	6

第二，学徒选拔。专业层面学徒选拔时最看重的要素则是学徒意愿，同时会兼顾家长意愿和学生在校的综合素质表现。学徒选拔主要采取志愿填报的方式进行，部分试点院校会结合采用测试方式。参与学徒制的学生数占专业学生总数的比例约在20%。大部分专业对志愿申请现代学徒制的学生没有任何淘汰，91.9%的专业对申请现代学徒制的学生的淘汰比例在50%以下，如表1-25至表1-28所示。

表1-25　　　　　　　学徒选拔条件排序占比　　　　　　　单位：%

选拔条件	未选	1	2	3	4	5	6	7	8	9	10
学徒意愿	24.4	65.1	9.3	0.0	0.0	1.2	0.0	0.0	0.0	0.0	0.0
家长意愿	50.0	4.7	33.7	8.1	3.5	0.0	0.0	0.0	0.0	0.0	0.0
学徒年龄	95.3	0.0	0.0	2.3	1.2	0.0	0.0	0.0	0.0	1.2	0.0
学徒性别	95.3	0.0	0.0	1.2	1.2	1.2	0.0	1.2	0.0	0.0	0.0
学徒籍贯	88.4	2.3	3.5	1.2	2.3	1.2	0.0	0.0	1.2	0.0	0.0
学徒性格	90.7	0.0	1.2	1.2	4.7	0.0	2.3	0.0	0.0	0.0	0.0
学徒在校成绩	74.4	1.2	3.5	12.8	2.3	3.5	1.2	1.2	0.0	0.0	0.0
学徒在校素质表现	59.3	1.2	8.1	14.0	12.8	3.5	0.0	0.0	1.2	0.0	0.0
专业对口	66.3	7.0	5.8	9.3	4.7	5.8	0.0	0.0	0.0	1.2	0.0
其他	82.6	8.1	2.3	2.3	3.5	0.0	1.2	0.0	0.0	0.0	0.0

表1-26　　　　　　　学徒选拔方式

选拔方式	频率	百分比（%）
志愿选拔	52	60.5
职业性向测试	12	14.0

续表

选拔方式	频率	百分比（%）
专业技能测试	17	19.9
其他	23	26.7

表1-27　　专业在校生总数与参与现代学徒制学生人数

选项	平均人数（人）
本专业在校生	467.6
本专业参与学徒制的学生	94.4

表1-28　　　　　　　学徒选拔淘汰率

淘汰率（%）	频率	百分比（%）	有效百分比（%）	累积百分比（%）
0	49	57.0	57.0	57.0
10.0	4	4.7	4.7	61.6
15.0	1	1.2	1.2	62.8
16.6	1	1.2	1.2	64.0
20.0	4	4.7	4.7	68.6
23.0	1	1.2	1.2	69.8
30.0	2	2.3	2.3	72.1
35.0	1	1.2	1.2	73.3
36.8	1	1.2	1.2	74.4
40.0	1	1.2	1.2	75.6
5.0	1	1.2	1.2	76.7
50.0	13	15.1	15.1	91.9
61.5	1	1.2	1.2	93.0
68.0	1	1.2	1.2	94.2
7.5	1	1.2	1.2	95.3
70.0	3	3.5	3.5	98.8
90.0	1	1.2	1.2	100.0
合计	86	100.0	100.0	—

　　第三，师徒关系确立的权力关系。师徒关系确立的基本方式是企业指派，师傅和学校在其中的作用都比较弱（见表1-29和表1-30），再一次说明了

企业在现代学徒制构建中的强势地位。在师徒关系确立的方式上，大多数试点院校要求签订师徒协议，也有相当部分试点院校还采取了传统的拜师仪式（见表1-31）。大多数试点院校师徒协议的内容，主要涉及师傅与学徒的职责、学徒期限、学习目标、培养内容、考核方式与标准等（见表1-32）。关于每个专业平均师傅数和每位师傅平均带教学徒数，本次调研针对不同现代学徒制实施形式分别进行了调研（见表1-33、表1-34、表1-35），以更好地反映真实情况：结果显示，无论是跟岗带教型、轮岗带教型还是跟班带教型，三种学徒制的轮岗带教师傅数均在25人以下。学徒以班级形式由师傅集体授课的跟班带教型现代学徒制，大多数专业的师傅数也是在25人以下，平均师傅数为6.25人。这里需要说明的是，严格地说，跟班带教型现代学徒制并非真正意义上的现代学徒制，但由于我国现代学徒制正处于初建阶段，试点院校受条件限制，往往会采取一些不够严谨但在目前条件下有些实效的现代学徒制实施形式，为了更好地反映客观状态，也把这些形式的现代学徒制纳入调研范围。

表1-29　　　　　　　　学校是否参与师徒关系确立

选项	频率	百分比（%）
未选择	6	7.0
是	30	34.9
否	50	58.1
合计	86	100.0

表1-30　　　　　　　　师徒关系确立的权力主体

选项	频率	百分比（%）
企业指派	71	82.6
学校指派	12	14.0
学生和师傅互选	8	9.3
学生单向选择	0	0
师傅单向选择	0	0

表1-31　　　　　　　　师徒关系的确立方式

选项	频率	百分比（%）
拜师仪式	29	33.7
签订师徒协议	44	51.2

续表

选项	频率	百分比（%）
没有任何形式	10	11.6
其他	11	12.8

表1-32　师徒协议的内容

选项	频率	百分比（%）
学徒期限	39	45.3
培养内容	46	53.5
学习目标	40	46.5
工资分配细则	12	14.0
师傅职责	53	61.6
徒弟职责	43	50.0
考核方式与标准	33	38.4
其他	6	7.0

表1-33　跟岗带教型现代学徒制各专业平均师傅数

跟岗带教师傅数（人）	频率	百分比（%）
25以下	33	76.7
25~50	6	7.8
51~75	2	2.6
76~100	2	2.6

表1-34　轮岗带教型现代学徒制各专业平均师傅数

轮岗带教师傅数（人）	频率	百分比（%）
25以下	26	78.8
25~50	4	12.1
51~75	1	3.0
76~100	2	6.0

表 1 - 35　　　　　跟班带教型现代学徒制各专业平均师傅数

轮岗带教师傅数（人）	频率	百分比（%）
25 以下	15	93.8
25 ~ 50	1	6.2

（2）师傅培训。在现代学徒制人才培养模式中，师傅与教师各为学徒培养主体中的一元，师傅对教育理念与方法的掌握水平对现代学徒制实施的质量有很大影响。学徒制从传统走向现代，首要就是要求师傅掌握现代教育理念与方法。由于我国还没有建立起完善的师傅职业资格管理体系，虽然有些师傅在企业内部带过学徒，有一些带徒经验，但他们的这些经验相对现代学徒制的实施要求来说还有较大差距，因此，师傅培训应当是现代学徒制人才培养模式实施的重要环节。调研结果显示：首先，很少有试点院校系统地对师傅进行培训（见表 1 - 36）；其次，只有少部分试点院校制订了明确的师傅培训计划（见表 1 - 37）；最后，即使是为数不多的对师傅进行培训的试点院校，其培训内容也主要是学徒管理，对教育理论和教学方法培训的相对较少（见表 1 - 38）。师傅培训的这种状况，与有些试点院校没有充分意识到师傅培训的重要性有关，但也是因为在校企合作关系中学校处于弱势地位，缺乏对师傅队伍进行系统建设的权力。

表 1 - 36　　　　　　　　　师傅培训频率

选项	频率	百分比（%）	有效百分比（%）	累积百分比（%）
未选择	35	40.7	40.7	40.7
没有	6	7.0	7.0	47.7
偶尔	27	31.4	31.4	79.1
经常	18	20.9	20.9	100.0
合计	86	100.0	100.0	

表 1 - 37　　　　　　　　　师傅培训计划制订

选项	频率	百分比（%）	有效百分比（%）	累积百分比（%）
未选择	29	33.7	33.7	33.7
有	32	37.2	37.2	70.9
无	25	29.1	29.1	100.0
合计	86	100.0	100.0	

表1-38　　　　　　　　　师傅培训内容

培训内容	频率	百分比（%）
教育理论	21	24.4
学徒管理	35	40.7
教学方法	27	31.4
法律法规	6	7.0

（3）经费投入。

本次调研结果显示，现代学徒制试点院校急需获得的三大支持条件是鼓励政策、企业支持和经费投入（见表1-39）。尽管培训标准和内容、师傅参与是现代学徒制人才培养质量的根本保证，但从目前情况看，由于我国现代学徒制尚处于尝试构建阶段，因此试点院校最为渴望的支持还是现代学徒制实施的初始条件。基于这一考虑，本次调研把经费投入列入了主要调研内容。

表1-39　　　　　现代学徒制实施急需获得的支持条件

选项	平均综合得分
鼓励政策	4.3
企业支持	3.62
经费投入	3.0
培训标准和内容	1.06
师傅参与	0.88
其他	0.32

要投入，首先要核算学徒学习阶段生均培养成本。本次调研的86个对象中，只有18个调研对象回答了这一问题，占比很低。其中有两个调研对象估算的金额过大，做误解处理，因此有效回答只有16份。这16个调研对象的回答结果差异很大，浮动范围从400~32 000元，其中7个调研对象的估算在5 000元以下，1个调研对象的估算在5 000~10 000元（不含），3个调研对象的估算在10 000~20 000元（不含）。估算金额差异较大，与专业、区域、学徒学习实施的深度有关，同时也说明目前试点院校对学徒制生均成本普遍尚无明确核算的额度，如表1-40所示。

表1-40　　　　　　　　　现代学徒制生均成本估算

金额（元）	频率
400	1
1 000	1
2 000	1
3 000	3
4 000	1
6 950	1
10 000	1
15 000	1
18 000	1
20 000	2
25 000	1
30 000	1
32 000	1
合计	16

关于地方政府和试点院校是否制定了学徒培训投入标准（见表1-41和表1-42），问卷的空白率都比较高，说明许多调研对象对这一问题的答案不太明晰。这也再一次说明，在现代学徒制人才培养模式实施中，培养成本的确定还处于非常模糊的状态。问卷结果显示，多数地方政府并没有制定学徒培训投入标准，相对而言，试点院校在学徒培训投入标准制定中比较积极，但没有制定标准的专业数还是远超过了制定了标准的专业数。

表1-41　　　　　　　　　地方政府是否制定学徒投入标准

选项	频率	百分比（%）
0	11	12.8
是	10	11.6
否	65	75.6
合计	86	100.0

表 1-42　　　　　　　学校是否制定学徒投入标准

选项	频率	百分比（%）
0	11	12.8
是	27	31.4
否	48	55.8
合计	86	100.0

关于学徒培养成本的用途，调研结果显示，无论是学校的投入还是企业的投入，师傅的补贴、学生保险、设备投入、耗材都是其主要用途。两者的区别在于，企业的投入有相当一部分要用于学生生活补贴，如表 1-43 和表 1-44 所示。

表 1-43　　　　　　　学校学徒培养成本的用途

用途	频率	百分比（%）
学校用于师傅的补贴	51	59.3
学校用于学生保险	50	58.1
学校用于设备投入	43	50.0
学校用于耗材	37	43.0
学校用于企业管理费	10	11.6
学校用于学生生活补贴	13	15.1
学校用于其他	12	14.0

表 1-44　　　　　　　企业学徒培养成本的用途

用途	频率	百分比（%）
企业用于师傅的补贴	42	48.8
企业用于学生保险	37	43.0
企业用于设备投入	35	40.7
企业用于耗材	27	31.4
企业用于企业管理费	3	3.5
企业用于学生生活补贴	60	69.8
企业用于其他	11	12.8

（4）质量监控。

现代学徒制由于是一种由多个主体合作进行的技术技能人才培养模式，因而加强人才培养质量的监控，对确保人才培养质量非常重要；现代学徒制是一种以工作本位学习为主要学习方式的人才培养模式，因而其人才培养质量评价要采取有别于学校本位学习的方式。本次调研结果显示：第一，绝大多数试点院校对现代学徒制人才培养质量实施了不同形式的监控（见表1-45），超过半数的试点院校建立了学徒评价统一标准（见表1-46）；第二，企业对学徒的评价主要依据学徒对工作任务的独立完成情况（见表1-47），学校对学徒培训质量的监控则主要采取过程考核的方式（见表1-48）。

表1-45　　　　　学校是否对学徒培训质量进行监控

选项	频率	百分比（%）
是	70	81.4
否	3	3.5
未选	13	15.1

表1-46　　　　　是否有学徒评价统一标准

选项	频率	百分比（%）
是	58	67.4
否	9	10.5
未选	19	22.1

表1-47　　　　　企业对学徒的评价方式

选项	未选频率	未选百分比（%）	已选频率	已选百分比（%）
独立完成岗位任务	21	24.4	65	75.6
能力等级评价	56	65.1	3	34.9
理论考核	58	67.4	28	32.6
行业技能大赛	70	81.4	16	18.6
考取相关技能证书	65	75.6	21	24.4
其他	73	84.9	13	15.1

表 1-48　　　　　学校对学徒培训质量的监控方式

选项	未选频率	未选百分比（%）	已选频率	已选百分比（%）
定期过程考核	36	41.9	50	58.1
随堂听课	65	75.6	21	24.4
师傅带徒评比	68	79.1	18	20.9
学徒评教	64	74.4	22	25.6
其他	72	83.7	14	16.3

（三）现代学徒制支撑制度建构的总体情况

现代学徒制是一种非常复杂的人才培养模式，一方面它需要学校和企业这两个主体紧密合作才能完成；另一方面它需要充分激发多方面的积极性才能构建起来。因此，现代学徒制要作为一种人才培养模式固化下来，需要完成一系列制度建设，这是现代学徒制建设的高级阶段。这些制度包括两个层面，即用于协调各方行为，确保人才培养过程顺利进行的制度和用于激发相关主体积极性的制度。前一种制度的构建主要由试点院校完成，后一种制度则主要应由政府有关部门来完成；后一种制度的构建比前一种制度复杂得多，也重要得多。

从调研结果来看，学校在制度建设方面总体上比较积极，大多数试点院校至少在努力完成三方协议或劳动合同、现代学徒制实施管理、学校教学标准、建立学徒培养质量监控制度、师傅聘用标准，并努力对已有教学制度进行创新，如扩大专业在人才培养方案制订中的权力、鼓励教学组织形式创新，以适应现代学徒制这种新型人才培养模式实施的需要，如表 1-49 和表 1-50 所示。

表 1-49　　　　　学校制定的现代学徒制制度

选项	小计（次）	比例（%）
三方协议或劳动合同	38	76.0
师徒协议	20	40.0
师傅聘用标准	25	50.0
师傅考核标准	18	36.0
合作企业准入标准	9	18.0
企业教学标准	17	34.0
学校教学标准	31	62.0
学徒出师标准	12	24.0
现代学徒制实施管理办法	32	64.0

续表

选项	小计（次）	比例（%）
建立学徒培养质量监控制度	29	58.0
现代学徒制企校合作制度	23	46.0
现代学徒制工作小组工作制度	15	0
工作年报年检制度	11	2.0
现代学徒制会议制度	9	18.0
现代学徒制资金管理办法	9	18.0
现代学徒制激励办法	13	6.0
其他	15	30.0
（空）	3	6.0
本题有效填写人次	50	—

表1-50　　　　学校对现有教学管理制度的改革与创新

选项	小计（次）	比例（%）
人才培养方案制订权利下放到专业	34	8.0
鼓励教学组织形式创新	33	6.0
建立教学督导制度	17	4.0
调整教师绩效管理制度	15	30.0
建立企业师傅培训制度	17	34.0
推进学时学分管理改革	18	36.0
其他	2	4.0
（空）	1	2.0
本题有效填写人次	50	—

从调研结果看，相比较而言，政府有关部门在现代学徒制实施的制度建设方面所做的努力非常有限，甚至相关制度构建的需要还没有进入政府有关部门的视野，如表1-51所示。

表1-51　　　区域（省市两级）政府出台促进现代学徒制实施的制度

选项	小计（次）	比例（%）
企业参与制度	10	20.0
学徒培养标准	5	10.0

续表

选项	小计（次）	比例（%）
师傅管理制度	5	10.0
学徒制经费投入与管理制度	13	26.0
学徒培养质量评价考核制度	8	16.0
学徒制实施激励制度	13	26.0
其他	19	38.0
（空）	9	18.0
本题有效填写人次	50	—

现代学徒制中的人才培养过程不是独立的教育行为，而是嵌入在经济行为中的教育行为，各行为主体能否从这种教育行为中获得所需要的经济利益，会在很大程度上决定着其教育行为能否充分构建起来，这是市场经济环境下构建现代学徒制人才培养模式与计划经济环境下根本不同之处：（1）从学习者的角度看，现代学徒制要有效实施，必须充分激发学习者工作本位学习的积极性。但这就会涉及一个问题，即工作本位学习是否能够给学习者带来经济价值？如德国、瑞士双元制的成功构建，其实都与学徒能够获得比较高的学徒制工资有关。学徒的经济收益，从短期来看是学徒工资，从长期来看是高技能所带来的高收入，以及相应的社会地位和职务。（2）从师傅的角度看，带徒工作需要耗费他们很大精力，有时可能还要承担学徒技能不娴熟所带来的生产效益下降，甚至是废品率提高等问题。能够激发他们带徒兴趣的主要诱因还是相应的工资报酬，以及职务升迁。（3）从企业的角度看，企业是在市场经济中追求利润的主体，通过给社会提供产品或服务来获取利润是企业的根本目标和行为基础。如果不能从教育行为中获得经济利益，就很难把教育行为嵌入企业的经济行为中。这三者参与现代学徒制的积极性的激发，都有赖于政府对经济制度和劳动就业制度的深度改革。

第五节 我国现代学徒制构建需要的支撑条件

现代学徒制对我国职业教育来说是一次人才培养模式的重大改革，它的成功实施不仅需要协调的劳动力市场这个基本制度前提，同时还需要其他一些重要的支撑条件。

一、国家专业教学标准与认证体系是现代学徒制的基础

首先要建立科学、系统的专业教学标准,以及相应的对学徒培养结果的认证体系。英国、澳大利亚等国之所以能在进入 21 世纪以后大力推进现代学徒制建设,就是因为它们在 20 世纪 90 年代就已完成了国家资格框架的建设。国家专业教学标准与认证体系是职业教育运行的基础,如果缺乏这一基础,现代学徒制的实施将会非常困难,甚至产生极为严重的后果:(1) 学徒培养质量无法考核。这就会使企业与师傅对学徒培养的责任得不到保障,很容易出现把学徒作为廉价劳动力的现象,这也是过去的学徒制最为突出的问题。如果这一问题发生的面比较广,还有可能演化为政治问题。同时,如果学徒培养的经费来自国家投入,也有可能出现借学徒培养之名套取国家培养经费的现象。(2) 师傅对学徒培养的积极性难以激发。如果学徒培养缺乏标准,培养周期混乱,出现了短期培养后学徒就出师的现象,那么师傅就会感觉到学徒培养对其地位的威胁,从而严重影响其对学徒培养的积极性,最终导致师徒关系无法构建。事实上,在现代企业的学徒制中,这种矛盾既存在于学徒与企业之间,同样也存在于学徒与师傅之间。(3) 学徒的积极性难以激发。由于学徒不知道自己努力的目标是什么,努力以后能给自己带来什么样的生涯发展前途,因此,他们的热情难以维系。

我国目前的国家专业教学标准与认证体系建设还非常薄弱,不足以支撑现代学徒制的运行。近年来,教育系统虽然加强了国家专业教学标准建设,但其内容建设还没有彻底摆脱过去的人才培养方案与教学大纲的框架,还没有建立与这些标准相配套的认证体系,因此它在职业能力的训练中难以发挥实际作用。劳动系统虽然开发了国家职业资格标准,并建立了配套的认证体系,但其建立的基本单元是"工种""岗位",范围偏窄,难以作为人才培养参照的完整标准。这些年所实施的双证融通,往往只是把证书的部分内容融入人才培养方案的某些环节中,而无法直接依据职业资格证书的内容本身开展教学活动。两套系统同时运行,但互不融通,这让技术技能人才的培养机构无所适从。因此,不仅有必要建立统一的国家专业教学标准及其认证体系,而且这个体系还必须明确地将职业院校的培养标准与企业的培养标准区分开来。

二、完善的企业师傅制度是现代学徒制的重要保障

在现代学徒制的实施过程中,有两个主体来承担对学生的培养:职业院校的教师和企业师傅。其中,企业师傅要承担技能培养的主要责任。正如国家对教师

有着严格的管理制度并提供完善的培训体系以提高教师的素质一样,实施现代学徒制也必须建立企业师傅制度,明确师傅的资格、责任、权力、待遇、培训等内容,建立起稳定的师傅队伍。因为师傅的能力水平、品德修养和责任心是影响现代学徒制人才培养的关键因素。例如,德国的双元制就有着非常完善的师傅制度,这是其人才培养质量的重要保证。因此,完善的现代学徒制需要建立与教师制度一样严格的师傅制度。

然而,在我国目前的企业中,师傅制度完全处于空白状态。现代学徒制试点院校对师傅的聘请,只是这些职业院校自己的行为,而不是一种国家制度层面的行为。师傅制度的建立将是一件内容非常复杂且规模极为庞大的工程,这项工程的复杂性在很大程度上是由企业技术专家的特殊身份所决定的。从事教学是学校教师的本职工作,但对企业技术专家来说,人才培养只是其附属工作。因此,如果缺乏国家制度层面的规约,就不仅会使得技术专家缺乏担任师傅的积极性,而且也会导致对他们的管理流于形式。

三、畅通的学徒升学路径是现代学徒制的有力支撑

现代学徒制还需要一个重要的支撑条件,那就是学徒升学的路径设计。之所以把这一问题提出来,是因为目前各级升学考试对技术能力专深但不擅长应试教育的人才来说是极为不利的。现在几乎没有哪一所中等职业学校不是在为准备升学的学生单独编班,并实施有针对性的教育。因为如果不这样做,有升学意愿的学生就很难进入理想的高校。在目前面向职业学校学生的升学考试中,更侧重的还是文化知识与专业理论知识的考核,技能考核并没有在其中占突出地位。这样一种考试制度,是很难激发学生积累技能的积极性的。在校学习的学生不经过专门理论知识的训练尚难升入普通高等学校,对于花了大量时间在企业进行学徒训练的学生来说,他们的升学机会就更渺茫了。有些试点院校已出现了家长极力反对其子女进入现代学徒制试点班的情况。如果一种教育使其学生没了前途,那么这种教育本身也不会有前途。

若要解决这种问题,同样不能仅仅依靠理念和口号,而是要认真地通过制度设计来应对,也就是要为有升学意愿的学徒设计明确的升学路径。据此,我们可从两方面来进行设计:一方面,改革针对职业院校学生的升学考试科目与方法,大幅度地突出对实际能力的考试,并主要采用实践的方法进行考核,使入学机会偏向于真正掌握了扎实的技术能力的学生;另一方面,为接受学徒训练的学生设立专门的高层次学历。如在英国的现代学徒制试点中,就建立有特许的专门面向学徒的管理专业学位。该学位由40家雇主、特许管理研究机构和几所大学联合

开发,学制 4 年,目的是解决管理者缺乏实际能力的问题。

第六节 本章小结

尽管我国以前没有提出过明确实施现代学徒制的政策,但相关教育实践是有的,如德国双元制移植、校企合作关系构建等。我国从 20 世纪 80 年代就开始引入德国的双元制,然而至今不仅少有成功案例,而且还出现了越来越困难的趋势。主要问题就在于企业参与的积极性不高,难以在人才培养层面建立起稳定的校企合作关系。近 10 多年来,我国一直在努力推进校企合作,以至于在几乎所有重要的职业教育文件中,都将校企合作作为其中的核心内容。但除了少数职业院校通过自身努力取得了一些较为成功的案例外,在体系建设方面并没有什么实质性的突破。现代学徒制则是一种更加深入的校企合作人才培养模式,其实施不仅需要校企合作这个前提,而且还需要以企业的师徒关系为基础。在企业的师徒关系中,又多了一个关键性角色,即师傅,由此可见其实施的难度。要实施好现代学徒制,首要就是深入理解现代学徒制。

现代学徒制是一个非常复杂的概念,对它的理解应当立体地进行,而不能仅仅简单地下个定义。从根本上看,现代学徒制是要改变完全基于学校教育的技能学习方式,对一部分技能恢复其传统的基于师徒关系的学习方式,由于这一学习方式恢复的经济、社会与教育环境已经发生了根本性变化,因此这种学习方式的实施需要人才培养模式的支撑,而这种人才培养模式的确立又需要教育制度的支撑,这就是其内涵复杂性的来源。当环境发生了变化时,事实上任何事物的恢复都不会是完全的复制,而是在新的环境中的重构,学徒制的恢复同时也意味着在现代环境中体现出现代性,这也是把握其内涵的重要方面。任何新的制度的形成都必须基于当前已有的社会、经济等各种环境,我国现代学徒制发展的政策设计必须以深入研究我国现实环境为前提,尤其是经济环境。视角有两个,一是现有经济环境对现代学徒制的具体模式提出了什么需求;二是现有经济环境为现代学徒制的构建提供了什么样的制度形成机制。

在我国,要使现代学徒制真正成为一种常态的职业教育人才培养模式,首先,要认识到构建现代学徒制需要一个较长的过程。这样一种复杂的制度,如果想急于取得成功,必然不会有任何成果。要知道,德国成功的职业教育模式是上百年发展的结果,而其他许多欧洲国家,至今也未能发展出这种模式。其次,我们还要确立制度的社会建构观:社会制度并非是我们主观地设计出来的,而是社会中的各种力量相互作用后建构出来的。然而，目前我们在各种政策的制定中似乎完全忘记了这一点。在推进职业教育发展的过程中，我们总是思路多、目标多、设计多，我们总是单纯地认为只要我们想把职业教育发展成什么样，它就能发展成什么样，而不去深入研究各种社会力量在制度建构中的相互作用过程，并通过恰当的国家干预促使新制度的产生。实践表明，这种发展的设计模式不仅收效甚微，甚至还会造成社会资源的巨大浪费。

第二章

职业教育现代学徒制的国际比较研究

第一节 英国和德国现代学徒制的比较研究[*]

在过去的几十年里,现代学徒制逐渐成为西方国家较为一致的职业教育改革战略。然而,相同的改革战略并不意味着各国发展制度的趋同。事实上,西方国家在现代学徒制的开展过程中,呈现出的恰恰是制度结构的多样性,作为盎格鲁-撒克逊国家和莱茵国家的典型,人们经常对英国和德国展开对比研究。其中,德国是世界开展现代学徒制的典范,其成功不言而喻;而英国近几年来为推进现代学徒制的开展,改革举措不断革新,年新注册学徒人数在过去 20 年里已增长了近 7 倍[①],成绩显著。尽管如此,两个国家的制度结构却存在很大的差异。现代政治经济学中的制度互补性(institutional complementarity)理论为我们提供了理解这种制度多样性的思路问题的关键在于,现代学徒制的相关制度之间究竟是如何互补的?它们有何规律?以往的研究对此涉及较少。本节通过建构制度互补性的分析框架,对英德两国现代学徒制的制度结构进行深度解剖,力图打开现

---

[*] 本节内容以《英国和德国现代学徒制的比较研究——基于制度互补性的视角》为名发表于《华东师范大学学报(教育科学版)》2017 年第 1 期。

[①] House of Commons Library. Apprenticeship Statistics [M]. London:House of Commons Library Standard Note,2014:4.

代学徒制度互补性的黑箱，探寻现代学徒制的制度互补规律。这些规律不仅有助于我们深刻理解不同国家现代学徒制度的多样性，更有助于我们在推动和开展现代学徒制的过程中主动有效地进行制度配置。

一、制度互补性分析框架的建立

制度是"一些具有规范意味的——实体的或非实体的——历史性存在物，它作为人与人、人与社会之间的中介，调整着相互之间的关系，以一种强制性的方式影响着人与社会的发展"[1]。现代学徒制的核心特征之一就是它的制度性，即它具有强制性、外部性、公共性、有界性、利益性、明晰性或模糊性等制度的一般特征[2]。由于现代学徒制具有跨界特征，因此，它不是一个单一或孤立的制度，而是一组涉及了经济社会教育等多方面的制度体系或制度组合。在这样一个制度体系或制度组合中，其他制度与现代学徒制存在关联性和层次性，即制度结构（institutional configurations）。制度互补性理论即是基于制度结构的研究提出来的，它的代表人物是法国政治经济学家罗伯特·布瓦耶（Robert Boyer）教授。布瓦耶所表述的制度互补性是指"一种将不同制度形式相互粘连的力量"[3]。制度互补性可以是两重的，也可以是多重的，互补性的形式也可以是多种多样的。有学者将制度互补性的形式总结为两种类型：一是相同或相似制度逻辑的联合匹配，即在制度体系互相作用的过程中，不同制度安排相互促进，合力实现制度运行的秩序；二是相反制度逻辑的互补匹配，即不同制度安排相互弥补（compensate）各自的缺点和不足而实现制度运行的秩序[4]。本书便是基于这样一个基本假设展开的，即在现代学徒制开展较为成功的国家中，相关制度是互补的。

如何解剖制度结构进而分析制度的互补性呢？正式制度与非正式制度、内在制度与外在制度等的解剖方式过于简单，难以深度挖掘制度之间的互补关系。美国著名社会学家斯科特（W. Richard Scott）认为制度存在三个关键要素：规制性（regulative）、规范性（normative）、文化—认知性（cultural-cognitive）。规制性要素强调明确外在的各种规制过程，如规则设定监督和奖惩活动；规范性要素是基于社会责任和道德评价的规则；文化—认知性要素是基于共同理解的信念和行动

---

[1] 辛鸣. 制度论：关于制度哲学的理论建构 [M]. 北京：人民出版社，2005：51.
[2] 张旭昆. 制度演化分析导论 [M]. 杭州：浙江大学出版社，2007：106 - 113.
[3] 布瓦耶. 一致性多样性和资本主义演化：一个制度互补性假说 [J]. 耿纪东，译. 政治经济学评论，2006（2），114.
[4] 王星. 从分配政治到生产政治转型过程中的单位政治研究. 长春：吉林大学博士学位论文，2008：123.

逻辑。三者的区别如表 2-1 所示。同时，斯科特还认为，在实际生活中的大多数制度形式中，并非是某一单独的制度基础要素在起作用，而是三大基础要素之间的不同组合在起作用。这些制度基础要素结合在一起，所产生的力量是十分惊人的。而三种制度基础要素之间一旦出现错误的结合，将直接支持和引发不同的选择和行为，在这种情况下，就会出现混乱与冲突，并极有可能导致制度的变迁[①]。基于这三大基础要素，斯科特建立了制度的分析框架。

表 2-1　　　　　　　　　　制度的三大基础要素

项目	规制性要素	规范性要素	文化—认知性要素
遵守基础	权宜性应对	社会责任	视若当然、共同理解
秩序基础	规制性规则	约束性期待	建构性图式
扩散机制	强制	规范	模仿
逻辑类型	工具性	适当性	模仿
系列指标	规则、法律、奖惩	合格证明、资格承认	共同信念、共同行动逻辑、同形
情感反应	内疚/清白	羞耻/荣誉	确定/惶惑
合法性基础	法律制裁	道德支配	可理解、可认可的文化支持

资料来源：斯科特. 制度与组织：思想观念与物质利益 [M]. 姚伟，王黎芳，译. 北京：中国人民大学出版社，2010：58-67.

这一分析框架对现代学徒制的制度互补性研究极具参考价值。首先，它以制度要素而非制度作为分析单元，这符合现代学徒制的制度复杂性。现代学徒制不是一个独立的边界清晰的制度，而是具有明显跨界特征的涵盖多方面制度或制度要素的制度组合体。对于这样一个制度组合体，与其刚性地将其分解为若干制度，不如柔性地讨论其所包含的制度要素。其次，三类制度要素在现代学徒制中都存在，并且三种制度要素的划分能较好地帮助我们理解这些制度究竟是如何起作用的，如何联系在一起的。当然，本书也对斯科特的分析框架做了一定调整。在斯科特的分析框架中，制度的三大基础要素构成了一个连续体，其一端是有意识的要素，另一端是无意识的要素；其一端是合法地实施的要素，另一端则被视为当然的要素[②]，即三者是一种线性关系。然而，若仅基于线性关系，则很难说明三者的互补合力。因此，本书在分析框架中将这三大要素的关系调整为带方向

[①] 斯科特. 制度与组织：思想观念与物质利益 [M]. 姚伟，王黎芳，译. 北京：中国人民大学出版社，2010：70-71.

[②] 斯科特. 制度与组织：思想观念与物质利益 [M]. 姚伟，王黎芳，译. 北京：中国人民大学出版社，2010：59.

性的三维关系，在每个维度的方向性上做强、中、弱三个程度判断的划分，由此构成分析的理论框架，如图 2-1 所示。

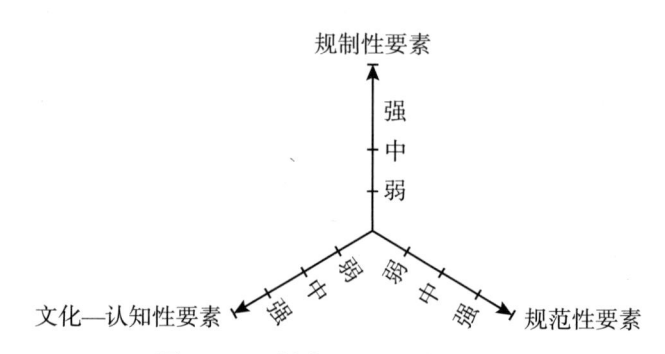

图 2-1 制度互补性分析框架

制度被认为是有功能的，甚至有学者认为制度之所以被人为地选择和创造出来，就是因为它（们）具有满足人们的需要的功能①。因此，对制度的分析和比较，必须将它置于对其功能实现的考察中。制度最为基本和核心的功能被认为是激励与约束。② 具体到现代学徒制，相关制度组合的功能目标都可以被概括为以下两个方面：（1）促进与维持现代学徒制的开展数量；（2）提升与保障现代学徒制的开展质量。其中，现代学徒制的开展数量是由学徒岗位的供需两个方面共同决定的，即企业激励和学徒激励两个方面。因此，可以把现代学徒制的制度功能分解成三部分：学徒激励、企业激励、质量保障。事实上，与现代学徒制相关的各种正式制度都是围绕这三大功能目的来安排的。因此，本书对现代学徒制的制度互补性考察也围绕这三大功能展开。

二、学徒激励的制度互补性比较

（一）德国

现代学徒制在德国被称为"双元制"，它是德国职业教育的主要形式，开展得非常普遍。每年约有 50 多万新增学徒合同，参加"双元制"的学徒总人数约占德国接受职业教育总人数的六成③。有哪些制度因素保障了德国如此之高的学

---

① 袁庆明. 新制度经济学教程 [M]. 北京：中国发展出版社，2011：312.
② 袁庆明. 新制度经济学教程 [M]. 北京：中国发展出版社，2011：43.
③ BMBF. Education and Research in Figures 2015 [M]. Berlin：Bundesministeriumsfür Bildungund Forschung, 2015：43.

徒参加率呢？这里从三大基础要素分别展开分析。

在规制性要素方面，德国教育体系的"分轨制"为"双元制"获得充足的优质生源提供了强有力的规制性保障。德国义务教育始于6岁，4年之后学生就进入了定向级。两年后，学徒被分流到了主体中学、实科中学和文法学校中，之后较难转换轨道。除文法学校外，其他两类学校的大部分学生都将进入"双元制"或全日制职业学校。虽然这种分轨被批评为包含了严重的社会分流倾向[1]，但在客观上，它确实为德国"双元制"的开展提供了较好的生源。而优质的生源反过来又进一步增强了企业开展"双元制"的意愿，保护了"双元制"的声誉和地位，提升了它对学生的吸引力。

在规范性要素方面，德国青年对"双元制"的青睐首先得益于德国企业界对学徒制完成者的身份认可和雇用偏爱。相比于全日制职业学校的学生，学徒可以获得的就业机会要更多更优。这是因为德国企业非常认可学徒制这样的人才培养模式，行业协会也组织了专门的从业资格考试来认定学徒学习的结果，甚至将全日制职业学校的毕业生排除在这类考试之外。换言之，学徒制为德国青年提供了可靠的身份认可和从业期待。其次，德国有着丰富完善的职业启蒙和职业指导体系，很早便开始向学生提供有关职业的教育体验和咨询，增强了学生对"双元制"的认可。德国每所中小学都有全职的职业生涯指导员，就职业选择进入"双元制"及考取资格认证等事宜向学生们提供指导。职业潜能的分析大约始于七年级，八年级开始学生有为期两周的职业体验。这些制度安排使德国青少年对"双元制"由衷认可。

在文化—认知性要素方面，德国强大的学徒培养传统和文化特殊性为之提供了保障。在德国的宗教文化中，职业是上帝指派给每个人的天职，每个人都有责任将其尽力做好，有一技之长的人，非常受人尊重。因此，通过学徒制获得技术技能职业的从业资格，被认为是一件理所当然的事。双元制在教育体系以及劳动力市场中都享有比全日制职业教育更高的地位。

（二）英国

英国自20世纪90年代起，开启了一场强有力的现代学徒制改革，使学徒人数迅速增长。从制度角度来看，这一成果是如何取得的呢？

受英国自由主义和绅士文化的影响，职业教育在英国教育体系中的地位较

---

[1] Schaack, K. Why Do German Companies Invest in Apprenticeship? [M]. In Maclean, R. & Wilson. D. (eds.). International Handbook of Education for the Changing World of Work. Dordrecht: Springer Science & Business Media, 2009: 1760.

低，学徒制更是被视为旁枝末节的发展通道，对学生的吸引力非常有限。就文化认知性因素来看，英国现代学徒制相关制度在吸引青年参与方面的功能较弱。但近几年来，随着政府对学徒制的大力推动和宣传，英国学生对学徒制的社会认可度有所提高。

就规范性要素而言，英国学徒制的制度功能也非常有限。英国的学徒制本身并没有专门的学徒制资格或证书，通过学徒获得的资格认证与通过其他途径（如机构培训）获得的资格认证是完全一致的，劳动力市场仅以职业资格证书来判别从业资格，对学徒并没有明显偏好。

英国近几年在学徒人数增长方面的成功主要是通过加强其制度的规制性要素来取得的。然而，与德国采取以约束为主的规制性制度倾向不同，英国采取的更多的是以"激励"为主的规制性制度策略。首先，英国并没有类似德国的强制分流教育体系，其中等教育的主体是综合中学，学生几乎不分流。但其以较高的回报吸引了更广泛人群加入学徒队伍，突出地表现为正式员工的学徒身份和较高的学徒工资。英国学徒制被定义为一份工作，企业要向学徒支付不低于国家最低工资标准的工资，还要为学徒支付各种社会保险。学徒工资通常第一年就可以达到正常工资的40%～70%。而德国学徒是区别于正式员工的另一种身份，企业向学徒支付的是津贴而非工资，第一年津贴通常仅为正常工资的20%～40%。英国的制度安排对学徒具有明显的奖励刺激。其次，英国以阶梯化的学徒制体系为学徒构建了不断向上发展的通道。英国的学徒制由中级学徒制、高级学徒制、高等学徒制三大层级组成，学徒在该体系内就可以获得高等教育学位，这改变了人们对学徒制低层次无前途的刻板印象。另外，英国学徒制还广泛地运用了对先前学习的认可（Accreditation of Prior Learning, APL），从而缩短了之前有相关工作或学习经验的人完成学徒制的周期，这也起到了吸引学徒的作用。

（三）分析与小结

将德国和英国并置比较，就会发现两国学徒激励的制度互补性程度和方式各不相同。相对而言，德国制度更加均衡。在规制性要素上，德国主要依靠强制的教育分流制度，总体强度中等，其规范性要素和文化、认知性要素则较强。而英国在规范性要素和文化—认知性要素方面都较为薄弱，但在规制性要素上以激励为导向，总体较强。两者在制度互补性分析框架中的对比如图2-2所示。德国制度的互补性表现为三个维度的相互加强，而英国制度的互补性则表现为规制性要素对规范性要素以及文化—认知性要素的弥补。另外，虽然两国学徒激励的具体制度不同，但其核心都在于向学徒提供良好的职业前景预期。

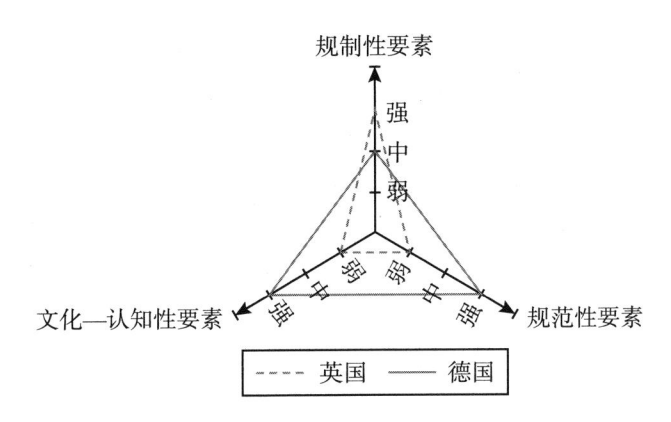

图 2-2 英国和德国学徒激励的制度互补性比较

三、企业激励的制度互补性比较

（一）德国

德国企业开展学徒制的比例大约是 30%，这在西方国家中是比较高的，被认为是德国"双元制"成功的重要表现。那么，有哪些制度因素激励了德国企业提供学徒岗位呢？

从规制性要素来看，德国企业实际上并没有提供学徒岗位的法定义务，它们提供学徒岗位完全出于自愿原则。而且，德国政府对企业开展学徒培训也没有奖惩性的举措。学徒在企业里的培训成本（包括物耗师资津贴等）都是由企业自行承担的，政府不予补助。同时，德国企业拒绝征税补助的经费分配方案，也就是说不提供学徒岗位的企业也不会在经济上受惩。当然，由于德国学徒津贴很低，开展学徒培训的企业在经济上仍然是大体平衡的，学徒的劳动产出可以弥补企业的培训成本。因此，总体上德国学徒制的规制性要素的强度中等。

在规制性要素强度并不算很高的情况下，德国企业开展学徒制的比例仍然较高，这主要得益于德国学徒制度组成中的规范性及文化—认知要素。从规范性要素来看，德国企业承担学徒培训的义务感较高。原因可以追溯到德国行业协会在中世纪时期的"强制会籍制"，这使行业协会在德国的地位比在其他西方国家都更为坚固。直到如今，德国企业界依然坚持"职业培训是经济界的自主责任"的原则[1]。德国行业协会的力量十分强大，它们主动承担了行业人才培养的职责，

---

[1] Greinert, W. The German System of Vocational Education: History, Organization Prospects [M]. Baden-Baden: Nomos VerlGes, 1994: 28.

甚至在与其他部门的竞争中也不愿意放弃这样的责任。

德国企业对自己所承担的学徒培训责任的认可，除了行业协会自治的这种规范性要素影响外，还源于德国企业对学徒培训的文化认同。"职业性"（berufsprinzip）是德国"双元制"奉行的首要原则，在德国人看来，要习得一种职业，必须经过企业历练，而单纯的学校本位职业教育是无法使青年真正获得职业能力的。这种文化认同支撑了德国企业开展学徒培训的义务感，也是其他国家羡慕却难以移植的重要因素。

（二）英国

英国企业开展学徒培训的总体比例不算很高，大约在10%。与德国相反，英国学徒制激励企业参与制度中的规范性和文化—认知性要素较弱。为了改变这样的格局，英国政府更多采用了规制性的制度举措加以激励。

在过去很长的一段时间里，英国职业教育奉行的是企业自愿自助传统，政府对企业培训不加干预，走的是职业教育的完全"市场模式"[①]。英国的劳动力市场也是完全自由的，人员流动性很高，跳槽和企业"挖人"的现象非常普遍。这使企业越来越不愿意提供职业教育，使现代学徒制出现了明显的"市场失灵"。因此，就规范性要素而言，英国企业并不认为开展学徒制是自己的应尽职责。类似地，在文化—认知性要素上，英国企业认为不提供学徒岗位在劳动力市场上直接招募合格劳动者，也是理所当然的。

为推动现代学徒制的开展，英国政府改变了原先的自由放任主义原则，选择了一条在政府控制与市场自由运作之间的中间道路，即"准市场机制"。在这一机制中，英国政府以服务购买者的身份直接介入了学徒招募市场。就未成年学徒而言，学徒在企业中的所有培训支出，基本都由政府买单，企业仅需支付学徒工资，而学徒工资实际上是可以通过学徒的劳动产出抵销的。这大大降低了企业开展学徒培训被外部偷猎（poaching externality）的风险，有效地激励了企业参与。这可以归类为英国学徒制企业激励制度中的规制性要素，它以经费补助的形式弥补了市场缺陷，搭建了一个相对公平的市场环境。市场化依旧是英国开展学徒制的主要思路。在这一市场机制中，英国还产生了学徒培训中介组织，即通过招募学徒以及向合作企业输送学徒，从政府获得拨款，从企业获得服务费。受利益驱动，学徒培训中介积极地挖掘和整合企业的培训岗位，大大补充了英国学徒岗位的总体供给。

---

① CEDEFOP. Towards a History of Vocational Education and Training in Europe in Comparative Perspective [M]. Luxembourg: Office for Official Publication of the European Communities, 2004: 22-43.

（三）分析与小结

英德两国学徒制中的企业激励制度互补性比较结果与学徒激励制度比较结果相似（见图2-3）。德国制度的均衡性较好，主要依赖规范性与文化—认知性要素，而非规制性要素。英国制度中的规范性和文化—认知性要素较弱，其企业激励主要依靠规制性要素拉动，这一拉动作用基于对企业以及学徒培训中介直接的利益驱动。德国制度三大要素之间的关系仍然为相互加强，英国制度三大要素之间的关系也仍然表现为规制性要素对规范性和文化—认知性要素的弥补。当然，无论在德国还是在英国，其制度互补的核心目的都在于降低学徒培训的外部性偷猎风险。德国通过较低的学徒津贴，既降低了学徒培训的实际成本，同时又促进了德国规范性的劳动力市场的形成。英国则是通过大量的经费直补，使企业至少"不亏"。

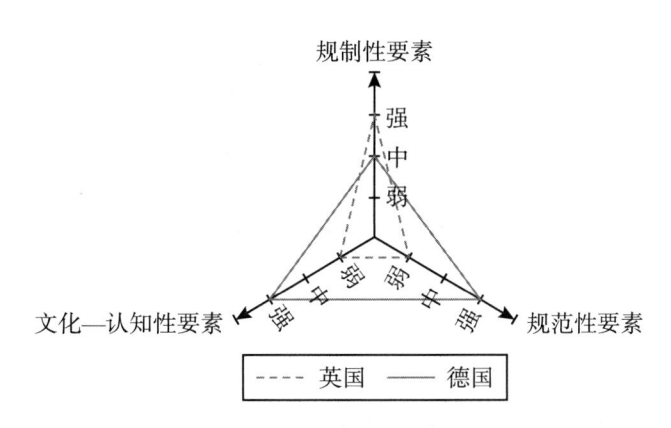

图2-3 英国和德国企业激励的制度互补性比较

四、质量保障的制度互补性比较

（一）德国

高品质的德国制造依赖于德国出色的职业教育体系，"双元制"被誉为其"秘密武器"。"双元制"人才培养的质量非常高，那么，有哪些制度性要素保障了德国"双元制"人才培养的高质量呢？

德国"双元制"的高质量首先归功于其严格的规制性制度要素。联邦政府的《职业教育法》和德国各州的学校为德国"双元制"的开展提供了严格的法律及教学规范。德国企业必须依据联邦政府颁布的《职业培训条例》向学徒提供完整的企业培训，而学校必须依据州政府颁布的《框架教学计划》展开教学。而且，并非所有的企业都有资格招聘学徒。只有那些满足设备、师资、培训计划等前提条件的企业，才能由行业协会授权招聘学徒。这样的企业被称为"培训企业"。德国对师资同样有明确的资质要求，其中的企业师傅必须要有5年以上工作经验，且从技术员学校或师傅学校毕业，并接受过职业教育学和劳动教育学的培训。德国行业协会对人才培养过程和结果的监督也较为严格。例如，所有学徒合同都要在行业协会注册，行业协会也会委派专门的培训顾问监督培训的开展。学徒要通过行业协会组织的中期考试和毕业考试，才能最终完成学徒制。职业学校的教学与管理则由各州的教育与文化事务部进行全面的监督和管理。

在规范性要素方面，德国企业的社会责任感较高。对企业来说，能获得"培训企业"的资质，本身就是行业协会以及社会对企业的肯定。这使德国企业有较高的自我约束力，培养高质量的学徒成为"培训企业"的自觉追求。大型企业专门的学徒培训车间、专业的学徒培训研究和教学团队都是这种自觉性的表现。

在文化—认知性要素方面，德国人的严谨精神以及对精致的追求也渗透到了人才培养过程中。德国学徒制课程与教学的设计是建立在理性主义基础上的，有着严格的开发和实施步骤。对生产技艺的精益求精，更是使德国企业将对学徒的严格培养视若当然。这些，都为德国学徒培养的质量保障提供了良好的文化—认知基础。

（二）英国

近年来，英国的学徒制在数量发展上取得了较为显著的成绩，然而质量问题却一直困扰着英国政府。如今，英国政府已经意识到问题的严重性，并采取了许多措施着力提升英国学徒制的质量。

在规制性要素方面，英国规定学徒培训标准的主要文件是《学徒制框架》。它实质上是由若干国家资格证书组成的，并非针对学徒培养的专门标准。这种标准是结果导向的，即只规定了培养的目标，对培训内容以及方式方法的指导意见较少。《学徒制框架》的复杂性以及对雇主需求的体现不足使其广受批评，为此英国政府开启了"先锋者"（Trailblazer）项目，由雇主团体开发更具代表性且更加简单易行的学徒制标准和评估策略。新的《学徒制标准》全面取代了原来的《学徒制框架》，然而结果导向的原则没有改变。另外，英国对招聘学徒的企业并没有资质上的规定，这也成为英国学徒培养质量保障的软肋。从学徒培养的结果认证来看，英国摒弃了传统的行业协会大考模式，采取了分散培养过程的基于证据的评价方式，由评估员收集和评价学徒的工作表现，基于这些证据资料再颁发资格证书。然而，由于只要获得评估员资格认证的人都可以开展评估，包括来自企业和培训机构的人员，这在实践中就会出现"既当运动员又当裁判员"的现象，即企业和培训机构的人员为了使自己培养的学徒获得认证，故意放水。为了修补这一实践漏洞，英国又加强了认证的内审和外审制度，从而提升了学徒培养的质量。另外，英国政府还通过拨款机制加强对学徒培养质量的管理。英国政府对学徒培养的拨款并不是一次性支付，而是随着学徒制的开展逐步支付。如果学徒中断学习或未能通过相应认证，提供给培训机构和企业的学徒拨款也会终止。这种奖惩机制使得培训机构和企业必须重视学徒培训的质量。基于上述优缺点，总体而言，英国学徒制质量保障的规制性制度要素强度中等。

就规范性要素而言，由于英国行业协会对企业的影响力有限，而且也并不重视学徒培养，因此英国企业对学徒培养质量的责任感较为有限。然而，由于英国在职业教育领域广泛地使用了"第三方评估"的策略，培训机构出于保护和提升机构社会声望的考虑，对学徒培训质量通常有较高的自我要求。培训机构与企业在学徒培训质量的追求上，达成了一种微妙的制衡关系。

但是从文化—认知性要素考察英国学徒培养的质量保障制度，结果并不乐观。英国学校教育尤其是高等教育的质量在世界上极富声望，然而技术技能型人才的培养却不是他们的强项。经验主义是英国的文化传统，英国人对经验极为尊崇，不喜欢形而上的理论思辨。体现在学徒培训的课程开发与教学上，他们远不如德国人严谨。虽然培训机构对学徒培养的全过程做了系统设计，然而却没有形成明确的课程开发和教学步骤，更多的是基于经验。因此，英国学徒培养质量保障制度中的文化—认知性要素总体较弱。

（三）分析与小结

基于上述比较分析，我们发现德国"双元制"人才培养的高品质不无道理。其质量保障中的规制性、规范性以及文化—认知性制度要素都非常强，并且渗透于培训者资质、培养标准、培养过程、结果评价等各环节，从而有力地保障了人才培养的质量。正因为如此，德国"双元制"常常被认为是现代学徒制人才培养的范本。虽然英国也做了不少努力，但其质量保障的三大要素仍然不够均衡，在三个维度上都有改进的空间（见图2-4）。另外，两个国家的共同点是，与学徒激励以及企业激励的制度逻辑不同，两国对质量保障的制度举措更多是约束性的，而非奖励性的。

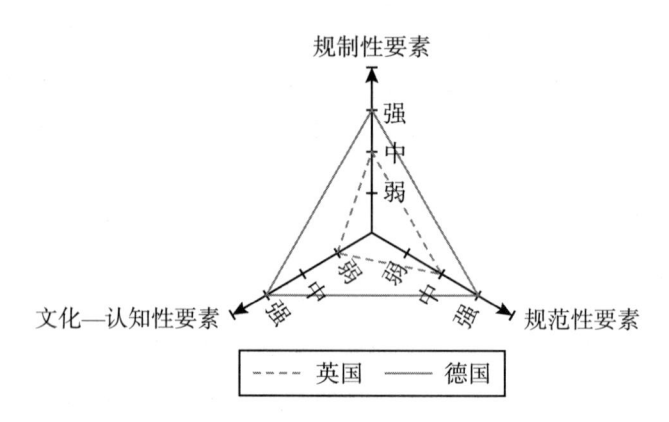

图 2-4 英国和德国制度保障的制度互补性比较

五、总结与反思

早在半个世纪之前，著名的比较教育学家萨德勒就告诫我们，外国教育制度中的具体方法或要素"常常根植于其制度本身的土壤之中并与它们所依赖的条件紧密地联结在一起""我们不能随意地漫步在世界教育制度之林，就像小孩逛花园一样，从一堆灌木丛中摘一朵花，再从另一堆中采一些叶子，然后指望将这些采集的东西移植到家里的土壤中便会拥有一棵有生命的植物"。[①] 现代学徒制便是这样的制度体系。艳羡一国的制度，并期望将其移植到本国，结果往往只能是失败。从系统论的角度解读制度体系、理解制度互补性，并从制度互补性中寻找规律，才会有助于对他国经验的借鉴。通过本书上述的分析与比较，现代学徒制的制度互补性呈现以下规律：

第一，相互加强或相互弥补是现代学徒制制度互补的两大形式。均衡性系统倾向于相互加强，发展性系统倾向于相互弥补。德国的学徒制度体系属于均衡性系统，各维度的制度要素相互加强，甚至"锁定"（lock-in）。而英国属于发展性系统，新的制度安排弥补了原有制度的缺位，从而拉动系统的整体发展。同英国一样，我国学徒制度体系也属于发展性系统，必须从当前的制度短板出发，有针对性地通过制度设计加以弥补。

第二，制度弥补的着力点在于规制性的制度要素。三大制度要素的活跃度和可变性存在较大差异。文化—认知性要素的惰性最强，最难改变；规范性要素基于个体或组织的社会责任，也较难改变；而规制性要素通常以强制性方式加以实施，基于奖惩和利益机制，能较快产生制度功效。英国便是典型案例，英国近年

[①] 王承绪，主编. 比较教育学史 [M]. 北京：人民教育出版社，2007：65-66.

来为推进学徒制出台了大量的改革举措，集中于制度的规制性要素方面，迅速改变了英国学徒制的发展格局。基于此，我国当前发展现代学徒制，政府也应有更大的作为。例如，配套出台具有奖惩性质的各项制度规范和政策举措，应是推动我国现代学徒制快速发展的抓手。

第三，学徒激励的制度互补性核心在于提供良好的学徒职业前景预期。虽然德国教育体系的分轨制可能包含严重的社会分流倾向，但却未引起德国民众的强烈反感。其原因在于，学徒的职业前景仍然是非常不错的，这受益于德国企业界对学徒身份的高度认可以及社会对技术技能人才的普遍尊重。而英国通过较高的学徒工资以及可持续发展的学徒制阶梯，改变了人们对学徒制的负面印象，从而激励了学徒参与。我国在激励学徒参与方面，也应抓住学徒职业前景预期这一核心，用比全日制学生更好的职业生涯前景来吸引更多人主动参加现代学徒制。

第四，企业激励的制度互补性核心在于降低学徒培训外部性偷猎风险。企业开展学徒培训最大的担忧来自学徒培训的外部性偷猎，即自己投入大量成本培养的学徒，学成之后却服务于其他企业，"赔了夫人又折兵"。为此，德国和英国两个国家都采用了平抑企业学徒培训成本的方式，降低学徒培训外部性偷猎可能造成的损失。当然，两国采用的方式不同，德国依靠低廉的学徒工资，而英国依靠高额的政府拨款。在劳动力市场流动性越来越强的趋势下，这一策略是较为现实有效的。

第五，质量保障的制度互补性依赖学徒培养资质、标准、过程、评价等多环节制度保障的相互加强。德国学徒制的质量保障之所以比英国做得好，就在于它的相关保障制度渗透到了人才培养的全过程，同时规制性要素、规范性要素和文化—认知性要素相互叠加，从而使德国学徒培养的质量保障体系坚如磐石。相比之下，英国系统显得相对脆弱。德国在学徒培养质量上的制度安排尤其值得我国借鉴。

第六，数量功能和质量功能的制度存在互补性。如果将英国和德国在学徒激励、企业激励与质量保障三大功能上的制度互补性比较并置，便会发现德国制度的均衡性优于英国。事实上，规模发展和质量发展是一对辩证的统一体。德国已经进入了良性循环的状态，而英国在改革启动期将更多精力放在了发展数量上，对质量有所放松。随着英国学徒数量发展到一定阶段，如果不能有效保障质量，数量发展也将遭遇"瓶颈"。这是英国近年来将学徒制改革重心转向质量的原因。我国也应吸取英国的经验教训，不应片面关注学徒制试点的数量，而应在数量发展的同时，建立完善的制度，保障学徒培养质量。

总之，制度互补性的视角，让我们重新审视了不同国家现代学徒制的制度多样性，并为我们理性设计相关制度提供了依据。当下我国正积极推进现代学徒制改革试点,各方迫切呼吁的正是制度建设。然而,制度建设绝不是照搬照抄。认真研究分析我国现存的制度环境和制度要素,从互补性角度对相关制度做理性设计,制度才能真正落地,才能真正具有生命力。

第二节 美国佐治亚州"青年学徒制"的实践及其对我国的启示[*]

现代学徒制已然成为目前世界各国职业教育改革的重要标签。[①] 2014年教育部发布了《教育部关于开展现代学徒制试点工作的意见》,紧接着,2015年初又出台了《关于开展现代学徒制试点工作的通知》,这是我国从教育决策最高机构出台的推行现代学徒制的文件。目前各地区也相继出台了实施条例与细则,一些职业院校也开始在具体的教育教学层面予以贯彻与实施。

我们都知道,学徒制在欧美已有非常长的历史。仅就现代学徒制而言也已有数十年的历史,现在我国要在全国范围内大力推进现代学徒制。我们姑且不谈在如此大的范围内推展现代学徒制的现实性与困难。目前从现代学徒制的推行看,主要是由省级教育管理部门来推动该项工作的。那么,各省份如何开展好一项工作,我们认为有必要借鉴发达国家的先进经验。但是,从整个国家的角度来审视其现代学徒制施行的情况,可能对于各省份推进此项工作的借鉴意义没有那么直接。为此,我们有必要选取国外一个省级单位作为考察重点,以期能对我国的省级教育管理部门推进现代学徒制提供更加直接的借鉴案例。

这里我们选取了美国佐治亚州施行学徒制的情况作为案例,分析在一个州的范围开展学徒制的利弊得失,希望能从中得到对我们推行现代学徒制的启示与借鉴。

一、"青年学徒制"的概况

"现代学徒制"的称谓虽不是我国首创,但就其使用的传播度看尤以我国为最,发达国家大多以"学徒制"统称。而美国佐治亚州不同,使用了"青年学徒制"(youth apprenticeship),但事实上,"青年学徒制"与我们所用的"现代

---

[*] 本节内容发表于《河北师范大学学报》(教育科学版)2016年第5期。

[①] 汤霓. 现代学徒制的国际经验与中国探索——现代学徒制国际研讨会在天津举行[J]. 中国职业技术教育,2015(22):128-133.

学徒制"在所指向的活动上几乎完全相同。为保持其原味,在此依然使用"青年学徒制"这种说法。

(一)"青年学徒制"的缘起与法律规定

1. 缘起

"青年学徒制"被很多教育者和政策制定者看作可以供青年人从学校到工作顺利转换的一项选择。"青年学徒制"的设立主要是缘于美国与世界经济发展,以及教育环境的变化使人们对于促进青年人为将来人力资源市场做好准备。[①] 其中很重要的一点就是教育者和政策制定者如何提升所有学生从教育到高技能雇佣力,尤其是对那些难以获得本科学位的人。"青年学徒制"被认为是对16岁以上青年人、整合工作学习与学习教学、连接高中与中学后学校、促进学业学历与职业资格证书获取的一种学习课程。

事实上,欧洲青年人训练系统的诸多主张,尤其是"学徒制"是当前美国"青年学徒制"的源头。如欧洲青年人训练系统的特点有:雇主、学校、劳动力市场以及政府之间有密切的协作关系;基于学校学习和基于工作学习经历之间的整合;学历证书与职业技能资格证书之间有广泛的互认机制;要具备一个连贯的系统,既可以为众多的年轻人服务,又能提供不需要学士学位的高技能、高薪酬的职业路径。为此,在1993年发布的《为了将来的工作》(Jobs for the Future)中明确了下面几个要素是"青年学徒制"的核心设计要素:(1)雇主提供带薪工作实践与结构化的工作现场学习;(2)学校要整合学术性学习与职业性学习;(3)学校学习与工作场所学习要统一、整合;(4)高中课程与中学后课程必须是衔接的,而且这种衔接必须要两年以上;(5)青年学徒制完成者要接受学术和职业技能两方面的证书;(6)专业由学校广泛的合作者共同管理。

由此可以看出,欧洲,尤其是德国职业教育的"学徒制"是"青年学徒制"的源头。

2. 佐治亚州关于"青年学徒制"的法律规定

1992年佐治亚州联合大会通过了《青年学徒制计划》(Youth Apprenticeship Programs),它是"青年学徒制"课程在该州开展的法律基础。该法律由州教育厅来引导,与劳动、技术与成人教育厅合作,一起制定截至1996年要覆盖佐治亚州的学校系统所必需的应用到"青年学徒制"的各专业的政策、程序、课程标准。

这部法规明确了"青年学徒制"在该州的目标与具体要素:任何11或12年

[①] Smith, C. L., Bouchell, J. K., Clark, P. J., & DeHart, M. R. Georgia Youth Apprenticeship Programs: Initialreport (1994–1995) [R]. Athens, GA: The University of Georgia, 1995.

级或者 16 岁以上的学生，可以在提供"青年学徒制"的学校注册；学生必须有授权的工作合同，被教育厅认可的雇主；学生可以获得"从属信用证"（secondary credit）以参加"青年学徒制"。

除此之外，"青年学徒制"还必须包括以下基于工作和基于学校的要素：在雇主与学徒之间必须有详细的训练计划，这些特定的工作任务可以发展职业能力；必须有至少 144 节相关的学校教学与训练的课时；至少有 2 000 个小时的工作现场训练；要有一个由雇主确定的渐进式薪酬计划表；对学生的表现要有现场评价；职业学校有必要对学生开展一定的培训补习；针对生产、工程技术、管理技术、健康保健的广泛技能；中学与中学后课程要有一个结构性衔接的体系，该体系即能保证学生获得高中文凭，又能使学生获得职业技能的学历证书。

为了开发佐治亚州的"青年学徒制"的专业教学标准，教育厅希望所有运用"青年学徒制"的学校从第 11 年级就要有特定的职业定向，但必须有足够的职业门类供学生在高中毕业前选择一定的职业范围，学生可以选择毕业去工作或继续升学。所以，参与"青年学徒制"专业的课程应包含升学和就业两个方面的内容。另外，针对参与"青年学徒制"的各专业的设计要引入各相关方：中学和中学后院校的教师、顾问与管理，以及来自雇主和劳动力市场的代表。这就要求学校与企业密切合作，教师与企业方共同参与校本课程的开发。

（二）佐治亚州"青年学徒制"实施状况的具体解读

1. 佐治亚州"青年学徒制"的课程

每一个"青年学徒制"专业的开发是由学校与"青年学徒制"管理者共同谨慎裁定的。每所学校有责任来选择和雇用一个"青年学徒制"的协调员来执行开展该项工作的一系列程序。每个专业会接受在佐治亚大学职业研究院的一个专家辅助下，由佐治亚州的教育、技术与成人教育部提供的一个为期一周的施前培训和一个两周的职内会议。

2. "青年学徒制"的合作伙伴

"青年学徒制"专业的合作伙伴包括：中学、雇主、中学后院校（两年制院校如社区学院和技术学院，也可以是四年制的学院和大学）。高中或学区对于"青年学徒制"的启动与实施都是有帮助的。一旦某个专业参与"青年学徒制"，这些中学大部分就会参与开发校本课程。目前佐治亚州总共有 61 所综合高中参与了"青年学徒制"。

高中与中学后院校在正式合作之前会签署正式的"青年学徒制"合作协议。目前"青年学徒制"协调员授权的合作院校主要是技术学院。这种合作关系是根据学生的需要，以给学生提供一个追求接受技术教育和获得副学士学位或学历的机会。

3. 学生能力标准

虽然每个"青年学徒制"专业对所有学生都开放申请入学，但不是所有申请者都被接收。不接收这些学生的原因主要有两个，一个是因为企业提供的工作和工作学习的机会较少；另一个是因为有些学生无法达到该专业的能力标准要求。

通常对学生的能力要求可以保证学生能在学习上取得成功，并能被雇主认为是一个有进取心的员工而被聘用。大部分的"青年学徒制"协调员已依据当地业界与教育伙伴的需要开发出具体的能力标准。最通用的能力标准有累计成绩平均数（所有课程成绩平均数要在C或以上）、出勤率、老师推荐意见和一个明确的职业取向。

4. 学生注册的数量

大部分的"青年学徒制"专业都保持了较少的学生招生数量。虽然有些地方希望增加招生数量，但提供工作和工作学习的机会是比较紧缺的，所以无法容纳更多的学生。

以2013年的学生注册情况看，23个专业起初注册学生为359人，但后来有56名学生退学，退学的原因一是有些学生学习出现困难，二是出勤率不高。所以"青年学徒制"第一次在佐治亚州的招生数为303名学生。

其中，130名男生，占总人数的42.90%，女生173名，占总人数的57.10%。从族裔上看，白人族裔233人，占76.90%，非洲裔学生58人，占19.14%，另外亚裔学生和西班牙裔各有6名，各占1.98%。

5. 职业面向

为了确定当地的一个"青年学徒制"专业，有必要对当地的商业与产业的就业机会的数据进行分析以了解其主要的职业群集。佐治亚州"青年学徒制"职业群集主要有以下几种：（1）商业、市场营销与信息管理；（2）环境与农业科学（如生物技术、环境恢复、农业）；（3）健康与医疗；（4）公共事业（如幼童或老人护理、教育、家庭教育、法律援助）；（5）技术与工程（如制造、通信、交通运输）。

大多数"青年学徒制"的学校不是只聚焦于某种特定的产业或职业群集，而是倾向于给学生提供更多的职业选项机会。而那些聚焦于某种特定产业或职业群集的"青年学徒制"专业多为技术与工程类专业。

在303名学生中，各职业的分布为：第一类是商业、营销和信息管理（72人），第二类是环境与农业（1人），第三类是健康与医疗（84人），第四类是公共事业（28人），第五类是工程与技术（118人）。当然，男女生所选学的专业也有一定的差异，有96名男生修读工程与技术类专业，而女生则在健康与医疗类专业（76人）和商业、营销和信息管理类专业（56人）占据明显优势。

二、"青年学徒制"的学习阶段

"青年学徒制"对于学生而言有两个学习阶段，第一个阶段是在学校的学习，这一阶段的学习是为进入企业学习和将来实际工作做知识与技能准备；第二个阶段是在企业的学习，这一阶段的学习之所以仍称为"学习"而不是工作就在于这阶段仍以学习为主要目的，参与生产的目的是掌握特定的技能，而不是为了获得一定的经济报酬。

（一）学校阶段的学习

"青年学徒制"中的学校阶段学习被用于整合学科知识与职业内容。当学生完成这一整合课程，他们就会更好理解所学内容的用途和其与工作之间的关联。实际上，不同的专业课程的整合程度存在很大差异，而且大部分专业还没有达到这样的目标。

1. 课程内容

课程是"青年学徒制"基于学校学习的最重要部分。教学内容与方法都是其中的关键要素。由于每个"青年学徒制"的举办学校在整合职业课程与学术课程、连接学校与工作等方面的差异，导致不同的专业在课程内容上也有巨大差异。

大部分的"青年学徒制"专业的学生都没有注册某一门为该专业设计的职业群的课程。学生可以注册任何类型的、与基于工作学习岗位相关的课程，并且学习职业类的课程与实际的工作获得之间基本没有什么联系。而且，基本没有学术类课程可以替换职业类课程。

2. 教学方法

为了提升学生获得专业技能，课程内容与教学方法必须进行一定的改革。根据调查显示，基于学校的学习在近些年几乎没有作出大的改变。有些创新性的教学技术与方法，如班组教学（team teaching）、解决问题活动（problem-solving activities）、合作学习（cooperative learning）都没有在"青年学徒制"中采用。

3. 职业指导

职业指导开发学生对于某个特定职业的兴趣是很重要的一项工作。"青年学徒制"必须在学校学习阶段整合职业认知活动和职业指导。然而实际上，"青年学徒制"很少开展职业指导活动。职业认知最为普遍的形式就是"工作影子"（job shadowing）活动和到一些企业去参观。在很少一部分的"青年学徒制"中，每个学生都要准备一个反映个人学习兴趣、将来就读大学的意向和职业选择的职业/教育的规划。总的来说,"青年学徒制"对于职业指导的重视程度还是很不够的。

4. 与中学后院校的衔接与合作

衔接协议有助于"青年学徒制"的学生获得中学后院校在技术科目和文化科目的学分。有的合作,如预录取的备考有助于"青年学徒制"的学生向中学后院校的过渡。目前还存在一定的问题,比如"青年学徒制"的学生进入中学后院校的学习状况没有专人负责辅助和监管的,是否可以尝试继续由原来的协调员继续跟踪服务。

(二)工作场所阶段的学习

基于工作的学习是利用企业场所进行有计划的工作培训的活动。

1. 有偿工作

工作学习的多少和强度在不同的专业之间有较大差异。有的是短期的无偿"影子学习",有的则是有偿的兼职雇佣劳动。学生平均每周的工作时间从10小时至30小时不等。雇主必须至少按照最低工资标准付给学生工作薪酬,或者在与协调员商议的情况下支付更高的薪酬。当然"青年学徒制"比较鼓励稳定的薪酬,薪酬是依据学生的工作业绩与表现,薪酬为联邦规定的最低标准的每小时4.25美元至6.5美元不等。

当然,佐治亚州的学徒薪酬也有一些次生问题,例如,学徒在同一家公司有不同的薪酬会导致学生之间的嫉妒心理,有的学生会要求调到薪酬较高的岗位,有一定的不稳定局面出现。尽管佐治亚州政府立法鼓励付给"青年学徒制"的学生一定的薪酬,但很多专业事实上很难获得有薪酬的岗位,如健康和医疗职业群的学生。

2. 技能发展与训练计划

一个结构合理、连贯的训练计划对学生强化工作学习是非常关键的。培训计划通常包括:(1)该"青年学徒制"专业的学习目标;(2)学生为达成该目标而需完成的活动与工作任务;(3)记录和评价学习目标达成度的方法与手段。

只有极少的"青年学徒制"企业具备结构合理的训练计划,但很多企业还处在尝试使用训练计划的过程中。很多"青年学徒制"专业被归为可面向多种专业的领域,此时对学生掌握特定技能的评定就会成为一种比较耗时、涉及因素较多的过程。而对于那些面向比较聚焦的职业群的"青年学徒制"专业则在训练计划上比较成功。

3. 工作指导教师

"青年学徒制"的学生能否有好的学习效果,很重要的一方面就在于能否在工作过程中获得来自企业指导教师和督导人员比较具体的工作指导。大部分的"青年学徒制"企业都会具备企业的指导教师,通常是由雇主来选择善于沟通的企业人员担任指导教师。在"青年学徒制"协调员的帮助下,雇主会开发出选任指导教师的一套标准。

通常企业指导教师要接受至少4个小时的培训,以便于他们明确自己指导的方向与内容、职责与权限等。有的"青年学徒制"协调员开发出了指导教师的工作手册。

三、"青年学徒制"对我国职业教育"现代学徒制"的启示

目前我国各地区正积极推动职业教育"现代学徒制",那么,佐治亚州的"青年学徒制"开展已20余年,很多具体的做法值得各地学习和借鉴。我们认为以下几个方面具有十分重要的借鉴价值。

(一)各地要出台实施细则的法律文件

佐治亚州在1992年就出台了专门的"青年学徒制"的法律文件。而我国在官方文件中首次出现"现代学徒制"一词的文件则是在2011年由教育部颁发的《关于推进高等职业教育改革创新引领职业教育科学发展的若干意见》。各地出台相关规定主要从2014年开始,如此算来,我国省级学徒制法律文件要迟了20余年。再如英国,于2009年发布的《学徒制、技能、儿童与学习法案》,结束了200多年英国学徒制无法可依的局面。[1]

而且,教育部2014年发布的《关于开展现代学徒制试点工作的意见》还属"意见"性质,其指导力、约束力都已大打折扣,与"法"的地位和作用相差甚远。再反观欧美国家(如爱尔兰1993年的《学徒制法案》、意大利2011年《学徒制巩固法》),许多国家都已将现代学徒制的规范和保障上升到了国家立法的层面。[2] 再退一步,暂且不谈国家层面的法律,那么各地在推进"现代学徒制"的过程中,可以利用"船小好掉头"的便利,参照佐治亚州的做法,制定符合本地区条件的法律法规,切实推动"现代学徒制"的开展。法律法规的健全是其后管

---

[1] 王平. 新中国成立以来我国学徒制政策的演变、问题与调适 [J]. 教育与职业, 2015 (22).
[2] 关晶, 石伟平. 现代学徒制之"现代性"辨析 [J]. 教育研究, 2014 (10).

理机构、运行机制等实施工作的基础与前提,这一步工作必须走在前头。

(二) 注重学习过程中的质量监控

从以上有关佐治亚州"青年学徒制"的介绍中可以看出,佐治亚州在推行"青年学徒制"的过程中,一直重视学生整个学习过程的质量监控。在专业协调员的设立、职业指导、学习结果的评价体系、学生规模的控制、课程内容的开发、报酬的落实等方面,无不显示着该州对于学生整个学习过程的重视。再以德国的巴伐利亚州为例,该州的学徒培训由公司来提供,而商会则负责对学徒培训的质量进行监管。

再反观我国,目前就我国的职业教育质量监管机构看,整个质量监控体系还十分不健全,教育质量评估与改进大多由第三方的教育评估机构来承担。但这种机构通常具有十分浓厚的政府背景,其所开展的教育评估大多是针对职业院校的整体或单项工作,而且侧重于结果与绩效的评估,对于完整的教育过程的质量监控是十分缺乏的。对此,我们的解决办法可以参照佐治亚州,在成立专门的现代学徒制的管理机构之外,指派专员参与"现代学徒制"的整个学习过程。这样一方面的确可以保障学生学习的效果,另一方面在一定程度上对于学徒制的自身完善机制也是大有裨益。现代学徒制虽在国外已有较长的发展历程,但在中国的实现还需要一个本土化的过程。因此,设立一个现代学徒制的管理与协调机构,对于此后我们进一步完善现代学徒制的实施都是十分必要的。

(三) 开发现代学徒制的课程标准与培训计划

佐治亚州为了保障"青年学徒制"的教学内容符合其所规定的职业能力标准,通过相应的协调机构,学校与企业共同开发出了一系列专业的课程标准与培训计划。

课程标准是在学校阶段学习的基本依据。开发职业教育的课程标准是美国职业教育惯常的做法,这在职业教育发达的其他欧美国家也是普遍存在的。虽然我国职业教育国家层面的课程标准已经开始启动,但开发的深度、开发成果的影响还有待加强。现代学徒制若要走向深入,那么以省级教育管理部门为牵头来开发现代学徒制的课程标准,是十分现实的思路。现代学徒制课程标准的开发可由职业学校、企业人士、课程专家、行业专家等人员构成,发挥各自优势。培训计划则是学徒在企业学习阶段的蓝本材料,主要是在学徒制协调员的辅助下,企业根据自身生产情况与要求,对学徒在学习上的培训计划。这对于学生在企业的技能培训是一种制度化的文本。

目前我国职业教育学徒制的课程标准还基本沿用职业学校的人才培养方案,

一方面我们既缺少省级的专业教学标准、课程标准等方面的课程材料；另一方面在企业的培训中也缺乏独立的培训计划，基本是在学校人才培养方案的设计上加入企业工作的内容。这些人才培养方案若缺少比较规范的企业培训计划，就会导致人才培养方案中的企业培训部分无法得到完整的贯彻。

因此，我国职业教育在推行现代学徒制的进程中，不能仅仅停留在规划、制度等宏观层面，要深入学校层面，尤其是课程层面，这样才能使其真正落到实处。课程是职业教育最内核的内涵建设，我们必须从一开始就花大力气做现代学徒制课程建设这项工作。

第三节 当代丹麦学徒制的制度探析[*]

现代学徒制不仅是当代世界职业教育改革的重要标签，也是我国当前职业教育的改革热点。在西方国家中，丹麦的学徒制历史悠久，在立法保障、组织管理以及人才培养方面的制度安排都较为完善，成功地促进了丹麦国民经济的高度发展。据统计，2014 年，丹麦已共有 7 万余名学徒与企业达成了培训协议。[①] 本节从制度建立角度阐述当代丹麦学徒制的诞生发展过程和基本制度结构，进而总结其经验，期望为我国现阶段现代学徒制的试点工作提供重要的经验参照。

一、丹麦学徒制的发展概况

丹麦传统的学徒制有着非常悠久的历史，最早可以追溯到中世纪，最初的形式是"父艺授子"，即父亲将自己的技艺传授给儿子。启蒙运动兴起后，丹麦出现了社会认可的学徒培训主管机构，各行业的学徒培训开始归属于各自的行会管理并形成了各方共同遵守的学徒培训原则，有组织的学徒培训制度开始形成。1800 年，丹麦创办了第一所"星期日学校"，开始招收手工业学徒，设置职业技术课程。至此，学徒授艺方式渐渐走上制度化的轨道。1857 年，丹麦通过《自由贸易法》（Free Trade Legislation），这标志着经济领域中自由贸易制度最终确立，这一制度打破了传统的手工业行会垄断学徒培训的局面，学徒制濒临崩溃。

---

[*] 本节内容发表于《职教通讯》2018 年第 1 期。

[①] The Danish Ministry of Education. Vocational Education and Training (vet) [EB/OL]. [2014-07-08]. http://eng.uvm.dk/upper-secondary-education/vocational-education-and-training--vet-.

为了恢复学徒培训事业，1875 年，丹麦政府开始正式接管学徒培训主管机构。之后，政府通过制定一系列学徒培训法案，设立专门的管理机构，创建大量专门的学徒培训学校和基地来推动丹麦学徒培训体系的恢复、发展与完善。1889 年，丹麦颁布第一个《学徒培训法》（Apprenticeship Act of 1889）。该法规定，"雇主有送学徒进入技术培训学校或商业学校学习并为学徒交纳全部学习费用的义务；技术培训学校和商业学校有招收学徒入学接收职业培训的义务；学徒有进入技术培训学校或商业学校学习的义务。"该法还对传统师徒中的学徒合同提出了新的管理规定以及对技术培训学校和商业学校的教学工作做了规定。1916 年，丹麦颁布《技术培训学校视导法》，决定成立国家理事会，专门负责技术行业的职业培训工作。1921 年，丹麦颁布第二个《学徒培训法》（Apprenticeship Act of 1921）。该法规定成立各行业的行业培训委员会，同时授予雇主联合会和工会共同负责职业培训工作，两者具有同等决定权。1937 年，丹麦颁布第三个《学徒培训法》（Apprenticeship Act of 1937）。该法规定了各行各业委员会的地位，其权限进一步扩展；决定成立学徒培训咨询委员会，负责各种职业培训事宜的协调工作。1956 年，丹麦颁布了第四个《学徒培训法》（Apprenticeship Act of 1956）。该法对职业技术学校制度，职业技术学校的行政管理，学徒的入学条件、学制、培训内容及考试制度等做了全面规定。[1]

通过颁布这些法律法案，丹麦先后对行业协会师傅和学徒的关系，学徒培训的条件、内容和形式等方面进行了一系列的改革，使学徒培训制度日益规范，逐步形成了现代意义上的学徒制。当代的丹麦学徒制已有高中和高等教育两个层次，并已被纳入国家认可的职业认证框架和欧洲资格框架（European Qualification Framework For Lifelong Learning – EQF）之中，学生通过学徒培训即可获得各方认可的资格认证证书。

二、丹麦学徒制的组织管理制度

（一）组织结构

丹麦的学徒制包含在整个丹麦职业教育体系中，是一个分权式的管理体系，主要管理层是国家、社会和学校。国家层面上，丹麦教育部负责制定职业教育和培训系统的总体框架。同时，教育部通过设立职业培训理事会和发展委员会来协助其负责日常事务。职业培训理事会由社会伙伴代表、教师和学生的代表以及特

---

[1] 唐晓嵩. 立法：为丹麦职业教育的发展护航 [J]. 教育与职业，2012（7）：102 – 103.

别专家组成，其任务是在一般层面上为国家就关于职业教育和培训制度的教育问题提供建议。发展委员会则由教育部门、就业部门、劳动力市场和职业培训领域的研究人员以及其他利益相关者的代表组成，其任务是迅速调查跟进新的工作领域，并在适当情况下通过制订教育和培训计划及时覆盖新领域。

社会伙伴（social partners，即雇主协会与工会）在丹麦职业教育体系中的各个层面发挥着制度化的作用。他们与教育部保持密切联系，确保职业教育与培训符合劳动力市场的需要和要求。雇主和雇员则设立了一些贸易委员会，目前，全丹麦已约有 50 个。[①] 贸易委员会的任务是在一般框架内列出教育和培训方案的详细内容，包括适用于课程的持续时间，目标和评估以及实用培训和学校教学之间的具体分配。贸易委员会有义务在遵循劳动力市场发展情况的基础上主动开发新的教育和培训方案，并调整或结束现有方案。

丹麦的职业学院在国家政策框架内运行和操作，它们与贸易委员会密切合作，根据当地工业发展情况确定地方院校的课程内容及其长期教育发展计划，使职业教育更能适应地方需要。职业学院同时承担着教学和考试的日常责任。政府、社会伙伴和学校三方共同确保了丹麦学徒制的质量与发展。

（二）注册管理

丹麦在注册学徒方面的入门资格要求并不高，学生完成义务教育获得相关毕业证书即可参加，但要参加高等教育层次的学徒制，入学要求则是需要有过相关的职业教育培训或普通高中教育文凭。在年龄限制方面也比较宽泛，主要面向的是 15~24 岁的年轻人，对于超过 25 岁的学生，则是通过特殊的成人教育与培训（Adult Vocational Training – AMU）参加职业教育。

企业想要有接收学徒的资格，就必须向当地的贸易委员会提出申请并获得批准。申请的企业需要证明自己具有开展学徒培训的前提条件，包括企业运行年限、培训师资等。贸易委员会会从三个方面对企业进行现场评估：企业能否进行实际培训；能否提供满意的培训条件；能否完成特定的教育目标。值得注意的是，满足所有必要条件的企业会获得批准并不受限制地开展任一种学徒培训类型。如果企业没有完全符合要求，它则可能只被批准开展一种学徒培训类型。简单来说，在不同的学徒教育类型和步骤中具体的批准请求不同。

在学徒注册与企业注册之后，双方可在电子数据库中互相搜索。双方协商之后，学徒就必须与提供培训的企业签订培训协议。培训协议是双方之间具有约束

[①] CEDEFOP. Apprenticeship-type Schemes and Structured Work-based Learning Programmes [R]. Luxembourg: Publication Office of the European Union, 2014.

力的合同，根据学徒制计划类型的不同分为了四种：定期培训协议、新学徒、组合培训协议、短期培训协议。① 其中，在定期培训协议和学徒培训协议下，企业在整个协议期间对学生负有法律、教育责任。而在组合培训协议和短期培训协议中，企业则只在培训期具有相同的责任。

（三）经费管理

丹麦学徒制培训的经费主要来源于国家财政拨款。为了激励企业和学生参加学徒制，丹麦政府采取了一些激励措施。主要包括：（1）征税—拨款制度。即向未完成培训任务的企业征收培训税，由专门的基金委员会管理，再按比例拨款给额外完成了培训任务的企业。②（2）集体雇主基金［The Collective Employer Fund（Arbejdsgivernes Elevrefusion，AER）］。AER 是一个独立的雇主基金，其主要资金来自所有公共和私人的强制性雇主供款，这项捐款每季度支付一次。该基金实际上是通过各种补贴和退款程序来为雇用学徒的公司提供经费支持，例如，报销学徒工资与资助企业培训师。学徒培训协议中有规定学徒在校学习期间，企业必须支付其工资，工资标准则是由行业集体协议商定的最低工资。这项工资会由 AER 报销，并要求企业收到并分配给学生的 AER 补偿与实际工作培训期间收到的工资相同。资助培训师即指培训师在企业培训期间接受学徒工资，AER 会将款项分配给接收学徒的企业，使企业不承担培训师的培训费用。

三、丹麦学徒制的人才培养制度

（一）培养计划

高中层次的学徒制主要有以下四个主要学徒类型计划：（1）定期培训协议（regular training agreement）：学徒与一家企业进行整个培训计划的协议；（2）新学徒（new apprenticeship）：学徒跳过以学校为基础的基础培训，直接进企业进行实践培训；（3）组合培训协议（combination training agreement）：学徒与两个或更多公司进行培训的协议，学徒可在不同企业间轮换培训；（4）短期培训协议（short training agreement）：对于无法进行整个培训期或者生产期相对较短的公司，学徒可在此进行短期培训。在不同协议中学徒获得的技能没有差别，并且在企业

---

① CEDEFOP. Apprenticeship Supply in the Member States of the European Union（Final Report）［R］. Luxembourg：Publication Office of the European Union，2012.

② 关晶. 当前主要国家现代学徒制的制度分析［J］. 职教论坛，2016（16）：81 - 84.

和学校的培训时间的分布通常是 2/3 和 1/3。

在高等教育学徒制层次，自 2009 年 8 月 1 日起，企业或公共机构的 3 个月强制性学徒制被整合在所有短期的高等教育（kort videregaende uddannelse，KVU 课程）中。3 个月强制性学徒制包括五种计划类型：（1）工作场所学徒（workplace apprenticeship）；（2）项目导向学徒（project oriented apprenticeship）；（3）虚拟学徒（virtual apprenticeship）；（4）企业家学徒（entrepreneur apprenticeship）；（5）国际学徒（international apprenticeship）。[①] 工作场所学徒是最常见和最知名的计划类型，学生在企业或机构中工作一个培训期，并参与一部分日常事务；项目导向学徒是指学生与企业或机构合作解决学生或企业的问题；虚拟学徒则是让学生在数字化媒体方面进行培训；企业家学徒的主要目标是给予学生尝试创新的实践机会和创业经验；国际学徒是在另一个国家的企业中实施学徒培训。

学徒制的结构是灵活的，上述列出的计划类型的例子可以随机组合，不同的教育课程会被安排在不同的学期，或安排在一个或多个企业进行。

（二）教学师资

与两类教育培训场所相对应，丹麦学徒制的师资包括两类：企业培训师和职业教育院校教师，其中职业教育院校教师还可进一步区分为普通科与职业科教师。

学徒在企业内的培训是由企业培训师来进行引导完成的，企业培训师通常是具体行业内有熟练技能技术的人。丹麦虽未对企业培训师有特别严格的资质要求，但丹麦有的地区为企业培训师提供了非强制性的相关培训，并为此制定了详细的《培训师指南》，其中包含了培训原则、程序、方法等内容，目的是向培训师提供关于学生教育框架和结构的知识，提高培训师能力，让他们能够根据学生的资质提供指导。对于职业教育院校教师，则有以下七条具体的资格要求：（1）最少两年的相关工作经验；（2）普通教育背景的最低要求是社会科学科目达到相当于学术性高中水平且以下科目至少两门达到同等水平：丹麦语、数学或科学、外语；（3）普通科与职业科教师都需要学习教育学通识教育；（4）达到其主要教学领域的资格要求；（5）教授职业科目的教师要接受过相关的学徒培训，并且接受过与职业相关的继续教育，有至少五年的工作经验；（6）教授普通科目的教师的教育水平达到胜任初等教育、中等教育或大学教育所教科目的教学所要求的水平；（7）职业科与普通科教师都需要接受过与职业相关的教育和教学培训。

[①] CEDEFOP. Apprenticeship Supply in the Member States of the European Union（Final Report）[R]. Luxembourg：Publication Office of the European Union，2012.

（三）质量保障

丹麦教育部是负责职业教育与培训体系的主管部门，它确保教育机构的高质量教育。社会伙伴负责系统层面和机构层面的监督。在系统层面，社会伙伴根据劳动力市场的需求来考察评估职业教育质量；在机构层面，侧重于监督实施教育的机构，包括机构开展考试的完成率以及考查学生辍学率。社会伙伴会及时向教育部汇报反馈并与其进行关于未实现教育目标的对话，以及时改进教育状况。所有高等职业院校都有一个质量控制和管理系统，用于持续的质量评估和发展及自我评价。[1] 学校必须在本校的官网上公开评估的结果和后续改进计划，各学校间会比较结果并相互监督，相互启发。[2] 此外，丹麦职业教育与培训系统质量保障机制中有个独特部分在于它有层层递进的冲突解决系统。该系统最低一级的调解员角色由贸易委员会承担，它会帮助解决学生和企业在工资、学习等方面的分歧。若在调解会议上不能被解决，则会在一个特别的争议委员会中处理。如果仍未达成协议，官方法律制度将会接管。

四、丹麦学徒制的经验与借鉴

（一）建立刚性强制的现代学徒制法律体系

丹麦学徒制之所以能够运作良好，与国家和政府的重视及社会的认同分不开，丹麦政府为学徒制的长远发展建立健全了明确的法律体系。我国从2014年起就开始了现代学徒制的试点工作。现代学徒制在我国之所以称为"试点"，从制度学的角度看，就是现代学徒制中的制度从无到有、由不明显至明显的探索和培育过程。[3] 一直以来，我国都是以出台政策文件的形式来推进现代学徒制的试点工作，并以倡导性的要求居多，所以往往因其约束力与强制力不够而影响了成效。而且我国目前对职业学校教育的规范主要是1995年颁布的《中华人民共和国教育法》（以下简称《教育法》）和1996年颁布的《中华人民共和国职业教育法》（以下简称《职业教育法》），内容方面也只是宏观层面的笼统规定。《职业

---

[1] 菲利普·葛洛曼，菲利克斯·劳耐尔. 国际视野下的职业教育师资培养 [M]. 石伟平，译. 北京：外语教学与研究出版社，2011：76.

[2] The Danish Ministry of Education. Improving Vocational Education and Training Overview of Reform of the Danish Vocational Education System [R]. The Danish Ministry of Education, 2014.

[3] 张建国. 论学徒制职业教育的制度意蕴 [J]. 职业技术教育，2015，36（7）：23-28.

教育法》仅仅在职业教育体系一章里简单提及了职业培训包含了学徒培训,这对学徒制在我国的推进与发展是不利的。法律是正式制度的代表[①],要在我国推进实践好现代学徒制,我们可借鉴丹麦在学徒制方面的立法经验,从国家层面上制定国家、地方和行业协调统一的法律法规体系,在法律上给予我国现代学徒制相应的地位和明确的程序性规定,出台针对学徒制度的专门立法,确定参与现代学徒培养工作的各方所应承担的责任与义务,保障学徒的合法权益。此外,我国《教育法》《职业教育法》《劳动法》《就业促进法》等法律中与职业教育相关的内容也应及时作出相应调整与修订,适应时代的发展与需求,以真正实现有法可依,刚性约束,为现代学徒制制度发挥作用提供支持和保障。

(二)开拓高度协作的现代学徒制参与机制

丹麦的学徒制系统有着高度协作的特征,教育部、社会伙伴、学院、企业、教师和学徒以及各委员会都是丹麦学徒制的参与者。其中,社会伙伴发挥着主导作用,他们参与地方和国家层面的各项事务,不断规范教育,及时更新教育,使其符合劳动力市场的需求并协助政府建立了稳固的联盟;雇主协会协调好不同雇主间的利益;学徒们积极参与学徒训练,直接进入劳动力市场就业。正是各参与方的积极参与互动共同促进了丹麦学徒制的繁荣发展。而在我国正在进行的现代学徒制试点工作中,则是政府承担着大部分责任,政府出台相应的政策文件,协调学校与企业的有效对接,监督人才培养实践过程。而企业、劳动部门与行业协会的参与性都不高。

企业参与是现代学徒制成功开展的前提。[②] 目前我国企业参与的积极性都不高,原因主要在于企业是追求利益最大化的经济体,看重的是利益。企业愿意参与学徒培训固然会受国家政策的影响以及自身想获得良好社会声誉和承担社会责任的考虑,但现实是当前企业内的学徒培训成本多由企业自身承担,这无疑增加了企业的运行负担。有投资就要有回报,追逐经济利益的企业不能从需要花费长时间的学徒培训活动中很快提高企业经济效益和竞争力,这就抑制了企业参与学徒制的积极性。而与全日制学校职业教育相比,现代学徒制不仅是"为企业"培养技术技能人才的职业教育制度,更是"由企业"和"在企业"培养技术技能人才的职业教育制度。[③] 所以,我国需要通过税收优惠、财政补贴等多方面出台支持激励政策,降低企业教育投资培训成本,督促企业参与学徒培训。与法律法规的硬性要求相匹配,软硬并施,共同推进我国现代学徒制的试点

---

① 辛鸣.制度论:关于制度哲学的理论建构[M].北京:人民出版社,2005:103.
②③ 关晶.职业教育现代学徒制的比较与借鉴[M].长沙:湖南师范大学出版社,2016:221.

工作有效进行。

此外,学徒制试点工作并不只是教育部门的责任。我国应该在不同国家部门之间建立起协作工作机制,加强教育部门与劳动部门、人社部门以及各个行业部门的对接工作。同时,我国行业协会与西方相比,在组织结构、财政状况、人员构成、职能作用等方面都存在很大的差异性,构成了我国行业协会独特的"官民二重性"特征——非官非民、亦官亦民[①]。因此,政府必须依据国情明确和细分政府与行业协会的关系,提高我国行业协会的相对独立性,与行业协会建立起互助合作关系。行业协会也要做好自治管理工作,发挥自身优势,更好地促进行业长远发展。各方共同参与协作,助力我国现代学徒制工作的有序推进。

(三) 优化公平有效的现代学徒制经费机制

如前文所述,在丹麦,未完成学徒培训任务的企业要向基金会支付一定培训费用,额外完成学徒培训的企业则会得到一定的经济补偿与资助;独立的集体雇主基金也为企业学徒培训提供经费支持,这在无形中既保障了企业的参与度,又同时减轻了国家的教育经费投入。在我国,教育经费主要来源于政府拨款和学生学费,经费来源结构单一,多途径筹措经费的制度还尚未形成。一方面,职业教育经费占教育总经费的比重仍然较低[②]。我国教育经费被大量投入在普通高等教育领域,职业教育所占比例较小,经费支出的结构与各类教育事业发展规模和目标也不适应,这造成了我国职业教育发展的滞后性。而且我国职业学校的办学经费大多是由地方财政按照学校招生人数来发放,因各地经济水平的悬殊性,各地的经费投入力度也就存在着差异性。这类情况不仅会造成职业学校一味追求学生数量而不注重教学质量的情况,而且也会引起教育不公和社会不公的问题,严重阻碍了职业教育的持续性发展;另一方面,职业教育经费使用存在着使用效益较低的问题,并且管理上存在着重分配轻管理、重数量轻效益、重投入轻产出、重硬件建设轻软件建设的现象[③]。在经费本不充裕的条件下不合理的分配与使用使得我国职业教育的发展极其不健康。这些我国职教发展现状中存在的问题,也启示了我国在现代学徒制试点工作中应该特别注重这些地方。

在推进我国现代学徒制试点工作的过程中,政府应该首先合理分配划分各级政府的财政投入责任,均衡各区域职业教育经费投入,保障各地区职业教育持续公平的发展。其次,我国应改变传统的按照招生人数来拨款的方式,通过分批发放、依据绩效划拨的方式来督促职业学校注重提高教育质量。最后,可借鉴丹麦

---

① 王辉. 论中国行业协会发展中的政府作用 [D]. 长沙:湖南师范大学,2008,16.
②③ 刘晓,石伟平. 当前我国职业教育投入现状的分析与思考 [J]. 职教论坛,2011 (4):4-8.

的征税——拨款的经济激励政策，通过这一奖惩分明的政策来鼓励企业参与，既对企业起到了激励作用，也在一定程度上优化国家的经费机制，保障现代学徒制的经费投入公平有效。

综上所述，我国现代学徒制目前尚处在探索阶段，对学徒制建立的各方面制度均未形成比较统一的认识。借鉴丹麦经验，我国应从国家意志出发，通过法律、财政、舆论等手段有力促进现代学徒制试点工作，保证我国职业教育现代学徒制的有序发展。

第四节　英国、澳大利亚学徒制新发展之比较*

为适应国家经济的发展满足企业对技术员的需求，英国和澳大利亚相关部门分别于2011年2月和2013年10月出台了《共同责任：面向21世纪的澳大利亚学徒制》和《英格兰未来的学徒制：实施计划》两个政策用来指导本国学徒制未来的发展，在新政策的指导下两国学徒制实施分别有了一定程度的发展和变化。本节提出了学徒制新发展是指，为了提高学徒培训的质量使学徒制更适应国家未来经济发展的需要，两国分别为未来学徒制提出了新措施。

一、英国、澳大利亚提出学徒制新发展的背景

（一）英国提出学徒制新发展的背景

1. 经济发展对高级技术员的需求上升

在当今全球竞争中企业拥有高水平技术工人可以提升其生产力，然而英国劳动力市场的技能短缺现象十分严重且年轻人的就业率很低，面对这类问题英国教育部认为是英国过去的职业教育制度不足所致。尽管国家有培训技术员的愿望，英国技术培训体制还存在许多不足，例如：职业教育政策经常变更、政府对课程的控制过多、雇主较少参与技术培训、监管和培训质量的不足，等等。[①] 为了改善技术培训体制，培养合格的技术员，2013年10月英国教育部发布《英格兰未

---

* 本节内容发表于《职教论坛》2016年第25期。

① Department for Education, Department for Business Innovation & Skills. Rigour and Responsiveness in Skills [Z]. London: BIS and DFE, April 2013: 4.

来的学徒制：实施计划》（以下简称《实施计划》）提出要实施新型学徒制，培养英国 16 岁及 16 岁以上的年轻人达到企业对员工提出的技能要求，并力图使英国高等学徒制发展成为可以与传统高等教育相提并论的一种教育类型。[①]

2. 学徒制的质量有待提高

尽管英国学徒制自 1994 年重新启动以来取得了一定的成功，但是学徒制实施的质量却不尽如人意。英国学徒培训质量不高的主要原因：一是学徒制的实施框架存在弊端，原来使用的学徒制框架较为复杂以至于雇主很难清楚的实施其内容中所规定的培训；二是学徒制对学徒的基础能力（可迁移能力）即数学和英语成绩的要求不够；三是学徒完成率低，根据 2014 年 12 月英国商业创新技能部（BIS）发布的《学徒制评估：学习者》调查报告显示，在其调查的 5 822 名英格兰学徒中，进行学徒培训一年以下就中途放弃的学徒占 47%，持续进行三年以上学徒培训的学徒仅占 8%[②]，如表 2-2 所示。

表 2-2　　　　不同等级学徒接受培训的持续时间及其比例　　　　单位：%

学徒等级	不知道	少于 6 个月	6 个月~ 1 年	1 年~ 18 个月	19 个月~ 2 年	2~ 3 年	3 年以上
2 级学徒	6	9	47	14	8	12	3
3 级学徒	3	3	27	22	9	19	17
所有学徒	5	7	40	17	8	14	8

资料来源：Department for Business Innovation & Skill. Apprenticeship Evaluation：Learner [R]. London：BIS, 2014：35.

3. 学徒制实施的雇主导向不强

尽管政府鼓励企业雇主更多地参与学徒制的各个环节，但是学徒制实施的整个过程包括框架的设计、培训的实施方式和最终的评估方法都在政府主导之下进行，这样很难使学徒培训真正做到反映企业雇主对员工技能的需求。所以未来的学徒制应该是以雇主为导向，让雇主直接设计学徒制实施标准，并将小企业纳入新的标准开发中来吸引更多的企业参与。另外学徒制结束后的测试以及学徒资格的获得也应完全依据雇主对岗位技能的要求来设计，使学徒制培养的技术员能够完全符合企业雇主的技能需求。

---

① Department for Business Innovation & Skills. The Future of Appenticeships in England：Implementation Plan [R]. London：BIS, 2013：3.

② Department for Business Innovation & Skill. Apprenticeship Evaluation：Learner [R]. London：BIS, 2014：35.

（二）澳大利亚提出学徒制新发展的背景

1. 澳大利亚技能短缺

在过去的10多年中澳大利亚一直处于技术短缺的状态，导致许多产业的生产力降低和创新项目的延迟或取消。由于技术的获得与技术需求不匹配，因此在经济增长时期技能短缺的现象是很常见的。例如，2009年全球经济衰退就导致澳大利亚减少了对技术员的需求，但是2010年以后澳大利亚的经济出现了强烈复苏的迹象，所以澳大利亚企业又增加了对技术员的需要。因此澳大利亚学徒制需要新的发展使其能够满足未来国家经济的增长。

2. 学徒制完成率低

学徒的完成率是衡量学徒制质量的重要指标，2001~2008年，澳大利亚学徒生（包括受训生）第一年的流失率一直在31.5%~32.8%的较高比率区间内。根据调查发现澳大利亚学徒完成率低主要是由于以下四个原因：一是工作场所或雇主相关的原因，有些学徒所处的工作环境差、过度加班、不允许休息、拖欠工资，有些雇主将学徒视为低级劳动者没有向他们提供有意义的工作和培训导致学徒提早结束学徒培训；二是缺少支持，如果在学徒培训期间可以给学徒提供更多的支持服务，学徒会更倾向于完成学徒培训；三是低工资，学生愿意参与和完成学徒制的重要因素就是出于对工资的考虑，较低的工资易使学徒不愿意加入并完成学徒培训[1]，根据调查发现澳大利亚的学徒制中大型企业的雇主倾向于给予学徒更多的工资，但是中小规模的企业雇主则提供较少的工资从而导致了学徒的流失[2]。

3. 学徒制度的管理体系复杂导致低效率

澳大利亚是联邦政治体制，各州/领地对职业教育的立法享有高度自治的权利。国家层面的立法多是程序性的法案，仅用来规定机构建立的原则和流程，学徒制的具体实施层面由各州/领地通过各自的立法进行规定。从学徒制的运行体系的管理来看，澳大利亚学徒制采取了联邦和州/领地二级管理体系，国家层面的学徒管理由教育、就业与工作场所关系部（DEEWR）承担，州/领地层面的学徒制具体实施由培训局（STA）负责。另外实施管理责任的还有利益相关主体组成的国家质量委员会（National Quality Council）、行业主体的国家产业技能委员会（National Industry Skills Council）、服务层面有学徒中心（AAC）、注册培训机

---

[1] Karmel, T. & Mlotkowski, P. The Impact of Wages on the Probability of Completing an Apprenticeship or Traineeship [R]. NCVER, 2010.

[2] Common Wealth of Australia. A Shared Responsibility: Apprenticeships for the 21 Century [R]. Commonwealth of Australia, 2011: 24.

构（RTOs）[①]，等等。这种管理方式使得学徒管理体系十分复杂，原因是各利益相关方职责存在交叉部分导致雇主对学徒实施产生困惑，不仅不利于学徒制的实施还降低了体制运行的效率，另外，缺乏统一管理还不利于学徒进行跨地区的学徒制转换。因此，澳大利亚未来学徒制的发展强调简化学徒制的管理机制、通过统一的管理来提升学徒制实施的效率。

4. 缺少能力本位的学徒培训与认可

能力本位的培训与认可是一种职业教育与培训的方式，它强调一个人所能做的并以此为依据来衡量他是否完成培训计划。[②] 原来学徒制的培训进程的确认和学徒培训工资的支付都取决于学徒培训时间的长短，但是这种认定方式不利于学徒的能力认证和学徒培训期间工资的分配。而基于能力所达到的标准来认定的学徒培训能使学徒培训更加高效，同时基于能力标准的工资分配可以更好地起到激励学徒的作用。

二、英国、澳大利亚学徒制新发展的内容

（一）英国学徒制新发展的内容

为了满足经济发展的需要、为学习者和雇主提供世界一流的职业资格认可和技能培训、保证政府投资利益的最大化以及对英国未来学徒制进行中长期的规划[③]，2012 年 7 月英国教育部（DFE）和商业创新与技能部（BIS）委托理查德（Doug Richard）调查小组开启了对当前学徒制的分析，理查德调查小组对学徒制的各方利益相关者进行了调研并结合对当时学徒制存在的问题于 2012 年 11 月发布《理查德学徒制评论》，对未来学徒制提出了若干建议。为了实践《理查德学徒制评论》提出的实施建议，2013 年 3 月英国政府发布了《英格兰未来的学徒制：理查德评论的下一步》咨询报告向雇主、教育者和其他学徒制的利益相关方提出 24 个关于更好实施学徒制的建议，在综合了各个学徒制利益相关方的观点以后，2013 年 10 月英国政府发布《英格兰未来的学徒制：实施计划》（以下简称《实施计划》）代表新的学徒制的启动。

1. 重新设计学徒制标准

学徒制的核心是学徒制标准，学徒标准是指对各个领域的职业所需要的技

---

① 关晶. 当代澳大利亚学徒制述评 [J]. 职教论坛，2015，4：80－84.
② 易烨，石伟平. 澳大利亚新学徒制的改革 [J]. 职教论坛，2013，16：89－92.
③ Richard Review of Apprenticeships [R]. DFE and BIS，2012，11：20.

能、知识的描述。《实施计划》提出将用雇主设计的学徒制标准全面替代之前使用的框架,相较于原来复杂难以操作的学徒制框架,新的标准的设计必须简短(一般不超过A4纸的两面)、精练易懂。标准的内容必须说明胜任一个特定职位所需的全部技能和知识等级,且更关注说明学徒应该如何掌握这些技能和知识而不是仅仅列出这些技能和知识。学徒标准需要公开得到雇主包括小企业的雇主、专业机构、行业机构和高等教育机构的认可以后才可以使用。另外,标准中还包含应该如何进行外部培训的内容,以满足小企业学徒训练的额外需求。为解决学徒完成率低的问题,要求各个行业领域一旦开始实施学徒标准就必须完成至少一年的培训来确保足够的培训时间。重新设计的学徒制标准包含更准确地技能描述、严谨的实施规则和最低培训时间的规定(至少一年),因此,更有利于保障学徒培训的质量。

2. 提高对基础能力的要求

由于基础技能对于学徒的就业能力和跨部门职业生涯发展起到十分重要的作用,因此未来的学徒制对学徒英语和数学的要求还要被进一步加强。英语和数学成绩的最低要求为:中级学徒要达到英语和数学1级水平(普通中等教育证书GCSE1),高级学徒生和高等学徒生要达到英语和数学的2级水平(普通中等教育证书GCSE2),由于目前一些特定职业的雇主(尤其是高级学徒制和高等学徒制雇主)对员工的英语和数学成绩有更高的要求,所以如果普通中等教育证书(GCSE)不能满足雇主的要求,那么要使用其他16~19岁学习项目的资格认可方式进行认定。

3. 雇主主导的学徒标准与学徒评价的设立

未来每一个学徒都需要依据雇主设计的学徒标准进行培训,从而突出学徒制中雇主的主导作用,政府的作用仅仅是确保学徒制标准的质量。在制定这一政策时政府特别注意到,让学徒制标准中的培训同时适应小企业雇主的需要,参与设计标准的雇主同时要包括小企业的雇主,这样可以争取更多的雇主参与未来的学徒制,同时扩大学徒制适用的职业范围。

学徒制的评价标准是严格对照学徒标准的内容来设定的,学徒一旦可以展示标准中规定的特定职业所需的所有能力即可在完成学徒评价时获得证书。雇主将与评估专家一同设计学徒制的评价方法,并由第三方组织来实施评价。学徒制最终评价方法的确定将依据以下三个原则:一是学徒评价至少2/3的内容要安排在学徒期的最后,以确保学徒能够将更重视学徒培训过程而不是最终的测验;二是最终的评价应是一个总结性的测验即要求学徒能够确认并选其所学技能、技巧、概念和理论;三是学徒评价是分等级的,成功通过学徒评价的学徒最终将得到通过、良好和优秀三个等级的评价结果。

（二）澳大利亚学徒制新发展的内容

1. 为雇主和学徒提供支持服务提高学徒完成率

为提高学徒的完成率，在工作场所中要促进雇主与学徒之间的关系且未来的学徒制将为雇主和学徒提供一系列的支持服务。首先，为了改善学徒培训实施的环境对实施培训的雇主要进行预先资格的认定，只有达到培训条件要求的企业和雇主才有资格进行学徒制培训合同的签订。由州政府实施对雇主培训条件和培训质量的监控确保雇主能履行他们的职责，对于满足条件的雇主将在网络上公布消息来帮助学生进行选择。

其次，当雇主与学徒之间的雇佣关系出现问题时，要给雇主提供咨询服务为雇主提出解决建议。通过解决雇主与学徒在培训期间出现的一些问题可以使雇主或者学徒不再轻易地结束学徒培训，州/领地培训局（STA）、澳大利亚学徒制中心（AAC）和集团培训公司（GTCs）[①]这些机构都认为这种第三方解决问题的方式如果可以尽早地进行干预，则可以成功地避免雇佣关系的崩溃。提供第三方调节关系服务的可以是行业团体、州培训局的工作人员或第三、第四年的学徒，他们要具有相关企业或学徒学习的经验、要能提供给雇主可操作的指导意见。另外，对学徒的支持也非常重要，可以在学徒参与学徒培训的初期给予一定的辅导，辅导内容包括提供生涯发展的信息、学习如何获得发展机会和提供一些解决工作场所问题的建议，这种辅导对于学徒决定是否加入学徒制和提高学徒完成率有十分重要的意义。

最后，一个措施是提高学徒的工资，原来在学徒培训初期雇主提供的工资较低，这是为了补偿雇主培训初期的低生产率和培训资源的消耗。但是为了吸引新学徒的加入，要逐步增加学徒培训初期所得到的工资，现在许多学徒培训初期的学徒工资已经达到了原来成熟学徒的工资水平，且较高的工资可以吸引更多刚离开学校的年轻人加入学徒制。

2. 简化澳大利亚学徒管理制度

澳大利亚的学徒体制需要一个国家层面的统一的管理，由于以前不同的管辖区采取不同的管理方式，所以学徒不可以将未完成的学徒制进行一个跨地区的转换以至于不得不中途放弃学徒培训。所以要组建一个特别工作小组，进行统一各个管辖区学徒制管理的工作并开发一个学徒制管理的统一框架。特别工作小组由一个独立的主席和一个由各州/领地政府、工会和雇主团体组建的代表团组成来

[①] 集团培训公司（GTCs）是澳大利亚学徒制的第三方机构，他们直接招聘学徒然后把学徒派遣到相关企业，主要以小企业为主，再将脱岗培训外包给职业技术教育（TAFE）学院。

代表各个利益相关方的利益。

另外，由于参与学徒制实施的利益主相关者数量较多，包括雇主、学徒、注册培训机构（RTOs）、州/领地培训局（STAs）、澳大利亚学徒中心（AACs）、澳大利亚政府、州/领地政府、行业技能委员会、工会、行业机构、澳大利亚政府委员会（COCA），等等。各个利益相关者在学徒制中所承担的责任不明确，其职能存在的重叠都造成了澳大利亚学徒制体制实施的低效。所以明确学徒制中利益相关者和定义他们所承担的实际职责非常必要，未来要评估学徒体制内每一个利益相关者的角色和职责，重新分配其职责、减少其职责的重复部分，使行政管理体制合理化。

3. 建立以能力为本位的学徒培训与认可机制

建立能力本位的培训与认可机制可以提高学徒在培训期间的效率，给予满足能力标准的学徒合适的工资，利用先前学习认可（RPL）和当前学习认可（RCC）可以使更多的学徒得到继续学习和培训的机会。而对于雇主而言，能力本位的培训与认可机制可为他们提供评估学徒能力水平的测量指标，有利于增强制度的灵活性与流动性。未来能力本位的学徒培训与认可机制要在整个学徒体制内全面实施，并且需要得到所有利益相关者的支持。

三、英国、澳大利亚学徒制新发展的特点

21世纪以来为了适应现代知识社会的发展，很多国家都重新启动学徒制并将其纳入国家的职业教育与培训体系，英国和澳大利亚的学徒制便是其中典型的代表。经历了10余年发展的两国学徒制在实施中都不同程度地遇到了一定的问题，主要体现在学徒培训质量、制度框架设计、制度的管理以及支持服务等方面。面对出现的问题两国教育部分别对各自国家当前实施的学徒制进行了全面的分析和总结，并提出关于未来学徒制新的发展政策，总结两国学徒制新进展的特点可以为我国学徒制的建设提供方向。

（一）英国、澳大利亚学徒制新发展的相同点：提高学徒培训质量和效率

从两国学徒制的实施中可以发现，两国都面临要提高学徒培训质量和效率的问题。于是在新的学徒制政策中两国分别从标准实施的设计、提高学徒完成率和支持服务方面入手提出新的实施手段。如英国的《实施计划》中提出简化新的学徒标准的内容，每一个行业领域的学徒标准的内容都要简短，并且对

技能的描述和实施策略要清晰明确；澳大利亚则从统一管理学徒体制、明确规定利益相关方的责任和义务的角度来提高学徒制实施的效率。在应对学徒完成率低的问题时，英国的《实施计划》中明确提出要使每一个行业领域的学徒标准都必须达到一年的培训时间；澳大利亚则提出要面向雇主和学徒提供一系列的支持服务来确保学徒培训的顺利进行，例如，对实施学徒制的雇主进行一系列的资格筛选以确保其实施培训的质量、面向学徒提供生涯指导和提高学徒工资来吸引学徒参与、调解员将帮助解决学徒与雇主在培训期间可能出现的问题。

（二）英国、澳大利亚学徒制新发展不同点

1. 英国学徒制的新发展强调雇主的主导与学徒制地位的提升

英国的学徒制可以说是英国职业教育的主体构成，一直以来由英国政府主导。[①] 尽管政府在实施学徒制时强调要使雇主积极参与学徒制实施的各个环节，但是由政府主导设计的学徒实施框架无法真正反映雇主的要求。所以英国颁布的《实施计划》强调用新的雇主设计的学徒制标准全面替代原来的框架，使学徒培训完全符合企业对技术员的需求。另外，英国将学徒制作为培养技术员的主要方式，这不同于澳大利亚的学徒制，澳大利亚的学徒制仅作为澳大利亚职业教育的组成部分[②]。因此，英国十分注重发展学徒制的各个层级，并探索使高等学徒制与英国大学相等值，现在开发的高等学徒制中还增添了与大学合作培训学徒的学历学徒制，这种方式可以改善职业教育培训在英国民众中的地位，使学徒制成为年轻人除大学以外的另一重要选择。

2. 澳大利亚学徒制的新发展强调统一管理、能力本位认可和支持服务

澳大利亚学徒制作为职业教育中的组成部分，在新的学徒制发展中没有着重提高其地位而是应对澳大利亚当前的问题提供了一系列的改善措施。例如，原来学徒体制的管理体系复杂影响了学徒制实施的效率，未来将建立一个国家层面的统一制度进行学徒体制的统一管理；原来以时间长短进行的学徒培训与认可不够科学不能真正反映学徒培训的成果，未来将建立以能力为标准的培训认可和学徒工资分配制度；另外还强调为雇主和学徒提供一系列的支持服务来提升学徒的完成率从而提高学徒制的效率。

---

① 刘育锋、姜大源、许竞．传统与现代的因袭：英国与澳大利亚新形式的学徒制——传承的创新性［M］//姜大源．当代世界职业教育发展趋势．北京：电子工业出版社，2012：159．

② 集团培训公司（GTCs）是澳大利亚学徒制的第三方机构，他们直接招聘学徒然后把学徒派遣到相关企业，主要以小企业为主，再将脱岗培训外包给职业技术教育（TAFE）学院。

第五节　德国、奥地利、澳大利亚三国现代学徒制补贴政策：经验与启示[*]

现代学徒制是很多国家推进职业教育改革和促进青年人就业的有效手段。2015年，我国教育部与人力资源和社会保障部分别在全国遴选部分职业院校和技工院校开展"现代学徒制"和"新学徒制"试点实践，这标志着我国正式以政府名义推进职业教育学徒制改革，以行政干预为手段影响企业参与职业教育的行为。其关键在于政策的"着力点"是否与企业需求相一致，这些经验我们已经从以往推进"校企合作""集团化办学"工作中管窥一斑。那么，如何完善现有政策或者设计何种新的政策促进企业参与学徒培养，并将其作为"制度"延续下去？如何避免以往政策实施效果不尽如人意的窘境？我们不妨借鉴学徒培养历史悠久、经验丰富的发达国家的成功经验。德国、奥地利和澳大利亚（以下分别简称德、奥、澳）三国实施职业教育学徒制历史悠久，均构建了较为完备的制度和政策体系，尤其是21世纪以来应对学徒规模降低和质量下降而出台的一系列补贴政策，在激发企业和学徒重燃培训积极性方面确实效果显著。本节将从价值取向、实施主体和要素构成三个维度来分析补贴政策的内涵，试图通过对三国学徒制补贴政策的梳理，来归纳和总结其经验，以此为基础揭示三国补贴政策对我国的启示。

一、德、奥、澳现代学徒制补贴政策的背景

欧洲学徒制经历行会学徒制的诞生、行会学徒制的兴盛、行会学徒制的瓦解与改革之后，多个国家相继于20世纪90年代先后探索现代学徒制或新学徒制改革[①]，又以顽强的生命力和动力跨入21世纪。21世纪以来，经济全球化、欧盟一体化、人口老龄化、移民问题和全球经济危机等都对学徒制改革构成了一定影响，引发了学徒制规模缩减和质量下滑，削弱了企业和学徒参与学徒培训的热情。

---

[*] 本节内容发表于《职业技术教育》2017年第1期。
[①] 关晶. 西方学徒制研究——兼论对我国职业教育的借鉴[D]. 上海：华东师范大学，2010：19-37.

（一） 经济全球化提高了对学徒制的质量要求

全球化是社会发展到一定程度时的必然趋势，社会在多元化中趋向一体化、全球化。但是，经济全球化也是一把"双刃剑"，全球化浪潮对国家的影响尤其体现在科技与教育方面提出的更高要求和挑战。例如，要求教师和学徒都能更好地掌握英语，以具备国外学习和工作的经历；要求学徒对全球化持开明和开放的积极态度，具备积极参与和处理对外贸易的相关知识与能力，以便在国际劳动力市场具备核心竞争力；要求企业加强技术创新，使学徒和劳动人员具备创新意识、及时掌握最新技术，以保障国家经济在世界经济发展与激烈竞争中处于领先地位。尤其对于作为欧盟成员国的德国和奥地利来说，欧洲一体化进程则进一步要求两国与其他国家进行协同合作，例如，欧盟成立了欧洲职业培训发展中心（European Centre for the Development of Vocational Training，CEDEFOP）和欧洲学徒制联盟（European Alliance for Apprenticeships，EAfA），其目的即在于引导和促进成员国之间的合作与发展，以统一步调减少差距，共同促进学徒制向现代化、国际化、优质化方向发展。

（二） 人口老龄化、移民问题引发了学徒规模萎缩

人口老龄化程度的逐年加重以及移民问题对国家经济和社会生活的影响深远而持久。老龄化不仅会导致政府增加社会福利及社会保障体系开支，而且会使得劳动力参与率降低，以企业培训为主体的学徒制必然受劳动力缺口造成学徒规模下降。而外来移民的不断扩张，在增加政府教育投入的同时，却难以解决学徒不足的问题。

德、奥、澳三国也深受这两大问题的困扰。三国的人口结构老龄化均很严重。德国首当其冲，其是欧洲人口老龄化程度最高的国家，65 岁以上人口超过 20%，小于 15 岁人口不足 1/7。[①] 2010 年，奥地利 65 岁以上人口占总人口数的 18.1%，20 岁以下人口比例也只有 20.1%，外国移民达 10.8%。[②] 澳大利亚自 2010 年以来，人口老龄化以 20% 的速度急剧式增长。[③] 老龄化直接导致劳动力市场的人员缺口越发明显。以德国为例，按经济研究机构（Prognos）智库数据预

[①] 德国人口老龄化程度居全球第二——德国老龄化现状 [EB/OL]．(2014 - 12 - 30) [2016 - 12 - 26]．http：//www.renkou.org.cn/countries/deguo/2014/2139.html.

[②] 刘钢．奥地利研究机构称老龄化对未来劳动市场威胁增大 [EB/OL]．(2013 - 09 - 16) [2016 - 12 - 26]．http：//world.xinhua08.com/a/20130916/1248766.shtml? f = arelated.

[③] 澳大利亚人口加速老龄化或给政府带来巨大挑战 [EB/OL]．(2016 - 08 - 23) [2016 - 12 - 26]．http：//finance.sina.com.cn/money/forex/forexroll/2016 - 08 - 23/doc - ifxvctcc8313106.shtml.

测，到 2020 年，德国技术工人缺口为 180 万人，到 2060 年则将扩大至 390 万人。德国政府试图通过外来移民弥补，但是，据联邦统计局预测，即便以每年 20 万名的移民增长速度也难挽人口减少趋势。德国智库指出，德国每年需要 40 万～50 万名的移民，才可以维持目前经济发展所需要的劳动力缺口。[①]

外来移民的不断扩张却阻止不了学徒培训规模的持续下滑。以奥地利为例，外来移民学生比例连年攀升，但与本国 80% 的义务教育毕业生选择职业教育相反，移民学生仅有 10% 选择职业教育，而学徒制规模占中等职业教育的 44% 左右，其中移民背景的学徒仅占总数的 8%，远低于平均水平。[②] 而且，德国、奥地利两国劳动力市场的工作缺口主要在销售、快递以及物流等服务领域，而这些工作的必备条件是会说德语，这对于移民来说是巨大的挑战。如何增强学徒制对移民学生的吸引力，提高其身份和文化认同，如何在移民大背景下增强学徒的国际流动性，均是三国学徒制改革和发展所要面对的问题。

（三）经济危机直接导致学徒规模和质量的下滑

21 世纪以来，受金融危机和产业升级影响，欧洲多数国家劳动力市场出现供给与需求结构性失调问题，一方面，企业倒闭或裁员，很多青年人得不到就业和培训岗位，未接受培训的人数比例日益上升，失业青年加重了社会的经济负担。以奥地利为例，2005～2008 年该国 GDP 平均增长率为 2.8%，高于欧盟平均水平（1%），而全球金融危机爆发后，连续两年 GDP 下降，有 2.8% 的企业倒闭，其中参与学徒制的企业减少了 1 115 家，相应的学徒培训岗位减少 2 600 个，新学徒数量下降 3.5%。[③]

而另一方面，很多企业即使提供了培训岗位也找不到学徒，从而影响了企业开展学徒培训的积极性。并且，学徒的培训完成率有逐年下降的趋势[④][⑤]。在澳大利亚，从 1995 年开始的商业类学徒的完成率从 65% 降至 10 年后的 45%。从

---

① 德国老龄化或将危害其欧盟最大经济体地位 [EB/OL]．(2015 - 08 - 13) [2016 - 12 - 26]．http：//business. sohu. com/20150831/n420150501. shtml．

② Institute for Research on Qualification and Training of the Austrian Economy. Austrian VET Policy Report Progress Report on Developments 2002 - 2008 [R]．Wien：Institute for Research on Qualification and Training of the Austrian Economy，2008：6 - 8．

③ 周姝琼. 21 世纪以来奥地利学徒制改革研究 [D]．重庆：西南大学，2012：22 - 23．

④ Anna Payton. Apprentice and Trainee Completion Rates Slightly Down [EB/OL]．(2015 - 06 - 20) [2016 - 09 - 05]．https：//www. ncver. edu. au/about/news - and - events/media - releases/apprentice - and - trainee - completion - rates - slightly - down．

⑤ Expert Panel. Overview of Apprenticeship and Traineeship Institutional structures [EB/OL]．(2012 - 12 - 17) [2016 - 09 - 16]．https：//www. australianapprenticeships. gov. au/sites/ - ausapps/files/publication - documents/ncverreport2_0. pdf．

2001~2008年，学徒第一年的流失率基本保持在31.5%~32.8%；而贸易类职业的学徒未完成率一直在增长；此外，有32.2%的学徒在接受培训12个月后就终止了培训。[①] 学徒的低完成率使得政府不得不反思学徒制培训过程中出现的问题，以及刺激提高培训完成率和质量。

二、基于不同取向的三国补贴政策

为了激发企业培训学徒的积极性，扩大学徒培养规模，提高学徒完成率和学习质量，德、奥、澳三国政府通过制定学徒制补贴等激励措施，吸引企业和学徒重新燃起参与学徒培训的热情。德国联邦政府在2007年开始延长国家《培训条约》的实施年限，并且联邦和各州政府、行业管理部门、协会等均颁布了各类补贴政策，以吸引企业和学徒参与培训。奥地利政府在《奥地利学徒制行业培训规定》和《职业培训法》的框架下，加大了学徒培训的财政投入，通过国家公共就业服务部、省学徒制办事处和布鲁姆培训基金会等机构发放学徒制补贴，以提高培训规模和质量。2010年，学徒制教育经费占国家GDP的1.49%，占教育经费23.8%，学徒人均费用达到13 234欧元。[②] 澳大利亚政府在1998年启动了"新学徒制"改革，先后颁布《塑造未来——2004-2010年国家职业教育与培训战略》和《实现澳大利亚劳动力技能化法案》等一系列文件，投入11亿澳元的经费开展面向企业和学徒激励项目，以联邦政府名义向企业和学徒发放补贴，以激发二者参与学徒培训的积极性。

通过对三个国家主要的学徒补贴政策的梳理我们发现，各国设计的学徒补贴政策有着较为明晰的问题指向，各自的价值取向、实施主体和要素构成等方面表现出不同的特点。下面就以不同的价值取向为线索，穿插不同的实施主体和要素构成来探讨学徒补贴政策的若干模式。

根据政策实施的主要价值取向，补贴可以划分为吸引企业参与型、扩展培训岗位型、促进质量提升型、鼓励特殊企业型和保障个体利益型五种类型（见表2-3）。从补贴对象上来划分，前四类主要是面向企业的补贴，最后一类是给予学徒和师傅个体的补贴。从名称上看，有补贴、津贴、补助、奖金等多种，本节统一使用

---

① Expert Panel. Overview of Apprenticeship and Traineeship Institutional structures ［EB/OL］. (2012-12-17) ［2016-09-16］. https://www.australianapprenticeships.gov.au/sites/-ausapps/files/publication-documents/ncverreport2_0.pdf.

② Institute for Research on Qualifications and Training of the Austrian Economy. A Bridge to the Future: European VET Policy 2002-2010 National Policy Report-Austria 2010 ［R］. Vienna: Institute for Research on Qualifications and Training of the Austrian Economy, 2010: 83.

"补贴"一词以方便论述。

表2-3　　　　三国职业教育学徒培养补贴政策汇总

补贴对象	政策取向	补贴名称	国家
企业	吸引企业参与	培训费用补贴	德国
		基本津贴	奥地利
		基本津贴	澳大利亚
	扩展培训岗位	联邦培训补贴	德国
		培训补贴	奥地利
		技能短缺人才培训补贴	澳大利亚
	促进质量提升	质量奖励津贴	奥地利
		雇主培训奖励	澳大利亚
	助力特殊群体	培训补贴和奖金	德国
		培训津贴	奥地利
		专项资助津贴、额外补助	澳大利亚
企业培训师	保障个体利益	津贴	奥地利
学徒		离家津贴	澳大利亚
		成人学徒支持项目	澳大利亚

（一）吸引企业参与型

这一类型的补贴主要在于扩增企业和学徒培养岗位数量，主要面向未曾参与的新企业和已经退出学徒培养的企业重新参与学徒培养计划，相对而言准入门槛较低，多数企业可获得补贴，其额度较低（见表2-4）。补贴额度多是基于招聘学徒的数量，或是依据培训的成本比例，补贴方式既有直接发放给雇主，也有冲减、抵销税收。例如，德国联邦交通部（KBA）规定，对于招收"双元制"培训生的企业和培训机构，根据企业类型和规模，可以获得全部培训费用50%~70%不等的补贴。奥地利的学徒培训各类补贴由公共就业服务部（Public Employment Service Austria，AMS）管理，其中基本补贴面向所有开展学徒制培训的企业，由省学徒制办事处负责，根据学徒数量可获得1 000欧元/人的补贴，并且从学徒培训的第一年到最后一年逐年增加，四年培训期结束后，企业补贴金额总数相当于培训成本的 80%。①

表 2-4   "吸引企业参与型"的补贴政策

实施主体	补贴要素构成
德国·联邦交通部	补贴条件：内河航运企业、陆地货物运输的企业 补贴额度与方式：内河航运企业，补贴培训成本的 50%，每人次最多 25 564 欧元；陆地货物运输的中小型企业，补贴培训成本的 50%，大型企业，补贴培训成本的 43%
奥地利·公共就业服务部、省学徒制办事处	补贴条件：面向所有培训企业，提交申请 补贴额度与方式：每学徒每年 1 000 欧元，充减、抵销企业的税收
澳大利亚·联邦政府	补贴条件：雇用通过学徒制学习获得三级和四级职业资格证书的学徒；或其自身拥有 2007 年以后的澳大利亚学徒制的毕业或高级毕业文凭 补贴额度与方式：申请

资料来源：①Bundesministeriums für Verkehr und digitale Infrastruktur（BMVI）. Förderung der Aus – und Weiterbildung in der deutschen Binnenschifffahrt［EB/OL］.［2016 – 09 – 05］. http：// www. – foerderdaten – bank. de/Foerder – DB/Navigation/Foerderrecherche/inhaltsverzeichnis. html? get = d9d7c00252a9864c84786e93f494f2a9；views；document&doc = 10770&typ = KU.

②Australian Government. Living Away from Home Allowance［EB/OL］.［2016 – 09 – 12］. https：//www. australianapprenticeships. gov. au/sites/ausapps/files/publication – documents/ed15 – 0136_aa_branding_on_products_2pp_factsheet_aa_living_away_from_home_allowance_acc01_0. pdf.

③Sabine Tritscher – Archan, Sabine Nowak, Silvia Weiß, Gabriele Grün. Austria VET in Europe – Country Report 2012［EB/OL］.［2016 – 09 – 05］. http：//refernet. at/de/dokumente/57 – vet – in – europa – countryreport – austria – report – within – the – framework – of – refernet – austria/file.

（二）扩展培训岗位型

这一类型的补贴同样在于鼓励企业扩增学徒培养岗位，实施对象是已经参与学徒培养的企业，相对而言补贴条件有所限制，补贴额度较高，补贴方式有二次发放和直接补贴两种（见表 2-5）。以德国联邦培训津贴为例，补贴金额与学徒工资相关，企业支付学徒的工资越高其获得的补贴额度也越大，最高可达每人每

---

① Sabine Tritscher – Archan, Sabine Nowak, Silvia Weiß, Gabriele Grün. Austria VET in Europe – Country Report 2012［EB/OL］.（2012 – 03 – 10）［2016 – 09 – 10］. http：//refernet. at/de/dokumente/57 – vet – in – europa – country – report – austria – report – within – the – framework – of – refernet – austria/file.

年 6 000 欧元。再比如奥地利的布卢姆学徒制津贴，该津贴由布鲁姆培训基金会（Blum - Bonus）提供并管理，面向的企业有三种，一是刚成立的企业，最初五年提供 10 个培训岗位；二是在一年时期内，至少提供 10 个培训岗位的企业；三是由于某种原因中途退出，现重新参与学徒制培训，且在一年时间内至少提供10 个培训岗位。对企业提供的前 10 个培训岗位提供津贴，每个培训岗位可获得2 000 欧元，每个企业最高可获得 20 000 欧元。澳大利亚政府 2013 年发布了一份"国家技能需求列表"，列出了行业、企业紧缺的技能型人才，企业、雇主和学徒只要是参与这些急需技能型人才行业的学徒制培训，将会获得额外补助。

表 2 - 5   "扩展培训岗位型"的补贴政策

实施主体	补贴要素构成
德国·联邦政府	补贴条件：增加或扩充培训岗位的企业 补贴额度与方式：补贴金额与学徒工资成正比，最高可达到 6 000 欧元。二次发放，即在签订学徒培训合同后，雇主可立即获得 30% 的培训津贴，另外 70% 在学徒期间发放
奥地利·布鲁姆培训基金会	补贴条件：一是刚成立的企业，最初五年提供 10 个培训岗位；二是在一年时期内，至少提供 10 个培训岗位的企业；三是由于某种原因中途退出，现重新参与学徒制培训，且在一年时间内至少提供 10 个培训岗位 补贴额度与方式：每增一个培训岗位，可获得 2 000 欧元，每个企业最多 2 万欧元
澳大利亚·联邦政府	补贴条件：参与急需技能型人才行业的学徒制培训的企业和学徒 补贴额度与方式：额外补贴

资料来源：①Hensen, Kristina Alice, Hippach - Schneider, Ute. Germany：VET in Europe：country report 2013 [EB/OL]. [2016 - 09 - 05]. http：//libserver.cedefop.europa.eu/vetelib/2013/ - 2013_CR_DE.pdf.
②周姝琼. 21 世纪以来奥地利学徒制改革研究 [D]. 重庆：西南大学，2012：37.
③Australian Government. The National Skills Needs List [EB/OL]. [2016 - 09 - 12]. https：//www.australianapprenticeships.gov.au/sites/ausapps/files/publication - documents/ed15 - 0136_aa_branding_on_products_2pp_aa_about_the_national_skills_needs_list_acc01_pdf.

（三）促进质量提升型

这一类型的补贴具有奖金的性质，主要在于鼓励参与学徒制培训的企业进一步提升培训质量。实施主体多为政府机构，补贴条件比较严格，额度较高，只有少数符合条件的企业可以获得。例如，奥地利学徒制奖励培训津贴，由奥地利

AMS 负责管理，当学徒完成一半学徒期培训提前通过学徒毕业考核并获得职业资格证书，培训企业便会获得最高达 3 000 欧元的奖励。如果学徒在毕业考核中获得优秀或良好，培训企业将获得 250 欧元/人或 200 欧元/人的奖励。① 而澳大利亚的雇主培训奖励则依据企业提供证书课程的层级进行补贴，提供二级或三级职业资格证书的培训课程企业将分别获得 1 250 澳元或 1 500 澳元的补贴②，如表 2 - 6 所示。

表 2 - 6 "促进质量提升型"的补贴政策

实施主体	补贴要素构成
奥地利·国家公共就业服务部	补贴条件：当学徒完成一半学徒期培训并提前通过学徒毕业考核并获得职业资格证书；学徒在学徒毕业考核中获得优秀或良好 补贴额度与方式：每企业 3 000 欧元；每人 250 欧元或 200 欧元
澳大利亚·联邦政府	补贴条件：提供二级或三级职业资格证书的培训课程 补贴额度与方式：1 250 澳元或 1 500 澳元

资料来源：①周姝琼. 21 世纪以来奥地利学徒制改革研究 [D]. 重庆：西南大学，2012：37.

②王伟巍. 澳大利亚"新学徒制"改革研究 [D]. 大连：辽宁师范大学，2014：23.

（四）助力特定群体型

该类型补贴是针对学徒培养中的某些特定群体的额外补贴项目，如招收特殊学徒或是企业所处地域局限等，以鼓励企业开展面向社会特殊群体的学徒培训。所谓特定群体，主要包括妇女、残疾人、移民子女、义务教育后未接受任何职业培训的青年、其他破产企业的学徒等，对于接受上述特定群体的企业可获得一定数额的补贴，德国黑森州政府、汉堡手工业商会和奥地利 AMS 的补贴均属于此种类型。以德国黑森州政府补贴项目为例，企业招收一名在来自其他破产企业的 27 岁以下的学徒，企业可以获得相当于学徒 6 个月工资的补贴；如果学生是中学毕业之后接受学徒培训，那么企业在培训第 1 年获得的补贴为培训工资的 50%，第 2 年为 25%；如果企业是刚创立的话，每年还会再加 10%。③ 而澳大利

---

① 周姝琼. 21 世纪以来奥地利学徒制改革研究 [D]. 重庆：西南大学，2012：22 - 23.

② 王伟巍. 澳大利亚"新学徒制"改革研究 [D]. 大连：辽宁师范大学，2014：23.

③ Hessen Regierungs. Hessische Qualifizierungsoffensive – Förderung der beruflichen Kompetenzen und Qualifikationen：Ausbildungsplatzförderung [EB/OL]. (2012 - 04 - 12) [2016 - 09 - 05]. http：//www. foerderdatenbank. de/Foerder - DB/Navigation/Foerderrecherche/inhaltsverzeichnis. html? get = d9d7c00252a9864c847 86e93f494f2a9；views；document&doc = 8331.

亚的专项资助津贴中特别关注干旱地区的企业，因为根据往年的培训经验总结发现，如果某一地区长期处于干旱状态，该地区的培训和雇佣情况将会受到影响。政府对于这类企业和雇主给予1 500澳元的补助，以维护该类企业学徒培训的积极性。奥地利AMS规定，接受"特定群体"进行学徒制培训的企业，可获得每人1 000欧元的培训津贴，如表2-7所示。

表2-7   "助力特定群体"的补贴政策

实施主体	补贴要素构成
德国·黑森州政府	补贴条件：招收来自其他破产企业的学徒 补贴额度与方式：学徒6个月工资，最多不超过10 000欧元
德国·汉堡手工业商会	补贴条件：接受被就业市场歧视的、就业能力不足的青少年的手工业企业 补贴额度与方式：每人每月150欧元，学生培训毕业后还有750欧元
奥地利·国家公共就业服务部	补贴条件：接收妇女、残疾人、移民子女、义务教育后未接受任何职业培训的青年等的企业 补贴额度与方式：每人1 000欧元
澳大利亚·联邦政府	补贴条件：提供学徒培训的干旱地区的企业 补贴额度与方式：1 500澳元

资料来源：①Hessen Regierungs. Hessische Qualifizierungsoffensive – Förderung der beruflichen Kompetenzen und Qualifikationen：Ausbildungsplatzförderung ［EB/OL］.［2016 – 09 – 05］. http：// www. foerderdatenbank. de/Foerder – DB/Navigation/Foerderrecherche/inhaltsverzeichnis. html? get = d9d7c00252a9864c84786e93f494f2a9；views；document&doc = 8331.

②Handwerkskammer Hamburg. Förderung betrieblicher Ausbildungsplätze ［EB/OL］.［2016 – 09 – 05］. https：//www. hwk – hamburg. de/ausbildung/betriebe/foerderung – betrieblicher% 20 Ausbildungungsplätze.

③Australian Government. Support for Australian Apprentices with Disability ［EB/OL］.［2016 – 09 – 12］. https：//www. australianapprenticeships. gov. au/programs/support – australian – apprentices – disability.

（五）保障个体利益型

与上述四种补贴不同，这一类型的补贴政策主要面向学徒和师傅等个体，以提高学徒学习完成率或培训质量。以澳大利亚离家津贴为例，该补贴面向那些早年辍学，或是被注册为就业援助对象，或是无家可归的学徒，如果在学徒制学习过程的前3年需要离开家可以申请此项目。第1~3年分别按照每周77.17澳元、

38.59 澳元和 25 澳元的标准给予补贴,以避免学徒因生活困难而中途放弃培训。再比如成人学徒支持项目,该项目面向 25 岁以上的工人,可以选择全日制(二年)或是非全日制(四年)培训项目,总计给予 13 000 澳元的补贴。全日制学徒制分别按照第 1 年每周 150 澳元和第 2 年每周 100 澳元给予补贴;非全日制学徒制前两年和后两年分别按照每周 75 澳元和 50 澳元给予补贴,鼓励他们参加学徒培训来提升工作技能。奥地利 AMS 每年给培训企业 1 000 欧元的培训经费,用于企业培训师进行在职继续职业教育与培训,以促进企业培训师专业技能的发展,确保企业学徒制培训质量,如表 2 – 8 所示。

表 2 – 8　　　　　　"保障个体利益型"的补贴政策

实施主体	补贴额度
奥地利·国家公共就业服务部	补贴条件:具有培训企业资格,对企业培训师进行在职继续职业教育与培训 补贴额度方式:1 000 欧元/年
澳大利亚·联邦政府	补贴条件:早年辍学,或是被注册为就业援助对象,或是无家可归的学徒,在学徒制学习过程的前 3 年需要离开家 补贴额度与方式:第 1 年每周 77.17 澳元,第 2 年每周 38.59 澳元,第 3 年每周 25 澳元
澳大利亚·联邦政府	补贴条件:25 岁以上学徒 补贴额度与方式:13 000 澳元。全日制学徒制,第 1 年每周 150 澳元,第 2 年每周 100 澳元;非全日制学徒制,前两年每周 75 澳元,后两年每周 50 澳元

资料来源:①周姝琼. 21 世纪以来奥地利学徒制改革研究 [D]. 重庆:西南大学,2012:37.

②Australian Government. Living Away from Home Allowance [EB/OL]. [2016 – 09 – 12]. https://www. australianapprenticeships. gov. au/sites/ausapps/files/publication – documents/ed15 – 0136_aa_branding_on_products_2pp_factsheet_aa_living_away_from_home_allowance_acc01_0. pdf.

③Australian Government. Support for Adult Australian Apprentices Initiative [EB/OL]. [2016 – 09 – 05]. https://www. australian – apprenticeships. gov. au/programmes/support – adult – australian – apprentices – initiative.

三、三国学徒制补贴政策的主要特征

德、奥、澳三国针对学徒制的补贴政策所体现出的共性特征与规律值得我国借鉴。在全球经济转型发展时期，各国企业经济不景气和人口数量下滑导致学徒数量有所下降，三国分别采用了面向企业和学徒的补贴方式，丰富补贴形式，以增加学徒培养企业和学徒数量，在稳固和提高企业和学徒数量上实现了功能设计。各国建立了学徒补贴基本管理制度，明确补贴目标、条件、额度和方式等要素，借此保障和提高补贴政策实施的有效性和权威性。

（一）目标定位多元

多元的补贴目标可分为吸引企业参与型、扩展培训岗位型、促进质量提升型、鼓励特殊企业型和保障个体利益型等，其设计起点源自学徒制外部环境变化，即各国或各地区企业发展对劳动力的需求状况、市场条件、地区发展水平、产业结构变动和政府财政实力等现实情况，这些因素将影响政府采用的补贴类型。当经济萧条、企业削减培训岗位时，增加新老企业招收学徒积极性是关键，因此需要"吸引企业参与型"和"扩展培训岗位型"的补贴政策；当学徒规模能够满足经济发展要求时，提高学徒完成率和完成质量则成为重点，此时需要设计"促进质量提升型"的补贴；当普通学徒发展到一定规模和水平时，面向特定学徒群体和特殊行业的学徒制则成为关注的焦点，政府则有必要推出"鼓励特殊企业型"和"保障个体利益型"的补贴政策。

（二）实施主体多重

学徒制补贴的实施主体可谓之多，既有联邦和州政府、行业管理部门等政府机构，也有行业协会、基金会等社会组织，并且各国呈现出不同的特征。德国、奥地利等德语系国家有着较为悠久的学徒培训传统，培训体系较为成熟，学徒制源自企业内需发展动力，并且企业更为看重长期收益，内部发展导向以追求人力资本投资为主，70%左右的企业在参与学徒制培训期间即便处于净损失状态却仍然愿意参与。因此，德国和奥地利的补贴政策除来自政府以外，更多的来自行业协会、基金会等社会组织，具有明显的市场化特征。相对而言，澳大利亚长期受英国文化和政治影响，学徒制主要由政府推动，发展动力主要来自企业外部，体现出较高的国家意识，因此补贴主要来自联邦或地方政府。当然，不同实施主体的补贴政策其核心价值追求必然不同，政府机构的补贴多是从拓展社会群体尤其是特殊群体的培训机会和保障个体利益的角度出发，而社会组织的补贴多是基于维护企业利益不受侵害的视角来进行设计的，如表2-9所示。

表2-9　　　　　　　　基于实施主体的补贴政策

实施主体	国别·实施机构
联邦政府/州政府	德国·联邦政府·黑森州政府
	澳大利亚·联邦政府
	奥地利·公共就业服务部·省学徒制办事处
行业管理部门	德国·联邦交通部
行业协会	德国·汉堡手工业商会
基金会	奥地利·布鲁姆培训基金会

（三）要素形式多样

本书关注的学徒制补贴政策的构成要素包括补贴条件、额度和方式等。从补贴条件上看，除基本补贴外，多数补贴对企业有着明确的目标指向和较为严格的限定，并非所有企业均能享受，体现了补贴的针对性。从补贴额度和方式上看，表现出多样性特征。在额度上，有既定额度的，也有根据学徒工资核算或是逐年浮动的；有基于学徒数量的，也有基于培训质量或者企业条件的。在方式上，有直接交付企业或雇主的，也有减免冲抵税收的；有一次性支付的，有二次或多次发放的。

要素形式的多样性源自政策保护企业和雇主利益的设计逻辑，以满足企业各异的属性和内部发展导向。德国联邦职业教育研究所（Bundesinstitut für Berufsbildung，BIBB）自20世纪90年代开始定期对企业参与学徒制培训成本和收益开展调查，研究结果发现，规模、行业类别、有无独立培训场所、学制长短等因素都会造成企业的总成本、短期收益和净成本的显著差别，[①] 因此需要设计额度、支付方式等各异的补贴政策，从而满足不同企业的需求。

在各类补贴政策的激发下，三个国家参与培训的企业和学徒在规模和质量等方面均有所提升。在德国，参与培训的企业两年间新增了 52 700 个，培训岗位新增了 86 500 个。[②] 奥地利的培训企业总数达 40 000 家，占全部企业的 72%，

[①] 冉云芳，石伟平. 德国企业参与学徒制培训的成本收益分析与启示 [J]. 教育研究，2016（5）：124-131.

[②] Sabine Tritscher-Archan, Sabine Nowak, Silvia Weiß, Gabriele Grün. Austria VET in Europe-Country Report 2012 [EB/OL]. (2012-03-10) [2016-09-10]. http://refernet.at/de/dokumente/57-vet-in-europa-country-report-austria-report-within-the-framework-of-refernet-austria/file.

学徒生达 132 000 多人。① 澳大利亚的学徒规模达 462 000 名，其中本土学徒增加了 18%。不仅如此，学徒培训完成率、就业率和满意度也有所提高。统计数据表明，有 55% 的学徒完成了培训，67.6% 结业学徒和 16.0% 的未结业学徒被所在培训企业雇主雇佣，高达 87.1% 的学徒对培训感到满意。② 可见，补贴政策在扩增学徒规模、提升学徒就业能力等方面确实实现了设计初衷。

四、对我国的启示

我国正处于推进职业教育现代学徒制改革的过程中，在各类体制机制还有待完善的前提下，有必要建立适合我国国情的学徒制补贴政策体系。笔者认为，建立我国现代学徒制补贴政策可遵循以下思路：以保障企业和学徒双方利益、增加学徒收入和实现企业可持续发展为核心目标，通过完善补贴法律法规、丰富补贴受众结构、增强补贴政策弹性、优化补贴发放程序、建立补贴监管机制等措施，从而构建"兼顾企业、师傅、学徒"各方利益的职业教育补贴政策体系。

（一）完善法律法规，优化顶层设计

上述三国政府在吸引企业雇主参与学徒制时，通过发布学徒制津贴计划和相应的资金支持，为企业加入学徒制发出了一个明确的激励信号，充分发挥了政府的宏观调控作用。但必须明确的是，补贴政策仅仅是弥补企业短期收益来调动企业积极性的一种手段，并非决定企业是否参与并维系学徒培训的核心要素。确保企业能够从学徒制中长期收益而决定开展学徒培训的关键在于，政府是否进行了完备的顶层制度设计。有调查显示，在德国等学徒制较为悠久的国家，企业或雇主以追求培训期内学徒生产价值的短期收益的企业并不多，多数企业追求人力资本投资为主的长期投资回报。但是联邦和州政府通过出台一系列有关学徒制的法案，设置专门的管理机构等途径，使得企业参与学徒培训的长期投资回报有了保证。当短期收益受损时，政府的补贴恰好弥补了一部分成本，最终使得企业短期和长期利益均有了保障。上述两点决定了有 70% 左右的德国企业在参与学徒制培训期间处于净损失状态，却仍然愿意参与学徒制。

---

① Institute for Research on Qualifications and Training of the Austrian Economy. A Bridge to the Future: European VET Policy 2002 – 2010 National Policy Report – Austria 2010 [R]. Vienna: Institute for Research on Qualifications and Training of the Austrian Economy，2010：83.

② Australian Apprenticeship. Australian Apprenticeships Reforms [EB/OL]. (2012 – 03 – 10) [2016 – 09 – 10]. https://www.nswbusinesschamber.com.au/NSWBCWebsite/media/Policy/Workplace%20Skills/Australian – Apprenticeship – Reform – submission – Oct – 2010.pdf.

而我国职业教育现行的主要法规和政策文件主要存在两大问题：一是描述模糊，二是缺乏执行力。例如，"相关部门"给予企业"一定"或是"适当"的奖励等话语是我国政策文件中的惯用术语。据调查发现，多数企业认为"法律政策的不完善导致切身利益难以保障"，是影响校企合作的最大因素。并且，我国目前推行现代学徒制改革，仍然是教育和人力资源等部门为主导的行政推进模式，这就天然地决定了对企业约束和激励方式的局限性。对于学徒制改革来说，其直接涉及企业用工、员工身份和薪酬等多项制度层面变革，如果无法在法律和制度层面给予企业长期利益回报的保障，单纯依靠补贴、税费减免等刺激政策，以及部委级别的行政推进模式，必然捉襟见肘，难以维系。

因此，建议国家在法律完善、制度建设和财政政策三个方面同时进行顶层设计，为现代学徒制的推进保驾护航。首先，应逐步完善法律法规体系，完善现有各类《企业法》，或出台国家层面的《学徒培训与权益保障法》，并配以完备和具体《学徒培训管理和实施细则》，明确政府、职业院校和企业在学徒培养中的权利、义务和责任，理顺不同主体之间的利益关系。其次，国家应统筹协调各部委，将学徒培训纳入企业相关管理规定，并建立专门机构，在学徒身份认定、薪酬发放、质量考核和过程监督等方面采取专项管理的模式，在制度上保障企业和学徒的利益。最后，针对现阶段学徒制发展的现状，有针对性地设计补贴政策，短期内激发企业参与的积极性。由于目前我国多数企业并未有学徒培养的经验和成本核算机制，难以体会到学徒培养所带来的收益，因此在这些补贴政策中，应明确补贴目标、对象、额度、方式和程序等，实现补贴的科学化管理，让企业切实感受到学徒带来的经济利益，提高企业参与的积极性。

（二）丰富补贴结构，兼顾多方利益

作为一种国家制度，现代学徒制涉及多方利益相关者：企业（雇主）扮演的角色非常重要，权力影响较大，投资回报也最高；学徒利益和培训师傅的利益也不应被忽视。当前，我国职业教育宏观政策体系中对于这三方利益的关注却并不均衡，有"重学生、轻企业和师傅"之嫌。例如，20世纪90年代以来，国家部委和部分省级政府先后颁布了一系列有关促进校企合作的《办法》《条例》等，在激励企业参与时也曾采用过税费减免的方式，但在实践中普遍面临着税额减免少、吸引力低、效益不明显等问题，最终导致激励作用不大，并未真正调动企业的积极性。2016年4月，教育部等五部门共同印发《职业学校学生实习管理规定》，明确企业要"不低于本单位相同岗位试用期工资标准的80%"给予顶岗实习学生合理的报酬，但同时给予企业和培训师傅何种待遇却并未提及。

上述三国的经验表明，直接补贴已成为目前激励企业参与学徒制的重要方式，补贴的对象以企业和雇主为主体，其逻辑就在于，只有保障企业和雇主的利益不受侵害的前提下，兼顾学徒和培训师傅的利益，开展学徒培养才成为可能。当前，我国多数企业并没有开展学徒培养的传统，同时，受自身发展水平和人才流动政策所限，其培养技术技能人才的意愿较低。我国推行现代学徒制采取的是"自上而下"的行政干预模式，与澳大利亚的情况极为相似，因此借鉴其以政府补贴为核心的政策体系可能更为高效。澳大利亚的经验表明，这类国家发展以企业为主体的现代学徒制，必须依靠政府的大力扶持，尤其是经费激励。

因此，建议国家在鼓励行业和教育行政部门出台补贴政策的基础上，建立国家、省级和地市级"学徒培养专项资金"和"基金"，设计面向企业的补贴政策和机制。同时激发行业协会、银行、基金会等组织的积极性，形成"三类三级多维"的补贴结构体系，即在种类上面向企业、学徒和培训师傅这三类对象，在纵向上有"国家—省—地市"三级政府补贴，在横向上有行业协会、银行、基金会等多维度的市场补贴，全方位、多角度地激发企业积极性，同时保障学徒和培训师傅的多方利益。

（三）增强政策弹性，发挥协同效应

通过比较三个国家补贴政策体系可以发现，德、奥、澳三国的补贴政策在实施主体、对象、支付形式等方面呈现了多样化特征，反映出不同地区、行业、企业和学徒有着各异的资助需求。而且，参与校企合作人才培养的经历不同，会影响企业开展学徒制度的积极性。对于我国企业而言，学徒制既熟悉又陌生。简单来说，基于是否参与过校企合作或学徒制的角度，企业可以分为三类：一是曾经开展过学徒制培训或是校企合作但因为各种原因停止了的企业，如历史较为悠久的大中型企业或是手工业企业；二是正在参与合作或探索学徒制的企业；三是从未参与过校企合作或学徒培养的企业，这一类企业以中小企业和现代新行业领域企业居多。显然，这三类企业对于学徒制的认知和接受程度各不相同，也就需要种类丰富、灵活调整、相互协调的多种政策。不仅如此，企业参与学徒制培训的总成本、短期收益和净成本会因企业规模、行业类别、是否有独立的培训场所、培训学制等表现出不同程度的差异性。[1]

我国刚刚开始探索实行现代学徒制，企业的认可和接受程度千差万别，适时采取有针对性的补贴政策是吸引企业参与并逐步提升质量的有效途径。建议国家根据区域、行业、企业的发展水平和特点，制定有针对性的补贴政策，形成包括

---

[1] 冉云芳，石伟平. 企业参与职业院校校企合作成本、收益构成及差异性分析——基于浙江和上海67家企业的调查［J］. 高等教育研究，2015（9）：56–66.

多类型补贴的政策结构。就目前我国职业教育校企合作的规模和水平来看，面向企业的补贴建议以"促进质量提升"为基点，建立以"促进质量提升型"补贴为主体，以"吸引企业参与型""拓展学徒岗位型"和"助力特殊群体型"等为辅助的补贴结构体系，走以质量促规模的道路，推进学徒制的开展。各类补贴政策应逐步分类制定并实施，注重及时调查实施效果，采取灵活调整机制，最大限度发挥政策间的协同效应。

（四）简化补贴程序，建立监管机制

从德、奥、澳三国学徒补贴的发放和管理来看，从核算到发放共涉及政府和相关组织等多个部门，需要各部门间的配合完成。吸取国内现有税费减免申报手续烦琐、时间长而导致企业积极性下降的教训，学徒制相关补贴政策的设计应明确各部门的职责分工，加强协调和配合，在精确核算补贴额度标准的前提下精简补贴发放程序，从而降低补贴发放的执行成本，提高执行效率和企业积极性，推动补贴政策的顺利实施。

企业和学徒的补贴作为政府财政转移支出的重要部分，必须做到科学化和精细化管理，补贴资金必须"专款专用"，可在"三类三级多维"的补贴结构体系下，建立劳动部门主管的学徒服务中心作为日常管理机构，实行公开透明的全程监督和效果跟踪机制，在补贴资金的管理和发放过程中尽量体现公开、公平和公正，并设计违约惩罚措施。在监督管理上应建立条件审核、过程监督和结果稽查的全程监管模式。三级管理体系分工明确，地市和省级政府负责督导和检查，国家层面各部门开展定期与不定期专项检查和抽查，确保补贴资金及时、足额、高效地发放到企业和学徒手中。

发展现代职业教育的一个重要途径是深化校企合作，因此，企业的积极参与是发展现代职业教育的关键。如果不能从根本上调动企业参与的积极性，那么一切改革必将流于表面，大大阻碍职业教育的可持续发展。通过对上述三个国家学徒制补贴政策的分析我们认为，建立基于我国国情的学徒制补贴政策体系可以在短期内激发企业的积极性，同时应逐步完善法律法规和制度建设，全面保证企业的短期和长期收益，才能激发企业长期和高质量开展学徒培养的积极性。学徒制补贴政策设计应以企业利益满足为首要出发点，建立"三类三级多维"的补贴政策体系，实现企业、学徒和培训师傅利益的多方补偿，才能实现现代学徒制改革的顺利进行。

第六节 本章小结

本章从制度特征、政策内容、组织实施三个维度对英国、德国、澳大利亚、奥地利、丹麦、美国等国的现代学徒制实施情况进行了深入的比较研究，总结了不同国家现代学徒制实施的制度背景、实施模式和发展趋势。

（1）英国和德国现代学徒制的比较研究结果显示：相互加强或相互弥补是现代学徒制制度互补的两大形式，均衡性系统倾向于相互加强，发展性系统倾向于相互弥补；制度弥补的着力点在于规制性的制度要素；学徒激励的制度互补性核心在于提供良好的学徒职业前景预期；企业激励的制度互补性核心在于降低学徒培训外部性偷猎风险；质量保障的制度互补性依赖学徒培养资质、标准、过程、评价多环节制度保障的相互加强；数量功能和质量功能的制度也存在互补性。（2）英国和澳大利亚现代学徒制的比较研究结果显示：两国现代学徒制的共同点在于提高学徒培训质量和效率；不同点在于英国学徒制的新发展强调雇主的主导与学徒制地位的提升，而澳大利亚学徒制的新发展强调统一管理、能力本位认可和支持服务。（3）德、奥、澳三国现代学徒制补贴政策比较研究的结果显示：三国政府采取了以补贴政策刺激企业与学徒参与学徒培训的积极性、保障学徒培训质量的策略。补贴分为吸引企业参与型、扩展培训岗位型、促进质量提升型、助力特殊群体型和保障个体利益型五种类型，具有目标定位多元、实施主体多重和要素形式多样的特点。（4）丹麦现代学徒制成功的重要经验包括建立刚性强制的现代学徒制法律体系，开拓高度协作的现代学徒制参与机制，优化公平有效的现代学徒制经费机制。（5）美国佐治亚州的现代学徒制有三个较为出色的经验：省级主管部门出台实施细则的法律文件、注重学生学习过程的质量监控、开发现代学徒制的课程标准与培训计划。

第三章

知识论视角下职业教育现代学徒制的价值研究

工业社会后期，尤其是部分西方国家进入后工业社会时期以来，学徒制的技术技能人才培养模式开始在部分国家得到发展，并与现代产业技术技能特点相结合，发展出了具有与传统学徒制不同，但也在一定程度上保有传统学徒制"师徒传承"特点的现代学徒制。德国和奥地利等国的"双元制"、英国、比利时等国的"现代学徒制"、美国的"注册学徒制"、澳大利亚"新学徒制"等都是学徒制在现代产业发展背景下的新发展。那么为什么这些国家都将现代学徒制作为支撑本国技术技能人才培养的基本模式？这与现代产业的特征有无关系？它在现代产业从业人员技能形成的过程中有何价值？为什么有的国家出现的较早而有的国家出现的较晚？对这些问题的研究，有利于我们把握现代产业背景下技术技能人才培养的发展脉络与全球趋势，为跨国、跨地区技术技能人才的培养提供经验借鉴。

实际上，早在21世纪初期，现代学徒制作为一种人才培养模式就已经在我国一些学校试点运作。自2014年《国务院关于加快发展现代职业教育的决定》颁布以来，"现代学徒制"在我国职业院校的制度化试点已有多年。多年来，各地区因地制宜，从本校和区域产业发展特征入手，探索出了现代学徒制的多元化实施路径，积累了若干值得推广的宝贵经验，但是也产生了很多问题。这些问题既有操作层面的问题，也有思想理念层面的问题，有些问题甚至构成了质疑现代学徒制在我国实施的合理性与合法性的导火索。其中最为根本的问题则是"中国现阶段为什么要做现代学徒制？"如果这些问题不能从根本上得到解决，不能很好地解释现代学徒制在现代产业人才培养上的价值，那么现代学徒制就缺乏在我国本土化发展的基础。究竟现代学徒制是否能够满足我国未来产业发展的技术技能人才的培养，这需要以充分的思辨研究与实证分析给出答案。

知识论的视角为我们研究现代学徒制的价值问题提供了一个十分有益的视角。知识论是探讨知识的本质、起源和范围的一个哲学分支。现代学徒制在培育技术技能人才中的价值问题，本质上需要回到对知识性质和使用方式的探索之中。那些具有精湛技艺、能熟练处理工作场所中大量非良构问题的技术专家，本质上是在认知层面形成了有效的知识结构。这个知识结构中包含了不同类型的知识及其组织方式，从而有助于个体从中提炼出有效的认知图式，形成个性化的问题解决风格与能力。本章将从知识论的视角出发，以一线产业从业人员在工作中使用的知识为研究对象，探索职业教育现代学徒制构建的价值基础。

第一节 知识论的视角与研究设计

一、概念界定

（一）知识特征

从知识论的视角研究现代学徒制的价值问题，其本质就是要探索产业一线从业人员在工作过程中呈现出的知识特征，并在此基础上验证现代学徒制在形成这类知识特征上存在的价值。所以产业一线从业人员的"知识特征"是本书的重要自变量。本书对知识特征的认识实际上囊括了多种学科的研究背景，因为本书的研究对象——现代学徒制实际上就是一种学校与工作场所学习的创新安排，研究它与产业工人知识特征的关系就必然会涉及主体对知识的管理。此外，扎根理论研究主要围绕从业人员在工作现场完成典型工作任务展开，这里也就涉及从心理学的角度观察从业人员在完成工作任务过程中的知识状态，故心理学视角下的知识状态研究也会有所涉及；而对技术专家知识状态的研究又不得不深度考量哲学层面对人类知识的探索成果，尤其是近代以来诸多哲学家在默会知识等领域所取得的新的研究成果。所以在对知识状态的定义上，本书需要超脱各个学科对知识的学科化认知，充分考量研究目的、研究对象、研究方法和研究背景等因素。

从研究目的和技术路线上看，本书实际上是想通过对从业人员在完成工作任务过程中所呈现的知识特征以明晰产业转型背景下企业对技术工人的知识要求，并以此为基础去验证现代学徒制是否能够满足此类技术工人的培养需求。所以这种知识特征主要包含两个层面的含义：一是从业人员在工作过程中主要使用哪些知识，更具体地说是哪种技术知识。因为这些知识在工作过程中已经被情境化，并被赋予了技术的功能特性。这是内容层面的知识。二是从业人员的这些知识要素是如何帮助其完成工作任务的，或者说这些要素如何组织在一起的。在这一运行机制过程中，各个要素分别扮演着什么样的角色，哪些功能颇具特色和时代性等。这是关系层面的知识状态，也可以被称为知识的"组织方式"。如果能将这两个问题弄清楚，我们就可以回答当前产业发展背景下合格乃至优秀的产业工人究竟需要什么样的知识特征，以及职业学校和企业应如何培养学生的这种知识特征。这种知识特征既回答知识的内容特性，也回答内容间的关系特性。

综上所述，本书将知识特征定义为"个体在完成某项任务的过程中所使用的各类知识及其组织方式"，如图3-1所示。

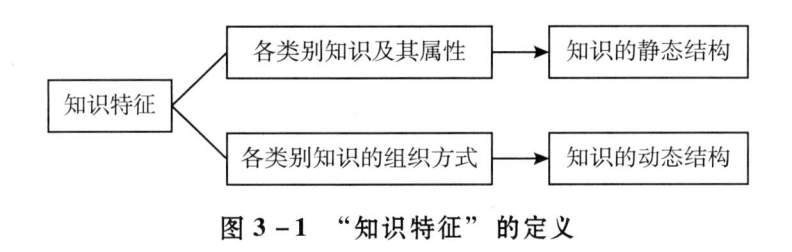

图3-1 "知识特征"的定义

（二）价值

《现代汉语辞海》与《现代汉语词典》中认为"价值"有两种含义：一是"体现在商品中的社会必要劳动"。商品价值的大小决定于生产该商品所需要的社会必要劳动时间。它通过商品的交换价值表现出来；二是"事物的用途或积极作用"。本书取"价值"的第二个含义，即现代学徒制在人才培养中所具有的积极作用。

二、研究方法

本书以质性研究为取向，运用扎根理论方法论研究制造业、服务业与文创业一线从业人员的知识特征，并基于此探寻现代学徒制的育人价值。

（一）知识特征研究的特点

知识特征的研究始于哲学领域，并在心理学领域得到了规范化的研究，其研究内容聚焦于人类的认知结构、机制及其特点。从心理学视角研究知识特征的方法主要是实验研究，即通过设置一定的实验情境，指示被试完成特定的任务并记录研究对象的言语、思维、笔记等内容，并对这些内容进行分析。分析的结果通常会揭示人类总体或特定群体的知识特点，且这种特点是基本层面的特点，如显性知识与隐性知识、陈述性知识与程序性知识等。随着对"知识"这一视角兴趣的不断提升，管理学、文献学、教育学等学科领域也开始研究企业、学科、教师、学生等主体内部的知识成分。这些学科更多的是通过调查研究的方式，以问卷或量表为工具，针对提出的理论进行检验。例如，企业内部知识的流动机制、隐性知识的传播机制等。即使是具体到特定群体的知识特征，在研究方法上也并没有充分体现实证性。例如，在教师的知识特征研究中，分析性和概念性的研究占主导地位，研究方法主要是理论的演绎，并且以概念的演绎为主，缺乏与具体学科的联系。[①]

"知识特征"是很主观和抽象的事物，之所以提出这一概念，就是希望能通过对这一概念的显性化研究，将人脑中储存的图式及其在活动中的表现展现出来，并以此来指导实践。传统的基于实验研究方法论的研究成果告诉我们知识可以以超越特定群体的方式普遍存在，也就是说，在一定程度上，的确存在基于全体人类或特定群体的普遍性的知识。而基于调查研究方法的研究成果则告诉我们知识又具有较强的情境性，体现群体内部的个性化特征。所以知识实际上是一个典型的"金字塔"结构。过于关注顶端的"宏大研究"，与过去关注底端的"微观研究"都可能会忽视对彼此的价值。

知识是个体在长时间与周围环境互动和建构的成果，它既受个体因素（如个性特征）的影响，同时也会受到环境因素（如学校、家庭、工作场所、社会）的影响。这样，知识会呈现出共性与个性兼具的基本特点。若要了解这些因素对一线从业人员所使用知识的影响的过程与结果，就必须要通过实证研究的方式，在尊重知识个性化特征的基础上，将个体在工作过程中的共性的知识特征外显化。且这些知识必须要接近个体的工作场所，体现情境要素和群体特征，否则会失去从业人员在实践情境当中对知识的个体化、情境化诠释。

"知识特征"的核心成分是知识的类别及其组织方式。本书对知识特征的探

[①] 朱晓民，张德斌. 近二十年来教师知识结构研究述评［J］. 山西师大学报（社会科学版），2006（2）：136-140.

索，实际上就是对员工在工作过程中使用的各类知识的探索。这类知识包括外在于员工的"物化知识"如设施设备、操作手册、工作流水牌等，也包括内在于员工的"人化知识"如各种关于产品类型的陈述性知识和关于生产工艺的程序性知识等。所以对知识特征的探索需要从"物化知识"和"人化知识"[①]两个方面入手，搜集员工在工作过程中所使用的各类设施设备、操作手册、问题的判断与解决与方案的设计等。"物化知识"可以通过工作现场观察和询问的方式搜集，但"人化知识"则需要通过某些特殊的方式搜集，如访谈、出声思维法等。对各类知识间的组织方式的研究，实际上就是去挖掘在工作过程中，各个知识要素之间是如何相互配合的，每个知识要素在不同的环节分别扮演何种作用。这就需要将知识要素置于工作过程的背景之下，基于不同岗位分别考察不同类型知识的内在关系。这种内在关系的研究需要在知识类型分析的基础上，通过对工作流程的挖掘进行分析，而这同样需要通过现场观察或深度访谈的方式进行。扎根理论就为这些研究目的提供了方法论基础。

（二）扎根理论方法论之于本书的优势

扎根理论属于实证研究范式，认识论上属于建构主义范畴，它填补了宏大研究与微观研究之间的鸿沟。扎根理论的核心目的是深入真实世界，提倡建构与日常生活经验问题有密切联系的中层理论，而不是空洞的宏大理论或仅仅局限于经验研究。它强调理论来源于数据、需要研究者在数据研究中保持"理论敏感性"以及理论建构过程中的不断比较和连续抽象。[②] 从本书来看，扎根理论方法论的优势在于：（1）扎根理论尊重被研究者（一线从业人员）在研究中的话语权。如前所述，知识具有共性与个性特征，在研究其共性特征的同时，我们不能忽视个性化知识的存在及影响。共性特征的提炼也必须要基于个性化知识的表现才能进行。扎根理论使得这些一线从业人员能够真正表达出围绕工作过程所使用的真实的各类知识，对工作语言和个性化解读给予充分的尊重。研究人员需要基于这些原始信息进行分析。（2）扎根理论具有一套较为严谨的操作程序。无论是格拉

[①] 孙金年（2003）提出的"知识的物化形式"相当于本书中所使用的"物化知识"，即由人类的手所创造的知识。"知识的意识形式"就相当于本书中的"人化知识"，即存在于每个人头脑中的知识。此外，他还提出另一个概念"知识的符号形式"，在本书中，这一知识形式在"物化知识"和"人化知识"中都有涉及，外显的符号知识即为"物化知识"，如"工作说明"，内在的符号知识即为"人化知识"，如员工对某个问题的描述和深层次认识。同时孙金年认为，当我们说某物品是"知识的物化形式"时，是就该物品与知识即与耗费在其中的智力劳动的关系而言的，所以不是所有的物质产品都是"知识的物化形式"，本书认同这一观点。

[②] 吴毅，吴刚，马颂歌. 扎根理论的起源、流派与应用方法述评——基于工作场所学习的案例分析[J]. 远程教育杂志，2016，35（3）：32-41.

泽（Glaser）和施特劳斯（Strauss）的经典版本，还是施特劳斯和科尔宾（Corbin）的程序化版本，抑或是查玛兹（Charmaz）的建构主义版本，都给出了扎根理论操作的基本步骤。尽管他们对于数据处理的方式各执己见，但他们都强调研究过程的可重复性，强调对过程（心理过程与社会过程）的研究。（3）扎根理论架起了"实质理论"与"形式理论"的桥梁。本书力图超越数据走向理论抽象，即从三大产业从业人员的工作过程中分析出具有现实基础的知识模型，并对各类型知识的内容、特点及其形成机制做深入分析，使得出的结论既具有理论高度，又能够指导实践，体现"中层理论"的特点。（4）扎根理论的研究成果更能够为人才培养带来具体的启示。现代学徒制试点多年来，尽管各地涌现出诸多做法和典型案例，但是实践过程暴露出很多对现代学徒制认识不清、曲解本意与措施不当的问题。这些问题的本质是我们没有搞清楚现代学徒制对于培育技术技能人才的作用机制与价值。而要深入探求这一机制，就必须要借助扎根理论研究心理过程与社会过程的优势。通过扎根理论得出的三大产业从业人员的知识特征，能够帮助我们在工作世界与教育世界中架起一座沟通的桥梁，这座桥梁能够真实地反映一线从业人员的工作现实，并能够将其导入教育体制中以指导人才培养模式的判别和改进。

（三）对"默会知识"的处理

使用扎根理论研究一线从业人员知识特征，就必须要面对一个现实问题：如何"探测"到一线从业人员使用的默会知识。由于默会知识的不可言传性，传统的以言语为载体的方法很难把握到默会知识的存在。维特根斯坦派学者区分了强的默会知识概念与弱的默会知识概念，为默会知识这一概念的界定和在知识领域中的分析提供了重要的理论工具。

强的意义上的默会知识指的是那些原则上不能用语言充分表达的知识，它包含两种形态：能力之知和亲知。在赖尔看来，"know-how"即能力之知，指的是用活动/行动来表达的，体现了智力的能力之知。而亲知则强调第一手经验的重要性。弱的意义上的默会知识指的是那些虽然未被言说，但是并非原则上不能充分言说的知识。所以可以看出，强的默会知识论关注的是可以充分言说的知识和不能言说的知识之间的界限，而弱的默会知识论则是在原则上可以充分言说的领域之内，关注事实上被言说的知识和未被言说的知识之间的界限。[①] 而所谓的强的默会知识，实质上就是一种"from…to"的认知。它只是"不可言喻的知识"，而不是完全不可表征的知识。明述知识需要用"语言"来表征，那么，默会知识

[①] 郁振华. 人类知识的默会维度[M]. 北京：北京大学出版社，2012：43.

可以用什么来表达呢？——"活动"或"行动"。对技术默会知识的认知，需要我们在一般维度的基础上更加关注技术认知活动中的具身性、亲知、动态觉知等特征[1]，需要我们将有关的各种线索、细节、局部整合为一个综合体加以认知[2]。

对于本书而言，一线从业人员在工作过程中必然会使用到具身性、难以言传的默会知识。若要捕捉到这些知识，可行的方法就是尽可能地拓展信息的来源，包括语言、行为、表情、周围的环境等，并将这些线索、细节整合为一个综合体。所以本书中扎根理论的基础信息来源必须要多元。只有多元化的信息才能帮助研究者和研究对象分辨可能存在的默会知识，以及这些默会知识呈现的特点。

三、数据收集与分析

为了能够分析出三大产业从业人员的知识特征，本书以"扎根理论"为方法论，以出声思维法和观察法为数据收集方法，根据"产业""从业经历""典型工作任务"三个维度遴选了11位制造业一线从业人员、16位服务业一线从业人员、12位文化创意类产业一线从业人员，对他们在完成典型工作任务过程中形成的出声思维报告与观察记录信息进行三级编码，并对编码进行情境分析，最终形成了三大产业一线从业人员的知识特征。调研时间集中于2017年5月至2018年9月，调查对象主要涉及上海、安徽、江苏、浙江、四川等8省市。

第二节 制造业从业人员的知识特征研究

通过对11位制造业企业一线从业人员出声思维报告和访谈记录的编码与分析，本书认为现代制造业一线从业人员使用的知识主要包括以下八个类型：关于技术原理的知识、关于工艺技术的知识、关于软硬件使用的知识、关于操作技艺的知识、关于生产情境的知识、关于判断决策的知识、关于职业伦理规范的知识以及关于相关岗位的基本知识。每种类型的知识中又包括不同的内容，如图3-2所示。

---

[1] 徐金雷. 技术的默会知识及其实践培育 [J]. 华东师范大学学报（教育科学版），2018，36（6）：19-28，154.
[2] 贺斌. 默会知识研究：概述与启示 [J]. 全球教育展望，2013，42（5）：35-48.

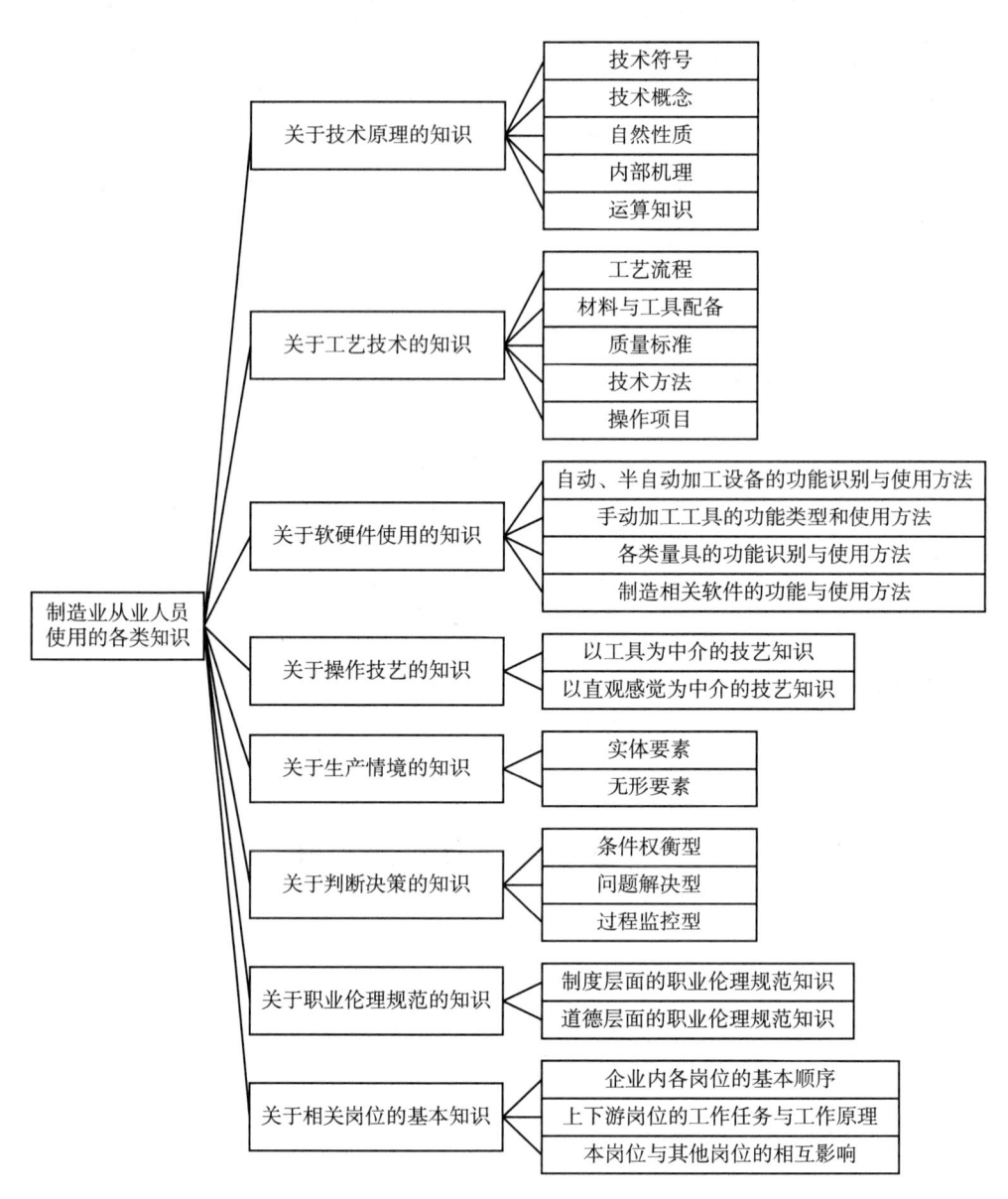

```
                                    ┌─ 技术符号
                                    ├─ 技术概念
                   关于技术原理的知识 ─┼─ 自然性质
                                    ├─ 内部机理
                                    └─ 运算知识

                                    ┌─ 工艺流程
                                    ├─ 材料与工具配备
                   关于工艺技术的知识 ─┼─ 质量标准
                                    ├─ 技术方法
                                    └─ 操作项目

                                    ┌─ 自动、半自动加工设备的功能识别与使用方法
                                    ├─ 手动加工工具的功能类型和使用方法
                 关于软硬件使用的知识 ─┼─ 各类量具的功能识别与使用方法
                                    └─ 制造相关软件的功能与使用方法

制造业从业人员      关于操作技艺的知识 ─┬─ 以工具为中介的技艺知识
使用的各类知识                       └─ 以直观感觉为中介的技艺知识

                   关于生产情境的知识 ─┬─ 实体要素
                                    └─ 无形要素

                                    ┌─ 条件权衡型
                   关于判断决策的知识 ─┼─ 问题解决型
                                    └─ 过程监控型

                 关于职业伦理规范的知识 ┬─ 制度层面的职业伦理规范知识
                                    └─ 道德层面的职业伦理规范知识

                                    ┌─ 企业内各岗位的基本顺序
                 关于相关岗位的基本知识 ┼─ 上下游岗位的工作任务与工作原理
                                    └─ 本岗位与其他岗位的相互影响
```

图 3-2 制造业从业人员使用的各类知识

一、制造业一线从业人员使用的各类知识及其属性

(一) 关于技术原理的知识

1. 内涵界定

所谓"关于技术原理的知识"(以下简称"技术原理知识"),指的是在工作过程中使用到的科学、技术事实及由科学、技术事实推导、概括、提炼出来的基本概念、命题、原理、公式、符号等。例如,在制孔过程中,技术工人需要了解加工程序的含义及其基本格式,其中的"加工程序"即为一种技术符号,它是装配加工过程中人为规定的一种通用性符号,用于各个加工环节中供参考以实现加工目的;再例如,工人在使用数控铣床对工件进行加工时,需要了解工件材料的特性以选择相应的转速,其中"工件的材料特性"以及"数铣转速的含义"就分别属于技术原理性知识和技术符号。杜威将这种知识称为"科学或合理化的知识",并认为这种知识是可靠的、无疑的、确定的,已经处理过的事物,是"知识的极致"。[①]

"技术原理知识"的两个核心特征或元素分别是"原理性"与"技术"。"原理性"强调这类知识背后具有的普遍意义的基本规律。例如,制作某类工件所用的材料就具有某种不以人的意志为转移的特性;技术图纸是在一定工作范围内由人规定的,具有普遍意义的技术符号,这种符号是从事这个行业工作所需要了解的基本要素,具有一定程度的稳定性和客观性;通过计算的方式得出某类工件加工的精度要求也是一项利用基本规律的工作任务,因为基本的加减乘除或更为复杂的数学运算就是一种普遍意义的基本规律。所以"原理性"并不仅仅指的是原理,其背后指代的是在这一行业内存在的、具有普遍意义的规律性知识。"技术"一词将这种知识限定在技术领域,强调这类知识均是围绕某类技术产品、技术设计或技术思想等组织和运用的。有时一些原理性知识可能与制造业缺少直接的关系,但是,当这一原理性知识运用到生产过程中时,就会被赋予技术性色彩(如客户心理学知识与产品制造间的关系)。"技术"的限定意义还在于明确这类技术的"技术学"色彩。很多技术来源于科学研究的成果,但是这并不意味着是简单的科学原理应用到技术之中。所以,尽管科学原理仍然保有其"科学"的外衣,但是当其与技术相结合之时,就产生了技术的"基因"。例如,以图纸为代表的技术符号就可以被认为是数学、物理学等科学知识转化来的技术知识。

---

① 杜威. 民主主义与教育[M]. 王承绪,译. 北京:人民教育出版社,2001:201.

2. 主要内容

从本书所选取的 11 个研究对象来看,"技术原理知识"可以归为以下几类:

(1) 技术符号。符号是一种认知工具,是人类对客观实体进行联想、提炼、抽象而形成的观念体系。而技术符号就是围绕技术活动所引入的符号。技术符号的出现是因为技术日益复杂、艰深,对象门类、制约因素与操作规则繁多,不确定因素不断增加的技术发展现状和趋势的,它是技术发展经济可靠和明晰便利的操作模式。王丽(2010)认为技术符号具有三个环节:首先,技术符号是一种观念体系,是技术主体的主观思维建构;其次,技术符号具有直观形式;最后,技术符号具有指定功能。所以相应的,技术符号具有建构、抽象、直观、实用、约定和间距六个特征。①

实际上,技术符号是"实物建构"向"思维建构"转变的充分体现。所以它是符号化的技术。本书中,数控铣工、钻工、钳工、质量检验工等使用的图纸就是一种典型的技术符号。图中带有特定含义的数字(如半径/直径)、线条和箭头(工件轮廓)、指代符号(如半径符号、同心度符号)、字体字号要求等都是 CAD 加工图的重要元素。除了图纸以外,数控加工程序、各类代码、钳工划线等都是制造业常用的技术符号。

需要注意的是,技术符号具有一定的情境性。绝大多数的技术符号在一定的行业范围内具有通用性,但是在特定的工作范围内,一定的工作群体内部可能会形成特殊的技术符号。这种特定情境下的技术符号往往是因为便于工作交流而创造,在群体内使用较长时间而形成习惯,从而成为这一特定群体技术语言的元素。例如,在"产品质量检验"工作中,检验员在不合格的地方会标注不同的符号以提示生产人员需要注意的地方,而不同的符号代表不同的注意内容和误差的严重程度。这种在厂内检验员和工人间形成的特定符号就具有企业工作的情境性。

(2) 技术概念。概念是思维的基本形式之一和基本活动单元,是事物共同特征的一种概括,是由感性认识到理性认识,由感性材料通过归纳得出的认识结果。技术概念就是在技术领域归纳出的,分别代表不同技术现象共同特征的一组概括性认知结果。它是认识技术现象,开展技术活动,评价技术结果的基础,是技术语言的基本单元。

相较于技术符号而言,技术概念具有更强的去情境性和一致性。例如"倒角"一词在任何加工制造领域内都被理解为"把工件的棱角切削成一定斜面的加

---

① 王丽. 技术中的符号 [C] //中国自然辩证法研究会. 第三届全国科技哲学暨交叉学科研究生论坛文集. 中国自然辩证法研究会, 2010: 6.

工"。"半径"都是指"从圆的中心到其周边的任何线段"。正是由于对基本概念的统一认知,才能保证对技术现象的科学认识和对技术活动的正确执行。通过词频统计发现,本书中常被研究对象提到的概念包括"工件""刀具""轴""装夹""程序""图纸""精度""校准"等。这些概念充斥着一线员工工作的每一个环节,无论是审阅加工图纸,还是与其他员工进行交流,都离不开对概念的统一认知和使用。也正是这些概念构成了对更深层次原理性知识(如接下来提到的物质的理化性质、内部运行机理等)的理解基础。

(3)自然性质。理化性质指的是物质的物理、化学、生物等自然特性。制造业的对象是来自自然界的各种资源,将自然界资源进行转化的目的是要满足人类的生产生活需求。所以这些资源的自然特性决定了哪些物质可以被用来进行加工以实现特定目的、哪些物质必须要使用特定的加工手法以保证产品质量等。所以物质的理化特性是加工制造各环节均需要涉及的知识模块。

从内容上看,"理化性质"包括物理性质和化学性质,如在进行工件表面的加工时要考虑工件装夹时产生的应力,不同型号的钢的硬度及其对工件装夹和转速设定的影响,不同表面处理溶液的化学特性及其在加工过程中的应用等。这些物理或化学性质类的知识为一线员工提供了判断、设计与执行加工工艺的基本依据。

(4)内部机理。内部机理指的是技术活动中存在的自然和人工运动规律,是根据一系列物理、化学特性所推导和证实的,理想状态下的技术活动各要素的运动机制和原理。因为内部机理指导制造活动,尤其是高级制造活动的原理性知识,直接决定了制造活动如何开展,以及对制造活动中产生的特殊情况的判断和处理,所以内部机理是制造业在设计工艺环节的主要依据,同时在工艺实施环节也起到判断和支撑作用。

在生产过程中,这种内部机理主要体现在各类与制造相关的技术原理之上。例如,各类刀具的生产工艺及其对工件加工的影响,刮研工作中在工件表面加工出的"点"的作用、状态及其背后的含义,工件或材料中的杂质对刀具的影响,等等。这些技术原理涉及工艺流程的整体设计、加工工具的选择和判断、加工方法的合理配置等。它是人类通过对一系列物理、化学特性的科学认识以产生和发展出来的,构成了支撑制造活动的基础。

需要强调的是,内部机理往往是科学验证或技术经验积累的结果,虽然具有很强的稳定性和可参考性,但由于生产环境、条件(尤其是操作者)等的区别,同样的技术原理在不同的生产情境中可能会产生不同的效果。这也是为什么会出现"同一个机床、同一张图纸,交给两个技术水平不同的人,所加工出来的工件质量有高有低"现象的原因之一。认识内部机理是设计和实施加工活动的第一步，在真正实施的过程中，还要根据工件、机床、生产加工环境等诸多要素进行即时调整。这就是后面需要交代的其他类型的知识。

（5）运算知识。在制造业生产一线，员工往往还需要具有一定的现场运算知识。这种运算需求可以体现在以下几个方面：一是图纸上的数字并不是直接体现工件所有部分的尺寸，有些尺寸需要根据其他数字进行简单的运算才可获得；二是不同工件加工精度不同，一线员工需要根据精度需求，计算加工余量，以选择合适的加工范围和工具；三是通过运算判断加工结果是否处于允许的误差范围之内；四是要根据加工需求计算切削速度、背吃刀量等数据。

一般而言，这种现场工作所涉及的运算并不复杂，基本的加减运算即可满足生产需求。但是实际工作往往要求一线员工对数字保持敏感状态，不仅要求运算速度要快和准，同时要求能够将运算结果直接体现在实际工件的尺寸和加工程序中。所以运算知识是情境下的运算知识，它与技术符号、实际工件等紧密联系在一起。

（二）关于工艺技术的知识

1. 内涵界定

"关于工艺技术的知识"（以下简称"工艺技术知识"）是与生产工艺相关的知识，属于工艺知识（process knowledge）的一部分，广义上的工艺知识包括了产品的设计、生产准备、制造和经营管理活动中，贯穿产品全生命周期的与工艺有关的知识。[1] 工艺技术知识是其中设计与实施的部分，相当于工艺规范中的"工艺技术规范"[2]，主要包括指导性的工艺规范和操作性的工艺规范两个部分，不包括一些学者分类架构中的"工艺管理知识""工艺情报"和"基础理论知识"。

工艺技术知识需要回答的是"怎么做"的问题。技术原理知识是了解工艺的基础，为了能够将理论上的设计变为具体的实施方案，就需要利用一系列的科学知识和技术原理对整个生产工艺进行设计，规定生产的流程、方法、设备、步骤等，最终形成一整套指导操作的工艺技术规范。所以工艺技术知识是理论构想到生产制造的承接环节，实现了从理论到实践的跨越。需要指出的是，这种知识有两个主要来源：一是对科学原理的应用，由科学知识或技术原理直接设计出的工艺方案；二是技术经验积累的产物，即由企业或个人长期积累的生产经验而形成的工艺方案。无论是何种来源，其形成的结果——指导操作的工艺规范都具有一

---

[1] 于洪雷. 基于 Web 的工艺知识管理系统研究与开发 [D]. 大连：大连交通大学，2005：85.
[2] 金大元. 工艺规范体系构建与编制研究 [J]. 新技术新工艺，2016（8）：28-30.

定的稳定性和科学性。工艺技术知识是企业一线员工进行生产直接参考的知识，运用该知识的目的是能够保证产品加工的质量符合客户需求。此外，在企业内部需要内控工艺或专利技术，可以制定成工艺规范，避免工艺诀窍或专利技术流失。这种知识表现在实体层面即为现场工艺规范、工艺卡、工序卡、工艺过程卡等。

2. 主要内容

（1）工艺流程。工艺流程指的是生产过程中各项工序的安排。从产品生产的全过程来看，这里的工序涉及企业的各个生产部门和岗位，就某一个岗位的生产过程来看，这里的工序指的是在这一岗位中生产活动的先后顺序。例如在"制孔"岗位中，一般的工作顺序为"定位夹紧—制初孔—扩孔—铰孔—锪窝"（见图3-3）。如果某一个工序出现了错误，就可能出现孔大小有误差或其他不符合质量的情况。再例如"刮研"岗位中的刮研工作主要就是"面平刮削—研磨显示—再平面刮削—再研磨显示"，如此往复，交替循环，不断运作，直到单位面积中的点的个数达到标准才可停止。

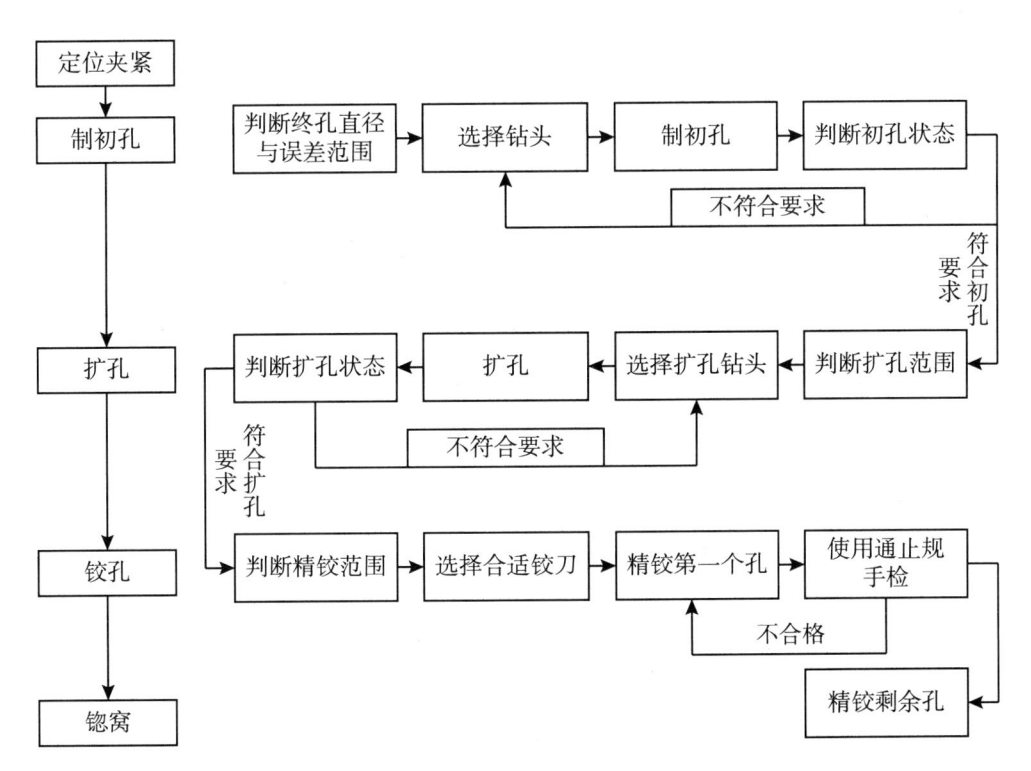

图3-3 某企业制孔岗位工艺流程

注：该工艺流程是作者根据企业一线员工的口述整理而成，可能在细节上与企业真实的岗位工艺流程有出入。

工艺流程是生产过程中最基本的工艺技术知识，有了工艺流程，企业一线员工就能够按照一定的步骤规范进行操作，避免因个人或其他因素导致误差或生产事故的出现。一般情况下，工艺流程表现为一张流程图（见图3-3）。流程图的优势在于能够清晰地指明员工的动作规范，并能在宏观层面审视各岗位间的关系。在生产过程中，企业一线员工往往既需要掌握自己所在岗位的内部工艺流程，还要了解其他相关岗位的工艺流程（这一部分在"相关岗位基本知识"中详细介绍）。企业会根据工艺流程的使用和保密情况，决定工艺流程的传播和展示方式。

（2）材料与工具配备。材料与工具配备指的是在生产加工过程中应如何准备生产材料和生产工具。生产材料是工人生产的直接或辅助对象，不同岗位上对生产材料的准备要求各不相同。有的岗位专门负责生产材料的选择和配置工作，有的岗位则只是在前序岗位选择和加工好的生产材料上进行进一步的加工处理，在工作过程中不涉及或只涉及其他辅助材料的准备工作。例如，在"刮研"工作中，工人需要使用一种红丹颜料涂在刮研的平面上，以方便工人了解刮研的进展（点的个数）。这种红丹颜料的配置就属于生产材料的准备工作。一般而言，红丹颜料"颜色要鲜明，不能太浓或太稀，否则影响工人的识别"，可见对红丹颜料配置的规范有利于提升工作效率。

生产工具是工人生产所依托的各类器具。广义上的生产工具包括各类大型生产器械、中小型生产器材和手工工具。例如，在精密工件的制孔过程中往往需要使用多个不同型号的钻头，工人需要根据加工需求准备相应的钻头，以及在钻孔过程中使用到的润滑油、清洁剂等。员工要根据加工的需求选择不同的加工器械，例如，数控车床、磨床、铣床等。在所有研究对象中，有一半以上的员工均可以使用或操作企业内超过两种生产工具，且在企业智能化生产不断普及的今天，一个员工操作、管理或使用多项工具已成为常态。

（3）质量标准。质量标准是一线员工生产活动的目标，员工应对照所在岗位的任务要求和质量标准完成相应的生产活动，在流程化制造中任何一个环节出现质量问题将会影响下游岗位生产的进度和产品最终的质量。在制造业生产活动中，质量标准常体现在产品（如工件）加工的尺寸规格、精度、误差、成分等数值内容上。例如，为了检验某机床成品是否能够达到相应的加工精度，检验员使用"精车圆柱试件（钢件）"作为检测标准，在圆柱面上车削长度大于或等于80毫米的三段直径，车削的结果只有满足以下两个条件方为合格：允差为0.005（同一剖面内最大与最小半径差）；允差在300测量长度上位0.03。

生产质量标准存在于企业、行业、地方和国家三个层面。国家质量标准是最高位阶的标准，由《中华人民共和国标准化法》和《中华人民共和国产品质量法》等法律、法规规定，对各行各业的基本生产、服务活动提供最基本的规范。这种规范体现在一线员工生产活动的各个方面，例如，生产图纸的编写和识读就要依据机械制图的国家标准进行。地方与行业质量标准是中间位阶的标准，由地方政府或行业组织根据国家质量标准的要求分别在地方和行业内提出针对性的质量要求。例如，同样的刮研工作在高精密制造行业与中低精密制造行业中的质量标准就会有所不同，这主要体现在单位面积中研磨点的数量、分布等。企业层面的质量标准是企业根据国家、地方和行业标准制定的，充分考虑产品市场特点和用户需求的质量标准，不同产品所需要依据的生产质量标准各不相同，同一家企业会同时拥有针对不同产品的质量标准。

（4）技术方法。技术方法指的是一线员工采用什么样的技术方法实现工艺要求。同一个生产工序、同样的生产设备和工具，可能会因为不同的技术方法而产生不同的结果。例如，刮研中的铲刮动作需要掌握一些基本规范，如"做的时候要用身体推动刮刀，有的人用手来直接推动，这是不对的。刮的时候是45度刮。换方向的时候，新的方向与原来的方向呈现90度。刮完以后就像是棋盘一样的分布。这样刮出来效果好，且效率高。大面积的刮也是不对的。这样的话很有可能发生刀片突然倾斜的情况，这样就损坏了工作面"。再例如，产品质量检验岗位中检验工件中不同的槽要使用不同的工具，寻找合适的基准面等。

这里的技术方法与接下来即将谈到的"技艺知识"存在联系与区别。技术方法强调的是依据科学与技术原理所推导和证实的技术方法，是去个性化的知识，且在一定范围内具有一定的稳定性、符号化、客观性与普及性；但是技艺知识具有强烈的个性化和默会性特征，它是操作者基于技术方法的要求，在长时间的训练和互动中产生的个性化操作知识，其中整合了自身独特的感官与肢体反应。可以说，技艺知识是技术方法的延伸与发展，是外在技术不断内化的体现，是一种"具身认知"。

（5）操作项目。操作项目指的是员工在岗位上依照工艺程序、凭借工具和材料、借助一定的技术方法所要操作的具体内容。操作项目类似于员工在特定岗位的工作任务。如果操作项目有着明显的前后顺序，那么操作项目与前面的工艺流程相似；如果操作项目是按照产品类别、结构特点等纵向维度设计的，那么操作项目就有着其他内在的逻辑顺序。

（三）关于软硬件使用的知识

1. 内涵界定

"关于软硬件使用的知识"（以下简称"软硬件使用知识"）主要指一线工作中各类软件与硬件设备、工具的基本特性、使用情境和使用方法。一般情况下，一个岗位往往涉及一种或多种类型的设备或工具。例如，数控车工的核心操作设备是数控车床，除此之外可能还需要量具作为辅助工具。在工业革命以前，加工工具往往是手工制作和手动操作，经验技术占据较大成分。工业革命以后，以蒸汽机为起点的工业生产设备开始大规模使用，并逐渐替代人工生产，成为企业扩大生产规模和提升生产效率的主要途径。在大规模标准化生产时期，这种以机器标准化生产为特点的生产方式不断满足了人类生产和生活日益增长的需求。但随着消费模式与制造模式的不断升级，机器标准化生产开始在一些领域呈现出消退迹象。非标准、个性化定制、精密制造等新制造理念开始渗透进企业的制造设计和流程之中。这就产生了以下三个显著的变化：一是手工制造在一些领域的回归或强化；二是手工制造成为机器制造的补充；三是智能制造对机器操作人员的智力要求更高。机器的功能将在原有的"解放双手"的基础上更加"突出智力"。这些特点在本书涉及的若干岗位中均有体现。

2. 主要内容

（1）自动、半自动加工设备的功能识别与使用方法。自动与半自动加工设备的区别在于机器运行过程中是否需要人工的直接参与。制造业自动、半自动加工设备的种类较多，本书所涉及的岗位主要有数控车床、数控铣床、钻床、磨床、刨床、钻具等。不同的加工设备有着不同的加工目的。例如，数控车床主要是对加工零件进行切削加工；数控铣床主要是利用铣刀对加工零件表面进行加工的机床；钻床则是用钻头在工件上加工孔的机床；磨床的功能是对工件表面进行磨削加工；刨床则是用刨刀对工件的平面、沟槽或成形表面进行刨削。生产一线的从业人员需要根据不同的加工需求，对设备能够实现的功能进行辨别，尤其是其重要参数（如最大车削旋径、最大加工长度、X/Z最大行程、最大主轴转速、刀塔形式等），并利用机器的功能服务工艺的设计，把加工任务指定给最适宜的工种，尽可能发挥机床的加工特长与使用效率。

除分辨其功能和使用情境以外，从业人员要能够认识机器的各部位，并根据机器的使用说明正确地对机器进行操控。在数控设备上的主要操作包括机器日常维护、程序输入与修改、润滑液与切削液的补充、润滑油路与气压检查、刀具更换等。一般情况下，特定功能的操作步骤及其背后原理是固定的。多次操作后即可形成熟练的操作流程，其难点在于程序的输入与一些特殊情况的处理。对于半自动设备而言，操作的重点和难点在于操作者对设备的操作和控制，尤其是如何实现某些步骤中自动与手动的结合。

（2）手动加工工具的功能类型和使用方法。手动加工工具是完全依靠手工操作的各类工具，其不包含任何其他的动力来源。这类工具包括锉刀、刮刀、刨刀等。在机器生产日益普及，精度不断提升的今天，手动加工依然存在并扮演着重要的加工角色。一线员工需要根据机器加工的情况和精度要求，适时选择相应的加工工具对工件进行精密处理，例如，对机床的导轨在抛光处理后进一步进行铲刮，以提升表面精度。

手动加工工具的使用方法并无固定要求。一般而言，行业内会对加工工具的使用进行原则性的规范，这就涉及"工艺技术知识"中的"技术方法"。但是在实际操作过程中，不同的人根据使用习惯、环境等会形成自己的操作方式，这就涉及接下来将要介绍的"技艺知识"。手动加工往往是金属加工和处理的尾端，是精加工的步骤，它对个体的从业经验与加工感觉要求较高。

（3）各类量具的功能识别与使用方法。量具是用来对工件各部位进行测量的工具。它广泛用在制造业的各环节，尤其是其中的质量检验环节。在金属加工、食品药品加工、织物生产等不同的行业，所使用的量具也有很大不同。例如，千分尺、游标卡尺、深度尺、皮尺、量杯、重量称等。不同工种的从业人员需要根据自己岗位的实际需求选择相应的量具。这里需要考虑的因素包括量具的使用环境要求、量具的量程、对所测量物体外形与性质的要求等。在金属加工过程中，有些量具可以用于不同场景，有些量具之间可以互换。这些都需要从业人员根据需求灵活掌握。

不同的量具具有不同的使用方法和注意事项。例如，在使用深度尺时要保持测量工件表面的干净；测量基座和尺身端面应垂直于被测表面并保持贴合；测量现场光线要充足；在测量沟槽或曲线基准面时，测量基座的端面应选择曲线最高点等。一线从业人员应能够熟练掌握不同量具的使用规范和注意事项。一般情况下，量具的使用过程较为规范，不同人的操作应保持统一，否则测量数据将无法保持应有的效度和信度。

（4）制造相关软件的功能与使用方法。与制造业相关的软件涉及设计、管理乃至制造等各个环节，如制造业系统和资源计划软件（ERP）、各类计算机辅助设计软件，如CAD、CAE、CAM、生产信息化管理系统（如MES）、非生产性物资管理软件（如MRO）等。需要指出的是，一线生产岗位并不或很少直接涉及软件的操作。一系列计划、管理软件主要由管理岗位负责，计算机辅助设计软件主要由设计岗位负责。生产岗位需要了解软件的基本功能及其与生产岗位的关系。必要时与其他岗位合作完成产品的设计、管理或生产。

（四）关于操作技艺的知识

1. 内涵界定

在生产过程中，一些企业一线员工经常表现出十分精湛的技艺，例如，用恰到好处的力度将孔的内面钻得更为光滑；用身体和胳膊协作出的一种姿势和力气恰到好处地刮出工件上的点，且不伤及工件表面；根据刀具运行过程中与工件产生的摩擦音判断刀具使用的次数及损毁程度，等等。这些技艺很难被直接表述，主要依靠人的肢体、五官的感觉，是人工成分直接影响的结果。拥有这种技艺的人的过人之处在于，他们能够精准地通过直接或间接地利用工具完成特定的动作，并能达到预期的效果。其核心——一连串动作——存在于周围要素与身体各部位间的互动过程中。实际上，这些动作的操作过程看起来很简单，通常都是由几个简单的动作连贯而成，但是为什么有些人就可以在完成一系列动作后实现更好的效果呢？这里就涉及工作过程中关于如何操作的知识。我们通常将其称为"技能"。

但是在一般的理解中，技能往往被视为一种能力或表现（performance）。例如，某个人的开车技能很强、钻孔技能很强，说他们"强"是因为他们能够在路况复杂的区域平稳驾驶、能够在工件上钻出合格甚至超精度的孔。而技能往往被视为实现这一结果的手段，或这一结果的内在表征，很难将其称为是一种"知识"。长期以来，无论是学界还是实践领域，都有将知识与技能作为两种不同类型的事物看待的观点。一般意义上的知识是静态的、可陈述的，而技能通常是动态的、程序性的。技能被看作由一系列动作或思维操作构成的自动化活动方式，不属于知识，而是运用知识的方式，属于行为范畴。[1] 要么技能优先于知识（通过对熟练行为者行为的解释来表现行为背后的知识[2]）；要么知识优先于技能（熟练的行动是由知识引导的行动[3]）。

但技能与知识真的是毫无关系的两个事物吗？或者说到底是否存在一种介质，能够将技能与知识相互融通和关联？技能是否可以被理解成知识的成分？在传统认识论领域，技能与知识的对立来源于对知识与技能在"信念"成分上的差异。知识需要从错误中获得安全（safety）：如果 S 知道 p，那么 S 就会认为 p 不可能是错误的。"安全"是对知识最合理的模态（modal）要求。相比之下，即使是不安全的或冒险的表现，也可能是很有技巧的。知识似乎需要安全，而熟练的技能却没有。所以将知识与技能归约到一个模型中似乎是不可行的。[4] 但是卡洛塔（Carlotta，2016）提出了对技能和知识统一模态化的可能性。他通过修改模态条件的表述方式，引入了"稳健性模型"（Modal Robustness）这一概念，消

---

[1] 王不凡. 哲学视域中的技能知识 [J]. 洛阳师范学院学报，2012（9）：12-19.
[2] Dickie, I. Skill before knowledge [J]. Philosophy and Phenomenological Research, 2012 (3): 737-745.
[3] Stanley, J. Know how [M]. Oxford: Oxford University Press, 2011.
[4] Sosa, E. A Virtue Epistemology: Apt Belief and Reflective Knowledge (vol.1) [M]. Oxford: Oxford University Press, 2007: 29-31.

解了知识与技能在"安全"上的矛盾。① 波兰尼（Polanyi）则区分了准则和实践知识，认为一项技能是实践知识运用的体现。② 费伦茨（Ference，1979）通过对25年前的一个扭转摆实验的详细阐述，证明了"技能可以被看作是知识的一个方面"的原则。③ 而"技能知识"（skillful knowledge）这一概念则是在消解两者"隔阂"的同时将两者合二为一，是对知识视角下的"技能"的哲学表述。技能性知识是一种实践的知识，它的获得依赖认知者在技能实践中对明言知识的理解和对意会知识的调用。④ 目前，"技能知识"这一概念已经超越了哲学层面上的讨论，在人力资源⑤等领域被广泛使用。将技能视为一种知识，不仅扩大了知识的可理解性，而且丰富了知识的可运用性。⑥ 哲学领域中逐渐兴起的对"专家哲学"的研究，正是这一观点不断明朗和被接受的印证。所以，技能应该被理解为一种"知道"的倾向，尤其是获得知识的状态，如知道"如何去F"。这就是技能如何与知识相关联。它不仅仅包括知道如何去做（know-how），还包括知道何时（know-when），知道何地（know-where），知道是否（know-whether）。⑦

综上所述，技能实际上是个体将明言知识和意会知识进行有效的提取和运用，通过智力或动作表现出来的过程，它作为一种动态的知识存在于个体的行为中。心理学中根据不同技能的内在机制和表现特点，将技能划分为操作技能与心智技能。本书将制造业从业人员使用的操作技能称为"关于操作技艺的知识"（以下简称"技艺知识"）。而心智技能知识则是下面即将要谈到的"关于判断决策的知识"。技艺知识的外在表现是肢体操作工具完成的一系列动作，但其本质却是个体对程序性知识的进一步转化，这种转化是综合情境中的各要素进行的肢体判断，具有情境性、个体性、默会性。

2. 主要内容

（1）以工具为中介的技艺知识。这种技艺知识的特点是个体通过工具与被操作对象接触，利用工具实施各类生产活动。刮研、钻孔等都是这类生产行为，它们的共同特点在于使用刮刀、钻具等对工件进行加工，身体相关部位的操作将依据工具对身体的反馈而不断调整。例如，钻孔人员有过这样的叙述："有的时候

---

① Pavese, C. Skill in Epistemology I: Skill and Knowledge [J]. Philosophy Compass, 2016 (11): 642 – 649.
② 波兰尼. 个人知识：迈向后批判哲学 [M]. 贵阳：贵州人民出版社，2000：74.
③ Marton, F. Skill as an Aspect of Knowledge [J]. The Journal of Higher Education, 1979 (5): 602 – 614.
④ 王不凡. 论技能性知识及其增长图式 [J]. 哲学分析，2014 (4): 103 – 114, 199.
⑤ 聂顺江，罗云芳，龙月娥. 企业技能知识：特征、来源、确认与计量 [J]. 经济问题探索，2007 (1): 161 – 163.
⑥ 王不凡. 论技能性知识的"实践—知觉"模型 [D]. 上海：上海社会科学院，2013.
⑦ Stanley, J. & Williamson, T. Skill [J]. Noûs, 2017, 51 (4): 713 – 726.

力气再大，好的刀具拿给你，钻速太快，钻头一下就损坏了，孔也给钻坏了。钻孔不是拿着钻头一个劲往里面钻，一定要灵活用劲，由着钻头往里面蹭。劲不能大，也不能小，小的话容易造成孔径前后不一，大的话容易出现孔壁毛刺，而且容易伤钻头"。钻孔人员对于如何在钻孔时使劲的描述正体现了这样一种作用关系（见图3-4）：手在使用钻具进行钻孔时首先会有一个试钻的动作，这个动作的目的是试探钻孔的力度、姿势等是否能够保证孔的精度、位置等符合要求，其次根据钻具传达给手的反馈（如力度、阻碍度、声音等）进行力气、姿态等的调整。这是一个钻孔动作的循环。在这个循环过程中，孔的状态不是唯一的调整判断来源，对工具保护的重视、工人的自我安全防护、对工件精度的把控、对整体生产环境的判断等都会影响操作人员调整的方式与内容。这是一个调集各种明言知识和意会知识的过程，是以一定目标（钻出合格的孔）为指引的各类型知识的综合运用。这些知识集中体现为操作人员通过一连串细微的动作调整完成钻孔任务。

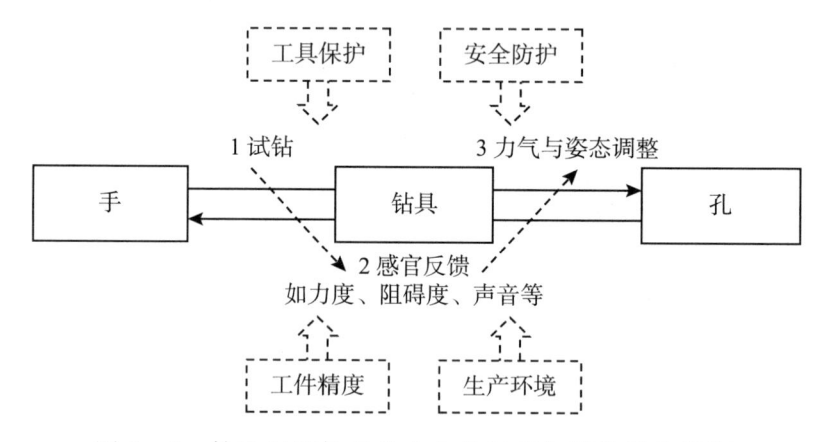

图3-4 钻孔时以钻具为中介的工艺知识的发生机制

可以看出，在这类技艺知识中，人的肢体与工具间的互动成为知识发挥价值的重要依据。而这种互动所导致的感官上的差异很难被直接表述。尽管从业者一直用"不能大，也不能小""蹭着用力"等词句进行形容，但是这些词并不能让其他人领会到发力和姿态调整的真正内容。而这些个性化的技艺知识则是通过对周围各种元素的综合判断而总结出来的，并集中体现在肌肉的活动方式之上。这是一个"具身认知"的过程。

（2）以直观感觉为中介的技艺知识。除了凭借工具获得的技艺知识以外，还有以人体各部位（主要是感觉器官）直接获得的技艺知识。如听觉、触觉、嗅觉、视觉等。这类技艺知识的特点是不依靠工具的介入，单凭感官对工件状况（加工声音、温度、味道、外部特征）等进行判断。例如，在进行工件数铣的过程中，受访的技术专家往往会通过工件与刀具间摩擦的声音判断刀具是否适合进行加工。他描述这种声音是"一种蒙蒙的声音，嗡嗡嗡……"。此外，在装夹刀具前，技术专家也会通过目测观察刀具是否合格，他说："在目测刀具的时候其实也是看经验，它的侧刃，它的前角和后角爆掉了一个，或者侧刃已经磨得差不多了，后角的韧劲已经磨得没有了，那就必须要把它换掉"。使用目测技艺的还有这样一个案例：刮研工人在对工件表面刮削出的点是否符合要求进行判断时，"就不用书上的方法：比如每个平方有多少个点，这个老师傅都是用眼睛直接去看，一目了然就知道这个是否符合要求"。以刀具摩擦声音判断为例，在这个过程中（见图3-5）：员工的耳朵首先会捕捉刀具与工件摩擦的声音，其次将这种声音与其他情境下刀具运行的声音进行比对，如果声音不正常（如发出"嗡嗡声"），那么员工就要立刻判断出刀具的状态，如刀具磨损情况严重，或刀具装夹有问题等，进而对刀具进行处理。在使用听觉进行判断的同时，员工同时会受到工具保护（保护刀具不受进一步损伤）、安全防护（防止刀具弹出或碎裂而伤人）、工件精度（防止刀具问题导致的工件表面不光滑）、生产环境（生产环境中的其他噪声等）等各类情境元素的影响，在综合各种元素后作出合理判断。这与运动训练的过程有着异曲同工之妙。马吉尔（Magill，2006）认为运动技能学习中主要有两种重要的反馈，一是主体从视觉、听觉、本体感受（即身体的定位和平衡）中获得的任务内在的反馈，二是触觉与增强的反馈，这种反馈用来提供结果知识（knowledge of result）以及表现知识（knowledge of performance）。[①] 这两种反馈正是在身体或感官与外界相互作用的基础上不断放大和指导行动的。

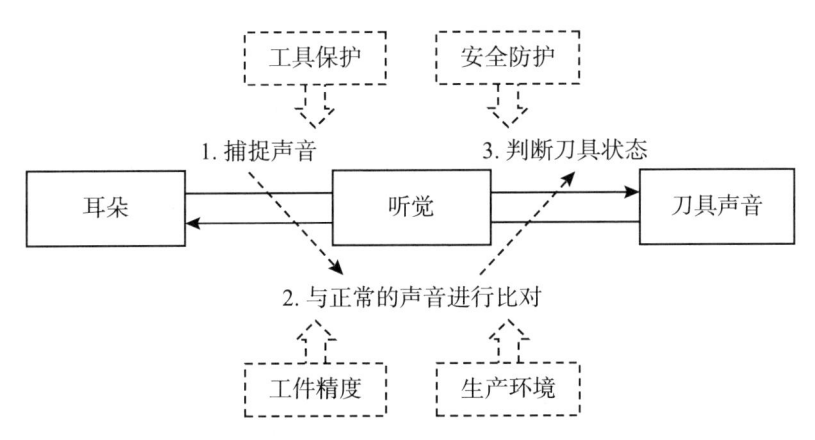

图3-5 工件数铣过程中对刀具与工件摩擦声音的判断

---

① Magill, R. A. Motor Learning and Control: Concepts and Applications (8th ed.) [M]. New York: McGraw Hill, 2006.

所以，在没有工具直接介入的情况下，员工通过感官与加工对象进行直接或间接接触，感觉加工对象在声音、颜色、气味等方面所表征出的特点，进而根据脑中惯有的"基准值"进行匹配，然后作出决策。这种匹配的过程有两个地方值得关注：一是"基准值"，这个基准值往往很难量化，因为它是员工在经过与生产过程的多次接触后形成的对某一物体或现象的基本判断，每个人心中都有自己的基准值；二是"异常值"，也就是员工需要判断加工对象是否有异常出现，这就需要员工准确地捕捉现象，并将其与"基准值"进行比较。比较的过程也十分隐性，因为比较出来的差异有大有小，每个人对比较结果的态度也各不相同，进而也就产生不同的处理结果。

（五）关于生产情境的知识

1. 内涵界定

"关于生产情境的知识"（以下简称"生产情境知识"）指的是在真实的工作环境及其内部各要素，以及这些要素与工作者之间存在的各种关系。每个企业员工都在一个特定的企业环境内工作，即使是同一个行业的企业，都会在有形环境与无形环境上有着不同的安排。情境与环境不同，情境强调的是主客体的互动及互动过程中形成的关系网络。它既包括人与人的互动，也包括人与物体的互动，是物质层面的环境与精神层面的关系所组建的生动的、真实的工作场所。

根据活动理论（Activity Theory），工作可以被视为活动。主体参与到活动之中，被活动系统中的设备所调节，这个活动具有结果/动机导向，产生相应的结果。此外，工作的环境也在活动的调节中发挥作用。在这一环境中所有的主体（人）有着共同的目标，存在一定的劳动分工，有着明确的和隐含的文化规则。[①]史蒂文森（Stevenson，2002）认为知识建构是工作场所的元素（物理、心理、语言工具和设备）、规范性结构、工作职责分工和社会集体之间的一种多媒介交互作用。[②] 所以情境以及情境知识的价值在于为员工提供一个指导行动的工具。它不仅构成了员工进行决策判断和实施行为的支撑性要素，还在一定程度上形塑员工的认知结构、态度、品质等。员工和情境是相互作用的，而由情境以及这种互动所产生的关系正是工作情境知识的主体内容。

2. 主要内容

（1）实体要素。在制造业企业中，常见的实体要素包括制造设备和整体工作

[①] Engestrom, Y. Learning by Expanding: An Activity Theoretical Approach to Developmental Research [M]. Helsinki: Orienta - Konsultit Oy, 1987.

[②] Stevenson, J. Concepts of Workplace Knowledge [J]. International Journal of Educational Research, 2002 (1): 1 – 15.

环境两个部分。员工需要熟悉企业所使用的设备型号和基本操作方法，以及企业的工作环境（如工位分布、工作亮度、工作温度、设备密度、工作噪声等）。员工与实体要素间互动的价值在于明确资源配置的基本状况，以提升工作效率。例如，在本书所涉及的一些案例中，员工在寻找相应工位的员工进行交流，或在工具区寻找需要的工具时都能够较为轻松地定位。一些岗位（如钻孔）员工会根据现场工作环境有选择地佩戴消音耳塞，以保护听力。

（2）无形要素。无形要素是生产情境知识的主体。因为生产活动发生于具有市场导向的企业中，不仅受企业产品特点的影响，还受相应产业环境、企业内部文化与管理思想、企业员工等的影响。常见的无形要素包括以下几种：一是客户需求。不同的企业面向的客户群体不同，即使是在一家企业，也会同时存在具有多元需求的客户群体。所以员工的工作必须要围绕客户的需求进行，例如，某个工件的精度需要达到多少丝，表面要保持多少程度的光滑度等。企业的客户需求构成了影响员工工作的最根本因素。二是规章制度。企业的管理制度是调节员工行为的最有力工具，也是与员工生产行为最直接相关的因素。由于领导风格、公司结构、管理团队等诸多因素，每家企业的管理制度及其背后所蕴含的管理思想各异，员工需要在思想和行为上践行制度规范，以维持企业的正常运转。例如，本书中的高精密零件数铣岗位隶属于某军工单位，所有员工需要遵守严格的保密协议。而这一保密级别在其他企业中则不存在。三是企业发展理念。企业发展理念决定了一个企业可能涉足的领域、工作风格、发展规模等。而员工则会受到企业发展理念的影响，或认同理念并积极参与，抑或是不认同理念而退出岗位。例如，加工工件检验岗位所在的机床生产企业立志于做我国东南地区机床生产的龙头企业，检验员工在受访时也认可老板对企业的定位，因为"我们也想有更多的订单，厂子里面的年轻人还有很大的发展空间和需要"。四是市场环境。企业的发展需要考虑所面向市场的情况。员工也需要根据市场环境判断从业时间和生涯规划。例如，现在很多企业的机器加工精度已经很高，或者所加工产品并不需要进行抛光后的手动精加工，于是就裁撤了原有的刮研岗位。很多年轻人也不愿意接触这一岗位，因为"好多老职工由于年轻时干刮研的活到上了岁数腰都落下了毛病，平时稍微弯一会儿腰，再马上直起腰就直不起来了"。五是企业文化。员工既是企业文化的熏陶对象，同时也是企业文化的形塑者和践行者。例如，在受访的某家企业十分崇尚员工技能的提升，每年都会举办员工间的技能比赛，并设立相关奖项。这项比赛对促进企业生产效率的提升十分有效，在3年间赢得了4个所在市职业技能大赛的一等奖，并申请到了若干专利。六是人际关系。员工需要处理与领导或与同事之间的关系，这种关系既存在于生产过程中的岗位配合和工作交流，也存在于工作之外的社会交际场合。在企业中员工需要处理的人际关系主要包括：同事间关系、与领导的关系、与所带学徒的关系、与所管理员工的关系、与企业外相关岗位工作人员的关系、与客户关系。总的趋势（一个更复杂的知识基础，新产品通常会结合许多技术，每个技术都植根于不同的科学学科）使得接触许多不同的知识来源变得更加重要。[①] "know-who"关注的是谁知道什么，谁知道该做什么。但它也涉及与不同类型的人和专家进行合作和交流的社会能力。七是表达方式。在企业内部存在一些具有情境特色的表达方式，可以被称为"行话"（jargon）或行业语。行业语指的是社会上某一行业、部门通用的词语，是全民语言的一种社会变体。行业语是生产力发展到一定水平、社会发展到一定阶段的产物，具有以下几个特点：内容的专业性、使用范围的局限性、表义的单一性。[②] 这种交流方式是在特定情境、特定群体中经过长期的互动后生成的，是企业内的一种亚文化，具有一定的排他性，所以获得这种交流方式是员工获得身份认同和顺利工作的重要渠道。例如，在受访的一家加工企业中，螺纹在工作过程中被员工称为"丝牙"，使用平钻头在工件上钻孔时应该"蹭着用劲"（或者被称为"循环用劲"）。这些行话体现了当事人在特定情境下对某个动作或某个概念的理解，并夹杂了情境下的语言表达方式。而这种表达方式在各个生产环节屡见不鲜。

（六）关于判断决策的知识

1. 内涵界定

"关于判断决策的知识"（以下简称"判断决策知识"）（Yates, J. F., 1990）是一线员工在面对一些生产状态或问题情境时，根据一定的条件作出反应和决策以应对问题的知识。例如，钻孔中在初孔加工完毕后要判断初孔的状态，以决定对该孔实施什么样的后续加工；在工件数铣过程中，操作人员要根据各种条件判断工件在车床上装夹的稳定性；电镀工人要根据除油和除锈的情况决定是否进行清洗。很多时候判断决策知识使用的过程十分内隐和短暂，但是它被使用的过程却是调集更多知识、开展复杂思维活动的过程。

判断决策知识是一种心智技能。它主要依靠人的大脑对各种信息进行认知和加工，从而形成一定的思维链以指导行动。其作用对象是向外的，即需要通过该知识达到一种目的；但是其作用过程是内隐的，它需要对各类信息、观念、符号等进行内在加工，在工作过程中无法直接观察到其作用的内在机制。我们可以通

[①] Pavitt, K. Technologies, Products and Organisation in the Innovating Firm: What Adam Smith Tells Us and Joseph Schumpeter Doesn't [J]. Industrial and Corporate Change, 1998 (3): 433-452.

[②] 刘芳. 行业语的泛化及其认知基础 [J]. 语文学刊（教育版），2010 (5): 67-68.

过出声思维的方式尽可能地还原判断决策知识使用的过程。例如,下面一段话就是工件检验员在对工件的某个部分进行检验时的思维活动过程,在这个过程中,他使用了多次判断决策知识:

先用游标卡尺把这个长度量一下,(看图纸),这个是126mm,没问题。然后看看这个(指的是第三部分轴),(看图纸)这个是17(mm),17(mm)都是对的。(看图纸)完了要把台阶量一下。这个(第三部分轴)到这个(第五部分轴)台阶是81(mm),-80丝到50丝。我要把这个看一下,这个图纸要看懂。81(mm),没问题。然后我来量量这个长度,还有键槽,键槽是20(mm),20(mm)没问题。5个的键槽宽,没问题。(看图纸)这个(左边键槽)跟这个(右边键槽)必须在一条线上,因为这个是90度。这个(左边键槽)是5mm,长度是10mm,正一点。这个只能长不能短。然后量它的深度,也可以用游标卡尺量。外径是30mm深。正好的。这个是12mm,这个外径是15mm,说明也是3mm。

此外,判断决策知识与工艺知识一样,也是一种程序性知识,它表现为人脑中存储的某个情境下的步骤、程序知识,具有一定的顺序逻辑。其表征方式是产生式和产生式系统。例如,在测试一个工件的某个部位时,根据工件的形状与基本尺寸选择具有相应量程的量具。在这个过程中,就存在由两个产生式组成的产生式系统,即"如果工件形状是X,那么就可以用Y""如果工件的尺寸是A,那么就可以用量程为B的Y"。

2. 主要内容

(1) 条件权衡型。"条件权衡型"知识是协助主体根据已有条件,在全盘考虑各种情况下选择最优解的知识。这种判断决策知识的核心特点在于"权衡",即综合已有的各类条件,考虑每种路径的利弊,权衡得出"最优解"。这种权衡存在于两个层面:一个是从工作的整体而言,需要在工作的一开始针对目标做通盘考虑,并设计出一个整体解决方案。例如,在刮研工作开始前,刮研工人需要针对工件加工需求判断是否需要刮研。受访的刮研工人认为"需不需要手工铲刮取决于许多客观条件,不能硬画个杠杠。比如以前没有大导轨磨时,精刨完需要人用力气生刮,(很)费劲。现在有大导轨磨,但磨出来还是达不到要求精度,也需要进一步刮,但工作量减轻不少"。可见,是否刮研取决于工件加工精度需求、工厂加工器械水平等,从业人员需要在成本、需求、受益间取得一个平衡。德国不来梅大学教授费利克斯·劳耐尔(Felix Rauner)曾提出了一个概念以解释工作过程中存在的系统的、全盘性(holistic)的问题解决能力——专业知识(professional knowledge)。专业知识是在工作世界中理解和掌控任务的必要条件。

在这样的背景之下，全盘问题解决范式将得到充分的运用。① 可见，条件权衡型知识是一线从业人员走向专家型员工所必须具备的知识，是员工掌控工作任务，提升工作成果质量的保证。

另一个则是在工作过程中，针对某一个步骤涉及的多种解决路径进行权衡选择。例如，工件的装夹方式对于工件加工精度十分重要。加工某个部分可能有几种装夹方式，但是操作员要综合考虑工件的整体形状、材质、走刀路径等因素，避免装夹造成走刀路径偏长甚至撞刀的可能，避免装夹导致工件取下后的表面反弹等，最终确定一个最佳的装夹方式。

（2）问题处理型。"问题处理型"知识是在遇到具体的工作问题时，借助已有的条件和其他知识形成处理问题的方案的知识。它的价值在于促进问题状态与目标状态间的吻合。在工作过程中，问题状态对于一个一线从业人员而言总会有初次面对的情况，在多次经历以后，从业人员会形成问题解决的"产生式"，即"如果问题情境是 A，那么解决方案则为 B"。例如，在零件数铣时，如果"零件是精加工，没有余量了，那么就在表面上走一刀，看一下表面的形状对不对"。这就是简单的问题解决产生式，即"如果零件表面没有余量，那么就在表面上走一刀"。如果问题情境更为复杂，那么主体可能就会使用由多个产生式构成的产生式系统来解决问题。

某一问题情境在首次出现时往往最具挑战性，因为主体没有解决这一问题的经验（即固定的产生式），这样主体就必须要通过试误、探索、分析等方式深度挖掘问题出现的原因，并给出解决办法。例如，在工件质量检验的过程中（见图3-6），质检员在检测到某个工件出现误差值后，会根据不同情况判断误差出现的原因和解决办法，例如，超出误差范围在5%以内，检验员会更多地考虑是否是员工个人操作问题导致的误差；如果超出误差范围在5%以上，那么检验员就会考虑加工机床本身出现的精度问题。判断的方式是检验同批次其他产品的误差情况。如果是个案，那么检验员会针对个别工件进行返工完善，如果确定是机床精度问题，那么检验员还要协同加工人员、器械维修人员等对机床出现误差的原因进行判断。其中，检验员的角色十分重要，因为检验员可以根据工件出现严重误差的表现，初步分析机床上可能出现故障的部位，以指导器械维修工对相关部位进行检修和调整。工件误差每次出现的原因可能是重复的，也可能是全新的，这就需要检验员在利用已有知识结构的基础上充分辨识问题及其背后的原因，不断扩大已有的产生式系统库。

---

① 李政. 职业教育现代学徒制的价值审视——基于技术技能人才知识结构变迁的分析[J]. 华东师范大学学报（教育科学版），2017，35（1）：54-62，120.

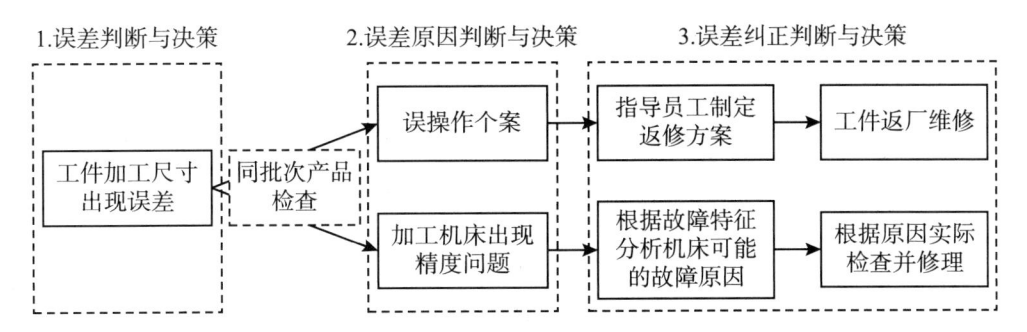

```
1.误差判断与决策      2.误差原因判断与决策      3.误差纠正判断与决策
┌─────────────┐    ┌──────────────┐    ┌─────────────────┐
│             │    │  误操作个案  │───→│ 指导员工制定 │───→│ 工件返厂维修 │
│ 工件加工尺寸│───→│              │    │   返修方案   │    │              │
│  出现误差   │同批次产品          │    │              │    │              │
│             │检查│ 加工机床出现 │───→│ 根据故障特征 │───→│ 根据原因实际 │
│             │    │   精度问题   │    │ 分析机床可能 │    │   检查并修理 │
│             │    │              │    │  的故障原因  │    │              │
└─────────────┘    └──────────────┘    └─────────────────┘
```

图 3-6　工件质检过程中针对误差的判断与决策过程

（3）过程监控型。"过程监控型"知识是一种元监控知识，属于元认知策略。它是对判断决策的过程进行监控的知识。员工在进行判断决策的过程中往往会受到多种因素的干扰，无论是周围的判断情境、所具有的判断条件，还是自身的认知结构和个性特征，都会影响判断决策的过程与结果。所以一线员工会通过对判断决策的过程进行内省和监控，以避免判断决策的过程出现可能的失误，提高判断决策的准确性。例如，钻工在判断使用何种型号的钻头时，必须要"仔细"判断钻头上显示的型号数字，及其与目标孔径的匹配程度。在这个过程中，如果稍有闪失，可能就会导致初孔直径计算错误，以及所选钻头大于或小于应有的初孔直径，最终更可能导致整个零件的报废。所以员工在判断和挑选孔径的过程中应时刻小心，避免出错。再例如，质检员在对工件的某个轴进行检验时有以下出声思维报告：

"这个尺寸（第五个轴宽的尺寸）在这（把图的上下两个部分联系起来），-30 丝，把工件掉过来。这个是30mm，……哦，不行，这个（第五个轴宽）要用另外一个规格的千分尺。"

这里就存在一个过程监控性知识的应用。由于不同千分尺的量程不同，一开始该检验员使用的是 0~25 规格的千分尺。但是在与图纸和工件进行更细致的检查后发现这个规格的千分尺无法完成对第五个轴宽的检测，于是更换 0~30 规格的千分尺。在这个过程中，对"使用何种规格的千分尺"进行判断决策时就有了监控判断的环节，以确保工件检测的准确性。

在实际工作中，过程监控型知识与其他类型的判断决策知识紧密相连。两者往往同时出现在一个细微的工作环节之中，其先后顺序不定。其出现的频率和顺序依据个人的工作风格、任务特点、难度等决定。

（七）关于职业伦理规范的知识

1. 内涵界定

企业一线从业人员在对待工作时的基本态度与行为规范往往与工作的质量有着极为密切的关系。在被访谈的一线员工中，常常会听到他们对于工作态度与行为规范的体会，例如，"程序编好以后输入机器，如果有明显问题，机器是可以检查出来的。但是有时候错误检查不出来。这样就容易撞刀。所以查的时候一定要细致，否则你就会给企业带来损失，甚至会威胁到你自己的生命，这个不是开玩笑的""（清洗工件的时候）一定要防止这个酸进入到溶液里面，不然生成氢氰酸就完了，一屋子人都会被毒死"。这些信息透露出一线员工在工作中会始终遵守一些成文或不成文的、实体或精神道德层面的伦理规范，这些伦理规范深深植根于对职业的认识和实践，并因为其亲身经历而变得更为丰富和生动。这些指导一线员工在工作中始终遵守职业伦理规范的知识被称为"关于职业伦理规范的知识"（以下简称"职业伦理规范知识"）。

职业伦理（professional ethnics）是指人们在社会职业劳动过程中所遵循的基本道德价值理念或原则，应当遵守的具体行为规范、准则、戒律。[①] 职业伦理规范是调整职业活动中人们的利益，判断从业者职业行为善恶及是否履行职业义务和责任的行为准则和评价标准。[②] 法律和法规规定了我们必须遵守或避免的行动方针，而伦理包括了更广泛的行为准则，它可以帮助我们作出正确的决定。这种伦理早在古巴比伦时期就已有史料记载。古巴比伦国王汉穆拉比认为必须要对那些拙劣的工作作出惩罚，他认为：

"如果一个建筑工人为一个人建造了一所房子，但工作质量并不好，他所建造的房子已经倒塌，并导致了它的主人的死亡，那么建造者就会被处死。"[③]

而在当今社会，包括建筑业在内各行各业都已经建立起了一套系统的职业规范文本，在制度上确保工作行为的规范性、专业性。但是单纯的制度规范在实践过程中依然存在漏洞，不仅是因为制度建设存在漏洞，更因为制度执行过程中很难能够全面、精准、有效地覆盖与发挥作用。涂尔干在《社会分工论》中说道："在任何情况下，文明都无法找到能够认识道德事实的外在指标。在这个时代，我们用铁路替代了公共马车，用海轮代替了帆船，用工厂代替了小作坊，所有这

[①] 王正平. 美国职业伦理的核心价值理念和基本特点［J］. 道德与文明，2014（1）：141-149.
[②] 涂平荣，姚电. 孔子职业伦理思想探析［J］. 中北大学学报（社会科学版），2007（4）：48-52.
[③] Mirsky, R. & Schaufelberger, J. Professional Ethics for the Construction Industry［M］. Taylor and Francis, 2014：4.

些与日俱增的活力被人们普遍认为是有用的，然而它没有一点道德强制性"。①所以道德层面的伦理规范在更大层面，尤其是行为的微观层面发挥引导工作行为的作用。"道德是一种必不可少的最低限度"。这使得职业领域形成了由制度规范与道德规约共同构成的伦理规范知识。

伦理规范知识所要规范的对象是从业人员及其工作过程，规范的中介（或载体）是强制与鼓励的、明文和潜在的、文本与话语的各类伦理内容，规范的目的是在全行业保障产品制造的质量和对客户的信誉。在信用社会不断发展、品牌制造深入人心、客户主导制造模式广为应用的当下，职业伦理规范知识在某种程度上决定了一个企业甚至行业的生存动力和发展前景。

2. 主要内容

（1）制度层面的职业伦理规范知识。制度层面的伦理规范知识主要是以制度的形式将职业或行业内的基本伦理规范进行明文规定。这种规定既包括原则性的规范，如"爱岗敬业"，也包括具有指导性和操作性的具体规范，如企业制定的《机械加工安全作业规范》中的"严禁设备操作时穿宽松衣物、短裤、裙子，佩戴领带等影响操作的物品"；既包括强制性的规范，如《中华人民共和国安全生产法》《安徽省安全生产条例》、企业内部《安全生产管理章程》等，也包括非强制性的鼓励性规范，如各级各类安全生产公约、倡议等。具体而言，制度层面的职业伦理规范知识可以分为三种类别：一是法律法规，指由各级人大和人大常委会以及各级行政机关制定的，对全行业生产起到强制性规范作用的法律、行政法规、法律解释、地方性法规、地方规章、部门规章等其他规范性文件；二是行业规范，指一定区域的行业围绕生产过程制定的一系列职业操作规范，如《金属制品业职业卫生技术规范》。需要指出的是，这里的规范与工艺技术知识中的"质量标准"不同。"质量标准"是围绕产品制定的，而"行业规范"是围绕生产过程制定的；三是操作准则（公约类），指一定行业或区域内形成的，用来在精神层面约束和引导从业人员生产行为的倡议，如产业协会会员自律公约、执业公约、行为准则等。

（2）道德层面的职业伦理规范知识。除去制度层面的规范以外，更广层面的行为约束来自道德层面。道德层面规范知识的特点在于"润物细无声"。也就是说尽管它可能没有明文的制度层面的规定，但是这种通过亲身实践所总结出来的、带有自我感情色彩和情境色彩的伦理规范知识能够更好地渗透和体现在工作的各个环节之中。而且这种道德层面往往与制度层面是一脉相承的。从内容上看，道德层面的职业伦理规范知识有很多内容，即使是一个类型的职业伦理规范

---

① 涂尔干. 社会分工论 [M]. 北京：生活·读书·新知三联书店，2000：15.

也因职业的多样性而有不同的表现。所以这里在归类的基础上阐述出现次数最多的三种道德层面的职业伦理规范知识：一是安全生产类。这类知识是员工在生产过程中领悟和践行的与安全生产相关的规范知识。在钻孔岗位中，安全生产类的规范知识体现在"安全处理钻孔产生的铁屑""钻孔时工件应紧固在操作台上"等；在铲刮岗位中则体现在"铲刮操作台应稳固""铲刮姿势应正确以防止被工件划伤"等；在编程岗位则体现在"程序应防止撞刀"等。可以说，安全生产类的伦理规范知识是制造业特有的规范知识，它体现了人类在与自然世界和人造物世界互动中所遵循的基本约定。二是细致沉稳类。这类知识要求企业一线员工应秉持细致和沉稳的态度应对工作过程中的每个环节。在钻孔岗位中，细致沉稳体现在"细心观察不同钻头的型号""在钻孔过程中应循环用力，不可一次用力过猛"等；在质量检验岗位上，细致沉稳体现在"细致观察工件测量结果""冷静分析工件误差出现的原因"等方面；在数铣岗位上，细致沉稳则体现为"仔细核对刀具半径"等。三是团队协作类。这类知识体现了员工工作过程中与其他岗位及工作人员间的相互协作。例如，在质检岗位中体现为"与员工共同协作检查出工件误差出现的原因，并给出解决办法"。

（八）关于相关岗位的基本知识

1. 内涵界定

"关于相关岗位的基本知识"（以下简称"相关岗位基本知识"）包括两个关键词：一个是"相关岗位"。什么是"相关岗位"？为什么要了解这些岗位的基本知识？这与制造业发展现状有关。一方面，制造业新生产组织方式的应用带来了科层组织的扁平化、流程再造、以过程为中心、项目制生产等新变化，这些变化产生了制造业生产的三个基本趋势或问题：一是制造业生产方式的"人本回归"；二是劳动分工并非生产高效率的唯一原因；三是劳动分工向综合方向发展。[1] 所以这种融合趋势对从业人员的工作能力提出新的要求，即以某一环节专精能力为核心，全产业链其他环节基础能力为背景的贯穿制造业全过程的制造能力。[2] 另一方面，在如今的制造业企业中，一位员工往往需要在多个岗位中轮换，他不仅要会使用钻床，还要会使用数控车床，甚至还需要为今后进入管理岗位做准备。但是对于制造业而言，由于每个岗位非常重视经验的积累，所以在同级别岗位中，这种轮换往往只存在于一系列具有相似操作情境、内容、方式的岗位

---

[1] 陈树公，陈俐俐. 制造业生产方式演变过程中的劳动分工及启示［J］. 西安财经学院学报，2009（1）：10 - 14.

[2] 李政. "中国制造2025"与职业教育发展观念的转轨［J］. 中国职业技术教育，2015（33）：38 - 44.

中，例如，普通车床向数控车床，钻床向磨床的转换等。如果需要转换到一个基本操作、知识特征有较大差异的岗位，则需要员工通过继续教育、师徒制等方式从零起步。综上所述，制造业中的"相关岗位"，存在一个具有模糊边界的岗位群（见图3-7），这个模糊边界就是以技术为特征、以产品为核心、以生产为主线的岗位。一线员工需要了解的"相关岗位"基本位于这个岗位群内部。例如，数铣岗位的员工需要了解工艺设计岗位、编程岗位、钳工岗位、装配岗位等生产岗位的基本知识，这些岗位都是围绕工件的加工与组装而存在和关联的，一个岗位的生产结果可能会对前后岗位都会产生影响。但是他并不需要或很少需要了解管理岗中"如何管理人事""如何管理财务"等知识，因为这些岗位并不与核心岗位的工作任务直接相关。

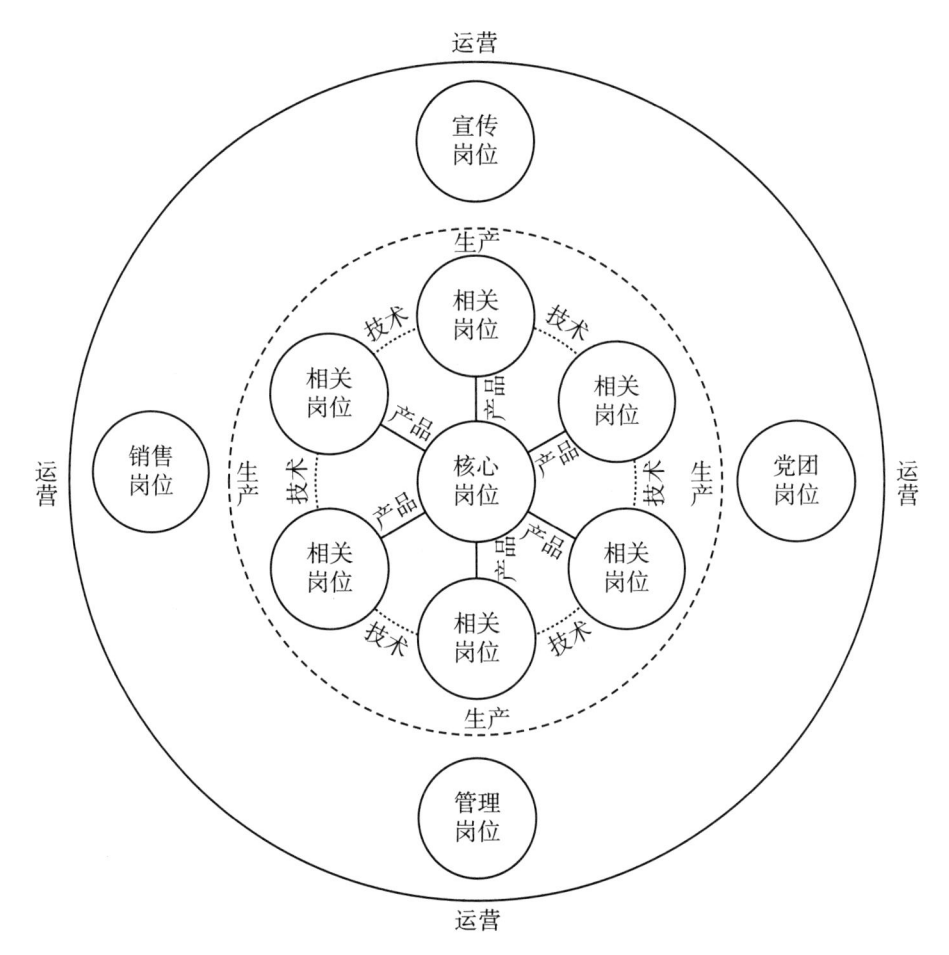

图3-7 "相关岗位"的基本边界

另一个关键词是"基本知识"。为什么要在知识前面冠之以"基本"二字？这就涉及工作过程中一线从业人员使用相关岗位知识的深度问题。知识的深度可以被理解为知识的系统性问题。某一岗位的从业人员会围绕某一岗位形成一个知识体系。不同相关岗位之间的知识体系可能会有重合（公共知识与交叉知识），但是只有那些非重合部分才是这个岗位的独特性所在，也是该岗位知识体系中的核心部分（见图3-8）。从收集的资料来看，所有岗位的从业人员在工作过程中所涉及的其他岗位的知识以交叉知识和部分可陈述性的、原理性的专门知识为主。例如，数控铣工需要了解钳工画出的线所代表的意思，以及编程人员编写的程序的格式与正误，除此之外，他还要了解这件工件在自己的岗位加工后需要进入哪个工序（如装配），自己的岗位使用了一定的加工方法（如清洁去毛刺）后可能对后续的加工有什么影响。他并不需要从事钳工的画线工作，不需要从零开始编写程序（尽管他可能具备这样的能力），不需要从事如何对工件进行装配（比如如何使用电钻进行钻孔）。对于这位数控铣工而言，上述知识有些（如编程）对他而言是熟悉的，因为与自己的岗位有所交叉（如编程员或工艺设计师），有些岗位尽管他并未从事（如装配钳工），但是装配钳工所做的事以及这件事背后基本的原理他需要了解，因为这与他所从事的岗位有着间接的关系（如数控铣工加工出来的零件的某个部位的尺寸误差只能少不能多，否则在后面装配过程中无法装进去）。这种现象同样出现在质量检验、钻孔、刮研等岗位上。对交叉知识有需求是因为这部分知识横跨自己所在岗位和其他相关岗位，而对其他岗位专门

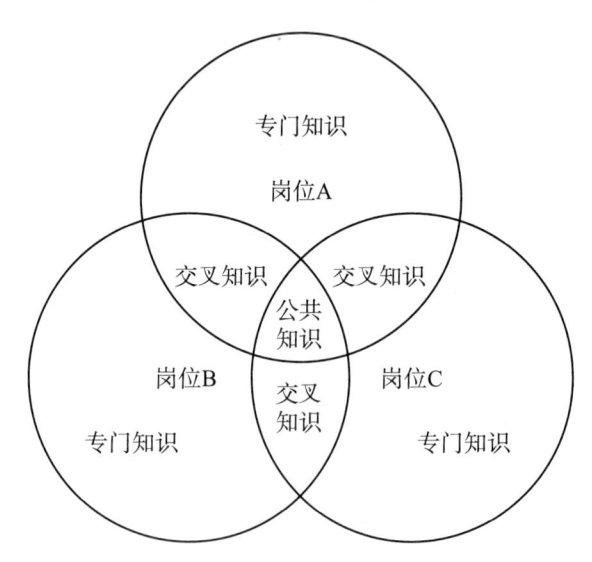

图3-8 岗位知识体系的基本结构及其相互关系

知识中部分原理性的、可陈述性的知识有需求则是因为该部分知识可以帮助他跳出岗位,从联系的视角审视工作任务、岗位职责、技术特征乃至行业发展。这种原理性的、可陈述性的知识并非属于其他岗位从业人员专属的知识,且学习、传递与储存成本较低,而那些个性化的默会性知识则是更为深入、情境化的专门知识,不需要也不能在较短时间内获得。

综上所述,所谓"相关岗位基本知识"指的是蕴含在以技术为特征、以产品为核心、以生产为主线的相关岗位中的知识,这些知识以交叉知识以及部分可陈述性的、原理性的专门知识为主。

2. 主要内容

(1)企业内各岗位的基本顺序。即企业内相关岗位围绕产品制造所组成的生产链的基本情况。例如,一位数控铣工需要了解所加工工件的前后加工流程;电镀岗位的从业人员需要了解电镀品镀前处理的基本工艺和处理效果,检验岗的从业人员需要了解所检工件在整体机器中的部位和功能、允许的误差范围以及已有误差对未来装配和使用可能造成的影响。了解各岗位的基本顺序有助于从业人员建立对生产的整体意识,在联系的观点中审视自己所在岗位的价值。

(2)上下游岗位的工作任务与工作原理。即自己所在岗位的上下游岗位究竟有哪些工作任务,以及完成这些工作任务背后的原理有哪些。例如,编程员需要了解业务洽谈人员是如何了解客户需求的,必要时可能需要亲自参与业务洽谈的过程;同时他要考虑到一线操作人员在使用程序时可能出现的问题,以及这个程序是使用德国的机床还是日本的机床进行加工等。编程者不仅需要掌握编程的基本格式,还要将程序的编写与实际加工过程中的各个细节相联系,了解程序在输入机器后是如何工作的,以及这种工作原理对刀具实际加工过程以及工件装夹可能产生的不利影响。了解上下游岗位的工作任务有利于保证自己所在岗位与其他岗位进行工作任务的衔接,尤其是岗位间有任务交叉的部分;而上下游岗位的工作原理则能够帮助员工深入理解工作活动的本质,促进不同岗位之间在业务上的深度交流,尤其是企业内岗位之间所流通的隐性工艺知识。

(3)本岗位与其他岗位的相互影响。即员工所在岗位与其他岗位之间可能存在的互动内容、方式和结果。例如,质检员需要考虑检验的工件是否会导致后续装配的问题,这个决定了质检员在误差范围上如何进行权衡;铲刮员工在铲刮过程中应该关注工件表面点的个数对这批零件质量和精度的影响,以及这批零件在整台机器中的表现,这个决定了他如何安排铲刮的时间与程度;服装工艺师在进行定制服装的工艺分析时,需要充分考虑到工厂现有的技术水平、生产线的总体产能等其他岗位情况。在现代企业资源计划(ERP)中,岗位与岗位间的相互影响已经不仅仅体现在传统流水线生产中的"某一环节决定下一环节的工作进展"

这样简单的程序之上了,智能制造、大规模个性化生产等使得每一个岗位(环节)都是具有独立生产意识与决策能力的单位,尤其是对于那些精密制造的企业而言更是如此。

二、各类知识的组织方式

制造业从业人员使用的各类知识的组织方式如图3-9所示。

在工作过程中,(1)生产情境知识、职业伦理知识和判断决策知识全程与各知识及工作的主客体发生相互作用。首先,生产情境知识通过实体和无形两种要素将工作主体与客体囊括在一定的物理环境与社会环境中,主体所作出的任何一项判断与决策,客体发生的每一次改变都离不开生产情境知识潜移默化的作用。其次,职业伦理规范知识通过制度层面与道德层面的约束时时刻刻影响工作主体的思想和行为,外在的奖惩以及内在的驱动都会导致从业人员产生相应的回应,这种回应可以前后一致,也可以前后不一致。当然,生产情境知识与职业伦理知识也会受到其他知识及整个工作的影响。史蒂文森(2002)通过对4个不同地点酒店前台服务生的工作过程研究发现,许多实物产品,包括各种设备(如电话、收音机、电脑、电话答录机、汽车旅馆本身的特点、信息材料)、当地的工艺品(如"圣经"、日记)、纸张(如单据、收据、凭证)和技术都被用来调解工作场所的活动。[①] 在活动理论中,设备也是建构工作态度、解决工作紧张中的重要事物。最后,判断决策知识是贯穿整个工作过程的知识,其他类型知识的组织和价值发挥都要通过判断与决策知识实施。在三个阶段中,不论是思考与设计,还是实施,抑或是核实与决策都需要判断决策知识发挥推进工作过程的作用。(2)技术原理知识主要用来支持主体的思考与设计环节。在实际工作中,原理性工作知识往往不会很清晰地表征出来,因为这种知识已经被工艺化或情境化了,现象背后的原理往往是在已有的工艺知识、技艺知识无法起到作用,以及新问题出现的时候被主动调用。在长期的工作中,原理性知识已经内化为思想与行为的一部分,在各种知识中发挥一种基础性的、溯源性的价值。(3)相关岗位基本知识主要用来辅助员工进行设计,以及对实施的结果进行判断。这种知识不直接运用到实施的过程中,但是对于实施具有前瞻性和验证性的影响。(4)工艺技

---

① Stevenson, J. Normative Nature of Workplace Activity and Knowledge [J]. International Journal of Educational Research, 2002, 37 (1): 85-106.

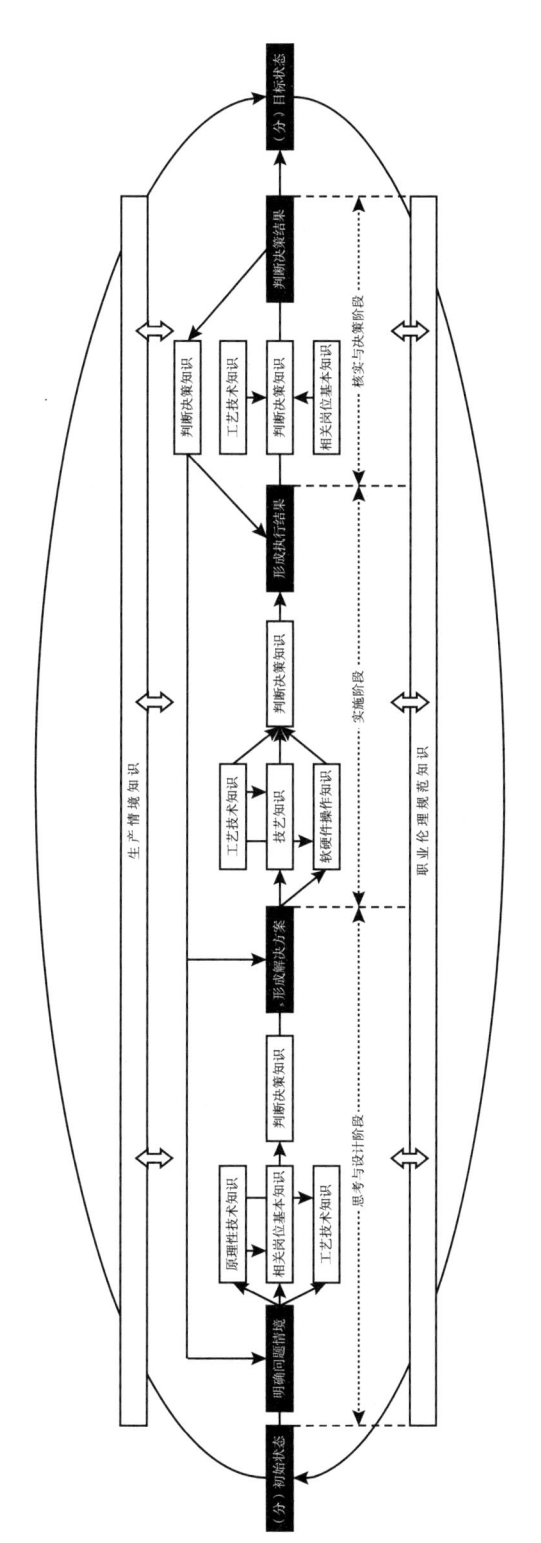

图3-9 制造业从业人员各类知识的组织方式

术知识以不同的形态出现在各个阶段，因为工艺技术知识是指导主体进行制造活动的"最活跃"的知识，它来源于技术原理知识以及人类制造实践经验，与生产活动紧密相关，其中的工艺流程、方法、材料、工具、质量标准、操作项目等贯穿制造活动的始终，帮助主体进行前期设计、中期实施和后期思考。(5) 技艺知识与软硬件使用知识主要是在实施阶段使用的知识，因为这些知识直接或通过机器间接作用于物品，对操作者的智力与肢体操作有较高的要求，主要起到实际执行的作用。当然，两者作用的发挥还会受到工艺技术知识的影响，因为工艺技术知识会在实施过程中经常出现，以保证实际操作的准确性。

第三节 服务业从业人员的知识特征研究

通过对16位服务业企业一线从业人员出声思维报告和访谈记录的编码与分析，本书认为现代服务业一线从业人员主要使用九类知识：关于服务理论的知识、关于区域性服务的知识、关于软硬件操作与工单使用的知识、关于操作技能的知识、关于判断决策的知识、关于工作情境的知识、关于相关岗位的基本知识、关于行业的知识、关于职业伦理规范的知识。每种类型的知识中又包括不同类型的内容，如图3-10所示。

一、服务业一线从业人员使用的各类知识及其属性

（一）关于服务理论的知识

1. 内涵界定

在提供服务的过程中，一线从业人员会充分依据所在领域已有的公认的路径、方法、内容等进行判断和行动。这些公认的、稳定的、由科学或经验证明的知识被称为"关于服务理论的知识"（以下简称"服务理论知识"）。例如，保险销售员需要了解、熟记并运用《中华人民共和国保险法》《中华人民共和国婚姻法》《中华人民共和国消费者权益保护法》《中华人民共和国合同法》等法律条文。这些法律条文是由全国人民代表大会和全国人民代表大会常务委员会制定并在全国范围内实施的，具有公认性、稳定性特征，且是保险业从业人员经验体系的基础与行动框架，属于保险业从业人员的服务理论知识。医院的护士在提供医护服务时需要掌握标准的测量生命体征的流程和规范、滞留针的功能和使用方法、

医嘱的基本格式和内容、入院护理评估记录单的认识等知识，这些知识在医护领域具有公认性和一定程度的稳定性，且是科学论证和经验积累的结果，属于护理行业的服务理论知识。

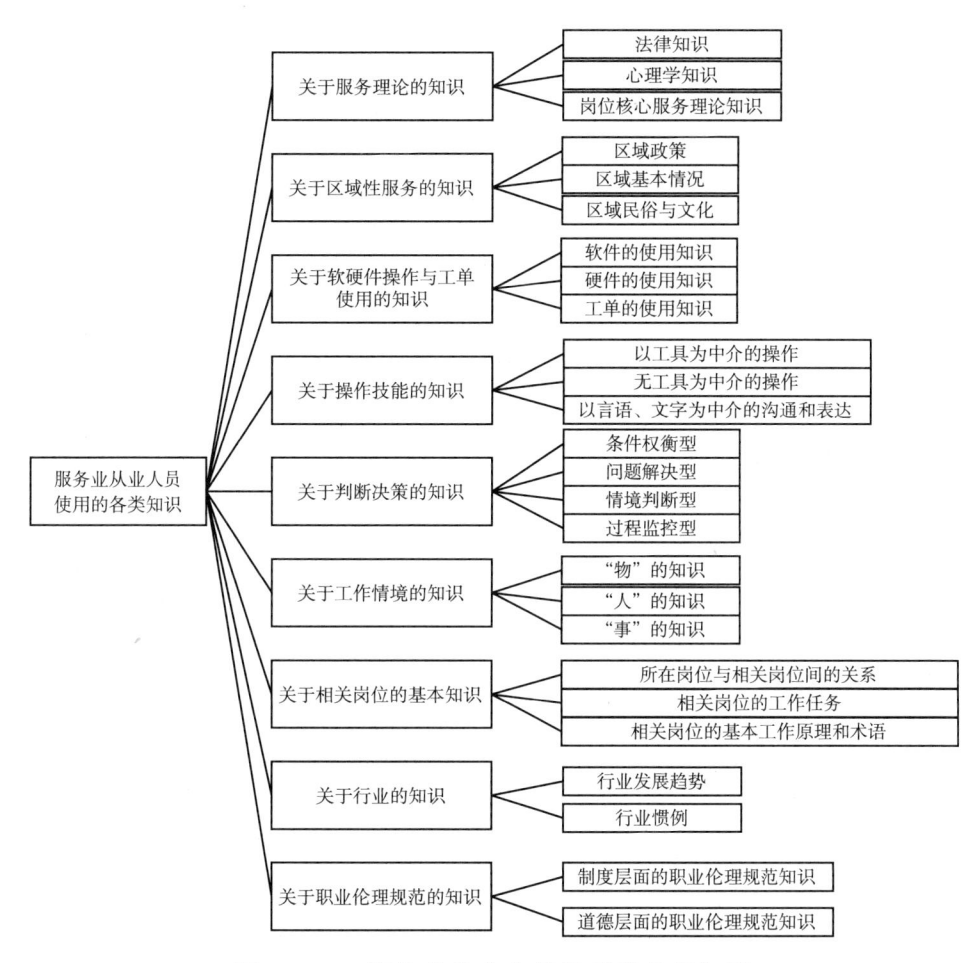

```
                              ┌── 法律知识
            ┌─关于服务理论的知识─┼── 心理学知识
            │                  └── 岗位核心服务理论知识
            │                  ┌── 区域政策
            ├─关于区域性服务的知识┼── 区域基本情况
            │                  └── 区域民俗与文化
            │                  ┌── 软件的使用知识
            ├─关于软硬件操作与工单┼── 硬件的使用知识
            │  使用的知识        └── 工单的使用知识
            │                  ┌── 以工具为中介的操作
            ├─关于操作技能的知识 ┼── 无工具为中介的操作
服务业从业人员│                  └── 以言语、文字为中介的沟通和表达
使用的各类知识│                  ┌── 条件权衡型
            ├─关于判断决策的知识 ┼── 问题解决型
            │                  ├── 情境判断型
            │                  └── 过程监控型
            │                  ┌── "物"的知识
            ├─关于工作情境的知识 ┼── "人"的知识
            │                  └── "事"的知识
            │                      ┌── 所在岗位与相关岗位间的关系
            ├─关于相关岗位的基本知识 ┼── 相关岗位的工作任务
            │                      └── 相关岗位的基本工作原理和术语
            │                  ┌── 行业发展趋势
            ├─关于行业的知识    └── 行业惯例
            │                      ┌── 制度层面的职业伦理规范知识
            └─关于职业伦理规范的知识 └── 道德层面的职业伦理规范知识
```

图 3-10　服务业从业人员使用的各类知识

现代汉语词典对"理论"的定义为"人们由实践概括出来的关于自然界和社会的知识的有系统的结论"。这个定义强调了理论的几个基本特点：(1) 经过实践的检验；(2) 经过了演绎或抽象等逻辑思维过程；(3) 来自自然界和社会；(4) 内容和结构具有系统性。这就与制造业中的"技术原理知识"有所不同。虽然制造业中的"技术原理知识"具有主客观的统一性和组织上的系统性，但服务行业的理论知识体系更凸显了由人构建的主观社会的系统性与多样性。保险业中的法律知识、中餐烹饪中的烹饪手法、景点导游服务中的景点信息及其背后的文化底蕴、护理服务中的各类医疗符号等都是人在千百年的生活中所构建起的，

具有主观性、人文性和一定程度稳定性的内容，且自成体系。这些内容并非"原理"，也并不反映自然世界的客观规律，但却是人类社会的文化遗产和运行保障。使用"理论"一词，可以更好地体现和维护这一知识中主观、文化部分的地位和价值，同时也能反映客观世界的基本原理（如中餐烹饪中的食材与各类配料的特征）。

之所以将这些知识归为服务理论知识，还因为这些知识在从业人员的工作过程中起到背景性的、根本性的指导作用。理论的价值在于以体系化的科学内容为人类实践提供指导，且这种指导是根源性的，具有方向指引和行为规范功能的。对于保险营销员而言，法律知识是指导他们推销、出险与评估的根本依据。无论是最高位阶的各类法律，还是保险公司与客户达成的具有法律依据的保险合同，都直接指导保险营销员作出相应的判断和实施行动。对于电梯维修工而言，电梯的构造、各系统及部件的工作原理是指导其工作的根本依据。不了解电梯的运行机制与工作原理，再有服务热情和动手能力的工作人员也无法完成工作。所以这些理论知识在根本上支撑着从业人员以科学、有效的手段为消费者提供服务。

2. 主要内容

（1）法律知识。指服务领域内的相关法律法规。包括现行有效的法律、行政法规、司法解释、地方性法规、地方规章、部门规章及其他规范性文件以及对于法律法规的修改和补充。法律知识在各服务领域内出现的频次较多，其目的是服务行为及结果提供法律层面的参考。例如，保险销售过程中涉及的《中华人民共和国合同法》《中华人民共和国婚姻法》；导游服务过程中涉及的《中华人民共和国消费者权益保护法》《中华人民共和国合同法》；护理和康复治疗过程中涉及的《医疗事故处理条例》等。

法律知识的广泛应用在于服务商品的特殊性。一方面，服务业，尤其是生活性服务业提供的服务商品直接或间接面向客户，是与"人"打交道最为密切的行业，服务业提供的无形的服务商品很难像制造业的成品那样具有明确的检验标准。故需要法律法规以严格调控服务市场的规范性，并保护消费者和商家的合法权益。另一方面，服务业也存在一些利用法律法规"钻空子"的现象，一些法律法规没有涉及的"灰色区域"可能会成为商家的牟利点。所以法律法规知识还可以帮助从业人员规避可能的法律风险，巧妙地利用法律法规提高利润。

（2）心理学知识。指与人类心理现象及其影响下的精神功能和行为活动相关的知识。这类知识依托心理学研究成果，包括基础心理学与应用心理学两大领域，实践层面以应用心理学为主，且内容与特定的服务行业相结合，如消费心理学、谈判心理学、销售心理学等。对于一线从业人员而言，心理学知识主要帮助他们了解客户的需求，揣摩不同类型客户的个性特征、行事风格等，以更好地提升服务品质和企业效益。这种知识出现在诸多服务行业之中，如保险营销员要在进行展会的过程中实时分析现场客户的谈话内容和表情，从中得出其了解乃至购买保险的意愿；而在与潜在客户进行私下会面时，更要根据潜在客户的身份、职业、性别等设计着装、话题、话语风格等，以更好地赢得潜在客户的信赖，为合同洽谈赢得机会。这种心理学知识也出现在酒店前台、导游、医护、电梯维保、产品市场分析等岗位中。但是不同岗位对心理学知识需求的深度与广度不同。

对心理学知识产生普遍需求的原因，主要在于服务业的工作对象是人。无论是升级后的传统服务行业（如餐饮），还是新兴服务行业（如健康养老、康复护理），服务商品的质量直接体现在客户的主客观体验之中。如果能够找准用户痛点，明晰用户需求，并根据用户及特定用户群的特点为其量身定制服务项目，则会大大提升用户体验感和品牌认同感。这种认同感不仅带来单个稳定的客源，还有可能以该客源为中心形成更广泛的客源群体。在个性化定制风行的时代，服务业也将借助互联网、大数据的优势实现对特定客户群体乃至特定客户的服务项目定制，这些定制都需要借助对客户喜好、个性特征、社交群体等的深入分析。心理学知识将在其中扮演重要的角色，它将帮助服务供应商提升服务产品与客户需求的匹配度，尤其是一线服务人员与客户间互动的质量。

（3）岗位核心服务理论知识。除了法律和心理学两个较为普遍的原理知识以外，各个服务领域也形成了独特的服务理论知识体系。例如，康复、护理等医学服务岗位所需要的医学知识；电梯维保人员所需要的电梯结构与工作原理知识；厨师所需要的关于食材、各类配料以及基本烹饪手法、营养学的知识；导游所需要的关于景点的相关地理与人文知识等；健身教练所需要的生理学与体育运动科学知识。这些知识聚焦于某一具体的服务项目，体现了这一服务的内容与功能特征，也是服务岗位的核心理论知识内容。这些知识占据了各个服务岗位理论知识体系中的主体，并以系统化的方式存在于从业人员的知识结构之中。以厨师为例，厨师在烹饪"鱼头汤"时，用到了"黑鱼生长周期判断""黑鱼生长环境判断""黑鱼鱼头的基本结构及其清理方法""虾子、姜片等调味料的基本特性、功能及其发挥途径""鱼肉的机理与口感""各类容器的材质及其对食材烹饪的作用"等知识，这些知识从对食材质地的分析，到各类调味料的认识，再到烹饪器具及烹饪过程各要素的平衡，贯穿了一道菜品从原材料到成品的全过程。尽管这些知识从根源上来自动植物的解剖学、化学、生物学等领域，但这些知识是与特定的工作任务和服务项目整合在一起的，具有鲜明的"烹饪"特性，且早已成为厨师理论知识中稳定的组成部分。从业人员需要了解这些知识，并在需要的时候调用。

153

（二）关于区域性服务的知识

1. 内涵界定

"关于区域性服务的知识"（以下简称"区域性服务知识"）指的是与服务面向的区域有关的、且能够对提升服务质量有价值的知识。电梯维保服务商在设立维保点时需要考虑维保点附近的"电梯保有量"及电梯使用人群；电子商务运营服务提供者需要了解自己的主打产品主要销往哪些地区，以及这些地区内消费者的消费特征；护士要了解当地医疗保险的政策并将政策解释给患者，以尽告知义务，帮助病患减轻医疗负担；厨师要了解当地民众的基本口味偏好，并结合当地的食材供应情况进行菜品烹饪与创新。这些与服务品质相关的当地民情、风俗、政策、文化等知识构成服务人员知识结构的重要元素。

对区域性服务知识的要求来源于服务业消费群体的特征。生活性服务业主要面向服务者所在区域的消费群体，区位选择主要考虑到靠近消费者需求。服务商所提供的生活性服务需要满足辐射范围内主体消费者的消费倾向。生产性服务业以企业为服务对象，其自身或与制造业相互依托形成地理集聚和规模发展的特性。[①] 这与制造业的运行模式有所不同，尽管制造业企业也有集聚现象，如围绕矿产、能源、劳动力等要素的集聚，但是这种集聚并没有改变产品的特征。因为制造业的主要产品均拥有严格的生产流程、工艺与品控，生产制造过程是在与消费端相对隔绝的时空中进行的，所有生产设备与人员按照既定的客户需求、生产目标对原材料进行加工。这也正是中国能够成为"全球工厂"的重要原因。但服务业的"产品"——服务是直接面向当地消费群体的，其利润和规模主要基于这些消费群体的主观体验。即使是生产性服务业，其面对的消费群体也是具有内在运作机制的企业"有机体"，服务质量与制造业企业的利润直接关联。所以服务提供商必须要扎根所在地区以探求消费群体的真实、多样化需求。这一特征就自然产生了对区域性服务知识的需求。在拥有设计、生产、销售与售后服务四大环节的大型企业中，区域性服务知识将在设计、销售与售后服务环节广泛运用，并为生产环节提供直接指导。

需要指出的是，瞬息万变的市场需求和激烈竞争的复杂环境，要求制造业企业的制造系统表现出更高的灵活、敏捷和智能。"工业4.0"提出的"智能工厂"构建方案，将借助大数据、人工智能等实现个性化需求和小批量定制生产。这些举措将设计、销售与售后服务环节融入生产环节之中，试图构建从"工厂"直接连接"消费终端"的现代生产模式。所以可以预见的是，区域性服务知识将随着

---

① 周洁. 现代服务业的内涵及特征[J]. 品牌（理论月刊），2010（7）：30-31.

服务的个性化、智能化等发展趋势而逐渐融入服务的上下游环节之中，成为制造企业与消费端直接对接的媒介。

2. 主要内容

（1）区域政策。区域政策指的是区域内行政部门制定的、与本服务行业相关的政策。这些政策会直接影响区域内本行业的发展方向、工作过程、从业标准等。例如，我国各地的药品报销制度不同，护士需要告诉病患及其家属如何报销，以及哪些药品是需要自费的；保险营销或客服需要在区域商业车险费的规定下向客户收取相应费用，或为客户指定更为划算的车险购买计划。

在所有类型的区域性服务知识中，区域政策属强制性内容，是区域内行业从业人员必须要了解和遵守的规范。它是社会性的公共权威，具有一定区域内的普遍效力。其中政府是各类公共政策的主体。从范围大小上看，区域政策包括中央、省（自治区、直辖市）、市、区县乃至乡一级行政部门制定的各类政策。政策可能是专门针对某一行业而制定并推行的，也有可能是以元政策和基本政策的形式间接影响行业的发展。

需要指出的是，区域政策与下面即将提到的国家或行业推出的、带有强制性意味的规范或标准不同。尽管两者都是行业从业人员必须要遵守的规范性内容，但前者具有鲜明的时效性，后者具有一定程度上的稳定性。区域政策与前面提到的法也有异同。虽然公共政策与法都具有共同的形式特征，都是国家意志的体现，也都是公共权力机关作为主体制定的，但政策中"未获法的形态"的部分文本不具有法的特质和规定性。

（2）区域基本情况。区域基本情况指的是服务者所在区域的一系列客观属性，如人口数量与成分、气候、收入水平、产业结构、自然生态等。对区域基本情况的了解有助于服务业者为服务辐射区域内的消费者提供针对性的、个性化的服务。例如，位于瓷器生产重镇景德镇的货运服务企业就设计了独特的瓷器运输方式，通过使用特制木框、稻草、报纸等材料尽可能地保障瓷器的运输安全。但是对于瓷器运输过程中的保险问题，由于景德镇当地及业内缺少一个对艺术品进行鉴定评估的权威机构，很难计算这些瓷器的真正价值。所以保险公司在综合评定瓷器运输与损坏赔偿风险后选择不开通此类业务。[①] 这些区域基本情况是区域的客观属性，具有一定程度的稳定性，能够为服务业者提供重要的决策参考。对区域基本情况的了解既可以提升服务品质，又可以避免盲目销售带来的风险。

---

① 人民网．江西频道：景德镇市陶瓷市场"精品瓷"物流现状调查［EB/OL］．（2015-06）［2017-10-03］．http：//jx.people.com.cn/n/2015/0105/c359068-23446653.html.

本书中诸多岗位的工作都涉及对区域基本情况知识的了解，且了解知识的类型也各有特色。一是对人口分布及人口素质的了解。例如，电梯维保人员在设立维保点前需要了解"这里附近有多少个楼盘，楼盘里面有多少电梯，有多少量，我能接多少量，有多少人是愿意跟我们接的"（B01-39）。二是了解当地气候。例如，在四季分明的城市，厨师在烹饪同样的菜时，"每年，在1月或者3月份开始的时候会把盐降一点，因为1月过去了以后，春暖花开的时候，温度上来以后，人对盐的摄入量需求就会低一点"。三是对收入水平和消费特征的了解。例如，电梯维保人员在选择服务群体与区域，考虑服务费率问题时会考虑服务对象的特点；电商从业人员会了解产品销售地区的总体消费水平与结构；四是了解当地自然生态与动植物生长情况。例如，厨师的菜品创新会选择当地特产动植物作为原材料，因为这类原材料新鲜度高，且能够被当地居民接受。五是产业结构。人力资源管理与培训公司会根据本地产业结构及层次，有针对性地对本地及周边辐射区域的潜在人力资源进行调查与招募，以为本地企业提供更有效率的人力资源服务。除此之外，服务业者还会了解民族、学历、饮食特点等其他类型的区域知识。

（3）区域民俗与文化。除了区域基本情况外，区域的民俗与文化也是服务业者需要了解的区域性服务知识。与区域基本情况不同，区域的民俗与文化是区域的"主观属性"，它既受本地居民长期生产生活和交往互动的影响，也受更大范围的文化氛围的影响。区域的民俗与文化是一地的文化名片，是当地人民的精神财富与依归。对区域民俗与文化的挖掘和利用可以为无形的服务带来更大的附加值与民众认同感。例如，一位来自红色革命根据地——六安市的厨师创作了一道主食叫作"鞋底馍"。这道主食的灵感来源于六安地区的红色文化。该市曾诞生过108位将军。这些馍馍实际上就象征着将军走雪山、走草地的那些鞋底。由于与当地文化具有相当大的契合性，所以备受食客青睐。

（三）关于软硬件操作与工单使用的知识

1. 内涵界定

服务业者在工作过程中使用的各类工具包括软件、硬件和工单。如何正确地使用这些工具构成了服务业从业人员"关于软硬件与工单使用的知识"（以下简称"软硬件与工单使用知识"）。例如，电梯维保人员需要使用相关仪器和工具对电梯轿厢的平衡度进行检查，或取出梯门间的卡物。同时维保人员还要填写维修保养单，并根据维保单上的内容对电梯进行例行保养。康复理疗师不仅需要操作相关的理疗仪器，还要能够使用各类评估量表、病历单等工单对病患的康复情况进行记录和判断。

"正确地使用这些工具"包括两个方面的内容：一是工具的正确操作方式。例如，电梯维保过程中油压千斤顶、水平仪等工具的使用方式；《维护保养服务报告书》的正确填写方法等。二是各类工具使用情境的判断。例如，理疗人员要根据病患的身体状况和康复需求选择合适的理疗仪器；护士在病人遇到紧急情况时要判断使用何种急救工具进行急救。所以"软硬件与工单使用知识"包括"为何使用"（why）以及"如何使用"（how）这两个层面的知识。

2. 主要内容

（1）软件的使用知识。软件在服务业中具有较高的普及度。这些软件具有不同类型的功能，其目的是能够提升服务效率、减轻服务人员的劳动强度，并提高用户的服务体验。例如，保险营销人员使用"展E保""口袋E行销"等软件可以随时随地掌握营销业务情况，并调取公司业务和信息以供客户的咨询与维护；护士要学会使用医院的护理信息管理系统，通过数据的录入、接收、分析等合理安排病患的日常护理。网站制作人员要学会使用"梦想编织者"（Dreamweaver）。这些软件一般由所在企业自行开发或定制，或者来自市场上成熟的开发平台，体现企业业务及日常管理的特点。

就软件的功能来看，服务业中各岗位所使用的软件一般提供以下几类功能：一是数据的记录与保存，如酒店前台所使用的客房登记系统、人力资源管理与服务提供商所使用的人力资源管理系统；二是数据的分析与处理，如企业金融服务提供商所使用的各类行业数据的采集与分析软件；三是信息的采集、过滤与调取，如保险营销员所使用的营销软件；四是信息的沟通与人员协作，例如，电子商务从业人员所使用的各类即时通信软件和办公沟通平台等；五是特定应用功能的实现。例如，网站制作人员通过特定的软件为某公司制作网站；六是其他功能，如通过软件实现对硬件的控制等。有些软件会集成上述几种功能中的两种以上功能。

（2）硬件的使用知识。与制造业的"硬件使用知识"不同，服务业的硬件并不对物体进行加工，而是通过硬件为客户提供不同种类的服务。通过硬件所产生的增加值并不体现在对物体形态与内容的改变上，而是体现在对物体所处时间与空间的优化，以及对人的主观体验的优化之上。例如，快递从业人员需要通过"扫码枪"明确所投递物品的准确信息，并将其准时投递到正确的地址。"扫码枪"的使用是为了对包裹的投递时间与投递地址进行记录与提醒，以提升投递的准确性，避免耽误投递时效。而护士则需要通过抽血工具为需要验血的病患提供抽血服务，这种抽血服务质量的高低（抽血过程是否顺利、抽血是否导致病患其他伤害、抽出的样本是否符合检验要求等）由病患直接体验。按压式发射采血针相较于传统的普通注射针而言，能够降低病患的痛苦。

(3) 工单的使用知识。工单可以被理解为工作单据，它是在工作过程中使用的，用以记录工作任务各类信息的单据。工单是服务业从业人员所使用的工具中最具行业特征的一类工具。因为服务业提供的主要商品是无形的服务。这种服务意向的达成、内容的确认、质量的检验等都需要一种有形的方式进行记录和保存。所以各式各样的工单充斥着服务业中的诸多岗位。例如，在护士岗位中，一名护士在从接待一名病患入住病房，到病患出院的整个过程中需要接触和使用不少于30份工单。这些工单包括《病患生命体征记录单》《科室入院记录单》《病患病程记录单》《入院护理评估记录单》、各类检验报告单、其他各类护理文书等。

工单一般具有以下几个功能：一是信息记录、保存与传递。例如，护士使用的《病患生命体征记录单》主要用于动态记录病患在不同时间所测得的主要生命体征的情况。二是信息分析与参考。例如，康复理疗师所使用的《Lindmark 平衡量表》主要用来供主治医师和康复理疗师分析确认病患的恢复情况。三是信息与服务意向确认。如快递员所使用的快递单据主要用来向客户确认投递服务关系，并向收货方确认投递服务完成，确认的方式是在工单上签字（章）。有些工单同时具备上述多项功能。

可以看出，工单与部分软件的功能具有一定的重合。所以在一些行业，工单也逐渐地电子化，以电子工单系统的方式被整合到企业的业务管理系统之中。纸质工单的信息传递与分析等功能逐渐被淡化，服务信息及意向的确认功能被凸显。这种工单往往会扮演服务供需双方合同的角色，规范着双方的权利与义务。

（四）关于操作技能的知识

1. 内涵界定

"关于操作技能的知识"（以下简称"操作技能知识"）指的是服务业一线从业人员在基本操作层面所具备的知识。这种知识的特点在于"操作性"。即知识是在操作的过程中运用的，并且其价值集中体现在指导操作行为之中。对于制造业从业人员而言，操作技能知识主要体现为身体的"觉知"，如通过各类工具对物体进行加工，身体相关部位的操作将依据工具对身体的反馈而不断调整。或者根据闻到的气味、听到的声音等作出相应的判断。但是服务业从业人员的操作性技能知识不仅包括这种"觉知"，还包括语言和文字表达。这是因为服务业从业人员主要面向顾客提供各类服务，且很多服务都是以语言和文字作为十分重要的媒介，故语言表达类的技能也是服务业者的重要操作技能。

操作技能知识强调从业人员在长期工作中形成的，具有连贯性的动作技能。

这一点与制造业从业人员的"技艺知识"相同。而且这种技能知识带有鲜明的个性化特征，需要靠长期的训练和运用才能获得，且不易传播。例如，同样的"静脉抽血"任务，不同的护士会因为技能水平的高低而在寻找静脉、双手配合、缓解病患紧张心理等方面有着不同的表现；同样的导游词，不同的导游会因为语速、感情、流利程度等而给人不同的感觉；同样地面对客户，不同的销售人员会因为话语得体的程度、话题铺展的技术等而有不同的效果。

2. 主要内容

（1）以工具为中介的操作。这类知识与制造业中的"以工具为中介的技艺知识"相同，其特点是个体通过工具与被操作对象接触，利用工具实施各类生产活动。工具在其中起到传递感觉的中介作用，肢体在接收到工具的反馈后调整相应的姿势。例如，厨师在使用各类刀具进行切削时，就是凭借刀具在食材上的运动及其反馈，而不断调整手部、腕部和胳膊的姿势，从而切出细丝、薄片等不同形状的食材。理疗师可以使用相应的理疗器械，根据病患的实时反馈，以及对病患相应部位的观察以调整器械的参数，确保理疗的效果。货运公司的驾驶员在驾驶货车时也会通过观察路况、刹车反馈、货物情况等不断调整车速与位置，确保货车上的货物不倾斜。这类技艺的工作机制与制造业中的同类技艺相同，在此不做赘述。

（2）无工具为中介的操作。这类知识的特点在于不以工具为反馈中介，而是以人的直观感觉为中介直接获取反馈以调整行动。常见的直观感觉包括嗅觉、味觉、听觉、触觉等。例如，护士在使用抽血工具时，需要用手指触摸按压抽血区域，找出静脉血管，并将针头插入到血管中。经验丰富的护士在寻找静脉血管时能够凭借视觉与指面在胳膊上的反馈找到血管的位置，并精确地将针头插入；空调维修师傅会根据空调管线中流动的氟利昂的声音判断管线是否出现漏洞；按摩技师凭借手指在相应部位上按摩获得的手感以判断是否按摩到相应穴位，并根据客户的反应对客户的肌肉、骨骼损伤情况作出判断；厨师在烹饪时会根据菜色的味道、颜色等调整火候；快递员则会根据货物在手中的重量及包装壳的大小判断内部货物可能的性质，并在码放时进行合理地安排。这类知识与制造业从业人员"以直观感觉为中介的技艺知识"具有相同的性质和作用机制，在此不再赘述。

（3）以言语、文字为中介的沟通和表达。服务业从业人员不仅需要依靠肢体与感官上的感觉获取技能知识，还必须依靠言语和文字的恰当表达以形成必要的工作技能。在一些岗位中，言语和文字的沟通与表达占据了从业人员职业技能的绝大部分，决定了其工作质量的好坏。这一点与制造业从业人员有着很大的不同。导致这一现象的原因在于服务业特定的工作对象及工作模式。在生活性服务业中,服务业者需要直接面对消费者,每一位消费者有着不同的个性特征、消费理念、消费层次、年龄、阶层等基本属性。为了能够满足不同消费者的消费需求,服务业者就必须通过语言或文字的形式与消费者保持沟通。语言和文字的作用在于确保需求方和供给方之间信息的互通,进而消除双方因为信息不对称所导致的误解等,提升服务的针对性和客户的满意度。在有些生活性服务行业中,语言文字甚至直接就是一种服务商品(如相声演出、文书服务),这些语言和文字直接构成了消费者消费的对象。在生产性服务业中,尽管服务业者所提供的服务并不直接面向终端消费者,但是由于服务的无形性,服务业者仍然需要依靠文字和语言的形式与中间消费者进行及时的沟通、协调。例如,电子商务公司为生产厂家提供在线商城的运营服务,从数据收集到展示设计再到正式运营,都包括大量主观性的细节,这些细节往往不像制造业那样具有明确的生产图纸或工艺文件,需要服务提供商和生产厂家间保持密切的沟通和协调。

此类知识包括两个部分:一是以文字为中介。这类知识存在于文字表达操作技能之中。从业人员凭借个人对文字的理解,通过对字词句的驾驭以向服务对象传达必要的信息。例如,护士需要根据病患的情况填写各类护理文书,这些文书向主治医生和病患本人传达了病患的近期状况。不同的书写质量会影响医生及患者的判断。一份高质量的护理文书在体温图、医嘱单执行单、手术护理记录等多个领域应详细记录。除此之外,文书代笔、保险业、知识产权服务业等也都包含大量的以文字为中介的操作技能知识。二是以语言为中介。这类知识存在于语言表达操作技能之中。从业人员凭借扎实的语言功底,与消费者保持有效地沟通,或直接通过语言提供服务商品。例如,护士需要在适当时候与家属配合对病患隐瞒病情,以降低病患的心理负担;导游在向游客讲解景点的时候要能够凭借语言的组织和感情的投入,让游客身临其境的同时获得相应的背景性知识;康复理疗师在向病患进行康复动作教学时,需要用鼓励性的话语配合清晰的指导语进行教学,语速适当和缓。除此之外,语言类节目表演、文艺晚会主持等直接以语言为商品,通过语言满足消费者的需求。可见,语言的沟通在服务业中广泛存在,甚至成为提升服务品质的重要元素。

(五)关于判断决策的知识

1. 内涵界定

与制造业从业人员相同,"关于判断决策的知识"(以下简称"判断决策知识")是服务业从业人员在工作过程中判断情境、权衡利弊、解决问题和自我调节的心智技能。从某种程度上看,由于服务业的服务对象是人,且服务的过程和结果难以用十分明确的标准去衡量,所以服务业从业人员在工作过程中遇到的情境更为多元,问题也较为复杂。但是也正因为如此,服务业中问题的解决、条件的权衡、情境的判断与决策也十分灵活。例如,快递员在送件过程中会根据临时出现的客户需求和不断变化的包裹情况调整送货与码货的顺序。在遇到客户抱怨甚至投诉时,快递员需要根据客户的重要程度、快递包裹的价值、客户的性格特征等各种要素安抚客户,并寻求可能解决的途径。即使是不与终端消费者直接接触的生产性服务业岗位,很多判断决策的地方也会受到"人"的因素的影响。例如,批发行业工作的直接对象是各类货物,但是由于这些货物最终由零售商销售给消费者,所以产品批发商必须要考虑这些货物转手后的预期销售情况、货物的保质期、货物运输、生产厂家资质、消费者市场行情等各类信息,并综合以上信息给出相应的商业决策。

综上所述,判断决策知识在服务业从业人员的各类知识中占据十分重要的地位。因为判断决策知识决定了从业人员是否能够"因地制宜""因人而异"地处理不同客户的个性化需求,应对不同情境的问题。

2. 主要内容

(1) 条件权衡型。与制造业从业人员的"条件权衡型"知识相同,这里的条件权衡型知识同样指"协助主体根据已有条件,在全盘考虑各种情况下选择最优解的知识"。"条件权衡型"知识的应用场景是基于已有的信息从数个方案中优选出一个最佳的方案。"优选"是"条件权衡型"知识的核心价值。例如,一位快递员在派送快递时,会根据不同地点、不同类型客户、不同楼层等优选出一条最佳的快递路径。这条路径既省时省力,又能够不影响客户的体验。

在选择"最优解"的过程中,从业人员首先就是能够分析出是否存在诸多选项,然后在已有的选项中根据环境内的各要素作出判断和选择(见图3-11)。例如,快递员在安排万达广场区域的送货顺序的时候,有"广场内→广场外"和"广场外→广场内"两条路径。当呈现两条路径的时候,快递员需要综合各类因素(如区域内的客户群体及其特点、路线长度等)分析这两条路径各自派送的特点及其影响。在权衡两条路径的结果后,快递员将选择其中一条最优方案执行。在各类因素中,最重要也是最难以预测的因素是人的因素,也就是客户。服务业从业人员中的"专家"能够更好地识别并权衡好这些因素,最终作出对于他(她)而言最佳的方案。

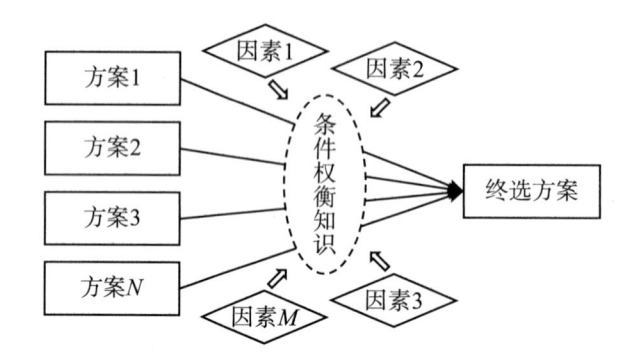

图 3-11　服务业条件权衡型知识的作用机制

（2）问题处理型。"问题处理型"知识指的是在面对问题情境时，借助已有的条件和其他知识形成处理问题的方案的知识。它的应用场景是"问题情境"，即一线从业人员在工作时遇到了"非可控情况"。这种"非可控情况"是相对于从业人员现有的工作水平与认知而言的。不同的人对同一问题情境有着不同的反应。有些问题情境对一些人而言属于问题，但对另一些人而言则不属于问题。所以"问题情境"是相对的，其对应从业人员的能力"阈值"。某个情境所涉及的解决问题的能力超过某人的能力阈值则成为问题情境。当问题得到解决后，问题情境将被纳入能力阈值之中，问题情境也将变为可控状态。

"问题处理型"知识的工作机制是将"问题情境"带向"目标情境"。"问题情境"是由一个或一组具体的问题构成的状态，且解决这些问题的意图和目标十分明显，即目标也十分明确。解决问题需要借助产生式。简单的解决问题的过程也许只有一个产生式，例如，汽车维修人员在排除发动机故障时会使用一个个产生式的形式回答"为什么发动机会出现这样的故障"这一问题，即"如果某零件满足……条件，则发动机运转正常"；或"如果某零件出现……，则发动机运转不正常"。在遇到不正常情况后，维修人员则需要进一步聚焦到新的问题情境中，借助更为复杂的、由产生式的嵌套所构成的产生式系统来解决问题。

服务业，尤其是生活性服务业从业人员在解决问题情境的过程中有着十分复杂的产生式系统。而这一复杂性来自服务对象——人的多样性。正是由于不同的客户有着不同的需求，从业人员需要在多次产生式的"迭代"后争取实现最终目标。

（3）情境判断型。在服务业从业人员面对多元情境的过程中，还有一种十分重要且体现服务业从业特色的判断决策知识——情境判断型知识。情境判断型知识的特点是从业人员在已有基本工作模式的基础上，对情境中各个元素（最主要的元素是服务的对象,如病患、宾客等)进行实时判断,并不断调整策略以赢得比既定目标更多价值的知识。可以说,情境判断型的价值在于"增加额外价值",这种价值既可以是为服务业者增加利润,也可以是为消费者提升服务体验。但是实现这一"临时性"的增值必须要依靠服务业者对情境的即时判断(见图3-12)。以下呈现出酒店前台在遇到一对住店旅客时如何运用"情境判断型"知识进行"高售"的案例。在下面这个案例中,服务员就是通过对消费者的观察和判断,不断作出决策,进而成功将高价房推销出去的。

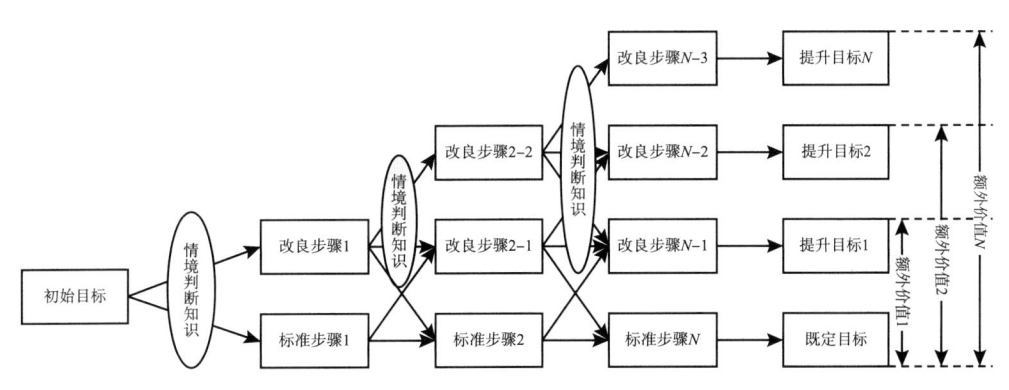

图 3-12 服务业情境判断知识运行机制

我们酒店业里面有一个名词叫作"高售",就是根据宾客的情况酌情推销更好的房间。有一对宾客(应该是情侣,一男一女)入住酒店的时候,前台的服务员就会跟他说:"先生,您订的是这个 A 类房,我特别高兴为您服务,其实今天我可以给您做个升级(upgrade),可以给您升级到一个套房,其实只要加 100 块钱就够了"。客人一般都会买单的。如果服务人员再告诉他,您订的房间不含早餐,那您的早餐怎么办?如果您再加 100 元钱可以包含两份早餐,后来高价房就售出去了。

除了酒店前台的"高售"以外,护士要根据入住病人的情况协调病人的床位,一是争取让具有相同病症的病友住在一起相互鼓励,以有利于病情的发展;二是尽量把同一天入院的,都是第二天手术的排在一起住,因为术后当天晚上是病人和家属都最难熬的时间,大家可以彼此互相照应,而且不关灯会影响别的病人休息;三是把重病患者尽量安排在靠近护士站的病房,以有利于及时提供急救等服务。导游也要根据散客团内不断增加的游客数量和类型,不断调整旅行团的成团方案,并联系调整住宿餐饮的预定情况等。可以说,"情境判断型"知识在服务业中的使用频率较高。

"情境判断型"知识与"问题处理型""条件权衡型"知识不同的是,"情境判断型"知识的应用场景是根据动态变化的工作情境,通过不断改变工作策略以试图达到不断完善的目标,其核心是实现"额外增值"。而"问题处理型"知识的应用场景是问题情境,是处理非可控状态的知识,其核心是实现"问题解决"和"正常运转"。"条件权衡型"知识的应用场景是已经存在多个不同的解决方案,所有解决方案所达到的目标是一致的,只是在实现这个目标的过程中所消耗的成本较低。从业人员需要从中平衡各种要素而选择一个方案。其价值是实现"最优化"。它不强调"即时性"和"额外性",且强烈依赖于对服务对象或载体的判断。也正因为对"即时性""额外性"的重视,"情境判断型"知识主要出现在以人为服务对象的生活性服务业中。制造业由于具有十分明确的生产工艺、目标、对象和质量标准,较少面对需要即时处理的连续的情境,所以这一类型知识在制造业从业人员中很少出现。

（4）过程监控型。与制造业从业人员的"过程监控型"知识相同,它是一种元监控知识,属于元认知策略。它是对判断决策的过程进行监控的知识。服务业从业人员需要不断调整判断决策的速度、方向、方式,并根据前一阶段的判断结果迅速调整策略并制订下一阶段的判断决策方案。例如,保险营销人员在与客户进行交流的时候要不断根据客户的反应调整话术和交流方式,在发现一阶段交流即将出现障碍的时候要及时停止并更换新的交流方式。汽车修理工要不断监控检修仪器上的指标,以及汽车仪表盘上的各类信息,以判断故障的排除情况,所以判断与决策的过程本身就是一个需要不断监控和调整的过程。此外,从业人员需要根据情境和要实现的价值目标去判断究竟使用哪一种或几种判断决策知识。有些情境（如酒店前台服务）主要使用"情境判断型"知识,有些情境（如电梯维保）则需要同时使用"条件权衡型"与"问题处理型"知识。

（六）关于工作情境的知识

1. 内涵界定

"关于工作情境的知识"（以下简称"工作情境知识"）与制造业中的"关于生产情境的知识"相同,指的是服务业从业人员工作场所中的人、事、物及其相互之间的关系。但是相较于制造业而言,服务业的工作情境有时会更加复杂和多元。因为一部分服务业工作者的工作场所不固定,每天打交道的人也有可能发生变化,每天或每次接收到的任务也有可能千差万别,所以人、事、物的成分及相互之间的关系也会更为复杂。

工作场所中的"人"主要指同事和客户两大群体，这两大群体构成了从业人员工作过程中的主要社会交际圈。从业人员不仅需要了解制度层面人与人之间的关系，如上下级关系及自己的直接领导；还要在社会层面了解和构建人际关系，如工作环境中的人际关系现状，自己与客户关系间的维持等。"事"指工作场所中发生的各类具体事件，主要指代不断变化的客户需求。"事"是工作场所中最具动态性的成分。"物"指的是客观存在，且在一定时间内保持稳定性的有形与无形物。它们构成了整个工作场所的基本形态，是工作情境的"框架性"元素。有形物包括工作场所的陈列、工作软硬件、工作环境等；无形物包括工作场所制度、企业运营理念、工作安排等。这三大元素中，"人"是具有主观能动性的主动性元素；"事"是具有不可预测性的被动性元素；"物"是具有客观性的被动性元素。这三者之间会产生诸多的互动效应，构成了成分复杂的服务业工作情境知识。

2. 主要内容

（1）"物"的知识。在服务业工作场所中，"物"指的是客观存在，且在一定时间内保持稳定性的有形物与无形物。

第一，有形"物"。包括工作场所各部门布局（办公室位置）、工位布局、工作软硬件的配置、工作湿度温度、工作照明、员工休息场所等。这些知识会间接影响从业人员的工作效率。例如，酒店前台接待人员需要了解所在酒店每个楼层房间的基本布局和配置，以方便为宾客提供咨询和分房服务；酒店厨师需要了解所在酒店厨房所使用的灶台情况，以方便在烹饪过程中掌握火候。不同的快递公司会拥有不同的扫码枪与快递面单，员工需要适应本公司各类快递工具的使用情境。

此外，不同的有形"物"会间接形塑不同岗位工作人员的工作模式与状态。尽管护士和理疗师同属医院系统员工，但他们的工作场所的整体布局完全不同。护士主要集中在每层楼的护士站。护士站根据护士长和自动呼叫系统等的指示到病房提供服务，服务强调及时和准确，且服务时间横跨24小时。提供服务的中介是电脑，以及其他各类护理工具。不同地点的护士站可能存在差别，如医院大厅一般使用"弧形"护士站、病房楼大厅则使用"U形"护士站、二层楼以上或小型病房区偏向于"直线形"护士站。护士站的总体设计偏向"亲切优雅"，让护士及病患都要感到踏实、温暖。造型、色彩会根据环境及建筑进行专门设计。而理疗师主要与各类理疗器械打交道，通过操控理疗器械，或直接徒手实施理疗按摩等提供服务。服务场所一般位于理疗室，且每位理疗师拥有自己的办公室，服务强调对症与科学。理疗师会根据对病人理疗方案分配理疗时间，也会根据病人的呼叫服务情况随时调整服务时间与频率，服务时间主要集中在工作日，不设有急救服务。有的理疗室需要彻底黑暗的环境，而有的则需要明亮舒适的环境。理疗师会根据病患情况选择仪器理疗或手法理疗，不同形式的理疗会借助不同的环境与手段。

第二，无形"物"。包括工作场所制度、企业经营理念、工作安排等。这些会直接影响从业人员的工作进度、方式、效率等。例如，各个保险公司拥有自己的保险业务和客户经营理念（如体验式行销）；酒店需要定期更新菜单，且制定了一套更新菜单的工作制度；每家旅行社拥有自己的客户源与资源库，并通过定制化的方式建立与客户和供应商之间的关系等。在这些制度、理念、安排的影响下，不同企业的员工会形成一套独特的工作模式。

同一类型不同等级的企业会有着不同的无形"物"知识，例如，五星级酒店与普通餐馆在员工制度、经营理念、员工工作时间安排上存在很大差异。即使是同一级别、同一类别的企业，也会因企业经营者的观念不同而显示出不同的无形"物"的特征。例如，受访的一家电梯维保公司，其发展理念是"朝着汽车4S店模式经营"，且将运营模式逐渐从"定期维保"过渡到"按需维保"，以适应多元化的电梯使用与维保市场。但所在地区其他的电梯维保公司仍然维持定期维保和工作站的运营模式。

（2）"人"的知识。"人"主要指同事和客户两大群体。"人"的知识主要是如何维护与同事和客户的关系。在服务行业的工作过程中，"人"始终是贯穿始终的最重要元素。服务业从业人员所需要打交道的人的频率和类型往往更多，所以"人"的知识也更为复杂。

在维护与同事关系方面，很多服务业从业人员既有固定合作的同事，也有不断更新的合作同事。例如，导游会同时面对旅行社中固定的会计、计调、总经理等同事，以及不同的酒店、景点、客运服务人员。护士会同时面对护士站中固定的护士同事，以及来自不同科室的医生。所以面对不同类型的同事需要不同的人际关系处理技巧。

在维护与客户关系方面，不同行业、不同从业人员所采取的方法既有共性，也有特色。例如，空调维修人员会"给新客户打个折，让他们觉得我是有诚意来修空调的，而且家庭中央空调是需要定期保养的，打折能让他们下次还愿意找我（保养）"；有的保险营销员"建立新老客户群，每天去把一些健康养老养生方面的内容转发进去，而且每周公司都会推出相应的产品。只要客户抽空来听我们的讲座就有很实用的礼品，比如大米"；有的导游会通过电话回访、登门拜访的方式维护客户关系；等等。在一些行业，维护客户关系并不仅仅是一次服务结束后的行为，而是贯穿于服务前、服务中、服务后各个环节。即使服务交易没有达成，也要抱着挖掘潜在客户的心态去经营客户关系。甚至在服务过程中出现瑕疵时"那种吵得很凶的客人,你只要给他处理好了,他也可能会成为你的忠实粉丝"。究其原因,在于服务业的质量与口碑受制于客户的主观体验,且这种体验是全程式的,任何一个环节的疏忽都可能会造成客户乃至客户群的流失。

(3)"事"的知识。"事"指工作场所中发生的各类具体事件,主要指代客户需求。每个服务行业都有着固定的服务项目,但不同的客户需求对于同一服务项目却有着不同的体验和细节需求。制造业的客户需求较为客观,将相应的原材料加工成符合明确标准的物体即是满足客户需求。但服务业中,完成了一般的服务行为并不意味着满足了客户的需求,因为客户需求寓于客户的主观体验之上,这种主观体验受客户的心情、个性、体质,甚至周围环境的影响,且包含很多细节,以酒店宾客的多元需求为例,如图 3-13 所示。从业人员需要正确地了解客户需求。在客户需求不明确的时候则需要借助判断决策知识、服务理论知识等帮助客人明确需求,为后续服务行为的实施提供目标参照。

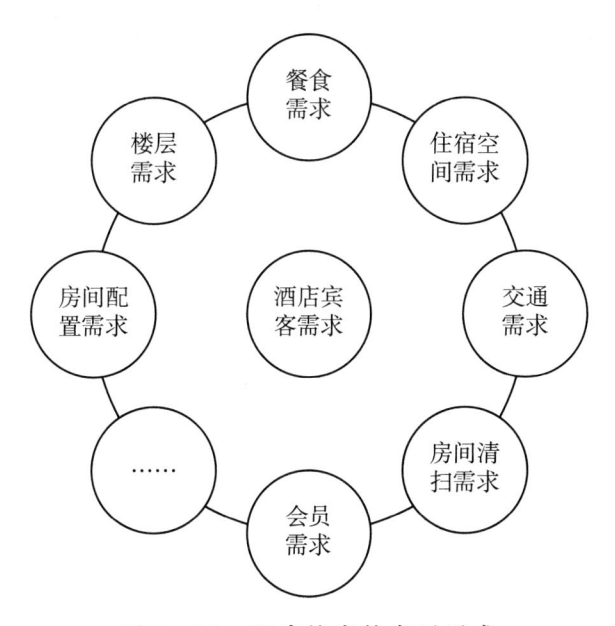

图 3-13 酒店旅客的多元需求

除此之外,行业发展信息也是工作场所中的事件。企业员工的工作行为、态度、模式会受到整个行业发展的影响。例如,保险销售人员的话术、宣传材料就会受到保险业发展的影响。

（七）关于相关岗位的基本知识

1. 内涵界定

服务业的"相关岗位基本知识"同样需要解构"相关岗位"与"基本"两个属性。制造业中的"相关岗位基本知识"指的是蕴含在以技术为特征、以产品为核心、以生产为主线的相关岗位中的知识。相关岗位与其他岗位之间的界限分明，且相关岗位之间以有关联的技术为线索而串联在一起。但是在服务业中，与所在岗位相关的岗位并不具有这种特征。相反，在服务业里，很多与所在岗位相关的岗位在工作内容、服务项目、工作方式等方面都有着较大的差别。例如，与导游在提供服务的过程中需要与财务、计调、地接导游、票务公司、酒店、客运等诸多岗位联系，这些岗位与旅游服务紧密相关，任何一个环节都可能会影响旅客的行程体验；电子商务运营服务岗位需要与摄影、销售、网站制作、厂家产品部门、网络服务等多个岗位打交道，了解各个岗位的基本工作内容、职责及其与本岗位的联系，并在与岗位的沟通中完成自己核心岗位的任务（见表3-1）。这些相关岗位（财务、计调、地接导游、票务公司、酒店、客运等）之间并没有显著的"技术性"联系，各个岗位都有着自己的工作内容特点。它们是在"提供旅客的服务需求"这一主线下被连接在一起的。而且这些岗位横跨企业内与企业外，不受企业边界的限制（见图3-14）。所以，服务业从业人员所要掌握的相关岗位知识更为庞杂。不同岗位会根据服务内容的特点，在知识的复杂性（相关岗位数量）和延伸性（企业内外）上表现出不同的特点。

表3-1　　　　部分服务业岗位对应的相关岗位或工作领域

服务业岗位	对应的相关岗位或工作领域
导游	财务、计调、地接导游、票务公司、酒店、客运
电子商务运营服务	摄影、销售、网站制作、厂家产品部门、网络服务
厨师	原材料供应商、营养学家、传菜员
酒店前台服务	客房清洁、餐饮部门、旅行社、快递公司
电梯维保	小区物业、小区电梯管理员、电梯制造商、地方安监部门
空调维修	空调部件和耗材销售、空调厂家技术人员
基本药物会计	药物销售商、药物仓储员、药物流通商

资料来源：根据访谈资料编码得出。

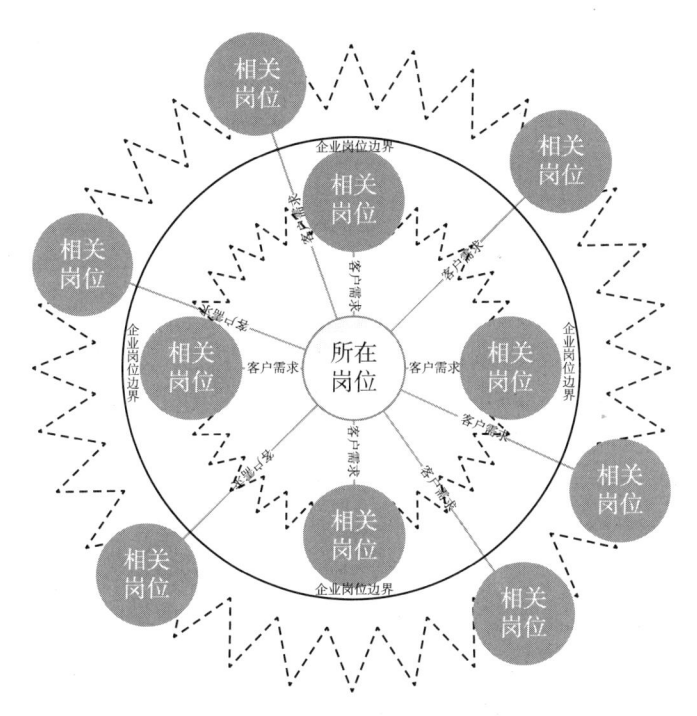

图 3-14　服务业相关岗位的范围及特点

那么如何去理解"基本知识"呢？我们可以以几个岗位中涉及的相关岗位内容为分析案例。案例1：在宾馆前台服务岗位中，前台服务需要与客房服务部门协调，协调的目的是要根据客户需求协调客房部门对客房进行清洁，或在旅客退宿前协调客房服务员对客房进行检查等。在这个过程中，宾馆前台服务员需要了解以下几个知识才能完成这一协调行为：客房部的基本职能、企业内客房部工作人员的基本配置和分管范围、客房服务员的基本工作任务和工作术语、客房服务与前台服务间的对接方式与工作关系。案例2：导游在接待旅客的过程中，需要在旅行社内与财务和计调协调旅客的出行事宜，他（她）需要了解的关于这两个岗位的知识包括：财务和计调部门的基本职能、导游与财务和计调部门间围绕业务的合作关系、财务人员和计调人员的基本工作流程、对财务人员与计调人员工作结果与术语的解读（如正确理解计调人员安排的行程单）。案例3：护士在为病患提供护理服务时，要与主治医生、药房等部门配合。她需要了解以下几个知识：门诊与药房的基本职能、医生和药房配药师的工作任务、正确理解并实施医生和药房配药师工作结果和术语（如看懂医生书写的病历单、了解医生常用的专业术语、检查配药师的配药结果等）、医生、配药师与护士工作的关系。从这三个岗位所要了解的相关岗位知识中可以看出，从业人员需要了解的并不是相关岗位的具体工作原理和机制，而是了解该岗位最为基本的工作内容、术语及其与本岗位之间的关系。了解这些知识的目的是能够协调利用该岗位的资源为本岗位服务。"基本"二字代表了该岗位框架性的、外显性的基础内容。从业人员将从这些基本知识中寻找到与本岗位的对接点，并以对接点为入口通过沟通协调以利用该岗位的资源为本岗位服务。

综上所述，服务业从业人员的相关岗位知识来源于与从业人员所在岗位核心服务相关的岗位，这些知识是这些相关岗位中的框架性、外显性的基础内容。

2. 主要内容

（1）所在岗位与相关岗位间的关系。包括所在岗位与相关岗位间的合作关系和前后顺序。合作关系指的是所在岗位和相关岗位间是平行关系，还是领导关系，抑或是建议参考关系等。例如，导游与财务和计调之间主要是平行关系，可能也有一定的建议参考关系。因为导游、财务和计调之间需要通力协作以确保行程可行。但是导游与经理之间则是上下级关系。导游在出发前需要将行程安排交予经理或相应主管处申请批准，只有行程批准后方可带团出发。前后顺序指所在岗位是相关岗位的前序岗位，还是后续岗位，或同步进行岗位。护士需要拿到主治医生的处方后方可与药房联系取药；厨师烹饪完毕后方可让服务员传菜；但电商运营的工作可以和摄像、物流等的工作同时开展。

（2）相关岗位的工作任务。指的是相关岗位的基本工作内容。从业人员需要凭借对相关岗位工作内容的了解以找到岗位间合作的切入点，进而协调利用相关资源。例如，导游在面对"事先已订好房但当天酒店无房"的紧急情况时，需要了解计调、酒店预订平台和酒店在预定客房中的职责和任务，进而分析可能出现的原因以及需要联系的人。如果是预定的酒店和到达的酒店不一致，那么就是计调在安排行程时出现了问题，必须要联系计调工作人员更正信息；酒店预订平台负责酒店预定信息的中介和确认服务，如果导游已经收到预订成功的信息但酒店无法读取信息，那么主要问题出在预订平台方面，需要紧急联系预订平台工作人员在后台进行处理；酒店主要负责酒店预定信息的接收、确认和安排房间。如果酒店已经事先确认了预订信息但并没有预留房间，那么酒店必须要承担责任并解决问题。

（3）相关岗位的基本工作原理和术语。基本工作原理指的是岗位任务完成的基本方式和步骤，即相关岗位的工作人员是怎么工作的。了解这一部分知识有助于从业人员提升与相关岗位协调合作的效率。例如，快递公司的客服在获得客户关于水果投递腐败的投诉后，应该分析客户投诉内容背后涉及的环节和责任人。如果投递时效远远小于水果腐败的时间，那么应追溯到水果的发货厂家以及收寄公司；如果投递时效远远大于水果腐败的时间，那么应追溯到发货过程中的相应环节，并根据每个快递点的视频、扫描枪等留下的信息判断快递在每一刻的状态。另外，如果护士了解了出院手续办理的基本步骤和大致时效，就可以根据病人病情的恢复情况合理安排出院时间，帮助节约病患的医疗费用和紧缺的医疗资源。术语指的是相关岗位中常用的专业词语。了解这些专业词语可以有助于不同岗位间的从业人员顺利、便捷的沟通。例如，医生病例中常用的术语 Px 代表处方、C.C 代表主诉、化验单中的 Ig 代表免疫球蛋白等；水管工还需要看得懂建筑与设计符号，以便于将洗浴设备顺利地安装到指定位置中。

（八）关于行业的知识

1. 内涵界定

在对服务业从业人员的访谈记录进行编码时，"行业"一词的出现频率很高。例如，厨师反复提及未来中国餐饮行业发展的趋势——绿色健康饮食；快递小哥会道出行业内一些潜在的惯例及其对工作的影响；电商从业人员会紧跟行业技术发展的潮流。这些知识以行业为载体，是从业人员在行业内工作中获得的，甚至经过长时间的工作后由个人生发而出，且对个人的工作行为产生短期乃至长期的影响。

行业一般是指按生产同类产品或具有相同工艺过程或提供同类劳动服务划分的经济活动类别，如饮食行业、服装行业、机械行业等。由于这些经济单位具有相同的产品、工艺过程或劳动服务，所以在生产和经营中具有一些共同的发展趋势、约定和要素。也正是这些趋势、约定和要素构成了行业知识的基本元素。一般而言，这种知识存在于包括制造业、服务业和文创业在内的任何一个产业之中，但是这种知识被一线从业人员使用的概率并不相同，其受制于一线从业人员与全行业发展距离的远近。服务业相对扁平式和自由化的管理模式、瞬息万变的市场风向、创新转化时效较短的更新周期、主观化的服务过程与服务结果使得服务业从业人员与行业发展的距离更近。也就是说，服务业一线从业人员更容易受全行业发展的直接影响。这些以行业为单位构成的认识更能够直接、快速地反映到服务业一线从业人员的工作当中。

综上所述，"关于行业的知识"（以下简称"行业知识"）可以被理解为影响服务业从业人员工作内容和工作方式的，与岗位所在行业整体相关的内容。

2. 主要内容

（1）行业发展趋势。行业发展趋势指的是某一行业在发展理念、技术手段、客户群体、服务产品等方面进行的前景预判。对前景进行预判的价值在于为企业占领市场赢得先机，通过领先的产品、技术、理念、模式等满足市场不断发展的需求。例如，对于电梯维保行业而言，国家目前的政策是"定期保养"，即所有电梯按照月度、季度和年度的方式定期进行保养和检修。但是某电梯维保企业决策层认为"按需保养"一定是未来的发展趋势，所以领先市场试点推出按需保养服务，通过前台 App 等客户终端和后台大数据系统的计算与分析，为区域内所有的电梯提供"按需保养"的定制化服务。因为行业发展趋势是对未来的预判，所以每个人或每个团体给出的预判可能有所差别。对行业发展趋势的判断会直接影响企业的产品特征与决策方向。

（2）行业惯例。行业内部往往会基于已有的工作习惯或从业经验，而约定一些通用的行为习惯，这被称为"行业惯例"。从组织理论的角度来看，惯例可以表述为多个行动者参与的、重复的、可识别的组织行为模式。将惯例比作为习惯、程序和基因，或者某种机制的抽象，隐含着惯例是相对固定、不发生变化的认识。但传统理论并不否认惯例的变化。[①] 行业惯例的特点是"不成文"，即不是由具有约束力的规章制度进行明文规定，而是由从业人员自觉遵守。例如，快递业中"先签字后验货"、未保价快递丢件的"低价赔偿"、客户投诉转交客服而非直接与投递员或公司交涉等。酒店服务业中有一个惯例称为"十无六净"，也是每个前台经理检查房间是否清扫合格的标准，具体"十无"指：四壁无灰尘、地面无杂物、床上用品表面无污渍、卫生间清洁无异味、金属把手无污渍、家具无污渍、灯具无破损和污渍、茶具无污渍、房间卫生无死角、楼面整理无六害；"六净"指四壁净、地面净、家具净、床上净、物品净、卫生洁具净。此外，"中午12点退房"也是酒店业通行惯例，延迟退房往往由会员或其他特殊旅客享受。

（九）关于职业伦理规范的知识

1. 内涵界定

各行各业都需要职业伦理以规范从业人员的行为，协调不同主体的利益，提升行业生产与服务的品质。在以无形服务为主要商品的服务业，这种职业伦理规范的价值则显得更为直接。由于服务业主要向消费者提供各类无形服务，这些服务本身是主观性的实施过程，服务结果也是由消费者凭借主观性的感觉来判断。所以为了避免主观过程可能出现的争议，行业内部需要形成一系列规范主观服务过程的约定，并通过不同的方式形式进行固定、传播和内化，以对全行业从业单位和个人形成一种约束。例如，电梯维修人员需要仔细、全面地排查电梯隐患、并做到维保过程不扰民；护士在提供护理服务的过程中应亲切和蔼，为病患营造良好的治疗环境；导游应时刻考虑旅客的出行感受，在遇到紧急情况时应注意安抚乘客的情绪；厨师应在食材选择与烹饪过程中做到新鲜、

---

① 高展军，李垣. 组织惯例及其演进研究 [J]. 科研管理，2007（3）：142–147.

健康和安全，杜绝"地沟油""陈化粮"等食材的使用；会计则应该恪守"不做假账"的职业规范。

职业伦理规范知识属于社会规范，社会规范是社会规定的思维模式与行为模式，它可以调适人们的行为，整合社会秩序，并强调通过"社会化"的形式在个体中形成。它常用来禁止不可预见的行为、机会主义行为的出现，同时也倡导和奖赏合乎社会规范要求的行为，体现出社会规范对个体行为的选择与控制功能。职业伦理规范知识的价值就体现在选择和控制的过程中。服务的过程既包括"人—物"互动的过程，也包括"人—人"互动的过程。而人与人的互动更凸显了从业人员的职业伦理的必要性。一旦从业行为不受伦理规范的约束，其后果可能会对消费者的身心造成不可弥补的伤害。职业伦理规范知识通过外在的强制性约束和内在的自觉性约束，帮助从业人员鉴别和选择职业行为，克服不良行为的诱惑。

2. 主要内容

（1）制度层面的职业伦理规范知识。制度层面的职业伦理规范知识是以制度的形式规范行业内从业人员工作过程的约束性、制度性内容。如果按照强制性和影响范围来划分，制度层面的职业伦理规范知识可以划分为以下四类（见图3-15）：国家强制规范、地方强制规范、全行业规范与地方行业规范。第一，国家强制规范是由国家行政机关制定的，对全国全行业具有约束力的规范和标准，一般指的是法律法规。例如，国务院颁布的《特种设备安全监察条例》。需要指出的是，制造业的知识分类中对"质量标准"和"行业规范"进行了区分，因为"质量标准"是围绕产品制定的，而"行业规范"是围绕生产过程制定的。但是由于在服务业中服务作为商品是与服务过程相统一和融合的，所以"质量标准"应该被认为是一种职业伦理规范知识。第二，地方强制规范是由地方行政机关制定的，对一定区域内的行业具有约束力的规范和标准。例如，上海市人大常委会通过的《上海市旅游条例》，它仅对上海市的旅游业者（酒店、旅行社、旅游景点、旅游管理主体等）具有强制性的约束作用。第三，全行业规范指的是由行业代表（通常为行业协会）制定的，对本行业内成员单位具有形式约束的规范。例如，中国电梯业协会发布的《电梯行业自律公约》。一般情况下，这种行业工作规范是非强制性的，由行业成员自觉遵守，由此带来的利益由全行业共享。第四，地方行业规范是由更小区域的行业代表制定的，对成员具有形式约束的规范。例如，安徽省餐饮行业协会厨师专业委员会发布的《安徽厨师自律公约》。

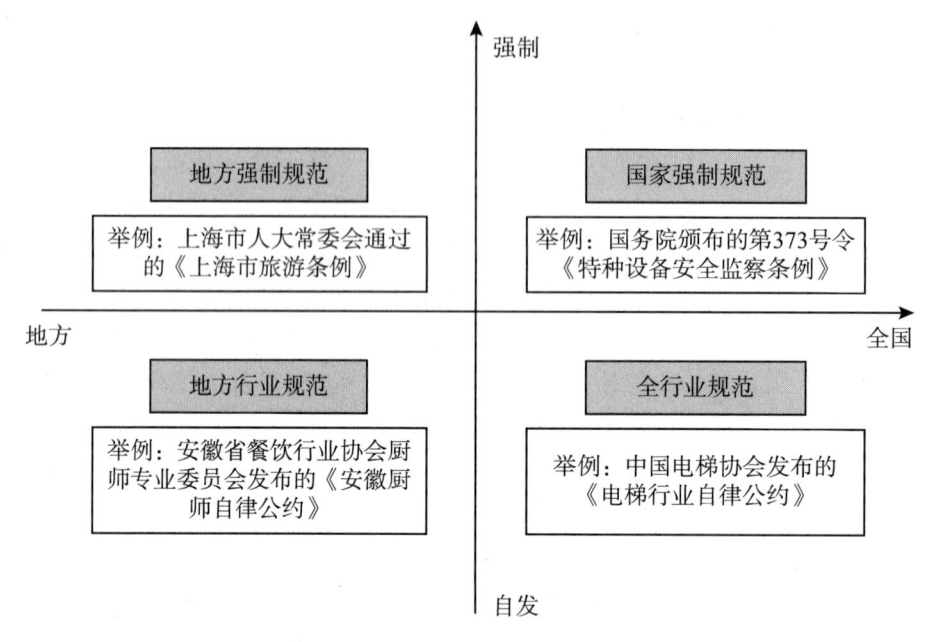

```
                        ↑ 强制
        ┌──────────┐              ┌──────────┐
        │ 地方强制规范 │              │ 国家强制规范 │
        └──────────┘              └──────────┘
     ┌────────────────┐        ┌────────────────┐
     │举例：上海市人大常委会通过 │        │举例：国务院颁布的第373号令│
     │的《上海市旅游条例》   │        │《特种设备安全监察条例》 │
     └────────────────┘        └────────────────┘
  地方 ←──────────────────────────────────────→ 全国
        ┌──────────┐              ┌──────────┐
        │ 地方行业规范 │              │ 全行业规范 │
        └──────────┘              └──────────┘
     ┌────────────────┐        ┌────────────────┐
     │举例：安徽省餐饮行业协会厨│        │举例：中国电梯协会发布的 │
     │师专业委员会发布的《安徽厨│        │《电梯行业自律公约》   │
     │师自律公约》       │        └────────────────┘
     └────────────────┘
                        ↓ 自发
```

图 3-15　行业工作规范的划分

在执行过程中，部分行业工作规范可能会上升为行政命令，成为具有强制性的政策文本（如国家标准）。行业规范通常与行政部门的政策具有一致性，但在行业规范和行政部门的政策有冲突时，优先执行国家规范，在国家政策文本未规范到的地方可以使用行业规范。例如，电梯维保的项目、保养时间、困人营救时间、人均梯量、维保安全等必须遵循国家与行业的通行规定，酒店前台与厨师的服务过程需要遵循《中国旅游饭店行业规范》以及地方协会公布的一系列自律公约。

（2）道德层面的职业伦理规范知识。服务业中道德层面的职业伦理规范知识涉及方方面面，它们存在于从业人员的主体意识中，在无形中规范着从业人员的职业行为和动机。通过对访谈内容进行编码发现，服务业中常见的道德层面的职业伦理规范知识包括以下几类：一是客户第一。服务业从业人员需要时刻将满足客户需求摆在指导一切工作的首要位置。例如，导游应该充分了解客户的旅游需求并安排旅游线路；康复师应在进行康复治疗的过程中不断询问患者的感觉；保险营销人员应以客户的需求作为客户接触的开端。二是周全细致。一线服务人员应在工作过程中做到周全考虑各种事项，细致处理日常和紧急事务。例如，保险营销员往往会亲自到医院协助病患处理出院事宜，因为这样可以接触到病患各类一手的单据资料，方便后期减少不必要的材料添补麻烦；电梯维保人员在进行电梯维保的过程中应全面检查所有部位，尤其是防治短接等可能导致严重事故的现象发生。三是工作反思。服务业从业人员应不断通过反思和总结去寻找服务质量可以进一步提升的地方，以满足多元化的客户需求。例如，厨师应通过留言板、直接询问等方式向客户征询菜品意见；水管工应注意定期回访客户询问洗浴设施的安装和使用情况。四是耐心。服务业从业人员在面对可能出现的紧急情况和不同类型的客户时应保持耐心，通过沟通等方式化解可能出现的问题。护士需要耐心对待每一位病患及家属的抱怨；理疗师需要耐心向病患解释康复的要领，并在病患屡次康复失败的情况下给予及时的鼓励。同样，诸如保险营销、快递员等生活性服务业从业人员都需要用耐心去赢得客户的理解和配合。五是团队合作。服务业从业人员需要使用复杂多元的相关岗位基本知识以完成工作任务，同时一些复杂的服务项目往往需要多人配合完成。这就需要服务业从业人员具备团队合作的能力。例如，网站策划的过程往往要客户、美工、营销、技术人员等多个岗位从业人员合作完成。六是创新意识。服务业从业人员应不断突破已有的商业模式和产品特征，基于跨领域元素的融合、传统方式的颠覆式改革等途径，借助创造性思维形成全新的服务体验。营销人员的营销模式、厨师的菜品创新、理疗师的教学手法等都是服务人员创新意识的体现。

二、各类知识的组织方式

服务业从业人员使用的各类知识的组织方式如图3-16所示。

在服务业岗位的工作过程中，一是识别阶段，从业人员的主要目标是识别客户及自身的主要需求。从业人员需要借助服务理论知识，对客户群体的特征进行分析，并打牢服务所需要的核心知识基础。同时，行业知识可以协助从业人员对市场发展趋势进行判断，以确保需求分析能够与发展趋势相匹配。区域性服务知识则能够为从业人员的需求识别提供更多的细节，确保需求分析能够与当地的政策、文化、民族等相匹配。这些知识需要被综合起来，并利用判断决策知识进行最终决策，形成客户与自身需求的判断结果。在这一环节中，客户表达的需求、工作制度等工作情境知识会影响从业人员的判断，职业伦理规范知识则能够督促从业人员仔细判断、耐心解释与科学决策。二是设计阶段，从业人员的主要目标是根据已有的分析结果设计服务方案。服务理论知识能够确保服务方案的科学、有效。行业知识则能够让方案符合行业基本发展趋势和潜在规则。相关岗位基本知识能够帮助从业人员整合相关资源，并将其在方案中体现出来。区域服务知识则能够有助于从业人员利用区域内的各种条件制定方案，确保方案的可行性。在这一过程中，工作制度、工作安排、同事间的合作关系等均会影响从业人员方案

图3-16 服务业从业人员各类知识的组织方式

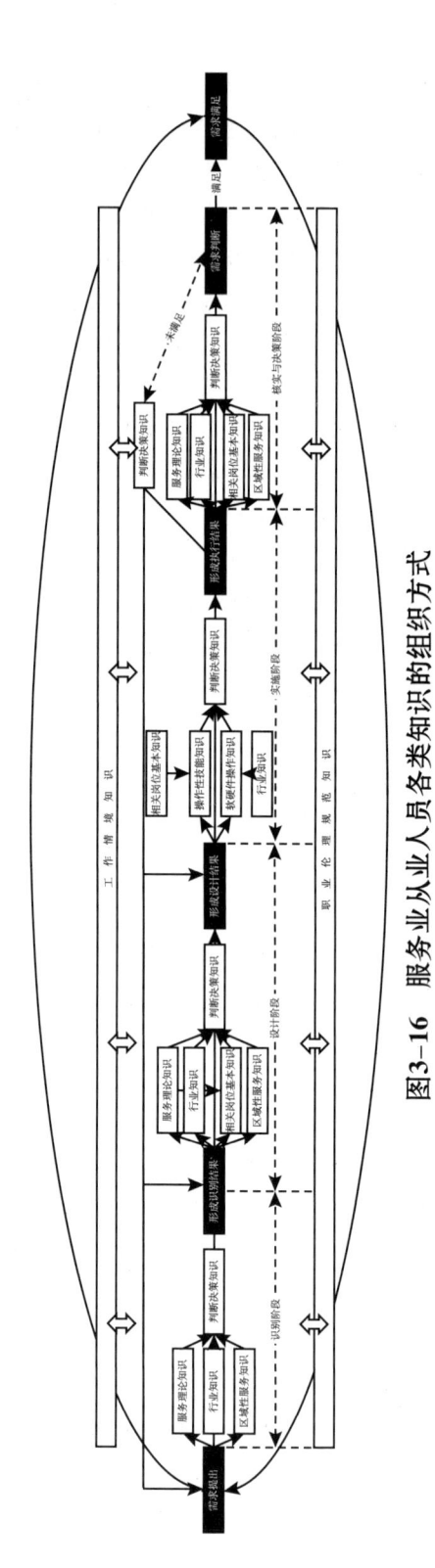

注：图中实线代表知识结构的作用机制，虚线代表工作阶段的划分。

的制定过程和结果,职业伦理规范知识能够督促服务人员科学、全面、及时地制定相关方案。三是在实施阶段,从业人员的目标是根据先前的方案实施服务。服务主要借助操作性技能知识以及软硬件与工单使用知识作为中介。此外,相关岗位知识与行业知识能够辅助两种操作性功能知识实施服务。相关岗位知识的价值在于提升服务实施的效率,行业知识能够确保服务行为符合行业惯例。每一步操作都需要借助判断决策知识以维持正确的操作步骤和方法。工作陈列、服务环境等工作情境知识会影响服务人员的服务效果。职业伦理规范知识能够督促服务人员保质保量地完成服务项目,并在服务的过程中确保自身与客户的人身和财物安全。四是在核实与决策阶段,从业人员的目标是确认实施的结果是否符合客户的需求,是否达到了自身的业务需求。如果未达到,那么从业人员需要借助判断决策知识回溯到先前的环节进行检查,以确认哪一环节出现错误并进行更正。在这一环节中,服务理论知识能够协助从业人员检查问题出现的深层次原因。相关岗位基本知识、行业知识和区域性服务知识有助于从业人员更加准确地将目标与结果进行对比,并辅助分析问题的原因。

第四节 文创业从业人员的知识特征研究

通过对 12 名文创业企业一线从业人员出声思维报告和访谈记录的编码与分析,本书认为文创业一线从业人员使用十类知识:关于创意理论的知识、关于个性化创意的知识、关于软硬件使用的知识、关于操作技能的知识、关于判断决策的知识、关于工作情境的知识、关于相关岗位的基本知识、关于行业的知识、关于职业伦理规范的知识与关于素材库的知识,如图 3-17 所示。

一、文创业一线从业人员使用的各类知识及其属性

(一) 关于创意理论的知识

1. 内涵界定

创意活动是个性化且创造性的,但这并不意味着创意的过程缺乏基本的规范或规律约束。由于创意活动服务的对象是人,创意实现的载体是物,创意生存与发展的环境是人文社会。所以创意活动必须要符合消费对象的基本诉求,符合物质

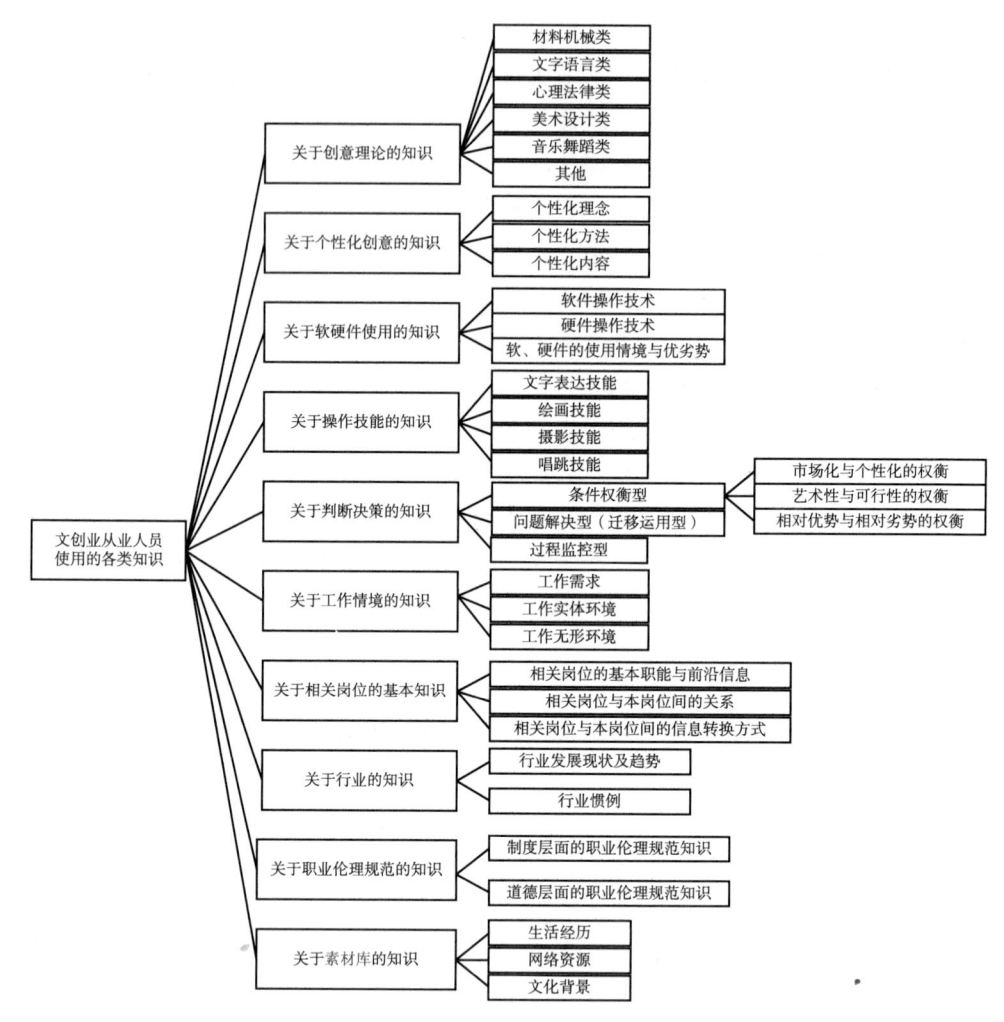

图 3-17 文创业从业人员使用的十类知识

世界的基本特性，符合社会发展的基本趋势。在此基础上，创意工作者以个性化的思维去改良乃至创造事物，以提升人类生活品质。所以一线员工使用"关于创意理论的知识"（以下简称"创意理论知识"）的目的不在于限制创意，而在于为创意提供判断环境、评估可行性和提升工作效率的工具。

与服务业类似的是，创意理论知识体系也凸显了由人构建的主观社会的系统性与多样性。影视编导在纪录片摄制过程中所使用的"故事叙述""素材串联""现场记录""影片剪辑"等理论知识都是基于人类社会长期形成的逻辑习惯、审美观念等，广告设计人员在广告页面设计过程中使用的"广告长度""语言风格""颜色搭配"等理论知识也都是在深入了解人类社会交互和审美规律的基础上总结出来的。所以"创意理论知识"中不仅包括由客观世界构成的物质运动基本规律和原理性知识（如工业设计中的各类材料特性），更包括由主观世界构成的人类社会运动的基本规律与习惯特性。

如前所述，创意产业是典型的"跨界"产业，所以创意活动必然需要借助"跨界"实现最终产品的输出以及创意思维的迸发。"跨界"必然需要借助其他领域的理论研究成果。例如，影视编导需要借助文学创作领域的知识，工业产品设计需要借助材料学、机械加工等领域的知识，舞蹈创编需要借助文学、民俗学等领域的知识。如果从业人员执掌独立工作室的运营工作，那么他（她）往往还需要具备管理学知识。所以文创业从业人员的理论知识体系往往较为复杂，从业人员不仅需要拥有行业领域内的核心理论知识，还需要具备其他领域的理论知识，以及一些更为基础的、跨领域的理论知识。

综上所述，创意理论知识是创意工作者用来判断环境、评估可行性和提升工作效率的主客观知识，这些知识具有规律性、稳定性、通用性特征，是可以由文字和语言进行记载、传递、保存与丰富的。

2. 主要内容

（1）心理法律类。心理法律类理论知识是与心理学和法律相关的理论知识。心理学知识在创意行为中广泛运用。创意者需要借助心理学知识分析客户需求、大众审美与消费观念等。例如，在为一款耳机设计网络广告时，设计人员会使用"参数列表"呈现本产品特点及其与同类型产品的比较。因为这种参数可以更好地说明"为什么我这个产品能够更清晰地通话"。参数能够为消费者带来一种确定和信任感，从而提升客户对产品的信任度与关注度，扩大产品的卖点。而网络广告中的描述语也不能过多，因为消费者往往在浏览广告时"更会被图片和视频吸引"。过多的文字不仅不会起到宣传的效果，反而会引起消费者的反感。文案需要充分整合消费者的"情感因素"与"参与度"。

在创意活动中，法律知识的主要内容是知识产权知识。创意者在收集素材和引用素材的过程中需要时刻对标知识产权法律法规中的规定，以检查创意行为是否侵犯其他作者的知识产权。例如，在丝巾设计的过程中，设计者不能够直接将网络下载的图片印在丝巾上，因为图片的直接使用会导致知识产权的侵犯。网络资源必须要通过抽象、提取等方式进行改变。此外，著作权对于创意的思想不予保护，只对创意的表达（即创意产品）进行保护。但创意是可以被专利权法保护的。创意工作者需要具备这些法律知识以指导日常工作。

（2）美术设计类。美术设计类知识指的是与平面或空间可视艺术相关的知识。在工艺设计类岗位、影视类岗位、动漫、出版等领域应用广泛。美术设计类知识的价值在于将创意者的构想或计划通过一定的审美观念和表现手法使其视觉化和形象化。设计与美术是同一个领域的不同分支，虽然有着不同的目标，但是却也有着紧密的联系。设计以一定的目标为导向，重在通过设计解决实际问题。但美术作为一种纯精神层面上的创作，注重个人思想的表达和情感的宣泄。设计需要美术的基础，如线条、结构、光影关系等，设计在美术的基础上整合需求，发挥创意，达到把商业和美融合起来，在可控的环境下创造最大价值与目标最优解的目的。

常见的美术设计类知识包括：第一，色彩构成。创意者需要了解色彩体系及其搭配原理。例如，在为电子产品设计平面广告时，有的设计人员会使用类似于仿苹果式的设计：白底，尽量让它显得干净，并让产品的色彩较为丰富，以此突出产品的本身。第二，平面构成。创意者需要掌握如何将点、线、面等视觉元素，在二维平面上进行表达。例如，有的丝巾纹样设计师需要在丝巾的四个角进行元素的合适堆叠和布局，以确保一面丝巾能够表达出四种不同的花式，且丝巾整体纹样布局和谐。第三，立体构成。即如何将材料以立体三维空间的形式进行造型的设计。立体绿化花艺正是立体构成在装饰领域内的应用。第四，人体结构与人物造型。即人体的骨骼肌肉构成，以及人物整体形象的塑造。例如，漫画师会根据形象的性格特点和角色需求，将其骨骼、肌肉、表情、脸型等进行有目的的整合和塑造，以凸显角色特性，推动故事情节发展的目的。除此之外，光影关系、版式布局等也都是重要的美术设计类知识。

（3）音乐舞蹈类。音乐舞蹈类知识主要是与音乐创作与表演、舞蹈创编与表演相关的知识。音乐是人类使用人声和乐器表达现实生活情感的艺术。乐理知识、乐器演奏知识、舞台表演知识等是音乐人需要掌握的基本理论知识。舞蹈是身体以有节奏的动作为主要表现手段的艺术形式。文学、音乐、戏剧、舞台美术等知识是舞者在表演和创编过程中需要使用的理论知识。除此之外，在动漫、影视、音乐娱乐软件开发等创意领域中也会使用到音乐舞蹈类理论知识。

（4）文字语言类。文字语言类知识涉及与文字和语言相关的内容选择、内容编排、形式设计、情感表达。它的价值在于通过文字和语言传达创意人员的思想和情感，或作为影响的补充内容对影响进行说明。文字语言类知识在创意领域使用广泛，如影视编导中的台词设计、叙事逻辑；漫画设计中的台词设计、剧情设计、分页设计；广告设计中的广告语设计、文字造型设计、语言风格；软件设计中的使用说明、操作界面设计等。

（5）材料机械类。材料机械类知识主要用于工业设计、雕塑、环境艺术、装饰设计、服装设计等依托具体材料实现设计目标的领域。材料学知识为创意人员提供了材料组成、结构、工艺、性质和使用性能之间相互关系的知识，这些知识能够为创意人员将创意思想变为创意产品提供参照。例如，服装设计师在设计服装款式时需要考虑目标服装的基本材质，这些材质信息决定了服装设计理念是否能够实现和如何实现。机械类知识在与机械相关的设计中发挥指导作用。如电梯内饰设计中设计人员需要考虑电梯的基本构造、工作原理以及各部件的功能,电梯内饰必须要考虑上述内容才能实现美观与功能的兼顾。有些材料虽然具有较好的美观性,但是由于与电梯其他结构在材料强度、工作环境等方面的不兼容而不得不放弃。

(6) 其他。除了上述五种知识以外,创意理论知识还包括管理学、民俗学、生态学、工作数学等领域的知识。这些知识与其他知识的功能相同,其目的都是协助创意人员围绕一定的目的将创意理念变为现实。创意人员可以根据任务的特点、工作的需要而选择不同深度和广度的创意理论知识进行学习。需要指出的是,创意理论知识不仅指的是在创意领域内的理论知识,任何服务创意产生的、具有理论知识基本特性的知识体系都可以被称为创意理论知识。这些知识虽然有其自身的逻辑体系与分类体系,但是一旦被用于创意过程、围绕创意进行组织时就被赋予了创意的特色,进入了创意理论知识的范畴之中。

(二) 关于软硬件使用的知识

1. 内涵界定

文创业从业人员所使用的"关于软硬件使用的知识"(以下简称"软硬件使用知识") 与服务业和制造业的相同,都是以软硬件操作方法和使用情境为主体内容的知识。软硬件使用知识能够帮助从业人员正确选择与使用与工作任务相关的软件与硬件。在文创业中,常见的软件包括各类绘画软件、设计软件、影音编辑软件、排版软件等,常见的硬件包括各类电子画板、乐器、摄影设备、材料加工设备等。有些软硬件在一定领域内被广泛使用,有的则专属于特定工作领域。

在文创业中,一系列软硬件都可以从原始的手工创作过程中找到原型。例如,早期的纸笔创作和如今的电子画板创作,早期的纸质乐谱和现代打谱软件等。这些软硬件被开发和使用的目的就是为了方便人工创作的过程,提升人工创作的质量。同时这些软硬件的开发和使用也同技术发展与市场需求相衔接,体现了创意发展的时代性,技术发展的先进性与市场需求的革命性。但是现代软硬件的发明并不完全替代其原有较为传统和原始的方法,在一些工作中,传统和原始的方法会有其特定的支撑创意的功能。例如,纸笔素描仍然被广泛用于动漫创作的初期环节,作为草稿和传递信息的重要方式。

2. 主要内容

(1) 软件操作技术。软件操作技术指的是与岗位工作任务相关的软件使用基本方法。例如,如何使用 Photoshop 的滤镜技术、3Dmax 的建模技术等。需要指出的是,这里的软件操作技术都是去情境化的技术,是软件具有的基本功能,是从业人员在从事真实工作任务之前需要掌握的技术。表3-2显示了部分文创业岗位常用的软件，可以看出，例如，PS软件在广告设计、内饰设计、纹样设计、动漫创作、影视编导等岗位中被普遍使用，而Guitar pro等软件则被特定用于创作领域。所以不同类型的软件根据其功能而拥有不同的普及领域。

表3-2　　　　　　　　部分文创业岗位常用的软件

岗位	常用软件
动漫创作	PS、Word、思维导图、Maya、3Dmax、AE
平面广告设计	GIF制作软件、PS、AI、ID、FL、CorelDraw
电梯内饰设计	Solidworks、3Dmax、Cartier、Pano2VR、CAD、PS
音乐创作	Cakewalk、FL Studio、Guitar pro、Sibelius
丝巾纹样设计	PS、CorelDraw、AI、Painter、CAD
影视编导	Word、AE、Premiere、3Dmax、PS
商业包装设计	TBS Cover Editor、PS、CorelDraw
书籍封面设计	PS、CorelDraw、Illustrator

（2）硬件操作技术。这里的硬件包括工具与设备两大类。工具是依靠手工精细操作的，不包含任何其他的动力来源，例如，服装设计中经常被使用到的皮尺、动漫创作过程中的定位尺和纸笔等。而设备则在结构和功能上更为复杂，且运行依靠其他动力，如动漫创作中的数位板、扫描仪，影视编导中的各类摄像器材和特技台。硬件操作技术指的是这些工具和设备的基本操作技巧，例如，如何使用某品牌照相机的人像摄影模式，如何使用灯光设备为特定场景调试光影。表3-3展示了部分文创业岗位常用的硬件设备。

表3-3　　　　　　　　部分文创业岗位常用的硬件

岗位	常用硬件
动漫创作	数位板、扫描仪、拷贝台、规格板、定位尺
平面广告设计	打印扫描设备、数位板、刻字机
电梯内饰设计	各类测量工具
音乐创作	各类乐器、节拍器、电容麦克风、MIDI键盘
丝巾纹样设计	各类摄像设备、测量工具、缝纫机
影视编导	各类摄像器材、灯光设备、编辑工作站、特技台

（3）软硬件的使用情境与优劣势。不同的软硬件有其特定的功能，有些软硬

件的功能也可以在不同领域实现，针对同一领域可能会有多种软硬件可供选择。从业人员需要根据工作任务特点、客户需求等使用的情境，结合对应软、硬件的优劣势作出选择。也就是说，从业人员不仅需要掌握软硬件的使用方法，还要掌握这些软硬件的使用范围和特点，根据需求选择或将特定软件进行组合使用，以发挥软硬件辅助工作的最大价值。例如，在制作平面广告，尤其是大幅面广告的效果图时，很多设计师会偏向于使用 AI，因为"AI 是矢量图。用这个软件做出来的图印染出来会更好，它可以永久放大，放大后不会失真，不会受到像素的影响"（C03 – 26）。这个案例也体现了设计者需要了解不同软件的特色和制作需求。

（三）关于操作技能的知识

1. 内涵界定

在文创业中，很多岗位同样存在着以肢体和感官为基础的操作性技能知识。这种操作性技能知识的性质与服务业和制造业相似，都是在操作的过程中运用的，并且其价值集中体现在指导操作行为之中，可以被视为身体的"觉知"。有些操作性技能知识是直接以肢体和感官作为工具而使用的，例如，舞蹈家的舞姿、音乐家的嗓音。有些操作性技能知识则是借助相关道具使用的，如利用纸笔表现出的绘画技能、利用摄影机或相机所表现出的摄影技能。

与上述两个产业从业人员的操作性技能知识相同，文创业从业人员所具备的操作性技能知识强调从业人员在长期工作中形成的，具有连贯性的动作技能。这种技能是在一定的创意理论知识、软硬件使用知识等知识的指导下形成的，经历了"认知—分解—联系—自动化"四个阶段，具有个性化特征。从业人员所具备的操作性技能知识可以使他们能够在无意识的情形下完成特定动作，且动作的完成度高。有的操作性技能可能带有先天因素，例如，歌唱技能可能会受嗓音、声线等先天条件的影响，即使后天付出较大努力也无法达到一定高度。

2. 主要内容

（1）绘画技能。绘画是操作性很强的艺术，其独特的表现方式、丰富的表现力和创造性充分体现在技能形成的过程中。[①] 漫画师会将设定好的角色、剧情以及对话以绘画的形式呈现在白纸或电子画板上。这个绘画的过程就充分体现个人的绘画功底。尤其对于设计师而言，当灵感出现的时候，具有绘画功底的人就可以立即通过绘画的形式将创意表达出来，"但是新手很难画出来"（C05 – 12）。在绘画过程中，一些对线条、构图等方面的要求会逐渐内化成绘画者手中的感

---

① 张光荣. 谈谈绘画技能的教学探索 [J]. 职业教育研究，2004（9）：102.

觉，通过长期对画笔的驾驭，实现自然地呈现，而不需要去刻意地表达。除了漫画师以外，各个领域的设计师（平面设计、服装设计、婚宴设计、工业设计等）、影视编导，甚至舞蹈等领域从业人员也需要具备一定的绘画技能。

如果广义地理解绘画技能，那么绘画可以延伸至除了纸笔绘画以外的其他表达方式，如雕塑、铸造、瓷器陶器制作等。其中涉及的塑造技能也可以被理解为一种绘画技能。塑造技能是用肢体将一定材料塑造为特定形状的能力，它的特点是肢体操作与心智技能的协调配合。其中肢体操作可以被视为一种经过长期联系所获得的操作性技能知识。因为在塑造的过程中，肢体与制作材料间形成的质感、空间感、平滑感等可以有效地帮助创意者判断制作的效果。

（2）摄影技能。摄影技能指的是相关岗位中借助摄影机、照相机等摄录设备所表达的影像捕捉技能。文创类产业中的很多岗位都需要用到摄影技能，例如一般的设计师都需要用专业相机捕捉周围的事物，为后期的创作积累素材；一些影视编导、摄像师等需要借助摄影技能实现特定的拍摄目的。每个人的拍摄技能都有差异，这种差异体现在整体构图、相关参数的调整、机位的选择等若干因素。导致这种差别产生的原因也有很多，如对若干拍摄场景的积累与深刻认识、对拍摄参数的联动性感知等。

（3）唱跳技能。唱跳技能是舞蹈、歌唱、戏曲、话剧等文创领域涉及的操作性技能知识。歌唱技能涉及气息、发声、咬字、共鸣等内容，尽管这些内容都有相应的理论基础，但每个人的声带等器官的发育存在一定的差异，每个乐种对歌唱技能的要求也各不相同，所以歌唱家必须要通过长期的训练形成专属于自己的乐感，从而应付不同乐种或不同情境下的表演。舞蹈同样如此，舞蹈的舞姿和技巧，需要人体各个部位的肌肉坚强有力，脊柱、髋关节、膝关节、踝关节以及肩关节等有高度的柔韧性与稳定性。这就需要舞蹈表演者在长期的训练过程中形成身体平衡感、律动感、节奏感与协调感。尤其是与特定舞台相匹配的舞台感。这样，歌唱家、舞蹈家、话剧表演者、戏曲家等在表演的过程中将基于这些自然流露出的唱跳技能，在特定的主题和氛围下形成丰富多彩的表演。

（4）文字表达技能。在文创业中，文字技能常被用于情感表达、信息传递等情境。例如，在动漫或影视行业，文字技能主要指个体通过对文字的驾驭以表达角色情感的能力。尽管在剧本创作过程中有着很多理论的支撑，但是在字里行间中传达感情的技能往往体现了作者对文字、词语、句子的独特理解。此外，用文字进行信息传递对于漫画家而言也十分重要，用文字准确传递剧情的信息有利于画师对编剧真实意思的把握。设计师同样需要具备文字技能。

（四）关于工作情境的知识

1. 内涵界定

文创业从业人员工作情境知识同样涉及工作环境中人、事、物各要素及其相互之间的关系。但是因为文创业从业人员的工作对象和工作过程与制造业及服务业相差较大，所以他们的工作情境知识在内容和影响方式上也有着自己的特点。因为文创业从业人员独立创作的时间较多，创意诞生的过程十分内隐，所以工作环境的选择与陈列等会更为个性化；客户关于某个创意的需求往往较为隐晦，需要创意人员不断地揣摩和实现；创意过程与人的接触不多，且大部分接触都是与客户和岗位相关工作人员接触，围绕作品的创作和完善与客户的接触次数可能远比服务业和制造业中的次数多。在工作情境要素的设置上，企业也会为创意人员提供尽可能多的自由安排的空间。

2. 主要内容

（1）客户需求。客户需求是文创业从业人员工作情境知识的主体。无论是基于某一目标群体进行的创作，还是基于某一特定客户进行的创作，都需要明确企业所面向客户的基本需求。在制造业中，客户需求被归为工作无形环境，这是因为制造业的客户需求较为客观，能够十分准确地体现在图纸、数据之上，无须特殊的转化。此外，一线从业人员距离最终的客户需求较远，所以并没有单独阐述与分析的价值。但是文创业的客户需求往往十分抽象，且转化的过程也较为复杂，了解客户需求往往是所有工作环节中最重要的，甚至是决定工作质量的环节。

这里的客户需求主要分为两类：一类是企业目标客户。有的企业创意产品主要面向的是消费大众，并不做个性化的定制。所以创意人员需要明确企业创意产品面向的客户群体特征。例如，如果漫画的消费群体是 18~25 岁的年轻人，那么就需要分析这一群体的消费特征和审美特点。"现在的年轻人很注重颜值，都是男色时代和女色时代。肯定对帅哥和美女感兴趣。基于这些原因，我肯定要把这些角色塑造成帅哥和美女的形象"。另一类是企业特定客户。有的企业主要为特定厂商或个人做个性化的产品定制。所以创意人员需要针对这一特定客户做需求的了解和挖掘。当涉及十分具体的客户时，产品的要求将更为细化，创意的细节也将会有更多的限制，所以留给创意者的空间似乎并不比前者多。

（2）工作实体环境。工作实体环境指的是创意工作者工作场所的布局、陈列、温度等显性的、可感知的要素。创意的迸发受工作环境中的温度、亮度、陈列、布局等的影响，但工作环境并没有固定的完美的设计，凡是能够有助于从业人员创作的工作环境都可以被应用。一些特殊的创意领域如音乐、舞蹈、雕塑等还必须建立更有领域特色的工作间。除此之外，有些创意工作者自建独立工作室，完全按照自己的想法对工作的实体环境进行布置，这也是文创业在工作情境知识中表现出的一个特点。在具体的工作情境中，每家企业都有着自己的工作实体环境，但大致都遵从所在行业的一些基本配置。例如，受访的几个设计公司在工作环境的布置上都有着几个共同的特征，如工作台的开放性（没有或很少有隔断）、工作空间中有很多属于员工DIY的区域、部门工作区域之间保持开放性等。

（3）工作无形环境。工作无形环境指的是除了实体层面的环境要素。它主要包括：一是企业制度，如某漫画公司的《作者签约与管理制度》；某设计公司的《设计薪酬管理制度》。不同公司在员工管理上的制度差异较大，这取决于管理者的管理思想、企业规模以及企业产品的特征。二是企业愿景。例如，某动漫公司的愿景是"致力于创作精品原创漫画，在将优秀原创漫画推广至国内各漫画杂志平台的同时，也将其推广至国外漫画杂志平台，树立国产漫画品牌"。三是企业组织管理结构。即企业内部上下级管理关系及相应的责权分配体系。四是人际关系。尽管创意人员的创意过程是较为独立的，但是创意诞生的前后需要与同事和外界人员进行频繁的互动。一方面，创意者需要与特定的客户进行定期沟通，汇报产品和服务进展，并听取客户的意见以修改和完善；另一方面，创意者需要听取同事的建议与想法，并与相关岗位工作人员进行工作交接与配合。这些都需要良好的人际关系以及人际交往知识做支撑。

（五）关于判断决策的知识

1. 内涵界定

创意产生与外化的过程同样充斥着各种类型的判断决策知识。例如，漫画设计师需要考虑漫画角色的外形、颜色搭配、性格等基本特点；专职摄影师需要考虑如何在特定拍摄情境下选择合适的构图；婚礼设计师需要结合婚礼现场与客户需求灵活设计婚礼现场的置景。判断决策知识可以帮助创意工作者在复杂的工作情境中权衡各类条件的利弊，按照合理的逻辑思考各类问题的解决办法，并调控创作过程中的思维逻辑与思考进程。

2. 主要内容

（1）条件权衡型。"条件权衡型"知识指的是协助从业人员从诸多条件中权衡出最佳选择或搭配的知识。创意的过程充满着相似条件，甚至冲突条件间的权衡，这种权衡往往是创意者在综合考虑各种因素下作出的决策，与服务业从业人员所使用的"条件权衡型"知识类似。一般而言，创意工作者需要从以下几个方面作出判断决策，以权衡出最有优势的方案：一是市场化与个性化的权衡。任何一项创意都具有个性化的元素，它是个体智慧、思想与灵感的体现。但是在产业化发展的背景下，市场的力量使得创意不能仅仅考虑个性化的元素，还应考虑市场消费群体的消费特征。这就涉及创意的市场化与个性化间的权衡。二是艺术性与可行性的权衡。有很多有价值、有创意、有艺术感的想法可能会因现实条件的影响而不具有较强的可行性。这时创意工作者就需要在艺术性与可行性间进行平衡，在可行性的条件下调整艺术性的成分。三是相对优势与相对劣势的权衡。在考虑一项具体的设计方案或环节时，创意工作者需要考虑多个解决方案中各自的相对优势与劣势。

（2）问题处理型（迁移运用型）。问题处理型知识是帮助文创业从业人员在遇到陌生的问题情境时，思考如何解决问题的知识。有些问题情境较为简单，解决的过程以及问题处理型知识的成分、结构也就较为简单。但是有的问题则较为复杂，需要复杂的产生式系统以提供解决方案。

这里需要重点介绍一种特殊的问题处理型知识——迁移运用知识。之所以需要单独介绍这种知识，是因为这一知识在所调研的对象中使用频率较高。在文创业从业人员的工作过程中，工作人员往往需要借鉴和参考前人已有的创意思路、元素、方法等。这个过程可以被视为使用"迁移运用知识"以解决问题的过程。例如，一位幼教老师想创编一个迎"六一"儿童节的开场舞蹈，这个舞蹈涉及很多小朋友，而且包含多个主题，要求要有层次感，让开场有热闹和震撼的效果。这位老师最终从2011年春节联欢晚会的开场舞中找到了灵感，"我之前看过这个开场舞，它把群舞、独舞、歌唱融合在了一起，既能够承载很多小朋友的共同演出，也能够让一些优秀的小朋友有单独表演的机会，还能够有十分丰富的表演形式。但它的主题始终是'过年回家'，始终没有偏离这个主题，而且一个节目分为好几幕，是有层次感的"。

"迁移运用知识"运用的对象主要是"素材库"知识。创意人员在其个性化的素材库中存储了大量的内容、元素、方法、框架、思路，这些知识将随时可能被用于新的创意过程中。但伴随着迁移知识应用而来的是对"抄袭"的隐忧。究竟是借鉴、迁移，还是抄袭，每一位创意人员的心中都有一个默会的"底线"。也就是说，对于两件可能存在相同元素的作品，不同的人有着不同的鉴定标准，自然也就会得出"是否抄袭"的不同结论。幼儿舞蹈老师在创编幼儿舞蹈时则会考虑"将一套老动作移植到新的歌曲里面，这样就变成另外一套好听好看的舞蹈了"。但是这并不代表不存在抄袭的定义或行为。例如，一位高级丝巾设计师对于他手下的新手设计师就有着十分明确的设计要求，"不能随便花几天就设计出一个作品，否则容易抄袭。因为他会不自觉地从网上下载然后复制"。这句话实际上也道出了抄袭的一个侧面标准——全盘复制。总之，虽然迁移运用知识的功能是帮助创意人员利用素材库中存储的内容，但是也正是由于这一功能使得潜在的"抄袭"隐忧频现。这种隐忧也就伴随着接下来将提到的职业伦理规范知识的使用。

（3）过程监控型。过程监控型知识是一种元认知知识，它是用来监控、调整与完善文创业从业人员判断决策过程的知识。例如，网页广告设计师在为一款产品寻找卖点时遇到了"瓶颈"，因为客户提供的产品信息有限，更多的卖点需要靠广告设计师进行提炼和表达。为了解决这一问题，该设计师选择了直接以用户的身份去感知。"广告设计之前（客户）并没有给我提供很多的台词和想法，我一开始觉得很棘手。结果整个做完以后才发现，产品的很多优点都需要在产品做出来以后提炼。因为她在做这个产品的时候，其实并没有想很多。很多这种产品都是在成品出来以后，才想出了很多优点和特点"。从"执着于客户提供的信息"，到"以客户的身份自己去体验和提炼"，反映了设计师在提炼产品优点与设计广告词过程中的思维转变。

（六）关于职业伦理规范的知识

1. 内涵界定

"关于职业伦理规范的知识"（以下简称"职业伦理规范知识"）指的是规约文化创意工作者日常工作行为的知识。以广告设计师为例，广告设计师需要遵守《中华人民共和国著作权法》等相关法律的规定，既享受广告版权保护的权力，也需要履行保护他人广告创意版权的义务。此外，他（她）还需要具备与其他岗位人员相互协作的意识，并积极主动地与客户沟通产品特点，全面细致地了解和高质量地满足客户需求。这些制度与非制度层面的规范知识时刻影响着包括广告设计师在内的所有文创业工作者的日常工作。从内容上看，这种规范知识同样存在于制度和道德两个层面。

2. 主要内容

（1）制度层面的职业伦理规范知识。制度层面的职业伦理规范知识强调"制度规约"之含义，即规范行为来自外部组织的制度性力量。那么这一层面的职业伦理规范知识呈现出外显性、公共性，以及不同程度的外部约束性等特征。常见的制度层面的职业伦理规范知识包括：一是国家机关制度规范。包括国家立法和行政部门制定和颁布的法律、法规、政策。如《中华人民共和国专利法》《中华人民共和国著作权法》《中华人民共和国商业秘密法》《中华人民共和国电影产业促进法》，2014年3月国务院发布的《关于推进文化创意和设计服务与相关产业融合发展的若干意见》，2017年中共中央办公厅与国务院办公厅颁布的《关于实施中华优秀传统文化传承发展工程的意见》，2012年文化部颁布的

《文化部"十二五"时期文化改革发展规划》等。二是地方机关制度规范。包括地方立法和行政部门制定和颁布的地方性法规与制度。如上海市知识产权局在2008年开始实行的"创意信封备案登记制度",深圳市人民政府颁布的《深圳文化创意产业振兴发展规划（2011－2015年）》。三是行业制度规范。如中国曲艺家协会发布的《中国曲艺工作者行为守则》。需要指出的是,这些制度性的规范知识对日常工作并不起到直接的规范作用,相较而言,道德层面的职业伦理规范知识对工作的细节更有影响。

（2）道德层面的职业伦理规范知识。文创产业从业人员在道德层面的职业伦理规范知识主要包括以下几类：一是团队合作。从业人员应具有团队合作的意识,并与团队成员保持密切的沟通和协调,以发挥成员各自的优势。例如,影视编导认为"纪录片不是一个人完成的,而是一组人完成的"。在拍摄过程中,"我们有两个人负责拍远景,三个人负责拍特写。拍人物的具体面貌时,这个是每个人会有分工,前一天晚上会设计好,第二天上午在固定的位置上负责自己的相关任务。我们其中一个团员,把机器藏起来,混进了学校里面,把每一个班级的学生的面貌都简单拍了一下"。而"设计并不像一种职业,而像是一个团体。这个团队里面要有懂不同行业和不同知识的人"。每一次设计"都要进行多次讨论,然后修改到生产出来"。二是适度借鉴。即杜绝抄袭,并在法律和道德许可的范围内适当借鉴前人成果。"素材库知识"就是适度借鉴的"原料库"。三是创新。创新是文创产业发展的原动力。每一位创意工作者都应将创新融入创意诞生的灵魂之中。"个性化创意知识"就是创新的体现。四是注重客户体验。例如,摄像师在拍摄个人艺术照时会"根据设计的动作拍摄一组照片,然后供客户反复挑选,不满意的可以随时重拍,哪怕过了预定的时间段也尽可能地满足客户的需要"。幼儿舞蹈的编排过程中要注意动作的设计"不能对幼儿造成损害,尤其是一些具有表演张力的动作,要注意保护学生的关节活动"。

（七）关于相关岗位的基本知识

1. 内涵界定

尽管文化创意工作具有一定程度的独立性和个体性,但是在文化创意深度产业化的今天,任何一个以创意为主要元素的岗位都需要其他岗位的支持。文创类产业中的相关岗位基本知识,指的是与内容创意岗位相关的岗位中的基本知识。这一知识有若干限定词：（1）这些岗位是与内容创意岗位相关的岗位,它们既可以涉及内容创意,如服务于漫画主笔岗位的漫画画师岗位,也可以不涉及内容创意,如服务于婚礼设计师的摄影、花艺、甜品、司仪、灯光、音响等。它们与内容创意岗位间是支持、实现、完善内容创意等的关系（见图3－18）。（2）这些知识是蕴藏在相关岗位中的基本知识。与服务业岗位类似,这些基本知识代表了该岗位框架性的、外显性的基础内容。从业人员凭借对这些岗位基本知识(如基本职能、前沿信息等)的了解,寻求创意与这些岗位的对接点,以此获取创意资源、完善创意成果、实现创意产品。例如,电梯内饰设计师会与诸多建材生产厂家中的相关人员对接,以寻求实现创意设计的最合适的板材,书籍的封面及版式设计者会事先与印刷厂的工作人员确认所使用的纸张类型,以及色彩在纸张类型上的印刷效果。

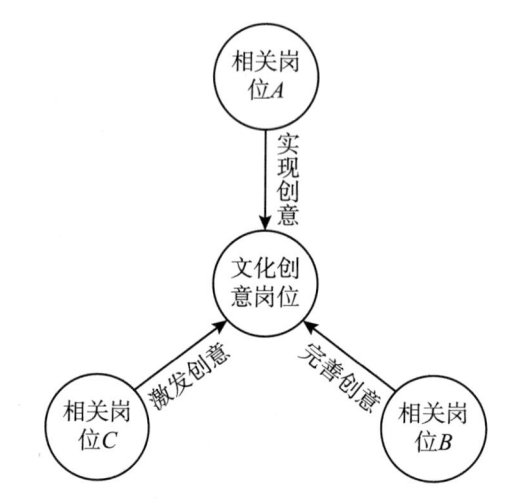

图 3-18 文化创意岗位与相关岗位间的关系

2. 主要内容

(1) 相关岗位的基本职能与前沿信息。文创类产业从业人员需要了解相关岗位的基本职能,例如,丝巾纹样设计师需要了解丝巾制造厂商中负责丝巾织造的岗位情况。因为丝巾纹样的设计图样有些时候无法直接转化为生产图纸,织造岗位的工作人员需要根据颜料特性、丝巾特性、设计细节等,与设计师进行反复的沟通和修改。对织造岗位从业人员工作职能的了解有助于他们提升设计效率,减少织造过程中出现问题的风险。此外,文创类产业从业人员还需要了解相关岗位的前沿信息,例如,该岗位中的前沿技术、产品、发展趋势等。对这一前沿信息的了解,有助于激发创意工作者的灵感,实现新技术、新理念与新灵感的对接与融合。例如,会展从业人员需要了解当前虚拟交互领域的最新发展成果,并将这些技术与展览的目的和布局相融合,为参观者提供更为多元的观赏感受。

(2) 相关岗位与本岗位间的关系。文创业从业人员需要了解本岗位与相关岗位间的合作关系。在文创业诸多岗位中存在着不同岗位间的协作关系。例如,漫画设计师需要与专职画师、策划等岗位合作,将漫画设计思想、角色、剧情等转化为漫画作品以及市场化的产品。影视剧导演需要与编剧、摄像、策划、剧务等不同岗位合作,将创意转化为实实在在的电影或电视剧。这种协作关系一般表现为:第一,平行关系,即本岗位与其他岗位共同服务于一个共同的目标,如画师与编剧、展览策划与布展工人。第二,领导关系,即本岗位领导其他岗位,或本岗位接受其他岗位的领导,以实现某一个目标。如漫画主笔与画师、产品总策划与美术编辑。第三,交集关系。即本岗位与其他岗位不存在隶属关系,也没有共同的目标,但是在目标实现过程中的某些环节存在业务交集。这种关系往往存在于两家企业的两个岗位之中。例如,动漫设计师与 AI 设计师。电梯内饰设计师的工作中同样也存在这些关系:"一开始我会被公司派出去跟供应商谈判,要求供应商为我们提供什么样的型号。在技术上要达到什么样的要求。比如说像浙江南湖那边有很多的供应商。我要了解他们的生产能力和技术水平,要让他们达到我想要的要求。供应商生产出的东西必须要符合我的标准,因为我要把控。同时我也要和销售部门保持联系,因为销售会跟客户保持沟通,而销售那边收集到的客户信息要及时反映到我这边。我这边好及时做调整。"在"工作情境知识"中,公司内部的组织管理结构知识与该关系性质类似,但是前者侧重于权力关系,后者侧重于业务关系。对这种关系的了解,有助于明晰业务完成的流程,整合业务资源,提升团队工作效率。

(3)相关岗位与本岗位间的信息转换方式。与制造业和服务业从业人员不同,文创业从业人员间交流的"载体"或内容是较为抽象的创意。它不像制造业那样具有十分明确的产品或制造工艺,也不像服务业那样具有较为明确的服务目标和清晰的实现过程。文创业从业人员需要就某个模糊的目标进行思考、讨论,而讨论的内容主要是灵感、构思、想法。这些内容在形式上较为抽象,需要在不同岗位间进行转换,以便于工作的顺利开展。例如,室内设计方案设计师"需要将设计图纸上的信息转化为采购部门的采购清单,包括每项材料的型号、数量、大小、运输要求、品质控制要求等信息"。使用何种信息转换方式是从业人员在与相关岗位工作人员交流时需要掌握和使用的知识。

(八) 关于行业的知识

1. 内涵界定

"关于行业的知识"(以下简称"行业知识")是与文化创意产业中各个行业的发展与运作相关的知识。这种知识是以行业为单元组织和呈现的,既可以涉及客观的行业发展现状,也可以涉及较为主观的行业发展趋势判断。既可以涉及显性的行业从业准入需求,也可以涉及隐性的行业从业惯例。对于文创业从业人员而言,行业知识可以帮助他们提高工作效率,提升产品的市场接受度,因为行业知识是全行业从业人员多年形成的从业经验的体现，是行业广泛认可的代表性知识，它以行业为载体，脱离了这个行业的大背景将不具有可行性。例如，在漫画界，如果一位漫画师想表现一位富家子弟的外在形象，那么头发一般都会处理成黄色。因为"金发就会给人一种暗示，这是一个漫画界的通用暗示。就是漫画主角的金发往往代表着他有钱，因为像黄金的颜色"。但是这种设定在影视界可能并不成立。

2. 主要内容

（1）行业发展现状及趋势。

对行业发展现状与趋势的判断构成了文创业行业知识的一部分。行业发展现状是客观存在的，但不同的人可以对发展现状作出不同的解读。而行业发展趋势则更为多元，不同的人对行业未来的发展方向与重点也会有不同的预判。

漫画创作的过程中，会涉及很多关于全行业发展现状和趋势判断的知识，例如，漫画主角的绘制风格会受行业发展的影响："最近30年，整个行业里面很多很多的漫画都是使用拟人的方法去创作。比如说军舰拟人、飞机、坦克、小黄车等都开始拟人。所以有的时候拟人化更可能跟市场也有一定的关系"。漫画角色的设置也需要考虑行业内的发展现状和趋势："我在刚开始学漫画的时候，当时电影界还没有统一这样一个意见。电影界、小说界还有人觉得剧情一定是第一位的。但是漫画界最早就意识到角色是第一的，哪怕我们有的时候只塑造角色，都是可以制作出作品的。所以我当时考虑我的角色，一定要让大家喜欢。所以基本上就是帅哥和美女"。

（2）行业惯例。

文创业的行业惯例同样来自行业从业人员长期形成的习惯型操作或设定。这种操作和设定虽然是不成文的规定，但是由于文创作品，尤其是有影响力的作品一代一代的影响，或者是基于特定时空环境的分析与约定，抑或是基于一定的创意理论知识并有所改良而得到了比较好的效果，使得一些习惯被保留下来，形成一定时期行业内创意人员共同的行动指南。例如，"帅哥的锥子脸是在漫画界比较通用的脸型"；"漫画圈里面的一个潜规则，就是眼睛看着的前方就代表着未来，代表着前进的方向和希望。那后方一定是代表着过去，代表着放下过去"。第一个惯例是基于一段时间内的大众审美习惯而得出，第二个则是基于20世纪70年代某日本动漫大师作品的原型而得出。

（九）关于素材库的知识

1. 内涵界定

创意的产生并非一蹴而就的，它是创意者在综合各种信息的基础上形成的。而这些信息中包括这样一类十分重要的内容：创意素材。很多创意者在谈到创意产生过程时都会将创意与其积累的丰富的创意素材相关联，这些素材为他们的创作提供了丰富的灵感，激发他们创造出基于现实而又超越现实的创意作品。我们将那些来源于自然世界与人文世界中原始和粗糙的、个体建构且不系统的、服务于创意者创意活动的内容称为"关于素材的知识"（以下简称"素材库知识"）。

这里需要阐明素材库知识与创意理论知识的异同。两者都是支撑创意创作的重要"原材料"，但是两者的性质不同：创意理论知识具有规律性、稳定性、通用性特征，它是人类创意行业多年从业经验的体现，是经得起推敲、能够通过显性的方式传播的知识。但是素材库知识是十分个性化的知识，它缺乏系统组织，每个人的脑海中所建立的素材库形态、方式等都各不相同。它不具有规律性、稳定性和通用性，是创意者自发建立的素材体系。素材库知识往往是十分原始和粗糙的自然世界与人文世界信息，是未经整理、提炼、实践过的原始资源。创意者通过对这些原始资源的"深加工"，提炼、分析或抽象出特定的意涵、特征与元素，从而将其运用到创意作品之中。

素材库知识发挥作用的方式是随机、隐性和积累的。素材库知识并不会时时刻刻都能够为创意者提供合适的素材，激发有价值的创意。素材库内容的匮乏、组织方式的不科学等都可能会导致素材库知识无法发挥价值。但大部分的创意活动都离不开素材库。因为素材库是为创意者冥冥之中提供创作方向与灵感的重要指引，素材库的价值就在于创意的激发，它能够通过对元素的抽象、重新组合、拆分、变形、借鉴等，实现普通元素基础上的再创新。素材库知识发挥作用的过程也十分隐性，例如，创意者在利用生活经历编创剧情、塑造情境时，会不由自主地受到自己内心中所经历和建构的世界观与经验的影响，这种影响难以被捕捉，但在最终的作品中却可以被创作者与消费者所感知。

2. 主要内容

（1）生活经历。创意人员的生活经历是创意素材的重要组成部分。这些生活经历能够为创意人员提供丰富的生活素材，例如，职业经历、个人兴趣、家庭故事、学习经历等。很多经历能够为创意产品提供独一无二的素材来源，凸显出产品重要的个性化设计特征。"一位家住在西北地区的漫画家，他很少看漫画，或者说看到的漫画都是那种很老旧的漫画。所以他画出来的画面也是非常老式"，但是"另一位漫画家经常往返于台北和上海这两座城市，而这两座城市都是资讯非常发达的城市。类似这样的情节，她可能会在无数的漫画中看到过。所以它可以顺利地迁移到作品当中"。

（2）网络资源。网络资源也是素材库知识的组成部分。这些网络资源以松散的形式存在于创意者的大脑中，以慢慢积累的形式发展和扩充。有的创意人员还会将这些网络资源用特定的方式存放于现实生活之中，如在电脑中建立专门的文件夹进行分类存放，将素材打印出来贴在工作台上等。由于网络的便捷性与资源的丰富性，使得诸多的创意人员更愿意通过网络的方式寻找和建立自己的素材库。

网络资源有很多类型，常见的包括：第一，各类文字或图片。例如，电梯内饰设计人员在设计前，都会在大脑中拥有一个丰富的纹样、图案的素材库。"因为我看过电梯太多太多了。可能就形成了一种百度图库一样。会经常想到大概什么样的好看一点。然后出去就会有一些想法。我经常喜欢逛淘宝。并不是为了买东西。只是为了看各种各样的产品和新技术的厂商"。"逛淘宝"成为这位设计人员有针对性地获取网络资源的方式。摄影师同样也会"关注网上一些网红拍摄的照片，因为他们拍的照片或者以他们为主角的照片可能会带动一个流行趋势"。第二，各类技术。例如，电梯内饰设计人员在选择为客户呈现设计效果图时"会使用VR技术。这个不是一个单纯的VR，它就像拍照片一样，所见即所得。它能做得非常清晰。有的VR是用手来进行移动，而我这个是根据手机的重心陀螺仪随动，它就像自己在拍摄一样。这种效果已经是非常好了，有真实感"。第三，各类主题。例如，影视编导在选材时，会考虑最近社会上讨论度较高的主题；幼教老师会根据动物的动作、植物的形态等设计舞蹈的动作和主题。

（3）文化背景。文化背景会影响一个人的创意风格和路径。面对同样的纹样素材，汉族人和藏族人可能会有着不同的设计风格；中国设计师与法国设计师在设计思路、材料等方面肯定有着不同的选择。这些都是文化在背后发挥作用的体现。文化背景既有可能成为创意人员创意工作的优势，也有可能会限制创意人员的思维，难以突破固有文化元素的禁锢。一位影视编导在选择拍摄题材时，"最好选择自己相对来说比较熟悉的题材和地方。如果是一个外地人去拍六安（安徽某地级市）的美食，可能相对来说就会逊色很多，因为他不了解这个美食背后的故事，或者了解起来相对来说比较困难"。同样，在设计丝巾纹样的过程中，中国的设计师会"讲究对称"，因为这些丝巾的主要消费者——中国人比较喜欢对称美。如果脱离创作者本身的文化背景，或者不注重文化在创意过程中的重要作用，是无法创作出符合现实、消费者需求乃至创意者本人满意的作品的。

（十）关于个性化创意的知识

1. 内涵界定

拥有同样的原材料，同样的创作环境，同样的创意理论，为什么有的人就可以产生令人意想不到，且具有审美和市场价值的创意想法和创意产品，而有的人却无法实现对传统的突破？为什么不同的人给出了完全不同的设计方案，但是两种方案都可以同时出色或同时失败？判断决策知识、职业伦理规范知识似乎为我们提供了解释第一个问题的答案，但是它并不能解释第二个问题，因为创造出完全不同但均出色的两个设计方案的设计者，都应该被认为具有良好的判断决策智慧和职业伦理规范知识，否则他们的作品不会被自己和他人认可。素材库知识虽然能够体现个体之间的差异性，但是素材库只是"原料"，它还需要个体的主动加工。那么在这种情况下，已有的知识类别就无法为我们区分创意人员间的一些特点。那么是否还有另外一种知识尚未被挖掘？尚未凸显出创意人员的知识特征呢？

在访谈过程中，"我"这个字被不同领域的创意人员频繁提及。当被问及为什么会产生这样一种想法或创意时，他们给出的答案往往带有强烈的个人色彩，例如，一位漫画创作者呈现出了其他漫画家围绕某作品中"男女之间爱在心里口难开"的故事情节所给出的不同的内心活动设计方案。有的漫画家认为在这个时候应该通过视角的切换和分镜的使用，给主角一种犹豫感。而有的漫画家则并没有表达出这种犹豫感，而是强调"直来直去"，强调画面的平铺感。所以，这其中创意者对现象的解读、对素材的组合、对感情的理解、对手段的运用决定了漫画最终的呈现形态与效果。

针对同一事物给出不同理解和处理方案的现象在创意界屡见不鲜。有学者认为，创意思维是从最初的内觉和意念开始的，经过意象这一中介形态，最后上升到表象和形象。它不在于强调新观点、新思想和新学说的提出，而在于强调包含、寓意，象征着一种思想、文化和价值的新意象和新表象的创立，创立新意象、新表象和新形象是创意思维的本质特征[①]。而要实现这种"新"，就必须要凭借极其个性化和内隐化的"内觉"与"意念"。可以说，表象和形象的价值在于其对已有文化、思想和价值的全新诠释与全新包装。在广告创意中，一个精心设计的广告需要经过"调查、策划、创意、表现、发布和评估"六个步骤（见图 3-19），这些步骤是整合科学与艺术，形象思维与感性思维的过程，且在这个过程中，以创意为原料的"转换"成为广告独具匠心的关键环节。如何实现从

---

① 胡敏中. 论创意思维［J］. 江汉论坛，2008（3）：71-74.

科学策划到艺术表现的转换,每个人给出的方案都各不相同,因为每个人的艺术感、审美观、素材库、理解力各不相同。尽管每个优秀的方案都使用了丰富的素材库知识、判断决策知识、创意理论知识,但这些知识如何组合、处理、理解,每个人都有个性化的内在关系模型。可以说,这种个性化的创意过程为上述提到的各类知识提供了作用发挥的空间,以试图实现更多、更好的可能。所以,我们将这种依托个体生态、极具个性特征,且服务于各类知识创造性组合及功能发挥的知识称为个性化创意知识。如果用更为通用和平实的词汇去表达个性化创意知识,也许"灵感""冲动""风格"比较适合。

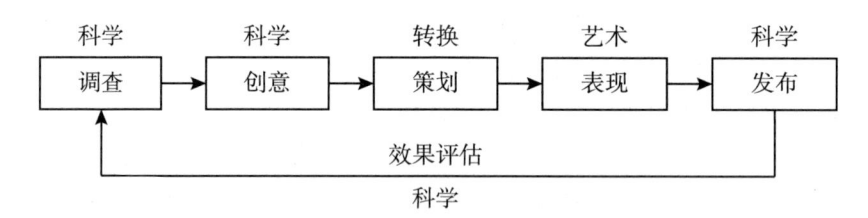

图 3-19 广告活动的模式

资料来源:程宇宁. 广告创意的本质特征研究 [J]. 广告人,2004 (5): 94-96.

2. 主要内容

(1) 个性化理念。理念是人们针对某一现象或主题所归纳或总结的思想、观念、概念与法则。它的价值在于为创意者提供知识整合、手段选择、现象理解的基本方向,是创意者价值观的体现。任何一个创意者都具有自己的一套基于特定价值观的理念体系。这个体系将影响创意的风格、价值与思想。例如,一位包装设计师认为"商品包装虽然是平面设计。但大多数时候也就像写文章一样。因为你要把你自己的感情融入进去,然后还要让别人看到之后会有一种共鸣,心灵的共振"。这样的设计理念将会使他在设计广告时充分考虑与潜在消费群体之间的互动,力争要让包装的画面与文字能够引起与潜在客户间的共鸣。在为一款插座设计平面广告时,一位平面广告设计师也充分践行了这一理念,例如,在展示功能前,他"会让产品制造商将产品实物带来,然后实际使用这一产品以体验这个产品的卖点。因为设计师要告诉别人,这个产品的优势和特点在哪儿?例如,我们是首家在插座中嵌入 USB 充电功能的。因为很多时候我们既要带 USB 线,同时也要带插座,这样的话就带来了很多的不方便。"那么广告中应该凸显这一功能为客户带来的极大的便利,以促使消费者产生共鸣,进而产生消费冲动。

(2) 个性化方法。理念是创意的指针,而方法则是创意实现的路径,个性化方法是独具匠心和个性特点的创意路径。素材挖掘和组合、情感理解与表达、环境解构与重塑的方式有很多种,创意理论知识中包括了大量前人总结的有效的实现路径。但是为了能够凸显创造性和个性化的特征，创意者需要在这些理论的基础上融入个性化的理念与思想，并通过具体的、个性化的想法、方法、思路将其变为现实。这种个性化方法充斥着创意领域。漫画家对剧情和角色的设定、服装设计师对素材的变形、幼教老师在创编儿童节开场舞时对不同音乐进行的剪辑和制作等都是个性化方法的体现。

（3）个性化内容。在理念和方法的指导下，创意工作者还需要根据创意需要选择相应的创意内容。尽管内容的选择会受到理念和方法的影响，但内容也同样是一个独立运作的系统。内容是创意者试图传达的主题和原料，是已有框架中的填充，更是创意工作的对象和载体。以电梯内饰设计为例，设计师在选择内饰材料时有多种选择，如金属材质、木质材料、玻璃以及石材材料。在综合评估用户需求、设计理念、工艺方法等因素后选择了玻璃材质。但是玻璃也有很多种类型，如何最大限度上用玻璃发挥创意效应，凸显产品特色呢？以下展示了设计师在玻璃上发挥个性化内容的过程：

"有一次我无意中看到一个厂商在做两个东西，一个是光电玻璃。光电玻璃就是在普通的玻璃上，可以进行彩色的显示。但是看不出来是一个屏幕，它就是透明的。还有一种玻璃是调光玻璃。调光玻璃主要是通过电脑进行调光，它有一层液晶膜。通电之后，它的液晶粒子会排列组合。所以它的透明度就会有所调整。这里有几张光电玻璃与调光玻璃的原理图。然后我立马就想到了把这样的技术用到我的这款产品当中。这些产品或者说这些技术有两个好处。（一是）我可以给它安装一个光电传感器。就是太阳越强，我的透明度就越低，这样就能起到遮阳的效果。因为它是漫反射。第二个就是隐私。我想让它透明，它就透明，就像窗帘一样。我想看风景，我就把窗帘拉开。我不想看风景，我就把它拉上，因为毕竟它是一个别墅电梯。我也想预防'狗仔队'，我就不让它透明。同时我还有个想法，就是把它做成想要的花纹形状。就是通电以后可以形成一些我想要的花纹。而且这个图案是可以智能调整的。这样就通过一种技术，可以通过通电或半通电的方式调整花纹的形状"。

技术是固定和成熟的，但是如何将技术的价值发挥到电梯内饰的设计中，就充分考验设计师的设计功底了。传感器的安装、花纹的设计都是设计师在理念、方法、现实条件之上的创新设计，是极其个性化的。这个过程也是"无意"的、默会的。

二、各类知识的组织方式

文创业从业人员使用的各类知识的组织方式如图 3-20 所示。

图3-20 文创业从业人员各类知识的组织方式

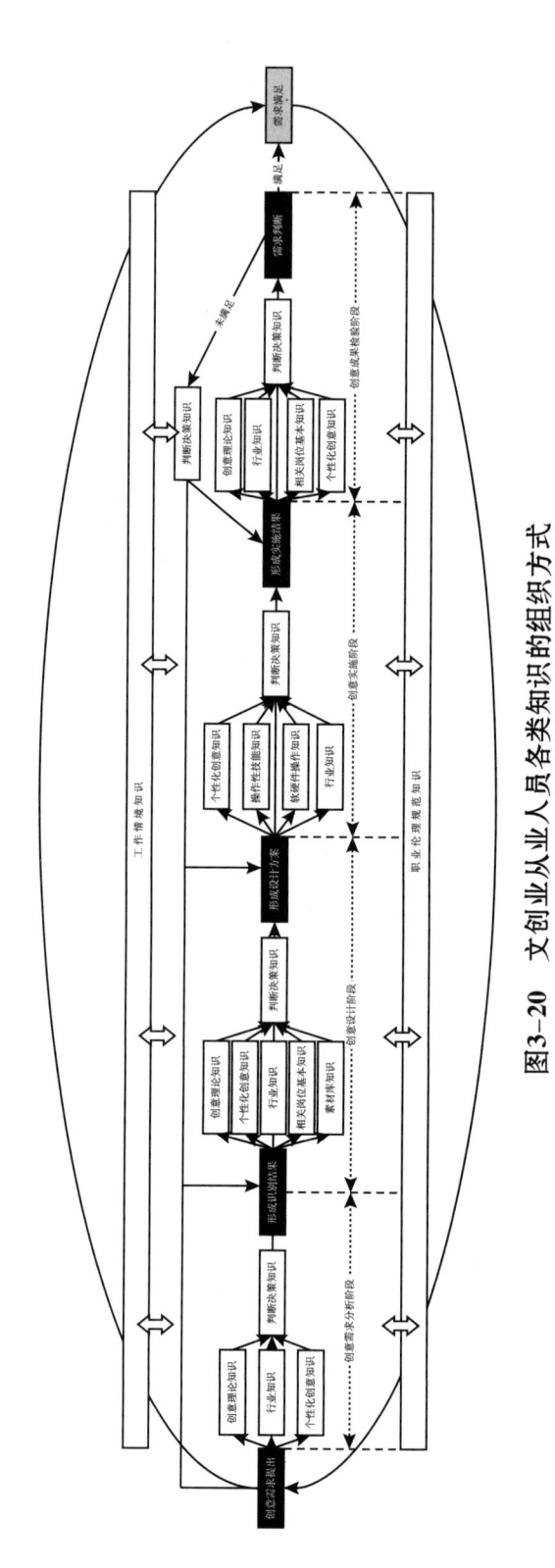

注：图中实线代表知识结构的作用机制，虚线代表工作阶段的划分。

第一，在创意需求分析阶段，创意理论知识、行业知识、个性化创意知识与判断决策知识共同发挥作用。创意理论知识的作用在于为解构和分析客户需求提供基本方向与框架；行业知识的作用在于了解行业发展的趋势，为提升工作效率、超越行业现有水平提供信息协助；个性化创意知识将为从业人员遴选可能的创意素材，激发多种创意路径。这些知识将通过判断决策知识而形成分析结果。第二，在创意设计阶段，创意理论知识将为从业人员打下具体创意设计的基石，确保创意细节符合科学认知与社会经验；个性化创意知识将为打造个性化的创意细节，形成创意的比较优势提供核心动力；行业知识将指导创意人员使用行业已有的成果，确保创意细节与行业习惯间产生互动；相关岗位基本知识将帮助从业人员利用相关岗位已有资源，协调上游岗位的需求，对接下游岗位的工作。素材库知识将为创意的实现提供源源不断的灵感；这些知识将通过判断决策知识进行反复不断地权衡、判断，最终形成设计方案。第三，在创意实施阶段，个性化创意知识将引导从业人员实施个性化的创作，在执行过程中贯彻个体对创意的独到理解；操作性技能知识与软硬件使用知识将帮助从业人员实现创意的外显化；行业知识，尤其是行业惯例将影响创作实施的细节；这些创作的具体实施行动将融合多次的判断与决策知识，形成实施结果。第四，在创意成果检验阶段，创意理论知识将帮助从业人员检视创意阶段性成果是否科学合理；行业知识将协助检视创意成果是否符合行业基本发展趋势；个性化创意知识将协助检视成果是否具有独创性；相关岗位基本知识将协助从业人员与相关部门对接，检视成果可能的市场受欢迎程度、整体质量等。这些检视的行为和结果都将通过判断决策知识形成检验结论，即究竟是否满足创意需求，如果满足则视为完成阶段性或最终目标，如果没有，则需要借助判断决策知识返回至前面几个阶段检验可能存在的问题。工作情境知识可能会影响到从业人员的分析方向与风格，职业伦理规范知识将影响从业人员的分析态度、工作效率等。

第五节　三大产业从业人员各类知识的形成机制研究

一、服务、创意理论知识和技术原理知识

服务、创意理论知识和技术原理知识是受情境影响的、在情境中迁移和应用的知识，是一种与情境相连的知识（knowledge-with）。学习理论知识的过程也不

是一个简单的记忆过程，而是要将理论与现象结合起来，在"联系"中理解理论的价值。学校教育的方式对于提升理论知识学习的效率而言具有重要意义。因为这种学习方式是基于更高级的认知水平，这种学习是自觉的，是通过语言并且脱离具体的对象和情境进行的活动，并非学生被动接受的过程，其中充满了丰富且高级的认知过程。但是，单纯的概念记忆，或脱离实践的理论学习是孤立的、没有意义的。因为理论知识的价值在于与现象、实践间的"联系"。这种联系彰显了理论的意义、角色与价值。在与经验、现象的联系中学习理论，能够让学习者的认知结构内容更丰富、作用更有效。

二、软硬件操作与工单使用知识

软硬件操作与工单使用知识的形成是操作与认知两个层面的共变。必要的操作性练习有助于从业人员形成一组"高度协调的肌肉触发和肢体运动的序列"。在教学过程中，典型工具的挑选十分重要。工具的典型程度很大程度上影响学习者认识的广度。此外，带有情境元素的工具学习有利于学习者掌握工具蕴含的"对世界的理解"，例如，工具产生的背景、功能的起源。还有利于学习者掌握丰富情境中工具的特征与使用特性，帮助学习者构建丰富的工具使用图式，形成具有个性化特征的操作模式。观察法可以被用来作为工具学习的重要手段。

三、操作性技能知识

操作性技能知识是个性化的、默会性的知识。操作技能知识或技艺知识的形成是"具身认知"的过程，且操作技能知识的习得是有阶段的。个体应通过肢体、五官等与器材、工具、客户、工作氛围的亲密接触，以体验建构脑中对职业的整体感知。技能的训练应发生于多种情境之中，教学过程中应强化熟练者（通常为教师或师傅）的示范作用和反馈作用。此外，技能的训练需要一定的理论知识的配合。

四、工作情境知识

工作情境知识的形成是员工"组织社会化"的过程。它在学校教育中无法获得，因为知识的产出、使用、调整与发展均在企业，其价值也体现在员工与企业的互动之上。但是在校企双主体育人不断深入发展的新时期，企业对学生职业能力培养的深度介入使得工作情境知识也开始在不同层面渗透进传统的职业学校教育体系之中。然而，学习工作情境知识的最佳场所还是企业，且学生要能够真实地处于企业的管理团队之中，接触真实的生产任务，付出合理的劳动并接受相应的薪资，受制度的规约。

五、判断决策知识

判断决策知识的形成是非良构问题得到解决的过程。学校应加强具体领域知识的教授，让学生在解决问题前具有相关领域丰富的知识。同时注重传授学生元认知策略；注重问题的设计，尽可能地让学校问题与真实问题间拥有诸多相似的要素，以便于问题解决能力的迁移。此外，学校还可以尝试推广和实施合作教育。

六、职业伦理规范知识

职业伦理规范知识的形成是社会规范与工作场所规范互动的过程，它具有岗位情境性和历史性，且它的形成具有阶段性。学校和企业应注重发挥榜样的作用，同时学校也应重视职业伦理规范的必要性与价值教育。这类教育是推动学生由依从到认同再到内化的动力之一，是规范内化的认知基础。但是这些知识的传授应基于特定的岗位、行业，让学生能够在具体的情境设定中了解职业伦理规范知识的意义。

七、相关岗位基本知识

相关岗位基本知识的形成需要借助两大场所的参与：一部分基础性、通用性的知识可交由职业学校等正式教育机构，通过岗位群职业教育的方式进行。而另一部分特殊性、情境性的知识则应由从业人员进入工作情境获得。获得的方式包括观察、在岗教育、自学、师徒制等。

八、行业知识

行业知识的形成则依靠内生与外生知识的互动。外生性的行业发展趋势主要以陈述性知识为主，通过一系列数据、信息、政策文本等的呈现即可获得。而内生性的行业发展趋势则需要依靠一定的行业从业经历。从业人员需要在行业的相关岗位中接触大量的人员、信息,并结合自身获得的薪资、社会地位等感觉而得到个性化的行业发展趋势知识。尽管这种知识是可以被言说和传播的,但是这个知识蕴藏着个人对行业发展的独到见解,是个人价值观、世界观、性格等的体现,所以知识的细节很难被完全复制,具有较强的个人色彩。

九、素材库知识

素材库知识的形成是知识的个性编码与长时记忆形成的过程。素材库知识的形成比较强地依赖于个体的人格特质、逻辑思维、生活经历以及一定程度的生理基础。但也正是如此,后天教育对个体素材库知识的建立也会产生十分重要的影响。可以说,个体素材库知识在很大程度上将受到个体周遭环境的形塑。所以为学习者提供丰富多元的环境体验,鼓励学生在生活与特定情境中发现素材就显得格外重要。

十、个性化创意知识

个性化创意知识的形成是个体、环境与文化的多因素作用过程。它是极具个性特点的知识,它的形成部分取决于先天因素,如智力,但后天因素对个性化创意知识的形成具有更大的影响。知识,尤其是正式知识(或称学科知识)对于创造力的培养而言至关重要。教育者应为学习者提供多样化的文化情境,并通过具有较为明确目的的任务以提升学生创造力的表现。此外还应为学生提供拥有个性化创意知识的优秀榜样。

十一、工艺技术知识

工艺技术知识的形成包括经验体系的默会传递与理论体系的编码扩散。即工艺技术知识的形成方式取决于知识的类型。对于那些可以由文字与语言直接表征的工艺理论知识,是可以通过文本理解与传授的方式获得的。但是对于经验体系下的工艺技术而言,如何根据实际情况调整已有工艺,如何在纯手工制造的环境下习得工艺,这些都不能通过知识教学的方式获得,而应该在实际操作当中获得。而且,这种习得的过程是十分漫长的,在职业技能准备阶段无法完成,需要延长至职业技能的发展与成熟阶段,甚至贯穿从业人员从业的全过程。实质上,理论体系与经验体系下的工艺技术知识是"一体两面"的关系。

十二、区域性服务知识

区域性服务知识的形成实质上是地方知识"双边缘"获取的过程。地方知识指在具体地方情境中产生、理解和应用的知识，离开特定的地方情境，知识就不具有可理解的意义和价值。那么，可以说，地方知识在当地情境下是适用的，容易理解的显性知识；而在当地以外的其他地方情境下则是不适用的，难以理解的隐性知识。从这个角度理解，作为组织内的、地域外的一线从业人员，必须要深入到地方情境当中，以成员的身份感知、捕捉和理解地方知识。地方知识的"相对显性"和"相对隐性"构成了地方知识学习的天然"屏障"。唯有扎根地方，方能获得；唯有在情境中感知，才能理解。

综合来看，三大产业从业人员使用的各类知识的形成具有以下几个特点：（1）经历正规教育场所、非正规教育场所与非正式教育场所三个空间；（2）经历前职业教育阶段、正规职业教育阶段与在岗工作阶段；（3）通过理论学习、实践操作、情境感知、要素模仿与项目实施五个途径；（4）借助文本、言语、行为、影音与氛围五种介质；（5）由学校、企业、行业、地方（社区）、家庭、社会六大主体参与；（6）以个体的身体、大脑（思维）与态度作为学习载体；（7）学习者拥有学生、学徒、从业人员、社会大众与独立个体五种身份。

第六节 知识论视角下职业教育现代学徒制的育人价值

一、知识的学习

知识的学习，指的是学习者获取知识的行为。[①] 现代学徒制的首要价值就是能够帮助学生获取到从业所需要的各种知识。这一价值体现在以下几个方面：

---

① 学习是一种有计划、有组织的行为，它与具有无意识含义的"习得"不同。吕必松（1992）把学习看作是一种行为，把习得看成是一种过程。

（一）现代学徒制提供了不同类型知识的获取情境

三大产业从业人员的知识特征中，存在一部分知识只能在一个场所获得的情况。例如，制造业和文创业中的生产情境知识是必须要工作现场才能获得的知识；服务业中的区域性服务知识是必须要扎根工作岗位所在区域中才能获得，而工作情境知识也只能在真实的工作场所中获得。现代学徒制提供了获取生产情境知识与区域性服务知识的平台。当学习者进入真实的工作场所后，他们将受到真实的工作制度的约束、操作真实的工作器械、接触真实的一线从业人员、感受真实的工作环境、处理真实的工作问题。这些元素都将促进员工的组织社会化。即使学习者在学习结束后不在实习企业工作，他也在学习过程中获得了适应环境、捕捉环境信息、处理新环境各类问题的重要性与方法。例如，学生通过与师傅间的互动了解了一线从业人员的工作心态；通过受企业的制度规范知道了未来可能在行为上需要进行调整的地方；通过与企业的各类工具和器械的操作了解了目前类似规模企业的技术水平等。区域性服务知识同样如此。例如，学习者通过与酒店前台的师傅进行了较长时间的现场学习后，能够了解酒店所在区域的经济发展水平、酒店周围企业或学校的数量对酒店客户结构的影响，进而将这一思维模式应用到未来的工作当中。

（二）现代学徒制提供了高效率获取部分类型知识的情境

有些知识可以从学校、企业、培训中心、社区乃至社会获得，但是现代学徒制提供了这些知识高效率的获取场所——学校与企业。近代学校的出现是生产力发展的必然结果，它体现了人类知识领域爆炸式增长的成果，体现了科学对技术影响的不断提升，也体现了人类追求对未知世界更深探索的野心。中国近代技术学校诞生于19世纪60年代的洋务运动。它突破了古代职业技术教育以家传世袭、师徒相传为主的形式。由国家监督厂矿企业举办专门培养技术人才的技术学校，使职业教育从劳作场所转入学校，以正规的学校教育的形式出现，促进了近代实业教育制度的确立。学校以具有标准形态的教室为基本教学场所，以教师的言语讲授为主要教学方式。这种教学方式将人类知识的精华以更高效率且系统化的方式传递给学生，使学生能够在较短时间内建立起专业领域的知识体系，以更短的时间进入到某一职业或专业中的核心领域。而企业作为现代以来传统学徒制中工作场所学习的"替代品"，以特定的价值观、行为模式、工作流程、规则规范等构成一定的学习情境，继续发挥其现场教学的功能。但是与传统学徒制中工作场所学习的过程不同的是，现代学徒制中的企业现场学习本身具有一定的结构，包括学习者的学习计划和指导者的教学方案。① 这是比利特"情境—活动结构嵌套模式"对工作场所学习的认识。基于此，学校和企业就构成了学习者结构化的学习情境。

那么，这一结构化的学习情境如何帮助学习者高效率的获取知识呢？

（1）对于理论知识而言，尽管非正规学习、非正式学习也可以获取，但是这种学习比较缺乏有目标、系统性的设计。由于理论知识数量大、关系复杂，通过专业的梳理、编码和有目的、有节奏、有监督、"支架式"的传授，可以使学习者循序渐进地、更有效率地接触到知识系统中最核心、最基础以及相对于初学者而言有价值的部分。例如，制造业从业人员在学习各类加工材料的特性时，可以按照"金属的性能—晶体结构与结晶—金属的塑性变形和再结晶—铁碳合金—碳素钢—钢的热处理—合金钢—铸铁—有色金属和硬质合金—非金属材料"的顺序进行。② 这种顺序遵循了从"金属整体特性及处理"到"常见金属的特性与处理"，再到"非金属材料"的基本顺序，是"整体到部分"和"一般到特殊"的设计逻辑。这样的逻辑，以及按照这样的逻辑所编制的教材与开展的理论教学，能够帮助学习者初步建构起材料特性与加工的系统知识，且这些知识是经过精选加工的，与生产实际更为符合。学校里的理论教学主要发挥的正是这样一个功能。

英国国王学院的克里斯托弗（Christopher Winch）教授通过对赖尔"系统知识可以通过长期实践积累起来"这一观点的批判，阐述了系统性学习理论知识的必要性。他认为获得系统基础理论的方法主要有两种：一是演绎，即行动的特别主张和相关的箴言都来自事先的现有知识；二是归纳，包括在经验积累中得出的广义命题。但是归纳模式存在两个问题：一个是由于工作中的意外事件和操作限制会使工人受到有限情境的限制，这样就限制了任何以归纳为基础的理论；另一个是"个人在不具备基础系统知识的情况下，通过理论构建获得专业技能的过程，可能会因为人的不同而非常不同……工人的个人理论，不仅以经验，还以之前调整理论的经验为基础。这将影响情感被感知的方式和以此得出的结论类型"③。所以，归纳式的系统知识获得方式是十分有必要的。这也从侧面印证了学校作为制度化学习场所所具有的合理性。

（2）软硬件操作与工单知识、操作技能知识、判断决策知识、工艺技术知识

---

① Billetts, S. R & Barker, M. Understanding Work, Learning and the Remaking of Cultural Practices [J]. Studies in Continuing Education, 2005（3）：19 - 237.

② 劳动和社会保障部教材办公室组织编写. 金属材料与热处理：第四版 [M]. 北京：中国劳动保障出版社，2001.

③ 克里斯托弗著. 职业教育的技能积累 [M]. 杨明光，等译. 北京：北京师范大学出版社，2016：188.

都包括"陈述性知识"和"程序性知识","抽象知识"与"情境知识"两部分。那么学校可以承担其中陈述性知识与部分"程序性知识"的教学部分,而企业所代表的工作场所则可以承担另一部分"程序性知识"情境化内容的教学部分。在企业中,师傅的存在可以更好地传递技能中默会的部分。甘布勒(Gamble,2001)认为,操作过程中的辅助"细节"之间的关系是无法用言语解释的,但这些细节在空间和时间上存在着一种关系,那么解释就可以通过对这种关系的发现来实现。因此,视觉化就代表了一种非明确的排序原则,并通过补偿一种清晰的语法来达到规范一致性。在观察学习过程中,师傅基于工艺对手和眼之间的相互判断进行了建模(modeling),然后演示操作的每一个步骤,而学徒则观察师傅的每一个判断以及导致的结果,学徒们将这个过程描述为"用眼睛偷东西"。[①] 长久下来,学生就学会了判断他们自己的工作。例如,学校通过理论教学、实训中心的实训教学帮助学生建立起"刮研"的基本动作规范与顺序。企业则将让学生围绕真实的工件、工具与操作需求,进一步学习工作情境化的"刮研"操作。师傅则通过模仿和指导的方式将"刮研"操作的一些个性化的诀窍传授给学生。学生则需要通过观察的方式,加上"具身"练习才能习得。

(3) 职业伦理规范知识、相关岗位基本知识、行业知识均与工作情境紧密相连。但是这些知识也可以通过学校教育期间实现第一阶段的获取,企业则提供更为具体化或更深层次的知识获取渠道。例如,学生可以通过学校教育获得关于一个行业发展的基本数据与信息,在进入企业后可以通过观察、与人交谈等方式获取关于行业的一些惯例、潜规则等更深层次的信息。

(4) 个性化创意知识与素材库知识同样会在学校教育和工作场所学习中受益,学校教育可以通过基本理论的教学,为个性化创意知识提供理论基础(如广告设计师利用"五点透视"解决客户需要更多信息呈现的需求);同时也可以提供经典案例的分析、总结、类比。企业则可以提供基于真实工作任务的目标导向式的创意知识,以及更多的鲜活的创意案例。但是由于这两类知识也与个性特征、思维特征、个人经历等有关,所以包括家庭、社区在内的社会环境也可以成为获取这两类知识重要渠道。

二、知识的意义建构

学习者在学习到知识后,还要有一个意义建构的过程。"意义建构"是指主

[①] Gamble, J. Modelling the Invisible: The Pedagogy of Craft Apprenticeship [J]. Studies in Continuing Education, 2001(2), 185-200.

体（间）对事物间联系的深刻理解。在课堂学习中表征为师生对当前学习内容与原认知结构内容间的内在联系达到较深刻或独特的理解。知识来源于认识主体对认识客体的能动反映。单纯的对客体的认识不能称为知识，只有个体赋予客体以意义才能生发出知识。① 知识的意义建构分为三个层次（见图3-21）：客观知识的学习属于基础层面，也就是本节所提到的第一个价值——知识的学习。但是这只是知识进入学生大脑中的第一步。学生需要通过接收式建构的方式达到"表层意义建构"的结果。然后经过"师生的探究式建构"，最终达到新知识的生成。

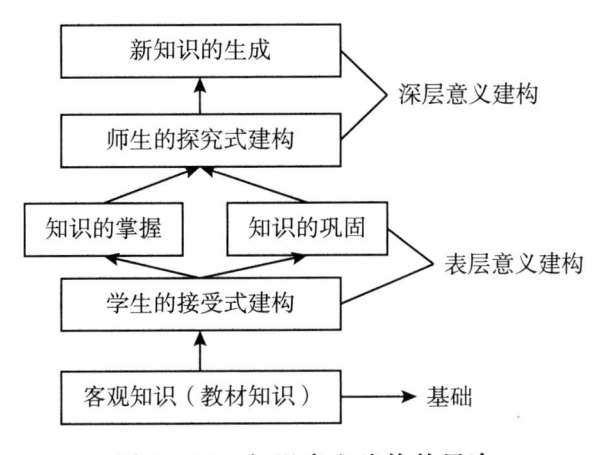

图 3-21 知识意义建构的层次

现代学徒制就提供了一个让学生拥有表层与深层意义建构的机制。一般而言，学校提供了学生学习客观知识与进行表层意义建构的空间。学校的课程安排、教学进度设计以及教学评价都是学生学习、掌握与巩固知识的手段。知识的来源主要以教材和教师的搜集整理为主，经过精心遴选过的知识将以条理化、系统化的方式成为学生进行表层意义建构的原材料。但是这一步，学生只完成了对知识的接受，而并非赋予这些客观知识以"意义"。也就是说，这些知识还是处于学生以外的知识，还未被内化为学生自己的知识。那么，学生带着这些客观知识进入工作场所，就可以被视为是一种深层次意义建构的过程。在师徒式学习的过程中，（1）学徒能够接触大量非良构问题，并在这些问题的解决过程中了解到所学知识的意义和价值。（2）师傅的行为操作和语言指导能够帮助学生深化对客观知识的认识，帮助其建构客观知识存在与应用的合理性。加德纳（Gadner，

---

① 李素敏，纪德奎，成莉霞. 知识的意义建构与基本条件［J］. 课程·教材·教法，2015，35（3）：40-47.

1991）将这个过程称为"学徒获得不言自明（self-evident）的意义"的过程。①也就是说，学徒在工作场所学习的过程中，将自觉地运用所学知识以解决实际问题，并在解决问题的过程中检验知识的学习是否有缺漏、学习的内容是否有错误、对内容的解释是否不当等，相反，在工作场所中获得的经验性知识，以及非良构问题的解决需求，也会激发学习者将问题带回到理论之中以寻求解答。正是这种不断的"应用—试误—检验—反思"的过程，使得知识的意义逐渐"不言自明"，也就是学徒/学生逐渐明晰对所学知识的意义。也正是这样的意义建构过程，使得相对于"学校学习和上岗工作"的割裂式教育而言，学徒制能够帮助学习者更快地建构专家知识，如图 3-22 所示。②

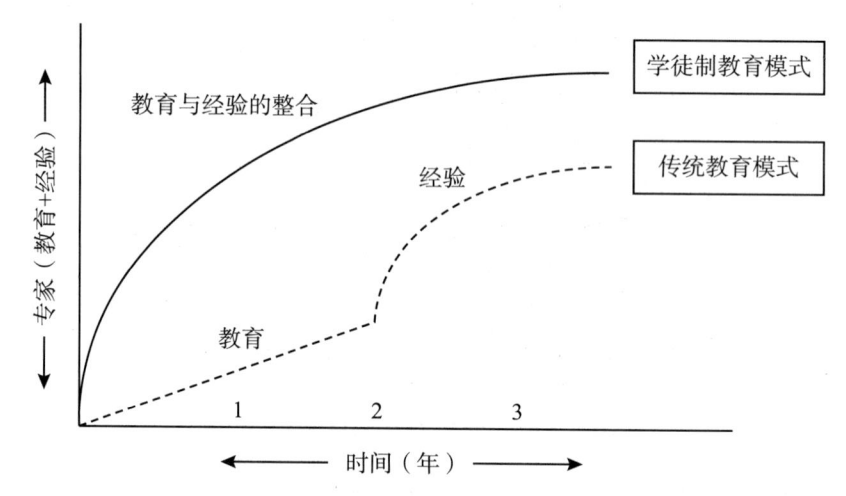

图 3-22 学徒制与传统职业教育开发专家知识的概念模型

以金属加工为例，在学校中学生会学习到不同种类的数控机床的基本参数（如转速、加工范围等）、不同材料的性质（如硬度、密度等），以及加工这些材料的基本配置（如机床转速范围、刀具类型）。但是金属的实际加工过程会受到机床精度、工况温度、材料杂质、刀具磨损度等的影响。那么书本中的客观知识就无法原封不动地应用到现场工作过程中，必须要结合具体的工作任务、工作环境、设备情况等进行调整。在这个过程中，学徒将更清楚为什么机床参数的设置需要维持在某个范围之中，为什么这种材料需要使用特定的加工方式与道具，以及如何对原有的参数进行适当调整以获得更完美的加工结果。

---

① Gadner, H. The Unschooled Mind [M]. NewYork：Basic Books, 1991.

② Apprenticeship and Economic Advantage：A Blueprint for American Industry and Public Policy in the 21st Century [EB/OL]. [2018-05-19]. http：//milestoneplanning.net/whitepapers/Apprenticeship%20Article%20Final.pdf.

客观的参数设置已经被学习者赋予了工作层面的意义与价值，客观知识已经转变为学习者的个人知识。反过来，当一位学徒发现师傅在进行"刮研"操作时采用腹部发力且轻微跳动的姿势，那么他就可能会模仿师傅的这一动作。在模仿的过程中学徒可能会发现这一动作的优势，也可能会发现自己在操作这一动作时的不便。那么学徒就会产生对"合理的刮研动作"的学习需求，进而返回到理论和案例中寻求帮助。

除了上述提到的理论知识、操作技能知识以外，（1）职业伦理规范知识同样也能够实现在学校与工作场所间的建构。学校中的道德理论教育是推动学生由依从到认同再到内化的动力之一，是规范内化的认知基础。但是这些知识的传授应基于特定的岗位、行业，让学生能够在具体的情境设定中了解职业伦理规范知识的意义。（2）对于区域性服务知识而言，学习者在扎根地方获得客观知识后，会将其转换并带入到组织（企业或学校）之中。这种转换的过程实际上是赋予这些客观知识以意义，并用其指导工作的开展。（3）由于理论体系与经验体系下的工艺技术知识是"一体两面"的关系，所以经验体系与理论体系可以互为意义建构的材料。学校所提供的显性的工艺知识可依靠企业内的隐性的工艺知识进行补充，而隐性的工艺知识可以依靠显性知识提供大部分的解释。（4）素材库知识的内容大部分来源于对周围环境的提取、抽象、改变或组合。这个过程就是将普通的素材与理论加工成具有特定价值的创意的过程，是赋予普通素材以全新意义的过程。它体现了个体对知识的个性化编码。学校与社会可以提供大量的素材，但企业则为学生提供了素材处理和赋予素材意义的抓手；（5）行业知识是内生与外生知识的互动，学校和社会所提供的外生性行业知识将通过企业内实践所形成的内生性行业知识而获得意义。（6）"相关岗位基本知识"的形成需要借助学校和企业两大场所获得。学校中获得的抽象层面的基本知识，将在企业中得到检验、修正与情境化。（7）学校中基于良构问题所形成的判断决策知识将在工作现场中得到进一步完善、修改，并最终形成基于非良构问题解决的新的判断决策知识。（8）学习工具使用知识的目的，一方面使工具操作者具有使用工具的基本能力；另一方面使工具操作者形成根据情境调节工具使用细节的能力。在工作场所中调节工具使用细节，实际上正是赋予基本操作能力以意义的表现。学习者通过在情境当中的灵活调节，了解了操作能力的实践价值。

三、知识的迁移

现代学徒制同样具备促进学习者知识迁移的价值。有研究显示，职业教育中学生在工作场所与学校之间进行的知识迁移包括四种：（1）基本知识的迁移。

(2) 原则和技能的迁移。(3) 书面材料和现实生活的迁移。(4) 经验的迁移。影响这四种迁移的因素包括沟通、财政资源与反思。[1] 本书在上述研究结果的基础上进行了拓展。实际上，知识迁移可以按照学习情境分为三种：从学校到工作场所的迁移、从工作场所到工作场所的迁移、从工作场所到学校的迁移。

(一) 从学校到工作场所的迁移

从学校到工作场所，也就是我们常说的"从理论到实践"，强调理论知识对实践的指导作用。而这一"指导作用"的本质是希望我们能够将学校中学到的理论知识顺利地迁移到工作场所之中以解决实际问题。但正如上述分析，工作场所中存在着大量的非良构问题，且工作场所的各种要素与学校环境有着很大差异。但是现代学徒制中的"多种情境过渡"为学习者提供了理论到实践的"缓冲地"。现代学徒制中的"工作场所学习"是有支持、有指导、有反馈、受保护的学习。在这样一个环境中，虽然学徒面临的是真实的工作场景，但他可以在较小压力的前提下主动去验证理论知识的真实性。由于现代学徒制中的教学、学习与评价都是结构化的安排[2]，学校教学与工作场所教学间的要素实现了较高程度的匹配与衔接，那么这种验证也就更有效率和目的性，更能够促进学生知识的迁移。师傅在其中起到十分重要的作用。师傅的每一个行为、每一个问题、每一处思考、每一次提醒都是学生调用知识的"锚"。长期的迁移，能够使学生形成大量问题解决的图式，以及理论向实践迁移的方向和着重点。当学徒完成学业进入新的工作场所后，他（她）就可以更好地利用这些图式与迁移经验以解决实际问题。所以学校到工作场所（就业）的迁移，实际上是依赖于学校到工作场所（实习实训）而实现的（见图 3 - 23 中的 $XA - XB$）。实习实训背景下的工作场所为这种迁移提供了一种"设计、保护与缓冲装置"。

(二) 从工作场所到工作场所的迁移

这种迁移指的是从业人员从一个工作场所到另一个工作场所中的知识迁移，可以被理解为"已有的实践经验对新的实践的指导"。一线从业人员的知识结构中包含大量从工作场所实践过程中获得的知识，如工作情境知识、判断决策知

---

[1] Kilbrink, N. & Bjurulf, V. Transfer of Knowledge in Technical Vocational Education：A Narrative Study in Swedish upper Secondary School [J]. International Journal of Technology and Design Education，2013，23 (3)：519 - 535.

[2] 这种"结构化的安排"并非指的是用良构问题替代非良构问题。而是学校围绕工作场所大量的非良构问题而准备必要的理论知识。理论知识也许无法完全涵盖问题解决的需要，但缺少的知识可以从"实践到理论"的循环中继续补充。

识、区域性服务知识、操作技能知识等，几乎每一种知识都在工作情境的参与下呈现出了新的内容与特点。这些知识具有天然的"实践性"，是存在并流动于工作场所之中的知识。这些知识的获得与传播也必须要依托于工作场所，以及工作场所中的"人"，尤其是有着指导关系的师傅。古代师徒制中师徒间技能、价值观、行事风格、人脉关系等的"打包式"传授正是这种基于工作场所的默会知识传授的体现。现代学徒制为学生或学徒提供了工作场所之间知识的迁移机制。在现代学徒制人才培养模式中，政府、行业、企业以制度（如教学内容标准、资格框架、企业员工管理制度等）规范了学徒在企业内的言行举止，以设备与工作环境影响着学徒对生产过程的印象和对某个行业的基本判断，以师傅的个人魅力形塑着学徒对岗位的态度以及企业内为人处世的基本守则，以丰富多样的客户需求感染着学徒对职业，尤其是对服务他人的伦理认识。这些内容难以从以学校为主的正规教育中获得，也难以在以社会生活为代表的非正式教育中高效率获得。只有学徒在企业的生产或服务环境中，在与师傅或同事间的接触与交往中才能真正了解和领悟这些知识背后的价值与意义，并将其迁移到未来的任何一项工作当中（见图 3-23 中的 AB 以及 $AB-BC$）。

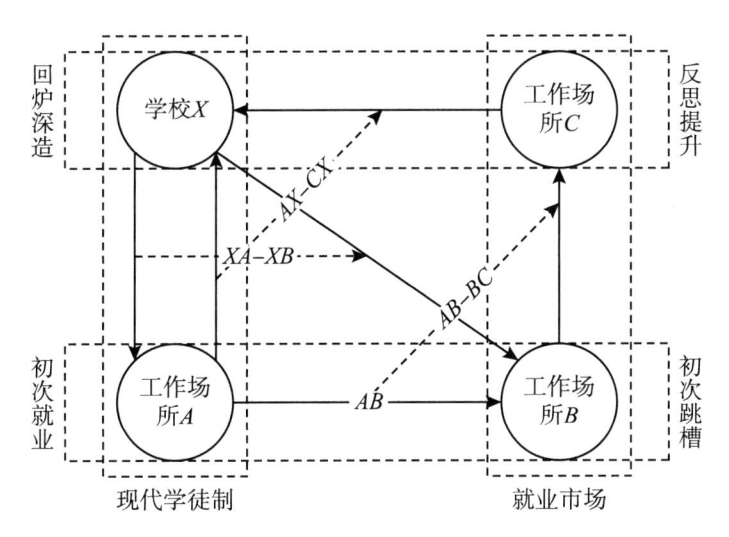

图 3-23 现代学徒制促进知识迁移的机制

比较典型的是工作情境知识的迁移。工作情境知识的形成是员工"组织社会化"的过程，这些知识在学校教育中无法获得，因为知识的产出、使用、调整与发展均在企业，其价值也体现在员工与企业的互动之上。而将企业引进学徒学习的过程中，通过真实企业的实践获取工作情境知识，形成个体化的对工作情境知识的体悟，则可以帮助学生减少未来入职期间可能出现的"组织社会化"障碍。

（三）从工作场所到学校的迁移

这种迁移是实践经验上升为理论的过程。它的价值在于拓展经验指导未来实践的广度与深度。现代学徒制中的工学交替与周期性、阶梯化的设计则能够促进学徒将实践经验提升为理论层面的思考。

从工作场所到学校的迁移需要依靠个体的反思与总结。一方面，现代学徒制的"工学交替"设计，给了学习者以"理论视角"思考实践问题的机会。当学徒通过实践操作解决了若干个问题以后，他（她）将通过反思性技能对问题解决的过程进行深度思考、总结、凝炼，并从中得出一些关键性结论，而后回到理论世界中寻求支撑与解释，最终形成一个具有理论依据与实践智慧的解决方案；另一方面，现代学徒制的阶梯化设计，能够帮助学习者在学习和从业的不同阶段找到理论的不同价值。例如，普通从业人员在解决实际问题的过程中遇到问题，在实践知识无法应对的前提下便会寻求理论的帮助。即使是实践经验能够解决新问题，这种"不确定性"依然促使着一些从业人员通过继续学习以消除"不确定性"（见图 3 – 23 中的 $AX - CX$）。

行业知识、个性化创意知识、素材库知识、工艺技术知识、操作技能知识等都蕴含着从工作场所到学校的迁移痕迹。实际上，一些出现在课堂中的理论知识本就是工作过程中总结出的优秀经验。例如，第四节提到的"创意理论知识"，有很多都来源于业界实践的经验总结和不断修正。而"个性化创意知识""素材库知识"则更具有"实践智慧"的特点，它们是个体实践经验形成的"个性化创意理论"，指导着个体创意活动的开展。

四、知识的创新

已有研究表明，学校校企合作行为、企业校企合作行为对创新型人才创造力有显著影响[1]，且企业校企合作行为各维度对创造力的影响力超过学校校企合作行为[2]。所以可以预见的是，校企合作的确有助于个体知识的创新。但是以现代学徒制人才培养模式为基础的校企合作是否能够发挥出同样的知识创新的效果呢？野中郁次郎和竹内弘高提出的 SECI 模型可以为这个问题给出答案。

---

[1] 覃庆华. 校企合作教育对创新型人才创造力的影响研究——组织创新鼓励的中介作用［J］. 技术经济与管理研究，2018（4）：43 – 48.

[2] 徐小英. 校企合作教育对技能型人才创造力的影响研究［D］. 武汉：武汉大学，2011.

SECI 模型是知识创造过程的抽象表征。野中郁次郎和竹内弘高认为，知识创造的过程是一个充满辩证的过程，其中涉及暗默知识与形式知识、身体与精神、个体与组织等多重对立事物间的辩证统一。企业组织可以通过暗默知识与形式知识之间的转换来创造和利用知识。知识的创造主要由四个阶段构成：第一个阶段是共同化（socialization），指的是从暗默知识到暗默知识的过渡，在操作层面即通过直接体验分享和创造暗默知识；第二个阶段是表出化（externalization），指的是从暗默知识到形式知识的转化，在操作层面即通过对话和反思将暗默知识表述出来；第三个阶段是联结化（combination），指的是从形式知识到形式知识的过渡，在操作层面即对形式知识及信息进行系统化并且加以利用；第四个阶段是内在化（internalization），指的是从形式知识到暗默知识的转化，在操作层面即实践中学习和获取新的暗默知识。[①] 知识的创造始于共同化，在经过表出化、联结化和内在化的过程后实现形式知识与暗默知识的融合吸收以及在"质"与"量"上的扩大（即创造新知识的过程），并开启新一轮的知识螺旋，如图 3-24 所示。

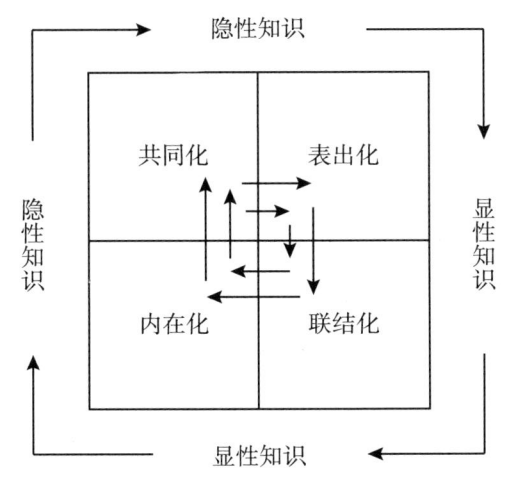

图 3-24 SECI 模型

SECI 模型的价值在于它反映了知识的类型、学习的情境、互动的方式等如何影响创新要素的迸发。总体来看，SECI 模型在知识创新上体现出了以下三个特点：（1）知识创新是形式知识与暗默知识融合的过程。暗默知识与形式知识是两种极端的情形，但是二者之间可以相互补充、互相依存，二者之间还彼

[①] 竹内弘高，野中郁次郎. 知识创造的螺旋：知识管理理论与案例研究 [M]. 李萌，译. 北京：知识产权出版社，2006：8-9.

此相互渗透。新知识则是通过暗默知识与形式知识之间的相互作用而被创造出来；（2）知识创新是二元情境融合的过程。SECI 模型所描述的知识创造"二元情境"包括两个层面的内涵：一是个体与组织的"二元情境"。二是行动情境与反思情境的"二元情境"。（3）知识创新是实践行动与学习反思融合的过程。四个阶段大致呈现出"理实交叉"的状态，在每个阶段中也融合着理论与实践的互动过程。①

回到现代学徒制中，在现代学徒制"理实一体化"与"理实交叉式"安排中，学生在企业里由经验丰富的师傅主导对暗默知识的学习，并与师傅就生产实践问题做深入交流，形成暗默知识之间的过渡；接着学生进入学校由教师传授基本理论知识，并将在企业中遇到的部分困惑带到课堂里进行讨论和沉淀，形成形式知识与暗默知识的第一次碰撞；讨论的过程综合运用融合多要素的工程知识，其结果指向知识的学习和问题的解决，形成一套完整的知识理论体系与问题解决方案，导致形式知识与形式知识间的过渡；然后学生继续进入企业，将问题的理论解决方案和课堂的所学代入生产实践的情境之中，形成形式知识与暗默知识的第二次碰撞，并最终导致知识创造的第一层螺旋的完成。这便是现代学徒制促进知识创新的内在机制，如图 3-25 所示。

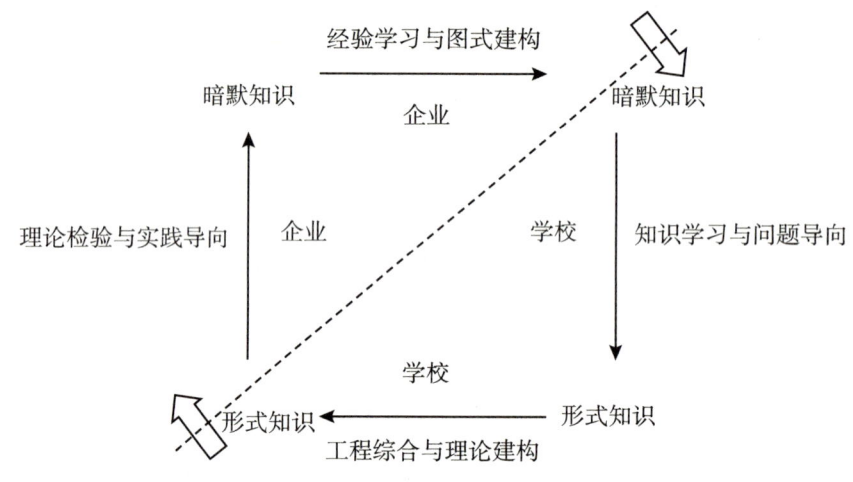

图 3-25 现代学徒制促进知识创新的内在机制

---

① 李政，徐国庆. 现代学徒制：应用型创新人才培养的有效范式［J］. 江苏高教，2016（4）：137-142.

五、知识间的联系

无论是制造业、服务业还是文创业，这些产业从业人员的各类知识中存在着错综复杂的联系。"一种合乎理想的完备的知识就代表这样一个相互联系的网络"①。这个网络可以被视为教育社会学家迈克·杨（Michael Y.）口中"职业知识概念化"的载体。迈克·杨认为，职业知识的获得需要搭建理论知识和工作知识之间的桥梁，而这一桥梁便是"再情境化"——通过一定的课程模式、教学策略将理论知识融入工作实践之中，让学习者在学习过程中不仅能够掌握工作实践需要的工作知识，更能够获得实现了"情境化"的理论知识，从而实现理论知识与工作知识在学习者头脑中的有机整合，而整合之后所形成的便是职业知识，这一过程便可称之为职业知识的概念化。这个过程能够使学生的认知超越当前的岗位实践经验，当工作场景发生了变化时，依然能够从容应对。② 知识间的关系能够让学生将理论知识与工作知识以一定的方式，在一定的情境中灵活运用和组合。而且知识间的联系实际上也正是知识"再情境化"的路径。因为当学习者在关系网体会到了某类知识的价值与功能后，他（她）就能凭借这一基本认识在不同情境中合理安排知识的位置与出现的时间，也就是我们所说的"学会学习"。

对于一线从业人员而言，这些联系具有以下几个特点：（1）这些知识并不是按照传统的学科逻辑进行组织的，而是围绕工作任务加以组织的。工作任务及其生出的工作目标是从业人员学习与利用知识的出发点。从业人员是基于"如何完成这个任务"或"如何达成这个目标"而调取知识，并非学问环境中的基于"如何构建系统性的知识体系"。正如杜威（Dewey）所言："职业是信息和观念的组织原则，是知识和智力发展的组织原则。职业给我们一个轴心，它把大量变化多样的细节贯穿起来，它使种种经验、事实和信息的细目彼此井井有条"。在杜威眼里，职业"好像磁铁一样吸收资料，又好像胶水一样保存资料。这样组织知识的方法是有生命力的，因为它是和需要联系的"③。（2）知识间的联系是发生在职业情境下的联系。那么职业情境中的元素（如岗位性质、工作场所人际关系等）会对个体知识的组织产生影响。而且这种影响对每个人的作用方式和效果会有所不同。（3）知识间的联系主要发生在工作过程之中。工作过程是从业人员

---

① 杜威著．民主主义与教育［M］．王承绪，译．北京：人民教育出版社，2001：356.
② 王亚南，石伟平．职业知识概念化的内涵意蕴及课程实现路径——麦克·杨职业教育思想的述评及启示［J］．清华大学教育研究，2017，38（4）：78-86.
③ 杜威著．民主主义与教育［M］．王承绪，译．北京：人民教育出版社，2001：325-326.

使用知识的基本逻辑，只有在工作过程中才能凸显知识间最真实的协作关系。（4）知识特征兼具普遍性与个性化的特征。有些联系发生在跨职业乃至跨行业的工作过程之中，但是有些联系则更多地凸显出个人对知识理解的结果。

知识间的联系包含两种类别：一种是空间层面的联系，即各类别知识之间的关系；另外一种是时间层面的联系，现有知识与以前知识以及未来知识间的联系。这也是杜威口中的"知识"，因为他认为知识就是认识一个事物和各方面的联系。体现在知识特征中就是过去的知识、现在的知识以及未来可能的知识。这样，知识就具有了时空两个维度。这两个维度分别代表着两类不同的知识间的"联系"。那么我们该如何培养从业人员的这种"联系"呢？

现代学徒制人才培养模式的设计提供了培养这种联系的环境与要素。（1）工学交替式的设计有助于明确知识在时间维度上的联系。工学交替本质上是检验知识的内涵、价值与意义的螺旋式设计。它允许学习者通过"理论到实践再到理论"的多环节重复，不断检验已有知识特征的合理性，使用过去的知识去解决新的问题，进而形成过去的知识与现在和未来的知识之间的联系。当我们通过数轮"理实交叉"后建立起了稳定的知识在时间维度上的联系后，我们对待工作任务或任何工作情境中的事物就更为"自由"。因为我们拥有了针对工作任务和事物的广泛的联系，这些联系能够帮助我们间接地了解和处理一个新任务和新事物。（2）现代学徒制发挥了真实问题/任务的驱动功能。企业中的真实工作任务，抑或是培训中心中来源于工作现场但又经过了特殊设计的工作任务，能够成为学生形成知识间空间维度联系的抓手。基于真实工作任务形成的知识间的联系才是真实的、有效的联系。因为这种联系暗含了对非良构问题解决的思维，是接近真实需求的。（3）现代学徒制为学习者提供了参与真实的工作过程与项目的机会。真实的工作过程与项目是学生组织知识联系、形成真实、有效的知识串联逻辑的基础。职业教育中脱离工作过程的知识系统化，与普通教育中脱离知识学科逻辑的系统化一样，都无法最佳呈现出知识演化与应用的状态。（4）师傅的参与，为学徒知识间联系的修正、完善与个性化发展提供了参照和指导。正如前面提到的那样，知识特征具有普遍性与个性化双重特点。在工作场所中与师傅基于观察与模仿的互动，可以为学徒提供一个反省原有知识联系，学习师傅（专家）知识联系的机会。学徒可以通过观察、询问、模仿等体悟师傅是如何在工作过程中使用知识的，以及为什么这些知识在此刻可以被使用，它的价值如何。基于对这些问题的回答，学徒还可以将自己的个性特征，以及对问题的独到理解与习得的经验相融合，以创造出具有个性化，且能够解决问题的知识间的联系机制。

六、知识的迭代与更新

产业技术、生产组织方式、消费市场瞬息万变，从业人员需要不断地更新自己的知识储备，以适应工作场所中发生的变革。对于产业从业人员而言，随着企业对组织学习、组织创新、团队协作的不断重视，工作任务与工作技术复杂度的不断提升，知识的迭代与更新已非过去简单的阅读、技术自学等即可完成。知识的更新越来越成为一个在时间与空间层面具有多元性和连续性的终身学习的过程。不同时间段的学习内容与深度各不相同，不同场所的学习内容及学校重点也有所侧重，不同时间段与空间学习的内容还需要相互交融与互动，围绕工作任务而生发出新的创意、技术、知识与成果。可以说，知识的迭代与更新已经超出了某个时间段、某个角色以及某个空间，成为从业人员不断发展自我的手段。

现代学徒制为学习者提供了三种知识迭代与更新的机制。

（一）基于阶梯式设计的知识迭代与更新机制

例如，英国的学徒制分为四级：基础（中级）学徒制、高级学徒制、高等学徒制和学位学徒制。不同级别学徒制的定位目标各不相同，基础学徒制重在一线普通技能人才的培养，相当于我国的中等职业教育；学位学徒制的目标在于为国家培养重点行业的高质量高技术人才，相当于我国的应用型本科或更高层级。学徒毕业后所取得的国家职业资格等级逐级提升，高等学徒制与高级学徒制毕业生毕业后还可获得学位。任何个体可以根据自己先前的学习认定情境，基于国家职业资格框架选择更高层级的学徒制。由于每个阶段的学徒制都有着不同的人才培养目标及相对应的知识与技能培养的内容与方法，这种阶梯式的学徒制设计能够允许个体根据工作和个人发展需求自由、灵活地进入学徒制教育体系中，实现基于不同时期、不同目标的知识更新与迭代需求。比较典型的是对理论知识的获取。职业生涯发展的不同阶段会经历不同类型和复杂度的工作任务，这些工作任务对理论知识的深度与广度需求也各不相同。那么从业人员可以根据从业需要，选择合适等级的学徒制以更新理论知识。

（二）基于工学交替的知识迭代与更新机制

由于与行业及企业存在时空间隔，行业与企业发展的前沿信息与改革举措很难能够及时反映到学校教育当中。这就导致学校所传授的部分知识可能无法适应现代企业或区域内企业的需求。另外，企业可能也存在对相关领域最新科学研究及其应用成果获取的阻碍。那么工学交替的设计就可以为学习者、学校以及企业提供有效的知识迭代与更新机制：学习者可以通过工学交替的形式更新区域内行业一线的工作信息，尤其是设备、企业规模、行业发展趋势等信息。企业从业人员和学校教师则可以依托工学交替这一模式，通过建立有效的沟通机制，以实现科学研究与工作实践间的信息流动。在这一机制中，行业知识、理论知识、软硬件与工单使用知识的迭代与更新较为典型。因为这些知识更新迭代速度较快，且部分知识具有典型的区域性特征。

（三）基于教学评价结构化的知识迭代与更新机制

现代学徒制拥有结构化的教学、学习与评价设计，其中最核心的是基于学校教育与工作场所教育的课程框架。这些课程框架会根据需求定期更新，且更新的结果会直接影响学校与企业教学的内容。由于这些课程框架是由产业界主导，教育界参与所指定的框架，故能够在一定程度上反映产业界人才培养的真实需求。课程框架以及其他内容标准的更新能够促进学习者知识的迭代与更新。

七、知识学习兴趣的激发与非认知技能的提升

如何激发学生的学习兴趣，利用学生的非认知技能提升学习效果，一直是教育者们关注的重点。针对这一问题，很多心理学家、教育学家给出了他们自己的见解。杜威认为，当学习者拥有选择学习什么以及怎样学习的权力时，当他们完成对他们而言有意义的任务，尤其是那些"确实需要完成"的任务时，当他们在一个共同努力的社区里工作时，学习的动力会被激发。虽然年轻人是他们自己学习的积极推动者，但他们并不是唯一的建设者。课程应该围绕着长期的任务、问题、重要的社会主题、文化认可的学科和活动（杜威有时称之为通过职业学习）来组织。此外，由于杜威看到了更大的社会环境迅速变化，他相信年轻人必须为不可预知的未来做好准备，迎接新的问题和新的知识需求。在这种情况下，他们必须准备好成为终身学习者、实验者和问题解决者。[1]

如果杜威强调的是学科经验，那么蒙特梭利（Montessori）则强调目的性[2]。她认为，孩子们在严格的、相对具体的任务上学习得最好，而且这些任务是他们可以控制的；完成一项任务的过程本身就是一种激励；这些任务应该与课堂之外的真实世界相呼应。教师的角色是建立环境，使孩子们能够独立工作，观察和引

---

[1] Dewey, J. The School and Society [M]. Chicago: University of Chicago Press, 1990.
[2] Montessori, M. The Montessori Method [M]. New York: Frederick Stokes, 1913.

导。在孩子不能完全解决自己的问题时，教师才能进行干预。

维果斯基（Vygotsky）反过来强调，思维从根本上是由社会调节的。直接的社会环境和文化作为整体提供了原料和机制。① 通过观察、模仿和社交互动，年轻人的"潜在"成就将在实践中被唤醒，直到内化成为他自己的财富。成年人在帮助不成熟的学习者将日常学习的知识与特定领域的专业知识和技能联系起来时，扮演着特别重要的角色。

布鲁纳（Bruner）则认为，当年轻人有机会"深入沉浸于一种重要的活动（consequential activity）中——不是隐喻、模拟和替代的体验时，学习的动力才会被激发"。② 当一个特定的想法、过程或信息被认为是有价值的时候，并且当它是可以立即使用的时候，他们就会被激励去学习。他们也有动力去模仿那些有价值的个体，并参与到他们的文化中去，成为社会互惠网络的一部分。

这四位学者分别从任务的特性、学习的方式、情境的熏陶三个方面阐述了唤醒学习者学习兴趣的要点。现代学徒制也分别在上述三个层面给出了现实层面的解决方案：

（一）现代学徒制提供基于真实需求的任务

企业工作任务的真实性来源于任务背后的社会需求。工作场所中的任何一项工作任务都有其现实逻辑与内在动因。这个工作任务可能是一个更大的工作任务的一部分，或者它本身就是一个完整的项目。例如"使用 45 号钢生产 1 000 个规格为 8×80 的螺帽"。单从任务的表述上看，它似乎与学校中课本上出现的问题没有什么区别。但是一旦它出现在企业的订单中，就被赋予了一种社会关系。也就是说，这个任务连接了企业与客户，它被赋予了赚取利润、维持企业信用乃至维持社会生产体系正常运转的责任。这种责任一旦落实到生产者个体的时候，就具有了真实性带来的内在驱动力。员工完成的不再是一个缺少社会评判、检验的问题，而是一个攸关企业信誉、个人收入乃至社会运转的实实在在的任务。这个任务是客户提出的真实需求，是工作情境知识的一部分，所以也是员工"组织社会化"的重要媒介。这样，真实的工作任务产生了与学校外部世界的联结，且任务十分具体，给学生带来一种责任感，驱使学生投入精力去完成。

---

① Vygotsky, L. Mind in Society [M]. Cambridge, MA：Cambridge University Press, 1978.
② Bruner, J. Toward a Theory of Instruction [M]. Cambridge, MA：Harvard University Press, 1966：69.

（二）现代学徒制注重榜样（师傅）的"替代强化"作用

"师傅"这个群体是现代学徒制从传统学徒制中继承下来的最宝贵元素。而之所以保留这一元素，原因之一便是师傅带给学徒的"唤醒"与激励作用。从学校进入工作场所的学生在经历真实的工作任务前总是缺乏自信的。这种不自信来源于基于良构问题所形成的知识特征与非良构问题情境间的不匹配。当学生发现教室或学校实训室中的布置、氛围以及完成的任务与企业给出的任务有差距时，基于责任感以及维持可能存在的"自我效能感"，新进学徒可能会产生心理上的畏惧。而师傅的作用就是为学徒的操作提供示范，为学徒建立操作的自信，让其不再惧怕操作可能导致的失败。而潜藏在学徒内部的"模仿"冲动也将随着师傅的鼓励和监督而被挖掘。不断重复的"试误"过程逐渐消除学徒心中的不确定性，并最终达到师傅肯定的目标。班杜拉的"替代强化"作用机制认为当一个人观察到别人的行为时，会产生两种认识：一个是认识到行为所导致的结果是什么，如外界对此行为的反馈与强化；另一个是认识到此任务的难度如何及其行为方式。所以师傅的操作能够通过被学徒观察而对学徒产生强化或抑制效果。所以师傅的鼓励与教学方法至关重要。师傅必须要循序渐进地选择任务交予不同层级的学徒，并在合适的时候给出恰当的评论与指导，防止不当示范、要求与评价降低学生的自我效能感。

（三）现代学徒制注重非良构问题情境的熏陶与引导作用

非良构问题情境的最大特点是"不确定性"。这种不确定性包括任务的不确定、任务执行过程中可能存在的不确定、任务结果得到反馈的不确定。也正是因为这种不确定，使得工作场所能够成为锻造技术能手的"主战场"，因为不确定的任务为从业人员提供了多元问题情境的解决机会，进而使从业人员能够拥有更多的问题解决图式。解决非良构问题需要更丰富的知识储备、更复杂的思考过程以及更强大的非认知技能。每解决一次非良构问题都是从业人员知识特征的一次完善乃至重组，而应对不确定性过程中产生的成就感也能够激发个体不断探索新问题的动机。

第七节　知识论视角下职业教育现代学徒制的实施策略

一、从制度到思想：树立现代学徒制服务个体"经验生长"的育人理念

就业与升学、技能训练与知识习得、理论与实践等常被视为两个相互对立的元素，并真实地呈现在职业教育的办学进程中。在杜威看来，职业是学校作业的延伸，它"给了我们一个轴心，把大量变化多样的细节贯穿起来，使种种经验、事实和信息的细目彼此井井有条"。[①] 相应地，职业教育也应该是能够整合种种要素（例如，显性知识与隐性知识、理论知识与实践经验、人文与科学）的过程。在这一过程中，学生的经验不断生长，能力倾向不断明晰，职业观念不断形成，最终走向适合他自己发展的道路。可见，职业教育的过程设计是极其重要的。但是当我们有意地割裂两个原本连续的要素，并刻意地再将两个要素机械地结合在一起时，就无法达到想要的效果。改革开放以后，市场化浪潮破坏了"厂内师徒式学习与厂办技校学习融合"教育机制的生存土壤。而为了能够让人才培养满足企业需求，职业技术学校就不得不在已有校企分离的基础上重新拼接"工作本位学习"和"学校本位学习"。这种拼接的结果就是去情境化的知识学习与技能训练，以及低效率地向工作场所"迁移"，甚至出现了被人诟病的"廉价劳动力"现象。"拼接式"发展固然有其现实背景，例如，职业技术学校实训条件差。但其问题源头在于发展思维的"二元"分割。正是因为我们在微观上的技能训练与知识学习、学校学习与工作场所学习的割裂，宏观上的理论与实践、就业与升学、学校与社会的割裂，才造成了职业教育"异化"之结果。正如杜威所言："按照各种工业和专业现在的做法，给予学生技术上的准备，教育改造是不能成功的；仅仅在学校照样模仿现有的工业状况，教育改造更难成功。问题不在于使学校成为制造业和商业的附属机关，而在于利用工业的各种因素使学校生活更有生气，更富于现实意义，与校外经验有着更密切的联系。这个问题是不容易解决的"。[②] 实际上，种种"割裂"均有其深厚的社会基础乃至哲学源头。在

[①] 约翰·杜威著. 民主主义与教育 [M]. 王承绪, 译. 北京: 人民教育出版社: 325.
[②] 约翰·杜威著. 民主主义与教育 [M]. 王承绪, 译. 北京: 人民教育出版社: 332.

阶层差距仍然明显的社会里，这种"割裂"也暂时无法彻底消除。但是经济发展的成就以及人民对更高质量教育的需求为消解"二元"分割创造了氛围，而以现代学徒制为代表的技能形成机制则为消解提供了条件或执行框架。

"现代学徒制"的模式设计带来了技术技能人才培养模式的深刻变化：企业从一开始就与学校共同设计和制定人才培养方案、课程体系与教学内容，不再是以前单纯的"企业模块"叠加。工作场所全程贯穿技能形成的始终，不再只作为"实习期的场所"。学生的知识整合以工作过程为逻辑主线，以真实的工作任务（非良构问题）为焦点，真正在组织、内容、时间、空间层面做到了"理实一体化"。学校和企业也将在现代学徒制这一框架下进一步延伸至在岗职业培训与职业提升阶段，两者成为促进技术专家成长的持久动力。

所以当我们始终在制度层面聚焦或争论"现代学徒制"的是是非非时，应该看到"现代学徒制"背后更深层次的育人思想。在不同国家，与"现代学徒制"相似的制度都是基于促进就业、技术技能人才培养、维护行业协会利益等不同目的而推出的，也就是说这些制度的出发点各不相同。但是这些制度在形式与内容设计上却存在高度相似之处。如上述提到的企业主导、校企双主体育人、围绕工作过程，聚焦工作任务（问题）、理论实践一体化，甚至出现了阶梯式的学徒制体系等。与单纯的学校职业教育或单纯的工作场所师徒制不同，这种育人模式的推出体现了新的育人理念：服务个体的"经验生长"。我国职业教育开始由"就业教育"阶段迈入"生涯教育"阶段。除了实现促进就业的基本功能以外，更要通过现代职业教育体系与终身职业教育与培训制度的建设，实现职业教育促进生涯发展的目标。现代学徒制提供了持续有效"经验生长"的基本模式与通道。职业教育人才培养模式变革，首先应该树立促进个体"经验生长"的理念，其次用这一理念去审视现代学徒制在促进个体知识建构中的价值。事实上，知识的建构是伴随着"经验生长"的过程而实现的。

二、从学习场所结合到学习共同体的建立：搭建多主体协作育人机制

从业人员知识特征的形成是一个时间、空间连续的过程。在这其中，学校和企业作为最主要的两大主体，发挥着促进知识结构从简单到复杂、从设计性到实践性的发展。而连续的发展过程需要一个内部高度整合、相互协作的资源库做基础。这个资源库包括知识特征发展所需要的师资力量、实践场所、课程资源、资金投入等。从业人员知识特征的形成，是一个多主体协作的过程。在这个协作的过程中，每个主体围绕不同类型的知识，分别在新手、高级入门者、胜任者、精

通者、专家不同阶段发挥相应的作用。只是在不同阶段，主体间发挥作用的形式与重要性不同而已。如果在时间维度，我们将技术技能人才的培养视为一个由新手到专家的长时间的过程，那么在空间维度，技术技能人才的培养也可以被视为一个"学习共同体"协作的过程。过去由学校与企业的双主体结构应逐渐过渡到由学校、企业、行业、家庭、社区、政府、社会共同参与的多主体结构。在这个结构中，以学校为代表的正规教育场所，和以企业为代表的非正规教育场所构成了技术技能人才发展的两大场所，但是由家庭、社区、社会等构成的非正式教育场所也应被纳入人才发展的框架之中。它们构成了个体生存与发展的基本环境，是部分知识的重要来源。政府与行业扮演的是"决策者"或"缓冲器"的角色，它们既可以成为知识的提供者，也可以成为已有知识的筛选者。

从当前现代学徒制试点的情况来看，将家庭、社区以及社会纳入已有的主体结构还缺乏一个基本条件：那就是现代学徒制的"终身化"。因为家庭、社区与社会对知识特征形成的贡献主要存在于非学校职业教育阶段。在我国终身职业教育与技能培训制度尚未建立的前提下，家庭、社区与社会很难能够进入技术技能人才培养的"决策圈"。即使考虑到了这些主体的重要性，也会因为这些主体的"内部成员复杂且情况多元""长时间、隐性的作用发挥方式"等而难以对知识进行提炼与组织化。所以，将这三大主体纳入知识建构的主体是一个长期的过程，这个过程至少需要两大基础：一是建立起终身职业教育与技能培训制度，至少拥有阶梯式的、延长至在岗期间的学徒制；二是将家庭、社区与社会提供的知识纳入从业人员知识特征形成与评价标准之中，并探索基于社区活动、社会实践活动、行业体验等为基础的新教学模式。

三、从地方标准到系统标准：关键领域控制下标准制定的均权模式

标准问题是质量问题，更是权力问题。它不仅涉及区域技术技能人才队伍的建设，还涉及中央、地方与学校围绕课程所展开的"权力博弈"。从现实层面来看，我国东部、中部、西部、东北部地区经济发展水平、产业结构、人口结构差别较大，区域内企业对人才结构的需求、职业院校的软硬件与师资梯队建设、政府对职业教育事业发展的观念与投入也各有特色。这就使得在地方层面建立现代学徒制的标准体系更有现实层面的合理性。但也正是因为各地区间存在的客观差异，使得国家层面通过内容标准兜底职业教育质量、平衡区域间的教研水平差异、规范职业院校的办学过程也变得更为重要。所以国家与地方之间应围绕现代学徒制的质量建设进行权力协调，在确保国家对教育质量进行统筹管理与调控的

基础上，尊重地方职业教育现代学徒制开展的独特需求。

但是围绕现代学徒制质量建设的标准有很多，例如，内容标准、评价标准、企业遴选标准、师傅遴选标准、甚至学徒遴选标准等。是不是国家在所有标准的建立上都要体现意志呢？或者国家对于各种标准建设的干预程度究竟几何？实际上，国家介入所有标准建设既不可行，也没有必要。首先，国家层面对标准建设进行干预的目的是"质量兜底"，而并不是设置各层级技术技能人才达到的具体标准。其次，很多标准（如企业遴选标准、师傅遴选标准等）的内容难以"一刀切"，国家统一制定的意义不大。相反，还有可能造成打击企业和师傅参与积极性的后果。最后，国家对标准干预仅限于"现代学徒制"的学校教育阶段，因为这一阶段中国家拥有干预的中介——学校。当学生/学徒进入劳动力市场，服务于特定企业以后，他（她）的知识特征完善需求就与企业的发展需求紧密相连。国家对一线从业人员在岗发展的倡议更多的是通过鼓励政策而非强制性政策体现，因为这一阶段的教育行为更多的具有了市场化的色彩。此外，这一阶段国家调控技术技能人才成长的手段从教育转为人力资源，即通过职称评定的方式实现对技术技能人才职业生涯发展的鼓励，所以国家层面教育手段的作用自然被淡化。总而言之，国家与地方之间应建立起"关键领域控制下的均权模式"。

"均权模式"[①]来源于课程政策领域，指的是课程决策过程中的集权式与分权式相结合（见图3-26）。而"关键领域控制下的均权模式"则是强调国家对关键领域进行调控，并在其他领域保持国家与地方和学校之间的均权状态（见图3-27）。具体而言，（1）在现代学徒制的各类标准制定中，国家应重在内容标准（或称"内容框架"）的制定。因为内容标准是影响学生/学徒知识建构的最重要因素，也是影响技术技能人才队伍建设的核心要素。内容标准的制定将牵涉到办学的各个要素，不仅能够体现国家对现代学徒制育人的统筹调控，又能间接影响学校和企业在其他方面的行为。此外，内容标准的制定需要耗费大量的人力、物力与财力，职业教育发展投入较低的地方很难能够制定出高质量的内容标准，故可以将这一部分交由国家完成。但是这并不代表地方层面在内容标准上毫无发言权。由于国家层面制定的内容标准发挥的是"质量兜底"的功能，那么它只能在形式与内容上规范最基本的要素。地方可以在国家标准的基础上进行再开发，根据当地产业人才需求和职业教育发展特色适当增加和扩展部分内容。[②]内容标准的"模块化"是解决内容标准制定中国家与地方需求相结合的有效方案。（2）国家可以在企业遴选、师傅遴选、学徒管理等方面提出原则性建议，地

[①] 黄忠敬. 课程政策 [M]. 上海：上海教育出版社，2010：147.
[②] 徐国庆，李政. 职业教育国家专业教学标准开发：理论与方法 [M]. 上海：华东师范大学出版社，2017：113.

方和学校根据实际情况主导这些制度的建立。这样，国家与地方能够围绕现代学徒制的育人质量形成良性互动，共同促进学生/学徒知识完整、有效地建构。

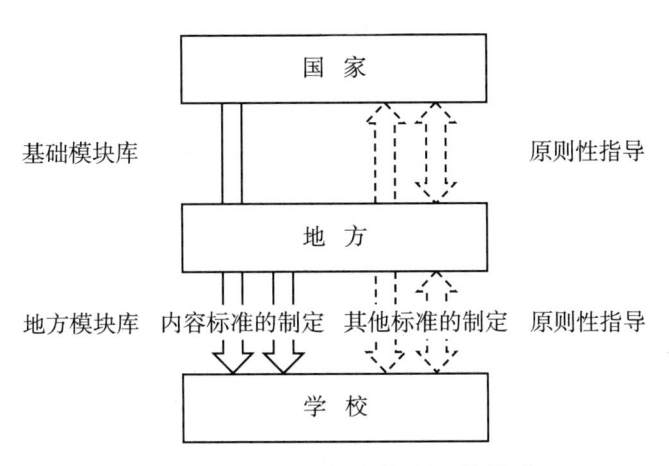

图 3-26 课程决策的均权化模式

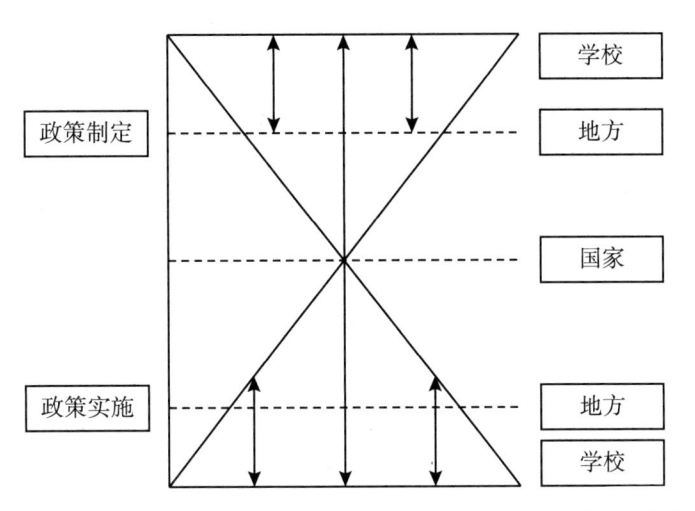

图 3-27 标准制定模式——关键领域控制下的均权模式

四、从职业能力到核心素养：基于岗位情境的职业教育核心素养培养

在各行业从业人员的知识特征中，我们可以看出一个合格乃至优秀的从业人员不仅应具有熟练的操作技能，更应具备一定程度的理论知识功底，拥有对工作情境的适应和把控能力，以职业伦理规范知识规范自身的职业行为，对行业具有一定的洞察能力，具有信息搜集和对周围事物的观察、提炼能力，完善、发展和

利用个体对知识间复杂联系的认识，依靠判断决策知识解决复杂的非良构问题，具有自我激励等非认知技能等。尽管这些知识和能力不是学校职业教育阶段就可以实现的，但它代表着我们对企业未来人力资源需求的新认识，以及现代学徒制围绕这一认识所形成的人才培养目标系统，那就是基于岗位情境的职业教育核心素养的培养。

职业教育人才培养目标经历了从操作技能为主的阶段，到以职业能力培养为主的阶段，再到以核心素养为主的阶段。[①] 核心素养是学生在接受相应学段教育过程中，逐步形成的适应个体终身发展和社会发展需要的必备品格和关键能力。它是关于学生知识技能、情感、态度、价值观等多方面要求的综合体。[②] 德国的设计导向职业教育、美国的 SCANS 能力框架等都是核心素养在各国实践的产物。之所以在职业教育领域提出"核心素养"这一概念，是为了应对 21 世纪人类社会深度变革的新背景，以及劳动力市场不断变化、职业流动性强、工人失业风险高的现实问题。从三大产业从业人员的知识特征中，我们可以看出，一些知识类型共同存在于三大产业从业人员之中，如理论知识、软硬件使用知识、操作技能知识、工作情境知识、判断决策知识、职业伦理规范知识等。而对于某个特定产业而言，内部的很多岗位则共享更多种类的知识。除此之外，以监控学习为代表的元认知技能，以及以学习动机为代表的非认知技能开始对岗位任务的完成产生十分重要的影响。这些条件预示着过去"知识+技能+态度"的三维目标或者以职业能力为核心的培养目标无法涵盖从业人员不断变化的就业环境与需求，尤其是相同类型知识在不同岗位中的交互影响。各类知识在某种程度上可以被视为与"核心素养"或"关键能力"相类似的概念。也就是说，三大产业从业人员的培养应该注重对这些类型知识及其相互关系的渗透，并创造条件帮助学生实现知识的迁移应用。

但即使是相同的知识在不同的岗位中也会有着细微的差异，这种差异甚至还会出现在不同工作场所的相同岗位之中。造成这种差异的原因在于技术技能人才的各类知识实际上是工作场所的元素（物理、心理、语言工具和设备）、规范性结构、工作职责分工和社会集体之间的多媒介交互作用。[③] 真正的知识、能力一定要结合具体的工作情境去提升。所以当我们以"核心""关键"等词形容职业能力时，容易忽视"职业能力体现在真实工作任务完成的细节"这一基本现象。

[①] 陈宏艳，徐国庆.职业教育学生核心素养体系构建：背景与思路 [J].当代职业教育，2018（1）：22-26.

[②] 辛涛，姜宇，林崇德，等.论学生发展核心素养的内涵特征及框架定位 [J].中国教育学刊，2016（6）：3-7.

[③] Stevenson, J. Concepts of Workplace Knowledge [J]. International Journal of Educational Research, 2002, 37（1）：1-15.

此外，由于各类型知识之间并非孤立存在，而是在工作过程中按照目标、步骤和工作任务的性质进行组织，所以在抽象层面理解和培养学生的知识结构，必然导致学生知识学习过程的离散与知识使用的割裂。为了解决这一问题，教育者应该让知识的形成充分体现在具体的工作任务和岗位情境之中，在知识类型和组织方式的框架下挖掘具有职业特色的知识细节，帮助学生扎根实践，促进各类知识在工作场所的"落地生长"。

五、从单一阶段设计到多元阶梯设计：彰显现代学徒制的"终身性"

现代学徒制所体现的"经验生长"的育人理念，客观上要求现代学徒制基于现有学段进行延长，并根据不同群体的发展需求，对理论与实践学习的时间和内容进行针对性设计，例如，前面提到的英国学徒制阶梯式设计。正如里兹万（Ridzwan，2014）所言，"现代学徒制绝不仅仅是一个技能培训制度，而是一个终身学习制度"[1]。在我国，现代学徒制的试点主要集中在中等职业学校和高等职业院校。应用型本科和具有专业型硕士点的高校尚未开展普遍性的现代学徒制试点。同时针对企业在职员工的企业学徒制也仅限于在岗学习为主，除了那些拥有企业大学的大型企业以外，中小企业员工的在岗培训缺少正规教育的参与。

实际上，一些学校和企业之间已经开始针对在岗员工进行现代学徒制的课程设计尝试。表3-4是广东某高职院校汽车检测与维修技术专业与捷豹路虎汽车培训中心、经销商等针对不同类型的企业员工合作开发的课程体系。可以看出，不同生涯发展阶段的员工在公共基础课与专业基础课的要求上相同，均需要完成一定的课时的学习，并通过英语等级考试与计算机水平测试。但是在职业教育分级课程与企业证书课程的要求上有等级差异。此外，对于刚毕业或工作不满一年的学生，其项目课程的评估标准与更长年限员工的不同。而沈阳农业大学作为地方应用型本科高校，也在畜牧兽医学院等学院内围绕相关专业开展现代学徒制的育人尝试。该学院将现代学徒制中的"工作场所学习"引入人才培养当中（见图3-28），将企业的生产实习与毕业实习与校内的实验、课程实习、课程设计结合起来，并在第七学期和第八学期安排学生进入企业参与完整实习。学校与企业根据人才培养需求重新设计课程体系、课程标准、培养标准等[2]。尽管它们是全国为数不多

---

[1] Ridzwan, C. R., & Yasin, R. M. Cultivating Learning: A Grounded Theory of Skills Acquisition for Vocation in Modern Apprenticeships [J]. Procedia - Social and Behavioral Sciences, 2015, 174: 275-282.

[2] 韩杰，白文林，尹荣焕，原婧，陈晓月，韩小虎，刘宝山，刘丽霞. 现代学徒制模式在本科院校人才培养实践中的借鉴与探索——以沈阳农业大学为例 [J]. 畜牧与饲料科学, 2017, 38 (10): 84-86.

的在岗员工现代学徒制以及应用型本科现代学徒制的两个案例，但随着人们对现代学徒制育人价值的不断挖掘，从制度层面将现代学徒制应用到更高学历与更多场合的情况将指日可待。

表3-4　　　　在岗员工现代学徒制课程体系设计实例

工作时间	公共基础课+专业基础课	公共选修课	职业教育分级课程	捷豹路虎企业认证证书课程	捷豹路虎工作项目课程
工作未满一年的企业员工或高中毕业生	完成规定课时且合格，通过英语AB级考试和计算机水平测试	10学分以上	一级至四级课程	一级、二级课程	累积一年以上
工作满一年未满三年的企业员工	完成规定课时且合格，通过英语AB级考试和计算机水平测试	10学分以上	二级至四级课程	根据已取得认证证书确定，至少达到2级	根据员工企业工作实际现场评估
工作满三年未满五年的企业员工	完成规定课时且合格，通过英语AB级考试和计算机水平测试	10学分以上	三级至四级课程	根据已取得认证证书确定，至少达到2级	根据员工企业工作实际现场评估
工作满五年未满六年的企业员工	完成规定课时且合格，通过英语AB级考试和计算机水平测试	10学分以上	四级课程	根据已取得认证证书确定，至少达到2级	根据员工企业工作实际现场评估

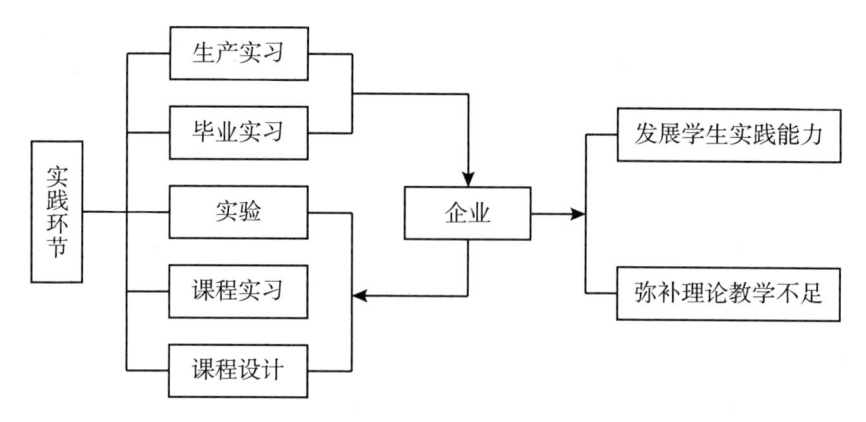

图3-28　沈阳农业大学畜牧兽医专业"现代学徒制"育人模式设计

2014年，教育部颁布了《现代职业教育体系建设规划（2014－2020年）》（以下简称《规划》），《规划》强调"高等职业教育规模占高等教育的一半以上，本科层次职业教育达到一定规模。建立以提升职业能力为导向的专业学位研究生培养模式"。可见，学历制度的设计为现代学徒制的多元阶梯式设计提供了基础。打破职业教育的学历"瓶颈"，就是让这些现代学徒成为技术工人的同时，能够获取更高学历，实现社会阶层之间的正常流动，技术工人也能够成为国家公务员、高级科研人员、某领域的专家学者等[1]。基于此，未来职业教育现代学徒制的阶梯式设计可以按照如图3－29所示进行：学校教育阶段的学徒制被称为"学校现代学徒制体系"，工作岗位中的学徒制称为"在岗现代学徒制体系"。学校现代学徒制体系根据学历层次可划分为中等职业教育、高等职业教育、应用型本科、专业硕士、专业博士五个阶段的学徒制。学徒/学生在每个阶段的学徒制结束后都可以直接进入工作岗位工作。进入工作岗位后同样拥有现代学徒制的培训模式，且根据职称等级可对现代学徒制进行针对性的设计，以满足从新手到专家的不同阶段知识结构建构的需求。

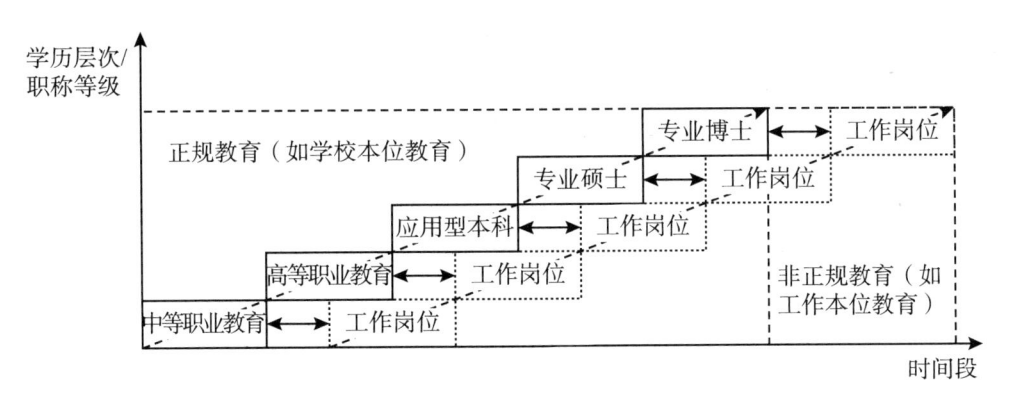

图3－29 我国职业教育现代学徒制的阶梯式设计

六、从简单移植到行业特色：鼓励基于区域行业特点的模式改进

不同产业和行业从业人员的知识具有鲜明的行业特性。这决定了现代学徒制在各个产业或行业内的实施应充分尊重从业人员知识类型的特点，体现行业特色。

---

[1] 现代学徒制需破学历教育瓶颈［EB/OL］.（2015－08－26）［2018－06－21］. http://news.163.com/15/0826/00/B1TF5R5200014AEE.html.

学校与企业在开展现代学徒制时，应从以下几个方面考虑模式设计的行业特色：（1）考虑行业生产/服务的特点对工学交替的影响。有的行业的生产工作具有明显的周期性或季节性，例如，畜牧业、农业、部分食品加工业、航空业、旅游业等。这些行业在与企业进行合作开展现代学徒制时，应充分考虑企业生产进程的基本特征，将企业生产周期作为工学交替安排的重要因素。争取让学生能够在深度参与企业热门季节的生产和服务的过程中，以获取更多类型的知识，建构更贴近生产实际的知识；（2）考虑行业特色知识的培养对课程设计与教学方法的影响。文创业中的素材库知识与个性化创意知识需要更多地依靠学生生活经历的滋润、多元情境的刺激、师傅的榜样引导等，所以文创类专业可以根据这一特点创造性地安排多元化的教学方法，如实地采风、师徒项目式合作。甚至可通过小范围的创意比赛激发学生的创意。而服务业和文创业中的行业知识培养则可以通过行业讲座、参加展会等方式开展教学。（3）考虑行业经营模式对校企合作模式的影响。例如，在文创业中，诸多创意大师并不依附于某个企业，而是以独立工作室的形式开展市场运营。那么这种校外的工作室，或者将大师引入校内成立的工作室也应被视为工作场所。这一点在软件行业、游戏行业等也有体现。这些行业的主要工作场所中工作情境知识较为淡化，往往一个设备（如电脑）就可以完成工作。工作信息的交流主要集中在互联网，或者工作的讨论对工作环境无特殊要求。（4）考虑区域内行业现阶段与未来人才需求对现代学徒制的实际需求。学校应基于区域内企业的人力资源需求实情，并综合考虑企业的技术水平、未来若干年内区域内企业的发展态势与消费市场发展情况等信息，评估现代学徒制实施的层次与重点。尤其是一些新兴产业，相关企业规模较小，且员工队伍非常年轻，在企业学习与在学校学习相比不存在明显优势；或尚待转型的专业，合作企业技术设备较为落后，正在进行转型升级，显然不适合学生在岗学习。①（5）考虑行业工作过程对个体知识关系形成的影响。在培养学生形成知识间关系的过程中，相关专业所对应的岗位应根据实际情况选择逻辑主线，如产品、工作对象、操作程序、设备或系统的结构、岗位、典型工作情境等。工作过程能被大多数岗位用于探索知识间的关系，但教师或师傅也应根据企业的实际情况，从效率、难易度等入手作出更优化的决策。

七、从普及到适合：注重现代学徒制的适用性问题

原则上讲，所有的岗位都可以应用现代学徒制解决人才培养的问题。但是这

---

① 七类专业慎选"现代学徒制"［EB/OL］.（2017-12-18）［2018-05-22］. http：//www.sohu.com/a/211134192_243614.

里存在一个人才培养效率和必要性的问题。从知识论的视角来看，现代学徒制解决的是一个具备复杂知识特征的技术技能人才的培养问题，对于那些只需要简单或单一知识的岗位而言，现代学徒制的应用未必能够为人才培养带来正面效应。例如，对于简单的零件组装岗位，数天甚至几个小时的培训就能让一个从业人员上岗，因为这种岗位的工作任务只需要简单的操作知识或技艺知识，对于其他知识类型的需求并不显著。而对于那些单独的数控机床程序设计员而言，由于他们的工作任务是程序设计，更依赖于技术原理知识，所以对于企业的一线实践并没有长期的需求（因为程序的调试等可以在非生产环境进行，即使是生产环境中的程序调试，也只是非连续性的工作需求）。现代学徒制的长期应用可能会降低人才培养的效率，造成不必要的资源浪费。所以现代学徒制的应用涉及一个适用性问题。它是由工作任务的特点所决定的。实际上，一项基于德国数据的研究显示，高学徒制使用率的地区，其岗位的电脑替代率与雇佣两极化情况都比较低[①]（见图3-30）。这也从侧面说明了某些岗位的智能化程度会影响学徒制的适用。所以，尽管现代学徒制体现了技术技能人才培养思想在现代产业环境下的新需求，但是由于我国产业发展的地区不平衡，以及对人才培养效率的较高需求，使得我们必须要注重现代学徒制人才培养模式在现阶段的适用性问题。简而言之，并不是所有专业都有必要采用现代学徒制的方法培养人才，一个专业也并不是在所有地区都必须采用现代学徒制人才培养模式。

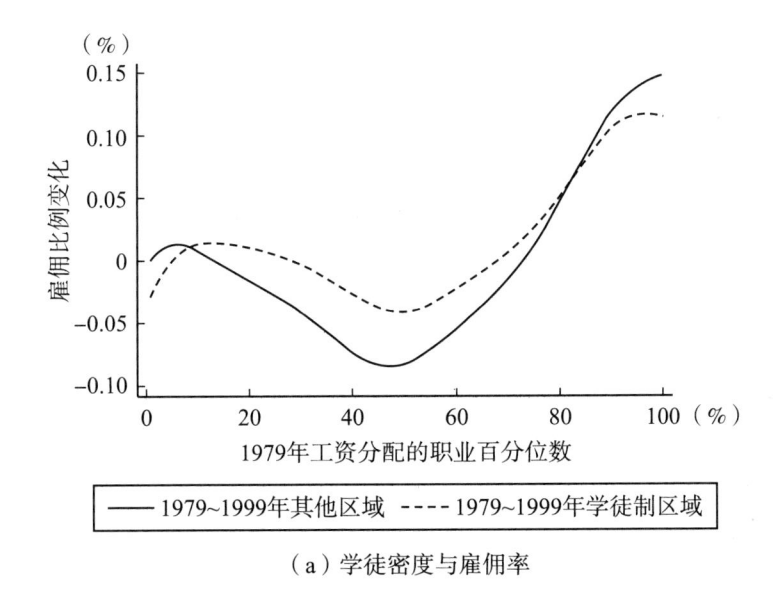

（a）学徒密度与雇佣率

---

① Rendall, M. & Weiss, F. J. Employment Polarization and the Role of the Apprenticeship System [J]. European Economic Review, 2016 (82): 166-186.

(b) 学徒密度与计算机应用

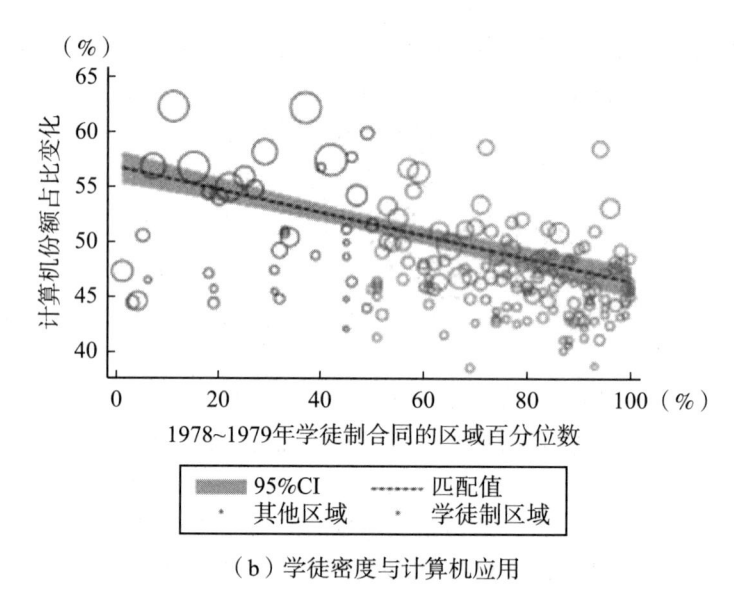

图 3 - 30　学徒制的使用率与岗位的计算机替代率之间的关系

基于上述判断，学校或行业在考虑相关专业或岗位是否使用现代学徒制人才培养模式方面，可以使用本书提供的知识类型框架，对本地区相关产业的人才需求进行分析。在教育资源需求与供给矛盾较为突出的情况下，应重点将资源投入到对复杂知识特征有需求的岗位人才培养中。对于智能化程度高（如编程）或对操作技能要求有单一要求（如非物质文化遗产传承）的岗位及其对应的专业，则可以考虑以学校教育和传统学徒制为主的人才培养模式。

第八节　本章小结

工业社会后期，尤其是部分西方国家进入后工业社会时期以来，学徒制的技术技能人才培养模式开始在发达国家以及一部分发展中国家得到广泛运用。我国也于2014年起开始在全国开展现代学徒制的试点工作。多年的试点工作积累了若干值得推广的宝贵经验，但是也产生了很多思想观念层面与操作层面的问题。其中最为根本的问题则是"中国现阶段为什么要实施现代学徒制"。对这一根本问题的回答，既是我国产业转型阶段职业教育人才培养模式改革的需求，也是建构现代学徒制人才培养模式基础理论的需求。

现有的关于"现代学徒制"价值的研究主要展示了现代学徒制之于政府、学校、雇主、学徒四个利益相关者的外在价值（如经济价值），但缺乏对现代学徒制实践价值本源的探索，忽视了影响职业教育人才培养的关键要素——产业，也忽视了对人本身的关注，其中最关键的是缺乏对学徒和企业专家的关注。而"知识论"为我们回答这一问题提供了有益的视角。对知识特征的探索，将允许我们从根本层面回答"培养什么样的人"以及"如何培养人"的问题。所谓"知识特征"，指的是各类知识的属性及其组织方式。本章立足哲学、心理学、管理学、教育学等学科的研究成果，以制造业、服务业、文化创意产业从业人员的"知识特征"为切入点，通过深度剖析各行业从业人员工作过程中表征出的知识特征，并分析这些知识的形成机制，以探索现代学徒制在产业转型背景下的职业教育人才培养中所具有的价值，以及需要完善之处。

为了能够分析出三大产业从业人员的知识特征，本章以"扎根理论"为方法论，以出声思维法和观察法为数据收集方法，根据"产业""从业经历"和"典型工作任务"三个维度遴选了11位制造业一线从业人员、16位服务业一线从业人员、12位文化创意类产业一线从业人员，对他们在完成典型工作任务过程中形成的出声思维报告与观察记录信息依据施特劳斯（1987）三级编码（开放式编码—轴心编码—选择编码）进行编码，并对编码进行情境分析，最终形成了三大产业一线从业人员的知识特征：

（1）现代制造业一线从业人员使用的知识主要包括以下八个类型：关于技术原理的知识、关于工艺技术的知识、关于软硬件使用的知识、关于操作技艺的知识、关于生产情境的知识、关于判断决策的知识、关于职业伦理规范的知识以及关于相关岗位的基本知识。这些知识围绕"思考与设计—实施—核实与决策"的工作过程，形成了特殊的组织方式。

（2）现代服务业一线从业人员主要使用九类知识：关于服务理论的知识、关于区域性服务的知识、关于软硬件操作与工单使用的知识、关于操作技能的知识、关于判断决策的知识、关于工作情境的知识、关于相关岗位的基本知识、关于行业的知识、关于职业伦理规范的知识。每种类型的知识中又包括不同类型的内容。这些知识围绕"需求识别—方案设计—方案执行—执行结果的判断与决策"的工作过程，形成了特殊的组织方式。

（3）文创业一线从业人员主要使用十类知识：关于创意理论的知识、关于个性化创意的知识、关于软硬件使用的知识、关于操作技能的知识、关于判断决策的知识、关于工作情境的知识、关于相关岗位的基本知识、关于行业的知识、关于职业伦理规范的知识与关于素材库的知识。这些知识围绕"创意需求分析—创意设计—创意实现—创意检验"的工作过程，形成了特殊的组织方式。

以上分析出的这些知识具有各自的形成机制：（1）服务、创意理论知识和技术原理知识的形成强调要与经验、现象相联系；（2）软硬件与工单使用知识的形成是操作性与认知性共变的结果；（3）操作技能知识或技艺知识的形成是"具身认知"的过程；（4）工作情境知识的形成是员工"组织社会化"的过程；（5）判断决策知识的形成是非良构问题解决的过程；（6）职业伦理规范知识的形成是社会规范与工作场所规范互动的过程；（7）相关岗位基本知识的形成需要借助岗位群职业教育与企业情境学习；（8）行业知识的形成则依靠内生与外生知识的互动；（9）素材库知识的形成是知识的个性编码与长时记忆形成的过程；（10）个性化创意知识的形成是个体、环境与文化的多因素作用过程；（11）工艺技术知识的形成包括经验体系的默会传递与理论体系的编码扩散；（12）区域性服务知识的形成实质上是地方知识"双边缘"获取的过程。

职业教育现代学徒制人才培养模式具有"多元主体参与""多种情境过渡""双身份多导师""工学交替运作""周期灵活设计""教学评结构化"等特点。结合三大产业从业人员知识特征分析的结果，本章认为，职业教育现代学徒制在培育从业人员各类知识的过程中表现出以下七大价值：（1）为学习者提供了不同类型知识学习的情境；（2）促进知识的深层次意义建构；（3）促进知识从学校到工作场所的迁移、从工作场所到工作场所的迁移，以及从工作场所到学校的迁移；（4）促进学习者的知识创新；（5）提供了培养知识间联系的环境与要素；（6）促进不同时期学习者知识的迭代与更新；（7）激发了学习者的学习兴趣，并培养了学习者的元认知与非认知技能。

为了进一步拓展现代学徒制在培养现代产业一线技术技能人才上的价值，未来现代学徒制应树立现代学徒制服务个体"经验生长"的育人理念；搭建多主体协作育人机制；在标准建设领域实施关键领域控制下的均权模式；注重基于岗位情境的职业教育核心素养培养；通过多元阶梯式的设计彰显现代学徒制的"终身性"；鼓励基于区域行业特点的模式改进；注重现代学徒制的适用性问题。

第四章

生涯发展视角下职业教育现代学徒制的价值研究

现代学徒制的根本目的是促进"人"的发展,其核心是师傅指导学徒获得适应现代化生产的技术技能。研究现代学徒制实施的作用,还要从个人职业生涯发展的角度出发。在真实工作场所中,参与学徒制的对象是企业一线员工,他们大都从事技术操作相关的岗位,学徒经历可以说是他们从新手向企业专家发展的必经之路。为了回答"学徒经历是否能够促进个体职业生涯发展"这一问题,本章以职业生涯理论为视角,解构学徒经历中的哪些关键要素能够促进个体职业生涯发展,进而回答现代学徒制在促进人才培养方面的改进策略。

第一节 学徒经历对个人职业生涯成功影响的研究设计

本节从研究构想、方法介绍、资料搜集、调研实况、编码分析等几个方面交代了研究设计的全貌。资料搜集和编码分析部分探讨了本书的研究取向,并强调了本书在资料搜集和资料分析方面的特色。

一、教育理论中对人的生涯发展的思考

(一)教育发展形态的变化及对人的培养

教育形态是指由教育者、受教育者和教育影响这三个要素所构成的教育系统

在不同时空背景下所表现出来的不同实体形式。教育形态根据不同的参照标准存在不同的划分。按照教育规范化程度的不同，教育形态可以分为"正规教育"与"非正规教育"，以及"前制度化教育""制度化教育"与"非制度化的教育"。

1. 前制度化教育形态

中国古代家塾与个体手工业作坊中的"学徒学习"是前制度化职业教育的重要形式，它与生产实践高度相关，主要表现为有技术经验的师傅或作坊主向学徒进行某种特定的技术传递，使其能够掌握行业技术技能。这类个别教育的特征表现为：（1）一名教师或师傅对于年龄悬殊、文化程度参差不齐的学生、学徒分别授课与技艺传授，即使对于年龄、程度相近的学生也是如此；（2）虽然教育内容大体相同，但是每个学生或学徒的学习进度与能力不同，即使学生或学徒们同在一起学习但是学习的内容各有不同；（3）无固定的修业期限，这种个别教育属于非制度化的教育形式，其优点在于办学形式灵活多样，并且能够根据不同学生或学徒的特点进行因材施教。此外，作为非制度职业教育形态的学徒制表现为：一是教学内容主要来自生产实践中的经验或师傅常年总结的工作经验；二是教学方式主要是观察和模仿，学徒在与师傅共同劳动的过程中，观察和模仿师傅的实践操作获得工作相关的经验技术；三是教学过程与实践生产紧密相连，师傅传授学徒知识和技术在真实工作场所中发生，学徒技术的掌握也是通过在实践中的反复操作过程中不断地积累，学徒学习过程和工作过程之间难以分割；四是学徒学习的评价方式是以学徒完成一件代表其技术技能水平的作品，作为师傅考评的主要参考。但是无论是个别教育中学生与教师之间还是学徒制中的学徒与师傅之间都存在半依附关系，并且师傅本身承担较多的重复劳动，阻碍了教育工作的改进。

这种教育形式不利于教育对象的扩大，同时因为缺乏相应的教育制度与规范的约束，导致师傅对学徒放任自流，长此以往，教育质量的保证将完全取决于师傅本人的职业道德与态度。随着教育对象的扩大以及教育内容的变革与扩充，班级教育逐渐代替个别教育。"至一师能教千万人，必由高足弟子传授"，这类教育形态是西欧国家制度化集体教育的萌芽，称为"班级授课制"，班级授课制的出现主要是为了提高教育效率，集体教育制度的出现揭开了教育过程社会化的序幕。它把学生集体作为教育对象，实现了从外延上提高教育效率的途径；但是这种把学生集体作为教师与各个学生之间中介的方式，也使得师生之间的关系疏远化与抽象化，衍生出教育过程社会化与个性化之间的矛盾。

2. 制度化教育形态

制度化教育的实体以近代学校的出现为标志。教育实体产生以后，因构成教育活动的诸要素在内涵和外延上的变化，其组织形式日趋复杂。就独立的教育实体（"前学校"或学校）来说，其组织形式的变化包括两个侧面：一是同教育实体职能分化有关；二是同教育过程中教育者与教育对象结合形式有关。各级各类学校之间建立分工与联系，形成学校系统。学校教育成为一种具有特定组织规则和制度保障的教育，并具有以下特点：（1）教育目的明确。学校教育的一切教学和非教学活动都具有明确的教育目的；（2）教育组织严密。学校教育由专门的受过训练的教师承担教育任务，教师在教学过程中具有较为严密的教学实施计划和较为完善的学校教育制度；（3）教育对象稳定。教师教学的对象数量稳定，基本采用班级授课制的形式；（4）专门的教育场所。教学活动实施的场所固定，具有较为齐全的教育设施。

随着教育系统的不断完善，教育系统内部的各级各类教育趋向于一套既定的标准规范，教育活动标准化和规范化日趋明显。制度化教育的弊端为，它将书本教育代表教育的全部，并着眼于一次就为学生生涯发展提供充分准备；它把学校教育作为教育的全部，忽视学生接受继续教育的能力和需求；它为学生提供现成的知识，学校课程与实践需求之间逐渐脱节；学校教学也逐渐丧失对学习者主体性的关注，迫使学生被动接受教育。在这种影响下，学术教育的特征，即课程学习方式课堂化，课程内容知识化以及学习结果应试化等，以学校组织的制度化形态为纽带，被等同于整个教育体系的主要特征，成为教育体系的总体组织形态。因此，职业教育课程的学问化也难逃一劫，职业教育从传统的师带徒学习形式转变为学校教育形式等，被深深地打上了学术教育的烙印，但是职业教育人才培养的根本目的是培养能够掌握精湛技术操作的技术技能型人才，而不仅仅是知识的传递、保存和创新等功能。

3. 非制度化教育形态

非制度化教育是相对于制度化教育的概念提出的，非制度化教育是指那些没能够形成相对独立的教育形式的教育。但是非制度化教育与制度化教育的区别不仅表现在教育形式上，更重要的是教育理念。非制度化教育主要针对制度化教育的弊端，但又不是对制度化教育的全盘否定，例如，企业的在岗培训，个体在社会参与的职业培训等都属于非制度化教育。非制度化教育认为"教育不应仅限于学校的围墙之内"。每个个体都应该在比较灵活的范围内，规划适合自己的职业生涯发展道路，即使个体离开教育体系，他也应该具有接受教育培训和选择的机会。

非制度化职业教育应该是一种反对职业教育课程内容学问化、学习方式课堂化、学习结果文凭化的教育理念。例如，学徒学习就是非制度化职业教育的典型代表，虽然古代学徒制教育的教学内容缺少一定的结构化和计划性，教学实践冗长不利于知识的高效率传播，因此很难为现代职业教育所接受，但是其教学内容与工作要求之间的紧密结合，以及学徒学习方式以实践过程为核心等特征，却应该是现代职业教育所应当采取的主要要素。现代职业教育课程与教材改革的过程中不应该完全摒弃学徒制,而是选取学徒制中的核心要素与学校职业教育的优点相结合,使职业教育贴近真实工作,培养能够掌握现代化生产技术和满足生产需求的技术技能型人才。

从教育形态的演变来看,人类教育经历了从前制度化教育到制度化教育的发展,即教育实体的形成,从古代教育实体形成到近代学校的兴起。前制度化教育主要表现为一种不规范的、非结构化的教育教学形态,例如,手工作坊或日常生产活动中的师傅带徒学习与个人学习。教育主体不固定,教育对象也不固定,教育主体与客体的联系带有偶发性质,教育过程同人们的社会生产活动的相互融合。与此相比之下,制度化教育的教育主体、教育对象都相对稳定,教育内容与教育方式规范化,教育场所固定,在这几种要素结合下形成独立的社会活动形态。教育从前制度化到制度化的过渡就是教育简单要素逐渐稳定的过程,从而成为具有一定组织形态的教育实体,教育得以定型。[①] 但过度的制度化教育又束缚了学习者个性的发展,因为教育不能和生活脱节,学校不能和社会隔离。随着制度化教育的弊端和非制度化教育的崛起,人们开始对非形式化和非制度化教育产生新的思考与认识。

就职业教育而言,学校职业教育的发展有它的合理性,但是也为职业教育的发展带来了一定的弊端,即狭隘地将学校教育仅理解为学术类型的学校教育,而忽视职业教育本身的出发点。盲目地照搬学术类型的学校教育的运作模式来发展职业学校,由此造成的后果是,职业学校所培养的人才脱离社会生产实践的需求,学生在学校学习的知识内容落后于真实工作场所中的技术设备,同时也使得职业教育失去培养职业实践者的特色,而沦为另类学术类型的学校。

(二) 学校职业教育与学徒制的不同教育功能

1. 何为"教育的功能"

(1) 教育的个体社会化功能。从教育的作用对象出发,教育功能可以分为教育的个体功能和社会功能。杜威认为,受教育的个人是社会的个人,社会是许多个人的有机结合。无视个人的社会无法得到繁荣,无视社会的个人也无法取得成功。社会学认为,学习是人一生中的个人和社会经历,它能够改变个体的知识、态度和行为方式。对于这样的"经历",没有社会可以任由其发展。首先,教育正是一个社会指导这样的学习经历的正式设置。因此,社会学认为教育的个体功能是使个体系统的社会化。其次,进入资本主义生产阶段以后,物质生产过程中

[①] 陈桂生. 教育原理 [M]. 上海:华东师范大学出版社,2016:28.

的分工发展，生产过程中智力与体力劳动分离。因此，教育要以促进人的个性化为主要任务，现代化社会中个体社会化的过程是个体不断适应社会、适应社会分工、适应劳动变换的专业化过程。个体不仅要为成为一个合格的社会成员做好准备，而且要为成为工作组织中的职业人员做好准备。为了适应现代社会各种职业角色和具有高度专业化的职业特点，个体不仅要具有高度专业化的知识和技能，还要具有能够迅速适应职业生涯中的角色变换的能力。因此，在现代社会中，教育是促进个体社会化和专业化的重要方式和手段。

（2）教育的社会筛选功能。从教育社会学的结构功能观点来看，教育具有筛选功能。从社会方面看，个人获得某种社会地位的过程，在很大程度上是一种竞争和选拔的过程，而教育是这种竞争和选拔的重要途径。在现代社会中，一个人何时从学校教育过渡到职业教育，采用何种方式？何时从职业教育过渡到社会职业，主要凭借他的学历和所学的专业，这都依赖于教育。即使他不是凭学历而是本身具有的某一行业的技术本领获得某种社会职业，也是与他所接受的教育密不可分的。层级分明的教育制度和教育机构具有教育筛选的职责。学校教育的层层筛选形成人们受教育水平的差异，同时也造就了人的社会分层和社会职业的不同。从某种方面来说，教育的筛选功能是社会发展的需要，没有这种筛选作用，社会发展将会混沌不清。此外，教育过程也可以理解为是不断的职业社会化过程，通过这一过程人们不断地获得基本的制度性资源，包括对职业价值的看法和工作期望。职业社会化过程对于职业生涯具有双重作用。[①] 一方面，各种制度化因素为人们进入不同的工作与职位做好了准备；另一方面，个体认定了他只能在那些特定的职业生涯中进行选择，这也是职业的自我认同研究中重要的逻辑起点。

2. 学校教育是个体进入工作岗位的敲门砖

学校教育为个体进入工作岗位提供了学习基础。罗森布姆（Rosenbaum，1986）认为，正式教育文凭对职业所起的作用和重要性，在缺乏信息的条件下更为显著。正式教育的文凭是一种"符号"，它的竞争力在于与人们的工作技术能力直接相关联。但是，教育文凭主要对个体进入职业有重要作用，而对于人们在内部劳动力市场中的提升则相对作用较小，当人们进入某一组织中，文凭的符号功能便不再像当初那么重要了。[②] 学历是个人进入工作岗位的入门砖，获得能够胜任工作岗位的职业能力才是关键。虽然学校职业教育曾经被认为是一种进步，因为具有制度化教育特征的学校教育能够促使学生系统和高效地学习与工作相关

[①] 佟新. 职业生涯研究 [J]. 社会学研究，2001，1（1）：15.

[②] Rosenbaum J E. Institutional Career Structures and the Social Construction of Ability [M] // Handbook of Theory and Research for the Sociology of Education. New York：Greenwood Press，1986：139-172.

的知识和技能获取，但是随着现代产业升级以及职业发展理念的变化，学校职业教育的弊端逐渐显现。杜威认为，学校应该提供有意义和相关的学习活动，以满足社会需求。本质上，杜威提倡头脑与手的整合，思维和行动的整合以及学术与职业的整合。与杜威相似的是，维果茨基（Lev Vygotsky）开发了一个整个社会机构、文化、活动和认知的理论框架。维果茨基将这一理论称之为"活动理论"，根据这一理论，学习只有在个体参与实践活动中并使用工具时才会产生效率。此外，教育过程不仅建构人们的职业生涯类型，还不断改变着人们的生涯类型和策略。因此，职业教育理想的模式是把学校职业教育和传统的学徒学习方式相结合。

3. 学徒经历促使个体获得职业实践知识和能力

学校教育与学徒学习的主要区别在于学校教育发生的主要场所是在学校，而学徒学习主要发生在工作场所，这就从根本上说明这两类教育具有截然不同的社会文化基础，表现为学校教育与学徒制不同的认知文化。学校教育倾向于教给学生更为抽象的学科知识，而工作实践倾向于更为应用的，隐含的和实用的知识。20 世纪 70 年代，能力本位教育强调课程开发的基础不是学科知识，而是来自就业能力和社会需求。在很多国家接受职业教育的学生经常在企业中接受职业知识和技能的学习，例如美国、英国和澳大利亚或是在专门进行职业培训的教育机构中，如法国、瑞典和芬兰。莱夫和温格（Lave and Wenger, 1991）认为知识和学习是社会实践的基本要素，"学校教育作为一种教育组织形式，它所教授的知识是去情境化的，然而学校本身作为社会机构和学习场所构成了非常具体的背景"。学徒制能够提供一种真实的问题情境，学徒能够在真实的问题情境中做有助于其职业发展的事情。这种基于真实工作情境的"做中学"相比于职业学校教育中课堂知识的学习，更能够促进学徒与工作相关的职业能力的培养。

20 世纪 40 年代，《糟糕学习者的独白》一书中揭示了正规学校教育情境和真实问题情境中学习的区别，通过对比认为，许多学生在真实的现实情境中能有效地学习，但是却很难接受大多数学校的非情境化教学。[①] 学徒进入实践情境中，并不是束缚在某种单一的技术训练中，而是通过合法的边缘性参与中观察和技能练习中进行整体感悟。[②] 学徒不仅能够获得真实的问题情境的支撑，还能够在实践共同体中实现合法的边缘参与和不断的技能练习。比利特（Billett, 2001）指出学徒基于工作本位学习的价值不仅在于学徒能通过实际工作场所的知识和技能

[①] 温特贝尔特大学认知与技术小组等. 美国课程与教学案例透视——贾斯珀系列 [M]. 王文静, 等译. 上海：华东师范大学出版社, 2002: 44.

[②] 莱夫, 温格. 情境学习：合法的边缘性参与 [M]. 王文静, 等译. 上海：华东师范大学出版社, 2004: 41 - 42.

的应用，加强学校教育中学习的知识和技能，实现职业能力的强化和转移，重要的是学徒能够获得直接指导，这种直接指导地提供可能来自周围的同事和师傅，或是从工作现场提供的线索和暗示中获得。[①] 从边缘参与逐渐向实践共同体核心移动，这种参与程度和内容的不断变化能够带来学徒对职业知识和技能学习的不断深入。

学徒学习经历主要包括两个方面，一是在真实工作过程中学习，即从真实工作经验中，在不断的错误与失败的经验中学习哪些知识和技能更为有用。二是来自上级领导或更有经验的企业师傅的指导或者同辈之间的支持行为。布鲁尔（Brewer，2011）认为，学徒制是一种教育形式，即师傅通过传授特定职业技能和知识，为学生或学徒提供直接指导。师傅对学徒起到至关重要的作用。师傅对学徒精心照料和培养，在许多情况下，师傅经常扮演父母的角色，师傅在个性品质、道德、伦理和正直为人等方面影响着学徒，同时指导学徒进入职业世界。康托尔（Cantor，1997）明确指出师傅除了传递给学徒行业秘密和技术诀窍之外，师傅还经常教导学徒日常生活所需的许多其他概念，这些概念包括正规教育和特定培训，但更重要的是诸如学会勤奋、可靠，并为自己的良好工作感到自豪等职业感知特征。在师傅的监督下，学徒们通常会在工作组织中获得职业荣誉和职业繁荣（Keller，1947）。学徒经历中师傅对学徒职业技能和知识的传授，可以解决学校职业教育模式无法解决的技能学习问题，如精湛技能的训练、丰富的工作经验的传递、运用理论知识解决工作问题的能力等[②]。阿·赫胥黎在谈到职业教育的弊端时，认为学校职业教育培养出来的学生，后进的学生为鹦哥，只会说一套背一套，但却不了解公式的意义；中等的学生算是专家，对公式不但知其然，而且知其所以然，但是在范围之外，既不关心也不了解；优等学生成为理论家，在理论上左右逢源，讲得很清楚，但是对日常生活，既不知晓也不会应付。[③]

4. 学徒经历是促进个体社会化的加速器

学徒的个体社会化是指新手学徒学习其特定专业领域的行为编码系统以及与这些行为相关的意义和价值体系的过程。[④] 个人社会化是个体实现职业生涯发展的重要指标，社会学家迪尔海姆认为，"人之所以为人，必须具备社会化个性，

---

① Billett, S. Learning in the Workplace: Strategies for Effective Practice [M]. Sydney: Allen & Unwin, 2001.
② 徐国庆. 高职教育发展现代学徒制的策略：基于现代性的分析 [J]. 江苏高教，2017（1）.
③ 阿尔杜斯·赫胥黎. 自由教育论 [M]. 北京：商务印书馆，1946：27.
④ Taylor, E., & Antony, J. S. Stereotype Threat Reduction and Wise Schooling: Towards the Successful Socialization of African American Doctoral Students in Education [J]. The Journal of Negro Education, 69 (3): 184–198.

而只有处于社会之中并经过社会的磨炼，人才能成长为完全的人"。[①] 美国结构功能主义学派的代表人帕森斯（Parsons，1951）指出，社会化过程就是角色学习的过程。在这个过程中，个体通过角色学习，逐渐了解自己在社会结构中的地位，领悟社会对这一角色的期待，并学习完成角色义务。学徒的身份角色处在一种模棱两可的境地，他既是一名正在学习的学生和工作场所中的新手，也是一位需要了解和行动的专业人士。唐加尔（Tanggaard，2007）将学徒的身份比喻为"边缘陌生人"，学徒处在一种即将成为工作组织的一员或在某种程度上不会参与组织内部的边缘化水平。具体来说，学徒处于两种实践的边缘，这种模棱两可的身份立场可能会导致学徒的不安全感，但是也会产生一种从学校实践向工作实践转变的潜在力量，说明两种实践之间可以相互结合。

二、基于扎根理论的研究方法设计

本书在收集到原始资料后，根据科尔宾和施特劳斯（1990）提出的三个编码阶段进行编码，即开放编码、轴向编码和选择性编码。在扎根理论中，资料的收集和整理应当同时进行，而不能作为两个截然分开的阶段进行区别对待，资料的收集和分析是一个相互交叉和同步进行的过程。对资料及时进行整理与分析能够对已收集到的资料进行系统的把握，并为下一步的资料收集提供方向。此外，扎根理论对研究对象的选择具有一定的要求，研究对象的选取对研究结果将会产生影响。

（一）研究对象个体的要求

在扎根理论中，研究对象的选择对是否能够完全揭示研究主题，形成理论具有重要意义。因此，在研究对象个人的选择上要能够回答，"学徒经历中的哪些内容对个人职业生涯发展产生影响"这一研究问题。基于此，本书主要从以下几个方面进行考虑：

1. 是否具有学徒经历作为选择标准

学徒经历是指学徒在师傅的指导下进行的与职业和社会心理相关的指导。这种师傅对学徒的指导有以下特征：（1）一对一或一对多指导：师傅对学徒的指导通常是一对一或一对多的个别化指导；（2）稳定的师徒关系：师傅和学徒之间的关系较为固定，师徒关系既是教学关系又是同事和朋友关系，并且师傅对学徒的指导将会持续一段时间，直到学徒掌握相应的技能；（3）指导内容的有效性，师

---

① 迪尔海姆. 社会学方法的准则 [M]. 狄玉明，译. 北京：商务印书馆，1995：40.

傅对学徒的指导大多发生在学徒刚刚进入职业环境中，学徒对工作内容和工作步骤等还不太熟练，并且尚未建立起与职业环境相关的社会关系。师傅针对学徒目前的知识、技能和人际资源等情况，有针对性地进行教学。因此本书在进行研究对象的选择时，要考虑到受访者具有学徒学习的经历，并且在这段经历中存在稳定的师徒关系。

2. 职业生涯发展阶段作为选择标准

生涯阶段理论认为，每个人生阶段与职业发展相配合，在每个职业发展阶段有其特定的发展任务，舒伯（Super, 1957）的职业生涯发展理论认为，个人经历了四个职业生涯发展阶段：探索期、建立期、维持期和衰退期。研究通常倾向于关注前三个阶段，因为前三个阶段发生在个体的工作生涯中，并且通常将这些阶段描述为职业生涯早期、中期和晚期。个体的早期职业生涯发展阶段包括进入劳动力市场，建立和发展技能，能力和人际关系，并探索个人认为可能获得职业成功的不同机会和工作活动。职业生涯中期阶段包括职业承诺，使自己成为组织成员的一部分以及运用职业技能获得成功。职业生涯后期包括维持个人在组织中的地位和成就。此外，随着个人职业生涯发展的进步，个体与工作相关的态度、动机、承诺和工作意愿等都会发生变化，受访者处于职业生涯晚期，可以回顾自己职业生涯发展的整个发展历程，并且个体在职业生涯发展晚期处于职业稳定，对此前的职业生涯发展经历能形成自己独特的看法和体验。

根据职业生涯发展阶段作为研究对象的选择标准，研究对象要求处在其职业生涯发展的晚期，年龄在35~55岁，从业经验至少10年以上。这里要特别说明的是，一些行业如汽修、手工业制作等，学徒入行时间较早，一些学徒甚至只完成小学教育后就开始跟师学艺，因此即使这些从业者的年龄在35岁左右，也已经具备了10年左右的工作经验。因此，研究对象的选择主要根据职业生涯发展阶段作为考虑的主要指标，而不将年龄作为首要考虑标准。

3. 职业成功作为选择标准

职业成功是指随着时间的推移，在一个人的工作经历的任何一点上取得理想的工作相关结果。职业成功量化的指标可以分为主观和客观指标，在选择研究对象时主要考虑从外部可以测量的客观指标，如职位和职业荣誉成果等方面。员工在企业内的职业晋升的主要评选标准是技术水平，因此选择职位和职业荣誉较高的研究对象说明他们在工作技术上取得一定的成果，并且能够产生对技术形成的看法和经验总结。

结合以上分析，2018~2019年本书选取了上海市、江苏省和浙江省等地的50位具有学徒经历的企业专家作为研究对象，主要通过一对一的半结构式访谈与非参与式观察等方式获取了研究对象的学徒经历和职业生涯发展历程等内容，如表 4-1 所示。

表 4-1　　　　　　　　研究对象基本情况

编号	企业	地点	岗位	职位	学徒年限	报告时间（分钟）
A	某航空零部件制造厂	上海	钳工	技术总监	一年	40
B	某机械制造企业	浙江	钳工	个体	一年	60
C	纺织厂	江苏	钣金	技术总监	一年	70
D	米其林餐厅	上海	西餐	主厨	一年	60
E	五星级酒店	上海	中餐	行政主厨	一年	60
F1	五星级大酒店	上海	餐饮	经理、培训师	一年	60
F2	五星级大酒店	上海	前台	经理	一年	70
G	五星级酒店	上海	人力资源	高级技师	一年	80
H1	造船厂	上海	焊接	技术总监	一年	80
H2	造船厂	上海	焊接	技术总监	一年	90
H3	造船厂	上海	焊接	高级技师	一年	70
H4	造船厂	上海	焊接	技术总监	一年	120
H5	造船厂	上海	焊接	技术顾问	一年	80
I1	中医院	江苏	内科	主任医师	一年	80
I2	中医院	江苏	内科	主任医师	一年	70
I3	中医院	江苏	皮肤科	主任医师	一年	60
I4	中医院	江苏	内科	主任医师	一年	60
I5	中医院	江苏	神经科	主任医师	一年	60
J1	乐器厂	上海	二胡制作	高级技师	一年	60
J2	乐器厂	上海	二胡制作	技术总监	一年	60
K1	紫砂壶制造厂	浙江	制壶	工艺大师	一年	60
K2	紫砂壶制造厂	浙江	制壶	工艺大师	一年	60
K3	紫砂壶制造厂	浙江	制壶	工艺大师	六个月	60
K4	紫砂壶制造厂	浙江	制壶	工艺大师	一年	70
K5	紫砂壶制造厂	浙江	制壶	工艺大师	一年	90
L	顾绣研究所	上海	刺绣	工艺大师	六个月	120
M	图书馆	上海	古籍修复	工艺大师	一年	80
N1	炼钢厂	上海	电工	技术总监	一年	60

续表

编号	企业	地点	岗位	职位	学徒年限	报告时间（分钟）
N2	炼钢厂	上海	电工	技术总监	一年	70
O	炼油厂	上海	维修	高级技师	一年	60
P1	汽车售后中心	上海	维修	站长	一年	70
P2	汽车售后中心	上海	维修	技术总监	一年	60
Q1	汽车售后4S店	上海	维修	技术总监	一年	70
Q2	汽车售后4S店	上海	维修	技术总监	一年	70
Q3	汽车售后4S店	上海	维修	高级技师	一年	70
Q4	汽车售后4S店	上海	维修	高级技师	一年	70
Q5	汽车售后4S店	上海	维修	技术总监	一年	70
R1	飞机制造有限公司	上海	钣金	经理、培训师	一年	80
R2	飞机制造有限公司	上海	钣金	技术总监、培训师	一年	80
S	汽车发动机厂	上海	维修	技术总监	一年	90
T	高级轿车制造公司	上海	维修	技术总监	一年	120
U	服装厂	上海	制版	技术总监	一年	60
V	汽轮机厂	上海	钣金	技术总监	一年	70
W1	机床厂	上海	维修	技术总监	一年	60
W2	机床厂	上海	钣金	技术总监	一年	60
W3	机床厂	上海	钣金	技术总监	一年	60
W4	机床厂	上海	钣金	技术总监	一年	60
W5	机床厂	上海	钣金	技术总监	一年	60
W6	机床厂	上海	钣金	技术总监	一年	60
W7	机床厂	上海	钣金	技术总监	一年	60

（二）研究的实施

1. 研究的环境

资料收集尽量选择在真实的工作环境中展开，如果工作环境因为特殊的工作保密性以及工作安全等不允许收集数据资料，则可以选择其他合适的环境进行收集，如办公室或其他工作间等。数据和资料的收集尽可能在真实工作情境中，以便于了解和观察受访者的真实工作场景和学徒学习的真实环境。

2. 研究的准备

在开始调查研究之前,研究者要完成以下准备工作:(1)制定访谈提纲;(2)了解被访者的背景资料和工作地点;(3)与被试沟通确定合适的访谈时间和地点;(4)准备录音机或摄像机;(5)记录所需的材料。

3. 研究的基本步骤

扎根理论研究方法强调分析资料和调查研究同时进行,因此,研究者在开始收集资料时,就要进行资料的转录和编码。在循环往复的资料收集和资料编码过程中,不断寻找合适的访谈对象,如图4-1所示。

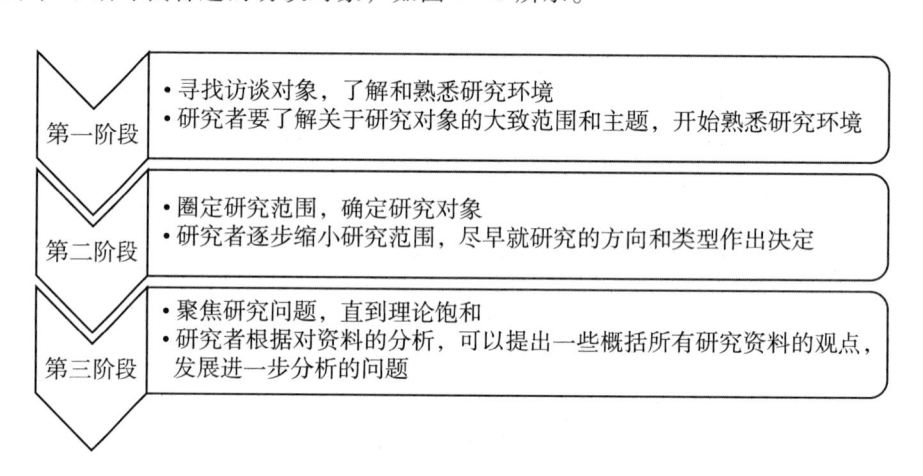

第一阶段
- 寻找访谈对象,了解和熟悉研究环境
- 研究者要了解关于研究对象的大致范围和主题,开始熟悉研究环境

第二阶段
- 圈定研究范围,确定研究对象
- 研究者逐步缩小研究范围,尽早就研究的方向和类型作出决定

第三阶段
- 聚焦研究问题,直到理论饱和
- 研究者根据对资料的分析,可以提出一些概括所有研究资料的观点,发展进一步分析的问题

图4-1 扎根理论研究实施的基本流程

从流程可以看出,扎根理论的最终研究结果是基于访谈内容或日志材料的编码结果分析出的工作流程图。通过扎根理论的资料收集、开放式编码、轴心编码和选择性编码的分析过程能够很好地展示企业专家的学徒经历是如何对其职业生涯发展产生影响和作用的。

4. 研究的质量监控

扎根理论研究的过程中可能会出现影响访谈资料收集质量的因素,例如,一线从业人员由于常年从事技术类工作对个人职业生涯发展的描述存在一定的表达局限,或者一线从业人员在谈到个人的职业生涯发展时会不自觉地使用大量的专业术语描述个人的专业技术工作内容,造成研究者对受访者职业生涯发展内容表述理解得不清。针对上述问题,研究者在进行访谈资料的收集工作之前可以采取以下几个措施降低可能出现的专业性错误。(1)在开展实证研究之前通过查阅相关资料和网站信息等方式,大致了解被试的基本背景情况;(2)在收集资料的过程中邀请同行业的专家进行现场观摩、指导和解释等;(3)在收集访谈资料结束后和编码过程中与企业专家进行交流,并将访谈内容转录后发给受访者进行再次确认与审核。

（三）编码与分析的过程

1. 开放式编码

开放式编码是"理论分析的最初步骤，涉及类别及其属性的初始发现"（Glaser，1992），它是解析过程中数据分解的解释过程。开放式编码包括根据相似性和差异比较事件与其他事件，为事件提供概念标签，并将这些概念分组为类别（Corbin and Strauss，1990）。例如，本书将访谈记录"跟了师傅，一般来说更容易把你带进技术的门槛，你起步会比人家更高一点，跟师傅会学到很多东西，在做人做事上面，师傅经常会给你更好的指点"［标注为"学徒接受师傅的指导"，即为"类别"或"类属"。类属还可以进一步划分"属性"和"维度"，如"学徒接受师傅的指导"具有类型的属性，可以划分成几个子类型，同时还有持续时间的属性，类属的维度也可以是时间长短的跨度或执行的方式等。扎根理论编码的规范不仅开发了类属，而且进一步提高了扎根理论的特异性和精确性。］

研究者在进行开放式编码过程中的主要任务是对转录的文字资料进行编码（coding），而这些在资料中出现的含有意义的短语或词语称为"节点"（code），它是编码分析中最基础的单位。寻找节点的基本方法是通过上下文对研究主题的特征进行比较和分析，从每句话的背后分析可能存在的学徒经历的内容。例如，访谈记录"我当学徒的时候学的是基本功，因为自己喜欢，基本功学好了以后，我业余的时间整个就在家里一直是练的，练速度，刚开始做的作品很简单，因为基本功针法就可以做实用的台布、枕套、被套、床单，就是我这么执着地这么做"，可以编码为"基本功训练"，同时也可能是"职业态度""职业精神的培养"等类似短语。

在进行初始编码的过程中，研究者应当尽量使用被访者自身的语言表述作为节点，因为这些受访者的语言往往是对他们来讲比较有意义的"本土概念"，它们能够更加真实和准确地表达出研究对象的学徒经历对职业生涯成功的影响因素。最后，编码分析中的节点都具有唯一的编号，通常节点的编号规则为"资料编号 – 节点顺序"。例如，"因为你没有经过自己的操作和去制作的情况下，你是找不到这种感觉。你必须做作品的尝试，你去实践，你去制作的过程中间可能有很多的提高，可能悟出很多道理"可以编为一个节点，即"形成技术操作的熟练度"，作为整个资料中的第 17 个节点，节点可以编号为"B – 17"。在开放性编码中，研究者根据访谈者的学徒经历对职业生涯成功的影响的分析，比较和筛选出 829 个一级编码，这些一级编码中蕴藏着学徒经历对个体职业生涯成功影响的重要因素。

2. 轴心编码

本书主要采用施特劳斯的三级编码对访谈资料进行分析，因为它比两级编码更加细致和清晰。研究者在对原始资料进行开放式编码后，所有的节点将会汇集成一个编码本（见图4-2）。编码本是一个将所有节点按照一定的分类标准组合起来的系统，它能够清晰反映出节点的分布和相互关系。因此编码本的作用在于能够了解现有节点的数量、类型相互之间的意义联系等，以确认现有节点整体的合理性；为进行进一步的编码和查找提供便利。

节点名称	材料来源	参考点
安全事故的教育	1	1
榜样示范	8	11
边学边做	2	2
表现出色	3	4
不断变化的工作场所	1	1
不断反思	2	2
不断试误	2	2
尝试具有挑战性的工作任务	4	5
吃苦耐劳	3	8
出徒	1	1
传承师傅带新学徒	2	2
创新与工作探索	2	2
从事教学	1	1
达到工作标准与质量	1	1
达到技术操作标准	1	1
带徒的荣誉感	3	6
带徒时间长	2	2

图4-2 编码本在NVIVO中的部分示例

从表4-2中可以看出在轴心编码过程中出现的主要类属，这些类属反映了学徒经历对个体职业生涯成功产生影响的因素和内容。从编码分析的整体情况来看，出现的主要类属包括个体职业感知特征、职业能力、职业"重要他人"、职业成功四个主要类属及其属性和维度。（1）职业感知特征，是指个体具备的，除专业知识和技能以外的一系列与职业相关的心理感知方面的特征。如职业兴趣形成、职业目标确立、职业身份的转换以及职业认同感形成等。例如，"就是因为师傅给我设定的这个人生目标，我时刻记在心里。如果当时我没有这个压力的话，那我现在肯定到不了现在这样（职业成就）"。（2）职业能力，是指与胜任职业岗位所需的一系列的知识、技能和态度的要求，包括职业知识、方法操作、技术技巧、技术难题、工作规范、职业态度。例如，学徒经历中从不同师傅学到的职业能力对提高职业技能产生的影响，"其实当时也有好几个师傅带我们的。在发展过程中间，其实我们有很多的设计师，画画老师对我们的帮助是很大的，因为刺绣只不过是要学会刺绣方法，提升要靠设计和画画的概念指导。所以我们不是一个师傅能教成功的，是方方面面的吸收的营养"。（3）职业"重要他人"，是指个体在学徒经历中对其职业生涯发展起到帮助和促进作用的重要的人际关系，主要包括师傅与学徒之间的关系以及同事之间的关系，例如，"我和师傅建立了很好的很深厚的师徒感情。大家齐心协力，尽心协力完成我们的每一个项目，就齐心协力"。（4）职业成功，是指促进个体职业生涯产生积极效果和满意度的因素，包括客观职业成功和主观职业成功，如职业收入、职业晋升、职业威望、职业荣誉、职业满意度、职业归属方面。例如，"可能因为我用的技术方法跟其他人不一样，所以在我 35 岁以后，我的职业生涯发展非常的顺利，收入也比较好"。

表 4 – 2　　　　　　　轴心编码过程中出现的类属示例

类属	属性	维度
职业感知特征	职业兴趣	喜欢—厌恶
	职业目标	明确—迷茫
	职业道德	正确—错误
	职业身份	确定—迷茫
	职业规范	遵守—随意
职业能力	职业知识	掌握—匮乏
	方法操作	熟练—生疏
	技术技巧	高超—低劣
	技术难题	解决—未知
	工作规范	遵守—无视
	职业态度	认真—马虎
职业"重要他人"	师徒关系	亲密—疏远
	同事关系	亲密—疏远
职业成功	职业收入	高—低
	职业晋升	高—低
	职业威望	高—低
	职业荣誉	强—弱
	职业满意度	高—低
	职业归属	强—弱

在上述轴心编码的基础上，本书形成了以下初步的研究假设：（1）在职业生涯发展初期，学徒经历会促进个体的职业感知特征的形成，帮助个体快速适应职业身份转换并促进职业生涯发展。（2）学徒经历能够提高个体的职业能力，包括

职业相关的知识、技能和态度，而这些能力的学习与学校职业教育相比，更加贴近真实工作环境，对促进个体职业技术的提高具有明显的作用和效果。(3) 学徒经历中的"重要他人"对个体的职业生涯发展具有关键性的促进作用，师徒关系的发展程度将会直接影响个体职业感知特征和职业能力的形成。(4) 学徒经历中的职业感知特征、职业能力以及师徒关系能够促进改变个体的职业生涯认知水平，如自我效能感、职业认同和职业期望，以及职业能力的提升，从而促进学徒职业收入、职业晋升、职业能力以及工作满意度等职业生涯成功相关指标的提高和实现。

类属要达到一定的理论饱和性，即属性基本齐全。本书在进行编码的过程中，首先对50位企业技术专家的访谈材料进行随机排序，并按照每份材料的顺序依次进行编码。结果在进行第40份材料编码时类属开始出现大量的重合，后续编码材料也没有贡献新的类属，只是出现了继续佐证已有类属的例子，这表明本书收集的资料已经达到较高的理论饱和程度，因此可以停止访谈资料的收集。

3. 选择编码

选择性编码是围绕中心"核心"类属以生成连接所有类属的过程，需要进一步解释描述类属的细节。格拉斯认为理论编码是一个理论化实体代码之间关系的过程。在分析结束时，产生了一套理论命题。学徒经历对个人职业生涯成功的影响模型构建的实质过程也是本书中使用扎根理论三级编码的过程，将原始资料进行编码得出的核心类属与已有文献进行不断的比较和分析，最终找到核心类属之间的关系，可以得出学徒经历对个人职业生涯发展的影响，如图4-3所示。

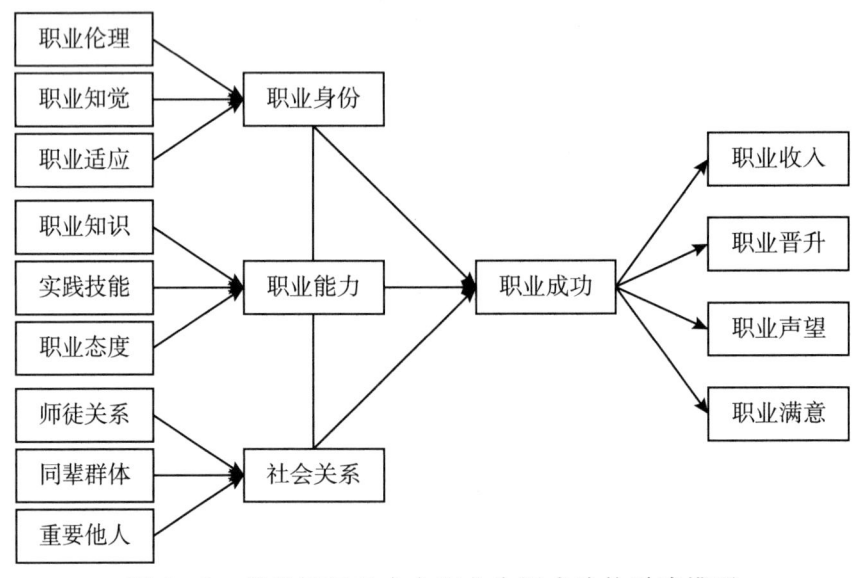

图4-3 学徒经历对个人职业生涯成功的影响模型

另外，因为本书的关注点比较微观，因此很难参考一个理论或理论中存在的概念来有意义地针对研究问题进行回答。在这种情况下，本书综合文献中有关给定情况的现有观点，包括理论和经验结果。这种综合可以称为模型或概念框架，从本质上讲是一种解决问题的"综合"方式。然后可以使用这种模型代替理论框架。从具体的研究目标出发，整合访谈编码资料和理论视角，初步构建学徒经历对个人职业生涯成功影响的分析框架（见图4-4）。学徒经历中的职业身份、职业能力和社会关系对个人职业生涯成功的主客观方面都会产生影响。个人在学徒经历中将获得职业生涯指导、社会心理指导以及角色榜样示范。结合企业专家学徒经历的访谈编码结果，以及职业生涯发展和职业生涯成功等理论视角，就形成了研究的基本分析框架和主要的价值判断。

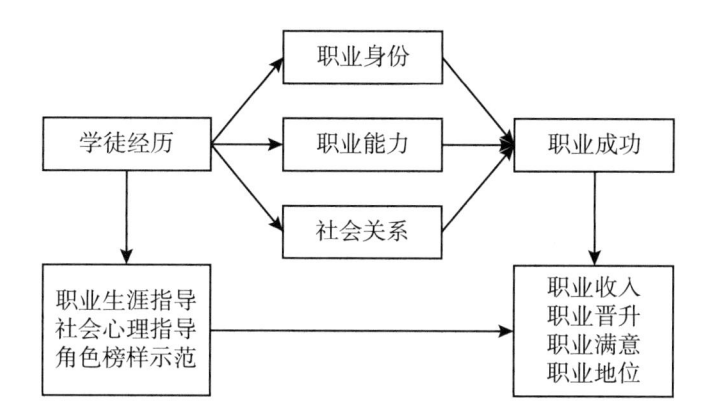

图4-4 学徒经历对个人职业生涯成功影响的分析框架

第二节 学徒经历对职业身份形成的影响

通过对50位具有学徒经历的企业专家进行半结构化访谈记录的编码和工作日志的分析，整理出学徒经历中形成的个人职业身份、职业能力以及师徒关系对个体职业生涯发展的影响。本节首先分析学徒经历是如何形成个体职业身份，以及学徒的职业身份形成对个人职业生涯成功的影响。那么学徒职业身份形成有什么特点？学徒职业身份形成对个人职业生涯发展发挥了哪些作用？学徒经历中的哪些要素帮助个体职业身份形成，以及如何帮助从业者突破不同职业生涯发展阶段的困境，并实现职业生涯成功的？本节主要利用扎根理论收集的质性资料，对影响学徒型企业专家的学徒经历和职业身份进行分析。

一、学徒职业身份形成的背景信息

(一) 学徒的人口学特征

本书的研究对象为具有学徒学习经历的企业内的技术骨干或技术专家,共搜集到 50 位不同行业企业专家的样本信息,笔者首先对该群体的基本人口学特征进行描述,如表 4-3 所示。

表 4-3　　　　　　　　　本书样本的基本特征分布

基本特征	分布
性别	男:46 人 (92.16%);女:4 人 (7.84%)
自然年龄	35~45 岁:3 人 (6%);45~50 岁:17 人 (34%);50~55 岁:13 人 (26%);55 岁以上:17 人 (34%)
从业年限	10~15 年:3 人 (6%);15~20 年:17 人 (34%);20~25 年:13 人 (26%);25 年以上:17 人 (34%)
技术职称	高级技师:45 人 (90%);技师:0 人 (0);高级工:0 人 (0),其他:5 人 (10%)
企业性质	国有大中型企业:21 人 (42%);外资企业:12 人 (24%);中外合资企业:13 人 (26%);私营企业:4 人 (8%)
最高学历	大学本科:12 人 (24%);大专:20 人 (40%);高中:10 人 (20%);初中:8 人 (16%)
团队人数	10 人以下:15 人 (30%);10~20 人:16 人 (32%);20~40 人:15 人 (30%);40 人以上:4 人 (8%)

1. 学徒的年龄与从业年限

本书中研究对象的年龄主要分布在 35~55 岁,即处于职业生涯发展的建立期和完满期。但是由于一些行业对技能娴熟程度要求的特殊性,从业者在青少年时期便开始了学徒求学的历程,在工作场所中习得相关的技能操作。因此需要说明的是,这是在学徒经历非常顺利,掌握较好的技能水平的前提下才能在 35~40 岁成为业内的专家,很多人并非如此。一方面,并非所有从业者在职业院校毕业后能够立即选择和确定职业生涯,本书中即有部分企业专家是在经过一段时间的不同行业的学徒经历后才选择目前的职业生涯,因为个体在青少年时期还处在心智不成熟的阶段,尚未踏入社会,无论对工作技能要求还是职业心理方面都处在不确定和迷茫期。另一方面,现实情况是即使有部分从业者能够马上选择职业生涯,但是在学徒经历过程中都需要艰辛的付出,特别是一些专门的技能操作,学徒必须要忍受枯燥重复的技能训练以及保持认真和敬业的态度,特别是刚入行时,学徒如果不能突破职业技能训练的高原期,可能就会选择放弃。因此,本书选取的研究对象是年龄特征具备完整职业生涯发展周期特征的资历丰富的企业专家,有1/3左右是中年技术骨干力量,还有一小部分是在技术创新方面具有一定造诣和成就的技术新秀。

2. 学徒的性别分布

本书样本中有46名男性企业专家和4名女性企业专家,女性占样本总量的8%,分布在刺绣(1人)、古籍修复(1人)和酒店餐饮业(2人),说明男性企业专家具有学徒经历的占据绝对优势比例,女性企业专家凤毛麟角。其实不论在普通技术工人还是企业专家群体中,女性从业人数同样少于男性。可见,随着工业革命和科学进步的发展,性别之间的差异并没有消弭,即使女性为社会作出的贡献具有巨大进步,但无论在产业链的顶层还是低端,女性始终是弱势群体。

(二) 学徒的社会出身和受教育经历

布迪厄(Bourdien)的社会文化资本理论认为,资本是一种积累的劳动,资本依赖于时间的积累,并且需要以具体化以及身体化的方式进行积累。个人社会资本是个体通过所占有的持续性社会关系网把持的社会资源或财富。[①] 科尔曼(Coleman)在更为深入的研究中揭示,社会资本可以向人力资本转化,而人力资本可以直接转化为职业收入的生产性要素。因此,个人的家庭出身会对其职业成就产生影响。如果个人能够受到一定的社会资源和家庭环境的感染,自然在职业成就方面具备一定的优势。此外,布迪厄认为文化资本是一种表现行动者有利或不利因素的资本形态。学术文化更接近于中产阶级的家庭文化,因此那些家庭和社会出身比较高的学生在学术成就方面具有优势,而较低阶层出身的学生由于资源的匮乏和对学术文化形态的不熟悉,自然在以学术文化主导的社会竞争中处于劣势,而被迫要选择那些以体力劳动等主导的场域。这种关系是否也存在于学徒出身的企业技术专家?下面将结合企业专家的学徒经历以及职业生涯早期情况进行分析。

本书搜集到的50位企业专家的家庭出身信息,根据以往的研究,本书特别

---

① Bourdieu P. The Form of Capital [M]//In J. G Richardson (ed). Handbook of Theory and Research for the Sociology of Education. New York: Greenwood Press, 1989: 245.

关注了被访者父辈的受教育程度以及职业选择。50名企业专家中父亲或其父辈亲属从事相关技术工作的人数最多，比例接近60%，其中父辈也具有学徒经历并且身为师傅指导学徒的人数为15人，占比30%。在20世纪50~60年代，正值我国社会建设全面开始时期，对体力劳动者的尊崇和薪资待遇的提升，使人们往往选择国有企业从事相关技术职位。从现有研究结果看，家庭环境通过文化再生产对学徒企业专家的职业选择和职业认知发展产生了一定的影响。

从被访者的家庭背景来看，以出身中低社会阶层的企业专家居多。因此，学徒受父辈影响或继承父辈的技术工作的较多。在社会学研究者看来，师徒传承的家庭为个人职业生涯发展提供了一种社会和教育联合的优势，这种优势相互累积的效果在学徒职业生涯发展早期给予他们常人没有的优势，有助于个人在未来职业生涯发展中继续处于有利的地位。"我是做学徒出身，这个对我来说，人生经历是很丰富的，四年半里我学了两个工种，一个是陶刻，另一个是制壶，所以我有两个师傅。陶刻师傅是我父亲，我父亲绍兴和是一个很有名的人，他传承的就是任淦庭，我们宜兴紫砂七老里面有七个老艺人，最有名的。另外一个师傅是徐海棠，就是顾景哲的徒弟，顾老在七个老艺人里面，他排行第六，古代都是家传，你传我，我传你，传你儿子等等"。个人的职业愿景和发展并不完全由个人能力、努力程度等决定，先前的社会等级和地位也会影响个人迈向职业生涯的高度，特别是家庭中父辈的职业观念、文化素养以及行为习惯等都会对下一代产生一定的影响。

综上所述，本书认为虽然家庭背景和受教育程度会影响个人的职业选择和职业发展。被访的企业专家大多出身于较少占有文化资本的中下级社会阶层，特别是来自技术操作人员家庭的比例最多。不过，虽然那些获得家庭文化资产再生产的子弟更倾向于选择学术教育路径实现理想，但是个人成才的路径不仅有一种，而是"三百六十行，行行出状元"，技能型人才也是人才，并且尤其是家庭出身较低的个人，有时候更能够从逆境中突围。因此，本书主要探寻具有学徒经历的企业专家的职业生涯发展的轨迹。不论家庭的文化背景、经济情况和家庭受教育情况如何，企业专家的最终职业成功得益于学徒学习经历的磨炼，师傅对学徒的职业相关指导和社会心理指导，以及师徒关系建立等要素。

学校教育经历是指个体在进入工作场所之前参加学校教育学习的经历。从总体上来看，被访的企业专家具有较短的学校教育经历，多数停留在初中和高中文化程度，但是在后续工作的过程中，由于外部评聘标准的提高，他们选择了继续深造。因此，大多数人在职业生涯发展的中晚期时，都处于高中和大专的文化程度，甚至有部分企业技术专家获得了本科学历（见表4-4）。罗森布姆（Rosenbaum，1986）认为，学校教育对职业生涯的作用主要通过文凭而起作用，特别是在缺乏信息的条件下，文凭的作用更为显著。个人接受学校教育的文凭是一种"符号"，它直接与人们的技术能力相联系。但是，学校教育文凭在进入职业时有重要作用，而对人们在内部劳动力市场中的职业提升的作用相对较小，例如，人们进入工作组织后，学校教育文凭的符号功能便不再那么重要了。[①] 但是，由于学徒所从事的工作是以技能操作的娴熟和以解决生产实际问题为指向的，换句话说，学术教育对其并不具有一定的优势，而重在提高技能操作的熟练度以及提升工作相关的职业能力。阿兰·凯克赫夫（Kerckhoff）通过对美国、德国和挪威的研究发现：（1）具有职业教育文凭的学生比一般学术文凭的学生具有更多的工作机会和更稳定的就业经验；（2）在各类社会中，具有学校教育和工作经验的个体具有更加稳定的就业和有序的早期职业生涯；（3）个体具有职业教育的文凭或经历比具有一般学术教育文凭的人表现出教育经历和职业生涯发展线之间的显著关系。

表4-4　　　　　　　　　被访的企业专家的受教育程度

学历水平	人数（人）	占总体百分比（%）
本科	8	16
大专	12	24
高中	21	42
初中	9	18

学徒在职业生涯早期接受较短的学校教育后，会较早进入真实工作场所成为一名学徒，并在工作场所中接受职业相关的技能培训。学徒刚进入工作场所时，通常会在一名经验丰富的师傅带领下进行相关技能的模仿操作和学习。一位有学徒经历的电焊企业技术专家回忆说"我在初中毕业后进了技校，然后就进厂做员工，进厂以后跟了秦师傅，秦师傅在厂里面比较有名气，在电焊技术上很有造诣，领导也比较重视秦师傅，特意给他开了一个新的小组，这个小组都是由我们电焊班的十几个同学组成的。我们技校生进厂后就跟在其他班组里面，打下手。师傅一般会带我们去培训工厂培训，因为当时技校学习的主要是手工焊，而厂里主要使用的是二氧化碳气体保护焊，二氧化碳气体保护焊在技校里面很少学习，所以进入工厂后师傅帮我们重点培训了二氧化碳气体保护焊"。人力资本理论认为，获得人力资本的行动者可以通过技能的稀缺性和垄断性，获得某种特权并成

[①] Rosenbaum, J. E. Institutional Career Stuctures and the Social Construction of Ability. [M]//Handbook of Theory and Research for the Sociology of Education. New York: Greenwood Press, 1986.

为剥削阶级较低级别的合伙人。贝克尔（Becker, 1964）提出，企业中的人力资本通常分为通用型人力资本和专门型人力资本两大类。专门型的人力资本是一种针对某个特定企业的人力资本，如果离开了该企业，在别处就无法发挥价值的人力资本。因此专门型人力资本由于发生在特定的工作场合，针对特定的工作任务以及其知识和技能的意会形式，需要通过学徒制方式，在真实的工作场所中进行技能学习和积累。但是如果企业员工获得了胜任该企业的专门型人力资本，那么他在企业内的职业晋升和职业收入等水平就会有大幅提高，甚至能够与物质资本一起形成企业内部劳动市场的双边垄断。

（三）学徒职业生涯发展的特征和表现

被访的企业专家的早期受教育经历大多时间比较短，相比同龄人较早进入工作场所。这类学徒在职业生涯发展的早期就在某些技术技能操作方面表现出一定的天赋和早慧的特点，并且企业专家在学徒学习阶段的表现对其后来的职业生涯发展历程产生很大的预测性。本书基于此类研究成果，提出**假设4-1：具有学徒经历的企业技术专家在职业生涯早期即表现出了技术水平较高的特征**。下面拟通过文献资料和访谈资料等方面对学徒企业技术专家职业生涯发展的特点以及早期教育经历情况进行分析。

1. 学徒的职业生涯发展的界定

个人的职业生涯发展或职业连续性的变化过程，从社会学的角度来看，它是指某一时间节点上的社会行动者的职业位置，而从教育学的角度来看，它是一系列以教育为开端的职业经历，任何一个时间点上的职业构成，都具有时间的累积性，既嵌入已有的社会结构之中，也体现时间的变化，它体现不同时间节点上人们的职业期望、自我评价以及胜任职业的生存策略。因此要分析企业专家的学徒经历对职业生涯的影响研究，就要明确企业专家的职业生涯发展，即对企业专家通过职业所占有的一系列社会地位等的连续性考察。①

本书中对职业生涯发展的研究主要停留在个体层面，即个体从进入劳动力市场开始到退出劳动力市场的过程中，由职业发展计划、职业策略、职业进入、职业变动和职业位置等构成②。从生涯理论来看，舒伯（Super）将个人的职业生涯发展划分为成长、探索、确立、维持和衰退五个阶段。此后托马斯（Thomas）批判了传统职业生涯研究中对蓝领工人职业生涯的忽视，并提出蓝领工人在其长期的工作经验中积累了一定的工作技巧，他们同样关注工作经验的意义。他认为，

---

① Watson, Tony J. Sociology, Work and Industry: Third Edition [M]. London: Routledge, 1995.
② 佟新. 职业生涯研究 [J]. 社会学研究, 2001（1）: 17-27.

蓝领工人的工作经验要放到特定的职业背景中进行考察，蓝领技术人员的职业生涯发展的特点表现为不同技能层次以及不同类型企业背景下的个人所获得的职业生涯机会的差异，如表4-5所示。

表4-5　　技术层次及劳动力市场下的个人职业生涯发展机会

技术层次	存在内部劳动力市场的企业	无内部劳动力市场的企业
无技术	个体向上移动的机会很低，但在低技术水平的工作间的移动机会为中等程度	个人向上一层技术或核心企业移动的可能性很低
半技术	个体向上移动的机会低，但是在半技术层次之间的工作移动的机会为中等程度	个体从半技术到技术层次工作的机会是低—中等程度
技术	个体具有向低阶层的管理工作移动的可能，或横向同类工作岗位之间的转换	个人具有低—中等程度机会向低阶层管理工作移动，或只能转换到其他工厂相似层次的工作

阿什顿在对职业生涯类型进行划分时提出工人阶级的职业生涯（working-class careers），这类人群多是接受技术训练的熟练工人，在职业生涯发展的阶梯上有可能晋升一级至二级。[①] 布朗（Brown Richard，1982）曾提出三种理想型的职业策略，分别为企业家型、学术型、职业型。本研究对象的职业生涯路径更为符合具有企业家型和职业型，这两种类型的特点是通过发展职业技能、职业资历和职业经验等实现职业晋升。本书基于此类研究成果，提出**假设4-2：具有学徒经历的企业技术专家在职业生涯方面的发展是以掌握相关职业技术的水平为核心的。**

2. 学徒经历中的非家庭出身因素对职业发展的影响

虽然学徒的社会家庭背景因素不占有一定的优势，同时他们在刚开始职业起步阶段也会面临很多的不利因素，但是他们之所以能够打破"社会出身论"成功跻身到企业专家群体中，在此过程中的发生机制值得职业教育研究者进行思考。

（1）师傅是学徒企业专家职业道路的引领人。师傅作为学徒进入工作世界的启蒙者，在学徒的职业生涯发展历程中起到至关重要的作用。有学者将学徒在工作组织中很难获得顺利的职业生涯发展的原因归结为师徒关系的建立，即个人在其学徒学习经历中形成的某些职业态度和行为阻碍了学徒在职业生涯早期与师傅建立有效合作的关系，而师傅在学徒从新入职实习生到合格的独立工作者的转变

[①] Ashton D N. The transition from school to work: Notes on the development of different frames of reference among young male workers [J]. The Sociological Review, 1973, 21 (1): 101-125.

中扮演了重要角色，最终导致他们的职业发展路径和晋升道路面临不同的境遇。如果学徒能够师从行业知名的师傅，并且能够深得师傅的欣赏和栽培，那么学徒能够通过师傅获得更多行业的人脉资源和技术诀窍知识，在一定程度上弥补了社会出身和受教育程度不高的缺憾。

（2）技能学习为今后的职业发展奠定基础。学徒指导是学徒经历中的重要组成部分，也对学徒职业生涯发展的不同阶段产生了重要影响。学徒指导是指学徒在师傅的引领下，学习与工作相关的职业知识技能，以及师傅对学徒职业社会心理等方面的影响，学徒在职业生涯早期，在初入工作场所中尚未形成职业认同和职业目标，师傅可以促进学徒快速适应工作过程。当学徒在掌握一定的职业知识和技能基础后，师傅对学徒个人诀窍知识的传授能够帮助学徒提高工作效率并从同事中脱颖而出。师傅对学徒职业相关的指导，能够促进学徒快速适应工作场所，获得职业晋升、积累职业资源和人际关系，同时提高在组织中的可见度，进而促进职业收入的提高，这些都是促进学徒职业成功的客观表现。很多受访的企业技术专家在回忆自己的学徒经历时认为，"那时（做学徒学习）的创作虽然没有什么个性，但是打下的夯实的基础可能是现在学校教育培养的学生学不到的"。早期的研究表明，学徒主要负责自己的学习，并且经常开展活动以独立发展他们的技能。这种情况经常促使学习者发展自我调节技能并增强他们的社交技能。①

（3）职业身份转换加速了职业生涯发展进程。学徒制不仅为学徒培养了一系列与职业相关的技能，并且还是学徒从学校到工作的社会身份转变，学徒开始担负起工作责任和职业认同形成的开始。换句话说，学徒制不仅是一种为工作做好准备的方法，而且能够促进职业身份和职业地位的发展。温格（Wenger）认为，学徒作为职业身份形成过程的重要阶段，对于一些人来说，学徒期为参与者提供了发展更积极的学习者身份的机会，并且成为许多人人生经历中的转折点。学徒制不仅是一种重新唤起职业兴趣的手段，而且还有助于学徒重新建立信心并产生新的职业价值观和职业机会。学徒在工作过程中，从学校学习者转变为企业工作者，开始承担职业身份赋予其的工作责任。例如，学徒开始承担工作责任和家庭生活的责任，一位被访的企业专家在接受调研时表示"真到做徒弟时，一般会为后面的生活有一点担忧，但是学生不用为生活担忧，学徒和学生的动力出发点不一样，这就是本质区别。比如我当时为了养家糊口，考大学时我没考上，就做了五年工人。为什么考大学？读高中时是父母让我考大学，然后工作以后压力太

---

① Zimmerman, B. J. Development and Adaptation of Expertise: The Role of Self-regulatory Processes and Beliefs [M]//In K. A. Ericsson, N. Charness, P. J. Feltovich, & R. R. Hoffman (Eds.). The Cambridge Handbook of Expertise and Expert Performance. Cambridge: Cambridge University Press, 2006: 705–722.

大，自己想换一种工作模式，于是产生了考的动力。我的动力和出发点不一样，产生的后果和效果就肯定不一样。所以做学徒，总想多学一些技艺，有了手艺可以养家糊口，但是在学校教育中，很多学生不爱主动学习，老师多教一点，就开始不耐烦"。

二、学徒经历中个体职业身份的形成

本节从个人内在职业身份认同的角度对学徒经历中学徒的职业感知、职业适应和职业认同等方面进行分析。职业身份形成是个人进入早期职业生涯阶段对职业目标形成和职业任务完成等方面产生直接影响的重要因素。

福格特等（Fugate et al., 2004）认为"职业身份类似于角色身份、职业身份和组织身份等结构，因为它们都指的是人们如何在特定的工作环境中定义自己。然而，职业身份本质上是纵向的，因为它涉及了解一个人的过去和现在，并指导一个人的未来"。[1] 对于学徒工而言，学徒身份是个体进入职业世界的首要身份。虽然职业身份的发展是一个逐渐变化的过程，但是员工在刚进入学徒时期所习得的职业态度、职业习惯和职业素养将会影响其今后职业生涯发展。例如，学徒职业生涯发展的早期阶段，学徒正在学习专业的基础知识并且仍处于探索可能的自我阶段，学徒在职业生涯后期阶段的职业认同更加成熟，职业生涯后期学徒开始改进师傅的某些特定的技术，接近师傅的操作风格，但在此基础上也形成了自己的风格。

（一）职业身份中个人职业感知的形成

学徒的职业感知是指学徒成为独立工作者以及胜任工作岗位要求所必备的基本条件，特指与工作相关的品格和素质，品格和素质是两个不同但是密切相关的概念，它是个体工作者心理、知识、态度、价值观、道德等的诸因素在职业生涯发展上的一种综合表现。对于学校职业教育而言，应该培养什么样的技术技能人才以及如何培养，以满足经济社会的发展需要，一直是教育实践者和研究者研究的重要课题。例如，菲舍尔和施图贝尔（Fischer and Stuber, 1998）认为，理论和实践的学习能够使学徒更快地参与新的组织生产形式，并使他们更容易进入替代性工作环境。从这个角度来看，学徒能够从工作场所中获得一定的工作经验，学徒在参与不同实践活动的过程中，更好地适应不断变化的工作环境。

---

[1] Fugate, M., Kinicki, A. J., & Ashforth, B. E. Employability: A Psychosocial Construct, its Dimensions, and Applications [J]. Journal of Vocational Behavior, 2004, 65: 14-38.

本书假设认为，具有学徒经历的企业专家群体善于挑战不同领域和复杂的工作任务，且具有独特的个性禀赋，而对研究样本进行分析后发现，具有学徒经历的企业专家比较突出的特质是对技术工作任务的兴趣动机以及自我效能感，勤奋和坚持也是其中比较引人注目的因素。

1. 职业分布

本书的样本中，超过2/3的企业专家分布在机械加工、手工服务以及餐饮服务等几个领域（见表4-6）。其中，机械加工领域的人数最多，人数比例超过1/4，可见机械加工领域由于工作任务的性质以及工作生产组织方式的特点，比较适合通过师徒之间一对一的指导与操作，获得相应的技术技能。具体而言，在不同年龄段的学徒企业专家中，一般较为年轻的技术专家分布在手工艺制作、餐饮服务以及美容美发等职业领域，年长企业技术专家更多分布在中医药、机械加工等领域，当然排除个人具有较高的技术天赋成才较早的因素。

表4-6　　　　　被访企业专家的职业领域分布情况

职业领域	人数（人）	比例（%）
机械加工	15	30
汽车维修	8	16
手工服务	10	20
餐饮服务	5	10
医药护理	8	16
其他	4	8

2. 职业眼光

学徒企业专家的技术成果和技术水平之所以备受同行的关注，一方面与技术水平的高低有关；另一方面也与他们能够创新地推动行业领域内的技术进步的发展，首先把握领域内的专利技术和技能诀窍密切相关。一位被访的企业专家在谈到自己的职业成功时，就提道"我在制作完二胡进行调音的时候就只听这两个音，我都不用调音器的，我就能把这个音调准"，还有被访的企业专家直言自己的职业生涯发展的秘诀就是"跟我师傅学的时候，我就暗暗下定决心，我技术一定要超过我师傅"，别人在业余时间休息的时候，这位师傅还会继续钻研不同的电焊材料的特性和燃烧的效果。在已有的研究中，跟随名师学习的优势之一被认为是能够把握技术操作的前沿，因为很多名师积累了大量的工作情境知识和技术诀窍知识。但在分析学徒企业专家的访谈资料时，发现除了师傅对学徒的影响以外，学徒在真实工作场所中的扎实的操作功底以及面对不同情境下的问题解决能力都是其在学徒学习过程中获得的优势。

3. 职业性格

从对被访的企业专家职业发展过程中的学徒经历资料分析，几乎很快就会被他们的勤奋、坚守等品质所吸引，虽然对这部分群体的智商或天赋并没有相对较为专业和科学的资料得以确认，但是他们对工作的投入之多，坚持之久，每周七天，每天工作十几个小时，并且在十余年一直投身于工作，这对于想要作出一定职业成就的学徒而言司空见惯，不足为奇。访谈过程中一位电焊企业专家表示，"我以前每天要焊两包焊丝，几包焊条，都是这么练出来的！每天八小时电壶一直是亮的。最初刚进厂几个月，我的眼睛很痛的，后来时间长了就习惯了，眼睛也就不痛了。学徒期间的训练是很苦的。只不过到后来，我突破了之后，别人看到好像我很稳健，这稳健哪来的？这都是我背后的付出"。而且在勤奋上，男女学徒企业专家可以说没有性别差异，身为女性的古籍修复大师张品芳每天也会跟随师傅和其他师兄在烈日炎炎的夏季外出，完成石碑拓字雕刻等工作。她认为"我现在能有这样的成绩是和这个积累有关系的，那时候工作量相当大。每天不休息，不喝茶，每天要算好一天要刻多少字，多少时间要完成，日复一日，这是很大的工作强度"。

那么为何学徒企业专家如此钟情反复艰苦、单一乏味的技术操作工作，并不惜为其殚精竭虑，这是出于外部职业竞争的压力吗？从对访谈资料的分析发现，对于技术工作不懈的坚持和付出，除了外部的职业晋升要求和竞争压力以外，主要还是企业专家的一种主动选择，或者说是出于对成为某一领域的技术专家的工作规律的一种认识，同时也是对技术工作的兴趣、热爱甚至是一种痴迷的状态。

很多企业专家表示学徒经历是成为某一领域技术专家职业成长的必经之路，因此非常自然地把勤奋和坚持等看作是能够在职业生涯上作出成就的非常重要的条件。在他们看来勤奋和天赋是从事技术工作的两翼，缺一不可。关于这两者与技术掌握的关系，古籍修复专家张品芳的一席话是这样表述的，"一直以来我要做很多工种的工作，样样都做，很杂的。因为（师傅）赵老师什么都会，所以我们什么都学，我们是在不同的项目中掌握不同的技能。技能掌握是一个慢慢的过程。但是某一天自己忽然发现，啊！我原来现在也很熟练，我也能完全的掌握，做的（产品）感觉质量还是很不错。但是这个阶段过了，你也会对自己有更高的要求"。一位从事船舶电焊的企业专家表示，"随着电焊学习的不断深入，我在师傅的带领下，我逐渐发现我对电焊有自己的一些体会，每次小考中考，或者测试什么东西的时候，我都能比较拔尖，在这方面我还是有天赋的"。

而且，许多外人眼中的"苦"，坚持不懈，加班加点的工作，在企业专家的职业感知中是艰苦中伴随着享受。仍以访谈资料中的学徒企业专家为例，企业专家认为早期的学徒经历培养了他们对工作的兴趣和职业好奇心，"先做学徒掌握了一定的兴趣和经验，渴求对相关理论知识进行探索，做机械加工学徒培养了我的兴趣"，如果学徒能够产生一定的职业兴趣，不但认为工作不枯燥，而且认为工作很有趣味，并且具有一定的职业目标，"如果你感兴趣，不管是什么，可能有些工科的，操作起来稍微复杂一些，但是如果你喜欢这种技能性的东西，我觉得都不是问题""因为我喜欢，所以就没有什么理由，做任何行业只有你做喜欢的东西，你才能废寝忘食。我个人觉得在行业里面能发展到最后，能到达职业生涯的顶峰都是因为喜欢不是为了谋生，谋生就是有时候为了现实谋生，做自己不喜欢的东西，这样不会用心，喜欢才会用心"。可见，对技术操作工作和职业领域的"兴趣和坚守""用心和热爱"，甚至是"废寝忘食"的状态成为学徒企业专家们勤奋努力，最终实现职业生涯成功的重要动力。

（二）职业身份中个人职业适应的形成

职业适应（career adaptability）是指个体准备应对和参与工作角色的可预测任务，以及由工作和任务条件变化引起的不可预测的调整。"适应"一词的根源是恰当的，意为通过改变使事物或个体更一致，它表明了个体对环境作出响应的灵活性。在职业生涯发展理论中，职业适应性是一种类似于职业成熟度的结构，旨在解决个人应对工作场所挑战的灵活性和成熟度。古德温等（Goodwin et al.，2016）认为学徒刚进入工作场所中要面对诸多方面的职业适应，例如，与老员工和上级领导之间的关系适应；面对工作问题和困难的适应；从学徒到正式员工的身份适应，以及工作与家庭生活之间平衡的适应。[①] 学徒在达到成人工作准则和工作行为标准的过程中不是一帆风顺的，在此过程中学徒将会经历各种工作难题以及职业心理的变化，因此个体在从学校过渡到工作的学徒学习经历过程中，不仅要学习与工作相关的新技术，更重要的是学习更加宽泛的人际沟通技巧以及成人工作世界的"规则"。

1. 个人职业生涯控制的形成

职业控制是指使人们能够通过负责和认真作出与职业相关的决定来控制自己的未来。个人对职业生涯的信念的控制有助于在职业相关选择方面变得更具决定性。因此，职业控制体现在决策的决断力和能力上，这反过来促使人们对可能的

---

① Goodwin J, O'Connor H. From Young Workers to Older Workers: Eliasian Perspectives on the Transitions to Work and Adulthood [J]. Belvedere Meridionale, 2016, 28 (1): 5-26.

自我和替代性的职业未来产生好奇心。例如，一位被访的企业师傅表示，"我是一步步摸索的，从迷茫中慢慢成长。我明确自己的职业规划发展是进到这个企业以后才慢慢形成的，我明确了，我要从事这个职业，从事这个行业。我差不多一年时间把不好的习惯去掉，然后形成价值观，这需要时间，然后成为一个比较靠谱和认真的企业培训老师，第三年学习如何系统的教学。"对于新手学徒来说，刚起步的过程中很困难。除了许多技能操作方面的问题之外，学徒经常对未来职业生涯感到迷茫，并且没有人可以与他分享他的问题。例如，一位被访专家表示，"我刚开始工作的时候，为了学习工作相关的知识内容，我每天基本上都是睡一两个小时，我要把他们（同事）几个月编写的程序，在短短的半个月或一个月里面全部消化掉，这个比自己编写还困难"。

2. 个人职业生涯探索的形成

职业探索是个体思考自我与不同环境，职业角色和未来情景之间的契合度。学徒的职业探索表现在探索自己的知识、技能和能力，澄清个体的价值观，掌握不同的信息寻求策略，讨论替代选择的外在与内在奖励以及解释职业信息。因此，职业探索可以帮助人们形成自己和职业选择的真实形象。职业探索有助于随后的职业选择，使自己与职业情况相匹配。学徒从学校的青少年期到步入工作世界的成年期，在此过程中的关键因素是学徒的心理状态的变化，即从接受的、从属的和依赖的学生角色转变为独立的、担负责任的、给予和输出的成人或工人角色。学徒对新的职业环境、职业角色以及岗位任务充满好奇，并且逐渐开始向职业成熟发展，开始计划和建立长期的职业发展目标。同时，学徒开始在职业生活中建立人际关系并开始新的社会角色。例如，一位被访专家表示，"我给自己的定位就是一个技术工人，我也希望自己一辈子从事这个职业吧，这就是我对自己的规划"。根据职业生涯发展的阶段理论，帕茨（Potts）提出职业生涯高原发展期，并指出在此期间从业者在工作组织中获得垂直晋升的可能性很小。[①]埃利奥特（Elliott）在分析职业生涯发展中期危机时指出，为了使个体顺利度过职业生涯发展中期的危机阶段，从业者要清楚认识到个人的需求以及不同职业生涯发展阶段的潜在因素，并形成从业者对职业生涯的自我管理能力。[②]

---

① Potts L E. The Career Plateau—the Differential Diagnosis：Part Ⅲ［J］. Journal of Post Anesthesia Nursing，1991，6（1）：56-62.

② Elliott M A. Managing a Mid-career Crisis［J］. Nursing Management，1994，25（9）：76.

三、职业身份对个人职业生涯成功的影响

(一) 职业伦理对个人职业满意度的影响

职业伦理是个人对于其从事的职业受内在经验和外在规范影响，并对个人心理起到暗示性或动力性影响的一种心理过程。个人对其职业内在的相对稳定的心理倾向，通过个人职业情感、认知和行为等方式，对其职业结果和职业生涯发展产生一定的影响作用。个人的职业伦理等情感要素对自己职业活动的自我效能感增强，个人能够从职业中体验到完满感，能使个人职业满意度提高。因此，个人的职业伦理是影响主观职业生涯成功的重要因素。学徒经历中的技能学习与在学校职业教育学习的区别在于，工人作为企业中的正式员工，要处理工作需求的时间紧迫性、工作资源的确定性和资源的可获得性等方面，他们将会更加意识到结构对其行为和相互作用的界限。例如，一位被访专家表示，"从事我们这个行业，安全意识是很重要的。新手学徒为什么叫无知无畏？他到现场以后，他没有从事过这类工作，他根本不知道什么是危险因素。只有在工作现场担负起生产责任以后，他才会去认真做这个事情。所以这个是现场的熟悉程度是很需要的"。

劳德尔和格拉瑟（Laudel G. and Gläser J.，2008）的研究认为，在高等教育中，成功的学徒经历能够延长个人进行密集学术研究的时间，即为个人在获得博士学位后继续博士后研究工作创造兴趣。[①] 例如，一位制作二胡的大师认为他们的职业兴趣来源于工作和对工作的探索精神，这些事件是否提升新的职业兴趣发展路径，取决于：（1）认为自己能胜任新的活动；（2）认为活动将导致有价值的结果。例如，一位机械加工领域的专家表示，"我做机械加工学徒培养了我的兴趣，我在获得了一定的职业兴趣和经验的基础上，渴求对相关理论知识进行探索，所以我到后面选择到电大进行深造也好，还是后来继续做培训老师，都是选择的机械加工领域"。个人职业目标在职业生涯理论中扮演核心角色。职业目标是指个人从事某项活动或产生特定结果的意图[②]。职业目标的制定可协助人们组织、引导及持续自己的努力。例如，对自己的职业能力及职业追求结果有强烈的正面信念，可能会增长相对应的个人目标，如努力追求职业方面的培训或将其当成职业目标。

[①②] Laudel G., Gläser J. From Apprentice to Colleague: The Metamorphosis of Early Career Researchers [J]. Higher Education, 2008, 55 (3): 387 - 406.

（二）职业知觉对个人职业晋升的影响

职业知觉是指达到适合个人职业资格水平的可持续就业的感知。它反映了内部因素，如，对一个人的技能和能力的信心，以及外部因素，如对劳动力市场的积极看法。学徒经历中的职业知觉具体表现为个人的个性特质、自我效能感、职业习惯和态度等方面。自我效能感是指个人对在新的、模糊的、不可预见的或压力的情况下取得成功的能力的信念。除此之外，自我效能感也是职业生涯成功评估的因素。在学徒指导中，师傅为学徒提供任务或挑战，不断提高学徒的能力。一个具有高自我效能感的学徒将更相信他能够应对挑战或完成师傅或上级所给出的任务，并取得职业生涯成功，从而产生额外的工作成果。自我效能感较高的学徒更相信自己应对逆境的能力。

在职业生涯发展初期，第一，学徒的成就表现为能够提高学徒的自我效能感，随着学徒对工作岗位上的某项工作任务的成就表现的增加，学徒的自我效能感也会逐渐提高。第二，当学徒观察到角色榜样，例如，师傅或组织内其他成员参与某项特定工作任务所获得的成功经验越多，特别是自身不具备这种活动的直接经验时，学徒完成相关工作任务的自我效能感越高。第三，当学徒的职业榜样，即师傅、前辈或上级领导等对其完成某项任务的能力给予口头赞誉、鼓励学徒尝试或参与某项任务时，更能够促进学徒产生该领域的自我效能，尤其适用于学徒此前从未做过的，对学徒来说具有挑战性的工作任务。第四，学徒亲身参与工作任务而产生的生理情绪或心理状态将会影响学徒的自我效能感，例如，学徒在职业生涯发展早期，师傅会安排学徒进行基础技能的熟练度训练。学徒在此过程中产生的疲惫、烦躁以及焦虑等的消极情绪将会降低其完成该任务的自我效能，但是学徒一旦突破自我，实现了阶段性的技能水平的突破，这种兴奋、愉快和满足的积极情绪体验又会增加自我效能感。

（三）职业适应对个人职业生涯成功的影响

职业适应是指个人准备应对工作任务和参与职业角色转变过程中进行自我调整的准备状态或社会心理资源，体现了个人在职业生涯发展过程中面对职业挑战所具备的核心能力。个人要达到每个职业生涯发展阶段的稳定适应状态，要获得主观上的职业生涯适应意愿、自我调节的社会心理资源和职业行为选择，最终促进个人职业生涯成功。

职业期望是指个人希望从事某项职业的态度倾向。职业期望直接影响个人的职业选择，并进而影响个人的职业生涯发展。职业期望的主要特征包括：（1）职业期望是从业者个人方面的行为；（2）职业期望是个人的主动追求，是个人将职业兴趣、职业价值观和职业能力等与社会发展需要和职业生涯发展机会不断协调，力求实现的个人目标；（3）职业期望的核心是职业规划，是个人将现有活动与期望的未来联系起来的能力。学徒在职业初期还停留在职业迷茫阶段，缺乏清晰的职业目标和规划。例如，一位受访专家表示，"我刚一进厂门的时候其实和现在的小孩的观念是一样的，没有后顾之忧，上上班，做做工，然后拿点奖金更好""因为新学徒还处于学生阶段，刚步入社会，我对社会还不太了解，生产制造怎么一回事都不知道，这一行到底是做什么事情完全不了解"。学徒指导能够有助于以不同方式培养学徒进入职业的适应能力，学徒从基础的技能操作到独立完成项目的过程中，师傅为学徒提供一种职业安全感，帮助他们在职业困难时期提供技术风险保护，同时，学徒可以与师傅建立信任感并分享职业困惑，因为学徒在职业困难时期，很容易产生职业放弃或职业选择的想法，师傅可以对学徒的职业决策产生影响。汉密尔顿（Hamilton，1989）提出，师傅通过向学徒指导、展示、解释工作任务操作的方法和原因，将学徒引入工作场所的文化，并肯定学徒作为员工和个人的价值。[①]

总体来看，学徒经历的过程不仅是职业生涯认知发展过程，而且是一种社会化的过程，包括从学校到工作岗位的转移和职业身份转换。学徒经历对个人的影响不仅包括岗位技能的提升，学徒经历也是个人从青少年向成人期过渡的仪式。伴随着职业认同的形成，学徒开始参与工作生活并承担成人世界的责任。因此，学徒制不仅为年轻人的工作做好准备，也为其提供一种特定的身份。费尔斯特德等（Felstead A. et al.，2013）认为，对学徒而言，身份是"通过参与实践共同体而发生和作用的过程"[②]。在后现代研究中将身份定位为充满活力和灵活性，因为个人对自身身份的自我认知，在他们回应和适应情境社会力量时，从一个工作环境变为另一个工作环境。比利埃特（Billett S.，2004）建议任何关于工作场所学习的研究或任何旨在为在职培训机构内的工作做好准备的企业，都应该考虑个人身份和自我意识与社会实践之间的关系，[③] 因此，个人的学徒经历是其职业身份形成过程的核心。莱夫和温格（1991）认为，根据合法性边缘参与理论，参与实践社区的学徒在工作场所建立自信和工艺技能时，逐渐成为组织的"内部人"。因此，学徒不仅学习技能，还学习巩固知识，并吸收了通过工作场所环境产生的专业认识、知识结构和实践的主体间理解。个人在从学徒向独立的从业者进行身份转变的过程中，提高了分析职业实践优势和局限性的能力。

[①] Hamilton S F. Learning on the Job. Apprentices in West Germany [J]. 1989.
[②] Felstead A., Gallie D., Green F., et al. Skills at work in Britain: First findings from the skills and employment survey 2012 [J]. 2013.
[③] Billett S. Workplace participatory practices [J]. Journal of Workplace Learning，2004.

第三节 学徒经历对职业能力形成的影响

学徒经历不仅能够促进个人职业身份认同的形成，更重要的是提高和加强了个人的职业能力，个人职业能力包括职业知识、职业技能和职业态度等方面。学徒制人才培养优势能够帮助个体较好地获得与工作任务相关的知识与技能，并快速胜任工作任务，例如，学徒在工作过程中反复的试误与师傅的亲身示范，能够帮助个体快速获得工作相关的情境知识和诀窍知识，这是学校职业教育人才培养过程中难以企及的核心部分。

一、学徒职业能力形成的基本特征

职业能力是从职业实践中总结出来的生产实践、劳动技能、操作技艺，以及职业能力与某一特定职业相关的知识和技能。学徒经历中，个人获得的职业能力包括职业认知、职业决策或诀窍知识、知识的组织与认知策略，以及技能操作等的指导。职业知识和技能之间是整合的，而不是孤立的，职业知识能够指导技能操作和实践。另外，学徒还会接受师傅职业态度的影响。学徒指导还包括师傅对学徒个人的职业生涯规划，职业生涯规划是指对个人职业生涯主观和客观条件明确的前提下，根据自身的职业倾向，确定最佳的职业目标，并为实现这些目标进行规划和安排。

（一）学徒职业知识的形成

职业知识是指职业中与工作任务相关的背景知识和具体方法知识，以及师傅传递给学徒的个人经验知识和生产诀窍知识，杜威认为知识是以职业活动中的任务为中心进行展开的，职业是一个轴心，将大量复杂多样的细节贯穿起来。技术知识是工人在从事工作过程中所使用的技能、经验等与方法论相关的知识。文森蒂（Vincenti W. G.，1990）在对航空工程历史案例研究的分析中，确定了六类技术知识，即基本设计概念、标准和规范、理论工具、定量数据、实际考虑因素和设计工具。[1] 从技术哲学研究来看，罗波尔（Ropohl G.，1997）在《工程师知

---

[1] Vincenti W. G. What Engineers Know and How They Know it [M]. Baltimore: Johns Hopkins University Press, 1990.

晓什么以及他们是如何知晓的》一书中提出工程的五类技术知识，它们是技术法则、功能规则、结构规则、技术诀窍和社会技术理解。[①] 例如，在制造业等行业中，学徒在工作过程中所使用的技术知识包括数学知识、阅读技术图纸、使用尖端技术、分析多个线索（声音、视觉、触觉）、定义和解决问题等方面。

1. 技术实践知识的学习

学徒在接受师傅指导的过程中，不仅了解片段化的工作技能是什么，而且师傅还会指导学徒如何完成具体的工作任务。随着学徒的技能学习超越最初的获取阶段，学徒在处理问题时，将会涉及几个相互关联的变化作为持续实践活动发生，首先，学徒开始更少关注陈述性知识，而更多的关注工作过程中的程序性知识，并在增加程序知识的同时，开发有意义的组织知识结构。例如，一位被访专家回忆："刚开始做学徒的时候，我连方向都没有，怎么做我都不知道，我都是一点点学的，有师傅带我操作，带我学做琴筒，当时我是学做琴筒、琴杆，包括装配、鞔皮，一整套的东西，都是师傅教我。琴桶会做了，那么做琴杆，琴杆会做了，然后再做装配"。

其次，对部件、工具和加工过程状态的检查和分析涉及通过视觉和听觉线索获得的许多不同元素的分析："刀片产生噪音是不正常的""我可以通过声音判断金属是否在熔化"。工人还必须熟悉不同年限和用途的许多不同机器。他们必须学会与他人合作，寻求建议，发现必要的资源，组织起来，采取保护措施。这种类型的知识虽然是机械师的必要条件，但并不总是"众所周知"的，也不包含在学徒手册中。这些知识主要通过学徒观察师傅或有经验的同事，并要在操作时满足生产和安全需求。

2. 技术规范知识的学习

学徒在工作过程中所学的技术规范知识是指学徒对与职业相关的静态知识、知识获取、组织以及如何将知识应用于工作实践中的动态过程的一类定律。技术规范知识包括两类，一是学徒从师傅那获得的言语信息和新的陈述性知识，即个人具有有意识的提取线索且能直接陈述的知识，是用来描述工作任务规范和要求的知识，即回答"是什么"的问题。例如，企业相关的历史文化和政策规定。大多数认知技能发展理论认为，这类陈述性知识的获得必须先于高阶技能发展。因此，这类知识的学习经常发生在学徒职业生涯的初级阶段，同时，基于口头的，与任务相关的知识的基础是学徒高阶技能发展的必要但不充分的条件。二是与工作任务相关的组织需求、岗位角色特质、工作群体以及工作组织的特征和文化等

[①] Ropohl G. Knowledge Types in Technology [M] //Shaping Concepts of Technology. Springer, Dordrecht, 1997: 65 – 72.

内部信息。例如，工作任务分配和掌握，工作职责以及工作任务优先执行原则等，如何处理工作路径问题以及如何获取必要的职业咨询和资源；岗位角色特质包括工作职位的权限，工作职责以及合适的职业行为，学徒将会更加了解如何单独行动以及寻求、理解工作绩效所需的期待，以及了解不同工作任务背景下应该采取何种有效的行为；工作群体包括同事之间的相互合作以及工作组织的规范结构以及群体标准与价值，了解社会权威和工作角色以及了解如何适应群体组织；工作组织的特征包括个体对企业文化和政治、企业权威以及价值观的反映，包括组织任务的知识、行业术语、关键术语、行业文化轶事、组织管理领导力以及激励模式。

3. 技术诀窍知识的学习

技术诀窍知识是个体在学徒经历中获得的隐性知识能够使其具有其他员工所没有的竞争优势。同时，由于技术诀窍知识不可言传的特点，区别于学校职业教育中以讲授为主的理论知识，而只能通过实践操作中的感知来获得。波兰尼（Polanyi，1969）认为人类知识的很大一部分是默认的，通过实践经验获得的操作技能和专业知识尤其如此。由于这类知识具有行动导向和个人特质的特点，因此很难被形成或交流。这不同于显性知识可以独立于知识主体跨时间和空间传递和转移，例如，学徒可以根据工作示范手册中的说明和图纸进行操作。但是隐性知识因为其难以言说的、结构复杂的、基于主观判断的性质，很难被掌握。他认为，知识存在于一个频谱上，在某个极端，知识完全是隐性的，即在人们的头脑和身体中保持潜在昏迷状态，在另一个极端，知识几乎完全是明确的、可编纂的、结构化的，除了发起这类知识的个人之外，其他人也能够获得。但是大多数的知识存在于这两个极端之间，明确的职业知识是客观的、理性的，而隐性知识是主观的、经验的，虽然隐性知识并不意味着无法编纂的知识，但隐性知识的某些方面不可能完全被阐述，无论是嵌入认知还是身体能力。半数或无意识的隐性知识基于"直觉"产生洞察力，直觉和决策。

斯坎杜拉（Scandura，1999）研究认为，师傅对学徒指导内容包括新技能和简短知识，以及对不同工作方式的经验的认识。[①] 例如，师傅会尽可能将这种内在的、隐性的知识通过言语、结构化的教学内容和展示操作的方式传授给学徒，一位企业专家在访谈中提道，"我的第二个师傅影响我很多，同样一个车子放在他和别的师傅面前，他维修的速度很快，而且判断东西相当准确。一出手就让你看起来很赏心悦目那种，他就是很有思路那种，虽然嘴巴不说，但看他判断车子

---

① Scandura, T. A. Mentoring and Career Mobility: An Empirical Investigation [J]. Journal of Organizational Behavior, 1992, 13 (2): 169–174.

故障什么的,都让我很受教"。企业专家通常会运用其个人特定的知识方式唤醒自身的经验来识别新的问题和情况,他们可以选择性地检索相关信息并从给定模式中进行推断,并作出适当的反应。专家们头脑中形成的已知模式,通常很难准确地用语言表达对给定模式的识别,例如,一位刺绣大师在访谈时进行如下表述:"师傅就做了两针,一针朝里,一针朝外,就是它的线条,如果勾的是一个弧形,那么在一个弧形的中间,一针做在线条的里面,一针做在线条的外面,它就形成了一个S形,就这么两针就把轮廓给弄出来了,其实是一种设计的感觉在里面"。因此,即使在没有有意教导或学习的情况下,也可以进行知识转移。同时,组织中经验丰富的师傅可以帮助新手或学徒解释事件,了解技术和业务流程,并确定组织的价值观和规范。师傅可以帮助或阻碍学徒内化和社会化的进程。

4. 技术理论知识的学习

技术理论知识是上述各类知识的系统化,即为个体进行技能操作和完成工作任务提供了一个解释性的框架。学徒技术理论知识的获得具有经验性和情境性的特点,即学徒是通过大量的亲身经验和处理不同的情境过程中产生的系统解决问题的知识。学徒技术理论知识的获得过程体现在行动—经验—反思的过程中,在日常工作中的具体行为操作和处理问题的反思过程中实现。学徒在真实的工作情境中能够更好地获得职业知识和实践之间的联系。个体在工作过程中进行的技能操作与反思之间的联结,能够形成职业能力的固化,而不是偶然性和情境性的。例如,学徒每次进行不同焊条的操作之后,师傅都会告诉学徒根据燃烧的结果进行不断的反思,被访者在接受访谈中也多次表述,"每次进行焊接实操后,都要进行反思和总结,仅仅操作之后不思考,下次可能还会犯同样的错误,要及时地消化和理解"。这种反思主要体现在两个维度,一是结构性反思,即个体对工作环境和工作条件的不断提问和构建;二是自我反思,即反思自身的能力并建构个体能力的发展。从个体学徒经历的视角来看,个体在工作过程中的经验知识获得具有很大的情境性和现实性。

(二)学徒职业实践技能的形成

职业实践技能是指与职业相关的动作技能和操作技能,《教育大词典》中将技能定义为"主体在已有知识经验的基础上,经过训练形成的执行某种任务的活动方式","技能"具有获得使人做某事的熟练度,技能强调学习过程的结果,它既可以是完成整个作品的技能汇总,也可以是完成某项工作任务的具体操作,如完成一件雕刻作品、完成汽车故障诊断以及零件加工等。一直以来,理论与实践之间关系的问题都是教育研究的话题,瑞安(Ryan,2011)从理论与实践的角度出发,他认为学徒制是一种将技术知识和实践技能学习相互整合的理想的人才培养方式。他比较指出职业教育中的其他两类形式的弊端,一是职业学校教育的教学缺乏基于工作场所的技能学习部分;二是企业在职培训过于强调技能操作,而忽视了课堂教学中的专业知识传授。

1. 学徒动作技能的操作与熟练

在学徒学习中,师傅经常会分配学徒一系列与工作需求相关的任务。尽管不同学徒的任务复杂程度和差异程度很大,但基本上都与工作要求和工作环境相关。例如,从事计算机电子行业的学徒要承担的工作职责,包括检查和测试电路板和计算机部件的缺陷以及计算机设备的安装和维修。有时,学徒需要打电话给其他企业以获取零件并检查零件的价格和可用性,维修设备,或文书工作。师傅会分配给学徒适合其指定职位的任务。此外,一些师傅为使学徒今后能够灵活处理不同情境下的问题,还为他们提供尝试更多种类和多样性的岗位任务机会。坎宁安(Cunningham,1993)研究表明,在询问企业管理者,他们的何种学习经历与目前职业最为相关时,他们很少会谈到在本科或研究生学习期间做不完的作业,他们经常会提及在职学习经验和在岗培训活动,而不是正规大学教育中的学术课程或项目。

师傅在对学徒进行帮助之前,也会鼓励学徒自己尝试或探索任务。例如,学徒不得不更换卡车上的水泵。然而,其中两个部分看起来非常相似,学徒不确定首先连接哪个部分。这时,学徒会向他的师傅寻求帮助。随后,师傅不是仅仅告诉学徒哪个部分应该优先进行,而是教给学徒区分不同部件的反思策略。根据师傅的说法,两个部件的螺孔位置不同,可以用来确定哪个部件优先使用。学徒被问到他是否理解并被要求展示和说出不同部件的差异。然后,学徒成功地解释了由于孔的数量和位置,两个部分的区别。此外,师傅为学徒提供了完成指定任务或程序的提示、线索和启发式策略。学徒似乎很理解并受益于师傅对"交易伎俩"的解释和示范,师傅会教给学徒在学校里教师没有展示或告诉他的事情。例如,在汽车经销商处,学徒想要确定为什么汽车电池不能充电。师傅建议搜索从连接到螺线管的三根导线开始,这将确定导致电气系统短路的原因。师傅继续向学徒展示如何检查每根电线对电池充电的影响,学徒很快确定短片是双向无线电连接。再例如,在计算机维修过程中,学徒不确定电路板上两根导线的连接位置。他的师傅建议追踪电线的路径以确定它们的连接位置。这使学徒能够正确确定将电线连接到电路板的位置。

2. 学徒心智模型的形成

心理模型作为学徒用于描述任务的功能和形式,解释和观察任务整合以及预测未来任务要求的机制(Rouse and Morris,1986)。心智模型的同义词包括知识结构、认知地图或任务模式。例如,一位被访的酒店业专家指出,"如果你之前没有在整个酒店的岗位上做一遍学徒，不了解整个酒店的运营，你就没法做到管理层，管理别人，比如'有的员工偷懒'，他说他忙，因为我曾经在所有岗位上做过一遍，我知道他说的这个时间段，根本没有客人，所以我知道他在说谎。因此要想在这个行业做得好，那肯定还是要到所有部门，尤其是前线部门，或者管理的直接对口部门，都轮岗一圈"，心智模型为对象和事件的解释提供了背景，它们不仅组织现有信息，而且影响新知识的获取（Messick，1984）。心理模型的一个重要特征是存储元素的类型或复杂性。对专家师傅和新手学徒差异的研究表明，虽然新手为问题定义和解决方案策略创建了不同的心智模型，但专家形成了包含问题定义节点和解决方案节点的更复杂的知识结构。该模型的优势在于，在确定问题后，专家能够快速访问解决方案策略，因为该策略与问题节点紧密相关。相比之下，新手解决方案时间较慢且流动性较差，因为新手必须首先进行一遍知识搜索以识别问题，其次进行第二次搜索才能解决问题（Glaser，1986）。因此，学徒在不断的职业知识的积累过程中能够逐渐提高解决实践问题的速度，并能够独立处理突发事件和难题。

（三）学徒职业态度的形成

职业态度指学徒与工作相关的主观态度和职业道德，即职业价值观、工作规范、道德伦理等方面。例如，学徒对工作规范的遵守、敬业精神以及工作安全规范等方面。职业情感态度是指从业人员对所从事职业的信念和动机的变化。成熟的职业态度是从业者职业生涯成功的关键。积极的职业态度包括采取职业主动、愿意接受挑战、热情和精力、努力工作、坚持不懈、诚信和保持专业素质，例如，沟通和人际关系技巧对酒店业员工至关重要[①]。本书认为，学徒指导过程中所涵盖的职业态度内容主要可以分为个体层面的职业伦理道德和组织层面的工作规范。

1. 个人层面的职业价值形成

职业价值是指个体对工作和与工作相关的内容方面所持有的价值偏好，是人对工作行为、工作方式、工作成果等进行价值判断时所依据的稳定心理系统，它能更好地解释与预期员工在工作环境下的独特个性与行为表现。本书中是指学徒在工作过程中，受到师傅对他的工作习惯、职业信念、工作态度以及职业精神的影响，这种影响不是具体的工作技能和工作知识的传授，而是一种无形的态度与精神，蔓延在整个工作过程中，例如，师傅会告诉学徒在完成工作任务后，如何

---

① De Vos, A. and Soens, N. Protean Attitude and Career Success: The Mediating Role of Self-management [M]. Journal of Vocational Behavior, 2008, 73 (3): 449-456.

摆放工具、如何清洁台面，等等。

2. 组织层面的职业规范遵守

职业规范是指工作组织内部形成的书面的或组织内部不成文的规范要求，这些工作要求涉及工作质量、工作安全和工作文化等方面内容。学徒指导过程中，师傅主要向学徒传达有关组织价值观的知识，即"规范性信息"，规范意味着对行为的指导。在职业生涯的初始阶段，学徒作为新员工，可以从师傅那里获得相关的组织信息，例如，组织的政治、人员、目标和价值观。如果学徒没有师傅的指导，将很难了解企业非正式的政治文化，同样的，在职业生涯中后期，学徒的很多决策将在很大程度上受到师傅的职业价值观影响。学徒接受师傅的企业咨询和建议将在很大程度上影响学徒的职业晋升和发展，如果学徒能在职业生涯初始期，接受几位有经验的老师傅的指点将会是最理想的状态。

师傅对学徒职业规范的指导包括：（1）行业规矩。学徒在刚进入工作领域时，如同一张白纸，第一个师傅对他的工作规范的影响，对其今后在职业生涯中的行为规范具有深刻影响，例如，一位被访专家表示，"第一个师傅的影响让我知道什么是守规矩，就是严把关，因为我的师傅，他是对行业的规矩执行特别严格的人，他会跟我说这个（操作标准）是可以的，这个是不可以的。那么你'踏红线'了，他就帮我指出，规矩有很多种，做人的规矩，行业的规矩，职场的规矩，技术上面的规矩多种多样"。（2）工作习惯，就是师傅对学徒潜移默化的影响中，帮助学徒树立良好的工作习惯和职业素养。一位电焊专家清晰地回忆出，在做学徒时师傅对其工作习惯养成的影响，"我的师傅平时做事严谨，他干活的时候衣服干干净净、一点油污也没有，工具摆放整齐，他规矩的作风对我有潜移默化的影响，我的工具箱也是整整齐齐的。他干活儿的思维也是清晰的，他干活的时候穿白衬衫、闪亮的尖头皮鞋，并且不会把工作台弄得乱七八糟、碎屑到处乱飞，他会想法保证自己干干净净"。（3）人际交往能力。研究者在与工人的观察和讨论中经常强调良好社交技能的重要性。一位被访专家用这种方式描述："即使我们的工作是在（修理计算机）工作台上工作，我们仍然需要与其他员工互动。我们必须学习能够和员工以及客户相处的社交技能……在这种情况下，在一个更专业的环境中，必须学会如何和客户相处以及在客户计算机出现问题的时候，让他们平静下来。……因为我总和师傅在一起，就可以更好地学习和客户面谈，我也跟着师傅到客户那边去谈、去沟通，他怎么做事情，接到新活儿他怎么去协商啊，或者去博弈啊，我就在旁边一直观察，那个时候学到很多东西，师傅是关键点，能学到很多为人处世、人际沟通等的社会能力和专业能力"。师傅为学徒提供各种各样的经验是至关重要的，这些经验能够反映现实工作世界的运作方式，而不是基于学校知识的学习。（4）行业工作标准。师傅指导学徒明确工作规定的制度和要求，使学徒具备行业规范意识。例如，古籍修复专业人员在进行篆刻的过程中，师傅会告诉学徒不同的印章的字体和设计理念，以及要达到什么样的要求和标准才能更好地完成。（5）安全事故。师傅对学徒进行生产的安全教育与注意事项的讲解。例如，在制造业等的生产实践中，师傅更多的会告诉学徒一些危险因素的情况分析，以及曾经出现的大型工作事故等的例子，警示学徒引以为戒。

二、学徒经历中个人职业能力的形成

学徒经历对个人职业能力形成的三个主要影响要素是师傅的指导意愿、指导资质水平和指导方式。师傅通过个人的资质和经验水平对学徒提供职业生涯方面的指导、社会心理支持和角色榜样示范，进而提高个人的职业生涯成功。

（一）师傅指导意愿对个人职业能力形成的影响

在学徒经历中，通常根据师徒关系的实施分为两种不同的形式，即指导关系是组织硬性安排的还是根据双方意愿进行选择的。工作硬性安排的指导关系一般属于指导双方工作内容的一部分，通常可以称为正式师徒关系（formal mentoring）；除此之外，如果指导双方因为兴趣、个性特征和互动频率等自愿结成的师徒关系称为非正式师徒关系（informal mentoring）。相对来说，这种通过师徒双方互选或由于某些机缘结成的师徒关系，即师傅为学徒提供的相应的帮助是在不接受任何报酬和组织命令的前提下进行的，他们之间情感维系的程度更高，彼此之间关系更为亲密，而组织安排的师徒关系更像是一种同事关系或上下级领导和员工的关系。有研究表明，师傅指导意愿强烈，学徒将会获得更多的职业方面的指导，更容易取得职业生涯成功。瑞金斯（Ragins, 1999）发现，师傅指导意愿越强，学徒对师徒关系的满意程度越高，并且在师徒关系结束后，师徒双方还将会继续维持友谊关系。在职业生涯发展初期，指导意愿强烈的师傅通常对学徒具有一定程度的了解，明确学徒的职业期望，相比之下，正式师徒关系更多是迫于工作组织的压力而形成的师徒关系，师傅很少因为学徒指导而牺牲自己的工作时间和精力，因此指导意愿比较低。

（二）师傅指导资质对个人职业能力形成的影响

在学徒经历中，师傅指导资质主要可以分为师傅技术技能水平、行业资源和行业口碑等。

1. 师傅的技术技能水平

师傅技术技能水平即师傅对职业相关的方法、流程、程序或者技巧的理解程度和熟练程度,例如,职业知识水平、职业分析能力以及对相关工具和规章政策的熟练应用。维塔宁(2014)等研究表明,较有职业经验的师傅对学徒职业能力的获得具有重要影响。如果师傅对学徒不进行相关职业知识和技能的指导,那么学徒在工作过程中的学习很可能是不系统和偶然的。[①] 师傅作为学徒的教师、榜样、朋友和协助者,能够促进学徒的职业能力的发展,加快职业生涯成功的进程。例如,一位被访者表示,"因为我刚进入现场工作时,都是跟在师傅旁边学习,所以我逐渐形成站在师傅的角度去思考,那我就学得更加多了"。有经验的师傅能够为学徒创设和督促他们在不同职业生涯发展阶段应该达到的职业技术水平和把握相关职业机会,他们会帮助学徒将已有能力水平和职业目标所需的职业能力水平之间建立联系,进而帮助学徒成为独立思考的工作者。认知情境学习理论认为,在真实的工作环境中,学徒可以通过观察和模仿企业技术专家行为,逐渐掌握和理解职业技能和知识,提高自己的职业能力。师傅是学徒获取职业知识和技能的重要元素,因为他们能够利用已有职业经验为学徒提供有关职业生涯方面的专业知识,如何执行工作任务的指导以及学会处理职业和家庭之间的平衡关系。

2. 师傅的行业资源和行业口碑

师傅的行业资源是指个人具有的以行业企业为核心的各种物质资源和人力资源。职业口碑是指在行业中,其他人对某个人或事件的看法、态度和期望等方面。在工作组织中,已获得职业生涯成功的师傅在带徒方面更具有行业资源和口碑,师傅能够与学徒更好地分享自己的工作经验和专业知识,促进学徒的职业发展。例如,师傅可以从领导力发展的角度为学徒提供职业策略,通过分享师傅的个人成长经历,为学徒提供了案例研究供其讨论和反思。师傅作为学徒的榜样,帮助学徒避免重复师傅曾经所犯的错误,帮助学徒快速适应职业生涯。此外,具有行业资源和口碑的师傅传授给学徒的不仅是操作技能和职业知识,更多的是职业相关的人际交往能力、问题解决能力和团队合作能力等。学徒认为具有行业资源的师傅更具有独特的技术和人格魅力,愿意和师傅学习技能并且期望获得像师傅一样的职业生涯成功,甚至超越师傅。

(三)师傅指导方式对个人职业能力形成的影响

1. 角色榜样的指导方式

角色榜样是指师傅以个人的自我进修,热爱职业岗位而取得职业生涯成功的

[①] Virtanen A, TynjäläP, Eteläpelto A. Factors Promoting Vocational Students' Learning at Work: Study on Student Experiences [J]. Journal of Education and Work, 2014, 27 (1): 43 - 70.

行为影响学徒，促进更多学徒关注相似的职业生涯发展，追求形成职业生涯成功的方式。例如，学徒通过观察师傅行动中的积极职业行为而受益，这是一种观察式的学习形式，学习行为的获得是通过个人与权威人物处于密切或有价值关系中逐渐获得的，角色榜样行为可以归纳为模仿榜样、识别角色和引入角色的过程。比利特（Billett，2004）认为学徒通过观察同事和师傅学习职业相关的技术操作。学徒通过观察真实的日常工作实践和进行重复的技能实践，逐渐融入真实工作的实施和评估过程。

此外，学徒工作过程中的很多工艺知识需要通过观察和与他人的互动来学习，通常体现为师傅和学徒之间非语言形式的交流。例如，很多情况下，师傅对学徒的影响可能在双方无意识的情况下发生，师傅并没有意识到自己正在成为学徒的榜样和示范，学徒也没有强烈地意识到自己对师傅产生的职业认同感。在此过程中，师徒之间的互动围绕工作任务、共同关注的工作组织信息以及未来的职业生涯发展等，学徒将在潜移默化的学习中获得师傅与职业相关的方法、态度和价值观的影响。马库斯和努里斯（Markus H. and Nurius P.，1986）提到了"可能的自我"，即个人对于他们可能成为什么，他们想成为什么以及他们害怕变成什么的想法。[1] 这种可能性通常在学徒进行观察和比较他们所知道的成年人时出现，可以为当前的职业决定和职业行为提供参考信息。

2. 示范启发的指导方式

示范启发式与榜样示范类似，但榜样示范更多的是强调师傅本人对学徒产生的榜样作用。示范启发基本上是以师傅的规范化示范来启示学徒掌握某一技能的启发方式。无论师傅采取何种启发方式，都是通过师傅向学徒展示自己的职业规范化操作解决问题的过程，来引导学徒学会分析工作问题，掌握实践技能和解决问题。示范启发式的本质是师傅向学徒展示职业相关的实践技能、职业态度或职业伦理等的规范化过程。认知学习理论认为，师傅通过向学徒提供建模、辅导、脚手架、清晰度、反思等策略，帮助学徒胜任工作任务。

在学徒指导过程中，学徒主要通过观察师傅的行为结果进行学习，这种替代性强化有助于加速学习过程，因为个人不必在不断地试验和错误中浪费大量的时间，学徒从师傅的解释、与师傅的互动学习、不断的提问、反复试验、与师傅的合作以及接受鼓励中学到很多东西。例如，学徒可以通过观察师傅和同事的行为及其积极或消极的行为结果来加速其职业生涯发展进程。学徒观察、模仿师傅和同事的行为、认知方式，以及如何作出职业判断，学徒最终将行业独特的操作、思维与感知的方式转化到个人职业能力中。例如，一位被访者举例说明他的师傅

---

[1] Markus H.，Nurius P. Possible selves [J]. American psychologist，1986，41（9）：954.

是如何教他技能操作的,"师傅会教我,我的手势不对,纠正好了,我做的东西马上就对了。打一个泥片,如果我打的不均匀,师傅就会教我从哪个位置开始用力,敲几下,这就完全需要师傅的指导,如果要靠我自己悟的话,可能就是事倍功半。然后师傅教以后就事半功倍,这个就是师傅的作用!"。这位被访者表示师傅经常会告诉其如何做事情,如果他操作过程中遇到问题了,师傅要么给他一个提示,或者再次示范给他看,师傅向他展示产品制作过程,解释技能操作的要点和任务挑战,并给予他赞同和肯定。

3. 亲验性练习的指导方式

亲验性练习指的是亲验性的教学方式,主要包括结构性练习、角色扮演与自我测试等活动,亲验性练习本身在教学上体现出的有效性比课堂讲授要好,学徒通过练习获得的亲身体验是自己在活动中观察总结出来的,因此比单纯接受教师课堂讲授的知识和技能要点要深刻得多。例如,学徒通过反复的试误与技能练习能够获得熟练的技术,并且在成功完成任务的过程中获得职业自信。在访谈过程中,企业专家回忆自己做学徒时,师傅是如何进行技能指导和示范的,"师傅是给我做一个形,而且好多师傅理论表达不清的话,他也只能做(示范),师傅他做的就好看,但是他也说不出自己为什么做得好看,这真的是'可意会不可言传'。这时,师傅就会说,'那你做,我做一个给你看,这次不行,下面再做,下一次再做一个给你看',就这样一点点'扣'过来,慢慢改过来,改毛病很难,真的很难,我改了好多年"。这种在工作场所中的结构性练习是程度不等地模仿、再造出真实工作环境和工作任务,让学徒实践从其他途径学到的知识。它与学校教育课堂教学的区别,正如实用主义与理性主义之间对原则和事实,对先验和行动之间的对立。学徒在工作场所中的学习是一种实用主义思想指导下的,趋向于具体和恰当,依靠事实、行动和力量的技能学习方法。

4. 挑战性任务的指导方式

挑战性任务是指学徒经常会接受师傅安排的一些处于其能力范围边缘或超出其能力范围以外的任务和挑战,如果学徒能够胜任这些任务和挑战,那么他们往往能够实现职业生涯发展的跨越式进步,并且有利于学徒在工作组织中的自我曝光水平,加速个人的职业晋升。挑战性任务表现为学徒独立解决生产技术难题、学徒与其他师傅合作完成此前未从事的工作任务以及学徒同时处理多个工作岗位任务。例如,师傅会为学徒设计一些超出其当前职业能力水平的任务,甚至与他们合作完成具有挑战性的任务。在此过程中,师傅对学徒挑战性任务的安排和设计非常重要,首先,师傅的鼓励和结果反馈使得学徒能够接受超出目前能力范围的工作任务,如果没有师傅的反馈和支持,学徒将会对复杂困惑的工作任务感到手足无措,甚至还会对在此职业生涯发展阶段处理超出自己能力范围的任务感到气愤。其次，挑战性的职业任务不仅为学徒提供重要的学习机会，而且能够减轻师傅的工作任务负荷，因此，师傅在不断地传授给学徒复杂职业任务的过程中，也同样获得了学徒的技术支持，师傅可以将精力分配到其他工作事务中。

此外，师傅指派学徒尝试挑战性的工作任务，通常发生在师傅和学徒之间开展了一定程度的开放性对话之后。此时，师傅和学徒彼此都比较了解，师傅能够从学徒的实际能力出发，为其制定和设计适合学徒职业能力发展的工作任务，同时，学徒也对师傅具备一定的信任和尊重，他们愿意接受师傅对自己未来职业的规划，并且对完成挑战性的任务充满信心。例如，一位被访者谈到，"如果师傅对学徒真的是够了解，他可以帮学徒去制定和指派一些有难度有挑战性的工作"，师傅在对学徒接触一段时间后，对学徒的能力会比较了解，如学徒的个性特征和职业能力水平，"如果学徒能力强的，师傅对他期望值高。师傅给他指派的任务可能就有挑战性。如果学徒是一个比较慢的，效率慢的，那他可能只能做最基本的工作。但是在这之间师傅会跟学徒也都谈一次，学徒也了解一下师傅的想法，学徒是否接受呢？是否愿意为提高职业能力做出改变？我觉得这样比较公平"。

三、职业能力对个人职业生涯成功的影响

通过对学徒企业技术专家的职业生涯发展进行分析后得出，这些来自不同行业的企业技术专家，除了受到不同行业技术要求的部分差异影响以外，总体来看，学徒企业技术专家的初次职业晋升通常发生在进入行业成为学徒后的第五至第八年之间，即学徒能够掌握一定的职业能力和实现独立操作之后。这说明，学徒是否能够掌握相关行业的职业能力是其职业晋升的关键。

（一）职业知识与实践技能对职业晋升的影响

对技术人员的职业生涯发展来讲，从班组长到车间主任再到技术总监代表着技术职业晋升的最高层次，个人晋升到技术总监意味着他已成长为一名受到行业共同体认可的娴熟的技术研究者，即到达个人职业生涯发展的成熟阶段。一般来说，普通员工从进入工作岗位开始到成为技术总监至少需要 20~30 年的时间。在本书中，60%~70% 的企业专家在学徒出徒后的 10 年内即晋升为班组长或车间主任。而且他们晋升为技术总监的平均年龄在 40~50 岁之间，也就是说，这批企业技术专家平均在取得独立工作职位之后的 3~5 年内再次获得晋升，这样的速度远超过工作组织中的其他普通员工。

企业专家与普通员工之所以在职业生涯成功方面表现不同，其重要原因是两者职业能力水平的差异。个人从学徒到成熟员工的技能反复训练过程中，他们逐

渐对职业领域中可能遇到的各种技术难题创建了精密的心智表征。在访谈过程中，研究者了解到，无论从事何种职业的企业专家都会反复强调他们在解决一项技术难题之前对整体工作任务的思考和分析。例如，汽车维修专家在进行车辆维修之前，会根据汽车状况对车辆可能出现的故障情况进行预先判断。这样的表征使他能够更快更准确地完成车辆维修任务。学徒在工作过程中经过年复一年的练习，创建了高度专业化的心智表征和技术熟练度，这些心智表征和技术水平使技术规律的识别和技术难题的解决成为可能，也使他们能够培养和发展各种更高阶的职业能力，以便在特定的专业领域中表现卓越，如从初级的程序性知识的掌握发展为对各种工作情境进行初步分析和预测的职业判断知识和职业诀窍知识等。这种不同于一般员工的职业能力的获得必然促进其职业晋升等方面的实现。

（二）职业知识与实践技能对职业收入的影响

在技术类职业中，职业晋升和职业声望主要通过企业技术专家获得的技术水平和荣誉头衔的数量来度量。对于一个精通手工艺的技能人员来说，如果他能够正确地兼顾生产产品的美观和实用，利用手头上的工具和材料灵活自如地完成某项任务，那么他在工作过程中表现出来的这项职业能力，可以称为"一技之长"，这能够帮助个人维持职业收入和职业声誉。例如，一位企业专家占师傅回忆自己刚开始职业生涯的窘境时说，"当时很封闭，在厂里的学习都是学徒制，有的老师傅很保守，想要学到核心的技法很困难，那时师傅也要按部就班的工作，完成每天的工作任务指标。但是在计划经济时期，唯一能够影响我们的就是'计时嘉奖'政策，这种政策是指自己在完成工作指标之外可以自己加班，多做出来的部分会有奖金，那么我就利用帮师傅加班，帮他拿奖金的时机学到一部分的知识，这样慢慢进入师傅的创作阵地，学会必要的技法"。学徒在学到初步的知识后，职业发展的道路就会顺利一些，"那时师傅也有一个优点，就是他们虽然开始的时候防着你，但是一旦你的努力和悟性得到了师傅的青睐和欣赏，师傅认可了你，那么他们就会非常认真的，毫无保留的，全心全意地指导你"。后来由于这位占师傅的技术比较过硬，被调入景德镇艺术瓷器厂，并在厂中负责技术较为复杂和难度较高的重要瓷器烧制的重工组，在此期间，他还不断地充实陶艺理论知识，参加成人高考，进入陶瓷职工大学进行理论学习，经过理论学习和工厂实践操作之间的反复循环和积累，差不多6年之后，占师傅"出师"了，从学徒转变为独立的工作者。

（三）职业知识与职业态度对职业声望的影响

在技术职业中，职业声望主要通过技术人员获得的职业晋升岗位和职业荣誉头衔的数量来度量，个人的企业专用知识和技能能够决定职业岗位等级。由于学徒获得的职业人力资本的专用性，使得企业和工人之间形成了双边的垄断和相互依赖的关系。工人职业晋升的主要依据是职业专用知识和技能获得的数量。这类人力资本包括只适用于本企业的技术技能、工作伙伴之间的协作诀窍、与企业一致的文化与价值观以及本企业与行业内部的社会网络关系等[①]。因此，这些企业专用知识和技能的获得者能够得到职业生涯成功的回报，换句话说，这就是个人在企业内获得职业晋升的主要依据。在企业中，对于从事技术行业的工人而言，他们的默会知识和技能是其从原有知识技能和企业环境出发，提出生产技术和管理创新建议的灵感，也是个人职业核心竞争力中最难被学习和模仿的部分。

从表4-7中可以看出，技术工人职业晋升的主要依据是职业知识和实践操作的熟练程度。学徒制作为工作组织内部的技能形成方式和手段，主要通过工人师傅的传、帮、带等方式实现技能传承。[②] 因此，学徒如果能够掌握生产技能优势（"绝活"），既是他们与企业讨价还价的筹码，也是其职业晋升或职业地位获得和确立的保证。当学徒掌握一定的职业技术要领并完成突破性的阶段任务后，他们可能会出现职业晋升和职业收入提高的机会，这时学徒开始获得自我效能感，逐渐形成职业身份认同。学徒在职业晋升过程中逐渐走向塔尖，他们在组织中的职业晋升范围开始缩小。在职业生涯发展早期，个人职业晋升机会主要取决于工作相关技能和知识的提升，随着个人相关职业知识和职业技能趋向稳定和成熟后，学徒开始与师傅和同事之间展开竞争，并开始关注工作组织内的政治文化等内部信息。在职业生涯发展中期，个人从平时的技能练习和师傅的个人经验中获得职业技术的诀窍方法，并开始内化到个人已有的知识体系中，逐渐形成具有个人特殊性的问题解决方法。

表4-7　　　　　　　企业专家的技术技能等级与资格要求

技能等级	资格要求
高级技工	具有技师职务或一技之长的技术能手
技师	具有高级技师职务或一技之长的技术能手、市级技术能手，能够指导技师、高级技工，并协助其将一技之长整理成论文或专著的工程师或高级工程师
高级技师	具有高级技师职务的省部级"大奖"获得者，能够指导技师、高级技师实践，并协助其将一技之长整理成论文或专著的工程师或高级工程师

① 祝士明，郭妍妍. 现代学徒制背景下的人才培养优势与途径 [J]. 中国高校科技，2016（10）：60-62.
② 张启富. 高职院校试行现代学徒制：困境与实践策略 [J]. 教育发展研究，2015（3）：45-51.

第四节 学徒经历对社会关系形成的影响

本节主要研究的重点是个体在学徒经历中对其职业生涯发展发挥重要作用的社会关系。本书中的社会关系包括企业师傅、同辈关系和对学徒的社会化过程起到重要影响的人物。学徒经历中的社会关系包括学徒与师傅之间的关系，学徒与学徒之间的关系，学徒和同事领导之间的关系等。学徒在与师傅的不断接触中，从师傅身上找到未来职业生涯发展的标杆和榜样，开始接受师傅职业身份、职业价值观和职业态度等方面的影响。与个人学习相比，学徒经历中，学徒在与师傅和同事互动中产生了更多的社会关系变化，尤其是学徒的社会整合和社会资产发展，但是学徒的社会整合和社会资产发展的变化结果，主要取决于师傅是否能帮助学徒发展网络关系，例如，师傅带学徒参加商业活动或将学徒引荐给同事等，这种引荐将会扩大学徒的社会网络关系[①]。结构维度捕获了个体在系统中协同工作的紧密程度，如交互的频率和质量。关系维度是指嵌入在这些共享的个人关系中的资产，包括信任以及常见的语音模式、经验、义务和期望。认知维度是指促进对价值观的共同理解的解释、愿景和目标。

一、学徒经历中社会关系形成的背景

（一）工作组织方式的变化与改组

随着生产方式的改组，生产过程中对从业者的要求提高，需要的是复合型人才，例如，现在车间的电焊工人，原来只要熟悉一种材料的性质，并进行电焊就可以胜任工作任务，但是现在工人要到不同的位置上去焊接，那么工人就要对多种材料熟悉，掌握不同材料的性质和构成。因此，个人不太容易完成工作过程中的全部工作，而是更加强调团队之间的配合。一位被访专家表示个人仅凭一己之力去解决生产难题的现象，虽然不能说绝迹，但是已经很少出现了，"因为我们的职业性质是群体作业，一个分段下来，一个接头下来，是一群人做一个活，最终的结果不是看技术最好的人做得怎么样，最后验收的时候是检查不好的地方，

---

① Nahapiet J, Ghoshal S. Social Capital, Intellectual Capital, and the Organizational Advantage [J]. Academy of Management Review, 1998, 23 (2): 242-266.

所以我们相互之间要讲究团队协作"。

以船舶制造行业为例，工人在车间"取证"（辨别电焊材料）时要分的很细，原来工人只需要熟悉一种电焊材料就能够胜任工作要求，但是现在已经不适用了。因为工人要能够在船舶上的不同位置进行电焊工作，那就需要他对船舶上的所有材料都熟悉，这样才能够适应岗位要求。相对于以往一个优秀的工人可以对生产线产生长久的影响和独门的技术操作相比，现代生产中更需要的是团队作战，基于此，本书认为学徒能够处理好工作过程中的人际关系，能够与同事之间合作也会促进个人的职业生涯发展。

（二）复杂精细的技术绝活需要师傅指导

早在20世纪70年代，师徒关系被认为是一种正式的工作组织关系，并伴随着老员工对新员工的学徒指导拉开研究序幕。列文森等（Levinson W. et al., 1991）认为师傅扮演着学徒的"同伴和父母"等角色[①]，学徒指导成为企业重要的员工发展工具。洛维兹（Lovitts B. E., 2002）发现，学徒的职业身份是通过工作任务的完成和经验交互的频率形成的社会关系。此外，师傅的角色在学徒经历中至关重要，师傅既是学徒职业上的引领者，同时也是学徒的工作伙伴和同事，师傅作为学徒的榜样，成为学徒社会化过程的主要代理人，表现为师傅成为学徒建立工作绩效标准和行为规范的指导者。[②] 学徒在其职业发展过程中不断调整自己的行为，与师傅协商完成职业目标的障碍。

在学徒指导的过程中，师傅与学徒是师徒关系中的主体。计划经济时期，学徒制在国营企业工厂中普遍盛行，新入职的工人进入车间后，都会由生产车间指定一名具有技术经验的工人师傅进行指导，一般学徒期在1~2年，学徒期满后由企业统一进行相关技能的考核，确定学徒出徒的技能等级，未通过者继续进行学徒学习。学徒学习期满并不意味着师徒关系的完全结束，学徒在独立工作期间，如果出现技能难题和其他困惑，他们还会向师傅进行沟通和求助。单位制下国营企业最普通的职工关系就是师徒关系，师徒关系不仅具有权力的特征，而且还具有道德约束的特点，因地缘、亲缘与师徒关系形成的"圈子"，构成了单位中的社会纽带。[③]

[①] Levinson W., Kaufman K., Clark B., et al. Mentors and Role Models for Women in Academic Medicine [J]. Western Journal of Medicine, 1991, 154 (4): 423.

[②] Lovitts B. E. Leaving the Ivory Tower: The Causes and Consequences of Departure from Doctoral Study [M]. Rowman & Littlefield Publishers, 2002.

[③] 傅春晖，渠敬东. 单位制与师徒制——总体体制下企业组织的微观治理机制 [J]. 社会发展研究，2015 (2).

在现代产业的背景下，职业教育人才培养模式也需要深度的企业师徒关系基础，以促进学徒技术实践能力的学习。因为在现代工业与服务业的技术技能人才知识与能力的结构中，经验知识仍然占据着很大的比重。例如，德国"双元制"的参与对象通常是高中毕业生，"双元制"能够帮助个体从学校到工作的过渡。在"双元制"项目中，高中毕业生在成人师傅的指导下进行工作相关领域的技能学习，如工作岗位的技能训练和工作本位学习。很多质性研究发现，相比在职业学校的全日制学习，这些学徒能够很好地将学校学习的专业知识应用到工作场所中，面对不确定的工作任务充满自信，并且能够与师傅的合作和指导下，进行长时间的工作。[1] 此外，学徒表示工作中的师徒关系的建立能够为他们提供获取工作经验的机会和在岗技能培训，更重要的是使他们明确未来的职业生涯路径。师傅通过角色模仿、指导以及"脚手架"等教学策略帮助学徒进行技能和知识的学习和积累。

二、学徒经历中个人社会关系的形成

学徒与师傅之间一致的积极体验是帮助个人成为工作组织集体成员的良好机会，这为学徒提供了职业归属感和职业机会，学徒可以与师傅分享经验和观点，这本身就是在专业背景下学习和适应实践的优质资源。此外，学徒与年轻师傅之间可以更容易地识别出近期相似的职业经历，这种身份认同感能够促进学徒与师傅之间建立更亲密的关系，进而促进彼此之间更为开放的经验交流，从而减少学徒与专家师傅的知识差距和障碍。

（一）师徒关系呈同心圆趋势发展

师徒关系之间的互动是差序的。师徒关系之间除了以技能传承作为相互联结的纽带以外，还存在社会情感等更为重要的中介相维系，例如，尊重、信任和保护等。这使得生产过程中的师徒关系很容易扩大到生产范围以外。学徒经历中，个人的社会关系将会围绕师傅形成一种类似同心圆的社会关系网状结构，因此，师徒之间、同辈群体之间，甚至学徒的重要他人可以在此结构网内展开互动，并促使师徒关系之间形成更强的向心力，在工厂车间转化为具有共同价值观、职业目标和集体行动力的小群体[2]，例如，师傅会引导车间团队向一定的职业目标奋

---

[1] Evanciew C. E. P., Rojewski J. W. Skill and Knowledge Acquisition in the Workplace: A Case Study of Mentor–Apprentice Relationships in Youth Apprenticeship Programs [J]. Journal of Industrial Teacher Education, 1999, 36 (2): 24–54.

[2] 王星. 技能形成的社会建构——中国工厂师徒制变迁历程的社会学分析 [M]. 北京：社会科学文献出版社，2014.

斗。在实际生产中，可以演变为"保护"关系和特殊主义行为方式。此外，这种师徒关系性质不仅仅作为技能传承的工具性作用，更多的还是一种道德要求或感性互动，而不仅是理性交换，例如，在过年过节，师傅生日等仪式性活动中师徒之间超越师生之间的私人亲情关系，一位被访专家表示，"我和师傅之间的关系类似一种亲情关系，比如在和师傅学习之前，我们可能'八竿子打不着'，但是正是因为这个行业把我们联系在一起，就是有一种感情关系在里面了"。

在影响学徒经历的众多社会关系中，除了师傅对学徒在职业方面和社会心理方面的指导以外，工作过程中学徒之间的合作与竞争关系也得到较多学者的关注。王星（2014）对工厂师徒制的研究中表明，同一位师傅指导下的学徒之间，围绕师傅形成同心圆关系发展，同一师傅指导下的师兄弟之间可以在此同心圆结构内展开互动（见图4-5）。因此，在工作组织中，这种同门师徒之间的关系可以演变成"庇护"关系。此外，随着劳资关系的变化，学徒的师傅同时也和学徒是同事关系。

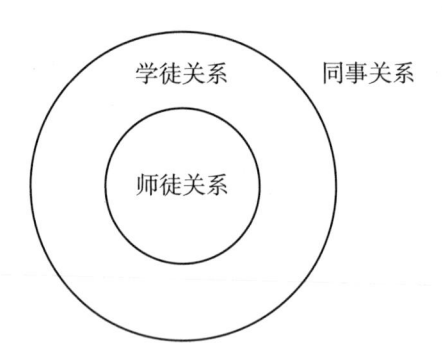

图4-5 师徒关系的同心圆结构

（二）师徒关系中指导内容的多元性

师徒关系最早出现在企业管理实践中，但是这种指导关系在现代学徒制人才培养中发生了一定的概念变化，师傅被赋予更多的"教育者"和"指导者"的要素。从扎根理论编码结果来看，学徒社会关系是以师徒关系为中心进行扩散的，除此之外，还有同辈群体关系和学徒的重要他人。从轴心编码来看，以师徒关系为中心的社会关系能够作为核心编码，成为轴心编码的中心位置。社会关系很容易与学徒经历中职业身份和职业能力建立关系。通过文献的回顾与梳理，本书在认同克拉姆师徒指导二维模型的基础上，强调师傅对学徒的角色示范作用。这是因为基于传统学徒制发展与影响，师傅对学徒产生的权威性和等级性色彩至今仍然存在。因为学徒经历中的师傅指导不可避免地打上了中国传统学徒制的烙印。宋培林等（2008）在对师徒指导进行研究时也发现，在我国儒家文化的背景下,师徒关系被打上了"人情关系"的烙印。①②

本书在参考克拉姆二维模型以及随后发展的三维模型基础上,结合中国的文化背景以及传统师徒关系的特点,提出学徒经历中师傅对学徒的指导的 11 个指标(见图 4-6)。首先,职业发展指导是指师傅为提高学徒职业相关的知识、技能和态度等方面而进行的指导。例如,师傅为学徒提供职业赞助,为学徒分享工作经验以及提高学徒在组织中的技能曝光度等方面③。其次,师傅对学徒社会心理指导方面中的"关爱"指标,凸显了在中国传统文化背景下"一日为师,终身为父"的思想。对学徒而言,师傅不仅是其职业生涯的领路人,还是生活上的家长和朋友。从访谈中也可以发现,企业专家每每提到师傅时,他们的言辞间

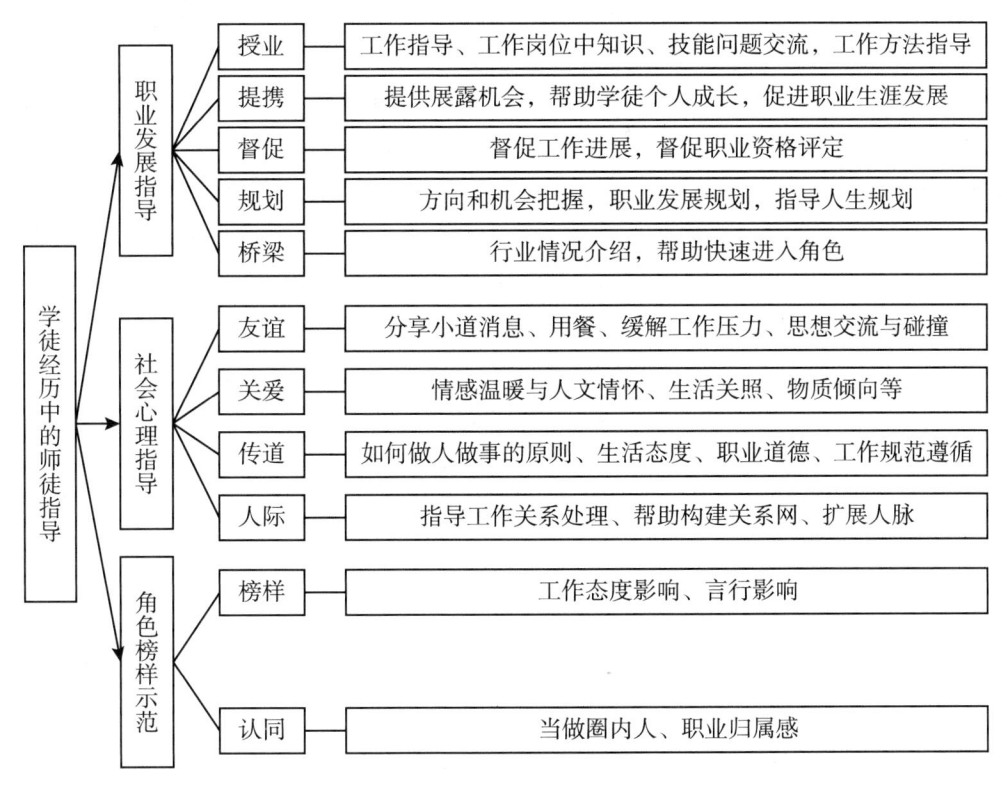

学徒经历中的师徒指导
- 职业发展指导
  - 授业：工作指导、工作岗位中知识、技能问题交流,工作方法指导
  - 提携：提供展露机会,帮助学徒个人成长,促进职业生涯发展
  - 督促：督促工作进展,督促职业资格评定
  - 规划：方向和机会把握,职业发展规划,指导人生规划
  - 桥梁：行业情况介绍,帮助快速进入角色
- 社会心理指导
  - 友谊：分享小道消息、用餐、缓解工作压力、思想交流与碰撞
  - 关爱：情感温暖与人文情怀、生活关照、物质倾向等
  - 传道：如何做人做事的原则、生活态度、职业道德、工作规范遵循
  - 人际：指导工作关系处理、帮助构建关系网、扩展人脉
- 角色榜样示范
  - 榜样：工作态度影响、言行影响
  - 认同：当做圈内人、职业归属感

图 4-6 学徒经历中的师徒指导

---

① 杨英. 中国知识员工的师徒关系对徒弟工作绩效、组织承诺的影响 [D]. 武汉:华中师范大学,2006.

② 宋培林,黄夏青. 员工指导关系对工作满意、组织承诺和离职倾向的影响——基于中国背景的实证分析 [J]. 经济管理,2008 (7):62-70.

③ 沃尔特·G. 文森特. 工程师知道什么以及他们是如何知道的 [M]. 杭州:浙江大学出版社,2015.

透露着尊敬和亲切之感，并且指出企业师傅除了提供友谊、情感认同、角色楷模以外，还会在生活上关心他们，甚至在他们的个人生活方面进行督促和关照。

（三）师徒关系中学徒指导的阶段性

在学徒从学校职业教育毕业后刚进入工作场所的职业生涯发展初期，通常新进员工被指派一名经验丰富的师傅，协助其将专业知识应用于生产实践。这时学徒能够将学校教育中接受的知识应用到工作实践活动中，不断改善工作技能并获得职业自信心。在职业生涯发展的中期，学徒通过体验式学习获得更高水平的知识。这种类型的学习需要有目的地关注职业实践，在不断地完成工作任务中进一步发展和获得额外技能。在此阶段，学徒从师傅获得的指导，逐渐转移到工作环境中与同事、上下级之间的经验和技能学习。在职业生涯发展的后期阶段，学徒可以利用自己丰富的技能，实现系统思维与个人经验的融合，并能够获得更多的职业晋升机会。

从图4-7中的三角模型可以看出，在师徒指导的第一阶段，学徒还停留在学校职业教育识记专业知识的阶段，在面对复杂多变的工作情境时，很难从已有知识中调动技术解决的方法；在第二阶段，学徒逐渐在真实的工作环境中，熟练掌握实践技能操作的方法，利用师傅的个人经验和反复不断地练习，逐渐改变原有的思维方式，从对知识点的运用转变为对技能点和经验的回顾；第三阶段，个人经过不断的问题解决的训练，逐渐开始形成职业系统思维，从对细小技术点的关注转变为利用经验知识进行的整体问题的分析与思考。

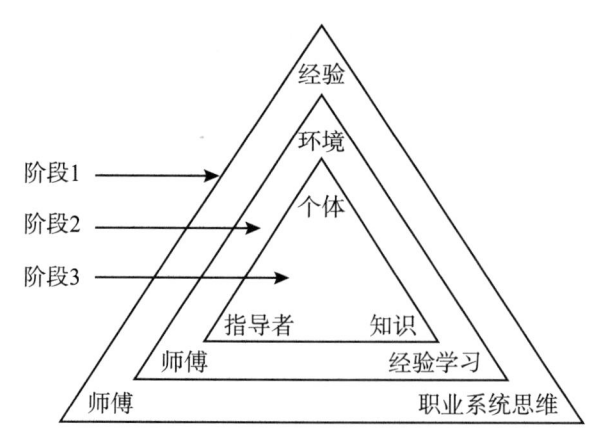

图4-7　学徒经历中师徒关系发生阶段的三角模型

三、社会关系对个人职业生涯成功的影响

(一) 行业资源对个人客观职业生涯成功的影响

行业资源是指个人以行业为核心的各种物质资源和人力资源的总称。例如，师傅经常会利用其所在行业的物质、人脉和口碑等资源，帮助学徒打开教育或职业机会的大门，并促进学徒建立社会和文化资本。在此过程中，学徒不断吸收新的职业经验并促进自身职业身份发展。当师傅为学徒提供参与职业活动和职业环境的机会时，将会提高学徒的组织曝光率，并提高学徒在工作组织中的重视和任用率。例如，在手工艺行业中，师傅也会将自己较高的行业地位转移给学徒，增加学徒在行业中的认可度。此外，师傅为学徒的职业晋升和职业收入的提高提供可能性。[1] 个人学徒经历中师傅行业资源影响力越大，学徒获得职业生涯成功方面的概率就越高。如果没有师傅的职业支持，即使学徒具有一定的职业能力和绩效，也容易被组织忽略与遗漏。

因此，师傅在行业内的资源越多，权威越高，学徒能够依赖师傅的建议就越多，学徒认为师傅能够为他们提供有效和有用的信息。师傅在行业的资源、口碑和地位会让学徒联想到自己未来职业生涯发展规划，进而形成特定的职业期待，在师傅的指导下，学徒不仅要学习根据工作标准和规范完成生产任务，也被教导如何处理工作中的技术难题和复杂多变的职业情境，学会如何与职业环境之间进行相互作用。

通常情况下，学徒在掌握一定的职业技能和知识，并能够独立解决一些技术难题之后，开始从企业的普通员工向生产专家转变。师傅才开始考虑将经验知识以及处理特定工作任务的诀窍知识传授给学徒，学徒将师傅的个人经验与自身已有知识相结合，总结适合自己的独特的技术诀窍知识。[2] 个体从普通员工向职业生产技术专家转变的过程中，职业认同感成为制约个人职业责任的主要因素，企业工作规章制度对个人职业规范的制约性逐渐减弱。[3] 学徒职业晋升到一定程度后，他们开始更加关注自己的职业生涯发展规划，这时，学徒将会向师傅或有经验的同事获取更多的职业咨询指导，师傅强大的行业物质资源和人力资源，将对

---

[1] Ragins B. R. Antecedents of Diversified Mentoring Relationships [J]. Journal of Vocational Behavior, 1997, 51 (1): 90-109.
[2] 吴岳军. 传统手工技艺"现代传承人"培养研究 [J]. 教育学术月刊, 2019 (4): 49-54.
[3] 王丹, 赵文平. 现代学徒制中企业课程内容与教学过程分析——基于工作场所学习理论的视角 [J]. 职教论坛, 2019 (4): 46-50.

个人在本行业下一阶段的职业发展起到推波助澜的作用。

（二）行业信息对个人主观职业生涯成功的影响

行业信息是指与行业企业发展有关的各种事物的变化和特征的反映，是行业企业中各种事物之间相互作用和联系的表征。行业信息的获取将会促进个体对行业发展情况的动态掌握，个人通过跨界性联络进行信息处理和解决冲突，改善工作绩效进而提高个人的主观职业生涯成功。真实的工作组织环境帮助学徒从学校学生的职业身份转变为工作场所中的技术人员，学徒在尝试与错误中总结经验，形成职业态度，并且与周围的同事、前辈以及领导建立社会网络关系。在职业生涯发展早期，师傅的职业支持帮助学徒建立职业荣誉、提高职业知名度并获得工作机会，为职业晋升做准备。而在个人完全胜任岗位工作的职业生涯发展后期，组织中等级和地位较高的重要他人将会对其职业生涯成功产生进一步的影响作用。

除此之外，学徒还从师傅那里学习该行业公认的技术、规则和实践等，师傅为学徒所提供的组织信息不是一种外显的、规范的说明，而是经过师傅个人视角转化的内在观点，这种难以外显的组织文化咨询只能通过师徒关系传播，并具有一定的独特性和特殊性。麦克马纳斯和罗素（McManus S. E. and Russell J. E. A.，1997）研究表明，师傅不仅能够帮助学徒学习职业相关的知识和技能，快速适应工作组织文化环境，而且为学徒提供社会心理方面的帮助和支持，减少学徒在企业工作中出现的职业角色模糊和角色冲突等困扰。[1] 例如，师傅不仅会帮助学徒解决工作中出现的技术和专业难题，还会对学徒在生活中出现的困惑以及工作与家庭之间的冲突等进行化解和支持；师傅为学徒在职业生涯发展上提供榜样示范作用，师傅丰富的工作经验，为学徒的职业行为提供参照标准。这些都有利于提高学徒的职业生涯成功。

（三）职业赞助对个人主观职业生涯成功的影响

职业赞助是指师傅为帮助学徒实现自己的职业目标而向其提供职业生涯指导和社会心理支持等方面的一种投资行为。师傅为学徒提供的职业赞助越多，学徒就越能够在短时间内取得更多的职业生涯成功。此外，研究结果表明，接受多名师傅指导的学徒比只有一名师傅指导的学徒能够获得更大的职业收益。例如，学徒可有一位师傅提供情感支持和心理指导；第二位师傅通过工作任务和技术指导

---

[1] McManus S. E., Russell J. E. A. New directions for mentoring research: An examination of related constructs [J]. Journal of Vocational Behavior, 1997, 51 (1): 145-161.

对学徒进行职业相关帮助；第三位师傅可能会协助学徒应对工作组织政治文化等方面的问题。每位师傅可以为学徒提供独特的建议或帮助，这说明学徒的师傅指导社会关系网络越大，对学徒职业生涯发展的好处就越大。本质上，学徒接受的指导者越多，对不同类型的建议和支持的覆盖范围就越大，从而能够减少个人处于依靠同一师傅进行多种援助的危险位置。

此外，人们与工作组织较高领导层中建立的联系越多，他们从职业赞助中获得的利益就越多。例如，有些学徒的师傅同时是工作组织中的领导，他们不仅可以为学徒个人提供指导，而且还会将下属学徒或员工介绍给有影响力的组织成员，这些成员随后在指导下属学徒的过程中发挥作用。在手工艺和创意产业中，学徒不仅要学习职业技能和知识，重要的是获得与师傅产品接近的完善和合法传承的许可。如果学徒获得师傅的许可，那么学徒在向师傅学习经验和诀窍知识的过程中，可以使学徒更好地获得操作实践技巧，帮助学徒在获得师傅操作技巧的基础上引入个人操作的创新性和新颖性。换句话说，在师傅的指导和影响下，学徒在传承师傅产品风格的基础上发展个人创作风格，特别是在一些创意类和艺术类手工业行业中，学徒实现产品设计和制作的最佳途径是通过行业内知名大师的职业赞助获得师傅的个人经验知识、典型专业术语和师傅的操作感觉，在行业中从业者常称之为"技术悟性"，即学徒重塑这些知识并在产品中增加个人创新元素。

第五节　职业生涯视角下职业教育现代学徒制实践价值

在完成对学徒经历过程中学徒指导的各方面分析和探索之后，接下来的问题是，个体学徒经历的这些方面是如何组织在一起并对学徒职业成功发挥作用的？这个问题的本质是探究学徒的职业生涯发展过程中学徒经历的作用和价值。前面的内容我们仅通过编码对访谈资料分析，得出学徒接受师傅指导过程中，学徒获得的不同方面的指导，但是学徒接受这些指导和学习究竟在职业生涯发展的何时出现，并对职业生涯成功发挥怎样的作用，学徒经历中的关键要素是如何相互影响和作用的，需要代入到学徒的职业生涯发展的不同阶段来探讨。

一、学徒经历对个体不同职业生涯发展阶段的影响

学徒在不同的职业生涯发展阶段的任务塑造了学徒经历的发展，学徒的职业

能力需求以及职业期望等也会影响其学徒经历中的师徒关系构建。个人在职业生涯初期，学徒希望尽快确立职业身份，因此学徒就会比较关注如何提升工作相关的职业能力，并渴望与师傅建立指导关系，获取更多的与职业知识和技能相关的能力。学徒将师傅视为职业生涯发展的榜样，学徒跟随师傅学习职业知识技能、观察师傅的日常工作，接受师傅的职业价值的影响，并在此过程中逐渐确立职业目标、职业期待和职业认同等。随着职业生涯发展阶段的变化，个人的职业诉求也会发生变化，当学徒获得一定的职业能力以及职业晋升之后，他们对职业知识和技能等方面的关注逐渐减少，而是开始关注组织内部的职业支持机会和师傅的行业资源等。本节将详细介绍个人的职业生涯发展阶段以及学徒经历对个人不同职业生涯发展阶段的影响。

（一）职业生涯发展初期——学徒身份的伊始

职业生涯发展的早期是个体职业生涯的探索和初创时期。个体面临的职业任务包括从学校到工作的职业身份转换，职业技能与心理适应状态的挑战，个体需要快速适应新的工作环境和要求。利维森（Levison，1978）认为学徒职业身份期间，个体面临的主要任务包括：确立职业目标、进行职业生涯规划、建立师徒指导关系、适应岗位工作以及社会生活角色的初步建立等。休珀（Super，1977）也认为学徒期间的主要任务是胜任岗位工作，同时他还认为职业选择是一个过程，而不是一个事件。个体早期职业生涯时期的职业兴趣、职业目标以及职业认同将会决定学徒选择进入职业的时间长短和行业类型等。因此，师徒关系的形成对个人的职业早期发展具有重要的作用，师徒对学徒职业相关方面的指导能够帮助个体处理职业生涯早期阶段的任务和挑战。师傅对学徒职业生涯方面的指导能够增加学徒的组织知识和认知策略，基于技能的学习，包括人际关系、组织、沟通、解决问题和监督技能。利维森（1977）的研究认为师傅对个体学徒期间的指导包括：帮助学徒建立职业身份，明确自己在成人工作世界的职业身份；学徒逐渐获得独立工作和自主工作的完满感；帮助学徒获得专业权威人士的人际资源。职业生涯指导更多地取决于师傅在工作组织中的职位和行业权威的影响。职业生涯指导会影响学徒在职业发展过程中与职业和专业相关的能力提高。

1. 职业生涯早期的迷茫和不确定

学徒在刚进入工作场所时经常遇到的挑战是工作环境的融入，表现为学徒对刚刚接触的工作环境非常迷茫，技术操作不熟练，以及学徒缺乏专业语言表述来准确地引用与工作环境相关的对象或过程。卢斯和默瑞（Luce J. A. and Murray J. P.，1998）对高等教育中刚进入大学工作的员工研究发现，他们刚进入工作场所时感到非常的孤僻和隔离感，同时他们也会因为不明确的职业期望和较为繁重的工作负荷经常感到手足无措。[1] 这是因为学徒对工作场所实践的概念、程序和倾向性知识处于职业早期阶段，这使得学徒难以制定适合其职业生涯发展需求的"专业愿景"（professional vision）。因此，学徒在早期的职业生涯中，存在大量有意识的、认知的、探索性的行为。此时，学徒的探索性行为主要是为了使自己尽快适应工作岗位的要求，成为合格的工作者。学徒的主要任务是减少职业探索性行为，不断将工作任务习惯化和形成定式思维。

2. 职业生涯早期的外部职业期望

学徒在职业生涯早期和刚步入成人期时，他们的职业期望主要来自家庭的期许。学徒开始进行职业探索并为追求满意的生活和事业作出一些职业决定。学徒开始产生他想成为什么样的人的概念，这种概念的产生以职业目标和职业期望的形成为标志，例如，学徒想成为专业从业者或管理者等。在确定了职业目标之后，学徒开始思考自身的知识和能力是否能够符合工作组织的要求。在学徒工作的第一年，学徒主要关注自己是否能够顺利完成岗位工作任务，此时，学徒几乎不会将注意力放在自身未来的职业发展提高方面，而是更关注眼见的工作挑战。赖斯等（Rice R. E. et al., 2000）通过对350位新进教师的质性访谈研究发现，个体在初入职业生涯时主要对三个方面比较关注：整体上的职位聘用和转换空间、工作组织中的社会团体支持以及工作与家庭生活之间的平衡。[2]

在此阶段，职业身份的转变和职业认同是学徒职业生涯早期的主要关注点。学徒进入工作场所开始逐渐接触职业并为谋生做准备。学徒进入工作场所后会与一名有经验的师傅学习职业相关的技能。例如，一位被访专家表示，"进入企业后，我就是这个企业的职工了，开始融入这种职业的氛围中，我当时感觉很轻松，因为我认为能胜任这份工作，因为我之前也做过学徒。但是如果刚从技校毕业去企业的话，可能还要通过半年或一年时间适应岗位任务，会有一个转变的过程"。学徒刚进入职场的主要关注点还在于自己能否适应工作任务的强度和难度，而无暇顾及职业收入、职业待遇或职业晋升等方面的内容，"你找到一个工作后，心里不想太多，特别是在工资待遇方面，你先安安心心地做好它，努力去做，看自己能不能适合这个工作。"学徒在完成此阶段的突破性工作任务后，可以获得职业晋升的机会，与此同时也会卷入更多的职业态度和情感。因此，学徒职业生涯初期，更多的要依赖于师傅对他们的直接引导和建议，学徒从师傅那获得职业能力的提高，以及职业目标的确立，能够促进职业生涯的发展。

---

[1] Luce J. A., Murray J. P. New Faculty's Perceptions of the Academic Work Life [J]. Journal of Staff, Program & Organization Development, 1998, 15 (3): 103 – 107.

[2] Rice R E. Heeding New Voices: Academic Careers for a New Generation [J]. Educational Record, 1996, 66 (4): 25 – 26.

（二）职业生涯发展中期——学徒到员工的发展

不同于职业发展早期，学徒在职业发展中期更加关注职业贡献、职业提升机会以及工作组织中的人际关系，学徒在这个阶段已经形成了长期的职业规划和目标，开始出现一些工作发展机会，并形成了一定的组织管理，如学徒与师傅，与上下级领导以及与同事之间的关系。在此阶段，学徒与师傅的互动可以通过加强反思来促进职业能力提高，师傅帮助学徒了解企业的政治、价值观和领导哲学等，同时学徒已经掌握职业知识和技能，不再需要师傅长期指导，只是在个人问题或出现棘手的问题和突发情况时，与师傅相互沟通和商量，在手工业等行业中，随着师傅年龄的增长，在工作任务完成的效率方面，学徒出现超过师傅的势头。

职业生涯发展中期可以界定为，一种是从"生涯"的时间序列出发，强调在人的职业生涯中发生的个人感知的与工作相关的经历和态度的顺序。顾名思义，职业生涯发展中期是指在这个时间序列的中间阶段。例如，按照传统职业生涯发展模式，人们在20岁左右进入职业，一直到65岁退休，职业生涯发展中期大概在35～50岁，如果人们没有持续进行与职业相关的活动，中途选择继续学习或更换其他职业，可以根据人们在职业领域从事工作的时间进行职业生涯阶段的划分。另一种是关注职业角色的感知，个人通过特定的职业角色感知他自己的过程，并根据个人对该角色的心理调整来定义职业生涯发展阶段。例如，个体在职业生涯发展出现重大职业转换的情况下，他们通常会根据职业角色感知进行生涯发展阶段的划分，即个体认为其职业角色形成开始，不再是职场新人，而是成为组织发展中的"内部人"。综上所述，本书将职业生涯发展中期定义为个人在职业生涯角色工作期间的一段时间，在个人感觉到已经建立并且已经达到专业化的阶段。

1. 从独立工作者向学徒指导者的角色转变

个体从之前的角色（如从学校或之前的职业角色）进入新的职业角色，个体已经形成职业知识、价值或态度，以及新的角色中的技能获取。路易斯（Louis，1980）认为，个体在这个阶段能够感受到职业角色的形成，这个人在角色中确立了自己的经验，并且进入了一个工作更加脚本化、习惯性、日常化和无意识化的时期。① 个体从职业生涯发展中期开始，其在组织中的职业角色变化逐渐走向特殊性和内部性。相反，个体在组织的早期职业生涯发展是以一系列社会化过程为特征的，或者说是一组新员工的集体社会化过程，这种改变通常来自组织对个体

---

① Louis, M. R. Surprise and Sense Making: What Newcomers Experience in Entering Unfamiliar Organizational Settings [J]. Administrative Science Quarterly, 1980, 25: 226–251.

职业身份变化的外部要求。例如，企业新产品的开发，技术水平的不断提高以及客户需求的不断变化等。同时，职业身份的变化也可能来源于个体本身，即个体职业价值、职业需求、职业兴趣和职业技能等方面的重新认识，或是个体对工作和个人参与之间的不平衡的渴望。

这一阶段可以成为学徒成为师傅的发展阶段，因为这个阶段的学徒开始在影响和发展其他学徒方面承担更多责任。通常，这个阶段的人在帮助学徒进入第一阶段方面发挥着关键作用。学徒在这个阶段的特点是他们扩大了自身的职业兴趣和能力，将这种指导他人的行为作为工作过程的一部分，在学徒职业发展的中后期，很多人会自然地形成这种趋势。例如，一位刺绣专家表示，"我们这个行业，前面十年、二十年都是在照葫芦画瓢，不懂得其中的原理和诀窍就照搬，那我到现在的话，我的每一幅刺绣的画都是活的，都是我自己的设计感觉在做，用自己的思想在画画，这样做出来的作品就是一幅画的再创作，虽然我们不是用笔画的，而是用丝线来做的，就是这个感觉。"专业通过早期的技术积累和实践，能够摸索出行业的诀窍和精髓，在工作规范的基础上，创造自己的操作风格并开发新的方法解决特定问题。因此，在此职业发展阶段，学徒开始成为师傅，开始将自己的技能和知识传递给组织内的其他人。由于学徒职业能力和接触能力增强，这位专家被委派做更多的工作，这意味着他需要更多的帮助。他开始寻找其他可以帮助其完成细节工作并发展他最初想法的学徒。在此过程中，他成了协助他人的师傅。

2. 个体更为关注职业成功的客观方面

在职业生涯发展早期阶段，个体面对的职业机会变化多样，他们的主要任务是选择机会并不断的努力实现。在职业生涯发展的中期，个体的任务是寻找更有价值的机会。人力资本理论认为，在金字塔形的组织结构中，个人的职业晋升渠道会越来越狭窄，个人面对的竞争更加激烈。此外，大多数组织存在一个隐含的或明确的职业晋升时间，即如果一个人在一定的工作年限内没有晋升到一定的职位，那么他下一步的晋升机会将大幅减少。这就好像个体参加比赛的"高原期"，他必须在每轮比赛中都要通关，以保证获得进入下一轮比赛的资格，如果个体失去了一轮比赛，那很有可能意味着他将输掉所有比赛。[1]

(三) 职业生涯发展后期——员工到企业专家的迈向

1. 从师傅向企业技术专家的身份转变

个体从职业生涯发展初期到中期，完成了从学徒到独立的工作者的职业角色

---

[1] Rosenbaum, J. E. Tournament Mobility: Career Patterns in a Corporation [J]. Administrative Science Quarterly, 1979, 24: 220-241.

转变。在职业生涯发展后期，个体职业角色从独立的工作者向行业专家转变，承担师傅的角色，指导其他的学徒。一方面，个体从独立工作者向学徒指导者的身份转变，开始担负起技术传承的责任。在职业生涯晚期时，从业者获得了一定的职业成就和职业威望，开始从独立从业者转变为行业的师傅；另一方面，个体从执行者向管理者的身份转变，因为具有学徒经历的企业专家大多是从实践基层晋升到现有岗位，而不同于传统学历教育的本科生，因此对实践的理解比较深入，能够从实践的角度处理问题，而不是从上到下的理论指引。

2. 个体成为企业发展的核心技术支柱

在职业生涯发展后期，个人基本实现职业目标、职业任务以及职业成果，并形成一系列独特的发展任务。企业专家塑造了他们在本行业的职业知识和技能的生产方式，即我们平时所说的"独门绝技"。达特提出个人在职业生涯发展的后期成为企业专家的身份角色时，他们将成为工作组织中的"核心人物"，在此阶段企业专家的责任和义务不仅满足于个人层面的技术传承，而且具有帮助工作组织胜任行业竞争，促进企业发展繁荣以及传承技术的责任和使命。此外，职业生涯发展后期的关注点逐渐从外部的客观职业生涯成功转向主观的职业生涯成功，如从关注职业收入和职业晋升，逐渐关注职业威望和行业认可度，关注社会责任、工作满意度以及职业与家庭之间的平衡等。

二、职业生涯视角下职业教育现代学徒制实施价值

基于学徒职业生涯的视角分析表明，学徒指导作为一种实践性学习方式在现代学徒制人才培养中发挥重要作用。面对现代学徒制"后试点时代"实施所面临的问题，启发我们应该从职业生涯的角度出发，对我国职业教育现代学徒制的设计模式与实施过程进行改革，实现现代学徒制在现代社会复兴的实践价值。

（一）确定现代学徒制促进个体职业生涯发展的理念

面对产业发展变革对高水平技术技能人才的需求，以及创新、终身学习、自我雇佣等职业生涯发展理念和现代教育理念的变化，学徒指导作为一种实践技能学习成分能够在现代学徒制实施过程中发挥育人价值，如个人参与学徒学习的经历能够改变学徒的合法职业身份，使其成为企业员工，提高学徒解决工作现场专业问题的综合职业能力，并且加强个人在工作场所中的社会关系等方面，最终促进个人职业生涯成功。由此可见，职业教育人才培养过程的设计是非常重要的。因此，职业教育人才培养模式在进行设计的过程中要促进个体的职业生涯发展。职业教育作为一种旨在培养技术技能人才的培养模式，应该充分整合不同要素促

进个体职业相关的知识、技能和态度的学习。正如杜威所说，学习者要有一种"经验的真实情境"，在这种"情境"里，要有促进个体去思考的"真实的问题"，以促进个体生成一定的职业知识、技能以及处理问题的能力。而单靠"传统教育"的课堂教学是很难获得符合现代社会需求的技术技能人才，个体职业能力的培养要从经验中学习，或者是"做中学"，即强调个体的直接的主观经验，提倡个体自我摸索，重视实用的知识。在职业生涯发展的过程中，个体的职业身份逐渐形成，职业能力逐渐提高，职业社会关系逐渐庞大，最终走向适合其职业生涯发展的道路，获得职业生涯成功。

（二）关注现代学徒制促进从业人员职业身份的形成

职业身份形成可以使个体有意识地将自己的职业兴趣、职业动机和职业能力与可以接受的职业角色联系起来，并且这种联系将会贯穿职业生涯始终。对于个体来说职业身份建立是一个关键的职业生涯发展过程。职业身份形成是幸福感、职业和生活进步的重要标志。现代学徒制是存在于现代职业教育中的一种人才培养模式，而传统学徒制或企业学徒制只是一种培训方式，这种培训方式旨在为师傅或企业雇主的生产需要服务，而不是为了促进个人的职业生涯发展。因此，学徒指导学习方式作用于现代职业教育人才培养模式的过程中，要注意学徒指导各个环节的规范与制度政策的支撑，如学徒指导的内容标准、学徒指导的过程安排、学徒指导的学习方式以及学徒指导的评价等方面。只有不断加强学徒指导过程中各环节的科学化和规范化，才能够有效地发挥学徒制在人才培养过程中传递技术诀窍知识与技术创新能力的作用。此外，学校与企业发展和维持工作关系的好坏程度是确保高质量现代学徒制取得成功的决定因素。[①]

因此，学徒制要作为一种人才培养模式固化下来，需要完成一系列的制度建设[②]，这是现代学徒制建设的高级阶段。这些制度包括两个层面，即用于协调各方行为，确保人才培养过程顺利进行的制度和用于激发相关主体积极性的制度。前一种制度的构建主要由试点院校完成，后一种制度则应主要由政府有关部门来完成；后一种制度的构建比前一种制度复杂得多，也重要得多。学徒指导过程中相关制度的支撑和完善能够使得现代学徒制超越传统学徒制的狭隘性，即防止学徒培养内容的狭窄和片面，使学徒指导学习成为一种职业教育技术技能人才培养制度。

---

① 李金. 我国现代学徒制发展的历史轨迹及未来趋向——基于政策分析的视角 [J]. 职教论坛，2019（2）：72 - 79.

② 徐国庆. 我国职业教育现代学徒制构建中的关键问题 [J]. 华东师范大学学报，2017（1）：30 - 38.

(三) 重视现代学徒制促进个体岗位核心能力的培养

学徒制实施的主要目标是促进个体所要发展的知识、技能和能力的提高。不论是传统学徒制还是现代学徒制都颇为重视学徒的技术悟性和能力水平。学徒作为学徒制实施的主要受益者，企业和师傅要重视学徒的选拔和学徒学习的质量监控①。不论是传统学徒制也好还是现代学徒制，企业师傅作为引导学徒学习的主要承担者发挥着重要的作用。企业师傅的指导意愿和资历水平是否达到学徒指导的要求是影响学徒指导效果的主要因素。例如，企业师傅在支持和引导学徒进入工作场所，并帮助学徒成功实现角色转换方面具有重要作用。企业师傅在培训过程中需要有正确的职业价值观，才能帮助学徒履行好自己的岗位职责，并达到良好的职业标准。为保证企业师傅带徒过程中的效果和质量，现代学徒制实施过程中要建立企业师傅制度，明确企业师傅的资格、权责、待遇和培训考评标准。企业师傅较高的职业能力水平、职业道德水平和职业态度是影响学徒人才培养质量的关键。

与此同时，企业师傅从事的带徒工作应该在其岗位能力和工作描述中有所体现。② 从师傅的角度看，带徒工作需要耗费他们很大的精力，有时可能还要承担学徒技能不娴熟所带来的生产效益下降，甚至是废品率提高等问题。能够激发他们带徒兴趣的主要诱因还是相应的工资报酬，以及职业晋升等。企业要为带徒师傅给予一定的带徒奖励，因为如果熟练工人以他们工作的生产能力来获得补偿，那么他们被派去指导学徒就必须根据他们指导学徒而丧失时间的多少给予补偿。否则，对企业师傅而言是不公平的，同时面对市场经济背景下，现代学徒制人才培养模式也很难成功地开展。

(四) 加强现代学徒制促进师徒关系稳定发展的设计

学徒指导作为一种传统的师带徒学习方式，其中最为核心的内容是学徒与师傅之间指导关系的建立、维护与发展。师徒关系作为学徒制最根本的要素，是其区别于其他实践学习方式的主要内容。立足于现代社会，现代学徒制与传统学徒制相比，师徒关系的形式发生了变化，但是学徒指导的内容却基本相同。摒除传统学徒制中师徒之间的人身依附关系，现代学徒制在深度的企业师徒关系基础上

---

① 何蓓蓓，谢莉花. 我国职业教育现代学徒制课程体系实施的现状、问题及对策 [J]. 职教论坛，2019 (5)：56-65.

② 李政. 职业教育现代学徒制的价值审视——基于技术技能人才知识结构变迁的分析 [J]. 华东师范大学学报，2017 (1)：54-62.

促进个体技术实践能力的学习不断精深。传统学徒制中师徒关系的指导时间长短、师徒关系的亲密程度以及师徒关系的指导内容与方式在学徒技术实践能力学习中发挥关键作用,因此稳定的师徒关系是进行技术实践能力学习的人才培养模式的基础。

随着我国市场经济模式的推广,参与现代学徒制的很多企业都是民营企业,即使是国有企业,其员工与企业的关系与过去的国营企业相比,也有了较多的市场关系成分。① 企业与学徒师傅之间的关系,与学校和其教师之间的关系具有截然不同的性质。② 介于企业环境的复杂性,师徒之间的关系会面临许多管理上的难题,只有这些复杂问题的有效解决才能使现代学徒制作为一种人才培养模式确立起来,这需要企业充分的管理制度作为保障。例如,德国专门颁布《企业教师资质条例》对企业教师的资历要求进行专门的界定,并规定企业教师取得相应的证书后才能进行学徒培训。为此院校和企业可以根据不同专业群组建"校企双导师教研室",教研室由学校专业教师、企业师傅和企业人力培训师共同组成③,学校主要进行理论知识的教学,企业师傅负责实践部分的指导,采取双导师联合授课,学校和企业共同制订学徒人才培养计划④。

第六节 本章小结

目前我国职业教育领域正在积极实施现代学徒制,现代学徒制作为培养技术技能人才的主要方式,其根本受益者是参与学习和接受指导的学徒。为了解学徒制实施的效果,具有学徒经历的企业专家是一个十分合适的突破口。通过对在各行各业已取得职业成就的行业专家背后的学徒指导进行探究,可以明晰学徒指导对学徒职业生涯发展的影响,进而推演出现代学徒制这一实施举措对促进个人职业生涯发展的作用价值。

通过对50名具有学徒经历的企业专家访谈资料的编码与分析,本章认为学徒经历对个体职业生涯发展产生的影响包括:学徒经历对个人职业身份、职业能力和社会关系形成的促进作用,并促进个体职业生涯发展。其中学徒经历中的职

---

① 吴建设. 高职教育推行现代学徒制亟待解决的五大难题 [J]. 高等教育研究,2014 (7):41-45.
② 和震,谢良才. 论学徒制与职业教育的技能精英人才培养 [J]. 江苏高教,2016 (5):142-147.
③ 刘晓,路荣平. 文化互动视域下高职校企合作的内容与方式 [J]. 中国高等教育,2012 (9):44-45,63.
④ 徐国庆. 高职教育发展现代学徒制的策略:基于现代性的分析 [J]. 江苏高教,2017 (1):79-84.

业身份形成包括职业感知、职业适应和职业自信,职业能力形成包括职业知识、职业技能、职业态度和职业伦理等方面,社会关系包括师傅与学徒之间的关系、学徒与学徒之间的关系等。此外,本章在理论分析和实证数据的基础上,构建了学徒经历对个人职业生涯成功的影响模型(见图4-3),揭示了学徒经历中的个人职业身份形成、个人职业能力提升以及社会关系建立对个人职业生涯成功和职业生涯发展的影响。学徒指导作为一种技术技能人才的实践学习方式,在促进个人职业生涯成功和职业生涯发展的过程中表现出以下具体价值:(1)职业身份形成促进个人快速适应工作真实情境;(2)职业能力形成促进个人获得行业关键技术要点;(3)社会关系形成促进个体建立行业相关人脉资源。

  目前我国职业教育现代学徒制的试点工作还存在一些问题,例如,"难以确保校企合作育人的长效机制""缺乏完整的学徒利益保障体制""缺少国家层面的学徒培养质量认证"以及"缺少企业师傅和学徒的劳动安全保护"。基于上述研究启示,职业生涯视角下职业教育现代学徒制实践价值表现为,确定现代学徒制促进个体职业生涯发展的理念、关注现代学徒制促进从业人员职业身份的形成、重视现代学徒制促进个体岗位核心能力的培养以及加强现代学徒制促进师徒关系稳定发展的设计。

第五章

职业教育现代学徒制构建的企业基础

企业参与是我国构建职业教育现代学徒制的逻辑起点。在我国职业教育发展过程中,为弥补学校职业教育缺陷而尝试的顶岗实习等学习模式已经嵌入学徒制的成分,对于职业教育现代学徒制而言,在此基础上规范和深化校企合作更为重要。然而,多年校企合作的经验显示,我国企业参与其中的积极性并不高。而且,即使是与企业有合作的职业院校学生,在企业的新员工招聘中也并不占优势。[1] 那么,构建职业教育现代学徒制需要怎样的企业基础?作为现代学徒制的典型代表,德国"双元制"职业教育给我国提供了哪些借鉴?这是本章重点关注的问题。

第一节 企业参与职业教育现代学徒制动力因素模型构建

本书将德国"双元制"职业教育培训企业作为标杆,构建企业参与职业教育现代学徒制的动力因素模型。首先,通过德国研究确定动力因素的参照标准,并解释和分析其表现形式。其次,通过中国研究分析动力因素在我国的表现形式。最后,以德国培训企业动力因素为参照标准,进行中德对比解释动力因素表现形式的差异及成因。

---

[1] 潘海生,王世斌,龙德毅. 中国高职教育校企合作现状及影响因素分析 [J]. 高等工程教育研究,2013 (3): 65 – 65.

一、德国研究：确定动力因素的参照标准

在本书中，参与职业教育现代学徒制企业的动力因素的确定，是基于笔者在德国对培训企业的实地调研以及对调研资料的系统性分析而得出的。德国"双元制"职业教育的培训企业是本书的标杆，那么，德国企业究竟是基于怎样的原因参与"双元制"是本书需要明确的问题，这些企业的参与积极性是如何形成的？笔者带着这些问题针对性地对德国培训企业进行了实地深入访谈。通过前期的邮件等方式沟通联络，笔者在2016年9月至2017年3月期间，在德国实地访谈了11家"双元制"职业教育培训企业的培训事宜相关负责人以及若干从事相关研究的研究人员，如大学教授、职业教育研究所研究人员等共18人。对于德国培训企业的实地调研是本书中参与职业教育现代学徒制企业的动力因素提取的重要部分，因此，在德国期间的访谈对于本书具有决定性的意义。

在访谈企业的选取中，笔者特意在最初联络企业的时候尽可能包括多种企业规模、类型以及管辖机构。而实际上，关于研究样本"典型性"和"有代表性的"讨论，在我国学术界还是一场无解的论战，陈向明指出"典型性"和"有代表性的"这样的判断标准是希望将质性研究按照从样本推论到总体的方式，来讨论研究结果的代表性问题，这样的思路依然是量化研究的思路。[1] 本阶段的研究问题是企业参与"双元制"的积极性是如何形成的？企业的自身需求是什么？采用质性访谈和企业培训或生产负责人进行深入交流。

另外需要说明的是，在整个研究过程中大部分企业要求签署保密协议，甚至个别企业由于行业特殊性，员工人数等也是不可以公开的敏感信息。因此，本书在研究和分析过程中遵守承诺隐去所有单位及个人的名称，如表5-1所示。

表5-1　　　　　　德国调研企业及访谈对象资料

编号	行业	成立时间	员工人数（人）	学徒人数（人）	培训比例（%）	管辖单位	访谈对象
1-A	机械制造业	19世纪上半叶	1 628	43	2.6	德国工商联合会（IHK）	培训部负责人
2-B	生产制造业	1883年	1 000	37	3.7	德国工商联合会（IHK）	培训部负责人
3-C	钢铁制造业	1954年	3 500	225	6.4	德国工商联合会（IHK）	培训部负责人

---

[1] 陈向明. 质的研究方法与社会科学研究 [M]. 北京：教育科学出版社，2000：104.

续表

编号	行业	成立时间	员工人数（人）	学徒人数（人）	培训比例（%）	管辖单位	访谈对象
4-D	电路安装服务	1979年	12	2	16.7	德国手工业协会（HWK）	企业负责人
5-E	机械制造业	1838年	140	9	5.4	德国工商联合会（IHK）	培训师
6-F	交通运输业	1912年	770	43	5.6	德国工商联合会（IHK）	培训部负责人
7-G	汽车制造业	1871年	13 000	480	3.7	德国工商联合会（IHK）	培训部负责人
8-H	电路安装服务	1977年	22	7	31.9	德国手工业协会（HWK）	企业负责人
9-I	技术服务业	1987年	130	8	6.2	德国工商联合会（IHK）	技术部负责人
10-J	技术服务业	1990年	34	3	8.8	德国工商联合会（IHK）	培训部负责人
11-K	销售和服务业	1990年	25	2	8.0	德国工商联合会（IHK）	企业负责人

资料来源：作者根据访谈资料自行整理。

在德国的最终调研实施过程中，接受访谈的德国培训企业类型多样，从企业规模来看，数据包括大型企业（500人以上）、中型企业（50~499人）和小型企业（1~49人）企业。[①] 从管辖单位来看，包括德国工商联合会（IHK）和德国手工业协会（HWK）所属管辖范围内企业。从企业性质来看，包括生产制造类企业和技术服务类企业。虽然，对于样本代表性的要求是典型的量化研究的思路，但是，笔者依旧在样本可选的情况下，兼顾了这些典型特征，目的是从类型、规模等方面进行对比。事实上，从德国样本企业提供的数据来看，中小企业的培训比例高于大型企业（见表5-1）。

二、中国研究：构建动力因素的本土形式

在德国企业的访谈为继续推进研究奠定了基础。国内部分的研究，笔者将结合访谈、案例和问卷的数据等共同服务于解释我国在这些动力因素中的表现形式以及与德国的差异。本书在国内的调研对象以企业为主，同时，也包括职业院校现代学徒制负责人以及试点专业的专业负责人。在国内阶段的调研中，笔者以教育部于2015年8月公布的首批职业教育现代学徒制试点单位为基础，选择了一些和职业院校有合作关系的企业进行实地调研。这个阶段的调研目的一方面是了解在我国以学校为主导的职业教育中企业参与职业院校合作的自身需求；另一方

---

① 德国企业规模的划分。

面，则基于德国访谈中确定的职业教育现代学徒制企业的动力因素，分析我国企业在这些方面的表现形式，并且通过对比找到我国企业参与动力不足的根本性原因。

研究的第二个阶段中，笔者在中国的访谈对象首先聚焦于我国现代学徒制试点院校的合作企业。笔者在职业院校老师的帮助下，通过短信、电话及邮件等方式的努力，最终实地调查了15家企业，调研企业具体相关资料如表5-2所示。

表5-2 我国现代学徒制试点院校合作企业及访谈对象

编号	行业	成立时间（年）	规模（约/人）	企业性质	访谈对象
1	制造业	2010	400	民营	培训部负责人
2	技术服务业	2013	350	民营	部门经理
3	制造业	1978	5 000	港澳台投资企业	人事部经理
4	制造业	1983	10 000	国有控股企业	技术总工程师
5	食品加工业	2011	1 000	外商独资企业	人事经理
6	制造业	1999	2 000	外商独资企业	人事经理
7	制造业	1999	1 500	民营企业	人事经理
8	制造业	1998	2 500	国有控股企业	人事经理
9	制造业	1937	5 800	国有控股企业	人力资源部部长
10	技术服务业	1999	337	民营企业	董事
11	租赁服务业	1990	1 500	民营企业	人力资源经理
12	运输邮政业	1993	800	民营企业	人力资源部部长
13	技术服务业	2002	1 000	民营企业	项目经理
14	电力供应业	1952	5 000	国有控股企业	人力资源部部长
15	制造业	2000	450	民营企业	人力资源部部长

资料来源：作者根据访谈资料自行整理。

由于这个阶段调研的企业是由职业院校帮助联系的，在表5-3中显示的企业基本特征中也能看出，职业院校在有能力及有条件的情况下，会选择相对成熟且规模较大的企业进行合作。除去一家民营技术服务公司外，在本阶段的直接受访者通常为部门负责人，而很难直接约谈企业负责人。企业规模是职业院校非常看重的选择因素。一方面，大型企业的人员需求量大可以容纳以班为单位的学生规模。另一方面，大型企业通常社会认可度高、培训体系和未来发展路径清晰、企业抗风险能力强因此合作相对稳定。①

---

① 根据"职业教育现代学徒制理论研究与实践探索"课题大规模调研数据整理。

表 5-3　　　　　　　　　　被测企业基本情况

企业基本情况		频次	百分比（%）
企业所属行业类别	制造业	77	52.38
	各类型服务业	43	29.25
	农林牧渔业	1	0.68
	电力、热力、燃气及水生产和供应业	6	4.09
	建筑业	2	1.36
	交通运输、仓储和邮政业	2	1.36
	房地产业	7	4.76
	文化、体育和娱乐业	8	5.44
	水利、环境和公共设施管理业	1	0.68
企业所有权性质	国有及控股企业	56	38.1
	民营企业	62	42.18
	外商独资企业	16	10.88
	中外合资企业	13	8.84
企业规模	大型企业	74	50.34
	中型企业	22	14.97
	小型企业	45	30.61
	微型企业	6	4.08
成立时期	1978 年前	23	15.65
	1978~1987 年	7	4.76
	1988~1997 年	37	25.17
	1998~2007 年	41	27.89
	2008~2017 年	39	26.53
企业所在地	东北经济区	15	10.20
	泛珠三角经济区	17	11.56
	北部沿海经济区	42	28.57
	泛长三角经济区	45	30.61
	黄河中游地区	16	10.88
	大西北地区	12	8.16

资料来源：作者根据问卷调查结果统计整理。

虽然定性研究是本书的核心内容，但是在德国调研的基础上，为了更加丰富研究的原始材料和更好地进行本土化研究，借助课题研究契机，笔者在回国之后根据德国的研究感悟，对国内部分的研究思路进行了调整，于2017年5月至12月间，再次在国内进行实地问卷调研。调研问卷内容包括企业基本信息和企业生产及人力资源等现状。此阶段最终回收147份有效企业问卷。

在我国，已经参与现代学徒制试点的职业院校在多年校企合作的基础上，基本形成了以企业认知阶段、企业轮岗阶段和企业顶岗阶段的现代学徒制实施模式。本书中被调查的全部147家企业，有34家选择没有和职业院校合作的需求，另外42家企业虽然还未与职业院校合作，但是提出希望能有机会合作，剩余将近一半的企业已经开展了不同形式及规模的合作，而合作形式则以顶岗实习为主。多数参与问卷填写的企业和职业院校的合作时间已较长，其中，2000~2009年开始合作的企业居多，而2015年之后刚刚开始合作的企业也占到20%以上。在校企合作过程中，双方联系的频率以每月一次和每学期一次为主，选择每周一次和每两周一次的企业基本上是以现代学徒制为合作模式的企业。90%以上的企业都和职业院校共同制订了人才培养方案，接近80%的企业为实习学生或学徒提供津贴，如表5-4所示。

表5-4　　　　　　　　校企合作基本情况

企业与职业院校的合作情况		频次	百分比（%）
合作需求	已经和职业院校有合作	71	48.30
	尚未合作但希望有机会合作	42	28.57
	尚未合作且没有合作需求	34	23.13
合作模式	学生顶岗实习	39	54.93
	订单班/冠名班	9	12.68
	现代学徒制	19	26.76
	其他	4	5.63
校企合作开始时间	2015年及之后	15	21.13
	2010~2014年	25	35.21
	2000~2009年	29	40.85
	2000年前	2	2.81
校企联系频率	每周一次	9	12.68
	每两周一次	6	8.45
	每月一次	23	32.39
	每两月一次	4	5.63

续表

企业与职业院校的合作情况		频次	百分比（%）
校企联系频率	每季度一次	7	9.86
	每学期一次	22	30.99
校企合作制订人才培养方案	是	66	92.96
	否	5	7.04
企业支付学生/学徒津贴	是	54	76.06
	否	17	23.94

资料来源：作者根据问卷调查结果统计整理。

三、中德对比：分析动力因素的差异表征及成因

本书中，德国企业访谈分析得出企业参与职业教育现代学徒制动力模型，以此作为参照标准，对比中德企业之间的差异，进而挖掘我国企业参与职业教育现代学徒制动力不足的原因。因此，在本书中不仅仅要阐释这些动力因素的内涵意义，以及德国培训企业的表现形式，而且，要在以德国培训企业动力因素参照标准之下，探索我国企业在这些方面的表现形式。

以中德企业在参与职业教育现代学徒制动力因素中的表现形式为基础，于本书而言，更为重要的是对比中德企业间的差异及深入分析挖掘其背后的形成原因。通过中德两国企业在动力因素中的不同表现以及成因分析，最终将获得本书的结论。即如何在德国培训企业已有标准或经验的基础上，找到我国企业参与职业教育现代学徒制动力问题的原因所在。

四、企业参与职业教育现代学徒制动力因素模型

本书采用了扎根理论中成熟的数据采集和分析方式，即通过开放式编码、轴心编码和选择编码的三级编码方式对访谈资料进行系统化整理和分析。开放式编码是与原始资料最为接近的第一次处理，轴心编码是找出概念间的联系以及能分别概括所有概念的主要类属，而选择编码则是要找出具有提纲挈领作用的核心类属，在本书中选择编码以计划行为理论为基础，最终获得企业参与职业教育现代学徒制的动力因素模型。

企业参与职业教育现代学徒制的动力因素模型由技能密度、分工精细度、组织扁平度、多岗胜任、技能满足、培养效益、文化传统七个要素构成。多岗胜任

尤其显示出企业对于合格专业技术工人的要求，同培养效益共同组成企业通过参与职业教育培训的预期目标，即行为结果性动力。技能满足和文化传统是外部供给条件，即社会性动力。技能密度、分工精细度、组织扁平度是企业组织内部客观存在的事实性因素，即内部控制性动力。这些因素之间不是互相孤立的，而是相互影响的，可以按照事件发展的各种关系顺序联结起来。企业参与职业教育现代学徒制的动力因素模型如图 5-1 所示。

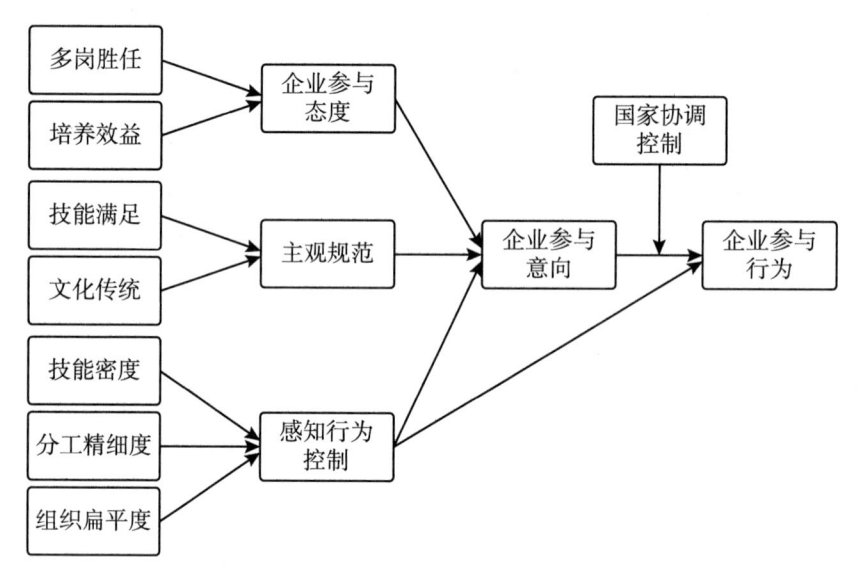

图 5-1 企业参与职业教育现代学徒制动力因素模型

第二节 企业参与职业教育现代学徒制的行为结果性动力

企业参与职业教育现代学徒制的行为结果性动力包括多岗胜任和培养效益，它们是企业参与职业教育现代学徒制希望达到的预期结果。德国企业参与"双元制"职业教育培训的预期结果就是获得符合企业需求的合格专业人员以及随之带来的各种培养效益。我国企业则表现出明显的定岗工作的特征，同时在各种因素共同作用下企业的培养效益难以彰显。

一、行为结果性动力内涵及其在德国企业的表现形式

多岗胜任、灵活工作是德国企业对合格专业人员的基本要求，也是对职业教

育培训的基本要求，对多岗胜任的阐释围绕职业以及职业所要求的工作范围展开。培养效益则分别从参与职业教育现代学徒制的成本收益比较优势、工作过程中学习的质量优势和全程参与的认同优势进行论述。

（一）多岗胜任：员工能够灵活胜任多个岗位职责的要求

多岗胜任、灵活工作是德国企业对员工的基本要求，也是职业教育要达到的重要培养目标。德国保留了手工业职业的历史传统，在"双元制"职业教育培训过程中没有固化工作岗位，而强调灵活胜任不同岗位的重要性。在德国，一个职业具有既定的标准，这是源于德国文化中对"职业"的理解。因此，在职业教育培训过程中必须达到胜任该培训职业的所有要求。宽泛的职业活动内容为多岗胜任提供条件的同时也提出了灵活胜任各岗位职责的需求，所以，德国职业教育培训的核心是工作过程中的学习而不仅是工作岗位上的学习。现代科技的进步使工作更加多样化，因此也就需要从业者具备灵活胜任岗位的能力。

"在美国，你有一个工作，我告诉你这个机器如何使用，你这样用就可以。在过去的培训中，我们曾经把我们的各学年学徒送往我们在美国的工厂中去学习3个月，在美国的同事曾经也是德国模具机械工，之后就出现这样的情况：我们的学徒可以操作车床、铣床、磨床，他们还可以装配，等等。而美国人只站在铣床前，是不会去操作车床的。没有人教过他怎么用。他只会用铣床，而且可以操作得很好。不客气地说，他可能只会使用这台铣床！但是我们的学徒在培训的第二年可以操作所有的机器设备，这样他们就可以很灵活的在各个岗位工作。……这也是我们想要传授给我们的学徒的，他们应该这样从事他们的职业。"

从以上被访谈者的叙述中可以看出德国和美国之间对员工要求的差异性，由此可见"职业"对于德国人的意义是很重要的。多岗胜任灵活工作是"双元制"职业教育培训的培养目标。德国职业教育培训的特点是按职业进行分类，而且和很多国家不同，在德国，专业人员的工作是以"职业"形式组织的。这种职业属性有其自身的特征，首先，它是外行人员无法进入的体系，其次，随着职业资格的获得，报酬水平会提高。而且，从职业教育的角度来看，德国各州文化自治，职业学校教育分属于各联邦州的管辖范围，一定程度上是德国分权协作思想的体现。

《联邦职业教育法》规定，国家认可的培训职业需根据此职业的职业培训条例实施，德国约有340种国家认可的培训职业，即约有340个职业培训条例。

"企业根据什么要求组织职业教育培训呢？"

"培训条例中就有规定这个职业（楼宇电子技术工）需要完成哪些内容。多少课时的理论，多少次的跨企业学习，这些都是必须完成的。"

例如，汽车贸易员的职责不仅仅是卖出车辆，他还必须参与企业的人事以及财务等部门的一些工作。为了保证职业教育培训能适用于当前甚至未来的经济发展需求，必须及时且不断检测《职业培训条例》和《框架教学计划》等纲领性重要文件的有效性，并根据社会经济转型的要求对这些重要文件进行修订，取消已经没有社会需求的培训职业，开发新兴职业并编制《职业培训条例》和《框架教学计划》，或根据现实需求，修订已有培训职业的《培训条例》和《框架教学计划》。

在本书的实际调研中，企业培训负责人或企业负责人的访谈也充分证实了德国培训职业的要求及职业工作范围的广度。

"在很多很多的国家职业教育的设置非常窄，在德国是一个非常宽泛的职业教育。比如在我们这里学徒从高炉到镀锌生产线都是需要学习的……"

甚至包括有轨电车驾驶员，他的职业学习范围不仅仅局限于驾驶，而且还包括市场营销及销售方面的内容，也就是说，与本岗位直接相关岗位的内容。

"有轨电车驾驶员职业范围还包括市场营销、销售部门的内容，他们要同时去商科类学校和驾驶技术类的职业学校。"

某被访谈企业负责人的描述，在他们企业的工作范围中需要加入现代技术、数据、报警系统、用电控制等远远超出原来安装开关等范围，工作范围的扩大使得职业领域不断扩大，企业需要能够满足职业领域要求的员工，从而使灵活工作的能力变得更为重要。

"现如今该职业的职业领域已经不是仅埋线装开关了，一方面它保留了原先的传统装置设备；另一方面加入现代技术，这两者都在发展，电线联网、数据联网、报警系统，等等都属于该职业范围，除去电路还包括电路保险系统及楼宇用电量控制等也是该职业范围……"

也就是说，随着高科技和自动化的工作方式使得生产和服务之间的界限变得模糊。在一项关于金属加工领域的研究中，员工需要完成的工作包括生产线规划和控制、精准控制准时交货、达到成本目标、车刀进给、反馈和分析错误信号、保证达到目标、确定和控制工作时间、控制劳动力投入、制定和实施持续改进措施、实施工资协议、制订休假计划。[①] 这些工作任务中包括了实际加工前以及加工后的工作，实际上是在生产过程中引入了和工作过程及客户相关的工作内容。因此，很多德国学者也提出类似的观点，认为这种综合了工作准备、计划和检查的小组型工作任务，对工人提出更多样化的要求，需要专业工人朝着高价值的、全面的工作转变。

---

① Spöttl, G., Hecker, O., Holm, C. & Windelband, L. Dienstleistungsaufgaben sind Facharbeit: Qualifikationsanforderungen für Dienstleistungen des produzierenden Gewerbes [M]. Bielefeld: Bertelsmann, 2003: 95.

（二）培养效益：相较于外部技能获得途径的内生性优势

德国企业在参与职业教育培训过程中获得的培养效益为我国提供了可借鉴的依据。首先，成本收益比较是最容易理解的理性选择机制，人们通常以此解释内部技能形成机制瓦解的原因。通常在人们的意识中教育意味着投入，且职业教育培训更加需要投入成本，特别是在大型企业中，培训车间的投资是"双元制"成本中的重要构成。

"比如我们这里有一个培训车间，2 800平方米，仅仅为了双元制职业教育培训，这需要企业花费巨大成本……"

另外，通过学徒参与生产获得的收益是企业直接收益，通过毕业生和通过培训获得的收益都是投资性的间接收益。德国企业通过接收毕业学徒达到参与职业教育培训的核心收益，即自身专业技术工人的用工保障，而企业人力资源决策及战略部署中"双元制"职业教育培训作为长远规划发挥了重要作用。

"学徒从第一天起就进入生产过程中，他所做的事情如果不是他做，也需要别的员工做……是需要花钱，但是没有那么多，主要还是看怎样培养他们。第一年肯定是要花钱的，第二年、第三年慢慢开始参与工作，就会带来收益……在我这里，他们做的任何事都是之后会有收益的。"

而如果采用外部招聘替代内部"双元制"职业教育培训的话，一项研究指出，在德国每名新员工的平均招聘成本是相当庞大的支出，填补一个熟练合格的劳动力成本需要4 000~6 000欧元[1]。可见，招聘成本昂贵是企业积极参与"双元制"的重要因素之一。正如某企业培训负责人所言：

"企业自己培训我认为是非常好的，虽然成本需要70 000~75 000欧元，但是如果这段时间我们招聘专业人员，成本更高……"

学徒在培训过程中创造的生产价值是培训企业的收益，学徒越早参与真实生产，企业获得的收益越大。而且，对于收益而言，不仅仅局限于企业也包括行业内。

"学徒在第二学年进入生产，也就是说全部培训时间中，60%的时间学徒在创造生产价值……"

其次，获得培训效率及培训质量更高的专业人员是培养效益的体现。学徒在职业教育培训期间，无论是在学校还是在企业都还是学习者的身份。德国不来梅大学技术和职业教育研究所（ITB）在不同领域的多次大规模调研中，在对所获

---

[1] Mühlemann, S. & Pfeifer, H. The Structure of Hiring Costs in Germany：Evidence from Firm – Level Data [R]. IZA Discussion Paper No. 7656，2013：20.

取的大量数据的分析基础上得出结论：当在职业工作过程中的学习时间减少，而通过扩大如学习车间等课程形式，同样会减弱对于职业能力的开发。同时，还会减弱职业认同以及与之密切相关的职业质量意识和职业价值创造。[1] 反之，如果将职业学习融入企业的工作过程中，则对于职业能力的开发能够起到很大的促进作用。[2] 发挥质量优势的条件是需要有质量的职业工作任务，以及在企业完整工作过程中学习，才能实现培养学生职业行动能力的目标。

因此，通过"双元制"职业教育培训获得符合自身质量要求的员工是德国培训企业的参与动力。

"我需要他们能够达到'质量'，这是最重要的……从外部招聘的员工可能过20年都无法了解，因为他只在自己的工作岗位上工作。而学徒知道，他现在的生产的产品，这个产品在前一条生产线是怎样的，在接下来的生产线上又是怎样的……形成整体的概念……对于保证产品质量和生产性研发有很大的意义……更能认识自身的重要性及对于工作的整体思维……"

最后，学徒在"双元制"职业教育培训中对职业身份认同的发展、对于培训企业的企业认同以及因此而产生的承担责任的意识和质量意识是职业教育培训成功的关键要素。对于有些学徒来说，所选的培训职业是自己一直以来梦寐以求的，那么他们在职业教育培训初期就已经具备职业身份认同，这种职业身份认同往往来自该职业的职业轮廓描述，或者是学徒在青少年时期所接触到的经历和宣传，又或者是家长职业经历的影响以及曾经职业导向时期的职业实践，等等。在进入企业之后，学徒通过完成职业工作任务来对比想象中的职业和现实中的职业，他们在经验的基础上最先获得大概的职业轮廓，之后随着职业教育培训的继续，特别是职业工作经验的不断反馈和加深，逐渐形成主观认识中的职业认知。学徒在职业工作情境中学习，置身于企业的业务过程和组织运行中，在从新手到专家的过程中不断层层递进积累工作经验，职业身份认同的形成是以一步一步的经验为基础的。新手到专家的过程实际上是职业能力发展的过程，因此，也就从理论上证明了职业身份认同和职业能力发展的关联性。[3] 萨克森州的一项调查研究表

---

[1] Bremer, R. & Haasler, B. Analyse der Entwicklung fachlicher Kompetenz und beruflicher Identität in der beruflichen Erstausbildung [J]. Bildung im Medium beruflicher Arbeit. Sonderdruck. ZfPäd, 2004, 50（2）：162–181.

[2] Haasler, B. & Meyer, K. Kompetenzentwicklung von Gewerblich-technischen Berufsanfängern in Großindustrie und in Kleinen und Mittleren Unternehmen im Vergleich [A]//In：Jenewein, K., Knauth, P., Röben, P. & Zülch, G. (Hg.). Kometenzentwicklung in Arbeitsprozessen. Beiträge zur Konferenz der Arbeitsgemeinschaft gewerblich-technische Wissenschaften und ihre Didaktiken in der Gesellschaft für Arbeitswissenschft am 23./24. September 2002 in Karlsruhe [C]. Baden–Baden Nomos, 2004：137–146.

[3] Rauner, F. Methodenhanbuch – Messen und Entwickeln beruflicher Kompetenzen（COMET）[M]. Bielefeld：W. Bertelsmann Verlag, 2017：81–86.

明，独立从事职业活动以及自我承担责任的工作最能促进职业身份认同的发展。①

"企业认同也是非常重要的。员工认可企业及企业的品牌所代表的质量……必须要融入员工的血液中。员工要有这样的意识，残次品是不可以交出去的，或者说企业品牌和品牌质量不允许员工放过不合格产品。这些在培训的过程中就传达给学徒……"

企业认同是"双元制"职业教育培训过程中产生的绝对优势之一。学徒的企业认同是学徒在培训企业内进行学习时产生的，"企业氛围""职业教育培训期间的引导""职业活动的范围""工作任务的要求和水平""独立完成任务"是解释企业认同的几个方面。② 如果学徒在学习期间能够认可自己的培训企业，建立起对企业的归属感，和企业共同发展，那么正式入职之后相较于外聘员工会更加具备企业认同因而流动率低。在员工管理的准则中，重要的一条就是通过金钱、认同和培训的机会来创立有效的激励机制来激发和留住员工。③ 而且，如果和员工的关系是合作关系而不是雇佣关系，将更有助于提高员工的企业认同。

"如果企业自己进行培训，学徒在学习过程中对企业有认同感，这种认同感是后期招聘员工所没有的，或者说是很难有的，经过3年的培养这种认同感肯定要高于从市场招聘的……"

因此，对于企业而言，更加需要员工的责任认同：

"企业的品牌和品牌所代表的质量必须要融入员工的血液中。员工要有这样的责任意识，残次品是不可以交出去的，或者说企业品牌和品牌质量不允许员工放过不合格产品。这些在培训的过程中就传达给学徒。"

企业在劳动力市场以低价雇用剩余劳动力，虽然可以在一定情况下扩大企业生产等规模，但是却阻碍了其自身质量的提高。例如，当在生产过程中需要熟练工人、昂贵的机器设备时，或者需要集中注意力或创新精神时，往往需要高度的责任感和态度以提高劳动生产率④，而这正是资本主义职责观念的体现。德国的文化传统在职业教育培训过程中烙上了深深的印记，学徒在中学毕业后进入培训企业，和自己的培训企业一起成长，在人生的青春岁月中就认识企业，对企业的

---

① Rauner, F., Frenzel, J., Piening, D. & Bachmann, N. Engagement und Ausbildungsorganisation – Einstellungen sächsischer Auszubildender zu ihrem Beruf und ihrer Ausbildung [M]. FG I: BB, Universität Bremen. Bremen/Dresden im Frühjahr, 2016: 147.

② Rauner, F., Frenzel, J., Piening, D. & Bachmann, N. Engagement und Ausbildungsorganisation – Einstellungen sächsischer Auszubildender zu ihrem Beruf und ihrer Ausbildung [M]. FG I: BB, Universität Bremen. Bremen/Dresden im Frühjahr, 2016: 150.

③ 杰克·韦尔奇. 赢 [M]. 余江，等译. 北京：中信出版社，2005：88.

④ 马克斯·韦伯. 新教伦理与资本主义精神 [M]. 马奇炎，陈婧，译. 北京：北京大学出版社，2012：56.

依赖感和归属感是成年后进入企业所不能相比的。在这个成长过程中，学徒身份到员工身份的转化，使他们身上多了一份对企业发展的责任感和使命感。

"学徒成为员工后会对企业有感情，他和企业一起成长，企业的进步中有员工的努力……"

职业教育是与技术、经济、社会等紧密相关的一种"价值有涉"的教育。所谓"价值有涉"是因为在职业教育中除了技能等专业能力之外，还需要遵循工作世界所给出的标准和要求，需要尊重自然科学或其他科学的规律，需要给学生传达现实工作世界中的价值相关的因素。例如，需要考虑所选择工作方案的经济性、环保性等多方面的综合因素，也可以说是学校职业教育中知识、技能和态度的统一体。正是因为职业教育的"价值有涉"以及和经济界的紧密相关，因此，职业教育培训要按照职业的要求完成其该完成的任务并承担其应该承担的责任。对于职业教育培训而言，在事实层面是没有绝对的自由的。"知道做什么并为之承担责任"是德国职业教育中想要传达给所有人的一种思想，这个理念契合州文化部长联席会议（KMK）所提出的纲领性要求"承担社会的、生态的责任并参与创造工作世界"。因此，在职业教育学的讨论中，完整的职业行动概念被认可，并且以此为基础拓展为设计导向的职业教育是德国职业教育培训的指导理念。

二、中国企业行为结果性动力的表现形式

从多岗胜任、培养效益来看，我国企业在行为结果性动力方面的表现形式更为突出的是以定岗工作、胜任个别工作岗位职责，从而达到"熟练"的目的以保证产品质量。从培养效益来看，由于我国更为复杂的企业类型及环境，不同需求类型的企业所追求的结果性目的不同。

（一）岗位限定：我国员工仅需胜任个别工作岗位的职责要求

从本书调研过程中所获得的我国企业访谈资料来看，不管是企业人力资源负责人还是具有多年工作经验的企业带徒师傅，多数都认为企业员工不需要同时胜任多种岗位。而且，在几乎所有的企业中，员工熟练掌握个别岗位的工作任务，是保证企业正常运行以及产品质量的方式。即使对于酒店服务业而言，员工基本也只需完成自己的岗位内职责。

"对于大的酒店，是不太会换岗的，小的酒店的话就需要。大的酒店就是精深，小的酒店的话就是广，服务人员一个人要完成客房、餐饮及当班的各个方面。但是像这种酒店，各方面的要求没有那么高。整体来说层次是不一样的，小酒店是简单加多，大酒店就是复杂加少嘛。结果就是不可能要求小酒店和大酒店

是一样的。小酒店里面客人要求也简单，因此对客人的关注度就没有那么高。"

在本次问卷调查中也显示出和对调研企业访谈结果的一致性。近一半（46.94%）的企业员工大部分时间只需要完成某个固定岗位的工作，还有36.05%的企业选择该情况基本符合。甚至，企业认为"熟能生巧、术业有专攻"，希望员工都能按照质量要求定岗工作，认为定岗工作可以保证质量要求的企业占比约为68.71%，可见，在我国企业中多岗胜任并不是核心要求。

"工人是定岗的，不需要来回换的。因为我们要求很严格的，我们每个岗位必须考到上岗证才能上岗。我们企业的日常工作中，工人比较多的是重复性的工作，他们对自己定岗的生产工作比较熟悉，所以能够基本完成企业的工作。"

多岗胜任不是我国企业所关心的，而且在分工细化、"金字塔"式的企业中，工作人员定岗工作以保障产品质量才是企业所追求的。因为，大部分工作人员所从事的是仅仅需要"熟练"就能完成的工作，即使是在特别需要手工技能的企业，熟练也是最好的保证质量的方式，而固定在一个岗位的不断重复就是最好的熟练方式，因此，企业也希望通过工作人员定岗的熟练工作来保证产品质量。而且，在企业日常工作中，工作人员相对重复性的工作比较多，工作人员对自己定岗的生产工作比较熟悉，能够基本完成企业的工作。

"学徒在一个岗位学习结束后进入第二个岗位继续学习。普通员工的工作是定岗的，在本车间范围之内会进行阶段性轮岗。"

而且，以被调研企业中的制造业为例，从厂区车间划分来看，分为钳工、普车、普铣、数控车、数控铣、加工中心等几个独立车间。企业中对于员工的需求并没有强烈表现出灵活胜任不同岗位的要求，而是类似于美国企业对员工的要求，即车工只需要完成零件中车床部分的加工任务，之后将车削好的零件运送至下一道工序，例如，铣削，由铣床工人继续完成铣削部分的加工工作。也就是说，员工并不需要在自己的岗位上将产品所有的工序完成，即使是类似的工序，员工仅需完成岗位的职责即可。每个车间分工很细且工作人员定岗工作，每个岗位需要具备操作证才能进行操作。对于操作车床或铣床等不同的设备，需要获得访谈中师傅所说的"上岗证"。

（二）效益不彰：多因素制约下企业参与现代学徒制效益低下

从我国企业来看，大部分被调研的企业认为参与职业教育是需要企业付出成本的，而获得收益的是校方和学生。同时，已经参与的企业也认为参与职业教育现代学徒制对企业而言是锦上添花，而通过增加人力资本投入促进企业效益提升是风险较大且收效缓慢的事情。

"从投入上来说，我们对技能人员的培养也是不惜重金吧，每年投入大量经费给他们搭建竞赛平台，我觉得竞赛也是技能人员成长、快速成长的机制。以赛养学，让技能人员掌握所有的技术的理论和实操。"

但是同时，企业投入内部培训是希望获得企业需要的技术人员，而由于我国各种其他环境等客观因素的限制，往往无形之中增加了企业投资人力资本的不确定性。如在上海的一家制造企业负责人所言：

"现在上海市，很多技校招了很多外地的孩子，因为本地招不来，招不到学生，就招外地孩子，比如安徽、江苏的孩子，到上海来读书，但是，整个社会环境没办法解决，这些孩子到了上海工作以后，由于房价太高了，他可能干了几年，没办法在上海体面地生活，哪天或者可能过几年就走了，对我们来说，可能就白培养了，培养了半天，结果他又走了。所以就是感觉到这块，对上海整个产业的发展，如果真的要振兴制造业，制造业对于国家很重要，对于上海来说，对经济发展也是非常重要的。我们这种企业愿意承担社会责任，但是我们，如果培养了学生，都走了，我们……"

也就是说，对于我国而言，由于户籍制度的限制等因素，对于上海这样的国际超大规模城市而言，增加了企业投入人才培养而员工又必须离职的风险。而且，特别是对于制造业而言，这些生产性企业除人力成本之外还有大量耗材成本，和德国一样，学徒学习期间的培训成本很高。

"器材啊、工件啊，要花费大量的钱的，尤其是比如焊工，要耗费焊丝啊等，培养一个好的焊工要十几万块钱。但是资源有限啊，不可能每个人都砸这么多钱。但是，这些学徒好的基本上是外地的，所以又面临很多困难，前两年，很可惜，我们的朱师傅的一个徒弟，很好的，四川的孩子，在我们这里7年，在上海没办法安家，所以就回四川了。很可惜的。我们单位培养出来的员工，出去完全没问题，能力很强的，很吃香的。"

例如，在我国服务类企业中，人力成本是企业员工培训中最大的投入，因此，企业效益成为培训负责人所认为的参与职业教育学徒制培训的重要条件。

"肯定人才培养都是要付出的嘛，带学徒也是所有员工的一个责任，刚刚也都讲到了，仅仅靠一个人的力量是不够的，而是每个环节的合力，我们企业效益比较好，所以也不在意这个成本，如果效益不好要养几个人，还是困难的，我们这边，光是学徒培训最起码有10个人在做，专职的。"

如果以服务业为例，企业并不是很在意学徒来自中等职业学校还是高等职业学校，因为他们都需要从一线开始做起，只是中等职业学校学生主要面向一线岗位，而高等职业学校学生有更多向上发展的空间和可能，如进入后备管理人员储备。企业也有外部招聘，外部招聘的人员需要参加岗前培训。在学徒培养中，虽然会涉及经费的问题，但是，事实上一些高薪招聘的新员工，也是需要有一定的适应过程，这期间也无法为企业带来收益。当企业效益比较好的时候，并不会在意参与学徒制培训的成本，而且，企业也认为人才培养肯定都是需要付出的，但是，这种付出必须以企业具有良好的效益为基础。

"我们企业呢，现在经济效益比较好，员工流动率很低，而且目前每年对于一线员工的需求量约为几百名，对后备人员的大规模需求量，使得企业与职业院校合作已经成为发展中非常重要的一部分。"

而且在学徒培养过程中，建立的忠诚度等优势也是我国企业相较于外部招聘所同样能感受到的效益。

"酒店行业是一个人员需求量很大的行业，学徒班的招生也需要经过认真选拔，所以，这些学徒经过培养确实能成为企业的骨干员工。这样的话，与其从外部劳动力市场招聘后进行磨合，还不如企业从学生时期开始培养，而且这样培养的员工对企业的忠诚度要高于外聘的人员。"

在学徒培养过程中，例如，酒店员工的岗前培训基本是在工作岗位上的学习，而对于学徒制的学生，企业还是把他们作为学生看待，学生在学校里学到的是老师所讲授的知识，但是到企业之后，他们依然完全不了解企业真正的运作。而学徒制的好处就在于，让学徒知道在企业需要如何工作。企业参与学徒制相当于把教学环境放到企业，单独为这些学徒提供各方面内容的培训，其中也包括基本硬技能的训练，但是不会让学徒真正去服务客人，主要是让学徒认识真实的工作岗位。学徒需要了解企业的文化、制度、流程等，以及岗位上实际开展的工作内容，而这些内容可能会和学校所学的内容有所不同。在实际操作过程中，企业和学校既要相互配合又各自独立，所谓配合是指课程内容的匹配，而各自独立是指当学生在学校阶段的学习由学校负责，进入企业后由企业负责。

"学徒制这块，我们是从一年级就开始了，学徒们还在学习过程当中，到高三、大三实习的时候对这个职业就比较了解，就对我们酒店很了解，我们对他们也很了解，这样如果让他们再继续完成第三阶段的成长，他们自己也是很愉快的。那我们觉得，他们就是最好的效果、最适合我们酒店的。"

对于一般公司来说，开展难度在于现代学徒制要求企业的培训体系很完整，而且要形成自上而下都有专人负责的体系，不能仅仅是领导的意愿，更需要所有员工的配合。因为最终在实施过程中还是需要企业骨干员工去带学徒，如果员工没有这样的意识和认可，那么也不能真正把现代学徒制做好。企业培养的学徒最终留任企业是培养效益最大的体现。

"那时候留下来的学生就很多啊，我们的高管啊、中层啊都是，所以这个事情还是值得去投入的，肯定好的，只要有人愿意跟我们一起培养，职业教育要是脱离企业的培养我认为一点用都没有。他们跟本科生的区别就是，在职业的这条路怎么能更贴近实际。"

当然，企业进行内部培训的同时也看重学徒的生产或工作价值，而且在参与职业教育现代学徒制的企业中也是一样的，如某企业培训负责人所言：

"学徒不会去所有的岗位轮岗，因为他们时间是有限的，不可能刚学会就又离开，因为毕竟企业是需要他们学好了然后发挥出来。一年级、二年级见习的时候来看一下，各个岗位是在干什么，第三年来顶岗的时候，学生可以选择想要在哪个岗位，然后半年以后可以根据情况选择进入管理岗位。"

从以上我国某企业培训负责人的叙述中，我们可以看出，对企业逐利性质的认可是职业教育培训合作的基础，但是，如何产生或提高企业经济效益是国家宏观调控可以引导的。例如，允许学生在制度保障的前提下，在工作中学习的同时也在工作过程中为企业创造生产价值，而企业按照学徒所创造的生产价值支付学徒津贴以购买学徒劳动力的同时，也积累了企业的人力资本储备，这是德国"双元制"的经验。

三、中德企业行为结果性动力的差异表征及成因

这部分内容将着重对比我国和德国在多岗胜任和培养效益方面的异同并分析成因。在我国，企业对于多岗胜任的理解和德国企业不同，同时，企业对现代学徒制的需求更为明显的是后备人员的数量需求，在此基础上对学徒进行企业内部技术技能培训。

（一）职业观差异造成人才培养及使用的不同

多岗胜任是中德企业之间差异较大的动力因素，作为参与职业教育现代学徒制培训的预期结果之一，德国企业尤其看重能获得灵活工作的合格技术人员，但是多岗胜任并不是我国企业所关注和要求的，如表5-5所示。

表5-5 多岗胜任的中德企业差异对比

企业参与职业教育现代学徒制的行为结果性动力多岗胜任	
中国	德国
专业和职业的概念不明确 培训标准化问题尚待解决 企业工作中不需要轮换很多岗位 定岗保证工作质量 定岗更容易熟练掌握工作技能 定岗更能发挥工作效益 胜任2~3个岗位就具备灵活工作的能力	对职业概念的理解 职业轮廓中合格技术工作人员的要求 培训条例的制度化约束 灵活胜任不同岗位的能力 灵活参与创造工作世界的重要性 胜任职业的工作要求

德国企业负责人及培训负责人尤其强调多岗胜任灵活工作的重要性。正如，一位德国培训负责人在交流中所猜测的：

"我想中国是一个人口众多的国家，可以实现一个人只需要完成一个工作活动，另一个人完成另外的活动，但是在这里，一个人需要完成很多的工作，在我们的企业里，没有一个人是只需要完成一个工作活动，当然，有时候会有一些重复的事情，但是绝不是一个人仅仅重复一件事情。在我们这里一个切削工需要会操作车床、铣床等其他多种金属加工设备……"

如果首先对比中德两国的职业属性，德国职业概念的实质是具有既定的标准前设，它决定着德国法律规定下的职业教育培训职业中应有的职业轮廓。培训职业的职业轮廓是把德国职业教育和岗位技能培训区别开来的重要依据。而自动化等技术的进步也对工作提出多样化的要求，灵活工作成为德国社会对职业教育培训认可和劳动者自身参与创造工作世界、实现人生价值的重要体现。因此，德国以社会性伙伴关系为基础的"双元制"职业教育培训制度体系中，对于职业的定义是该体系建立的前提条件，职业从一定程度上代表着德国的社会结构。尤其对于职业教育而言，学徒需要掌握培训职业条例中所有职业相关内容，才能具备该职业身份，而不仅是掌握某个或某几个岗位的活动，灵活性是德国职业教育所强调的。也正是因为德国特定的职业概念，企业对于学习某个职业的学徒提出灵活胜任工作岗位职责的要求。

而在我国，《中华人民共和国劳动法》第六十九条规定："国家确定职业分类，对规定的职业制定职业技能标准，实行职业资格证书制度，由经过政府批准的考核鉴定机构负责对劳动者实施职业技能考核鉴定。"也就是说，从国家法律框架来看，职业技能标准、职业资格证书及职业资格考核鉴定等工作和教育体系以及职业教育体系是两个并不密切的系统。而且，在我国职业院校是按照专业组织职业教育的，专业和职业的联系不明确，而学生对于职业没有明确的认知。

如果将我国 2010 年修订的《中等职业学校专业目录》和德国培训职业进行对比，与德国汽车贸易员相类似的专业名称是汽车整车与配件营销专业，其专业（技能）方向及所对应的岗位分为汽车整车营销、二手汽车营销、汽车零部件营销和汽车保险代理。仅从字面的理解来看，该专业不涉及企业内部流程及内部人事和财务的事项，由此可以推断，在目前汽车贸易销售行业中，营销人员集中负责营销直接相关事务而其他间接事务由其他部门负责，而德国汽车贸易员的职业范围则更为广泛。而且，一项大规模诊断研究结果也显示，相较于德国学生，中国学生无法明确职业认同与工作道德之间的差别和关系。[①] 原因就是由于我国学

---

① Yang, L. & Zhao, Z. Q. Empirical Research on the Vocational Ethics Development of Vocational Institution Students in China [J]. Journal of Asian Vocational Education and Training, 2010, 3 (1): 59-74.

校职业教育中职业的属性表现不明显,而导致学生没有职业身份认同的概念,相较于职业选择,我国学生及家长更看重的是企业选择。而在学校职业教育中也并不存在类似德国的"职业概念的标准前设"这样的制度化约束。

也正因如此,我国企业内部培训和职业教育体系是两个割裂的系统。通常大企业都有相对成熟和完善的内部培训体系,并且在参与职业教育现代学徒制的过程中更容易进入角色。但是,在人们传统观念中,在学校学习和在社会中工作原本就是两个体系,在这样的认识条件下有些企业也提出,学校的任务就是教好学生的行为习惯,技能可以等学生进入企业之后再学习,但是这种观念却没有认识到在职业工作中学习的意义。同时,在很多职业院校对于职业教育的认识中,虽然认为学校是为了培养学生成才,但是停留在满足企业需求、贴近企业需求的层面,在和企业协同育人中没有或者少有话语权。而且,职业院校的教师对此也是认可的,认为学校本就不应该插手企业对学徒的培养。

"来自职业院校的学徒进入企业后,首先需要接受企业文化等内容的理论培训,之后进入企业生产车间以师带徒的形式在工作岗位现场进行学习。这些学徒在进入工作现场之后基本上是在同一个生产车间学习2~3个岗位的工作内容。每个岗位学习时间为一个月,第二个月更换到第二个岗位,由第二个师傅负责。这样一来,2~3个月之后,企业可以很灵活地根据该车间的生产需要来安排学徒的工作岗位。"

从以上我国企业培训负责人的描述中也可以看出,对于企业而言,最关心的是学徒能否胜任岗位工作任务,而且通过2~3个月的学习,学徒能够胜任2~3个岗位的工作任务,就已经可以被认为是具备多岗胜任的能力。所以,即使是多岗胜任灵活胜任岗位职责要求,其实质内涵在中国和在德国的理解也是不同的。

再从职业培训条例或国家宏观调控来看,德国职业培训条例是保障职业教育现代学徒制运行的基本约束。在德国"双元制"职业教育培训的现代化过程中,首先通过培训条例解决了培训内容的标准化问题。虽然,这个过程实质上是手工业行业和工业行业之间的力量博弈,以机械制造为代表的工业在发展过程中为满足自身对于技术技能的需要而展开厂内培训,进而发展成为工业部门和手工业部门对技能认证权的斗争。因为自《手工业保护法》颁布以来,技术工人的技能认证权就属于手工业协会,直到纳粹统治时期由于工业领域对军事实力的重要作用,工商业协会才获得和手工业协会同样的技能资格认证权利。[①] 而随着社会环

---

① 凯瑟琳·西伦. 制度是如何演化的. 德国、英国、美国和日本的技能政治经济学[M]. 王星,译. 上海:上海人民出版社,2010:197.

境变化等因素的影响，工业部门逐步转向寻求培训内容标准化的制度框架，在德国机械设备制造业联合会（Verband Deutscher Maschinenbauanstalten）的领导下，德国技术学校委员会（Deutscher Ausschus für Technisches Schulwesen）在 20 世纪 20 年代为金属加工业制定行业技术标准目录，以及多个基础行业的培训课程设置等材料，积极推动了技能标准化和系统化的发展。

对比我国，2005 年《国务院关于大力发展职业教育的决定》中提出大力推行工学结合、校企合作的培养模式。与企业紧密联系，加强学生的生产实习和社会实践，改革以学校和课堂为中心的传统人才培养模式。中等职业学校在校学生最后一年要到企业等用人单位顶岗实习，高等职业院校学生实习实训时间不少于半年。① 这份文件的出台是在国家层面对工学结合、校企合作的系统性推进，使之成为职业教育不可缺少的部分。经过十几年的发展，校企合作已经成为我国职业教育的基本办学特征，以此为基础的现代学徒制已经具备一定的企业基础。

但是，《国务院关于大力发展职业教育的决定》中并没有明确规定学生顶岗实习的学习内容，而是将该权力交给企业和学校，共同组织好相关专业理论和技能实训工作，并且对于学生的实习内容，国家没有统一的监控和衡量标准。随着 2003 年起沿海地区用工荒的出现，企业迫切需要补充劳动力，因此，劳动力人数能否及时供给是企业所看重的。在当时的情况下，企业盼望能和职业学校合作以获得充足的劳动力，完成机械重复的工作。职业院校和企业合作以解决国家规定中学生顶岗实习的要求，这样一来，有意无意之间产生了一条招聘学生工的产业链。"对工厂而言，最缺的是劳工，最关心的是能输入多少学生工；对学校而言，不管学生专业是否对口，首要考虑的是利益；在学校和工厂之间的中介公司，关心的是学生数量，学生忍耐力及自己的利益。三者考虑最多的是人数与利益，而非实习是否与学生专业对口，是否有利于学生技能提高。"②

这样的现象至今仍有发生，2017 年 7 月 20 日辽宁省教育厅关于网曝某学院学生被强制到山东烟台富士康企业实习的有关情况发表声明，要求学校立即终止学生暑期教学实习活动。③ 此次事件起因是由该学院交通与机械工程系和信息与工程控制系 600 余人被安排在富士康（烟台）科技工业园实习，而学生反映实习工厂环境差、工资低、管理混乱而引发的。笔者更多关注的是如果没有网曝叫停事件，那么 600 余人如何在富士康进行 3 个月实习？该校教务处处长曾在事件后

---

① 国务院关于大力发展职业教育的决定 [EB/OL]. （2005 - 10 - 28） [2011 - 08 - 30]. http: //old. moe. gov. cn//publicfiles/business/htmlfiles/moe/moe_1778/200710/27730. html.
② 马学军. 转型时期中等职业教育的"异化"——对一个县级职业高中历史和现实的考察 [J]. 社会发展研究，2014（1）：146 - 171.
③ 辽宁省教育厅关于网曝"沈阳城市建设学院学生被强制到山东烟台富士康企业实习"有关情况的声明 [EB/OL]. （2017 - 07 - 20） [2017 - 12 - 28]. http: //www. lnen. cn/jyzx/stxw/288601. shtml.

表示所选岗位，如机械组装等是跟学生专业匹配的。[①]

学生在学习期间需要完成一定数量的实习，不管是在普通高校还是职业类院校，原本都是非常正常的事情。通过实习接触实践，更加能够帮助学生的职业学习，有助于实现学生从学校到工作的过渡。而且通常除去实习学期会占用正常学期时间，在暑假进行实习并非一件无法理解的事情。其中更重要或者更需要关注的是学生在实习期间做什么样的工作，是否能通过实习达到有助于学生对学习理解的目的。在上述情况中，职业教育背负了某些学校、企业包括中介利益的黑锅，成为廉价劳动力的来源，陷入学生及家长厌恶甚至被社会诟病的恶性循环。所以，相应的制度环境，如类似德国的培训条例以及框架教学计划，规范在企业和学校学习内容的制度，可以从法律层面保障学生利益和学习质量。而且具有法律效力的约束机制是企业和学校层面实施现代学徒制并保证职业教育质量的保障。因此，建立职业教育现代学徒制企业培训标准是一件重要且紧迫的事情。

（二）员工需求差异造成学徒培养收益观的不同

再来看行为结果性动力因素的培养效益维度。无论德国企业还是中国企业，培养效益都是他们参与职业教育现代学徒制希望获得的预期结果。但是，中德企业由于不同的需求差异而造成不同的收益观，如表5-6所示。

表5-6　　　　　　　培养效益的中德企业差异对比

企业参与职业教育现代学徒制的行为结果性动力培养效益	
中国	德国
企业认为参与职业教育收益方是学生和职业院校 将现代学徒制纳入后备专业技术人员的企业不多 优先获得学校充足的学生数量 获得一定程度的企业认可 企业认同对非国有、非大型企业更为重要 获得企业所需要的技能 获得人才储备	获得最符合企业需求的合格员工 获得学徒学习期间的生产价值 获得培训质量更好的员工 获得员工的企业认同和责任认同

通过实证数据的测算，可以说德国参与"双元制"的培训企业可以从不同程度上获得成本收益的比较优势，因为学徒在培训时间内同时可以创造生产价值。

[①] 中国青年报．高校强制学生到富士康实习辽宁教育厅叫停［EB/OL］．（2017-07-21）［2017-08-20］．http：//edu.sina.com.cn/l/2017-07-21/doc-ifyihrmf3078108.shtml．

而且，多项研究也证明了职业教育培训工作过程中的学习以及全程参与能为企业带来质量优势和认同优势，这些优势可以解释企业参与职业教育学徒制的动力所在。在得到各类培养效益的基础上，员工能够灵活胜任工作岗位职责是德国企业所看重的。德国企业按照内部人力资源供给情况招聘未来所需要的准员工，企业所关心的是未来发展中所需要的人员数量和质量要求。企业本身置身于技术、经济、社会的发展中，对于这些因素变化的敏感度很高，能在第一时间将企业的需求传达给学徒。企业作为主体对学徒承担培养责任，承担着让学徒未来在生活世界中能够独立生存的责任。当然，由于生产和工作场所本身不是为学习设计的，因此，必须对生产和工作场所中的学习进行设计。所以，职业教育现代学徒制需要调和这两者之间的关系，实现学生进入工作的过渡和企业内部培训更有效的融合。

但是，正如在本书中已经提到过的，企业对于员工的需求是分层次的。在德国，企业的需求是合格技术工作人员，而我国大部分企业中，真实需求是集中在数量层面，高技能或高层次的用工需求是存在的，但是并没有达到决定性的比例。多数企业并不认为参与职业教育现代学徒制是为企业储备后备技术工作人员，即使是国有大型企业，也只是把和职业院校的合作看作是招不到人的时候才会考虑的解决方案。也就是说，企业认为职业院校仅能提供的是学生的数量，并不能提供质量合格的技术人员储备。其中有很多的因素，但是，毋庸置疑的是在多数企业的观念中，职业院校的学生并没有真正的优势，因此不得不说，从根本上看，我国职业教育发展中，质量还是重要的制约因素。

而且同时，我国企业的需求层次较德国而言更多样化。2000年后中国形成劳动密集型企业和国有企业并列的二元产业结构。[①] 各地区经济发展和产业结构发展不平衡，人民生活水平的差异导致需求差异。一方面，大批量生产的产品在国内市场仍然有其销路，甚至可以出口进入非洲市场、东南亚部分地区等，使企业并没有动力将人力资本看作是继续发展的要素。我国的技术密集型企业和劳动密集型企业并存，在生产模式方面又受到泰勒制的影响，以机器设备的优化减少对人的依赖，因为人始终是不可控的变量，对企业而言，相较于设备劳动者属于不可控制的投入。另一方面，我国的高铁、焊接等技术已经占领世界技术高地，国家需要更高素质的技术技能人才。因此，如果仅从需求的角度来看，我国在对人才需求的层次方面，呈现出的是更加多元化的趋势，由于我国庞大的市场规模，第一层次到第三层次的绝对需求量都存在，企业更加倾向的是对已入职员工

---

① Baek, S. W. Does China Follow the East Asian Development Model? [J]. Journal of Contemporary Asia, 2005, 35 (4): 485–498.

的内部培训。

所以，理论研究和实践经验都告诉我们，技术工人以及工程师等的培养，需要在生产线的运营过程中进行，现代学徒制的探索要把学校职业教育和企业内部培训这两种原本割裂的体系重新融合在一起，使学生从学校进入工作的衔接更有效率。我国以学校为主体的职业教育体系，在发挥职业教育现代学徒制的积极作用过程中，如果能打通职业教育培训和企业内部培训的壁垒，将企业内部培训体系延伸至学校职业教育培训过程中，实现学生从学校到进入职业的过渡，一方面既体现了职业教育现代学徒制的教育性；另一方面也能提高学生的学习质量和效率、职业院校的培养质量和效率以及企业的内部培训质量和效率。

另外，在学校职业教育中，职业院校需要寻求产教融合的途径，以校企合作为基础进行职业教育办学。在校企合作或现代学徒制等合作形式中，职业院校及其教师所关心的是合作企业有没有足够的容纳能力，能够至少为一个班级甚至更多的学生提供学习岗位以及未来的就业岗位。因此，合作中大规模企业成为首选，否则当学生分散在过多不同的企业的时候，职业院校的组织管理成本将大大增加。在最初的校企合作、顶岗实习中，职业院校在可能的情况下，会选择大型知名企业合作，一方面因为大型企业相对稳定、企业自身的继续教育培训体系完善；另一方面，大型企业能够接纳的学生数量相对较多，一定程度上便于职业院校在学生实习期间的管理，这也是典型的以学校供给导向为出发点的思路。在学校职业教育的话语体系中，合作企业是需要被选择的，因为职业院校承担着学生的职业学习、安全、职业生涯发展等各方面职责。特别是在我国，如同从事公务员等职业，或在大型知名企业，尤其是国有大型知名企业中任职的人，可以获得更高的认可度，凡是"国有"就意味着这份工作是"铁饭碗"，意味着相对可靠的保障，这些企业也对毕业生更加具有吸引力。

同时，国有知名大型企业通常认为获得学徒或员工的认同当然是重要的，但是，由于企业性质的先天优势，往往企业认同成为进入这些企业的条件，而不是在培养过程中需要建立的。而且，企业也认为因为学校的青少年可塑性比较强，更容易被企业的文化所熏陶。对于学校的青少年而言，某集团人力资源部负责人形容他们：

"比较好入模子，就是比较好进行文化熏陶，很容易被我们塑造成我们希望的样子，整体素质比较好，一张白纸一样的孩子，18~19岁，什么都不懂，那谁来教他怎么样去做一个真正的职业人，确实师带徒机制非常好，这样层层的关注，新人来了之后，他觉得他不是盲目的，有人在教他，有人在引领他。而外部招聘来的人可能就会有一些不好的习惯带入企业……"

而对于非国有企业来说，获得学徒及员工的认同对稳定员工的流动率非常重要。例如，某纺织行业类企业，由于自身产品技术含量相对其他行业较低，但是其用工需求量大，之所以和职业院校合作现代学徒制的初衷是解决大规模用工需求这一短期效益。然而，企业在合作中发现，学生尽早融入企业更能够培养学生的企业主人翁意识，而且能有效抑制员工流动率，实现企业长远发展的长期效益。

但是，在调研过程中笔者也遇到个别技术输出型企业，对于这类企业而言，参与职业教育现代学徒制的培养效益并非仅停留于获得学生的数量，而是由于参与学徒制有助于企业寻找其他中小型企业解决自身产品售后服务问题。特别是在我国经济和市场发展潜力巨大的情况下，即使企业所培养的学徒数量自己本身无法全部容纳，但是，在广阔的市场空间中，由于专业技术人员数量奇缺，这些学徒可以被推荐到本企业的供应商或销售商中。这样一来，这类企业可以通过培养学徒而将生产的技术规范和要求传递给其他中小型企业，也就可以通过这些中小型企业解决其售后维修等工作，无形之中也降低了企业的生产成本，保证了企业的产品声誉。因此，这类技术输出型企业愿意通过自己的核心技术形成利益链条，把生产和售后服务联系在一起，获得更长久和稳定的效益。

由于售后等服务的不配套而放弃品牌优势或技术领先商品的事件也发生在日常生活中。笔者在和我国中部地区某个体营业主的访谈交流中得知，在多年前的该中部城市，完全进口的轿车极少，该个体营业主因为找不到能够维护和维修其相对高档的全进口轿车的店面，不得不换成配置低几个档次的同品牌车辆。这里暂且不论该城市的消费能力等因素，单纯来看，对于消费者而言，售后服务和生产质量同样重要，甚至由于消费者对售后服务具有直观的感受，因而显得更加重要。当中小型企业的员工能同时掌握大企业的产品规范等要求时，就可以从一定程度上促进企业和行业的发展。而对于企业而言，参与职业教育现代学徒制产生的技术输出，其获得的直接收益和间接收益是远大于成本的。虽然这样类型的企业在此次调研中比例甚少，但是乐观来看，就我国构建职业教育现代学徒制而言，企业基础是具备的。而且在一些企业中，虽然形式上并没参与任何现代学徒制试点等活动，但是学徒制却是其行业及企业一直以来的技能传承方式，企业已有基础是我国在职业教育现代学徒制构建过程中可以积极利用的。

第三节　企业参与职业教育现代学徒制的社会性动力

企业参与职业教育现代学徒制的社会性动力包括技能满足和文化传统，是企业参与职业教育现代学徒制的外部环境因素。技能满足主要是指数量层面的供求关系，显现出中德之间较大的差异性。在文化传统方面，德国沿袭了行业协会手工业中的学徒制传统进而形成如今的"双元制"职业教育培训体系，企业在保证自身利益的基础上承担培养年轻人的社会责任。我国工厂学徒制的历史沿革过程中，由于政策改革等原因，原有的学徒制模式被学校职业教育取代，企业内部培训和外部学校教育相互独立。虽然，师带徒的学习方式一直存在于某些行业或企业中，但是却和学校职业教育成为几乎毫无关联的两个体系。

一、社会性动力内涵及其在德国企业的表现形式

对技能满足的阐释围绕劳动力年龄结构、流动率及市场供给现状而展开。文化传统则分别从参与职业教育现代学徒制的历史文化传承和社会责任方面进行论述。

（一）技能满足：外部供给无法有效满足企业技能需求

德语语境中通常用"Fertigkeit"表示技能，当用作单数时指能够又快又好地完成特定的事情；在复数情况下则解释为一个职业所需的能力和特殊的知识。[①] 技能满足是指企业能否达到对于技能数量层面的需求，当然，数量层面的需求也和质量要求密不可分，这两者都是企业健康稳定发展不可或缺的要素。年龄结构和企业流动率是企业技能满足的表现形式，而市场供给现状则是企业技能满足背后的原因。

"在生产的有些领域已经显示出我们企业员工年龄结构整体偏高，对于这些岗位，我们需要有年轻人来补充⋯⋯长远来看由于人口年龄结构的变化，未来技工荒问题将突显且越来越严重。"

从以上德国某企业负责人的观点来看，德国的人口年龄结构并不容乐观。第二次世界大战之后的 50～60 年代，和欧洲其他国家一样，德国也曾出现过一段人口出生高峰时期，但是，在那个时候出生的人现在正在逐步进入退休年龄。根据德国联邦统计局的预测，到 2030 年，20～65 岁的人口将由 2015 年的 4 980 万人下降至 4 480 万～4 590 万人[②]，也就是说，适龄工作人口将减少约 400 万～

---

① Götz, D., Haensch, G. & Wellmann, H. Langenscheidt Großwörterbuch Deutsch als Fremdsprache [M]. Langenscheidt Kg. Berlin und München, 2003：349.
② Statistisches Bundesamt. Bevölkerungsvorausberechnung [EB/OL]. https：//www.destatis.de/DE/ZahlenFakten/GesellschaftStaat/Bevoelkerung/Bevoelkerungsvorausberechnung/Tabellen/2015_2A_AltersgruppenBis2060_.html.（aufgerufen am 06-09-2017）

500万人。企业工作岗位仅依靠现有后备人员已经无法满足，只能依靠机械设备等技术手段来弥补。随着技工数量的减少，企业间将可能会出现挖人现象，技术工作人员由于供给不足而导致涨价，这些情况将不利于企业及社会的稳定发展。

企业员工流动包括员工退休的正常流动和员工离职的流失数量，一定时期内员工流动的数量占员工总数的比值是企业的员工流动率。企业的员工流动会给企业带来巨大的成本，如重新招聘的高额成本以及因此而导致的产品或服务的质量的下降。当然，一定比例的人才流动能保持企业的活力及注入新鲜血液而避免企业的固化，但是企业如果遭遇员工频繁的跳槽，对于企业而言，尤其是对于德国这种技能密度大的企业而言必定是严重的问题，因为短期用工从根本上破坏了制造业创新所需要的技能积累。

"我们都没有什么不好的经验，培训是企业可以承受的，因为绝大部分的毕业学徒都留在了企业工作……而且我们经过3年培训的员工，我们这里的流动率是很低的……我们的经验是自己培养的学徒流动率低……"

根据德国联邦统计局数据显示，截至2015年，德国25岁以上员工中有45%的人在当前工作的企业工作至少10年。[①] 也就是说，企业中接近一半的员工都是和企业共同成长的老员工。德国企业中表现出相对稳定和健康的员工流动，为企业内部的技能传承和积累奠定了基础。另外，地域也是影响德国企业流动率的原因之一，无论大企业还是中小型企业，通常而言，这些企业招收的学徒都来自本地区或周边地区，对于家乡的地域眷恋也是流动率低的原因。

"这些年企业员工人数保持在140~150人左右，企业每年的流动率大概是3%，所以也需要通过培训覆盖流动率，申请者都是来自本地区或周边的。"

员工进入企业一方面可以说是为了谋生，另一方面也是为了实现人生价值。在谋生的层面是劳动力和劳动报酬的等价交换，企业为学徒以及员工提供合理的薪酬，例如，在德国的"双元制"学徒，虽然根据行业企业的不同实习津贴也不同，但是通常而言，学徒津贴足够他们独立生活，甚至能够负担一些诸如汽车之类的相对奢侈的消费品。完成"双元制"职业教育培训后进入企业，根据行业企业的不同，员工能够获得至少2~3倍的工资，足以负担诸如房租、汽车之类的家庭生活开销，生活水平处于正常中等阶层，而且，随着在企业中工作年限的增加，工资也会逐年上涨。从培训合同中的学徒工资来看，德国根据行业的不同，收入也有很大的差异。据联邦职业教育研究所的数据统计，2016年学徒培训工

---

① Statistisches Bundesamt. Fast jeder zweite Arbeitnehmer seit über zehn Jahren beim gleichen Arbeitgeber [EB/OL]. https：//www.destatis.de/Europa/DE/Thema/BevoelkerungSoziales/Arbeitsmarkt/Dauer_Arbeitsvertrag_EUVergleich.html.（aufgerufen am 06-09-2017）

资平均为每月 854 欧元①。德国研究者及企业认为支付给学徒的培训工资是为青年人提供工作生涯开始时所需的基本费用，而且不过多增加雇主压力。②

人口是经济发展和劳动力的来源。人口出生率是影响德国职业教育市场供给的重要因素。由于人口出生率等年龄结构原因，从 2011 年起德国中学毕业生人数开始减少，没有招到学徒的空缺岗位较往年大幅增加，2010 年空缺岗位数为 19 802 个，而 2011 年增长到 30 446 个空缺岗位，且呈现逐年递增的趋势，截至 2016 年为 43 478 个培训岗位空缺。③ 人口出生率低导致"双元制"职业教育培训的后备生源不足的问题已经开始显现。

由于低出生率而导致德国社会老龄化，适龄入学儿童减少，相应的中学毕业生数量的减少，"双元制"职业教育以及普通教育在生源方面的竞争会愈发激烈。

"在德国现在人口出生率越来越低，有可能进入职业教育培训的毕业生越来越少……"

人口出生率等变化会影响劳动力的供给，而教育水平的质量差异以及教育成本也从一定程度上决定着劳动力供给的技术水平，而不断增长的升学愿望给德国企业招收"双元制"职业教育学徒带来了困难。如图 5-2 所示，2013 年选择进入大学的人数首次超过进入"双元制"职业教育的人数④。双元制申请者人数减少的同时生源质量下降成为企业提供培训位置的障碍。

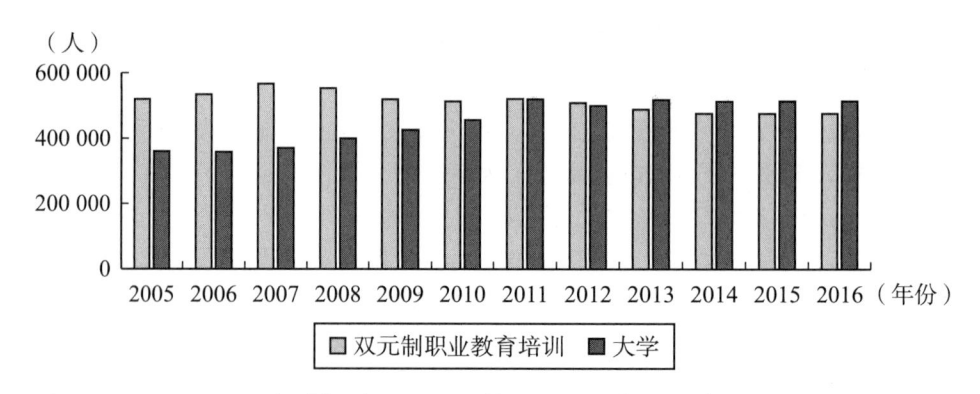

图 5-2　2005~2016 年选择进入"双元制"职业教育培训和进入大学学习的人数

资料来源：Bundensministerium für Bildung und Forschung. Berufsbildungsbericht [R]. Bo：BMBF Bonn, 2017：52.

---

① Beicht, U. Tarifliche Ausbildungsvergütungen 2016：Geringere Erhöhung im Westen, stärkeres Plus im Osten [M]. Bonn：BIBB, 2017：4.
② Thomas Deißinger. 职业教育体系研究 [A]//菲力克斯·劳耐尔, 鲁珀特·麦克林. 国际职业教育科学研究手册. 上册 [M]. 赵志群, 等译. 北京：北京师范大学出版社, 2014：157.
③ Bundensministerium für Bildung und Forschung. Berufsbildungsbericht [R]. Bonn：BMBF, 2017：23.
④ Bundensministerium für Bildung und Forschung. Berufsbildungsbericht [R]. Bonn：BMBF, 2017：52.

"40年前每个班级只有1~2人能去读高中，读大学是非常难的，对于大部分人职业教育培训是唯一的选择，而今天却是大部分人都读高中读大学。"

据统计，在德国1948~1953年出生人口中有20%的人具备申请大学的资格（Hochschulreife），到1978~1983年的出生人口中，具备大学申请资格的人数增至41%[①]，到2010年几乎是每两个学生中就有一个具备申请资格。[②] 按照这样的发展情况，即使人口总量减少以至于申请人数的绝对值在减少，到2025年具备大学申请资格的学生人数比例仍将达2/3。同时，1995~2010年德国大学毕业生人数在同年龄的人群中比例超过两倍多。[③] 联邦工作和社会部预计，相较于2010年，到2030年大学毕业生数量增加300万人而"双元制"职业教育培训毕业的专业技术人员数量将减少20万人。[④]

除了人口变化以及升学的愿望外，在可选择的进入职业教育的学习者中，他们的原有基础影响他们自己的接受程度，以及企业对于投入"双元制"职业教育培训的热情，因为基础好的学习者可以在学习期间为企业创造更多的价值，进而减少了企业对"双元制"的投资成本。正如某企业负责人所言：

"如果说参与培训对于企业造成经济负担的话，那也就是说是学徒在培训期间表现很差，那么对于企业而言肯定是损失。如果这个学徒很好，但是毕业之后不愿意留下来，那么对于企业而言，成本和收益抵销为零，也没有什么额外的损失。"

德国培训企业招收不同职业的学徒时，招聘的要求也是不同的，而通常申请者较多的企业，其申请要求也相应更加苛刻。根据职业内容的要求，一些职业的申请标准是主体中学毕业生即可，一些职业要求实科中学毕业生，而商业文职类职业通常要求具有高中毕业考试成绩的毕业生。虽然企业常常强调成绩不是最重要的，但是一些职业由于职业性质要求，在招收学徒的过程中还会特别关注数学及物理等科目的学习成绩，例如，电路安装工的职业内容中会涉及很多与数学、物理有关的理论知识，一般来讲，主体中学的毕业生是无法完成这类职业的学习并获得职业资格的。

---

① Tenorth, H. - E. Statuskonstruktion und Qualifikationsbedarf. Akademisierung in Historischer Sicht [A]//In：Schultz, T. & Hurrelmann, K. （Hrsg.）. Die Akademiker - Gesellschaft - Müssen in Zukunft alle studieren？［C］Beltz Juventa. Weinheim und Basel, 2013：25.

②③ Meidinger, H. - P. Auf dem Weg zum Vollkaskokoabitur？Ursachen und mögliche Folgen des Akademisierungswahns ［A］//In Schultz, T. & Hurrelmann, K. （Hrsg.）. Die Akademiker - Gesellschaft - Müssen in Zukunft alle studieren？［C］Beltz Juventa. Weinheim und Basel, 2013：126.

④ Bundesministerium für Arbeit und Soziales. Arbeitsmarkt-prognose 2030 - Eine strategische Vorausschau auf die Entwicklung von Angebot und Nachfrage in Deutschland ［R］. Bonn：Bundesministerium für Arbeit und Soziales, 2013：6.

（二）文化传统：文化中作为内隐习惯的学徒制技能传承

世界上所有国家的教育都是植根于本国的文化环境中，这些扎根于不同文化境脉的特征影响着教育的特征，同样对于职业教育而言也不例外。职业教育有其自身存在的文化底蕴，如果我们来看当今世界各国职业教育的发展，不管是以学校为主导或以企业为主导的职业教育，背后都是其在这个国家的历史文化背景中形成和发展的特色产物。

德国的企业家文化为包括人力资源在内的多种生产性投资奠定了基础。在德国资本主义经济发展过程中起到决定性作用的不是胆大包天、肆无忌惮的投机者，也不是投机商和大金融家，而是从艰难生活中成长起来的深谋远虑又勇敢无畏、节制有度、精明能干、专心致志、信奉资产阶级观点和原则的生活，具有禁欲主义特征的企业家。① 他们认为财富的获得是在履行天职的劳动的结果，追求财富并不是目的本身。资本主义的强制节俭实现了资本积累，而禁欲主义中对消费的限制使得资本流向生产性投资成为可能。② 所以，从历史的角度而言，德国是具有学徒制历史传统的国家，这种传统来源于手工业学徒制。新教伦理在德国乃至欧洲的职业传统中留下深深的印记，它在就业系统中代表着国家的、有序的工作领域，也是专业技工市场的基础。③ 韦伯也将劳动看作是履行"天职"，从而肯定了每一个人的劳动和工作都是有意义的，且必须要承担其责任和义务。德国手工业学徒制传统在"双元制"职业教育培训的发展历程中发挥了很大的作用，这种传统经久不衰，一定程度上使培训成为企业自然而然的选择。

"首先我认为这是从历史传统中而来的，在德国历史上首先是在手工业中，那个时候父母把孩子送到手工业师傅那里去学习手艺，成为手工业工人。"

1897 年《手工业保护法》（Handwerkerschutzgesetz）的颁布确立了强制性手工业协会作为公共管理机构行使准公共权利的职能，《手工业保护法》以及 1908 年《工商法》（Gewerberechtsnovelle）的颁布不仅具有稳定经济发展和调整手工业布局的意义，也对"双元制"的现代化发展发挥了关键性作用，为学徒培训建立了制度性框架。

"还有一个原因不能遗漏的是，在我们这里就是这样的，体系就是这样的，

---

① 马克斯·韦伯. 新教伦理与资本主义精神 [M]. 马奇炎，陈婧，译. 北京：北京大学出版社，2012：63-64.
② 马克斯·韦伯. 新教伦理与资本主义精神 [M]. 马奇炎，陈婧，译. 北京：北京大学出版社，2012：174.
③ Rauner, F. Offene dynamische Kernberufe als Dreh-und Angelpunkt für eine europäische Berufsbildung [A]//In Grollmann, P., Kruse, W. & Rauner, F. （Hg.）. Europäisierung Beruflicher Bildung [C]. Münster：LIT Verlag, 2005：21.

传统的影响也是不能轻视的。"

如果说德国"双元制"职业教育培训是文化熏陶下的历史传统,那么这种文化传统是否具有可借鉴性呢?文化传统固然是非常重要的因素,但是却不是唯一的决定性因素,正如某位德国企业培训负责人所言:

"我想现如今应该没有一个企业能仅仅因为历史传统的原因而进行'双元制'职业教育培训的吧?!"

在本书中企业的社会责任主要是指企业为年轻人提供从学校进入工作岗位的过程中学习的机会以及企业教授年轻人未来赖以生存的职业的教育责任,例如:

"我觉得一个大型的企业,应该要承担一定的社会责任,给青少年一个未来,特别是在本地区。很多职业是这样的,也许我们这里自动化的程度很高,但是其他的小企业或者手工业企业,很多还是需要手工的技能,也许有一天我们效益不好的时候,他们还需要靠自己的技能去其他的企业找工作。"

但是同时,创造利润是企业履行社会责任的前提。当企业的总体税负达到30%~40%,则有可能导致企业留利过低而失去投资和创新能力。[1] 这样的情况下,更谈不上让企业去主动承担培养年轻人的责任了。企业的社会责任不应该是源自企业的外在压力,而应该是企业生存发展的约束和条件,源自企业经济生产活动过程中的内在需求。[2]

"当然还有另外的原因是我们作为一个大企业应该承担的社会责任。像欧洲如法国等其他国家的青少年失业问题,在德国相对较低,因为我们通过'双元制'能够给年轻人提供很好的进入职业的可能性。"

不管是大企业还是小企业,对于企业而言,创造利润是企业负责人的首要职责,否则企业无法继续发展或提供更多的工作岗位或支付高的薪酬,也无法为员工提供稳定的保障,更谈不上为社会承担更多的责任和义务。所以说,企业的社会责任也是建立在企业拥有一定经济效益的基础上。

二、中国企业社会性动力的表现形式

从技能满足和文化传统维度来看,我国企业在社会性动力方面的表现形式更为突出的是以数量层面的技能满足作为优先条件。从历史传统来看,学徒制曾经

---

[1] 李炜光,臧建文. 中国企业税负高低之谜:寻找合理的企业税负衡量标准 [J]. 南方经济,2017 (2):1-23.

[2] Reilly B. J. & Kyj M. J. Corporate Citizenship [J]. Review of Business, Saint Johns University, 1994 (16):37. 转引自:聂伟. 论企业的职业教育责任——基于企业公民视角的校企合作研究 [D]. 天津:天津大学,2013:26-27.

是我国国有企业的技术人员培养方式,现在依然以企业内部培训的形式存在于某些行业中,特别是大型国有企业中。

(一) 供给充裕:外部劳动力市场的技能数量供给相对充足

我国企业年龄结构相对年轻,以国内某企业集团为例更能具体突显这一特征。某集团及所属企业在岗职工17.1万人,年龄与学历情况如图5-3所示。从员工整体年龄结构来看,该企业集团是一个年轻化的企业,只要员工流动率处于正常水平,那么,目前或未来几十年中,人力资源补给问题不是企业稳定发展的障碍。再者,在国民心目中,国有企业,特别是国有大型企业集团的工作意味着稳定和有保障,因此,这类企业的正式员工流动率是很小的。

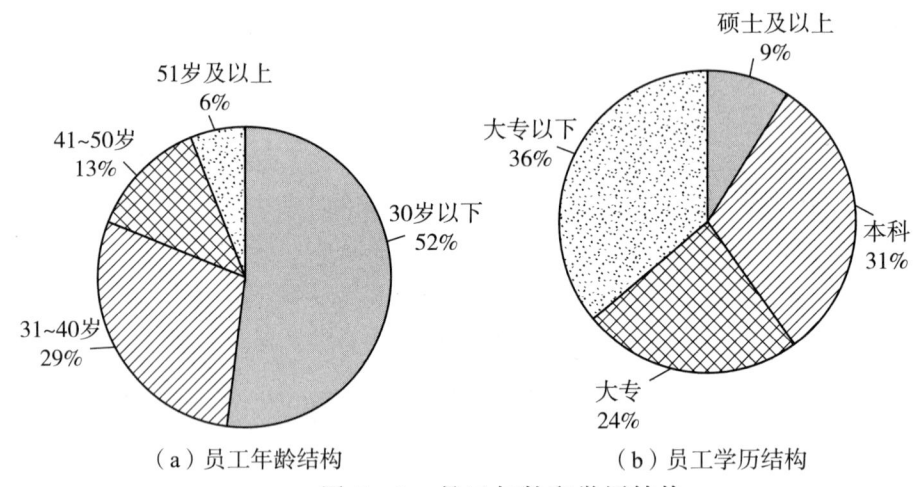

(a)员工年龄结构
51岁及以上 6%
41~50岁 13%
31~40岁 29%
30岁以下 52%

(b)员工学历结构
硕士及以上 9%
大专以下 36%
本科 31%
大专 24%

图5-3 员工年龄和学历结构

资料来源:根据访谈资料及企业网站信息整理。

另外,学历程度在我国这样以学校教育为主体的国家是一项重要的指标。该集团企业大专和大专以下学历的员工比例为60%,意味着职业教育对于这样以生产型为主的制造业是非常重要的。在企业生产任务重以及人员需求量特别大的时候会以社会招聘为主,校园招聘学徒占1/3左右。而在需求量相对稳定下来的时候,企业更倾向于和职业院校合作。

从本书问卷调查的数据来看,在我国有一半以上的企业无论是校园招聘还是社会招聘,对员工的学历要求都选择本科以上。也就是说,在我国现行的教育体制下,学历依然是企业看重的一个方面,如表5-7所示。

表 5 – 7　　　　　　　　　　　企业招聘要求

企业人力资源情况		频次	百分比（%）
企业招聘要求	校园招聘中职毕业生	25	17.01
	校园招聘高职高专毕业生	36	24.49
	校园招聘本科生	71	48.30
	社会招聘无学历要求	19	12.93
	社会招聘中职学历要求	21	14.29
	社会招聘高职高专学历要求	30	20.41
	社会招聘本科学历要求	60	40.82
	社会招聘且技能等级要求	71	48.30

资料来源：作者根据问卷调查结果统计整理。

在国内阶段的调查研究中笔者还发现，对于有些企业而言，当企业一线员工的平均年龄达到 35～40 岁甚至以上的时候，已经算是年龄结构偏大的企业。因为，这样的企业为节省劳动力成本，在一线员工构成中以中年以上妇女为主，在生产线的精细分工中，以从事简单的重复性劳动为主。

再来看我国的人口数据，我国人口出生率的变化和时代发展紧密相关。从图 5 – 4 中可以看出，1978～1988 年的人口出生率上涨的趋势，是由于 20 世纪 60 年代的人口出生高峰期的人口进入生育年龄造成的。从数值来看，1988 年我国人口出生率为 2.24%，2000 年下降至 1.4%，2012 年则为 1.2%。[1] 如果按照

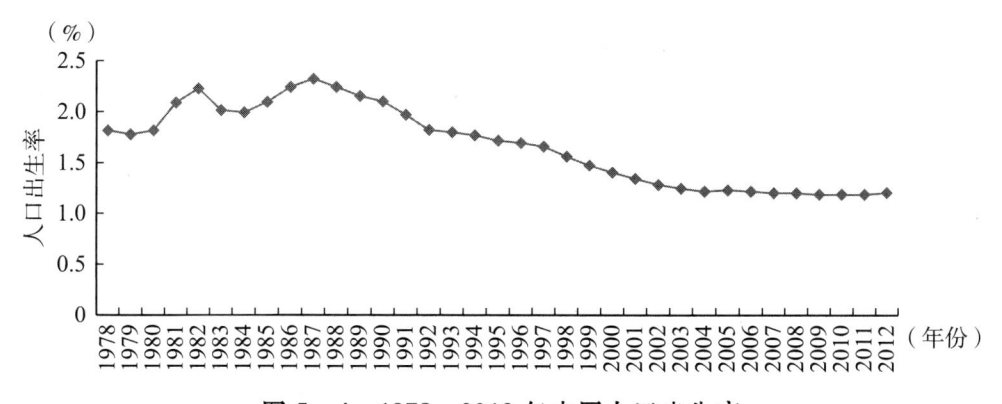

图 5 – 4　1978～2013 年中国人口出生率

资料来源：王亚楠，钟莆宁. 1990 年以来中国人口出生水平变动及预测 [J]. 人口与经济，2017（1）：1 – 12.

---

[1] 王亚楠，钟莆宁. 1990 年以来中国人口出生水平变动及预测 [J]. 人口与经济，2017（1）：1 – 12.

中等职业学校和高等职业学校入学年龄来看，目前的生源主要是1999~2002年左右出生的人口，从人口出生率来看，生源也是处于持续下降的趋势。

和德国面临的情况一样，对我国而言，人口出生率和升学愿望所导致的职业学校招生难也是职业教育发展面临的首要难题。以科举制为代表的升学制度一直是中国人的人生中重要的生涯选择。自"九五"以来，我国在持续普及九年制义务教育的同时扩大高等教育的招生规模。1999年全年普通高等学校招生160万人，在校生413万人。到2016年，我国普通本专科招生增至748.6万人，在校生2 695.8万人，毕业生704.2万人。① 但是，在大学扩招的同时，由于国家的产业结构及层次中需求和供给的失衡，出现大学生毕业后就业难以及毕业即失业的现象。② 高等教育的扩招一定程度上满足了我国文化中对于通过读书出人头地的愿望，但是，对于企业产业升级而言需要的是高级技能人才。正如某企业人力资源负责人所言：

"整个大环境，包括技校的建设，我们感觉到，招不到人，优秀的人才推不出来，我们是求贤若渴，希望有好的苗子到我们企业里面，但是现在我们招不到那种特别特别好的苗子，以前那个时候还能挖掘到上海的孩子读技校，但是现在，基本上孩子不读了，或者他读完技校之后，他去读高职、读大专，实际上这种东西对于我们企业来说，它有多少提升呢？我觉得倒不见得，那么，这就导致我们用人荒，所以说我们在招聘优秀的技能人员方面是遇到很多瓶颈的，技能人员有的时候可能比大学生都难招，好的大学生其实我们还是能招到的，好的技能人员都要'抢'的状态。我们没有苗子的话，企业再积极也不行，有些人我们再怎么扶也不行，他自我没有成长的需求，这是目前企业感觉困惑的一点。"

目前，企业面临的问题是招不到"好"的员工。因为在整个职业教育培训过程中，学徒既是教育的接受者又是参与者，他们从前的经验、技能以及动机影响着教学过程。以前是企业内办技校的模式，现在高职、大专等职业院校培养的学生对于企业而言并没有得到很好的提升。在接收实习生的过程中，企业感觉学生整体的技能水平在下降，远不如20世纪80~90年代自己企业内部技校培养的学生。来自职业院校的实习生之前在学校两年的学习几乎没有发挥作用，而且理论功底也并不扎实，企业需要同时给他们补习理论课及实际操作。因此，职业院校的学生在招聘竞争中并不占优势。

企业中有一类技能人员是从中职、技校和高职院校直接招聘的学生，这些学生在毕业前一年进入企业实习，通过这一年的学徒培养，来提高实践能力，这期

---

① 国家统计局. 全国年度统计公报. 1999 - 2016 [EB/OL]. (2017 - 04 - 11) [2017 - 11 - 30]. http://www.stats.gov.cn/tjsj/tjgb/ndtjgb/qgndtjgb/.

② 姚先国，张海峰，乐君杰. 产业转型与大学生就业难 [J]. 劳动经济研究，2014 (5): 34 - 48.

间企业边培养、边考察，符合要求的企业会在他们毕业后提供工作岗位。但是，其中还有一些学生，即使他的技能比较好，符合企业要求，毕业后，家长不愿意他从事技能工作，直接给他提供一些不需要从事技能劳动的工作。所以，整体而言，整个社会对于技能工作的支持没有保障，因此，也不是完全没有优秀的技能人才，而是很少，企业要靠"抢"。

在生源不断减少的情况下，生源质量更不容乐观。

"中职院校现在分层分得很厉害，学校关注的群体是非常少数的，甚至几个人。大部分都无法符合企业的需要，学校只保证学生到企业是安全的。但是学校整体的生源质量就在下降……"

（二）传统遗失：自由市场竞争环境下师徒技能传承的断裂

我国确立发展社会主义市场经济的国家政策，对学徒制发展产生了决定性的影响，学徒制也因此经历了从兴起到蓬勃发展到现代化改造及之后的逐渐退出历史舞台的过程。笔者在调研中发现，现如今在某些行业及企业中，学徒制以某种形式存在着，特别是酒店服务业内部培训中的"老人带新人"的模式，以及我国国有制造业企业中遗留的工厂学徒制痕迹。正如参与现代学徒制试点院校的某合作企业，其人力资源负责人强调企业和职业院校的文化契合是他们最看重的因素：

"首先是学校跟我们的企业文化，如果学校不认同，这个也没办法做，我们有很多很多合作的学校，但是真正做现代学徒制也就和两所学校。我们真的是和学校一起来培养的，我们也没有设很多限制，就是说要在我们企业就业，只要认可我们这个企业、热爱这个行业都可以来，一批人可以有一个人很热爱这个行业，也不是要所有人都留下来，这三年下来，学徒肯定会知道，自己有什么样的能力，一旦毕业后留在这个行业，相对别人来说，他的高度要高一点，宽度宽一点，真正愿意留下来的人，他会像种子一样，去告诉他的学弟或学妹啊，然后把好的东西传给接下去的……为什么这个班级一直会有人进来，就是这样的原因，这就是一种精神力量吧，是一种气质，他能够把自己走的这条路慢慢地传播出去。我们的企业文化他一定要认可，企业要承担培养人的一个文化，如果没有这种企业文化在……（摇头），我们从高层、中层到每一位员工，因为大家都很清楚地知道，每一个进来的人都可能成为我们的同事，如果今天有人走，没有人能顶上，那有可能我们就完成不了这个工作，这种文化不是一天两天能形成的，是对每一个人的感染。"

该企业从事酒店行业时间已经很长，所以具备一定的经济实力。企业认为和学校共同合作参与现代学徒制，最重要的是学校对企业文化的认同。而且企业从高层、中层到每一位员工，大家都很清楚地知道，每一个进来的学徒都可能成为自己的同事，因为酒店行业的流动率很大，随时需要新的人员补给。

"就比如说学生来两个礼拜轮岗确实是给员工带来很大的压力，就本来我很忙，还要教你，你说你又不懂对哇，然后你还要添麻烦，正常的话，企业是不愿意的，但是我们这个企业是，你来了，你以后就可能是我的同事，你可能是我的徒弟，那我现在就愿意教你。这种企业文化、精神都是不能缺少的，而且校企双方合作中文化、认可都是有关系的。我们合作学校的文化、认可跟我们的价值观都很合适，沟通也很顺畅，所以才有这样的合作。"

正如该酒店人力资源负责人所描述的，学徒在第二学年两周的企业轮岗中会给正常工作的员工带来很大的压力。因为员工本身还需要正常完成自己的工作，而学徒在这个时候是帮不上忙的，甚至还会对员工正常的工作造成障碍。所以这样来看，正常情况下企业是不会愿意这样深入合作的，但是，该企业对员工所传达的理念是学徒有可能是未来的同事，或者是未来缔结师徒关系的人，这种理念使员工愿意在轮岗期间指导学徒。在这个过程中企业负责人的积极推动和实施也是不可或缺的，也就是说，企业领导的认识以及他们自身的专业出身和对于企业产品和业务熟悉度是企业创新发展的推动力。当企业负责人本身是该相关职业出身时他更能理解和体会到学徒培养对于企业发展的重要性。

从我国企业的学徒制传统来看，制造业中表现非常明显的是，行业历史上一直是师带徒的模式，因此在企业发展过程中，和传统学徒制模式类似，企业内部人才培养一直是在工作岗位上进行。

"我们这个行业，整体而言，师带徒模式比较成熟，每个进入企业的员工都必须要经历师带徒的过程。"

例如，我国某国有企业集团，机械加工是其生产中的核心工作内容，在企业中从事一线生产操作的技能人员占员工总数的61.9%。因此，企业及企业负责人同样非常重视技术技能人才的培养。

"他们首先是积极的态度、能力，作为企业来说，要为技能人员提供充分的支撑……历任领导都非常重视这一块儿，重视和培养是非常非常关键的。技能大师加团队的形式把整个技能人员的成长抓起来，我们也建立了团队中优秀的培养专家，他们把自己的绝技绝活儿总结出来教授给新人，这也是一种传承吧。我们这个行业历来就关注这样一个师带徒的机制，我觉得这种机制是最有效的，通过选拔优秀的师傅，他的理念，他的作风，他的操作的一些先进的东西，从无形中细微处影响到一个刚来的人。"

所以说，企业中重视技术技能人才的氛围也非常重要：

"还有一块就是，对于企业来说，整个氛围的营造是非常重要的，我们企业一直在关注这支队伍，所有为企业作出贡献的人都会得到相应的承认。企业技能队伍建设底蕴深厚。"

在我国，职业院校也更倾向于和国有大中型企业进行无论是毕业生实习还是其他方面的深入合作。职业学校的校方负责人对于和某大型企业集团的合作非常满意，并且在学校的其他优势专业中也选择优先和大型集团企业合作。校方负责人认为，在这样的大企业中学习，学生虽然在一个岗位工作，但是，学生能看到生产线上产品是怎么制造出来的，在这个过程中不仅仅是知识技能的学习，其他方方面面都是在学习。大企业的氛围是不一样的，有很多专业的以及先进的理念，更有助于学生开阔视野。通过和大型企业合作，学校老师能够切身感受到学生各方面的变化，以及企业文化对学生的影响巨大。

另外，非常重要的是企业能保证参与学徒班的学生的就业。在前两年的认知阶段、轮岗阶段结束后，学徒在企业能够获得工作岗位。简单来说，就是需要学校、企业、学生之间能够达成可信承诺。企业对学徒班学生并没有额外的限制，不需要签订毕业后必须留任等强制性协议，学徒在第三年可以被分配到集团内部不同的单位进行顶岗实习阶段的学习。而合作学校也付出很大的努力，承担管理学生的责任。所以，整个现代学徒制的实施是多方合作，缺少任何一方都不行。在校企双方合作中，文化和价值观的相互认可和契合都很重要，而且双方沟通顺畅，所以合作才能顺利进行。

"如果是一家酒店也容纳不了那么多人，集团就好一些，我们有高高低低的各种不同的需求，像我们这样的企业最好，再大的企业，它可能又没有那么关注，因为我们是正好能关注到你，又不是那么小对吧，能容纳。大企业是好，但是学徒放进去，沧海一粟，可能就没有关注度。"

正如上述企业培训负责人所言，一家企业无法容纳太多的学徒，原因是在我国现代学徒制的试点中实施模式不尽相同，多数院校的学徒制是以班级为单位和同一家企业合作实施的，一个班级至少会有30~40名学生。因此，在这样的模式下，确实需要具有一定规模的企业去提供相应的学徒岗位，并且，需要专职人员专门服务于学徒培养，这一点和德国的大企业培训车间的模式类似。但是，该负责人也提到，集团内部有高高低低的不同需求，指的是集团内部不同星级标准的酒店，可以提供给不同层次的学徒未来就业。这里反映出职业教育中标准的问题，德国的学徒毕业后获得统一的专业工作人员或专业人员的资格证书，而我国，因为有不同层次的需求，所以毕业生不具备统一的专业资格。

再从社会责任来看，例如，我国某中型汽车模具企业主要立足于本地区及周边地区的行业发展，为区域经济服务。企业负责人具有强烈的社会责任感，愿意为本地区、本行业培养合格的后备人才。同时，企业鼓励员工参与企业管理，共同为企业发展出谋划策，使企业员工具有强烈的使命感和归属感，从而提高了员工的稳定性。当然，也有大型企业认为，为职业院校学生提供就业岗位就是承担社会责任的表现。例如，我国某企业人力资源负责人表示作为国有企业，他们需要履行自己的社会责任。每年要完成招收一定比例的大学毕业生以及职业院校毕业生的责任。但是，这一切也是建立在企业经济效益良好的基础上。而且和德国情况类似，我国大型企业特别是国有大型企业基本上会颁布社会责任报告，从经济、环境和社会等多方面论述企业的社会责任。对于员工的培训和继续教育也是大多数企业社会责任报告中的内容，说明我国企业对于承担培养人才的社会责任是有意识的，只是可能还局限于对自身在职员工的培养，这也是国家在继续推动和引导企业人力资源规划发展时的有利方面。

三、中德企业社会性动力的差异表征及成因

这部分内容将着重对比我国和德国在技能满足和文化传统这两方面的异同。从企业年龄结构、员工流动率以及市场供给情况来看，我国优于德国的处境。由于我国内部企业培训的模式以及其他多方面原因，企业更多将职业院校功能定位于人员数量层面的满足。另外，我国的社会发展情况造就了历史上工厂学徒制的消失，而形成企业内部培训和学校职业教育两个不同的体系。

（一）中德两国劳动力市场发展阶段和特征的内在差异

技能满足在中德之间体现出明显差异性的同时也具有相似性。德国目前面临着企业员工年龄结构老龄化问题而加剧了企业对于通过参与职业教育培训获得充足后备人员的愿望。而企业对于员工的数量需求和企业经济发展状况直接相关，在我国，国家政策对经济发展起宏观调控的作用，如对某些特殊行业的扶持等政策文件的出台都能影响劳动力的需求。当企业需求量特别大的时候，我国外部劳动力市场招聘通常都能满足数量需求，如表5-8所示。

表5-8　　　　　　　技能满足的中德企业差异对比

企业参与职业教育现代学徒制的社会性动力技能满足	
中国	德国
企业年龄结构老龄化问题不突出 职业院校学生没有竞争力 外部劳动力市场也可以满足一定的用工数量需求 企业流动率的影响因素复杂 学生强烈的升学愿望 职业院校出现招生困难趋势 学习者的质量不高	人口老龄化问题凸显 企业的员工流动率平稳 人口出生率低 学生强烈的升学愿望 学习者的质量有下降的趋势

技能满足所表达的意思是要测量企业用工是否能达到数量和质量的要求以及通过内部劳动力市场还是外部劳动力市场来满足需求,而需求的数量能否达到和需求的层次密不可分。正如本章在轴心编码过程中已经提到过的,企业对于员工的需求是分层次的,而我国大部分企业的真实需求是集中在数量层面,高技能或高层次的用工需求是存在的,但是并没有占到决定性的比例。从对企业描述性分析中可以看出,和德国相比,我国各方面因素更加多样和复杂,广阔的市场为各种类型的企业生存提供了空间,由于地区间发展差异巨大,因此需求的层次各不相同。而且,我国一方面人口绝对基数大,另一方面,由于各地区发展不平衡而导致人口向经济发达地区流动。东部沿海地区人口密度呈现加剧的趋势,泛珠三角、长三角和环渤海地区人口密度集中化。① 因此,在东部经济发达地区,年轻劳动力数量可以满足。甚至,某些地区的企业在选择后备劳动力时,会刻意挑选来自外省份的年轻人,因为,这些人会为了留在相对发达地区而更加勤奋工作,并且一定程度上保证了企业员工的稳定性。当然,即使是在东部沿海地区,各类型城市状况也不尽相同。例如,在上海市,则会由于外来人口的户口限制,以及上海作为国际化的大都市的高昂房价等因素导致外地技术工作人员的流失。

　　"一线员工外部招聘招不到啊,比如这里的人要出去,他肯定是跳槽的,不会流到外部劳动力市场的。"

　　区域间发展不平衡,城乡间发展不平衡,是我国相较于德国而言大规模劳动力流动的原因之一。德国城乡间同质性均衡发展对员工稳定性起到很大的作用,而我国一方面,在区域间公共教育、公共卫生等方面具有较大差异,另外,充足的劳动力资源也一定程度上限制了企业改进技术的积极性,而且另一方面,对于我国民营中小型企业而言金融环境障碍多,相对于劳动力而言,资本的运营更加难以实现。不同所有制性质的企业在金融,甚至税收和立法方面的差异性并未真正消除,民营企业所处的环境并不占优势。② 相比之下,浙江模式经营环境更适合民营中小型企业。中小型企业的发展以及区域间均衡发展是稳定劳动力市场正常流动的条件之一。某企业人力资源负责人在访谈中也曾提道:

　　"我们这个行业目前的流动率非常高,得有30%,我们算好的,一般一个月我们这边是5%,有时候过年的时候更高,这个流动率不是所有人的流动率,有一些行政类的职位就不流动,在流动的永远是直接从事一线工作的那部分人。"

　　正如被访谈者所言,参与职业教育现代学徒制的企业流动率至少是同行业中相对较低的。因为一个企业在为人力资本进行投资的时候,顾虑之一就是员工流

---

① 张耀军,岑俏. 中国人口空间流动格局与省际流动影响因素研究 [J]. 人口研究,2014 (5):54 - 71.
② 黄亚生. "中国模式" 到底有多独特? [M]. 北京:中信出版社,2011:109 - 120.

动问题。接受过企业投入的培训后不能为企业带来经济效益或是选择离职,对于企业而言是付出人力资本后没有回报的最大问题。外部性顾虑是企业和员工之间没有达成所谓可信承诺的体现。员工流动不仅会影响某个企业或某些企业对于人力资本投入的积极性,从整个社会来看,也会对社会整体的人力资本形成和技能供给造成影响。

在对我国职业教育现代学徒制试点单位的调研中笔者了解到,某个参与试点前已经采用现代学徒制模式和企业合作的职业院校,毕业学徒在培训企业的留任率为37.04%。[①] 这个数字对于企业而言,并不是非常满意的结果,但是,如果比较企业以往的实习学生,或者该职业院校其他非学徒制班的学生在实习企业的留任率,结果则是有大幅度的提升。也就是说,毕业学徒流动率和很多因素有关,但是在一定程度上,现代学徒制模式可以产生相对积极的影响。

正如当前劳动力市场的情况是优秀大学生容易招,而优秀技术技能人才很难招,而且有些学生自身没有自我提升的愿望和需求。目前而言,上海市本地的青少年不愿意读中专技校,而上海的生活成本、户籍政策等因素又影响和限制着外地人留沪的需求,因此也一定程度上导致了技术工作人员的流失。如果要吸引优秀技术技能人才,需要打通技能等级和职称体系之间的障碍,并且建立合理的工资体系,因为实事求是而言,工资体系是反映技术技能人员地位的直接指标。很多企业的实际情况是用工需求的数量下降而质量要求在提高,因此,企业需要通过实习生招聘或外部招聘后的内部师带徒形式满足用工需求。整体而言,如果企业在同行业中属于待遇较好,且工作稳定的国有或事业编制单位,对于劳动力市场的招工而言没有什么困难。也有企业培训负责人在调研中毫不掩饰地表示,如果未来企业出现招不到技术工作人员的情况,会考虑选择和职业学校合作。

另外,提高职业院校办学质量是促进企业参与职业教育现代学徒制的前提条件。相对于德国,我国职业院校发展规模更大,也享有更多的资源,近年来实习实训基地的建设,使很多职业院校具备了在校进行实训的条件。在已经具备相对完善硬件设施的基础上,职业院校需要进一步深入的是如何利用已有资源,使其在职业教育人才培养中发挥更大的作用。例如,尽可能创设真实的实训环境,在真实的环境中培养学生解决实际问题的能力。这就要求职业院校在教学中投入更多的人力物力进行小班化教学来改善我国职业院校目前的教学状况。[②] 职业院校自身教学质量的提高是吸引企业参与合作的重要因素之一,如果职业院校的学生

---

① 某职业院校现代学徒制试点专业负责人访谈记录,已毕业学生数27人,现阶段留任10人。
② 茶文琼,徐国庆. 小班化教学:现代职业教育内涵建设的基本保障[J]. 教育探索,2017(4):34-38.

相比于社会待业人员毫无优势,那么,职业院校在校企合作的过程中也不会有话语权。所以说,职业教育要发展、要改变在社会中的地位,自身的质量是最关键的问题。而且,职业院校在提高自身教学质量的同时,在实施职业教育现代学徒制的过程中,更要积极参与企业学习部分的质量监控,在国家出台职业教育现代学徒制内容标准之前,承担和企业共同制订具体人才培养方案的职责,并深入企业及时了解学生反馈,适时和企业进行沟通和调整。

(二) 技能传承体系中国家与市场功能与作用的差异

手工业学徒制在德国被继承和发展下来形成如今的"双元制"职业教育培训,我国曾经的工厂学徒制传统在社会发展过程中逐渐被学校职业教育所取代,但是,工厂学徒制文化依然在某些行业中以内部培训的形式存在,如表5-9所示。

表 5 - 9　　　　　　　文化传统的中德企业差异对比

企业参与职业教育现代学徒制的社会性动力文化传统	
中国	德国
国有企业的工厂学徒制传统 学徒制技能传承断裂 企业内学徒制和学校职业教育分离 看重学生或员工性格中的服从因素 相比对职业的个人兴趣更关注家庭等外部因素 企业可持续发展是承担社会责任的基础	手工业学徒制传统的现代化发展 看重学生或员工的自我独立意识 关注个人职业兴趣 企业可持续发展是承担社会责任的基础

德国在学徒制发展过程中,国家促成了代表不同利益集团的多方共同协商模式,各方在规则制定等多方面决策中进行参与及合作,以达到对自身代表方最有利的利益均衡。① 因此,德国虽然有强烈的国家权威主义色彩,但是,在运行过程中又非常强调权力的分散。例如,培训条例的制定、专业技工考试委员会的构成等,所有职业教育培训的利益相关者,如作为雇主方的企业和行业协会,作为雇员方的工会、联邦州和联邦都需要参与,不管是新的培训职业的筹划、准备还是已有培训职业的更新,甚至是某一次考试的实施都需要各方代表进行参与。

---

① Knight, Jack. Explaining the Rise of Neo - Liberalism: The Mechanisms of Institutional Change. Unpublished manuscript, Washington University in St. Louis, MO, 1999: 20. 转引自凯瑟琳·西伦. 制度是如何演化的. 德国、英国、美国和日本的技能政治经济学 [M]. 王星, 译. 上海: 上海人民出版社, 2010: 28.

而且，德国通过立法的形式赋予手工业协会准公共权力，监督和管辖学徒制培训。我们已经知道，可信承诺的达成是理性主义视角下学徒制存在的基础，我国目前所经历的自由市场经济中对学徒制的冲击因素，在德国历史发展中同样经历过。工业革命后，由于生产方式的转变、市场经济的逐利原则和社会民主的浪潮都从不同方面和不同程度上对德国学徒制造成负面影响，而使国家干预势在必行。在《手工业保护法》出台之前，强烈的经济自由主义倾向影响着德国学徒制的发展，学徒被作为廉价劳动力遭受剥削的事件频发，同时，学徒对于培训缺乏积极性而更愿意从事工业生产中的非技能廉价劳动。[1]《手工业保护法》的出台是德国国家干预学徒制的重要手段，也是学徒制延续并且逐步从传统学徒制蜕变为"双元制"的重要基础。《手工业保护法》赋予手工业协会在学徒培训中准公共权力的同时也明确规定："鼓励和推动企业参与市场竞争，而不是采取市场保护主义"[2]。

而我国企业真正加入市场竞争是在改革开放之后，也就是说，进入市场经济竞争的企业历史到目前只有40多年。从现代企业产生和发展的时间来看，虽然与国外历史悠久的企业相比，我国企业历史尚短，但是却处于全球化经济中各种变革迅速发生的时代。在改革开放大力发展经济的时候，大量引进外资的政策、快速投资、快速看到成效的资本市场具有强烈的投机性，使得市场波动的信息远远大于工业发展本身，社会中形成重视理财投资、重视市场营销而忽略产业发展的社会氛围，人们价值观改变，认为当下多赚钱是关键，长远的事情是虚无的。在这样的环境中，企业对于人力资本投入的长远规划往往并没有耐心，短期见效的入门培训更能够获得企业的青睐。而在我国的大型国有制造业的企业中，工厂学徒制的传统以非正式的状态存在着，因为在这些制造业的行业中，技术工人的动手技能依然是生产中非常重要的因素。在调研的酒店行业中，相较于学徒制传统，企业更看重的是文化氛围等因素。

再者，如果从跨文化比较的角度来看，教育的跨文化比较是通过识别文化因素来解释社会中的教育制度、教学安排和教学活动并且和其他国家进行比较。[3]

---

[1] 王星.技能形成的社会建构.德国学徒制现代化转型的社会学分析 [J].社会，2015（1）：184-205.

[2] Hansen, Hal. Caps and Gowns [D]. Ph. D. dissertation, Department of History, Madison: University of Wisconsin-Madison, 1997：315. 转引自凯瑟琳·西伦.制度是如何演化的.德国、英国、美国和日本的技能政治经济学 [M].王星，译.上海：上海人民出版社，2010：158.

[3] 梅森.文化比较 [A]//贝磊，鲍勃，梅森.比较教育研究路径与方法 [M].李梅，主译.北京：北京大学出版社，2010：149.

文化因素可以用来解释其他的因素，例如，在职业教育中德跨文化分析框架中①，具有明显差异的维度是权力距离、长期导向、集体主义、阳刚气质和不确定性规避。其中权力距离、长期导向和集体主义几个维度中我国得分较高，代表着这几个维度我国表现更为明显。文化维度之间的相互关系也呈现出相互关联的特性，很多表现形式其实受到多个维度的影响，只是在某一个维度的表现更明显。和本书中关联度较高的维度是权力距离、集体主义和不确定性规避，如图 5-5 所示。

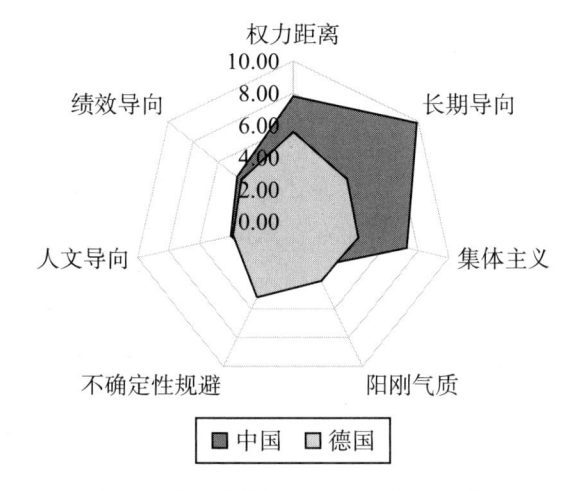

图 5-5 中德文化维度比较框架

资料来源：贺艳芳，徐国庆. 职业教育国际合作的文化分析框架及其实证 [J]. 现代教育管理，2016（5）：79-85.

例如，权力距离越大代表对于不平等的接受程度越高，在我国权力和职责是一种同步的关系。因此，相较于独立工作和承担责任而言，我国社会更加看重的是学生或员工性格中的服从因素，因而，也更符合科层制的管理体系。而相对而言，权力距离低的文化中更看重客观事实，因此，德国社会对于技术技能的认可度高，相较于精英教育更加重视中间阶层的发展，职业教育社会接受度比我国高。而集体主义表现越强烈的文化中个人的意愿和兴趣越模糊，例如，我国学生在职业或专业的选择上，更多的是考虑家庭等外部因素而不是个人兴趣；而德国学生或企业员工，更在意个体自身价值的体现，也更愿意积极主动承担工作责任，因此，更符合多岗胜任灵活工作的要求。同时，也是因为这种强烈的个人意识和自我意识，德国技术工作人员更愿意从事技能化、专业化工作，而不是劳动

---

① 贺艳芳，徐国庆. 职业教育国际合作的文化分析框架及其实证 [J]. 现代教育管理，2016（5）：79-85.

分工到极致的工作。

不确定性规避是德国表现强烈的维度，即德国社会生活中尽可能避免不确定性，各方面都拥有几乎非常细微的条例和规定等。在企业职业教育培训实施过程中，学徒在 2~3.5 年的培训过程中，每天都必须对当天的学习和工作内容进行记录，企业中负责培训的培训师需要每周对学习工作记录进行检查和签字确认。这份记录一方面是学徒在学习期满申请参加所属管理机构如工商业协会（IHK）或手工业协会（HWK）职业技工资格考试的必要资料之一；另一方面，精确到天的企业学习记录表也是管理机构对于企业职业教育培训的监管检查项目之一。如果学徒未能通过考试，但能用这三年的学习工作记录证明考试中的内容是培训企业未曾教授的，学徒就可以向管理机构提出申诉，依情况获得重新学习的机会，而相关培训企业将会为此承担其相应的责任，依情况而定，可能会失去培训企业的资格。所以说，培训条例不仅保证了全德国同一培训职业的统一标准而且也能保障学徒的个人利益，避免被企业作为廉价劳动力使用。

而且，企业文化传统与其成败息息相关，企业是否成功和员工是否认同及信服企业的理念相关，企业文化的力量能让每个员工持续进步从而使企业更加强大。企业的文化氛围能够感染企业员工，也是企业的精神引领，统一的企业文化能够把企业员工凝聚在一起，并通过新员工的加入不断继续和传承下去。在职业教育现代学徒制构建中需要企业和学校更加细致和深入的合作，这种合作需要进入教学的微观层面，并且是在三年学习期间的持续性且结构化的合作。这种深入合作的模式需要企业和学校首先实现文化契合，具有相同的价值观才能保证合作中的顺畅沟通和无缝衔接。

很多企业负责人也提到，文化是在职业教育现代学徒制中非常看重的因素。企业不仅自身需要营造以师带徒方式培养后备人员储备的文化，使企业员工也能认同这样的企业文化并积极参与其中。而且，企业和职业院校及学徒也要实现文化契合，才能顺利实施职业教育现代学徒制。虽然学徒制的行业传统体现在企业内部学徒制传承中，但是，由于企业内部培训和学校职业教育的割裂，因此对于企业参与职业教育现代学徒制的作用并未充分发挥。

第四节　企业参与职业教育现代学徒制的内部控制性动力

企业参与职业教育现代学徒制的内部控制性动力包括技能密度、分工精细度和组织扁平度。笔者基于访谈的原始材料并借鉴相关文献资料对每个因素进行分析和对比。技能密度、劳动分工和组织形式是企业客观存在的真实状态，也是企业参与职业教育现代学徒制的内生动力。德国企业强调员工独立自主完成完整的工作任务，我国企业更趋向于通过极致分工降低企业对于员工的依赖性。

一、内部控制性动力内涵及其在德国企业的表现形式

技能密度、分工精细度和组织扁平度作为内部控制性动力是企业从自身感受到的促进或阻碍其参与职业教育现代学徒制的因素。对技能密度的阐释围绕产品或工作任务的结构、技术水平以及技能形成周期而展开。分工精细度则主要涉及生产组织内部分工，组织扁平度是从大批量生产和精益生产两种典型生产模式进行论述。

（一）技能密度：员工胜任岗位工作需掌握复杂的工艺操作

在本书中所谓技能密度是指生产过程中产品、工艺的技术含量和复杂程度。而产品质量是企业赖以生存和发展的前提条件，产品质量包括级别和一致性两个尺度。级别指性能质量，如耐用性、可靠性、精密性、使用及修理的简便程度以及其他有价值的属性等，这些都是产品发挥作用的性能。质量一致性指符合标准质量，没有产品缺陷以及目标性能质量标准的前后一致性。[①] 德国企业产品质量可靠是被全球公认的，因此"德国制造"成为德国产品的代言口号，其高质量标准是德国企业对于产品和服务的基本要求。在高质量的要求下，产品或工作任务结构以及产品或工作任务的技术水平是企业技能密度的体现。

企业产品或企业核心工作任务是企业经营的最关键内容。产品结构或产品组合是现代企业不可避免的问题，根据企业产品定位的不同，可能服务于不同的生产方向，又或者是生产不同技术水平含量的产品、生产不同功能和用途的产品或生产多系列、多规格的不同品种的产品，这些不同的定位构成了企业产品的不同结构和组合。生产市场的竞争是由于市场中有相同的提供者、相同的产品和服务而形成替代竞争。如果企业提供的是无差异的标准产品，那么低成本就是企业追求的核心竞争力。但是，德国"异质多样化"的企业生产战略要求企业应对差异化需求，因此，需要提供类型多样且供给充沛的职业技能。由于德国属于工业国家，尤其以制造业而闻名于世，通常情况下，汽车或电器等产品是标准化耐用产品，这些产品在一定程度上可以使用标准化可互换的零件，而如机床领域的产品

[①] 大卫·霍夫曼. 现代营销之父——菲利普·科特勒营销精华 [M]. 乔木, 译. 北京：线装书局，2003：6-7.

则是时刻发生变化的特殊产品，德国工业在这两类产品市场都享有一定质量信誉。

"我们是生产机械设备的厂家，产品是生产金属电缆的设备，根据客户的需求每个产品都是唯一的。"

如同企业负责人所言，笔者在调研过程中发现德国企业的产品或工作任务除了质量要求高以外，其产品结构和任务本身还具备诸如订单定制、单件、小批量、非标准化、结构复杂、多样性、唯一性等特点。有些复杂产品技术含量高且具有技术独创性，需要多领域知识和技能的集成。而且，有些特殊行业中的特殊产品不仅本身技术含量高，同时也无法使用机械化和自动化来取代手工技艺。

"我们是钢铁重工企业，都是昂贵的大型零部件，即使是有在工业企业工作经验的人，来到我们的生产车间，也会震惊，因为处理这样的大型设备是需要很多经验的……"

因此，德国大多数产品以具备高价值、高技术等高附加值为主。即使是调研过程中的一家从事教学辅助产品开发和生产的中小型企业，其实际生产过程是在中国完成，而在德国的厂区工作人员主要负责产品开发设计，尽管如此，产品也具有种类多且涉及范围广的特点。这家从事教辅产品开发和生产的企业所培养的是从事媒体设计开发的专业人员。

"企业产品较特殊且涉及范围较广，覆盖了早教、幼教、小学直至中学的所有科目所需要的教学用具。"

以德国传统制造业企业为例，产品就是其企业的核心，作为工业及汽车行业的供应商，该企业能提供覆盖60个工业类行业及汽车制造业的约4万种成套产品，以及225 000余种的单件产品。面对种类如此繁多的产品目录及高标准的质量要求，企业将人员培训看作是可持续发展的重要因素之一。不仅如此，双元制职业中，还有一些职业性质是关系到生命安全和财产安全的。

"这不是一个重体力劳动的职业而是一个需要集中精力工作的职业，因为一个错误会导致死亡的后果。需要有基础的常识，因为电是非常危险的……"

一方面，产品和工作任务的技术水平也是重要因素。技术在企业中支配着产品及产品生产过程，不同的技术能使产品的使用价值归属于不同的市场。在生产过程中，当产品或工作任务的工艺复杂技术含量高时也就意味着本身价值高而处于生产链的顶端，这样一来，产品或工艺就不容易被模仿。另一方面，企业产品或工作任务的技术本身是静态要素，而想要将静态的技术变为动态的生产力，起决定性作用的就是技术技能人员。技术技能人员通过他的知识、技能和能力将工具、设备等人造物相互联结起来，产生真正意义上的生产或工作技术。也就是说，当不同的人操作工具、机器及设备等会产生不同的技术效果，所以说，企业中产品及工作的技术水平和企业的技术技能劳动者两者也是相辅相成不可分割的，企业也需要具备相应技术技能的工作人员。

虽然本书论证了参与学徒制的企业具备技术技能要求高等特征，但并不意味着只要产品技术技能要求高的企业就会参与学徒制，只能说，学徒制是相比较之下更具有经济性、更有效、更节省时间的技能形成方式，因为还有其他如分工、生产组织形式等因素制约企业的参与动力。

（二）分工精细度：企业更加强调工作完成的整体性

技术进步带来生产组织方式的变化并且和劳动分工共同发展，由于分工使劳动工具更加专门化，从这个角度来看，技术、劳动分工和生产组织形式关系密切。在工业化的进程中，彻底的分工是产业发达而高效的原因。在分工的过程中，劳动者的熟练程度因分工而提高，工作之间因连接交换而损失的时间减少，通过机械的协助能够简化和节省劳动量。操作的分工或劳动的分工以及在此基础上形成的固化可以使既定劳动时间内生产出更多的产品。

随着工业化进程的推进，机器大工业改变了工人的劳动过程。例如，在英国，印刷机出现之前，工厂中的学徒工是从简单的工作逐步过渡到复杂的工作，经过一段时期的学习后，成为熟练的印刷工人，但是随着印刷机的出现，工厂中产生两种工人，一种是看管机器的成年工人，另一种是把纸铺开送到机器上或取下印好的纸张的少年工人。[1] 把工作岗位分成有利于非熟练和半熟练工作人员操作的简单岗位，并通过技术改进机器制造的精确度降低对技能工作人员的依赖，使工人丧失了原本的手工业活动中的技能。生产的标准化和操作简单化的实质是劳动过程分工的进一步深化。在工厂手工业中，生产方式的变革以劳动力为起点，而在大工业中以劳动资料为起点，在工业化过程中劳动资料的转变是人们由掌握工具的使用转为掌握机器的使用。[2]

生产中的劳动分工把产品制造的整个过程划分为一道道工序由不同工人来完成，使作为个体的工人无须完成完整的生产过程，这种把劳动过程分解成各个组成部分的方式直到今天也是各行各业中常用的方法。当企业采用精细化分工来切割技术水平要求时，就不再需要学习完整的技术要求，而是将被切割的技术组合成完整的技术要求，这样一来，每个技术可以被切割成动作，从而缩短单个技能形成的周期。而且，劳动划分越细、操作越简单，越可能标准化操作或劳动过

---

[1] 马克思. 资本论：第一卷 [M]. 中共中央马克思恩格斯列宁斯大林著作编译局，译. 北京：人民出版社，2004：392-558.

[2] 马克思. 资本论：第一卷 [M]. 中共中央马克思恩格斯列宁斯大林著作编译局，译. 北京：人民出版社，2004：427.

程。这种精细分工需要大批量的条件支撑，通过分工节省劳动，通过专门化提高劳动效率。在产品生产中把制造的工作分成不同的过程，在这个过程中需要不同的技术和掌握这些不同技术的人，雇主可以通过劳动分割准确购买劳动过程中的技术和人力，如果整个工作过程由一个人完成，他必须有足够的技能水平完成每一步操作。将劳动过程的每个步骤变成简单、标准化的劳动可以脱离专业知识和技能，降低劳动者的学习时间成本，从而创造的是简单劳动的岗位。但是，在劳动过程中思考和动手的脱节，这种支离破碎的小部分分工导致工作的退化。

同时，泰勒制的科学管理将车间工作的各种需要依靠工人知识、技能或经验的生产过程进行实验，分割成多种操作组合，管理部门将知识、技能、经验变成规则和公式，让工人按照操作组合的指示进行工作。劳动过程和工人的技术被分离，思考性工作和执行性劳动分离。[1] 管理部门和工程技术人员把全部操作，一直到最细小的动作，都加以概念化，进行设计、测量，使其适合各种训练和作业标准。[2] 思考与动手的分离使得职业领域出现白领和蓝领的分别，使人们认为蓝领的工作无须用脑，而白领从事的是脑力劳动。而事实上，这种精细的分工不仅出现在生产类制造车间，办公室的工作也可以将其中的认知元素抽光。思考的过程被不断重复成为例行的规范，使得思考的价值被重复操作取代。[3]

在如今的社会发展中，职业工作的发展愈加专业化，这种专业化不仅表现在学术性工作的方面，更多地体现在实践性工作的方面。人们普遍认为科技决定着对人的能力要求，随着科技的不断发展，简单劳动被替代而对人们能力要求也就越来越高，因此人们需要越来越高的教育水平。但是，在德国的职业教育思想中，教育、技术和工作三者之间是互动的关系，并不存在谁被谁决定的简单关系。"社会需求"同"技术所带来的可能性"之间还存在一定的"设计空间"，可以进行人为的个性化设计。[4] 而德国企业中分工更加强调职业的整体性以及员工独立自主完成工作的能力，随着培训职业条例的修订和整合等，企业分工也发生着变化，但是并没有一味朝向精细化的方向发展。例如，过去以手动切削为主

---

[1] 哈里·布雷弗曼. 劳动与资本垄断——二十世纪中劳动的退化 [M]. 方生, 等译. 北京：商务印书馆, 1979：103-112.

[2] 哈里·布雷弗曼. 劳动与资本垄断——二十世纪中劳动的退化 [M]. 方生, 等译. 北京：商务印书馆, 1979：160.

[3] 哈里·布雷弗曼. 劳动与资本垄断——二十世纪中劳动的退化 [M]. 方生, 等译. 北京：商务印书馆, 1979：283-288.

[4] Heidegger, G. Gestaltungsorientierte Berufsbildung [A]//In Fischer, M. etal. (Hg.). Gestalten Statt Anpassen in Arbeit? Technik und Beruf [M]. Bielefeld：Bertelsmann, 2001：142-158. 转引自赵志群. 西方职业教育研究的路径与方向——劳耐尔《职业教育研究手册》读后 [J]. 北京大学教育评论, 2017, 15(2)：175-186.

要工作内容的钳工就不属于培训职业,而手动切削是其他诸如金属加工、工业机械工等职业中最基本的工作内容。可以说,分工精细并不符合德国"职业"的要求。

(三) 组织扁平度:企业倾向赋予基层员工更多的自主权

在德国企业的工作伦理和劳动保护中,重复僵化的生产及工作组织形式是不被工会所接受的,因此,德国企业更加趋于扁平化发展模式。在企业组织模式的发展过程中,大批量生产在 20 世纪 70 年代获得巨大的成功,而进入 90 年代后,发达国家竞争的重心则是通过创新缩短产品和生产过程周期以降低成本获取市场占有率。1984 年克恩(Kern)和舒曼(Schumann)公开发表著作《分工的结束》引起研究领域的广泛讨论。在职业教育学的著作中也逐渐形成相对统一的观点,即现代工作组织提出越来越复合的资格要求,除了工作岗位的专业活动还包括沟通交流、组织规划和协调等工作任务。克恩和舒曼提出"新的生产方案"通过人性化的组织工作、缩减企业等级制度、综合非生产的间接性工作来提高生产率。这个方案在 80 年代中期成为和日本精益生产相提并论的德国模式。①

"我们不是批量生产的企业,技术工作人员每天的工作是不一样的,因此他们需要很广泛的知识和技能……"

在 20 世纪 90 年代初,德国对于日本精益生产一直保持着理性思考的方式,通过理性去理解精益生产而不是盲目复制。麻省理工学院的研究成果使丰田生产体系成为现代生产体系的方向,但是,其中标准化生产及最佳实践方法和现代专业工作似乎相违背,特别是在汽车工业中的标准化生产体系。90 年代中期到末期,世界各大汽车企业陆续在精益生产的基础上提出各自的生产体系,从基本原则、手段到方法来看,每家汽车企业采用的体系均大同小异。

自 20 世纪 80 年代起,这种逐步脱离泰勒制的发展过程被学者们称为"从职能/职务导向转变为过程导向的企业工作组织"②。这种扁平式的企业等级制度以及随着垂直和水平分工方式的减少,把对于能力的要求直接赋予直接创造价值的工作过程中,由此而产生出多人共同参与的企业组织管理形式。也正是因为如此,对职业教育提出的挑战是要符合这样的企业经济运行方式,并在职业教育中

---

① Schumann, M., Baethge – Kinsky, V., Kuhlmann, M., Kurz, C. & Neumann, U. Zwischen Neuen Produktionskonzepten und Lean Production [J]. SOFI – Mitteilungen Nr. 21, G? ttingen, 1994 (21): 26 – 35.

② Baethge, M. & Schiersmann, C. Prozeßorientierte Weiterbildung – Perspektiven und Probleme eines neuen Paradigmas der Kompetenzentwicklung für die Arbeitswelt der Zukunft [A]//In Arbeitsgemeinschaft Betriebliche Weiterbildungsforschung e. V. (Hg.). Kompetenzentwicklung 98: Forschungsstand und Perspektiven [C]. Münster, 1998: 21.

进行应对。工作和学习相结合的学习形式需要提供双层面的基础设施保障，一方面是符合关于各领域的工作任务、技术、工作组织和资格要求的工作基础设施保障；另一方面还要满足关于学习的空间、时间、事物、人力等各类资源的设施保障。这样的学习虽然是和工作联系在一起的，但不是仅限于工作中经验相关的学习过程。在现代企业的学习中，积极的、参与的、过程导向的行动和学习代替了以往的线性和等级制控制下的思想和行为模式，特别是自主学习和经验学习在现代企业中占据越来越重要的位置。①

因此，合格的技术工作人员成为产业升级以及制造业创新突破的重要因素。图 5 - 6 显示的是两种不同的组织结构，在"金字塔"式的管理结构中，企业通过控制来进行管理，职位导向及泰勒制的科学管理模式下形成显著的等级制度。

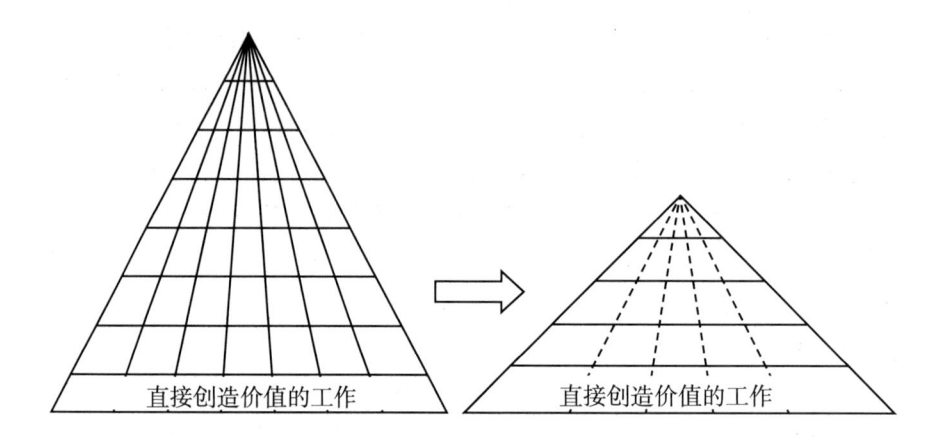

图 5 - 6 从职务导向转变为业务导向的组织结构

资料来源：Rauner, F. Kosten, Nutzen und Qualität der betrieblichen Ausbildung [A]//In Piening, D. & Rauner, F. （Hg.）. Innovative Berufsbildung – Auf die Attraktivität für Jungendliche und Unternehmen kommt es an! [C]. Berlin：LIT Verlag, 2008：60.

---

① Rauner, F. Kosten, Nutzen und Qualität der betrieblichen Ausbildung [A]//In Piening, D. & Rauner, F. （Hg.）. Innovative Berufsbildung – Auf die Attraktivität für Jungendliche und Unternehmen kommt es an! [C]. Berlin：LIT Verlag, 2008：60 - 62.

这类企业中员工职业能力水平较低且不具备系统性的能力资格，按照命令执行工作并通过上级部门的检查控制工作质量。而相反在扁平式的管理结构中企业通过参与来进行管理，工作组织以业务为导向且管理趋于扁平化。员工需要具备参与创造能力及积极工作的态度，有责任心、责任感以及充分自主的质量意识，工作人员要对自己的工作承担相应的责任。[①]

如果说将直接创造价值的工作尽可能地扩大是企业增强竞争力的途径，那么从事一线生产创造企业价值的专业工人在企业中越来越重要。对于这些技术工人的要求将不仅停留于按照要求完成自己的工作，而是要求他们在工作中积极参与生产，独立自主完成生产，并且了解企业整个生产流程和质量品质的要求，在工作过程中不断提出改善意见和建议。学习型企业就是采用以企业业务过程为导向的组织结构，以最少的成本和最快的速度来满足客户需求，所需要的开发时间减少，进入市场的时间缩短，实现以相同的或更低的价格创造更高的产量。[②] 企业组织结构的发展和职业世界的变化对职业教育的要求从培养适应变化的学习者转而成为培养参与创造职业世界的合格技术人员。

二、中国企业内部控制性动力的表现形式

从技能密度、分工精细度和组织扁平度来看，我国企业在内部控制性动力方面的表现形式更为突出的是对于技能密度的不同要求、劳动分工的精细化和科层制的组织管理模式。

（一）技能密度跨度大：不同企业间技能需求存在较大差异

在笔者调研的企业中，仅就产品而言，既包括技术含量及要求极高的特殊行业产品，也包括产品单一，但是供货量极大的企业。而且从问卷数据统计来看，在对我国现代学徒制试点院校的合作企业调研过程中，我国企业的人力资源需求情况则更为复杂。在新员工入职培训时间中，1个月和3个月以内的入职培训时间达73.47%，也就是说绝大多数的企业入职培训在3个月以内，1个月以内的比例甚至达到44.22%，将近半数，说明劳动力倾向分层为不同的技能水平，如表5-10所示。

---

①② Rauner, F. Kosten, Nutzen und Qualität der betrieblichen Ausbildung [A]//In Piening, D. & Rauner, F. (Hg.). Innovative Berufsbildung – Auf die Attraktivität für Jungendliche und Unternehmen kommt es an![C]. Berlin: LIT Verlag, 2008: 60.

表5-10　　　　　　　　我国企业新员工入职培训时间

培训时间	频次	占比（%）
1个月及以内	65	44.22
3个月及以内	43	29.25
3~6个月	24	16.33
6个月以上	15	10.20

资料来源：作者根据问卷调查结果统计整理。

从对我国企业进行的问卷调查来看，超过50%的企业选择一线员工的入职培训时间在1个月之内。在笔者访谈中也有个别企业被剔除出访谈样本，但是，他们的表述也证实了问卷中入职培训时间短的现象，这些企业提到，甚至有一线员工入职培训仅仅需要3天，最多1个星期。和企业对职业学校实习学生以及企业员工技能水平要求相比，企业更看重的是传达劳动安全方面的知识，让实习学生及员工严格遵守安全事项，避免生产事故的发生。

"我们是要培训，理论培训完了到车间培训，让他们站在那里看操作流程，最起码在一个礼拜之内是不能让他们动机器设备的。如果看流程基本上看懂了，就让他们去模拟操作。模拟是在师傅带动下模拟操作。没有特别技能型的要求。我们的产品传统意义上来讲是比较低端的，所以没有什么技能的要求。"

但是同时，我国也具有相当规模的、技能密度大的企业。例如，由于企业产品不是大批量、流水线生产的产品，而是数量少且需要进行研制的特殊及不规则产品，这些产品对员工的技术技能水平、学习意识以及积极的工作态度有较高的要求。在企业实际生产操作中，各类产品最终都是技术工人依靠双手完成的，机器是没有办法替代手工技能的。而且从产品设计开始，设计人员就必须不断和技术工人进行人性化的沟通，因为从事设计的人员往往并不知道在生产过程中设计所存在的不合理现象。

"技能人员是保证我们科研生产的重要中坚力量，因为我们的产品比较特殊，从这个角度来说，它不是大批量的，不像汽车呀，不像其他的电子行业它是流水线的，那这样的企业对技能人员的技能要求基本是没有的，基本上就是流水线工人，就拧一个螺帽，或拧一个螺钉，完全机械化的，但是我们所从事的产品它都是小批量研制的，是需要一个技能人员有高超的技能水平和具有极强的责任意识，来支撑这个产业的发展。我们的产品是在设计的基础上，通过技能工人的双手做出来，各类产品是他们靠智慧攻克许多问题，解决了许多问题，最终用双手做出来的。而且我们的产品不敢让学生轻易尝试，一旦报废，损失惨重，他们得至少两年才能上我们的产品线。比如数控铣，经过培养的孩子他会编程，他会编复杂产品的程序,他对复杂产品精度的把握,包括技巧都能掌握。他会自己设计工艺,一般学生连编程都不会,必须一点一点重新教他,要1~2年才能上手,培养的周期是很长的。"

所以,从技能密度来看,在我国不同类型的企业中需求也是不同的,一些企业生产中没有什么技能要求,而同时也存在技能密度大的企业。因此企业产品和生产,对企业员工提出不同要求,自然也就对职业教育或内部培训提出不同要求。

(二) 劳动分工日趋精细:降低技能依赖实现高效率生产

在我国大多数企业的观念中,之所以细化劳动分工,正是保证产品质量的有效手段,因为,当工作中分工被细化之后,工人不但容易掌握而且能够很快熟练,在自己岗位上熟练地工作能保证企业的产品质量。一定程度上,我们可以认为是生产过程塑造了劳动者,同时,也塑造了企业对劳动者的需求层次。在工作过程中将员工的劳动分工进行细化,很多在企业中实习的职业学校学生虽然经历了企业几个不同岗位的工作,但是学生却并不知道这些岗位之间存在怎样的联系。而且学生对于企业也并不存在认同感,对于职业也没有认同感,只看作是谋生的手段而已。

"原来分八级工人,八级师傅是大师傅。后来分成辅助工人、一般工人、技术工人。现在老八级变成新五级,初级工、中级工、高级工、技师、高级技师,行业内部设置特级技师。"

汽车工业中的流水线生产是最具典型性的劳动分工精细化的代表。从生产和工作过程来看,无论是组装车间还是冲压车间等,每个生产车间的工作过程都被分为很多工段,每个工段包括几十个甚至上百个工作岗位。因此,企业人力资源负责人认为仅在一个工段,学徒轮岗学习的空间就已经很大。例如,某工段完整流水线有150个不同的工位,每个工位包括8个操作动作,也就是说,这条流水线有150个工人,他们是一个团队,可以完成汽车诸如内部装饰安装的全部工作。每个工人既要对自己的8个动作负责,也要去监督前一道工序的质量并接受下一道工序中同事的质量监督。当然,在这150个工位中的某个工位上会有专门负责质量检查的团队工作人员同时进行检查,而且在这条生产线结束时还会有检查小组工作人员进行最终质量检查。

汽车企业的员工在自己工位上的工作职责是及时、准确地完成8个动作,也许过一段时间会再换到另一个工位去完成另外8个动作,这样的轮岗行为是在本车间内部进行的,不会进入其他生产车间。因为,在生产过程中流水线很长,每条流水线的工位很多,一个工段是一条流水线。企业负责人提到,流水线工人虽然在每个岗位就只有 8 个动作,但是他们需要面对不同的车型,因此,学徒或工人需要识别并记住不同车型的动作区别等,整体工作内容是足够丰富的。而且,学徒每个月完成该岗位工作的学习之后需要进行考试,学习是有压力的。考试包括理论考试和该岗位的 8 个操作动作,理论考试是诸如汽车构造原理以及工艺流程或工作原理等内容。而当工人在工作两年之后达到三级技术水平,就要继续去学习如何带徒的课程,课程内容就是学徒或新员工进入车间,如何教会他们工作岗位的 8 个动作。

而由于未来我国可能出现的人员流动常态化,企业不得不对技术技能进行分类,对操作人员进行分类,将一部分人员作为重点培养对象,而对另一部分操作人员则通过劳动分工的细化、岗位的细分而形成技能的快速培养机制。

"现在基本上都是外地的孩子,在将来一定的时间内,后续人员的流动成为一种常态。所以,只能采用快速的培养机制,以前技能人员的成长是师傅带徒弟磨出来的,一点一点培养的,以后就是快速成长,就是师傅通过比较短的时间,然后通过工种、岗位之间的细分,把它分为哪些是需要绝技绝活儿的,哪些是需要基本的操作的,把它分类,岗位的层级化,从事基本操作的工人就能让其快速成长了,还有一些就重点重金培养。"

再以我国某装备企业为例,从笔者在调研中所获得的油漆包装车间的工艺员岗位说明(见表 5 – 11)来看,车间工艺员的职责共包括六个部分,主要集中在生产前技术准备、生产现场技术服务、处理质量问题、办理技术单据、开展技术创新以及其他工作任务。其中工作职责二的第一条规定,"对一线操作者生产过程中出现的技术问题给予技术支持",也就是说车间工艺员和一线操作者是不同的工作岗位,工艺员和生产操作者各自分工不同,共同配合完成同一产品或工件的生产,这样的分工也是调研中大部分企业的做法。然而,如果换个角度思考这种分工的话,本质上也是哈里·布雷弗曼在劳动过程理论中所提到的概念和执行的分离。

表 5 – 11 ××企业油漆车间职责范围

职责表述	具体内容	频次
职责一:负责生产前技术准备	查看生产作业计划,认真研究与之相关的设计、工艺等技术文件	日常
	对结构复杂零部件的生产工艺路线及加工过程中的重点、难点等进行研究	日常
	对存在的技术问题及时向领导汇报,向工艺部、设计部反馈技术文件中存在的问题,共同研究及时解决	日常
	对本车间所使用的工装工具进行检查,确认是否能满足生产需要	日常

续表

职责表述	具体内容	频次
职责二：车间生产现场技术服务	对生产现场进行巡视、对一线操作者生产过程中出现的技术问题给予技术支持	日常
	对重点产品、重要部件进行技术跟踪服务	日常
	监督车间工人严格遵守工艺操作规程	日常
	对出现或可能出现的技术问题，与相关部门进行沟通解决	日常
职责三：处理车间内发生的各种质量问题	参加车间召开的质量例会	1次/月
	对车间的质量问题进行收集、整理并分类	日常
	分析问题根本原因并制定改进措施	日常
	定期向设计部、工艺部反馈生产中存在的技术问题，并要求其改进	1次/月
职责四：办理生产过程中相关技术单据	负责车间评审的办理	日常
	负责现场问题记录单的办理	日常
	负责设计、工艺等部门联系单的下发、登记和执行	日常
	负责车间内零部件返修单的填写、下发和执行	日常
职责五：开展车间技术创新工作	进行新工艺方法的创新，新型生产方式、方法的采用和推广	不定期
	进行废旧工装改进，开展新工艺工装的研制	不定期
职责六：完成上级领导交办的其他工作任务	—	不定期

资料来源：作者根据调研资料整理。

不仅是生产型企业，在服务业中也同样呈现精细化分工的形态。例如，某广播广告企业的销售职位招聘时，应聘者是否具有专业知识或者具有怎样的专业知识并不是企业的重点，因为刚刚入职的销售人员的工作任务仅仅是通过各种方式寻找有意向的客户，进行初步接触，一旦客户同意进行下一步的交谈和商榷，那么，将由销售人员的主管或领导出面进行沟通，后续事宜则交给策划部门出具方案等。这样细致的分工使得企业并不需要在员工培训上投入资金，员工的学习基本上依靠个人领悟，因此可想而知员工获得的报酬也是很低的。企业本身劳动分工的细化以及相对固定，使员工并没有掌握整个生产或服务过程的迫切需求，也是企业在招聘员工时不需要经过长期培训的原因。

（三）组织结构科层化：基层员工工作自主权利较弱

在我国的企业组织结构中，一线员工通常是无法独立工作的。例如，在某企业工作多年的技术技能专家指出，因为该企业各方面硬件条件比较好而且很规范，所有工具设备等一应俱全，能有助于实习生或员工的工作，但是如果他们以后进入其他单位，在工具设备条件不具备或零件工具改变等情况下，也许就没办法胜任其他企业的工作，更胜任不了复杂产品的加工。在生产车间中大部分工人是半熟练工，技术性较强的工作由有经验的技术工人或技师等来完成，检测或质量管理则由上过大学专科或本科的人完成，这样的分工形式使得扁平化的生产组织方式很难实施。而且由于企业的特殊性质，产品质量要求很高，在不同的生产工序中都配备质量检验员以承担质量监督任务。

同样，在类似汽车行业这样流水线的工作讲究标准化生产的企业中，每个工作岗位的操作都有标准化的规定。虽然说企业在标准化操作中也鼓励和要求员工对自己所在工位的工作提出建设性改进意见，例如，工作环境、工作技术或者日常工作所使用的工具设备等各个方面，去改善这个工位的工作条件。而且对于工作质量保障，一方面是培训对质量要求的把控，学徒必须通过考核才能完成培训。另一方面，生产操作和质量检查还是分属于不同层次的工作，由汽车行业中的质量检查团队完成。在一条生产线上会有多个需要进行质量检查的地方，在整个生产线完工的末端还会有完整的质量检测。在每个流水线上的员工在接受前面一道工序所完成产品的时候，首先要检查前面的工序是否已经全部完成，其次要进行质量评定及检查是否存在问题，最后判断自己的工位是否能完成和解决问题，如果不是自己岗位所能解决的问题，则要将工序单贴好后交给下一道工序去解决。

从员工职业生涯发展来看，企业有完整的升职考核要求。学徒接受过培训并完成考试后正式成为企业工人。我国的大型企业工人通常有两条发展通道，一条是管理岗路径，另一条是技术岗路径。如果员工愿意从事管理工作而自身又具备管理潜质，则可以选择管理岗路径，从班组长到工段长，这样一步一步晋升。通俗而言，班组长必须能完成这个班组全部工位的工作才能胜任，同理，工段长则是需要能完成整个工段的工作。技术岗路径则主要是通过考取内部等级证书来进行认证，每一步晋升都有相应的培训和考试。而且有些企业明文规定，如果员工工作年满两年则必须达到某个级别的技术水平要求，例如，技术工人三级要求，所以说，在大型企业集团员工也需要持续不断学习。

虽然在本书案例中提到的国有企业是一家现代企业，也拥有先进的、现代管理理念和管理经验。但是，企业的生产或工作方式带有明显的泰勒制及科层制特征，即岗位设置细、逐层管理、依靠质量监督部门进行质量监督。因为分工很细，所以从本质来看，员工实际上在工作中也是在重复某些操作动作。在大批量生产的行业和企业中，按部就班、各司其职，用程序化的固定规则造就"铁打的营盘流水的兵",使企业管理中减少对"人"本身的依赖。员工缺乏独立工作的意识和能力,通常情况下不需要独立解决工作中的问题。当人员供给充沛的时候,个体在整个生产全过程的自主能动性相较于统一、便捷的管理易被企业轻视。

三、中德企业内部控制性动力的差异表征及成因

这部分内容将着重对比我国和德国企业在内部控制性动力技能密度、分工精细度和组织扁平度方面的异同,而这三方面动力因素彼此之间又有很强的相互关系。技能密度通过产品来体现,劳动分工和组织形式具有很强的关联性。中德企业内部控制性动力的现实表征对比如表 5-12 所示。

表 5-12 技能密度、分工精细度和组织扁平度的中德企业差异对比

企业参与职业教育现代学徒制的内部控制性动力技能密度、分工精细度和组织扁平度	
中国	德国
产品附加值普遍偏低 兼具复杂化多样化产品 劳动分工分割细致 用细致的分工降低技术技能的难度 尽可能降低对技术工人/技师等的依赖 工作组织形式极端化 生产/工作组织形式趋于科层制	产品附加值普遍偏高 产品呈现复杂化多样化趋势 劳动/工作范围广泛 生产/工作组织形式趋于扁平化

我国企业由于产品附加值普遍偏低在竞争中处于弱势地位,虽然不乏有产品技术技能要求高的企业,但是这些企业通过极致的分工,无形中降低技术技能的难度,从而尽可能降低对技术技能的依赖,对于职业教育现代学徒制而言,只要有足够的人员供给,能通过分工降低技术技能要求,也就降低了学徒制的迫切性。而对比之下,德国企业产品附加值普遍偏高、劳动及工作范围更加广泛且强调整体性,工作组织趋于扁平化,赋予一线技术人员更多参与的权利。

(一) 中德两国企业发展战略和阶段不同

对于企业产品而言,正常情况是从低端产品开始逐步向高端产品发展,但是,我国很多地区却仅仅是在增加劳动密集型的类型,例如,从服装生产开始,逐渐增加了计算机组装、手机组装甚至汽车组装,即使生产的产品不断变化,但

是，我国企业的产品附加值并没有发生变化。而事实上，高科技和低科技的区别不在于企业做什么产品而在于企业怎么做这些产品①，所以到目前为止，我国整体制造业依然是劳动力密集的发展模式。从理论上说，如果企业处于一个劳动力无限大的环境，可以从劳动力密集的产业中获得利润，也就是说，劳动力很便宜的时候，企业对于技术创新没有必然的动力，只有当劳动力稀缺的时候，企业才会希望通过技术创新降低劳动力成本。而且，在统一的市场中，当产品品质和结构差别不大的时候，营销能力能增加竞争中的相对优势，如果企业战略重心从生产转移到市场，那么，企业重点则是依靠营销掌控消费者心智。

从企业产品类型来看，以新中国成立后的国有企业北京电子管厂为例，在20世纪50~70年代，其主要产品是诸如广播发射机、导弹、卫星等大型复杂系统的核心电子元件，而在90年代，核心产品却下降成为核心元器件的零部件，也就是说北京电子管厂的核心技术含量在降低。② 究其原因，和我国改革开放之后以引进西方先进技术的产业发展决策有关，当我们认真关注以市场换技术的发展模式时，可以发现这样的技术引进模式基本上始于终端产品环节，需要持续不断引进上游技术进行产品的技术匹配，而在这个过程中并没有核心技术研发的进入。

而新技术从开发形成及应用于产品，再到可以形成产业之间还有很长的距离，只有解决了从产品研发、工艺设计，到设备制造等过程中的一系列问题，才有可能最后实现从样本到大规模的批量生产从而产生经济效益。而且，不同行业具有不同的行业产品开发特点，在半导体工业中新产品开发的同时就是新工艺的开发，为新产品开发所需要的试验只有在与生产同一地点和完全真实的运行条件下进行才是有效的，因此，在这个行业中技术进步和产品创新离不开对新生产设施的投资。我国液晶显示、半导体工业的发展史上也证明了，核心技术的掌握需要与之相匹配的产业并且需要不断积累这一事实。③ 具有核心技术的产品才能具有市场竞争力。

我国是发展中国家，企业最初多以市场跟随者的身份进入某个行业，国内并没有形成绝对竞争优势。同时，国内和国际产品市场的激烈竞争、需求转移、成本增加、外汇波动等因素更加剧竞争的残酷，也会迫使企业为了生存和发展而寻求合理化的产品创新。能源和自然资源的短缺以及生态资源的有限性导致自20世纪70年代起，能源及原材料价格上涨，迫使企业节约能源，寻找技术替代或减少非盈利的生产。在原材料和人力成本上涨的情况下，生产率提升是劳动者国

---

① 黄亚生．"中国模式"到底有多独特？[M]．北京：中信出版社，2011：104．
② 路风．光变——一个企业及其工业史[M]．北京：当代中国出版社，2016：76-77．
③ 路风．光变——一个企业及其工业史[M]．北京：当代中国出版社，2016：130．

民收入提升且企业产品市场保持国际竞争力的前提条件。我国企业家已经认识到成本领先是用规模经济降低产品的平均成本,就是说价格低而质量相同而获得的竞争优势,在未来竞争中可能不能长久持续。而且,如果以牺牲质量为代价偷工减料利用顾客的信息不对称则是恶意价格战,这种状态的竞争并不是真正的竞争优势。[1] 所以说,在产品上获得真正的优势同样离不开核心技术的竞争力。

(二) 中德两国企业所处的市场环境存在差异

如同调研中的汽车企业人力资源负责人所介绍的,将工作岗位细化为 8 个操作动作,既能缩短工人的学习时间,又能通过不断重复动作而成为熟练工。员工只需要掌握 2~3 个这样的工作岗位就可以胜任企业的工作,并在今后的工作中慢慢学习其他岗位工作任务。汽车制造可以说也是德国的支柱产业,在德国汽车生产流水线上,和我国一样,很多操作已经被机械手取代,仅有一些机械手无法取代的工作由工人来完成。但是,和我国最大的区别是,工人在学徒期间需要完成的是培训职业的完整学习,而不是某个或者某几个工作岗位的学习。并且,德国现在甚至没有车床工、铣床工、钳工这样的工种分类,例如,工业机械工就是一个需要掌握这些工种所需要的所有技能的职业。

人口密度是分工的前提,分工合作的程度受市场规模的限制,当参与市场交易的人数越多,市场规模越大的时候越容易实现分工的精细化。随着交通运输及信息技术的快速发展,全球化的市场竞争形成全球化的分工体系,彻底的劳动分工是规模化经济中提高生产率的方法。我国的人口规模是市场规模和经济规模的基础。分工到极致的企业需要更大规模的生产能力和同样大规模的需求市场,这个时候规模本身可以变成一种能力,市场广阔度决定了分工的细致程度。随着全球化的推进,全球生产供应链中分工可能越来越细,甚至超出原本局限于某个企业内部的分工,与这种彻底的分工更加匹配的是泰勒制的分层管控体系。对于职业教育现代学徒制而言,当企业劳动力充足时,当劳动分工到极其细微时,自然降低了企业将劳动力资源作为人力资本投资的意愿。

在对企业的访谈中,企业强调一线工人就是从事简单专业活动的半熟练工人,这样的需求层次占被访谈企业的大多数,而拥有解决问题能力的技术工人,企业的需求量要小很多,因为在中国企业中,通过压缩成本来获得企业利润的仍然占大多数,而人力成本往往占据企业支出的重要部分。所以,制造业企业更倾向于投资固定资本,并不断减低劳动力成本人力资本投资往往在没有其他选择的情况下才会进行。因此,严格的标准化生产流程以及精确的分工是大部分企业选

---

[1] 邓地,万中兴. 专注——解读中国隐形冠军企业 [M]. 杭州:浙江人民出版社,2006:119.

择的生产方式。

虽然高价值、高技术等产品特点在我国的调研中也遇到过。例如，由于我国汽车行业发展规模壮大，作为汽车供应商的某模具企业所需储备人员数量庞大，而模具行业技术性及产品个性化强，从业人员至少需要 2~3 年的学习期。企业就认为通过和职业院校合作现代学徒制可以在学习过程中使企业和学生相互了解、相互选择，并且可以有针对性地进行培养。但是，大部分的情况是，如同书中已经叙述过的，我国企业采用的方式是将劳动分工尽可能地细化，以降低产品或工作任务的要求，采用少量技术工人或技师带半熟练工人的方式进行生产工作，尽可能减少工作对人的依赖，或者说，减少需要依赖的技术工人或技师的数量。而且，我国劳动力流失率高，劳动力成本迅速增长等问题也制约着本国及外来企业的发展，企业不得不权衡劳动力和生产设备的投资，随着产品的日益复杂和快速地更新换代，使得大规模投入固定生产设备不再具备经济性，企业需要考量的是机器和人员如何能够最佳配合以创造最大的价值。

在马克思的全面发展理论中分工是指以劳动分化为基础的社会职能的分化，而不是长期只从事一种职业，或在同一种职业中只从事一个工种的凝固的分工。然而，在社会产品还有没有达到足以满足个人发展的充分需求时，需要通过促进个人职业专门化来促进社会分工与生产机构内部分工的发展，通过个人生产能力的片面发展形成整个社会生产能力的全面发展。[①]

（三）中德企业发展模式与路径迥异

劳动分工和企业生产及工作组织形式的关系密切交织。人口规模也使精细化分工成为可能，使定岗工作成为可能。但是，对我国而言，精细化分工及定岗工作的现象和企业的生产组织模式有着紧密关系。如同前面已经论述过的，为了提高企业竞争力，企业需要扩大直接创造生产价值的部分，而减少"金字塔"式的垂直分工。但是，我国是更偏向于工作组织形式极端分化的国家，一方面由经过学术培训的人处理工作任务；另一方面由半熟练工人或非熟练工人执行工作任务。[②] 通过这种方式实现企业对工作过程的控制。我国企业虽然也认可扁平化的管理方式，但是，在实际运行过程中大部分企业所采用的劳动分工、质量管理等模式依然是更加便于管理的科层体制。对于我国企业而言，一线员工对工作指令的服从远远重要于主动参与和掌握控制生产过程。

---

① 陈桂生."教育学视界"辨析 [M]. 上海：华东师范大学出版社，1997：40-41.
② Lutz, B. Bildungssystem und Beschäftigungsstruktur in Deutschland und Frankreich [A]//In ISF München：Betrieb – Arbeitsmarkt – Qualifikation I [C]. Frankfurt am Main, 1976：83-151.

扁平化组织模式虽然被世界认可，但是，在我国企业的调研中非常突出的是，在企业实际的运行过程中，即使是大企业，在技能水平要求很高的行业中，虽然鼓励一线员工对生产和工作积极参与提出建议和改进方案，但是整体来看，精细化的分工和定岗工作都是非常普遍的现象，企业运行中依然带有浓重科层制的痕迹，通过层层质量监控体系控制工作过程，而且科层制管理模式是控制质量的方式。这和我国文化中的权力距离指数高有关系，在这样的文化中员工执行力强而主动性弱。因此，一线员工能够灵活胜任工作岗位职责不是当下企业认为最重要的要求。不同企业生产/工作组织形式的实质是对员工不同程度的依赖，从而，也对职业教育培训产生不同程度的依赖。随着现代企业的发展以及人们逐步提高的自我意识、环保意识、健康意识等要求，企业就会需要更有效率的人力资源政策，人们会追求更有质量的工作和生活，提高企业员工的独立自主工作意识，扩大直接创造生产价值区域的扁平化生产/工作组织模式将是更加具有企业竞争力的选择。

我国的国家战略中把制造业放在重要的地位，质量和创新成为国家支持和关注的焦点，政治经济的稳定发展是创新的基础。随着国家"中国制造2025"十年行动纲领的提出，中国制造业产业升级和变革的话题万众瞩目。"创新驱动"是行动纲领中最重要的一条方针，建立创新型企业乃至创新型国家成为我国各界发展的基本共识。创新和制造业的发展是共同成长的，美国学者曾提出当一个国家失去制造能力的同时也在失去创新能力，创新需要和生产车间相结合。[①] 因此，"中国制造2025"和创新能力的发展之间是相辅相成、互相促进的关系。一定程度上，企业选择的发展模式影响着制造业的创新能力的积累和发展。

改革开放的40多年中我国经历了计划经济向市场经济转型，在更加宏观的层面上，企业发展所选择的路径影响着其人力资源需求和培养方式。我国企业发展中无论民营企业还是国有企业，多数更倾向于美国化的组织发展模式。相较于德国制度化的"双元制"，美国对技工技能没有最低标准，对学徒制也没有任何管制的制度。[②] 美国的发展历史中，大量的外来移民保证了美国早期工业化时代对专业技术工人的需求，整个19世纪美国技术工人短缺严重，而政府组织的培训更多地关注于白领阶层却极少涉及一线工人的职业培训。因此，企业致力于通过对生产组织形式改造而降低对技术工人依赖，福特大批量生产以及后来形成的

---

① Gary P. Pisano，Willy C. Shih. 制造繁荣：美国为什么需要制造业复兴 [M]. 机械工业信息研究院战略与规划研究所，译. 北京：机械工业出版社，2014：24.

② Hansen, H. Caps and Gowns. Ph. D. Dissertation, Department of History, University of Wisconsin – Madison, Madison, 1997. 转引自凯瑟琳·西伦. 制度是如何演化的. 德国、英国、美国和日本的技能政治经济学 [M]. 王星，译. 上海：上海人民出版社，2010：158.

高度科层化的内部劳动力市场成为风靡世界的标杆。美国的市场规模也为标准化批量生产提供了可以实现的可能性。在技能形成的路径中，美国企业选择了对管理者进行系统化培训而对一线技术工人进行时间非常短的，甚至是 3~10 天的单个技能培训的路径。[①] 工人和管理层之间界限强化使得学生更加排斥接受职业教育。

我国也有相似之处，由于我国各地生产力发展呈现多层次不平衡的状态，各地区经济发展差异巨大，依然保持城乡二元经济结构。整体来看，庞大的市场规模使得大批量标准化生产具有可能性。市场需求的差异性使我国企业的发展呈现出多样性。企业及国家想要拥有真正的竞争力，那么企业的发展不能仅停留在扩大规模的层面，更重要的是要调整企业的结构。当一部分或者说一些群体有能力追求个性化需求的时候，原本仅限于功能性的需求可能延伸至质量需求、服务需求及审美需求，等等。例如，前面已经提到的标准化耐用产品如汽车和电器主要是批量生产方式，但是，现在柔性化批量生产在一些市场中逐步取代非柔性化批量生产，逐渐用提高产品价值导向来取代成本优先，突出了产品质量和创新能力而不是简单的生产规模。

第五节　本章小结

国家政策文件中多次出现促进企业参与职业教育方面的意见和规定，特别是 2017 年《国务院办公厅关于深化产教融合的若干意见》出台，明确提出"强化企业重要主体作用"，紧随其后，教育部等六部门联合颁布《职业学校校企合作促进办法》，国家越来越关注企业在职业教育中发挥的重要作用。而事实上，在我国以学校为主体的职业教育体系中，产教融合、校企合作已经成为基本办学模式。并且，在国家努力推进职业教育办学模式和人才培养模式的改革过程中，现代学徒制试点就是借鉴德国"双元制"职业教育培训经验，提升技术技能人才培养水平的重要形式。企业参与是实施职业教育现代学徒制的基础，而关于职业院校校企合作的已有研究显示，我国企业参与其中的积极性并不高。如何在职业教育现代学徒制构建过程中强化企业的重要作用成为关键问题。德国在传统手工业基础上形成的"双元制"职业教育培训是现代学徒制的典型代表，"双元制"培

[①] 凯瑟琳·西伦. 制度是如何演化的. 德国、英国、美国和日本的技能政治经济学 [M]. 王星, 译. 上海：上海人民出版社，2010：179.

训企业所积累的经验可以被我国借鉴。德国企业在什么条件下才会参与"双元制"职业教育培训？德国培训企业参与职业教育现代学徒制的动力因素有哪些？是如何生成的？这些动力因素在我国又是怎样的表现形式？本章以这些问题作为研究的重点内容，探究了德国"双元制"职业教育培训企业的参与动力因素及我国企业参与现代学徒制动力不足的原因。

　　企业参与职业教育现代学徒制主要受三种动力影响：行为结果性动力、社会性动力和内部控制性动力。首先，行为结果性动力是指企业通过参与职业教育现代学徒制而获得符合自身需求的合格专业人员，获得包括比较优势、质量优势和认同优势在内的培养效益。行为结果性动力因素是企业参与职业教育现代学徒制希望得到的预期结果。其次，社会性动力是企业所感受到的来自外界的、社会的压力，在本章中体现为外部劳动力市场对于合格专业人员的供给，企业年龄结构、人口出生率、员工流动情况、学生的升学愿望以及学习基础等对企业技能满足的影响。同时，社会中文化传统的影响也是不能忽略的，学徒制的历史传承和企业的社会责任感是企业参与职业教育现代学徒制的外部驱动力。最后，企业自身的技能密度、分工精细度和组织扁平度是企业参与职业教育现代学徒制的内部控制性动力。归根到底，这些企业内部的因素影响和决定着企业用工的数量和质量需求，进而影响着企业参与职业教育现代学徒制的动力。以上所有这些所陈述的各方面因素之间并不是独立的关系，而是彼此相互交织，共同作用于企业参与职业教育现代学徒制的动力。以理论和实证研究为基础，本章认为企业作为行为主体，其所选择的发展模式是人力资源战略的基础。打破职业教育培训和企业内部培训的壁垒，实现学生从学校到进入职业的过渡，既能体现职业教育现代学徒制的教育性，更能提高学生的学习质量和效率、职业院校的培养质量和效率以及企业的内部培训质量和效率。综上所述，本章在理论分析和实证数据的基础上，构建了企业参与职业教育现代学徒制的动力因素模型、对比了中德企业在这些因素方面的特征和差异，揭示了企业参与职业教育现代学徒制动力因素的因果关系。这些研究有助于剖析当前影响我国企业参与职业教育现代学徒制积极性的背后原因，有助于为我国职业教育现代学徒制在合作企业选择方面提供注意事项，同时，有助于为后续相关研究提供有益借鉴。最重要的是，在对企业参与职业教育现代学徒制动力因素中德对比的探索历程中，企业研究被纳入职业教育研究中，将有助于以企业角度思考职业教育的发展，从而实现企业在职业教育现代学徒制构建中的重要主体作用。

第六章

职业教育现代学徒制构建的制度设计

职业教育的优势,更具体地说,是现代学徒制对个人、雇主和整个社会的益处,已被许多国家广泛接受。我国自 2014 年启动现代学徒制试点以来,职业教育现代学徒制已成为教育改革的热点,引起社会广泛关注。但现代学徒制成功构建并不只是照搬别国经验那么简单,因为国际发展经验不断提醒我们,现代学徒制的成功离不开制度的设计,而这样的制度设计往往嵌套于特定的社会结构之中,这也就是为什么各国现代学徒制发展各有特色的重要原因。那么,我国现代学徒制的发展受哪些因素影响,又该有什么样的制度安排?有鉴于此,本章拟对中国情境下职业教育现代学徒制构建的制度设计展开研究。

第一节 制度与制度设计

制度是社会思想和理论中存在最为久远、使用频次最高的概念之一,并在理论研究的漫长历程中不断呈现出新的含义。也因如此,制度的概念及其组成问题是我们所面临的一个重大挑战。

一、制度的基本概念

制度的适当概念取决于分析的目的[①]。考虑到这一点，人们可以将制度宽泛地定义为社会共享的行为和（或）思想模式。但本书并不打算对过去的制度思想进行全面性的回顾，而是试图抓住和准确反映制度思想的丰富性与多样性的同时，注重其在当代的不断发展和创新，进而武断地将制度含义问题归入不同的学科进行分析。

（一）经济学中制度的含义

最早的制度主张出现于 19 世纪晚期的德国与奥地利。以古斯塔夫·施穆勒（Gustav Schmoller）为首的德国历史学派，对"经济学可以简化或还原为一系列普世法则"的传统教条提出了挑战，坚持认为，"经济过程"是在由文化与历史因素塑造的"社会框架中"展开的，对某一具体经济系统的洞察，须对其进行"历史的比较研究"，并呼吁经济学放弃过于简单的"经济人"假设，而使用更为现实的"人类行为模型"[②]。德国历史学派的很多思想与美国制度主义之间关系密切，大量后来成为社会科学学术领袖的学者在德国接触到的思想成为后来美国制度主义的重要主张，其中就包括"历史方法是政治经济学研究的基础""经济活动只是构成了一个发展中的社会有机体的一个方面"，反对从李嘉图式经济学推导出来的"自由放任政策"[③]。受其影响，凡勃伦（Veblen）坚持认为，个人的很多行为受习惯与惯例的支配，人们之间的习惯性关系"体现了某种制度的特征"，并随着"制度场景"的变化而改变，凡勃伦把制度界定为"人类普遍共有的、固定的习惯性思维方式"[④]。然而，习惯和行为有所不同，习惯是后天习得的倾向或能力，这种倾向或能力实际上可能表现在当前的行为中，也可能不表现在当前的行为中。如果我们养成一种习惯，我们不一定总是使用它。习惯是一种倾向，它是由适当的刺激或环境引发的，倾向于从事先前已经采用或习得的行

---

① Dequech, D. Institutions, Social Norms, and Decision-theoretic Norms [J]. Journal of Economic Behavior and Organization, 2009, 72（1）: 70-78.

② Scott, W. R. Institutions and Organizations: Ideas, Interests, and Identities (3rd Edition) [M]. Thousand Oaks: SAGE Publications, 2008: 2.

③ [美] 安妮·梅修. 制度主义的起源 [A]//马克·R. 图尔. 进化经济学（第一卷）：制度思想的基础 [M]. 杨怡爽, 译. 北京：商务印书馆, 2011: 40-41.

④ Veblen, T. The Limitations of Marginal Utility [J]. Journal of Political Economy, 1909, 17（9）: 620-636.

为或思想。习惯是制度的构成材料，但习惯要获得规则的地位，就必须获得一些固有的规范性内容，具有潜在的可编纂性，并且在群体中普遍存在。康芒斯（Commons）指出，有时一个制度似乎类似于一个建筑，一种法律和法规的框架就像房屋里的"居民"（inmates）那样，个人在这结构里活动；有时它似乎指的是居民自己的"行为"。① 这种观点的困境今天依然存在。例如，诺斯（North）将制度定义为"游戏规则"或者"人为设计的约束"，强调"居民"行为的发生来自"建筑"的约束。② 相比之下，凡勃伦将制度描述为常人共有的固定思维习惯，似乎不是从客观约束出发，而是从"居民本身"出发。然而，正如康芒斯和凡勃伦所暗示的那样，行为习惯与制度结构是相互交织、相辅相成的，需要对代理人和制度结构进行双重强调。在这种双重强调中，人们认识到制度本身是人类相互作用和愿望的结果，而不是由任何个人或团体有意识地设计每一个细节，既定制度先于任何个人。

新制度经济学是一个新的研究方向，因而人们对制度尚未提出已被普遍接受的定义并不令人奇怪。但即便如此，该方向对制度的定义仍然可以划分为两种方法：其一，制度可以定义为博弈规则；其二，制度被定义为博弈结果。③ 诺斯的定义属于第一种方法。在其看来，"制度是社会的游戏规则，或者更正式地说，是人为设计的约束，它们塑造了人类的互动"，但从概念上讲，"必须明确区分的是规则与参与者"。④ 规则的目的是定义游戏的玩法，如果说制度是游戏的规则，那么组织及其企业家就是参与者，组织是由一群人组成的，这些人为了达到某种目的而被某种共同的目的联系在一起。⑤ 诺斯合理地认为组织包括政党、公司、工会、学校、大学，等等。不过，如果参与者不能对他们所在领域的关键术语有共同的理解，那么任何科学领域都不可能有长足的进步。正是基于这样的体察，安德鲁·肖特（Andrew Schotter）明确地将社会制度视为行为的一系列标准，而不是游戏规则。在肖特看来，"社会制度"是由游戏规则所描述的某一特定游戏演化而来的另一种"行为均衡标准"（equilibrium standards of behavior）或"行为惯例"（conventions of behavior）。⑥ 显然，在肖特看来，制度是人们博弈中均衡选

---

① [美]康芒斯. 制度经济学 [M]. 于树生，译. 北京：商务印书馆，1962：86-87.

② North, D. C. Institutions, Institutional Change, and Economic Performance [M]. Cambridge：Cambridge University Press, 1990：3.

③ [德]斯蒂芬·沃依格特，制度经济学 [M]. 史世伟，等译. 北京：中国社会科学出版社，2016：8.

④ North, D. C. Institutions, Institutional Change, and Economic Performance [M]. Cambridge：Cambridge University Press, 1990：35.

⑤ North, D. C. Economic performance through time [J]. American Economic Review, 1994, 84 (3)：359-368.

⑥ Schotter, A. R. The Economic Theory of Social Institutions [M]. Cambridge：Cambridge University Press, 1981：155.

择的"标准"或"惯例",而不是博弈描述的内容,关心的是人们如何处理游戏规则,而不是规则是什么。当然,这种被社会系统内成员接受并经常发生的行为,"既可以自身实施,也可以由外部权威实施"①。与此相关,沃依格特（Stefan Voigt）与奥斯特罗姆（Elinor Ostrom）认为制度总是由两个部分组成:一方面是规则部分,即制度被定义为规则,基于此不断重复的互动行为得以结构化;另一方面是执法和制裁部分,即制度带有实施机制,对有违规则的行为实施制裁或威胁制裁。②

不可否认,为了解释个体行为,经济学家们一直在分析人类行为的约束因素。在传统意义上,除了自然规律以外,还受到预算约束。制度经济学的代表人物现在明确表示,"准则"和"禁令"会对个体行为作出引导,其中包括国家批准的禁令以及社会认可的准则和禁令。规范、传统、习俗和惯例对个体行为也可以起到法律类似的引导作用。不过,虽然正式规则（如法律）可能作为政治决策或司法判决的结果被一夜之间改变,但是与习俗、传统和行为准则相连接的非正式约束,在实际中并不受"经过筹划的政治"所左右③。也就是说,政治上促进增长和制度发展的实施,极有可能受到各个社会文化背景的制约。如果增长和发展既受"正式规则"又受"非正式规则"的影响,那么不但要对其影响分别进行分析,而且必须对"不同类型规则的关系"加以明确考虑,因为一般的假设是,正式规则实施的可能性最终依赖于它们与各个有效的非正式规则的兼容性。④

（二）社会学中制度的含义

可见,上述经济学观点中没有人将所有制度与制裁联系起来,也没有人将所有制度与社会规范等同起来。相反,许多新制度主义者在制度的概念中既包括社会规范（法律的或非正式的）,也包括自我执行的惯例或习俗。但许多社会学家把所有的制度都看作是社会规范,把自我约束的惯例排除在制度范畴之外。在社会学的奠基人当中,特别是在制度主义社会学的奠基人当中,迪尔凯姆（Durkheim）在他成熟的著作中强调了制度作为知识、信仰和道德权威体系的作用,这些体系是由制裁所支撑的。马克斯·韦伯（Max Weber）可能没有明确使

---

① Schotter, A. R. The Economic Theory of Social Institutions [M]. Cambridge：Cambridge University Press, 1981：11.

② Ostrom, E. An agenda for the study of institutions [J]. Public Choice, 1986, 48 (1)：3-25.

③ North, D. C. Institutions, Institutional Change, and Economic Performance [M]. Cambridge：Cambridge University Press, 1990：6.

④ Weingast, B. R. The Economic Role of Political Institutions：Market Preserving Federalism and Economic Development [J]. Journal of Law Economics and Organization, 1995, 11 (1)：1-31.

用制度的概念①，但是，正如在其他地方更详细地讨论的那样，他将惯例视为社会规范②。后来，塔尔科特·帕森斯（Talcott Parsons）把制度看作是一套规范标准和价值观的导向行为。就其本身而言，这并不意味着将制度视为社会规范，但对帕森斯来说，"一致性"（conformity）是社会规范内化的结果，而不是出于自身利益。在帕森斯看来，制度是通过某种社会控制机制调节社会行为的规范性规则。③

尽管社会学家将"制度"这一术语限制为具有规则地位的惯例，但正如迪马吉奥（DiMaggio）和鲍威尔（Powell）所认为的那样，在新制度主义社会学的案例中，"规范和相关'制裁'的地位存在一些分歧，或者可能是含糊不清"④。不过，至少在某种程度上，即使没有社会制裁的威胁，惯例仍然存在。这是因为，"在社会学中，将制度界定为'援引评价的规范性结构'（normative structures invoking evaluations）的观点已经被认为是'认知形成'［分类（categories）、典型化（typifications）、脚本（scripts）］的观点所取代，而认知结构包含着构成行为的本构理解"⑤。特别是在描述社会学的新制度主义时，迪马吉奥和鲍威尔认为，"制度的构成不是规范和价值，而是想当然的脚本、规则和分类"⑥。迪马吉奥这种对制度带有建构主义色彩的观点可以在彼得·伯格（Peter Berger）和托马斯·卢克曼（Thomas Luckmann）处找到关联，后者认为，制度对我们行为的影响"是制度化本身所固有的，先于或不限于为支持制度而专门设立的任何制裁机制"⑦。虽然这种"认知转向"有助于我们理解没有规范地位的制度，但规范与认知之间并不总是对立的。因此，虽然社会学家可能更注重道德的社会规范，但他们也提到过"认知规范"⑧。

---

① Scott, W. R. Institutions and Organizations: Ideas, Interests, and Identities (3rd Edition) [M]. Thousand Oaks: SAGE Publications, 2008: 13.

② Dequech, D. Cognition and Valuation: Some Similarities and Contrasts between Institutional Economics and the Economics of Conventions [J]. Journal of Economic Issues, 2005, 39 (2): 465-473.

③ Mantzavinos, C. Individuals, Institutions, and Markets [M]. Cambridge: Cambridge University Press, 2001: 83.

④ DiMaggio, P. & Powell, W. Introduction [A]//In W. Powell & P. DiMaggio (eds.). The New Institutionalism in Organizational Analysis [C]. Chicago: University of Chicago Press, 1991: 37.

⑤ DiMaggio, P. Culture and Economy [A]//In N. Smelser & R. Swedberg (eds.). The Handbook of Economic Sociology [C]. Princeton: Princeton University Press, 1994: 37.

⑥ DiMaggio, P. & Powell, W. Introduction [A]//In W. Powell & P. DiMaggio (eds.). The New Institutionalism in Organizational Analysis [C]. Chicago: University of Chicago Press, 1991: 15.

⑦ Berger, P. L. & Luckmann, T. The Social Construction of Reality: A Treatise in the Sociology of Knowledge [M]. New York: Doubleday Anchor, 1967: 55.

⑧ Zerubavel, E. Social Mindscapes: An Invitation to Cognitive Sociology [M]. Cambridge: Harvard University Press, 1997: 12.

上面的论述指出了制度化过程在社会学文献中的核心地位，社会学方法的制度研究，在某种程度上显示出更为关注在组织内构建价值和认知框架的过程，而并不十分在意其终结状态——预测制度及其内部个体行为在各种组织之间的差异。社会学制度主义在区分"制度"与"组织"之间遭遇了困难，没有清晰地界定什么构成了制度本身。不过，理查德·斯考特（W. R. Scott）还是试图给出一个关于制度构成的清晰界定，认为制度是包括"认知性""规范性""规制性"的结构和活动，这些因素为社会生活提供"稳定性"和"意义"。[①] 在这一概念中，制度是一个多层面的系统，它包含了符号系统、认知结构、规范规则以及通过和塑造社会行为进行的调节过程。斯考特对制度的界定虽然宽泛，但还是阐明了构成制度的基础要素。

二、制度设计的基础

从前面对制度概念的回顾中可以明显看出，不同的理论家对于制度的理解存在着重要的差异，最重要的争议集中在以下几个方面：一是对制度要素的强调各不相同；二是制度要素的载体不同；三是制度因素的层次不同。但不可否认，规制系统、规范系统和认知系统所有这些要素都已被社会理论家或其他人士认定为制度的重要组成部分。一种可能的方法是，如斯考特所认为的那样，将这些方面都视为以相互依赖和相互加强的方式，对一个强大的社会框架作出贡献。斯考特对制度包容式的界定确实很有价值，但将三个有些不同的概念组合在一起，确实难免招来非议。因而，通过区别几个组成部分并确定其不同的基本假设、机制和指标，无疑有利于这个综合概念的理解和发展。

（一）规制性基础

在最广泛的意义上，所有学者都强调制度的规制方面：制度约束和规制行为。支持这一支柱的学者的杰出之处在于他们对明确的规则制定、监控和批准活动的重视。在这个概念中，调节过程包括建立规则、检查或审查他人是否遵守规则的能力，并在必要时操纵制裁、奖励或惩罚，企图影响未来的行为。这些过程可以通过分散的、非正式的机制进行，涉及诸如羞辱或回避活动等民间方式，也可以高度正式化并分配给特定的行动者，如警察或法院。包括诺斯在内的经济学家尤其可能认为，制度主要依赖于规制性基础，这一点从上面诺斯以规则体系和

---

① Scott, W. R. Institutions and Organizations: Ideas, Interests, and Identities (3rd Edition) [M]. Thousand Oaks: SAGE Publications, 2008: 48.

执行机制为特征对制度进行概念化的过程中可以见得。这种强调可能部分源于其研究对象的特点。经济学家可能会把注意力集中在个人和企业在市场和其他竞争环境中的行为上，在这些环境中，不同的利益更为常见，因此，为了维护一个稳定的秩序，更需要明确规则和"裁判员"。经济学家把个人和组织看作是追求自身利益的工具和权宜之计。

武力、恐惧和权宜之计是管制支柱的核心要素，但它们受到规则存在的制约，无论这些规则是以非正式道德的形式还是以正式规则和法律的形式存在。正如韦伯（1968）所强调的那样，很少有统治者满足于仅仅依靠武力建立政权；所有这些都试图培养一种对其合法性的信仰。然而，这些信念可能相对肤浅，行为人只是承认规则体系的存在，承认规则的有效性，而不一定相信规则是公平或正当的。许多人承认由人民选举的政府所通过的法律的有效性，但不接受这些法律的正确性和适当性。[①] 当然，制度规制性要素的强调难免带来制度成本的增加，因为制度的规制性相对强调合约相关行为的准确监测，无论是隐性的还是显性的，所涉及的费用和困难，经济学家不能不考虑。

诚然，在某些情况下，有关各方可以相互监测和执行协定，但在许多情况下，有必要将执行机制置于一个期望以中立方式行事的第三方。因此，诺斯认为，由于最终第三方必须始终把国家作为胁迫的来源，制度理论也不可避免地要分析一个社会的政治结构以及这种政治结构提供有效执行框架的程度。[②] 但西达·斯考切波（Theda Skocpol）提醒我们注意可能出现的问题，认为国家会发展自己的利益，并且在某种程度上独立于其他社会行为者，既充当规则的制定者，也可能作为规则的裁判者和执行者。[③] 对制度的规制性方面的关注难免引起了人们对理性功能的兴趣，这种观点认为行动者具有理性追求的"自然"利益，强调个人是被工具激励着，并根据功利主义的成本效益逻辑作出选择。在规制性制度框架下，人们很难解释为什么会出现这样的制度，但一旦它们就位，它们就能毫不费力地解释为什么要遵守规则："从众"符合行为人的自身利益。从这个角度来看，"制度通过改变成本与收益的计算来影响行动者的行为"[④]。行动者可

---

① Dornbusch, S. M. & Scott, W. R. Evaluation and the Exercise of Authority [M]. San Francisco: Jossey-Bass, 1975: 38-40.

② North, D. C. Institutions, Institutional Change and Economic Performance [M]. Cambridge: Cambridge University Press, 1990: 64.

③ Skocpol, T. Bringing the State Back In: Strategies of Analysis in Current Research [A]//In B. E. Peter, R. Dietrich & T. Skocpol (eds.). Bringing the State Back In [C]. Cambridge: Cambridge University Press, 1985: 3-37.

④ Hechter, M., Karl-Dieter O. & Reinhard W. Social Institutions: Their Emergence, Maintenance, and Effects [M]. New York: Aldine de Gruyter, 1990: 4.

以通过计算奖励和惩罚便宜行事，无论这些奖励和惩罚来自其他个人、组织或国家。

（二）规范性基础

显然，一个由监督和制裁权力支持的稳定规则体系是各制度的主流观点之一，但制度还存在规范性维度。这里强调的是将规范性规则引入社会生活的规范性、评价性和强制性维度。规范体系包括价值规范和规范两个方面。价值是对首选或理想的概念，以及对现有结构或行为进行比较和评估的标准的构建。规范规定了事情应该怎样做，它们定义了追求有价值的目的的合法手段。规范系统使目标明确，但也指定适当的方法来实现它们。有些价值观和准则适用于集体的所有成员；另一些只适用于选定的行动者或职位。这种专门的价值和规范称为"角色"，即为特定个人或特定社会地位采取适当行动的概念。这些概念不是简单的预期或预测，而是对参与者应该做什么的规范性期望。在这种情况下，期望是由其他突出的行动者所持有的，因此作为外部压力是由重点行动者所经历的。而且，在不同程度上，它们被行为人内化了。伯格和卢克曼强调了制度角色的中心地位，认为"所有制度化的行为都涉及角色"，一旦行为人成为"角色执行者"（role performers）的典型，他们的行为实际上就容易受到强制执行的影响。[①] 角色可以正式出现，因为特定的位置被定义为承载特定的行为期望，或者非正式地出现，因为随着时间的推移，通过交互作用，差异化的期望发展为对行为的指导（to guide behavior）。[②]

规范性规则通常被认为是对社会行为的约束，事实也是如此。但与此同时，它们赋予社会行动以权力和能力。经由上文，大多数早期的社会学家都接受制度的规范性概念，这也许是因为社会学家倾向于把注意力集中在诸如亲属关系或宗教体系等更有可能存在共同信仰和价值观的制度上。在这个版本的制度中，我们开始远离理性行为的限制性定义。制度的规范性方法强调价值和规范性框架如何构成选择。理性行为总是以社会环境为基础，社会环境为特定目的规定了适当的手段；根据这些社会规则和行为准则，行为获得了合理性。这里的选择是由社会中介价值和规范框架构成的。行动者顺从，并不是因为它符合他们狭隘定义下的个人利益，而是因为它是对他们的期望，他们有义务这样做。马奇（March）和奥尔森（Olsen）对工具主义逻辑和适当性逻辑的区分有助于澄清制度的规范性

[①] Berger, P. L. & Luckmann, T. The Social Construction of Reality: A Treatise in the Sociology of Knowledge [M]. New York: Doubleday Anchor, 1967: 74.

[②] Scott, W. R. Institutions and Organizations: Ideas, Interests, and Identities (4th Edition) [M]. Thousand Oaks: SAGE Publications, 2014: 64.

概念和规制性概念之间的区别，并认为社会规范的重点是一种社会义务，"行为由规则驱动"，但行为是情境与职位要求的匹配，规则对角色关系的界定主要依据角色承担者之间应负的不同责任进行。① 当然，把行为看作是面向规则和受规则支配，并不是说行为是非理性的或无意识的。唐纳德·西林（Donald Searing）在相关研究中认为，强调角色和规则并不是将行动者视为社会习俗的奴隶，而可以将他们视为"适应制度规则的理性人"，角色可以被视为"在特定情境下人们所特有的目标、态度和行为的模式"。②

信奉制度规范概念的理论家强调社会信念和规范的稳定影响，这些信念和规范既内在化又由他人强加。在帕森斯等早期规范理论家看来，共同的规范和价值观被视为稳定社会秩序的基础。制度行为是受道德支配的行为。后来的制度主义者强调了一套不同文化规则的稳定作用：对社会现实的共同定义。这些观点得到了认知理论家的支持。

（三）认知性基础

关注制度的认知维度是社会学新制度主义的主要特征③。这些制度主义者非常重视人类存在的认知维度，认为认知是外部刺激世界和个体有机体反应之间的中介，是对世界象征性表征的一种内在化的集合。在认知范式中，个体所做的，在很大程度上，是该个体对其所处环境的一种"内在表征"。④ 社会科学家早就认识到符号系统和意义共享的重要性，但早期的研究，例如，符号互动主要是将这些问题内化和主观化。与新的文化研究成果相一致，社会学新制度理论中体现的一个重要变化是，它将符号系统和文化规则作为外在于个体行动者的客观实在来对待。每一种人类制度都是"意义的沉淀"，或者换句话说，是"意义以客观形式的结晶"。⑤ 尽管个人在日常生活中构建并不断地协商社会现实，但他们是在更广泛、更早存在的文化系统的背景下这样做的："象征框架"，被认为是客观

---

① March, J. G. & Olsen, J. P. Rediscovering Institutions: The Organizational Basis of Politics [M]. New York: Free Press, 1989: 23.

② Searing, D. D. Roles, Rules, and Rationality in the New Institutionalism [J]. American Political Science Review, 1991, 85（4）: 1239 - 1260.

③ DiMaggio, P. Constructing an Organizational Field as a Professional Project: U. S. Art Museums, 1920 - 1940 [A]//In W. Powell & P. DiMaggio (eds.). The New Institutionalism in Organizational Analysis [C]. Chicago: University of Chicago Press, 1991: 267 - 292.

④ Andrade, D. & Roy, G. Cultural Meaning Systems [A]//In R. A. Shweder & R. A. LeVine. Culture Theory: Essays on Mind, Self, and Emotion [C]. Cambridge: Cambridge University Press, 1984: 88.

⑤ Berger, P. L & Hansfried, K. Sociology Interpreted: An Essay on Method and Vocation [M]. New York: Doubleday Anchor, 1981: 31.

和外部的，并为日常活动提供方向和指导[1]。这与将人类视为积极行动者的看法完全不同。但必须要明确的是，虽然认知视角引导我们高度关注社会生活的象征性，但如果不同时关注与这些信念系统相关的活动，那将是一个错误，因为意义在互动中产生，并被人类行为所保留和修改。正如格尔茨（Geertz，1973）所认为的那样，把文化分析与它应有的对象、现实生活的非正式逻辑锁在一起，"行为必须得到关注"，而且"要有一定的准确性"，因为文化形式正是通过行为或更准确地说，是"通过社会行为的流动而得到表达"[2]。同样地，对于伯格和卢克曼来说，如果制度只在口头命名和实物中表现出来，那么它们就是"死的"，所有这些表象都失去了主观现实，"除非它们在实际人类行为中被不断地'赋予生命'"[3]。

与规制性观点不同，认知理论家坚持认为博弈不仅仅涉及规则和执行机制，它们还由社会建构的玩家组成，这些玩家具有不同的行动能力和角色扮演能力。这类过程虽然在博弈中最为明显，但并不局限于这些更为人为的场景。由于构成性规则是社会结构和生活的基础，它们往往被忽视。我们想当然地认为，每个人都有利益、权利和采取行动的能力，因而生活中也就自然存在着有观点和兴趣的"公民"、有学习能力的"学生"，以及有才干和不满的"雇员"。但是所有这些类型的行动者和许多其他类型的行动者都是社会结构，它们的存在都依赖于在交互中出现的构成性框架，这些构成性框架通过不断的交互得以维持和改变。对这种构成性过程存在的认识为许多社会行为提供了一种解释。当然，行动者的社会建构并不局限于个人，集体行动者同样是社会建构的，且形式多样。此外，认知框架也不像规范理论家那样，强调角色的力量，而是强调社会身份的重要性，即在既定环境下，关于我们是谁以及采取何种行动方式的概念对我们来说是有意义的。而且，认知理论家们并没有把注意力集中在规范的约束力上，而是指出了脚本的重要性：用于感知和选择有意义行为的指导方针[4]。

总之，规制性制度观，强调具有规制性作用的制度，关注焦点在于规制性规则；认知性制度观，强调构建性规则的重要性，关注焦点在于建构性图式；而规范性制度观，强调角色的力量，关注焦点在于约束性期待。上述制度理论为后续研究的推进提供了重要的理论依据。如何借助制度理论对现代学徒制进行体系架

---

[1] Gonos, G. Situation Versus Frame: The Interactionist and Structuralist Analysis of Everyday Life [J]. American Sociological Review, 1977, 42 (6): 854–867.

[2] Geertz, C. The Interpretation of Cultures [M]. New York: Basic Books, 1973: 17.

[3] Berger, P. L. & Luckmann, T. The Social Construction of Reality: A Treatise in the Sociology of Knowledge [M]. New York: Doubleday Anchor, 1967: 75.

[4] Lord, R. G. & Kernan, M. C. Scripts as Determinants of Purposeful Behavior in Organizations [J]. Academy of Management Review, 1987, 12 (2): 265–277.

构乃是本书的重中之重,但后者的开展又以前者为基础。也因如此,需要对研究的开展进行整体设计。

第二节　职业教育现代学徒制构建的实践进展

我国自 2014 年启动现代学徒制试点至今,已遴选出 560 家单位参与试点,范围覆盖全国不同区域和专业,并形成了一系列的本土化经验,而这些经验内容形塑了当前我国现代学徒制中"制"的本土化结构。

一、制度规则的理性安排

有意识的制度设计是制度规则形成的一个重要维度。因为,制度本身就是"社会博弈的规则",是"人为设计的对人们之间互动关系的约束"[1]。制度并不会在人们有需要的时候自动出现,而必须被创设出来。并且,为了应对那些没有"预定"方案但又重复发生的问题,行动者需要对制度进行精心地制定[2]。基于上述洞识,政府及教育主管部门在理性指导下对现代学徒制的制度规则进行了设计。当然,设想与结果之间虽存在着某种因果联系,但这样的联系往往因为时空差距的存在而变得并不十分明显,对制度文本有选择地分析可一定程度上弥补这一缺陷。为了更好地说明问题,在制度的选择上本书进行了一定的比较和区分,主要包括国家出台的正式文件、省级行政部门正式发布的"试点工作实施方案"或"实施意见",以及首批试点单位制定的部分相关制度规则。

(一) 国家层面的制度安排

为创造更大人才红利,党中央、国务院对我国职业教育现代发展问题作出重大战略部署,并在《国务院关于加快发展现代职业教育的决定》(以下简称《决定》)中提出,开展"现代学徒制试点",推进"校企一体化育人"。为进一步推进和落实试点工作,促成校企一体化育人,国家层面进行了一系列相关制度的安

---

[1] 道格拉斯·C. 诺思. 制度、制度变迁与经济绩效 [M]. 杭行, 译. 上海: 格致出版社, 2014: 55 - 56, 3.
[2] W. 理查德·斯科特. 制度与组织——思想观念与物质利益 [M]. 姚伟, 王黎芳, 译. 北京: 中国人民大学出版社, 2010: 58, 113 - 114, 106.

排。其中，2014 年教育部印发的《教育部关于开展现代学徒制试点工作的意见》（以下简称《意见》），对我国现代学徒制试点以及中国特色现代学徒制度的构建提出了具体要求和相应的安排，这也成为我国现代学徒制试点工作具体实施以及相关制度规则设计的主要参照。

1. 制度背景

当然，《意见》的提出除了是对《决定》内容的贯彻和落实，其具体内容的设计与成文受复杂外部环境的影响。首先，产业发展对职业教育提出新的要求。我国产业发展经历了改革开放多年来的经验和教训洗礼，正处于结构调整升级的重要时期，普通公民个体自身劳动技能水平的全面提高是加快升级换代"中国模式"的核心命题①。但传统职业教育发展中存在的产教分离、培训低质等沉疴痼疾亟待"自我革命"。其次，中共十八届三中全会以来，职业教育治理体系和治理能力的"现代性"建构，在治理方式上要求多元主体参与，重点解决好政府与企业、职业院校间，以及政府与市场之间的相应关系。最后，从职业教育内在发展来看，此时的职业教育已基本完成规模发展期，正寻求内涵式发展，对职业教育人才培养质量的关注度极高。但企业参与度不高、"双师型"教师缺乏等问题仍然没有实质性改善，严重影响职业教育的质量。正是在这样的背景下，新一届中央政府提出，将"现代学徒制"作为推进职业教育人才培养模式创新的重要内容，试点运行。为了规范运行秩序，由教育部起草并以正式文件的形式提出试点意见，并相继发布了《关于开展现代学徒制试点工作的通知》和《教育部办公厅关于公布首批现代学徒制试点单位的通知》，进一步推进试点工作的开展。

2. 规则与结构

从内容上看，《意见》共五个部分、十三条。主要是在充分认识试点工作意义的基础上，明确试点工作的整体要求，重点在三个方面提出试点意见：一是把握试点工作内涵；二是工作如何推进；三是保障机制的完善（具体内容如表 6 - 1 所示）。从行文结构上看，文本主体结构上采用总分式，先提出总体要求，再对具体做法提出详细意见，这样便于问题的阐述和人们对问题的认知。从具体内容来看，《意见》不仅在目标、内容和实施路径上对现代学徒制试点工作的开展进行了部署，而且以质量为中心，强调"双元"特征，突出四种保障机制建设。

---

① 邬志辉，李涛. 治理体系和能力现代化的三重核心命题 [N]. 中国教育报，2014 - 04 - 28.

表 6-1　　　　　　　　　　《意见》（摘要）

试点意见	具体要求
内涵把握	试点基础：招生与招工一体化
	试点核心：工学结合人才培养模式改革
	重要任务：校企共建师资队伍，形成双导师制
	重要保障：科学合理的教学管理与运行机制
稳步推进	逐步增加试点规模
	逐步丰富培养形式
	逐步扩大试点范围
完善机制	合理规划：各地教育行政部门结合地方实际，会同人社、财政、发改等部门，制定本地试点办法，确定试点单位，明确试点规模、试点层次和实施步骤
	组织保障：各地建立跨部门的试点工作领导小组，定期会商和解决试点重大问题；专人负责，及时协调；引导和鼓励行业、企业与试点院校通过组建职教集团等形式，整合资源，为现代学徒制试点搭建平台
	政策支持：奖励措施（通过财政资助、政府购买等）；权益保障（合理报酬，落实保险、工伤保险，确保安全）；双证融通，资格认证
	监督检查：加强监控，年报年检；试点不力或影响不良，暂停试点

3. 论证分析

在制度功能主义看来，一项制度的设计总是有其目的的，制度文本的设计往往是制度具体要求的反映。从文本伊始处不难发现，《意见》设计的目的在于"深化产教融合、校企合作"、"完善校企合作育人机制"、创新"人才培养模式"。为了达到这样的目的，《意见》随即提出了"推进产教融合、适应需求、提高质量"的试点目标，并从"突破口""着力点""手段"等角度为试点工作实施路径的选择提供了具体的意见。《意见》以国家政府部门正式文件的形式下发，作为一种正式规则对地方行政部门，尤其是现代学徒制试点单位具有明显约束力，对于试点工作的开展无疑是有帮助的。但人为设计的制度也存在一定风险，如果制度设计目的不明、概念不清或者实施路径曲折都有可能对具体实践带来极大的破坏。那么，对于《意见》文本而言，是否存在这些问题？

首先，就制度安排的目的来看，文本表示该《意见》的提出是为了"深化产教融合、校企合作"，但从后文中似乎并不能体察到现代学徒制是如何"深化产教融合、校企合作"的。然而，在文本中倒是反复出现了双方是如何开展工作的内容。因此，有人提出，现代学徒制并不是化解企业"参与问题"的一种"手段"或"措施"，相反，现代学徒制的实施恰恰端赖于企业与学校的"深度合作"。① 其次，现代学徒制有别于传统学徒制，对于其"现代"维度上内涵的把握至关重要。《意见》在"把握试点工作内涵"部分专门进行了阐述，从表6-1所列内容来判断，《意见》对现代学徒制内涵的把握具有明显的"双元"特征，对"招生与招工一体化""双导师制""双证融通"等内容都有明确表述。这些内容的提出，一方面为试点单位试点工作的开展提供了方向；另一方面也对已有的职业教育治理体系带来了重要影响，要求政府与学校、社会力量等多个方面之间的关系和权责互动。不过，从目前试点来看，要达到《意见》中的"双元"要求并非易事。按照试点要求，试点院校不仅要对原本的招生方案、师资配备、人才培养方案进行调整，还要对教育教学管理体系进行重新完善。这些内容看起来似乎没有太多复杂之处，但真正实施起来对于经费投入、政策支持等都有极高要求，而这些内容在文本中并没有详细的表述，试点单位在实施中难度较大。

总体来看，《意见》的发布为我国现代学徒制试点工作的开展提供了政府层面的指导意见，使中国特色现代学徒制度的建构进入正式实施阶段。当然，也应看到，这份有关我国现代学徒制试点工作的制度文本，由教育主管部门提出，在实践中对于企业参与行为存在约束乏力的现象。而且，文本中有些内容的表述还存在需要完善之处，这些内容需要政府部门和试点单位根据试点实践进行后续调整。此外，文本以《意见》的形式发布，既然是"意见"，就允许试点单位在试点实践中有自己的创新，进而不同区域根据本地区实际形成地区层面的制度安排可能有所侧重，在制度文本的内容选择上也会有所不同。

（二）地方层面的制度安排

根据《意见》部署，各地试点工作次第展开，并在地方教育主管部门的推动下，形成了诸多颇具地方特色的现代学徒制度。为了更好地说明问题，本部分从华东、东北和西南地区分别选择一个省作为研究对象，为了方便说明，本书将三省称为"L省""J省""C省"，以省政府、教育厅以及所辖市印发的有关现代学徒制的实施意见、试点通知、各类协议等内容为研究样本展开分析。

1. L省的制度安排

在教育部公布的试点名单中，L省域内涉及1个试点地区、1家试点企业和8所试点院校。为了推进现代学徒制试点工作，L省教育厅、L省财政厅、L省经济和信息化委员会共同进行相关制度安排，联合发布了《关于印发L省职业院校

---

① 喻忠恩. 职业教育改革的顶层设计及其理路——从"现代学徒制"试点谈起 [J]. 职教通讯，2016（7）：40-44.

现代学徒制试点工作实施方案的通知》（以下简称《L省实施方案》），那么，L省现代学徒制试点方案是在什么样的背景下提出的？其主要内容又有哪些？是否可以在全国推广？

（1）制度背景。L作为华东地区重要省份之一，其试点工作实施方案的研制和发布有其内在的考虑。首先，该省教育规划纲要提出，至2020年，L省接受职业教育的在校生人数要由2009年的240万人提升至252万人，其中，中等职业学校（以下简称"中职"）学生人数由156万人提升至160万人，高等职业院校（以下简称"高职"）学生人数由84万人提升至92万人。为增加职业教育吸引力，L省强调以质量为核心，提升职业教育办学水平，重点采取措施改变本省"职业教育基础能力薄弱"的现状，一方面，增加资金投入，另一方面，强调通过政策制度建设，优化职业教育改革发展环境。其次，L省产学合作已有多年经验。早在2009年，L省就已加大企业实训基地建设，并由人民政府办公厅印发了《关于加强全省企业实训基地建设的意见的通知》，明确提出："企业实训基地是大中专（技工院校）学生进行实践训练的主要载体，是培养实用型、创新型人才的重要途径"。实训基地建设推动了企业和职业院校间的联系，也提升了企业对职业院校的理解，为企业储备了一大批"下得了车间，走得进课堂"的优秀企业指导教师，这些为现代学徒制双导师队伍建设提供了便利。教育部首批试点名单中的某集团有限公司，就是L省首批443家企业实训基地之一。而且与试点院校合作的企业中，大部分也是L省首批企业实训基地。很明显，试点院校与企业之间的合作由来已久，现代学徒制试点中所制定的大部分制度在前期的合作中已初具雏形。最后，从L省省会城市群经济圈建设发展来看，第一产业人才结构和产业结构耦合度相对较高，而第二产业耦合度仅为2.91，第三产业耦合度为3.67，第三产业高技能人才耦合度略高于第二产业，但并不是特别明显。[①] 由此，对于L省而言，现代学徒制的发展存在现实的必要性，因为现代学徒制重要功能之一就是实现学校本位学习向工作场所顺利过渡，实现人才培养与产业需求之间的良好对接。这一点从L省现代学徒制参与企业的情况分布上可以判断出，如表6-2所示。

表6-2　　　　　　L省试点项目合作企业情况　　　　　　单位：家

产业	世界500强企业	国家500强企业	规模以上企业	合作企业数（合计）
第一产业		1	5	6
第二产业	1	5	48	54

[①] 张森. 基于产业转型升级视角下的高技能人才队伍建设对策研究——以L省会城市群经济圈为例[J]. 齐鲁师范学院学报，2016，31（5）：90-94.

续表

产业	世界 500 强企业	国家 500 强企业	规模以上企业	合作企业数（合计）
第三产业	8	19	66	93
合计	9	25	119	153

注：本表根据 L 省第一、第二批试点院校数据统计；规模以上企业指年主营业务收入在 2 000 万元及以上的企业。

（2）规则与结构。《L 省实施方案》由六个部分组成：第一、第三部分分别是指导思想和工作原则；第二部分明确工作目标，即自 2015 年起，经过 3 年实践，逐步建立起"政府引导、行业参与、社会支持、企业和职业院校双主体育人的现代学徒制"；第四至六部分是试点工作主要内容，包括："主要任务""工作安排""保障措施"，具体内容如表 6 - 3 所示。

表 6 - 3　　　　　　　　《L 省实施方案》（摘要）

试点意见	具体要求
主要任务	探索校企协同育人机制：通过合作协议明确职责；整合资源；探索成本分担机制等
	推进招生招工一体化：研制招生方案、组建试点班；明确双重身份，签三方协议等
	改革人才培养模式：共同设计人才培养方案；共建专业课程及其体系等
	建设校企互聘共用的师资队伍：共同制定挂职、研发的激励制度和考核奖惩制度等
	完善体现现代学徒制特点的管理制度：制定学分制和弹性学制管理办法等
	建立多方参与的考核评价机制：第三方评价；技能达标考核；定期检查、反馈等
工作安排	实施步骤：前期准备、初步实施、持续推进、总结推广
	申报条件：明确试点院校、试点专业、合作企业应具备的条件
	立项程序：申报、审核、立项公布，并提供补助资金
保障措施	加强组织领导
	科学制订试点方案
	提供经费保障：5 000 元/名学徒补助企业，3 000 元奖励师傅、2 000 元给企业耗材等
	加强科学研究工作

（3）论证分析。从内容来看，《L省实施方案》设计的最终目标是用3年左右的时间，建立起"政府引导、行业参与、社会支持，企业和职业院校双主体育人的现代学徒制"。显然，L省域层面现代学徒制特点与教育部制定的《现代学徒制试点工作实施方案》中的内容完全一致："政府引导""行业参与""社会支持"。为此，L省在其试点工作实施方案中将其主要任务界定为六个方面，并将"探索校企协同育人机制""建立多方参与的考核评价机制"置于重要位置。为了保障试点目标的实现，L省对试点院校、专业和合作企业提出了具体要求，并试图通过政府购买的形式均衡企业成本负担，进而增加企业的参与积极性。然而，我们也注意到，虽然方案中对于试点合作企业提出了一定的要求，但这些要求似乎更侧重于企业在规模、设备以及运营状况等方面的条件限制，而这些制度安排并不足以有效规范企业的参与行为。因而，在一系列外在诱致性制度安排下，某些企业无视"双主体育人"的初衷而一味追求利益最大化行为的出现也就不足为奇了。同时，方案中，校企合作"1+N"模式中允许"某几家企业联合承担"的规定，更是为某些无学徒培养能力的中介组织提供可乘之机，进而加剧了现代学徒制试点工作偏离"双主体育人"轨道的风险。此外，《L省实施方案》主要针对职业院校设计，对于市一级试点和企业试点并未留有试点名额，而且方案中对于行业参与和社会支持相关内容的表述明显较少，这对于L省试点工作目标的达成不利。

2. J省的制度安排

J省区域内教育部现代学徒制首批试点单位包括2个区域试点、2所高职与1所中职试点，试点院校主要集中于该省省会城市。为推进现代学徒制试点工作的开展，J省根据《意见》要求，结合本地实际，研究制定了《J省开展职业教育现代学徒制试点工作实施方案》（以下简称《J省试点方案》），并以教育厅文件的形式印发。

（1）制度背景。《J省试点方案》的制定一方面以《意见》为主旨，另一方面反映地方经济社会发展的需要。首先，产业转型升级，高素质技能人才供给不足。东北地区近年来经济发展下行，产业结构布局深化调整已成在弦之箭。国家新一轮东北振兴战略的推进，"创新"被视为东北老工业基地振兴的内在发展动力和主要生长点。但近些年来，东北人才外流导致的人力资本短缺问题却成为目前制约东北振兴战略顺利实施的掣肘因素。J省作为国家重要的老工业基地，正处于产业结构调整升级和全面振兴的关键时期，对产业工人的素质提出了更高的要求。其次，J省前期相关制度的建设，为试点方案的制定提供了支撑。如2015年J省教育厅、省财政厅、省人社厅等多部门联合修订并印发的《J省"长白山学者计划"和"长白山技能名师计划"实施办法》（2015年修订）。该办法旨在通过"长白山技能名师计划",为 J 省高素质产业工人的培养、储备提供重要的师资力量,而这也为现代学徒制试点工作的开展提供了重要的师资支撑。最后,国家发展改革委、教育部、人力资源社会保障部以及国家开发银行联合制定,旨在建立"产教融合、校企合作的双元办学模式"的《老工业基地产业转型技术技能人才双元培育改革试点方案》为试点方案的制定营造了良好的校企合作氛围。正是在这样的背景之下,J 省将"现代学徒制"纳入职业教育"政策支持范围",并在参照《意见》的基础上制定了该方案。

(2)规则与结构。《J 省试点方案》由 J 省教育厅研究、制定并印发,共六个部分、十二条。第一、第二部分主要是明确试点目标和工作思路;第三至第六部分,提出试点工作主要内容、申报单位条件、具体工作安排以及"组织和保障",具体内容如表6-4所示。

表 6-4 《J 省试点方案》(摘要)

试点意见	具体要求
主要目标	建立 J 省特色的"政府统筹、教产衔接、校企双主体育人的职业教育现代学徒制体系",提升 J 省职业院校人才培养水平和服务产业能力
试点内容	招生招工一体化:多元招生;明确双身份;签三方或四方协议;保障权益
	培养模式改革:共同制订培养方案;工学灵活交替;加大实践学时比重等
	课程及其体系开发:职业能力分析入手;结合人才成长规律;融入国家职业资格等
	校企共同组建教学团队:明确校企导师职责和待遇;设立"技能导师工作室"等
	建立健全现代学徒制管理制度:制定四大类文件(条件与标准类、协议类、管理类与考核类)
试点单位	院校申报条件:高职应为省级以上品牌专业;中职应为省级示范专业等
	企业申报条件:企业需具有多年校企一体化育人经验;联合职业院校申报
工作安排	项目申报:企业申报材料由合作学校所属市州或合作省属院校报送等
	评审遴选:目标明确、方案完善、支持力度大、特色鲜明、示范性强的单位优先
	组织实施:以专业学制为一个试点周期;各市州教育局负责统筹协调等
组织保障	组织领导:教育厅统筹领导;专家指导;试点院校成立实施领导机构;定期会商等
	政策支持:试点单位及其主管部门要提供资金支持等

（3）论证分析。从内容来看，J 省试图通过现代学徒制提升职业院校的人才培养水平和对产经界的服务能力，并参照教育部印发的《意见》，从招生、人才培养模式、双导师以及管理制度层面探索具有 J 省地方特色的现代学徒制体系。不过，由表 6-4 不难发现，较之教育部的《意见》要求，《J 省试点方案》强调"基于工作岗位的课程与课程体系"开发，并从课程内容、课程实施、课程评价等层面提出了具体的试点要求。当然，从课程层面推进现代学徒制试点工作，不仅有利于现代学徒制在个体技能形成过程中功能的充分发挥，也加深了校企之间彼此的了解，进而有利于学校和企业在实践中真正融合发展。然而，从目前制度文本的内容来看，对于现代学徒制课程至少有三个问题未能澄清：一是现代学徒制课程或课程体系与非现代学徒制专业课程及体系之间如何区隔；二是文本中把现代学徒制课程划分为"专业课程"和"企业课程"，二者之间的边界该如何划分；三是"专业课程"和"企业课程"在开发过程中，校企之间是否需要合作，如果需要又该如何合作？对于这些问题，目前的文本并没有给出详细的描述，也没有后续的补充说明，因而试点实践出现课程开发层面的混乱并不令人感到意外。

　　另外，《J 省试点方案》强调组织保障和政策支持，但具体到经费层面，并没有给出具体的经费数目，而是强调"试点单位及其主管部门要提供资金支持"。但在实践中"试点单位"及其"主管部门"是否会提供资金支持，即使提供又会以什么方式提供，经费用途如何？经费投入不明朗，无疑不利于调动试点单位的参与积极性，这也是很多试点院校不愿继续试点的重要原因。从目前来看，J 省内并不是每一个"主管部门"都对经费投入问题进行了相应的制度安排。倒是市级层面的教育局在 2015 年发布《关于推进职业教育现代学徒制试点工作的通知》中，对现代学徒制试点工作在经费层面给予了极大的支持，并对于经费的用途给出了较为详细的说明。

3. C 省的制度安排

　　教育部首批试点名单中，C 省域内在列 1 个试点地区、3 所高职和 1 所中职。2014 年 9 月，C 省政府召开全省职业教育工作会议，省政府印发了《关于加快发展现代职业教育的实施意见》，对现代学徒制试点提出了明确的要求，其后 C 省在试点实践中先后制定形成了一系列制度文本。

　　（1）制度背景。C 省作为西部地区经济核心增长极，随着国家西部大开发战略实施的深入，C 省三次产业结构由改革开放初期的 44.5∶35.5∶20.0 演变至

2015 年的 12.2∶47.5∶40.3，工业化持续推进，服务业不断成长。① 在此背景下，如何创新职业教育制度，培养出满足 C 省经济转型升级的高素质技能人才，是当前 C 省职业教育改革和发展中的重要议题。为此，《C 省现代职业教育体系建设规划（2014－2020 年）》中明确提出，至 2020 年"专科层次职业教育在校生数"由 2012 年的 84 万人上升至 89 万人，"职业院校职业教育集团参与率"由 75%上升至 90%，"有实践经验的专兼职教师占专业教师总数的比例"由 35%提升至 60%。这些内容的规划，不仅为 C 省现代职业教育体系建设设定了量化目标，也在一定程度上为现代学徒制试点工作的开展提供了制度性安排。以此为基础，C 省教育厅、C 省经济和信息化委员会联合制定并发布了《关于开展现代学徒制试点工作的实施意见》（以下简称《C 省实施意见》），就 C 省域层面现代学徒制试点工作的开展提出试点意见。

（2）规则与结构。《C 省实施意见》包括六个部分、二十一条。第一部分提出总体目标，到 2017 年，全省遴选出 150 所左右现代学徒制试点院校，"基本形成具有 C 省特色的现代学徒制度"；第二至第六部分，分别对"主要目标""重点任务""试点成果""工作要求""保障措施"进行了明确，具体内容如表 6－5 所示。

表 6－5　　　　　　《C 省实施意见》（摘要）

试点意见	具体要求
主要目标	至 2017 年，形成 C 省特色现代学徒制度
重点任务	实现双主体育人
	实现双导师教学
	实现员工和学生双重身份
	实现学历教育与非学历教育并举
试点成果	不断总结经验，形成与现代学徒制相适应的六大方面制度成果
工作要求	确定试点院校
	明确试点专业及人数：试点院校结合企业需求，选择岗位实践技能要求较高的专业
	制订实施方案：招生前明确分工、权责；共同制订、执行、完善人才培养方案等

---

① 韩立达，牟雪淞，闫俊娟. 经济增长、产业结构升级对人口城镇化的影响研究——基于 C 省数据的分析［J］. 经济问题探索，2016（10）105－112.

续表

试点意见	具体要求
工作要求	保障学徒权益：明示试点工作意义、方案，签订三方或四方协议；明确学徒权益等
	确保学徒安全：要求企业开展安全培训；规定学徒日常工作（学习）时长、顶岗年龄限制、岗位要求等内容；不得通过中介机构代理、组织、安排和管理学徒企业工作等
保障措施	合理规划，加强指导
	搭建平台，促进交流
	科学研究，政策支持：各地政府出台扶持政策，通过奖励引导企业和职业院校参与

（3）论证分析。显然，《C省实施意见》设计和施行的目标在于，在试点实践的基础上，从六大方面构建并"基本形成具有C省特色的现代学徒制度"。为了达成这一目标，C省在制度安排上以"双主体育人""双导师教学""员工与学生双重身份""学历教育和非学历教育并举"为重点任务，并对政府、职业院校和企业的参与行为提出了较为细致的要求。如试点院校在确定试点专业时，应"选择就业岗位实践技能要求较高的专业开展试点"；明确要求试点单位"不得通过中介机构代理、组织、安排和管理学徒企业工作"；校企之间不仅负责共同开发、确定人才培养方案，还要求根据试点实际，不断调整与完善。这些内容与其说是"工作要求"，不如说是对各方参与行为的一种约束和规范，在很大程度上消解了现代学徒制试点工作中的不确定性，有益于实践工作的顺利推进。

此外，我们也注意到，《C省实施意见》在机制保证上不单强调诱致性制度设计，还强调惩戒性制度的安排，如在文本中明确提出，"对试点工作不力或造成不良影响的，暂停试点资格"。这一点在其他省份的制度文本中并不多见，这对于一味地通过财政资助、服务购买、表彰奖励等措施吸引试点单位参与的惯常做法，无疑提供了一种新的路向。不过，在机制保证方面，文本中无论是对惩戒的描述还是对激励的说明仍存在不够具体之处。比如，对于"对试点工作不力"或"对试点工作取得明显成效"如何进行判断，而且对于诱致性制度安排中的关键问题，即经费的具体数目及如何使用的问题，也未能进行详细阐述。

（三）校企层面的制度安排

校企层面的制度安排与国家、省（市）级以及行业层面的制度设计有所不同：一方面，校企层面处于政策制度由设计到实施的临界面，在现代学徒制构建体系中处于最低端，其制度设计受约于国家、地方以及行业政策制度安排，后者的意图应在校企层面的具体文本内容中有所反映；另一方面，正因为校企层面处于实践一线，负责具体制度的落实和实际运行，因而面对的实际问题可能因地域和人员不同而变得极为复杂，从试点实际出发进行具体制度设计又成为校企层面不可或缺的重要任务。此外，校企层面的制度安排是试点院校和合作企业之间对双方合作行为的具体设定，带有一定的内隐性，很多制度文本并不会像国家、地方和行业那样公开发布，因而具体制度文本的获得困难重重。

为了更好地澄清问题，笔者于2017~2018年先后走访了上海、杭州、常熟、济南、长春等地参与现代学徒制试点的企业人力资源部管理者及现代学徒制具体联系人（12人）、企业带徒师傅（11人）、职业院校校级层面管理者及专业负责人（13人），获得有效访谈资料21份。通过内容整理发现，试点单位在具体制度安排上并不同质，而是有所侧重（见表6-6），这也给具体的文本分析带来了一定困难。

表6-6　　　　　　　校企层面制定的制度文本

制度名称	依频次排序
企业学徒协议书（三方/四方协议或劳动合同）	1
现代学徒制实施管理办法	2
师傅聘用标准	3
现代学徒制企校合作协议书	4
师徒协议	5
师傅考核标准	6
有效访谈人次	21

1. 制度背景

校企层面试点单位的制度设计，虽考虑到本地实际情况，但制度文本的主旨还是围绕《意见》有关要求展开，总体看来主要从五个方面进行设计。第一，促进校企协同育人的制度安排，主要通过签订"现代学徒制校企合作协议书"的形式，明确双方职责。第二，推进招生招工一体化的制度安排，强调以企业、学校和学徒签订协议的方式，确定身份并明确权益。第三，加强教育教学标准建设，包括制定"专业教学""课程""企业师傅""质量监控"等标准。第四，规范师资队伍，对校内导师和企业师傅的选拔、职责、待遇及考核的内容进行相应的制度设计。第五，完善管理制度，要求从学分、学制、考核、质量监控等方面探索制定相应标准，保障学徒在岗位和工作任务安排、报酬、人身安全等方面的权益。

2. 规则与结构

为了实现上述五个方面的任务要求，试点院校与合作企业纷纷从自身实际出发，通过规则的设置对双方合作过程中可能有的关系与行为进行调节和规范。从表6-6的结果来看，近80%的试点院校要求企业和学徒签订三方（或四方）协议或劳动合同；超过60%的受访者认为应加强管理，并在校企层面设置了"现代学徒制实施管理办法"；而在所有教育教学标准的制定中师傅聘任标准处于突出位置，这一点也反映了规范师资队伍建设的重要性。可见，试点单位在制度安排上的侧重点有所差异，而这样的差异在具体制度文本的内容设置上更为明显。同样是对关系和行为进行的调节和约束，但规则内容的要求上并不完全一致（具体内容如表6-7所示）。

表6-7　　　　　　　　校企层面制度安排举要

制度名称		具体要求	出现频次
a. 现代学徒制试点校企合作协议书	共同责任	共同制定专业课程标准	3
		共同制定《教师/师傅标准》《学生（学徒）培养标准》	2
		教师、师傅及管理人员培训	2
		对学生（学徒）共同考核（分段、全程）	3
		设立奖励基金，分学期奖励学习成绩优异者	3
	企业责任	提供学徒训练岗位	3
		委派带教人员	3
		提出考核意见	3
		保障学生安全	3
		提供教学参观机会	3
		提供生活保障（就餐、休息、劳保用品）	3
		为学徒购买工伤保险	1
		优先择用考核合格者，不低于15人	2
	院校责任	负责招生	2
		设置课程、实施教学	3
		为企业提供专业信息、技术咨询及技术协作等服务	3
		择优推荐毕业生	2

续表

制度名称	具体要求			出现频次
a. 现代学徒制试点校企合作协议书	院校责任	加强思想教育，教育学生遵守企业保密、规章制度		2
		办理意外伤害保险		1
		支付师傅劳务费、讲课费及其他相关费用		3
		确保录用学徒为企业服务5年以上，负责追缴违约金		2
	有效期	三年		2
b. 企业、学校学徒三方协议	学徒期	三年		1
		半年		1
		一年		1
	入徒办理	自愿报名、初审、面试，签订协议		3
	培养安排	分段培养	在校基础理论，企业体验，在校岗位理论和基本技能，准入考核，顶岗，从业资格考核和认证	1
			岗位轮训	1
		学徒办理入学手续，分阶段完成学习任务		2
		企业安排师傅、负责考核，考核结果反馈到学校		1
		学习结束由校企共同考核，由学校颁发学历证书		1
	各方权利和责任	企业和学校共同承担教育管理任务		3
		企业负责学徒在企期间的培训和住宿		1
		企业提供生活补贴（或/与工作酬金、奖学金及助学金）		3
		学徒培训合格后学校向企业支付培训费		1
		企业负责安排带教师傅		3
		学徒学习期间遵纪守法，按要求参加学习，服从统一管理		3
		学徒就业：考核合格企业安排就业，学徒需留任，否则违约		1
		学校负责购买保险		1
		企业负责为学徒购买保险		1
		未提及购买保险		1
	违约责任	企业无故不录用，支付学徒违约金		1
		学徒不留任，支付违约金并赔偿培训费，退还助学金和奖学金		1
		考核不合格，视为学徒违约，情节严重需支付违约金并赔偿培训费用		1

续表

制度名称			具体要求	出现频次
b. 企业、学校学徒三方协议	违约责任		考核不合格，学校负责召回	1
			因企业和学校原因造成学徒培训无法进行，双方责任共担，保证学徒完成学业，优先推荐就业	1
c. 现代学徒制实施管理办法	总则		强化过程监控，提高建设质量	2
	管理机构与职责	成立领导小组	企业和学院管理者为主要成员	1
			学院管理者为主要成员	2
		主要负责	审核年度计划	2
			统筹资金	2
			审定制度	2
			重大事项的机动处理	2
		下设专门办公室，负责日常管理		2
		主要负责	部门间的联系，材料报送	1
			编制计划，分解任务	1
			起草制度，监督落实	1
			会同其他部门进行绩效考核	1
			收集问题，向领导小组汇报	2
		成立项目监察与审计小组		2
		主要负责	负责汇总经费预算	1
			制定试点工作中与资金、采购有关的制度	1
			监督招投标、费用使用	1
			编制年度审核报告	1
		分项目成立工作实施小组		2
		主要负责	分解任务，制订年度工作计划	3
			编制项目经费预算	1
			负责任务的实施，并对实施过程进行监管	3
			负责项目的考核和奖励	1
			编制项目的各类总结、报告	3
			负责建设过程材料的处理	3
	项目建设与管理		建设方案和任务书不得随意变更	1

续表

制度名称		具体要求	出现频次
c. 现代学徒制实施管理办法	项目建设与管理	过程管理内容包括：建设任务完成情况、经费使用情况、关键数据增长情况	1
		管理过程分三个阶段（分年度建设、中期、验收）	1
		实行项目负责制，由各项目负责人统筹	1
		实行任务责任制，任务到人	1
		建立信息发布制度	1
		实行联席会议制度	1
		实行定期检查制度	1
		建立专项资金、设备管理制度	1
		建设成果的"使用权"和"专利权"归学校	1
	项目考核	实行年度考核：分级考核和整体考核	1
		明确考核办法	2
		实行年度专项激励	2
d. 师傅聘任标准	聘用原则	按需聘用（技术专家、"能工巧匠"）	1
		"利于发展"	1
		"动态管理"	1
	任职条件	为人师表、遵守职业道德规范	3
		工作负责、善于表达，具备承担教学任务的"业务能力"和"教学水平"	3
		三年及以上企业岗位工作经历	3
		大专及以上学历	1
		中级及以上职称（或高级及以上职业资格证书）	1
		年龄50岁以下	1
		专业部门骨干人员	1
		有经验的优秀员工优先	1
	聘任程序	聘任组织：成立领导小组，分院和企业人资部领导分别担任组长和副组长；组员由学校和企业专业带头人担任	1
		部门申请，上报拟聘计划	2
		学院和企业共同审核	2

续表

制度名称		具体要求	出现频次
d. 师傅聘任标准	工作职责	按要求实施教学、学徒考核和成绩评定	2
		按时提交教学材料	1
		参加专业研讨、方案制订、课程建设等工作	1
		道德教育,引导学徒爱岗敬业	3
		讲解劳动纪律、规章制度	2
		负责学徒日常和现场安全管理	3
		配合第三方和学校对学徒进行评价	1
		学习新工艺、新技术,鼓励创新,正确对待学徒提出的建议	1
	师傅考核	校企结合学徒评价共同对企业师傅进行综合考核	3
		考核结果记入师傅业务档案	2
		考核未通过者取消带徒资格	2
	工作待遇	享有带徒授课酬金	2
		与校内教师享有同等进修、学习和培训的机会	1
		培训效果良好的师傅,企业在"评奖评优""职称晋升"方面优先考虑	1
		具有校内评优、评先资格,并享有同等奖励	1

注:a 部分内容来自同一所试点院校的不同专业;b 部分内容来自不同省份的不同试点单位;c 和 d 选取了部分内容。

3. 论证分析

首先,"双主体育人"主要通过签订"现代学徒制校企合作协议书"的形式明确双方职责。不过,在实践中不同试点单位对校企双方共同承担的职责有所侧重,即便是同一家试点单位,不同专业之间对校企各自的职责划分也不尽相同,这一点可以从表 6-7 中 a 部分所示内容中窥得一斑。表 6-7 中 a 部分所列制度文本内容来自 L 省,该校有三个专业入选教育部现代学徒制试点,但三个专业在与企业协同育人中各自的职责、分工的划分并不完全一致,如表 6-7 中有些职责的出现频次仅为"1",说明对于这一职责的约定只在一个专业的校企合作中出现。

其次,"招生招工一体化"虽存在争议[①],但与之相关的企业、学校及学徒

[①] 赵志群. 现代学徒制离政策目标有多远[N]. 中国教育报,2016-09-27.

之间签订的三方协议（也有试点单位采用"四方协议"或"劳动合同"，为了陈述方便，后文中皆称之为"三方协议"）却在现代学徒制试点中被赋予了极其重要的地位，因为"落实双重身份"被视为"现代学徒制度设计的核心"①。而三方协议设置的目的在于明确参与现代学制学生的"准员工"身份，要让企业明白是在为"自己培养员工"，同时，三方协议是对学徒培训过程中各方的权利和义务的约定，受法律保护。从表6-7中b部分所列举的制度文本内容来看，试点单位对于参与各方的行为进行了较为明确的界定，并对于违约行为的处罚也进行了相应的约定。从现有文本内容来看，约定主要集中以下几个方面：自愿报名、分段交替学习、培训环境、学徒津贴、企业师傅带教、安排就业等。不过，即使有了这样的制度安排，参加学徒培训的学徒是否愿意留下来？学徒留任意愿受哪些因素影响？对于这些问题，制度文本并没有给出答案，有待进一步澄清。

最后，从现代学徒制的实施管理来看，虽然受访者对管理制度的制定十分期待，但现有的规则设计对于试点学校合作企业行为的约束明显乏力，再加之没有第三方监督、认可，校企双方共建组织的合法性并不明朗。此外，试点中，师资队伍的建设一直受人关注，尤其是企业师傅的选聘问题，这一点从d部分制度文本的设计上已有所体现。但对于一位好的带教师傅的评判，文本中所列的几点恐怕远远不够，毕竟师傅在培训中面对的是鲜活的个体，业务能力强、技术职务高并不一定能带好学徒，因为带教过程还需要强调方式方法的应用。而这一点是否重要或必要，制度文本中也无法给出答案，只能从受教个体的反馈中获得。由此，深入培训一线，从学徒角度对现代学徒制试点中的一些问题进行澄清已成必要。

综上所述，不同试点单位以及不同层级之间在具体制度设计上有所侧重，这一点从相关制度文本的设计中可以明显体察到。但即便如此，现代学徒制试点在一些基本原则上还是保持了高度的一致性，并在文本设计中被严格遵守。首先是"双重身份""联合培养"。双重身份在现代学徒制度设计中被赋予了极高的地位，但只通过三方的签署是否能达到预期的目标？这一问题的回答需要有力的证据支撑，毕竟身份问题是制度设计的"核心"。其次是，重视过程质量的控制，如试点单位制定"专业教学""课程""企业师傅""质量监控"等各类标准。不过，从试点实践来看，这些标准内容的设置不仅缺乏系统性，而且各自独立、缺乏连贯性，显得凌乱。在实际操纵中，也往往顾此失彼。事实上，这些标准都为了解决同一个问题，即学徒学习的质量问题，应围绕如何有效促进学徒高质量

---

① 林宇.落实双重身份·完善政策保障·加强现代学徒制试点工作动态管理[J].中国职业技术教育，2017（1）：42-44.

地学习为主要线索进行制度文本设计,因而这些标准可以归并或纳入"质量标准"中,或以制度规则设计为标的对上述维度进行系统设计。

此外,现有的制度设计强调政策支持和制度保障。"支持政策"和"保障措施"被认为是地市级试点单位的探索重点,但从试点实践来看,由于受到行政管辖范围的局限,地市级试点设计的政策制度多数只对所辖范围内的职业院校和企业存在影响,而很多省属职业院校,并不能享受到政策的"红利"。另外,地市级试点设置的政策制度与省一级政府政策制度出现重叠,致使部分试点院校既是省级试点也是市级试点,而这种"双料"试点单位在高职层面不在少数,甚至同一个专业既是教育部试点也是省级试点。这种现象的出现,并不是个案,其出现的原因也并不复杂,根本原因在于,经费投入的不足,如果每一层级的主管部门都能有足够的经费支持,作为试点院校更希望拿出更多的专业去试点建设,毕竟试点有利于专业的发展。可见,政策制度的设计问题并不只是某一层级试点单位的事情,而是应该从试点实际出发,在充分调查的基础上综合各方因素进行整体构建。不管怎么样,为了推进试点工作的顺利实施,更确切地说为了支持学徒和现代学徒制的发展,政府部门以及试点单位都进行了一系列的制度安排。这些制度供给有力地推进了现代学徒制的制度化进程,但同时在具体实践中也遭遇到了一系列的困难。

二、实践探索中的现实困境

制度是影响个人行为的结构性制约因素,只要存在制度,个体行为与个体之间的互动就不会是随机的,而会体现出特定的模式和预测可能性[①]。现代学徒制将传统学徒培训与现代学校教育相结合,是一种"合作教育制度",现代学徒制对相关个体和个体之间的互动理应具有制约性,但"明确现代学徒制的制度性特征"却是当前我国现代学徒制发展中亟须解决的问题。[②] 当前我国现代学徒制并不具有其作为制度所必要的制约性,其制度约束乏力。

(一)重视规则设计但规制性不够

在制度研究领域,制度对行为具有控制与制约的力量,制度通过界定法律、

---

① 河连燮. 制度分析:理论与争议[M]. 李秀峰,柴宝勇,译. 北京:中国人民大学出版社,2014:9,47.
② 赵志群,陈俊兰. 现代学徒制建设——现代职业教育制度的重要补充[J]. 北京社会科学,2014(1):28-32.

道德与文化的边界对行为施加严格的制约，并对活动的合法性与非法性加以区分。① 诺思（North）对制度的诠释似乎更倾向于强调制度的制约性。在他看来，制度不仅包括法律、规定等正式制约因素（formal constraints），还应包含规范、习俗等非正式制约因素（informal constraints）。② 其中正式制约因素，亦即正式规则，诞生于"为了处理复杂争端而创造出来的正式法律系统"，其约束的层次从宪法到成文法、普通法，到具体的内部章程，再到个人契约。③ 因此，在理性选择制度主义者看来，制度具有强制社会成员为增进整体利益而进行交换与协作的作用，进而法律、规定、契约等正式规则的制定成为其关注的焦点。所以，对于试点中的现代学徒制而言，正式制约因素，即正式规则的存在与否，直接影响其对校企合作育人互动行为的制约效果。

　　试点实践表明，现代学徒制是政府、企业以及学徒（职业院校学生）的决策发生动态互动的领域。然而，这三者在现代学徒制的实施过程中存在的利害关系并不完全一致。第一，国家层面提升国家竞争力的全面、长期的目标和企业层面追求短期利益的目标并不完全一致。企业是能够决定有关技能人才雇佣问题的决策主体，而且技能形成在很大程度上的确需要依赖企业。不过，企业关心的是有助于获取短期利益的技能形成，而政府关注的目标是有助于提高国家竞争力的全面、长期的教育和技能培训。可以将这种短期与长期利害关系的协调、个别企业和国家整体利害关系的协调视为市场经济和公共政策的互动领域。在市场调节和公共政策中应侧重哪一方，以及它们的具体组合方式取决于一国的具体情境。第二，学徒作为未来个别劳动者和企业的利害关系也不完全一致。对企业而言，重要的是确保具备所需技能的劳动力，而学徒关心的是未来企业就业的问题，这一点在学徒动机调查数据中有所体现。但并不是所有的学徒都表现出必须在培训企业就业的强烈意愿，因而，现代学徒制实施中学徒关心的是特定企业所需的专门技能，还是能够在任何企业都能适用的一般技能的问题。如果学徒选择的是特定企业所需的技能或局限在特定产业的技能，在没有雇佣和薪酬方面的保障的情况下，经济状况一旦发生变化，学徒和职业院校就要承担相应的风险。如何通过相应的制度措施协调企业和学徒之间的上述差异，已上升为国家的重要议题，政府需要根据具体情况选择适当的介入方式。第三，当前我国现代学徒制还处于试点中，毕业学徒人数有限，还没有形成学徒市场，从现有掌握的调研数据来看，企

---

　　① W. 理查德·斯科特. 制度与组织——思想观念与物质利益［M］. 姚伟，王黎芳，译. 北京：中国人民大学出版社，2010：58，113-114，106.
　　② 河连燮. 制度分析：理论与争议［M］. 李秀峰，柴宝勇，译. 北京：中国人民大学出版社，2014：9，47.
　　③ 道格拉斯·C. 诺思. 制度、制度变迁与经济绩效［M］. 杭行，译. 上海：格致出版社，2014：55-56，3.

业外部挖人现象并不明显，即使有"也是正常现象"，但我们还是能从企业的抱怨声中看出，企业对于自己所培养的学徒留任的渴望和无可奈何。如果说外部挖人现象是造成企业之间在学徒培训领域出现集体行动困境的话，那么当前造成我国企业不愿参与现代学徒制的原因更多的表现为学徒的不辞而别，毕竟现代学徒制"太昂贵了"，提供学徒培训的企业原则上希望留住他们的学徒。

另外，我们也看到如果仅凭企业和职业院校无法进行协调规划。因为作为复合行动者，机构目标和价值观或意识形态之间的相似性是企业和职业院校协调的必要条件。但从职业教育工作者的角度来看，企业注重短期技能发展，目标是让个人尽快获得无补贴就业。职业教育者更倾向于强调提供一系列的技能或为学生提供一个深入的专业方向。但部分职业院校参与现代学徒制的专业课教师（学校导师）对现代学徒制按"项目"式运行和管理表示怀疑，他们认为这些"项目"对职场准备不足。而参与学徒培训的企业师傅则认为职业教育现代学徒制缺乏灵活性，职业院校不愿意分享自己的"地盘"，如专业知识。此外，即使在复合行动者之间具有相同目标的情况下，每个机构对这些目标的相对优先次序可能有重大差别。而优先次序的差异极有可能使各组织之间的合作因冲突而停顿下来，使它们难以在协调规划中就某些问题达成协议。试点中最典型的例子就是在专业教学标准和课程体系开发中，如何衔接和协调企业的需要和学校的需要问题，是优先培训适合企业内部劳动力市场需要的学生，还是优先培训流动性的学生的区别。

毋庸置疑，现代学徒制横跨产业、教育、人力资源管理等多个领域，其参与主体极其复杂，不仅涉及单个组织内部个体之间的彼此关系，而且还在不同组织之间形成了一种相互关联。因此，现代学徒制度的建设既要考虑不同组织之间集体和个体互动交往关系的规约，又要思量对同一组织场域内部交往行为的约束；既需要有宏观立法层面的考量，也需要有微观层面具体操作规则的设计。但遗憾的是，到目前为止，我国现代学徒制度的建设既未上升到国家法律层面，也未能在操作层面生发出具体的正式规定，这些"几乎是空白"[①]。而法律与规定等正式制约因素的缺失，不仅成为我国当前职业教育中企业参与度不高问题的"根本原因"[②]，而且还在很大程度上制约了试点中奖惩性行为实施的正当性，继而影响其存在的稳定性和有效性。诚然，政府对入选试点名单的职业院校和企业给予了一定形式的资金支持，这些经费的投入与使用在一定范围内吸引了部分学校和企业参与到联合育人互动活动中来，进而对双方的互动行为产生了一定的支配作用，但如何对激励行为本身进行有效地规约以图影响将来的行为，目前尚未

---

① 张启富. 高职院校试行现代学徒制：困境与实践策略［J］. 教育发展研究，2015（3）：100–101.
② 胡新建. 高职院校试行现代学徒制的实践与探索——以宁波城市职业技术学院为例［J］. 中国高教研究，2016（7）：102–105.

形成正式有效的制约性规则。因此，对当前发展中的现代学徒制而言，无论从法律层面还是从具体操作层面；无论从强制性视角还是从诱致性角度，正式规则缺失的现状已成不争之事实。对于我国现代学徒制而言，如何解决企业和政府之间、企业和个人之间，以及企业和职业院校之间的利害关系及目标的冲突，是当前试点中面临的现实问题，亟待协调。而这些问题的协调和解决已不单是任何中观和微观层面努力所能及，应上升或成为国家层面的重要政策课题。

（二）强调多方合作但制约性规范不足

诚然，正式规则对人们的行为具有很强的支配与调节功能，但正式规则只是制度的一个组成部分而已，遵守这种制度仅仅可能只是人们作出的很多可能的反应之一，而且仅靠正式规则能够达到的预期效果可能是有限的。只有把规范与意识形态纳入制度范畴，才能有效地减少机会主义的行为，从而降低监督与强制所需的成本[①]。所以，现代学徒制发展过程中，其制度要素不应完全是正式规则，还应存在规范约束的维度。但是，与强调外在强制措施的正式制约因素不同，规范更多的是指"一种内化了的社会压力"，是一种对个体或组织具有约束力的"社会期望"[②]。在认识论观点看来，一项规范只有在由于一个规范性体系而使某种事物被理解为带有"应当是这样"的印记时才能生效[③]。

也就是说，当前形势下，虽然现代学徒制的建设还未完全上升至法律等的正式规则层面，但其制度的规约性也可以通过某种制约性规范的形成来实现，不过前提是这种规范能够使现代学徒制被理解为"应当是这样"的社会预期或责任。换言之，如果存在着影响现代学徒制实施行为的规范性约束，那么就应该可以找到行为者觉得这么做的一种社会预期，而且这种预期的确给他们的实施行为造成了影响。然而，实然状态下，在校企联合育人行为的互动领域中，不同个体和组织对实施现代学徒制的预期并不一致，与企业组织相比，职业院校更具有"应当是这样"的意识。可是，现代学徒制以"校企合作为典型特征"，企业组织的参与程度直接影响着现代学徒制实施的效果，但企业在技能形成方式上"应当"发展现代学徒制的预期明显不足，进而在参与行为上表现出"冷"的一面。显然，虽然规范对于社会个体和组织的行为有着重要的约束作用，但就目前而言，在校

---

① Vandenberg, Paul. North's Institution and the Prospect of Combining Theoretical Approaches [J]. Cambridge Journal of Economics, 2002 (2): 217–235.
② 柯政. 规范性制度对新课程政策实施的影响及其政策意义 [J]. 北京大学教育评论, 2010 (1): 101–113.
③ 尼尔·麦考密克, 奥塔·魏因贝格尔. 制度法论 [M]. 周叶谦, 译. 北京: 中国政法大学出版社, 1994: 48.

企联合育人行为的互动中，行为者对"应当"发展现代学徒制的那种社会预期或责任的体察不尽相同，还不能作出相似的行为选择，进而在人才培养过程中的行为模式的选择上有所差别。因此，至目前为止，对校企联合育人行为具有规约作用的制约性规范并不存在或尚未形成。

综上所述，当前我国现代学徒制发展过程中的主要问题集中表现为其制度制约乏力，究其原因主要有两个：一是法律等正式规则的缺失；二是制约性规范缺位。粗略来看，这些似乎是完全不相干的问题，因为第一因素属于正式的制度，强调外在的强制力，而后两者归于非正式制度范畴，突出用内在的观点来理解行动。但在制度结构中，"非正式制度也只有通过正式制度确立下来，或者通过正式制度反映非正式制度要求，非正式制度才能真正持久而坚韧地延续下去"[①]。由此，我国现代学徒制的成功构建首要应该搞清楚前进的路向问题。

三、现代学徒制制度构建的路径选择

现代学徒制实施现状已提醒我们，我国现代学徒制的成功实施，需对现有现代学徒制的相关制度安排进行进一步建设和完善。但从前面的分析我们也看到，我国现代学徒制的构建有自身的实际需要，应有的放矢，在路径选择上应聚焦以下几个方面。

（一）以质量管理为中心，强调技能资格认证

正如前面研究所表明的那样，在大多数情况下，现代学徒制企业的培训是有效的。学徒培养在一定程度上满足了多数企业雇主、学徒的期望。这意味着大多数参与培养学徒的工作人员都是有能力和敬业精神的教师和师傅，他们具有所需的行业、教学或培训经验，大多数培训都是按照商定的标准进行的。试点实践也显示，大部分企业及工作场所企业师傅都在履行他们的培训义务，并以适当方式与他们选择的职业院校合作。试点中也有一些极好的创新和高质量培训的例子，尽管这些很少得到强调，甚至很少受到赞扬。与此同时，还有许多弱点破坏了系统的质量和信心，其中就包括企业为了节省经费而降低培训的质量。有调查显示，超过15%的学徒培训没有明确的培训计划，这表明培训并不总是有效地计划和记录，企业并不总是被视为培训过程中的积极参与者。许多学徒没有定期收到反馈和建议来帮助他们进步。在当前的制度安排下，许多人并不确定他们在学徒培训方面的责任，也不确定如何在工作场所提供高质量的培训以及如何有效和

---

① 伍装. 非正式制度论[M]. 上海：上海财经大学出版社，2011：242.

可靠地评估工作场所的培训能力。在这种不确定的气氛中,在一个不能证明它重视高质量培训的制度中,一些地方出现了"忽明忽暗地"培训和评估做法。如果不加检查,这些实践将不可避免地导致这样一个系统,在这个系统中,证书而不是技能被视为必需的结果。此外,并不是所有的企业都承诺提供优质培训,尽管他们决定聘用学徒,也并不是所有的企业都能确保其指导学徒培训的企业师傅具备适当的资格和经验,以促进不同培训地点的学员在特定职业领域的学习。更为紧要的是,几乎没有证据表明,有相当数量的提供者严格衡量或监测其培训提供的有效性,以便实现持续改进。在目前的制度安排下,企业这样做的动机很少,倒是很多职业院校有这样做的打算,但苦于权威性和能力有限,这一想法难以奏效。最令人失望的是,一些学徒没有受到企业培训任务安排带来的挑战,大部分学徒认为"企业培训面太窄"。基于上述现代学徒制企业培训中存在的问题,需要采取一些有目的的干预措施,以建立一个更加平衡的制度,在学徒实际接受的培训与质量之间取得更好的平衡。

不可否认,企业学徒培训通常是有价值的,但有时也会出现问题。例如,有时工作场所的培训面可能太过狭窄、有时没有得到充分的培训、有时只是在非技术工作岗位上提供廉价劳动力——没有培训福利。目前我国现代学徒制试点中企业培训的质量保障相对薄弱。而其风险在于,如果不重视学徒的培训质量,培训的普遍扩大可能会增加这些问题。一般而言,学徒培训质量标准是工作场所高质量学习的必要条件。然而,虽然现有的制度安排中,也关注学徒的培养质量,但从所掌握的文本资料来看,并未形成明确的质量标准,更多是强调相关教学文件、培训内容等的标准化。因而,要求企业培训要有明确的培训计划和考核标准,试图以此来确保:(1)明确的学习目标,与在校学习目标相辅相成;(2)那些培训者(师傅和培训师)已经为这项任务做好了充分的准备;(3)学徒承担有学习成果的任务(而不是无技能的工作)。但很明显,这些措施的有效实施需要得到企业的支持,否则无法维系,而现实中,并非每一个试点企业都有明确的培训计划和考核标准。也即是说,试点中仅仅依靠培训计划和考核标准,并不能形成一套有效的规则或指导方针,无法规定对提供培训的企业的期望。这就为学徒培训有关的质量控制提供了理由。对于学徒培养而言,应该存在一套定义工作场所培训条款的规则。它们可能包括培训的内容和时间、培训结果的评估和培训人员的资格。这些规则应有助于避免将学生分配到非技术性任务中,并防止培训只局限于公司特定的技能。如果没有严格的控制手段,学徒培训的质量不受到监督,现代学徒制将举步维艰。从国际发展经验来看,这样的规则通常与学徒技能资格认证相关联。一方面,获得技能的正式认证可以用来诱导学员为培训投资的成本作出贡献,因为他们可以在劳动力市场上获得更高的回报;另一方面，认证促使他们在技能获取过程中付出更高的努力。

（二）以制度细化为落脚点，强调规则系统构建

企业和学徒共同承诺的达成以及学徒技能提升是当前我国现代学徒制构建的重要着力点。但包括学徒技能形成在内的人类活动又是由制度组织起来的，路德维希·拉克曼（Ludwig Lachmann）的研究让我们看到了制度间互动的可能。制度间互动的概念有助于理解制度配置的内在逻辑，它挑战了对单个制度影响的关注，并将我们的注意力转移到配置的功能效果上。在社会科学文献中，"互补性"一词最初被路德维希·拉克曼用来描述制度间的相互关系。拉克曼认为，"社会生活中确实存在着互补性的形式，特别是在制度方面"，因此任何制度理论都必须考虑到分析那些似乎显示出某种程度互补性的现实世界制度的特征。[1] 波伊尔（Boyer）在进一步研究的基础上认为，与所观察到的表现相比，互补性需要两种制度的结合才能实现帕累托改进，而双方制度的表现应在两个实体中，如果由于制度结合而产生的绩效优于单独考虑的每个制度的绩效，那么制度之间存在互补性。[2] 也即是说，"互补"强调的是一种层次结构的概念，它意味着两个实体之间的因果关系，从某种意义上说，一个实体绝对需要另一个实体的存在，以使其具有可持续性或可行性。相比较而言，"一致性"是另一个概念，这意味着两个制度可以很容易地共存，因为每个制度的健康状况都会因另一个制度的存在而得到改善。从上述概念的讨论中产生的一般观点是，必须对各种形式的制度联系进行不同的分析。就本书而言，制度间互动所产生的自我强制平衡，有助于解释现代学徒制各参与主体之间持续存在的各种制度安排的可能。这意味着，考虑到制度互动的问题，现代学徒制制度体系构建应强调相互作用的制度的影响，而不是简单地认识到制度的重要性。而就政策改革而言，主要的信息是，任何旨在推进现代学徒制结构性改革的倡议都应考虑到整个制度结构的一致性和逻辑，因为制度间过去相互依存的网络很可能会阻碍新制度的有效采用。中国情境下现代学徒制制度的体系构建亦是如此，这些逻辑决定了规则体系的生发路向。

综上所述，目前我国现代学徒制的发展中面临着诸多亟待解决的问题，而这些问题的形成又受诸多外在因素的影响。就目前而言，我国现代学徒制的构建：一是应该加强制度规则的配置；二是应该强化执行的机制；三是强调在制度互动的基础上，进行整体系统化的构建。

---

[1] Lachmann, L. M. The Legacy of Max Weber [M]. California: The Glendessary Press, 1971: 7.

[2] Boyer, R. Coherence, Diversity, and the Evolution of Capitalisms: The Institutional Complementarity Hypothesis [J]. Evolutionary and Institutional Economics Review, 2005, 2 (1): 43 – 80.

第三节　中国情境下现代学徒制构建的制度设计

当前我国现代学徒制制度的建设是试点实践智慧的凝聚，试点中遇到的现实困境是中国情境的真实反映。中国情境是我国现代学徒制当前以及未来制度建设的核心背景，任何制度的设计和体系构建都应以此为基础。抛开其他外在因素，现代学徒制能够存在的关键就在于其如何有效运行，而影响我国现代学徒制实施效应的关键因素在于企业培训的具体安排，其中就包括培训内容选择的适恰性、师傅指导的可获得性以及同伴支持等要素，这一点在试点现状调查中有所体现。另外，现代学徒制运行是否有效需要有一个带有较强透明性的识别标准，而不是单单通过量表的形式进行自我评估和反馈。不过，这些问题单靠学校是无法解决的，不同行动者间权利和义务的区隔与均衡需要地方政府和国家通过相关制度的安排进行平衡和协调。

一、国家层面规定性制度建设

现代学徒制的成功构建离不开正式规定性制度的约束。尽管当前现代学徒制还未上升至国家法律层面，但国家可以通过相关规则的细化和设置进一步明确相关主体的行动方向，并可以通过相关机构功能赋权的形式强化规则的约束力。其中就包括劳动力市场的协调、学徒资格认证以及师资队伍建设等规定性制度的设置。

（一）协调性劳动力市场：现代学徒制构建的前提

1. 学徒教育与劳动力市场间的过渡需要制度协调

中世纪以前虽然没有学徒制度的记载，但在古代甚至更早的生活中教育和劳动是一体的，并不是独立的社会系统，更未形成市场。但随着历史的发展，教育和劳动力市场逐步发展成为不同的子系统，形成了各自的目标和动力。教育系统从自愿的"小学"学校发展成为一个拥有不同等级和不同类型学校的大型系统，而且，这些系统在它们的运作中已经变得相当独立。劳动力市场也是高度分化，并且会不断变化，因为技术的发展不断改变着工作的性质和具体要求。每一个市场都遵循自己的逻辑和模式，这两者都很难提供完美的匹配。而教育体系的重要目标之一就是"为工作做准备"①。这一点上，现代学徒制表现得尤为明显。芬德（Fend）注意到，教育（包括学徒教育）不仅是为人们工作提供资格；它还（提前）为特定的劳动力市场选择了它们，在某种程度上，使人们（按照地位）分配不同价值的工作，以及由此产生不同工资合法化。②在某种程度上，不同层级教育的安排反映不同工作的差异，如从入门级的车间工作到首席执行官。较高的职位通常会得到更好的回报，因为在责任或技能要求方面，他们被认为要求更高。或者，正如经济学家们所希望的那样，这些工作所需的技能比其他工作更稀缺。不管怎样，他们的占有者往往具有更高的学历（比较稀少），这一事实使他们能在更好的工作岗位上获得更高的工资。筛选和证书理论实际上强调了教育在资格功能上的选择性功能。③但是，更重要的是，即使是学术教育也会让他们的学生为特定的劳动力市场做好准备，很难看出，大学法学院对一个非常具体的劳动力市场的目标要比高中层面"木匠"的发展轨迹少。④

然而，在各级教育体系中毕业的学生人数，并不一定与每个相应水平的劳动力市场需求完全吻合，而且也不是每个人都能实现从学校到工作的顺利过渡。现代学徒制代表了一种截然不同的过渡方法，对企业和学校有不同的作用。在学校本位的职业教育中，学校培训那些毕业后进入企业的年轻人，学校教育与劳动力市场之间通过毕业实习相关的制度安排进行过渡。而现代学徒制没有像普通中等教育和学校本位职业教育所暗示的那样，从教育到就业的顺序制度化转变，即从全日制学校的参与到（典型的）全日制就业的（瞬间）转变，而是暗示着一种劳动力市场和学校参与（基于学校的相关教学，通常定期交替）的平行制度化。通过这种方式，学徒制本身就构成了一个独立的过渡劳动力市场，与过渡性劳动力市场理论相一致。⑤因此，从教育到就业的转变是一个"两步走"的过程。首先，从（一般）中等教育过渡到学徒阶段；其次，从学徒阶段过渡到"正规"就业。过渡劳动力市场应该能缓解第二次转型，而学徒制通常被认为是为了由教

---

① Hövels, B. Terug Naar de Inhoud op het Snijvlak Tussen Onderwijs en Arbeid [A]//In B. Hövels & L. Römkens (eds.). Notities over Kwalificaties [C]. Hertogenbosch: CIBB, 1993: 11.

② Fend, H. Gesellschaftlicher Bedingungen Schulischer Sozialisation [M]. Weinheim und Bas: Beltz Verlag, 1974: 82.

③ Spence, M. Job Market Signaling [J]. Quarterly Journal of Economics, 1973, 87 (3): 355–374.

④ Lieshout, H. V. Controle over Verschuivingen in Onderwijsstelsels: Beheersing of Besturing? [A]//In B. Boon, J. Demmers, P. van Leeuwen et al (eds.). Alles Onder Controle. Essays van de Wetenschappelijke Generatie X [C]. Utrecht: ISOR, 1995: 143–157.

⑤ Lieshout, H. V. & Wilthagen, T. Transitional Labour Markets in Action: New Developments in the Dutch Vocational Education and Training Market [A]. In S. Roualt, H. Oschmiansky & I. Schömann (eds.). Reacting in Time to Qualification Needs: Towards a Cooperative Implementation? [C]. Berlin: Wissenschaftszentrum Berlin für Sozialfor-schung, 2002: 241–269.

育到就业的过渡,并为此受到称赞。① 虽然顺序和并行模式之间的这些差异是很重要的,但我们必须注意到,企业本位学习和完全基于学校的职业教育实际上只是两个极端的极点,在这种两极之间,各种不同的工作本位和学校本位职业教育组成部分间的组合是可能的。现代学徒制不仅为学校年轻人带来了不同于以往的角色变化(既是全日制学生,更主要的是,在典型的学徒制度下的企业员工),而且为内部和职业劳动力市场的重叠奠定了基础。

不过,在试点中我们也发现,在学徒教育和劳动力市场之间,以及每个人之间的制度分化,都要求制度在短期和长期内实现良好的平衡。过渡性市场虽然具有协调功能,但实践中能够感受到一种缺陷,而这种缺陷并不是潜在的。首先,在任何一个好的市场中,都有供应和需求相互适应的空间,关于原始需求和供应的信息交换将导致相互适应的过程。就目前试点而言,这一过程通常通过试点单位与合作企业间自主商定,而这些信息通常会以招生目录的方式对外公开。但至于有多少学徒入选,还有多少岗位空缺,以及中途是否有学徒退出,这些信息并不透明,甚至连学校管理者都很难说清楚。这也就是为什么在调研过程中,数据采集颇费周折的原因之一。其次,我们对于要将学徒培养成什么样的人并不清楚,也不透明,即使制订培训计划和考核标准,也会因为执行不到位而形同虚设,资格识别标准不足。具体又体现在两个方面,一是不同区域对于同一职业技能要求和考核标准要求不一,从现代学徒制专业教学标准中可以窥得一斑,这对于学徒跨区域交流制造了障碍;另一方面,同一职业中学校本位和以工作为基础的技能标准相互重叠或冲突。简言之,目前的学徒培训缺乏框架标准。最后,缺少一种管理或协调这种劳动力市场的更一般的制度配置。"私人指导能力"的发展是学徒制历史发展的一个重要方面,但试点中,到底谁来管理学徒培训并无定论。在制度文本分析中可以明显看出,虽然校企双方联合制定了现代学徒制管理办法,但文本中并未明确学徒培训的质量是什么、如何确保和不断提高培训的质量,以及由谁负责监督等关键问题。

总而言之,目前我国现代学徒制的发展过程中,学徒教育与劳动力市场间的过渡缺乏显要的制度配置,其中应该包括相应的组织建设。现代学徒制要想充分发挥其过渡劳动力市场的协调功能还有很长的路要走,不仅需要其他的通用治理机制,还需要各种特定的制度配置。但这样的制度配置在路径选择上还是需要有所考虑。

2. 协调性劳动力市场的制度安排

基于上述讨论,制度设置主要有两点考虑,一是确保绝大多数企业主为培训

---

① Schmid, G. Flexibele Coördinatie: De Toekomst van het Duale Systeem uit Oogpunt van Arbeidsmarktbeleid [J]. Cedefop Beroepsopleiding, 1992 (1): 53-58.

成本做出贡献；二是在于工人可能采取的策略，以维持他们技能的可转移性，并限制潜在的替代。总而言之，制度框架必须解决两股力量：一是偷猎；二是替代。就前者而言，可以通过建立一个强有力的制度，使分裂的力量处于困境。具体到企业，需要确保企业主之间的培训费用适当分摊，以及减少对其他公司所培训劳动力的偷猎范围。与此相关，通常有三种可能的解决方案。第一，引入激励机制，如向培训企业提供培训资金。第二，可以学习德国，通过企业集体组织的力量，利于同辈群体压力协调企业培训行为。第三，政府直接干预。而从控制替代角度来看，劳动力市场上熟练工人的关键利益是保护他们技能的可转移性，并保持他们工作的标准化，这样他们就能保持在不同的公司在同一水平上工作。而这样的保护同样需要相当程度的制度规则。然而，就目前而言，我国市场化背景下，这样的制度安排并不明显。从学徒培训的规定，到对熟练工作的管理，缺乏强有力的规制。

事实上，从学校到工作的过渡一直是每个人一生中的关键阶段，现代学徒制作为一种在更大范围内实现工作与教育之间过渡的一个可能办法是建立在一系列外在制度基础上。根据试点原则，学徒培养需要在不同学习场所交替进行，学校和企业间建立交替关系是进一步教育和培训的基础。在此过程中，学徒培训经费将由各企业提供，受训人员将在培训期间接受较低的工资来参与筹资。过渡劳动力市场不仅打算创造更多的就业机会，还将改善就业条件，它们还将减轻传统经济增长的压力。然而，重要的问题仍然悬而未决，例如，过渡劳动力市场的一项关键原则是不同收入来源的结合。因此，问题就出现了：谁（国家、企业、学徒）将共同出资多少？出资的目的是什么？同样明显的是，过渡劳动力市场在结合有偿工作和非有偿生产活动方面的组织安排比自由市场制度更为复杂，涉及合同安排或在各种就业职位之间作出选择的权利。如何制定、谈判和控制这些权利？

首先看第一个问题，现代学徒制的资金筹措。在大多数情况下，过渡劳动力市场涉及某种形式的收入再分配。然而，如果认为现代学徒制只是一种工作分担战略，那么这样的理解还不够全面。因为，在经济方面，可以把现代学徒制设想为一种新的工资政策，这种政策平衡工资的各种职能，同时兼顾公平和效率问题。但有充分的理由表明，如果工资政策和收入政策恰当地联系在一起，这一目标可能会奏效。就企业而言，通过现代学徒制可以以较低的投入获得未来想要的人，而对于学徒而言，需要通过低工资换取企业的培训。在这一过程中，现代学徒制需要复杂和明智的共同资助模式，集体行动者必须为这种模式提供适当的制度框架，这种工资和收入政策的合作框架才能得以实现和推广。

其次，在过渡劳动力市场制度下，必须重新考虑法律或集体管理的问题。这也就涉及第二个问题，即现代学徒制作为过渡时期劳动力市场的监管。过渡就业权利的假定原则必须合法化，反对激进的自由放任哲学，即劳资关系应由私营部门之间不受限制的自愿谈判来处理。规制理论指出了可能发生市场失灵和第三方规制可能产生较好效果的各种情况。这些情况可以分为四类：交易成本、外部性、规模经济和囚徒困境。因此，必须检查过渡劳动力市场在多大程度上改变了以前需要管理制度的环境。就交易费用而言，由于需要更详细、个别区别和灵活的合同安排，转型期劳动力市场可能会增加这种费用。学徒越来越多的选择，例如升学、中途退出，可能会增加企业的风险，令企业无法从特定关系资本的投资中收回成本。因此，为了克服企业与学徒之间可能存在的不信任，并在过渡过程中可能导致的就业关系破裂的情况，有必要制定一般性的程序规则以及在具体规定合同时进行个人谈判。

最后，如果私人合同的执行成本很高，而集体协议或立法能够以较低的成本执行，规范或内部化的标准可能进一步提高整体效率。通常，集体协议如果成功，可以通过立法作为普遍标准的试点。从经济的角度来看，标准化可以被视为从规模经济中收获果实的一种方式。作为过渡劳动力市场的现代学徒制当然意味着就业关系的复杂性和偶然性日益增加。而其中的人为因素带来了成本增加的风险，监测合同遵守情况变得更加困难，合同条款可能含糊不清并引起冲突解释，不遵守合同造成的损害难以衡量，损害或损害的原因难以确定。解决冲突将需要外部仲裁者在漫长的事实调查过程中收集昂贵的资料，在这些调查中，合同的实际条款和双方在雇佣关系期间的行为必须被追溯建立。这一过程给双方带来了高度的法律不确定性。因此，新的合同范本应明确规定框架和标准，立法规定最低标准、程序规则和应享受权利可能成为公平和效率的手段。再有，作为过渡劳动力市场的现代学徒制，虽然现在还没有普遍出现外部挖人现象，但还是要预防可能出现的新形式的囚徒困境，即提供轮岗计划的企业可能会面临"搭便车者"挖走训练有素的员工的问题。这意味着需要提供激励（如共同资助现代学徒制计划）或建立普遍规范。

可见，一个成功的现代学徒制度包含了比最初想象的更广泛、更复杂的制度结构。作为过渡性劳动力市场的现代学徒制将加强增长的就业强度，但增加就业关系的必要多样性还意味着寻求制度安排，以支持教育、培训与就业之间更大的流动性或过渡，或两者的临时结合。而这些支持制度应该包括，明确规定框架和标准的合同、规定最低标准的规制性规则等；同时，为实施这一战略，必须特别注意促进地方（区域）一级关键行动者之间合作关系网络的建立。

（二）国家专业教学标准与认证体系：现代学徒制的基础

现代学徒制发展的国际经验提醒我们，对于学徒唯一也是最重要的积极激励是对学徒资格的准制度化和社会认可。无论学徒的职业是什么,一个完整的学徒生涯都赋予了学徒一个职业身份,并由此获得了公认的社会地位。在德国现代学徒制的发生经验中,学徒证书是独立实践的必要条件。而对于我国现代学徒制而言,国家层面的专业教学标准和认证是现代学徒制的基础。

1. 专业标准开发及认证是现代学徒制质量保证的基础

质量应是学徒制改革的优先事项,因为质量不仅为经济所需的劳动力技能或学徒制品牌的预期提供实质性贡献,而且鼓励并调整其他形式的技能发展。"质量"作为一个明确的目标,首先出现在管理理论中。近年来,质量的概念在公共政策辩论中变得更加突出,包括在职业教育和培训方面。关于质量的表达并不是固定的,因此质量"管理"、质量"控制"、质量"改进"和质量"保证"在某种程度上都可以互换使用,但也传递不同的细微差别。在职业教育和培训方面,对低质量的关注推动了欧洲职业教育和培训质量保证参考框架的建立。[①] 从最广泛的意义上说,好的"质量"意味着任何想要的东西。对于现代学徒制而言,质量可能包括学徒制的所有可取特征,可归因于涵盖整个学徒制度的最高"制度"水平、涵盖个别学徒计划和资历的"设计"水平,以及涵盖个别学徒的学习经验的"传送"水平。因此,一个强有力的现代学徒制度应支持个别学徒资格的设计——例如,通过一个资格框架,明确学徒资格与更广泛的教育资格之间的关系。良好的设计,应存在正确的资格形式,然后巩固有效地提供给个别学徒。

然而,现有学徒制框架下,并不是每一个提供学徒培训的企业都具备培训计划和考核标准,学徒培训质量令人担忧。而且,学徒培养过程,尤其是工作场所培训过程是在不公开的状态下进行的,公众对其详细过程知之甚少,就连合作学校的教师及管理者也未必能及时掌握培训过程的具体信息,否则也不会有这么多的企业没有明确的培训计划和考核标准。既然在现有情况下,一时难以对学徒培训过程进行把控,那么可以从"产出"端,对学徒培训质量进行考量。而这样的手段,在学徒制发展史上就一直存在,如行会时期学徒需要提供一件作品才能证明其是否可以出徒。在现代语境下,国际经验则是通过资格认证的方式,对接受培训的学徒进行质量评估。在调查中也发现,试点中也有部分企业为学徒提供行业技能认证,也有企业积极配合学校参加各类考证。但这里需要强调的是,资格认证需要区分是对学徒现有的低水平技能认证,还是在接受足够高质量的培训之后,进行的较高水平认证。特别是在零售、护理等行业,这一点尤需关注。对接

---

① Recommendation of the European Parliament and of the Council of 18 June 2009 on the establishment of a European Credit System for Vocational Education and Training [EB/OL]. (2009-07-08) [2019-02-04]. https://ehron.jrc.ec.europa.eu/sites/ehron/files/documents/public/recommendation_of_the_ep_and_the_council_of_18_june_2009.ecvet.pdf.

受培训的学徒进行资格认证是从产出的角度对学徒培养的质量进行的事后评估，在学徒培养过程信息不完全为公众所熟识的情况下，不失为一种督促和监督企业关注培训质量的重要手段，能有效避免企业以"学徒制"为名，"滥用"学徒劳动力现象的发生。除此之外，还有一点不能忽视，现代学徒制并不完全是企业的事，合作学校在学徒培养过程中发挥着重要作用，与学徒培训质量高低不无关系。而且，在试点中，很多学校缺乏明确的学徒培养依据，往往在具体实施中将学徒培养与传统意义上的人才培养完全等同，这一点在收集回来的"人才培养方案"中有明显体现。因而，为了确保学徒培养质量，需要从更高层面对学徒的教学和培养结果进行规制。

2. 国家专业教学标准与认证体系构建

国家专业教学标准旨在为学徒培养提供理论知识和实际应用的准则，以补充学徒的培训经历。标准的设计，有助于业界培训标准所界定的校内学习成果与有关工作表现目标互相参照。因此，学徒应将学校规定的知识应用于工作环境中所需的实际经验，从而完成与这些目标有关的学习。共同标准可以简化学徒培养制度和对结果的解释，特别是对跨地区学徒培养而言。不过，不可避免的是，新标准将会有一些初期的问题，因此一些最初看起来合理的标准的特征将会出现问题。同样，在实施这些标准时，一些提供者将采用效果不佳的教学方法。随着时间的推移，逐渐了解标准及其实施的潜在缺陷，以及如何在实践中克服这些缺陷，成为质量保证发展的重要内容。而这样的过程需要有一个专门的机构或部门，对其进行跟踪、协调。同时，新标准的实施，需要引入相关资助机制，主要出发点在于激励学校和企业的参与。目前学徒制专业教学标准主要在学校层面，由学校和企业开发，如果没有积极的资助机制学校和企业可能不会真正依照国家标准实施。这里需要强调的是，国家层面专业教学标准的开发需切实考虑到国家统一性和地方灵活性间的矛盾问题，将专业大类进行模块化处理不失为一种有益的手段。在具体内容上，必须明确学徒培养周期、学徒培养规格，以及企业培训的核心要求（可将企业课程纳入其中）等关键内容。

有了教学的标准，下一步就是对培养结果如何认证的问题。第一，每个目标职业应有一个资格，而不是由不同的授予机构提供竞争性的资格。第二，一个可靠和健全的学徒资格制度需要与更广泛的职业资格制度相协调，并在数量上易于管理。学徒资格通常与更广泛的教育和培训资格挂钩。这使得学生和企业都能看到学徒制在教育进程中的位置，以及特定的学徒制可能会带来什么样的工作和职业生涯。对于任何给定的目标职业，可以采用不同的方式将学徒资格与其他职业和教育资格联系起来。例如，对于同样的目标职业，可能有其他的替代途径，允许学徒制提供一种获得技能的途径，而其他途径也是可能的，包括以学校或大学为基础的培训。第三，确定学徒资格标准的数量。即使在拥有强大学徒制度的国家通常只管理相对有限的学徒培训职业。对于那些短期内不适合开展现代学徒制的职业应不做硬性规定，转而将国家有限的资源转移到有实施学徒制价值的行业。第四，确保评估的可靠性和一致性。在可靠性问题上，学徒资格认证需由第三方权威机构进行，并要求在评估计划中，列出期末评估报告、笔试、面试和实践测试的内容。学徒资格认证是确保企业对学徒技能的信心可以得到外部和客观的质量检查的支持。这种检查实际上是在判断学徒个人的技能是否达到行业预期的标准。在一致性方面，资格认证应由某一个具有权威性的评估机构进行，但为了避免特许经营带来负面效应，应对认证机构的资质设定一个有效期限（如五年），并保持某些可竞争性。

学徒培养质量是现代学徒制成功与否的关键，也是试点单位面临的重要挑战。而从国家层面建立系统的教学标准，以及对学徒培养结果进行系统认证是我国现代学徒制成功构建的基础。如果学徒教育没有标准，其他有关现代学徒制的活动根本无法进行。同时，如果对培养结果没有系统的考核与认证，再好的计划安排也难落到实处，旨在改善认证体系的政策，将在鼓励个人支付或分担自身培训成本方面发挥重要作用，认证体系能够有效地向劳动力市场发出学习成果的信号。

（三）完善的导师制度：现代学徒制的重要组成

在通识教育方面，我们认识到师资队伍的素质是支持有效学习的关键因素之一。这引致了一系列旨在提高师资素质的政策措施。同样的考虑也适用于现代学徒制方案中的教师和培训人员（通常称为"企业师傅"）。在本书中，企业师傅是指那些无论是在职业教育机构还是在工作场所，主要负责传授实用职业技能的人；而将职业院校中主要负责传授理论职业技能的人称为学校导师。但在实践中不同类型的教师和师傅之间的划分往往变得模糊，如学徒制实施过程中教学理论和实践职业技能日益结合。基于这样的考虑，我国现代学徒制的成功构建，需要对企业师傅和校内指导教师的人选问题进行相关规则的设置。

1. 确保企业师傅准备的最低标准

与已往学校职业教育对师资力量的要求不同，现代学徒制要求学徒教育发生在学校教师和生产场所师傅之间共享培训任务的过程中。考虑到在企业培训中所追求的不同目标，企业师傅的活动非常多样化，而且往往超出了制度文本中规定的角色。然而，实践表明，他们在多个主要领域不断地重叠。这些领域被细分为具体的活动，这些活动不是线性的或孤立的，许多活动是同时进行的，或者是根据企业的工作组织而重组的，进而活动本身对应于不同的角色。

首先，企业师傅的教育角色。虽然职业院校通常希望提高校内导师对工作场所的熟悉程度，但在行业中，人们更关心的是让与学徒教育息息相关的企业师傅具备必要的教学技能，如学徒们非常看重企业师傅的教学方法。企业师傅角色提供一种教学功能，专注于技能的传递，并围绕着与学习者的关系进行组织。这个功能的主要组成部分是培训和教学：在培训方案和资格标准的基础上，师傅需要制定培训目标，并将其转化为学徒在企业的学习活动或培训工作情况，组织学徒活动的教学进度，指导教学培训过程，监督和评估学习成果。将理论和实践结合在一起，在给定的职业环境中，帮助学徒习得技能知识。这一过程中，包括企业师傅对技能和知识的获取及对学习机制的反思、对与学徒沟通方式的反思，以及对他所负责的受众的具体特征的深入了解。当其在一个群体面前发挥作用时，企业师傅必须能够使用各种各样的教学工具以及教学方法。在工作环境中，师傅传达的实际工作比规定的工作要多，因为他或她需要明确和"解码"工作环境。根据所传递的职业的性质，展示和解释职业姿态的方法将或多或少具有重要意义。对手工职业的学习将在很大程度上为他们保留，而更抽象的职业将倾向于更概念化的方法。这一教学维度在试点中得到了极大的强调，在这个系统中，企业师傅可以与 2~3 名学徒打交道。他必须能够掌握和使用各种各样的教学方法：演示、模拟练习、角色扮演、案例研究、问题解决、小组工作。这不仅是一个让学徒熟悉工作程序的问题，而且是给他提供准备工作的理论和实践知识。此外，企业师傅必须了解整个培训计划，他们必须回答学徒们关于公司在培训中的地位的问题，以及任何关于继续培训的问题，因为学徒们将继续保持他们的技能。他们是学徒在整个培训领域的首选对话者。

其次，学徒教育中企业师傅的关键作用不仅在于传递实践技能和知识，还在于帮助学徒适应工作场所的社会规范，以及更广泛地负责学徒的管理。企业师傅无疑扮演着社会化的角色。他们鼓励年轻人学习群体行为标准（如语言、服装等）。他们在工作环境中阐明了集体生活的规则，并将年轻人介绍为新员工。通过自身对企业的记忆，使新学徒适应公司的隐性规则和特定的环境，并要求他们采取具体的态度。如果企业师傅是一个先验的发起者，赋予了工作行为的意义，那么他也可以帮助学徒重新赋予生活的意义。在许多情况下，师傅的角色不仅仅是社会化，当他解决或帮助解决个人而不是专业问题时，如健康和同伴关系问题时，他成了一名调解员。而在这一过程中，企业师傅更多地充当了管理者角色，他们管理和协调不同部门或培训学习者之间的内部关系，可以在培训中心、生产部门，以及企业其他的不同合作伙伴间发生关联。通常情况下，他们会在培训结束后建立培训和招聘之间的桥梁。他们有一项管理任务，他们将工作分配给学徒，领导一个团队，确保合作过程，确保工作过程和生产约束得到尊重。他们遵守纪律，在服从、勤勉、活动、着装和外部尊重方面表达要求。他们管理可能的冲突，控制和评估这些不同的行为。简而言之，企业师傅在学徒的眼中体现了一种制度的规范。可见，企业师傅并不是一个简单的培训指导，在培训实践中还扮演着其他重要角色，但这样的角色并不是孤立的，而是嵌套在学徒培训的整个过程中。因而，任何有关规范企业师傅参与行为的制度设计都不能顾此失彼，有关企业师傅任职标准的设计更是如此。为了在现实中有意义，对上述活动的描述必须附有关于其分配的细节，以及负责执行这些活动的人的职能和条件。

这样一来，对于企业师傅的人员问题存在三种局面：第一种是企业中存在很多具备上述能力的企业技术人员，愿意做师傅的候选人大有人在，企业要做的就是通过一个平台，允许候选人必须证明其有必要的能力，而这样的平台需获得适当的行业认证或国家层面的认可。第二种是现代学徒培养对企业师傅要求太高，企业师傅虽有能力但无心带徒，也就是现代学徒制对师傅的吸引力不够。因为，现代企业生产中，师傅的主要身份还是企业员工，通常以劳动生产力来计酬，如果没有外在的激励和补充措施，即使具备带徒能力的企业师傅也并不情愿指导学徒。第三种是企业现有员工人能够符合带徒条件的师傅人员不足，这也就是为什么在调研中学徒反映"师傅、设备等资源不足"。总体而言，企业师傅人选问题可归纳为三方面内容，一是通过激励性手段增加带徒吸引力；二是对企业师傅候选人进行培训；三是对企业师傅进行资格认证。要做到这三点需要从制度层面进行支持，即从激励、培训以及国家或行业认证层面进行相应规则设计，这些内容是我国现代学徒制构建过程中，确保企业师傅供给的最低标准，为了便于陈述，本书更愿意称其为"企业师傅专业标准"，内含企业师傅的选拔、培训、激励和认证等细则，培训要求中应包括教育学、法律问题、职业教育系统知识，以及如何解决年轻人潜在的问题，如情绪、日常行为规范（抽烟、酗酒等问题）。

2. 确保学校导师准备的最低标准

试点以来，与学校导师相关的制度安排，在大多数情况下，与校内专业教师的要求无太大差异。在讨论教师教育或其他问题时，一般都会考虑专业课教师的情况。也因如此，在实践中，学校导师和企业师傅面临两个相互关联的挑战。首先，学校导师的短缺问题。调查中，很多职业院校在选拔校内导师时，有时不得不与其他专任教师竞争，往往无法提供有竞争力的薪酬，尤其是在校内导师需求量最大的试点专业。在此情况下，许多职业院校创造途径，进行长远规划，努力培养具有相关职业技能的人，使他们成为校内导师。其次，确保校内导师熟悉现代工作场所快速变化的要求。虽然关于这一问题的经验证据很少，但对试点中现有证据的审查表明，具有有关的工作经验是有帮助的，特别是对新晋教师，因为经验为他们提供了一个环境，增加了他们对学徒的指导信心。然而，超过某一阈值水平的工作经验似乎对教学效果没有进一步的积极影响,因此工作经验的性质可能比其长度更重要①。不管怎么样,校内导师的知识和技能需要与时俱进。在实践中,校内导师往往认为他们太忙,无法更新自己的技能和知识,除非在职培训正式成为他们工作的一部分,并被认可为他们工作量的一部分。也就是说,可以通过奖励,特别是工资奖励以及其他方案,鼓励教师发展和更新与工作有关的知识。

具体来看,首先,在校内导师缺乏工作经验的情况下,需要鼓励更多具备实际工作技能的人成为校内导师。这将加强征聘,并有助于确保校内培训人员熟悉工作场所。而为校内专任教师配备与工作相关的技能的另一个优势是,企业往往更重视职业培训,要求培训人员具有与工作相关的经验。有效和多样化的途径进入教师或培训师职业可能有助于这一问题的解决。其次,对于校内专任教师而言,可以通过在工业界担任兼职教员和兼职工作的方式获得这些经验。这种安排提供了特别的好处,因为这些培训人员同现代工作场所不断变化的需要保持密切联系,这种工作方式也可能会吸引那些希望成为学徒校内导师,但在企业留有工作的人。也就是说,试点院校与业界之间的合作与交流,可以用来提高和保持校内导师对工作场所的熟悉程度,还可以培养工作场所培训人员的教学技能,这反过来可能有助于在企业中培养一批受过教学技能培训的人,这些人将来可能在学徒培训中担任企业师傅。这将促进校内导师的专业性和企业师傅的职业性之间灵活的职业道路,有助于解决现代学徒制师资不足和招聘不畅的挑战。为了促进上述这种安排,学校和企业间的密切合作至关重要,二者之间的伙伴关系可能有助于增加其吸引力,从而吸引合格和热情的候选人。这种伙伴关系的质量往往在很大程度上取决于个人关系,虽然这种关系很重要,但它们需要得到系统的支持。而这样的支持,关键是获得行业和企业的认可,因而采用一种认证标准来吸引高质量的候选人从事学徒培训显得很有必要。作为校内导师任职的资格条件,校内导师标准也应包含选拔、培训、激励和认证等细则,其中在选择条件中应尤其强调业界工作经历和所取得的相关职业认证。而为了保证学徒培养质量,校内导师需完成一定时长的企业培训课程,包括现代工作场所快速变化的新技术、新工艺等内容。

总而言之,对于参与培养学徒的人员来说,尤其是企业师傅往往缺乏教学经验,而校内导师往往职业经验不足。为了向企业师傅提供教学技能并帮助他们成功地从企业过渡到学校,在制度设计方面应有所考虑。让技术工人以灵活的方式

---

① Lynch, R. L. Occupational Experience as the Basis for Alternative Teacher Certification in Vocational Education [A]//In A. Gamoran (ed.). The quality of vocational education: Background Papers from the 1994 National Assessment of Vocation Education [C]. Washington, DC: U. S. Department of Education, 1998: 43-64.

获得他们的教学能力，有助于鼓励技术工人作为企业师傅身份进行实践，如有些企业培训人员可通过参加一定时期的讲习班获得所需的教学资格。当然，如果有专门的组织机构为未来企业师傅提供继续教育和培训课程，帮助其提高技能，并支持学校职业教育和企业发展，那么对于现代学徒制发展中师资问题的解决将大有裨益。除此之外，还可以特别设计一个义务培训方案（直接）来满足校内导师的需要。该方案应在工作场所新要求、学徒管理、学徒评价等方面提供实际操作指导。要做到以上几点，需得到以下几方面的支持。第一，应在认证技能和非认证技能之间进行区分，这就类似于市场需求和公司特定技能之间的区别。第二，对于参与企业，应严格聘用经过认证的企业师傅。第三，政府可以与企业组织就不同的认证技能进行协商，并将其作为影响培训规模和分配的一种手段。然后，这些企业将获得经认证培训的资金资助，接受定期检查，并需要在外部评估中获得满意的结果。简言之，完善的导师制度中，除了必要的培训安排和相关标准的制定，还应强调财政激励措施的使用，以及确保企业获得培训能力和具有专业培训承诺的企业师傅的积极参与。

（四）畅通的学徒升学路径：现代学徒制的有力支撑

现代学徒制既要吸引企业，也必须吸引学生。这样，合格的年轻人才能竞争成为学徒，而培训企业也能从他们的能力中获益。畅通的升学路径，是吸引学徒参与的重要支撑，至少对于试点中，那些参加升本考试的学徒应是如此。这意味着，公众对于学徒制竞争的学习途径（如不同形式的高等教育）的支持程度很重要。

1. 现代学徒制是一种途径，而不是终点

对于许多研究者来说，教育的价值在于成长的过程。学习是一个不断变化的关系网络，处于一个不断变化的过程中，本质上又是环境、社会和具体内容的一部分，并受其影响。换句话说，学习包括通过参与和个人转变来进行，是一种终生观念。现代学徒制作为一种职业教育形式，理应允许学徒享有不断学习的权利和获得相应学习的机会。现代学徒制不同于单纯的学校虚拟现实系统，前者更能提供社会包容和就业机会，相应地，对学习者技能的习得和提升也提出了更高的要求。因为，在工业社会中，技术的不断变化致使工作对技能的要求不断提高，高技能工作的比例上升，而低技能工作的比例下降，同样的工作极有可能在技能要求方面发生了升级。因而，需要一支有能力提供一系列技能的员工队伍，以满足行业对贸易、技术和管理角色的需求。这些技能和属性使他们能够对技术进步、不断变化的工作和工作场所环境作出反应。进而，在制度条件不变的情况下，只有对技能水平的不断追求，学徒才有可能适应不断变化的工作要求。而技能从低到高是一个不断学习和积累的过程，在这个过程中，更高水平的指导对技能形成影响更大。再进一步，技能形成的本质可以概括为知识与具体工作任务的联系。不过，由于工作任务的性质不同，联系的具体内容也会有所变化。只有在具体工作情境中，引导学徒努力建构知识与工作任务的联系，才能有效地习得和提升技能。也即是说，随着工作任务复杂程度的不断提高，知识的广度和深度要求不断扩大，不同层次受教育个体对知识与工作任务之间建立联系所采取的行动不断升级。据此，一般水平的学徒需向更高一级的学徒转变，而这一转变如果能在更高级别的指导和教育环境下，效果会更明显。由此，对于学徒个人而言，现代学徒制只是其成才的一种途径，并不是终点，学徒应有更高一级的上升空间。

不过，这里需要指出的是，升学路径的畅通，通常会想到为学徒专门设定高层次学历。这是学徒升学路径畅通的必备条件，但不是唯一条件。如果只是在学历层面上进行更高的设定，而不对考试制度进行相应的配套安排，那么，对于学徒而言，很可能只能对着高学历而望尘莫及。因为，学徒制是以就业逻辑为导向的，在学徒期间，几乎2/3的时间要花在以工作为基础的培训上，而在较短的以学校为基础的期间内，不可能达到接受高等教育所需的学术水平。因此，为了避免类似的由学徒制到高等教育的低渗透模式，切实为学徒提供更大的获得高等教育资格的机会，有必要在制度层面对学徒升学考试规则进行约定。

2. 现代学徒制升学制度安排

现有制度环境下，学徒升学转移效应的强度取决于学徒制在国家教育体系结构中的地位以及中学和大学之间的联系。但就目前而言，处于试点阶段的现代学徒制还未在教育体系中真正旗帜鲜明地存在着，在很多人的印象中仍作为诸多人才培养模式中的一种。不过，这并不能妨碍更高级别学徒制形式的设立。本书认为，学徒升学制度安排的第一步应设立高学历层次的学徒制，为学徒接受更高级别教育提供可能。第二步高学历层次的学徒制在学习方式和学习结果方面应与普通高等教育有所区分。在学习形式上，主要通过基于工作的途径，边工作边学习。这样的要求主要基于两方面考虑：一方面是，升学考试会导致学徒离开企业，企业很难收回前期投资的成本，给培训企业带来损失，因而在前面的三方协议中，企业对于学徒升学考试进行了严格的限制；另一方面是，边工作边学习能为学徒带来稳定的收入，激发学徒学习热情。而在学习最终结果方面，可以结合资格证书（高级）和基础学历（如专科）或学位，上升到学士及以上学位。当然要做到这一点，需要在国家层面上加以引导，应以需求为导向，以确保所有相关利益者，包括学徒，看到价值。这种价值可能不会在一开始就被察觉，最初可能适应那些在学徒期间变得更优秀的人。不过，这里需要提醒的是，对高学历学徒制的追求，很可能与企业的要求不相符。因而，这些更高层次学徒制的安排需要更加灵活的整体方法，至少需要有可能补充传统的方法。第三步涉及制度设计的问题，即高层次学徒制与其他学习经历之间有效衔接的问题。这里可能存在几种相关但不同的方法。第一，从学徒期内直接过渡。学徒期内获得的资格、技能以及学校授予的毕业证书都是升学资格审核的考量要素。顺序选择更有可能由有动力的个人按照自己的节奏、职业目标、经验和机会来选择。将技能、资格水平与学位层次相衔接，为一系列的资格和技能开辟了道路，支持从基于能力的证书级别课程到更高的学位，促使这些资格和技能可以逐步建立更深或更广的技能。这样的程序可能由一个提供者运行，或者涉及一系列提供者之间的合作关系，以利用最好的可用人员和专业知识吸引高质量的候选人，从而成为一系列高质量学徒的理想来源。第二，并列运行。作为学徒制度安排的一部分，它允许一系列资历以相同或不同的顺序同时进行。我们知道，有些积极主动的学生能够驾驭多个系统同时进行学习，但他们只能以一种特定的方式展开，而不能以系统化或结构化的方式进行。例如，一名学生可以在学徒期内，以兼职方式开始他的大学学位。为了维持这份工作和课程负担，可能需要利用休息时间学习大学课程，并在工作时间继续在现场做学徒。并行模式更符合上面中提到的边工作边学习的特征。不过，在具体实施上可能需要在与企业正式签订的学徒合同中嵌入相应的承诺。即便如此，要实现这样的安排也并不容易，需要克服现有的制度，或在现有制度安排的基础上，扩大学徒制的概念、必要条件和可能导致的结果。其中一些挑战包括：适用性和接受度，特别是企业的承诺；如何加强通识教育；提高基于工作的学习体验的质量；尊重对等，提高职业教育的地位，解决质量问题等内容。

当然，学徒升学路径的畅通除了需要对高层次学徒制的设立进行相关的制度安排之外，同等重要的是，需要在制度层面上突破职业院校传统升学考试方法，突出以实践能力为入学参照标准。可行的做法是，将实践操作纳入考试范围，真正为高层次学徒制选拔掌握扎实技术技能的学生。此外，通过增加学术内容的数量来提供学徒制高等教育资格的政策可能适得其反，因为这些政策极有可能增加这些学徒制学生的辍学率。对于熟悉企业工作环境的学徒而言，过多的学术课程安排并不一定有利于学徒的个人能力提升，反而可能压缩其与工作场所的联系。简言之，高学历层次的学徒制并不是普通高等教育的翻版，其本质上依然强调学校学习和工作场所学习间的互动，其基本目标是高水平技术技能人才的培养。因而，对于高层次学徒制课程内容和入学要求需有明确的规定。透过为学徒提供升读高等教育的机会，可降低转职的影响，提升高等教育对职业资格的认可度，削弱中、高等职业教育和学术教育之间水平整合较弱的负面影响。高层次学徒制度安排为终身学习和职业发展提供明确的途径，包括为学徒及其企业量身定做的选择和灵活性，以满足他们的需要，这对贸易和技术行业至关重要。但满足未来更高的技能需求,不但取决于培训系统提供适当技能的及时性和反应能力,还取决于是否有适当的人员(包括数量和能力)来获得和使用较高的技能。未来的发展方向很可能是采用一套多样化和全面的方法来吸引最优秀和最聪明的人才,而不是采用有限的模式。还应该注意的是,最好和最聪明的学徒可能从第一天就很明显,他们通过接触学校教育和工作经验而成长。因此,这也是关于确定那些可能有潜力和有能力在学徒期间、在适当环境中作出成绩的人,并向他们提供有趣和富有挑战性的经验,以培养他们的技能,提高他们自己的就业能力、对企业的价值,以及未来的发展道路。

二、协调各方行为的区域规范性制度构建

国家层面的制度建构主要着眼于学徒教育过程中相关主体互动行为的整体性、全局性约束和规范。但并不是所有的问题都需要从国家层面进行相关的制度设计来解决,其中就包括企业与企业间互动的问题、如何激励企业参与的问题。因为,这些问题并不具有完全的普遍性,完全可以在区域层面通过制度的完善和设置进行规范和协调解决。

(一)区域审查制度:规范质量的重要抓手

学徒培养质量是学徒制成功的关键,所以任何时候、任何层面强调学徒培养质量的问题都不为过,但凡是对质量提升有益的举措都应积极争取。这其中就包括区域层面对规范学徒培养质量所作出的努力。当然,区域层面对于学徒培养质量的促进不同于学校层面,学校层面重在内部的运行,包括上文中提到的学徒选拔、企业资质审查、课程匹配以及学徒管理等内容。而区域层面更强调对学徒培养过程中相关行动主体间的行为和关系的规范和调节,更强调过程的控制,这是由试点中实际情况所决定的。具体来看,尽管试点政策的重点是国家,但也强调地方的灵活性。这样做的优势在于,便于区域层面透过整合人力资源及经济发展政策,发展本地知识网络、建立本地对技能的需求,以及(可能的)解决技能运用的问题,以避免浪费本地人才,使本地技能供应更符合本地需求,从而提高创新及灵活性的可能性。同时,也可为本地利益相关者提供本地的策略指引,使他们能根据本地劳工市场的需要调整政策,使学徒培养更适应个人和企业的需求,并在它们之间创建连接的路径。进而,在试点中,地方政府可以通过描述伙伴之间的任务分工,推进彼此进行合作育人,以满足当地劳动力市场的需要。其中,地方伙伴关系工作的一个重要标识或特征是城市一级公共培训中心的建立。公共培训中心由城市(学校)、私营企业和行业伙伴共同经营和资助,服务于特定行

业（如机械加工），其课程汲取业界专业知识，旨在协调及配合学徒、企业主及教师或培训师更新学习资料的需要。目前，这样的培训中心在江苏省太仓市、四川省蒲江县以及浙江等地都已设立并运行良好。

不过，这也带来了新的问题，与不同类型的行动者建立一系列不同的地方伙伴关系，一些合作伙伴可能负担过重。再者，谁在地方伙伴关系中起带头作用，一系列不同的战略利益可能会阻碍合作。所以，对于现代学徒制发展而言，地方伙伴关系是必要的，对于推进企业与学校间的合作也是有利的，但并不是说，伙伴关系的建立一切问题就都化解了。而且，我国是一个幅员辽阔的国家，在区域一级存在着许多不同的省、区、市。国家负责劳动法和社会保障，而各区域负责经济和就业政策。各区域拥有与积极的劳动力市场政策、职业教育和培训以及成人培训有关的权力。城市和直辖市主要执行上级作出的决定，但也可以提出与当地劳动力市场政策和教育有关的地方倡议。进而，从国家层面来看，下放技能体系面临的一个根本挑战可能是，不同地方使用的结果指标缺乏可比性，这给国家层面证明学徒培训结果提出了新的问题，因而稳健的地方绩效评估和报告对于评估本地学徒培养的有效性至关重要。可见，试点中，地方自主权的扩大意味着相对的制度复杂性的增加。试点中的证据也突出表明，有效的本地工作需具备一定的条件，如持续和充足的政府资金、协调各方（地方、区域和国家）技能需求和愿望方面的灵活性和平衡性，以及是否能够通过本地管理指标进行纵向和横向的问责。而后者是试点中最为缺乏的，很多问题就是因为缺少了问责的环节而变得难以推进，如学徒培训质量问题、学徒工资标准问题。

区域审查制度的建立有望促成这些问题的解决。第一，对学徒培养质量的审查需要从区域层面展开。试点中，企业和学校被要求合作开发教学标准、课程标准，这样一来，原有的标准框架和内容被打破，其中突出的表现就是增加了企业看重的技能要求。进而，在相应的标准中出现了同一个专业两套独立技能标准的现象：一套是基于学校的部分，另一套是基于工作的部分。这可能会导致两个问题：一是同一专业，工作本位技能标准和学校本位技能要求相互重叠或冲突；二是同一职业中，不同试点单位提供的技能要求（包括各自的工作本位技能要求和学校本位技能要求）可能相互重叠或冲突。这对于学徒培养质量的保证、企业与企业之间的文凭承认，以及企业与企业之间的未来员工流动都会造成不小的影响。为了杜绝此类现象，应在区域层面专门组织人员对制定的相关标准进行审查。目前这一环节主要集中在试点项目申报过程中，由项目审批部门本身或组织专家对相关内容进行审核，而对于真正实施过程中的具体内容并无审查。对于实践中具体内容的审查，区域层面最有发言权，因为当地行动者对当地技能的需求和供应、学徒培养有更详细的了解，这一点尤其重要。第二，区域审查促成整个地区学徒培养的有效供应。基于学校组件的框架技能标准和基于工作的技能标准组件之间的协调是可取的，因为两者都适用于同一个学徒培训轨道。因此，区域层面应该议定一个详细的程序，在这一程序中，两种制度相互发展和适应。而从区域角度讲，也有必要确保整个地区的供应是可行的，以确保基本供应不致丧失。再者，通过审查能促进学徒培养的更大专业化，能够支持技能和知识的高水平发展，同时支持在传授技能和知识方面取得卓越成绩的机构间的合作。因此，如果要在地方一级有效地提供学徒培养，地区审查将确定在地方一级的供应情况。

学徒培训质量是现代学徒制成功的关键，这已是不争的事实。低质量的培训对任何人都没有好处，对于那些试图以牺牲质量为代价扩大学徒数量的人来说，应存在一种外在的制度安排迫使其及早醒悟。区域层面审查制度构建不仅强调对学徒培养质量的监督、管理和规范，也力图从利益相关者那里产生利于学徒培养和学徒制发展的集体承诺。

（二）企业间协商制度：避免集体行动困境的有效路径

获得技能是学徒学习的首要目标，但技能形成在很大程度上端赖于企业的参与。但自从贝克尔（Becker）对企业特定技能和一般技能之间区别的经典表述之后[①]，人们对技能的可转移性给予了足够的关注。但与贝克尔观点不相一致的是，越来越多的观点认为，在充分竞争的劳动力市场（一般技能）和非竞争性劳动力市场（特殊技能）之间，存在着一种不完全竞争的劳动力市场（可转移技能），这种技能并不只对一个企业有价值，企业间在雇佣此类人才方面存在竞争[②]。进而，提供此类技能培训的企业面临着外部"挖人"的问题，企业无法确保其（而不是竞争对手）一定能够享受到投资培训所带来的收益。而采取挖人策略的企业，通常通过高工资的形式对熟练学徒工进行"偷猎"。如果在一个区域采取这一策略的企业越多，意味着提供此类技能培训的企业成本投入越高。因此，越来越多的企业迫于成本压力不得不放弃培训，转而转向外部招聘，进而在培训市场上出现了企业集体行动的困境。对于这一问题，通常通过两种路径解决，一种是采取集体主义策略，即每个企业都参与，同时每个都受益，建立一种能大量提供高度可转移性技能的统一供给体系；另一种策略是，采用制度化手段，在企业

---

① ［美］加里·S. 贝克尔. 人力资本：特别是关于教育的理论与经验分析［M］. 梁小民，译. 北京：北京大学出版社，1987：10.

② Stevens, M. Human Capital Theory and UK Vocational Training Policy［J］. Oxford Review of Economic Policy, 1999, 15（1）：16-32.

中构建一个自我技能形成的内部劳动力市场①。而与这些制度相配套时，必须要建立能确保技能保持高度可转移性的制度安排，即通过技能标准化认证制度。因而，从这个角度而言，技能资格认证制度在增强熟练学徒工在劳动力市场中的竞争性的同时，也因减少了信息不对称而可能进一步激化企业的"偷猎"行为。所以，在西伦看来，上述应对策略的有效性取决于，是否存在一种既能反"偷猎"又可以避免企业间恶性竞争的制度安排，其中就包括"工资协商制度"②。不过，试点中学徒工资的问题似乎并未引起试点各方的重视，否则也不会出现试点中有如此多的学徒无工资现象。下面这位学徒如实地反映了试点中部分学徒的遭遇：

"像这边，在平时工作上班时间跟他们员工是一样的，一样没有区别。但没有工资，也没有加班费，什么东西都没有，然后就相当于义务给他们劳动。可能还没到时候，有工资就有干劲了。"

而在德国，"报酬被认为是合适的"，学徒的平均工资是同等技能的"成人工资"的1/3，而且还在逐年增长。③ 尽管立法对于保证学徒的权益是必要的，但国际经验也表明，最有效的立法是对主要合作伙伴的权利和责任的保障，至于学徒有权获得与其生产贡献（培训费用净额）相称的培训津贴、为学徒期制定最短期限，以及为年轻学徒制定单独的最低工资，则须由企业主与学徒代表共同商定。不过，与之不同的是，试点中参与"现代学徒制"的学徒主要来自学校，其主要身份是学生，而不像其他大多数国家那样，学徒主要来源于企业员工。尽管试点方案中也要求明确学徒的员工身份，但从实践来看，二者存在很大，甚至是本质的区别。因为，如果试点中的学徒真的要成为企业员工，首先就需要与企业签订劳动合同，通过合同二者建立劳动关系，并受法律保护。而在我国，《中华人民共和国劳动法》的实施，建立了调整劳动关系的三层次模式：宏观上，以劳动基准法调整全部劳动关系；中观上，通过以集体协商为基础的企业集体合同、规章制度调整企业内部集体劳动关系；微观上，通过劳动合同调整用人单位与劳动者之间的个别劳动关系④。因而，如果签订劳动合同，至少会在学徒与企业之间建立一种个别劳动关系。但要做到这一点并不只是一份三方协议能决定的。例如，广东省要求学生报到前一定要签用工合同，"招生"即"招工"，但"对户

---

① Thelen, K. How Institutions Evolve：The Political Economy of Skills in Germany, Britain, the United States, and Japan [M]. New York：Cambridge University, 2004：19.

② Thelen, K. How Institutions Evolve：The Political Economy of Skills in Germany, Britain, the United States, and Japan [M]. New York：Cambridge University, 2004：20.

③ Beicht, U. & Andreas, K. Money Plays a Role！Are Trainees Satisfied with Their Pay？[R]. Bonn：The Federal Institute for Vocational Education and Training, 2010：10.

④ 周国良. 从劳动争议处理看集体劳动关系规范的困惑 [A]//杨鹏飞. 劳动关系集体协商制度研究 [C]. 上海：上海社会科学院出版社，2012：8.

籍的限制，异地招生问题无法解决，在广东都无法解决"。此外，"'双身份'对高职来说不是问题，但对中职来说，年龄是个问题，我们学生是'阶梯式'的双身份"（被访学校层面负责人说）。再者，"还和认可度有关，企业受制于劳动法，'双身份'有些企业认为不符合劳动法，所以现在有些是准学徒制"（被访学校层面负责人说）。以上这些信息反映了学徒和企业之间建立劳动关系过程中的一些现实问题，单从这一点足可以看出"学徒"与"员工"之间的身份距离。再进一步，即便学徒和企业之间签订了合同，并约定了双方的权、责，但就学徒工资这一点来看，不同区域差异较大，即便是同一区域，学徒工资也无统一标准。也就是说，对于试点而言，学徒和企业之间即使建立了劳动关系，也只停留在个别劳动关系上，距离具有统一工资标准的集体劳动关系的确立还有很长的路要走。因此，迫切需要在区域政府引导下，推进同行业企业间协商制度的建立，完善学徒工资（或补贴）决定机制，以及增长和支付机制。

  这里需要明确的是，"协商"不同于"谈判"，后者是一个"决策"的过程，而前者是一个"咨询"的过程，强调"合作关系"的形成，其"成果"由管理者掌控[①]。在当前，行业功能尚未充分彰显、学徒身份还不明确的背景下，企业间协商制度的建立端赖于区域政府的功能发挥。具体而言，在具体制度的设计上应关注以下几点。首先，企业间协商应以行业协商为参照系，由企业根据行业发展需要和本区域实际共同确定各企业可接受的学徒工资统一标准，包括学徒期内的工资、毕业后进入企业后的增长幅度及支付方式。这样做的好处在于：一方面能激发学徒参与积极性；另一方面，能在很大程度上遏制外部"挖人"行为的发生，因为根据商定的结果，本行业中学徒的工资是统一的，如果有企业想通过提高工资的方式"不劳而获"，必然会受到来自同行的压力。其次，企业间具体协商的内容除了学徒工资标准之外，还应涉及"生活保障""劳动安全"以及协议（或合同）履行过程中的监督问题。最后，企业间协商制度的建立还需区分层次性，即区域层面应设立最低标准，具体行业标准由行业内企业确定，但不能低于区域标准。

  不可否认，对现代学徒制的支持是一种复杂的制度，其中区域政府（包括省、区、市）在制度构建中发挥了重要作用。一方面，地方政府对学校负责，并通过不同层级教育管理部门间的密切合作履行责任；另一方面，区域政府引导学校与企业合作，并为公共教育培训买单。也就是说，培训年轻人掌握市场技能的成本由地区政府、学徒和企业共同承担。在这一过程中，区域层面企业间协商制

---

① 闻效仪. 改革开放四十年之集体协商与集体合同研究：历史演进、制度执行与类型化趋势 [J]. 中国人力资源开发，2018，35（10）：99 – 111.

度的建立至关重要。一方面，对于相对弱势的学徒群体的利益维护而言，需要通过行业内企业间的协商确定学徒工资、劳动安全及生活保障等一系列问题；另一方面，企业间对学徒培训的参与行为需要通过协商来规范。因为，任何由企业提供的结构化培训体系，都可能带来可转移技能，这就要求企业与企业之间进行全面、公开的协商，以达成集体参与的共识，并对彼此参与行为进行监督，以遏制"偷猎"行为的发生。简言之，企业间协商制度的构建是纠正企业集体参与行为、避免集体行动困境的有效路径。

（三）积极稳妥的财政政策：激励企业有序参与的重要手段

国际经验表明，现代学徒制是发展劳动力技能和使年轻人顺利地从学校过渡到工作场所的一种具有成本效益的方法，因此政府有充分的政策理由鼓励和支持现代学徒制。在学徒制发展有限的地方，政府可能希望通过一系列财政激励措施来促进学徒制。就目前来看，这些激励多是一般公共开支资助的财政奖励。现代学徒制的成本由所有纳税人共同承担，这是基于学徒制带来正外部性的假设。当学徒制为提供学徒培训企业以外的企业（如通过提高潜在雇员的技能）和整个社会（通过提高人力资本的总体水平）带来好处时，就会产生外部效应。为了创造积极的外部效应，现代学徒制应该培养可转移技能，而不是企业特有的技能。这些技能包括可以在该行业内的企业之间转移的技能，以及更通用的认知和非认知技能。这些激励措施是在现代学徒制的预期外部性较大且学徒培训岗位工资较低时引入的。学徒制财政奖励的成本可以来自一般公共支出，这部分支出一般来自纳税人，因而可以为有学徒的企业提供补贴。

但试点中，财务激励也遇到了一些挑战。第一，对现代学徒制直接财政补贴的效果可能是有限的。这一观点可以从现状调查中得到佐证。调查发现，财政激励对于以招聘为目的或工具的企业没有影响。正如调研中，一位人力资源部副总这样说，"成本对于我们来讲，不是主要的，关键是招到我们想要的人"。补贴会对没有参与学徒培训的企业产生影响，而财政补贴效果的有限性也得到了国际比较文献的支持。如一项对澳大利亚培训计划的评估显示，补贴对雇主培训的决定影响很小。这主要是因为补贴只覆盖了企业成本的一小部分。[①]澳大利亚的另一项研究评估了取消学徒补贴对雇主的影响，发现补贴对使用学徒制作为招聘工具的雇主没有影响，但取消补贴会导致那些着眼于学徒制长期利益的部门在学徒培训岗位供应量上有所下降，因为这些雇主在没有补贴的情况下，到项目结束时无

[①] Deloitte. Econometric Analysis of the Australian Apprenticeships Incentives Program [R]. Kingston: Deloitte Access Economics, 2012: 7.

法实现收支平衡。① 还有研究认为，学徒岗位的减少在服务行业尤其明显，那里提供的学徒服务质量通常很低（从毕业率和就业结果来衡量）②。因此，从这一点说，补贴有利于学徒制的发展，但可能对个人的价值有限。总而言之，财政补贴通常会涉及大量的"无谓负担"，也就是说，对于一些企业而言，无论相关的激励措施如何，企业都会资助学徒培训。第二，财政激励可能会成功地吸引那些主要对补贴感兴趣的企业，而不是培训学徒。这是一个潜在的问题，因为现代学徒制作为一种制度的有效性，在很大程度上取决于企业寻求从培养训练有素、生产率高的员工中获得好处，这些企业因此致力于高质量的学徒培训，因为他们认为这符合自己的利益。但这一问题在前文中已反复提及，应引起区域管理者警觉。此外，财政激励的效果取决于资金的筹集和使用方式。政府为学徒制提供的财政激励的效果取决于资金的使用方式，例如，税收减免或具体补贴。然而，这也取决于如何筹集资金，特别是是否通过某种形式的征税来筹集资金，而征税的对象可能是特定的工业部门，也可能不是一般的税收。还可能通过其他的方式进行筹集。从区域层面的经验来看，有些省份按接收学徒数量对企业进行补贴。例如，前面提到的L省，企业每接收一位学徒政府补贴5 000元。这种支持力度之大，在其他省份并不多见。当然，也有些地级市为推动现代学徒制试点，也采取积极的财政政策对试点企业进行补贴。这些激励措施的实施对推进区域层面试点工作的顺利开展大有裨益。不过，调查中也发现，这些激励措施多以项目式进行，也就是说，项目结束，经费投入也就相应停止。然而，即便如此，这项投入对于地方财政而言，也是一笔不小的支出，如果没有长期的金融框架支撑，这样的支持估计很难长期地维持下去。同时，也很难让企业追求长期承诺的产品和劳动力市场战略。

综合以上几点，本书认为，区域层面设置激励制度，一方面是看到了现代学徒制的预期外部性；另一方面，财政政策倾斜还考虑到参与现代学徒制带来企业成本的增加，地方政府以政策工具为手段进行适度经费支持，旨在调动企业积极性，吸引企业参与。从调研结果来看，参与学徒制的企业确实为每个学徒支付了不菲的净成本，在短期内也真真切切增加了企业的负担。而且，从国际比较的角度来看，还有一个问题。如果其他企业没有作出任何贡献，一旦"挖人"行为的发生，那么对于参与学徒制的企业而言，其成本会更高。因此，在区域层面进行积极的财政支持政策也情有可原。事实证明，财政补贴是激励企业参与现代学徒

---

① Pfeifer, H. Firms' Motivation for Training Apprentices：An Australian – German Comparison [R]. Adelaide：National Centre for Vocational Education Research，2016：20.

② Mühlemann, S. The Cost and Benefits of Work-based Learning [R]. Paris：OECD Publishing，2016：36.

制的重要手段，尤其是对现代学徒制新进企业影响更多。但在看到财政激励的有益一面的同时，我们也应该警惕财政激励可能会成功地吸引那些主要对补贴感兴趣的企业，而不是培训学徒。而且，财政激励的持久性也是应该重点考虑的问题。因而，现代学徒制构建并不反对区域层面采取积极的财政政策，但这样的政策应以积极稳妥为前提。进而，区域层面财政激励制度的完善应涉及以下几个方面：一是明确政策适应对象；二是对补贴兑现形式和过程做具体说明；三是对经费的使用范围、报销规范及时效性等内容进行详细规定；四是对不合政策要求的投机行为设置处罚规则。

三、具体运行层面的制度建设

一种制度只有当其能够帮助行动者实现目标时，它的特征才被认为是有意义的，而在此之前制度应沿着特定线索而建构。对于现代学徒制而言，这样的线索源于学徒的招募，因此学校层面相关制度的设计与安排是我国现代学徒制构建的起始点。具体而言，应涵盖以下几个方面。

（一）明确的选拔制度设计

1. 学徒选拔制度设计是现代学徒制构建的起点

进入选拔程序是获得学徒资格和从学校过渡到工作岗位的重要第一步。虽然这并不意味着一个人真的成功了，但它确实提供了一个机会，在后续的选择阶段，把自己作为一个合适的候选人。可以认为，明确的选拔制度设置是这一过程有序推进的关键，也是现代学徒制度构建的起点。就目前试点而言，学徒的选拔方式存在着不同的形式。

第一种，借助高考制度进行选拔，即通过企业提出学徒需求量，由学校向教育主管部门申报招生指标，对外发布信息直至录取。这种方式的好处在于，可以统一招录，并通过高考制度进行选拔，公平性、公开性较高。但也存在弊端，首先，从选拔过程来看，由企业提供学徒岗位需求信息直至学徒录用，至少经历半年左右的时间，在这期间，企业所提供的学徒岗位极有可能发生变动，给学徒后续的培养带来不确定性；其次，从选拔路径来看，通过高考制度的选拔，主要评判的依据是学徒的文化成绩，至于学徒的动手能力以及个人品行等一系列企业颇为看重的要素并不能直观地显现出来，这在一定程度上造成了后期学徒不适应企业生活、企业不满意学徒表现等一众问题。

第二种，从已录取的新生中选拔。这种选拔方式在试点初期，尤其是首批试点单位中多采用这一方式，因为试点单位名单发布时，在时间节点上已错过了高考录取的时间，进而绝大部分单位都从已就读的学生中选拔。这也带来了一个好处，即企业参与选拔过程，与学徒面对面进行交流，并参照之前的在校成绩（包括理论课、实践课），综合考虑，选拔出企业想要的人。当然，这一方式也存在不足。首先，企业直接选拔，需要企业和学校投入大量的时间和精力，往往选拔数量有限。其次，这种选拔受专业限制影响明显。由于在校生是以专业为单位进行录取的，而既有的专业设置可能与企业岗位并不匹配，进而在试点中出现了企业招不到人的现象。更为重要的是，由于受生产规模影响，合作企业提供的学徒岗位有限，每个企业可能只提供有限数量的学徒岗位，所以出现了在一个行政班中，既有入选的学徒，也有未入选的学生，这给教师的教学工作带来极大障碍。很多学校的做法是按教学班授课，即将同一专业不同行政班中被选中的学徒独立组班教学，而未入选学生进行重新组班，并在课程、师资和教学资源上进行重新匹配，这又对学校的教学管理和协调能力提出了极大的挑战。一位校内导师给出了如实的描述："真的是措手不及，有点乱，都不知道原来的班长去哪了，几个班讲的内容都不一样，教务处也不给个统一意见……"

第三种，借助实习制度进行学徒选拔。试点意见和试点方案中并未明确要求各试点单位一定要在新生中选拔学徒，因而很多学校在具体实践中，将学徒选拔与实习工作相结合，将学徒期套嵌在实习期内，在试点专业中，出现了整班是学徒的现象。这样做的优势在于，便于管理，尤其是在教学进度的对接上，存在明显优势。因为，在学校的教学进程中，实习期基本不安排校内授课任务，即使有也极为有限，大部分时间要求学生在企业接受培训。这样一来，企业培训在时间安排上要相对充裕得多。不过，这也带来了几个问题。首先，将学徒期和实习期对等，模糊了学徒和实习生的概念和本质区别，就连企业师傅也认为来到他身边的并不是学徒，而是实习生，他们在实习期结束后是会离开的。其次，将学徒期和实习期对等，缺失了前期交替培养的过程，致使学徒进入企业后，并不能很快接受并适应企业的生活。这就是为什么有学徒觉得无力的原因：

"我感觉就是下班时间不够用，刚开始可能还不习惯这种生活，从学校到企业这种状态，现在两个月下来之后，我感觉还不是很适应……怎么说呢？比如说我需要定时运动，好一点的环境，吃的各方面、做得各方面可能都要好一点。因为在这边怎么说，住的是宿舍，和学校的一样，早上7点钟要起来，然后来这里上班，上到晚上5：30下班，吃个饭回去洗个澡就八九点了，然后就躺床上，第二天就是上班，可能工作就是这样子，但是我第一次体验这样，虽然之前也有兼职做过服务员之类的，但是现在这种感觉很无力。真的想早点结束。"

不可否认，就试点中现有的学徒选拔方式而言，可以说各有利弊。不过，无论哪一种方式中的不利因素都有可能给学徒教育带来极大的不确定性，不利于现代学徒制的有序发展。当然，这一现状又是可以通过相关制度设计进行完善和改进的。

2. 学徒选拔制度构建

基于上述选拔方式的梳理，本书认为，学徒选拔在过程设计上应兼顾三者的优势，应在高考选拔的基础上，合理设置企业面试环节，并综合考虑工作本位学习和校本学习的交替时间。而为避免这一过程中的诸多不确定性，应着力从以下几个方面进行相应规则设计。

第一，制定学徒岗位认定标准，识别学徒需求数量和所提供岗位质量。学徒选拔关键需要解决的是需求与供给之间尽可能的平衡，否则再好的制度设计都是无意义的。选择过程与正规劳动力市场的过程非常相似，而且可能相当广泛，涉及多个阶段。在正式选拔学徒之前，亦即早期选择阶段，应对提供学徒培训岗位的企业进行严格筛选，对其是否有能力提供学徒培训岗位进行识别。在前文中，我们已看到，有些企业参与现代学徒制的目的并不是培训学徒，而是为了获得政府的补贴。这些企业的典型特征在于，企业自身并没有学徒可以训练的岗位，其通常做法是借助第三方为学徒提供培训，而其本身充其量是一个中介。这种行为在外界激励政策存在的背景下，表现得尤为明显，这不能不引起当地政府部门的重视和警惕。这些无资质而又表现"很积极的"企业对学徒参与积极性造成的伤害是难以弥补的，某校"轮机"专业的现代学徒制就是一个典型案例。该校学徒在企业中所做的事情就是"切菜""扫地""给机器抹油"，而这些学徒原本属于轮机维修专业，本应针对轮机维修相关岗位进行培养。但他们接受训练的这家企业并不是与他们签订三方协议的企业，而且有的学徒中间已更换了不止一家企业。用一个学徒的话说，是"先大后小"，"大"指的是大船，"小"指的是个体小船。可以想象，在空旷的海面上，一个学徒整天干的工作就是"切菜""扫地""给机器抹油"，而且一做就是2~3个月，这是一种什么样的感受。因此，在正式选拔学徒之前，对处于学徒岗位信息筛选的开放阶段，学校的选择制度中需对企业培训资质做明确要求。第二，制定明确的学徒选拔标准。有效的学徒选拔必须有企业的参与，因为毕竟学徒要以准员工的身份进入企业。因此，什么样的人可以进入企业，未来的雇主应该有发言权。当然，这种权利的行使不是也不应该是选拔现场的临时发挥，而是需要以一种正式条文的形式提前告知备选学徒。这样一方面可以让备选人有提前努力的方向；另一方面也可以节省企业的投入，因为并不是每个人都符合标准，明确的学徒标准制定实有必要。第三，制定详细的选拔程序。在进入学徒正式选拔阶段，应有明确的正式选拔程序。对于一般企业而言，通常使用多个渠道选拔他们的未来员工。最常见的正式招聘渠道是在公共职业介绍所数据库中刊登招聘广告，更大的组织倾向于在他们公司网站上公布职位空缺信息。但对于参与现代学徒制的企业而言，学徒选拔并不只意味着选择未来员工，还意味着选拔企业未来的培养对象。因而，这一过程应该比一般的单纯招聘来得更正式。不过，选拔程序的正式程度和复杂性往往受企业规模影响。与规模较小的企业相比，提供学徒岗位的大企业在参与选拔新学徒的过程中，往往在优化选拔过程方面投入更多，这些程序非常全面，但也要非常有效。而正式的流程可能有助于他们更有效地实现更好的选拔结果。而从学校角度来看，学校作为公共服务部门，其行为对监管机构和公众的影响更大，因此必须对（潜在的）申请者表现出公平对待。因此，在学徒的选拔过程中，学校应秉承公平、公正原则，对选拔程序进行严格规范。进而，明确的选拔制度设计应附有制定的更详细的选拔程序。

总而言之，一项好的学徒选拔制度应至少包含：学徒岗位认定标准、学徒选拔标准，以及详细的学徒选拔程序。

（二）灵活的课程制度设计

前期的调查已为我们揭示了现代学徒制试点中一些现实困境和发展障碍。这些问题是多方面的，但从学校层面来看，试点中最大的问题莫过于如何运行现代学徒制。现代学徒制是一种制度体系，但制度存在的关键表征在于其帮助行动者实现目标。在试点中，这一目标具体表现为联合企业共同育人。然而，二者的合作并不通畅，无论是计划安排还是双方的策略选择都存在差异。但这里仍需强调的是，正是这些差异的存在需要相关行动者作出改变，而具体到学校，需要改变的是如何与合作企业进行对接。

1. 校企灵活对接是现代学徒制运行的关键

值得注意的是，企业对于学校所学一直以来都持怀疑态度，其中也包括学校本位的培训。当然，这并不是因为学校本位学习获得的培训证书比不上那些通过工作场所培训获得的证书。企业持这种态度是基于这样的事实，即和工作本位的培训相比，参加全日制学校学习的学生社会化程度不够，不太容易融入工作生活的文化中去。不过，参加全日制学校培训的学生具备那些只参加工作场所培训的人员所不具备的学习潜力。这是因为企业往往会受制于市场的金融逻辑，这就意味着企业提供的培训有时必须依附于生产的要求，而不是依附于学习的要求。在全日制学校培训中没有创造利润的要求，这就意味着这里的培训可以从有助于学生学习的角度出发来进行计划。更具体地说，学校本位的培训计划是以每个学生的学习需求为基础的。然而，对于工作场所培训而言，这样的选择是不可能的，因为对生产的诉求远远高于对学习的要求。

在学校本位的学习空间里，学校有大量时间向学生介绍行业程序和规范，让他们学习与实践技能发展相关的理论知识。而且,在学校培训中,学生有思考和犯错误的空间和余地,这一点对那些年龄小、比较脆弱的学生来说极为重要。他们可以在一两年的学校培训时间里培养出一种职业自信,然后继续到一个真实的岗位上完成自己的全部培训课程。此外,在学校培训中,学生不仅参加类似于真实生产过程的模拟训练,还参加过程设计的训练和学习。这在真实工作场所培训的情况下,几乎不会有时间或有机会来做这样的事情。然而,尽管学校本位职业与培训具备这些优点,但也并不足以完全取代工作本位培训。一是在学校空间里,学生和学生肩并肩工作,而在工作场所,学生是和一些经验丰富的熟练同事共事,学校里的学生不能和在工作场所培训一样建立相同的社会技能;二是学校本位的培训不能让学生有机会养成良好的工作纪律和工作节奏,而工作场所培训却能够实现这些目标;三是只参加学校培训的学生与客户打交道的机会有限;四是和学校本位培训相比,接受工作场所培训的学生通过真实产品的生产和服务的提供能提升价值意识,激发其学习的动力。[①] 可见,工作场所培训对于学生的发展意义重大。单从这一点来讲,试点中强调学校和企业对学徒培养交替进行就显得很有必要。就目前而言,试点中的交替方式各学校并不完全一致,如表6-8所示。

表6-8   学徒交替培养形式举要

	交替形式	具体安排
1	按周交替	第一年在学校; 第二年跟岗实习:每学期8周在校,12周在企业; 第三年顶岗
2	按月交替	第一年:每学期有1周企业认知实习; 第二年:假期到企业实习; 第三年:企业、学校3个月轮替
3	按周和月交替	第一学期:期末1周认知实习,完成药店岗位认知; 第二至四学期:每学期每月去药店1周,每周一个专题,例如,感冒药的销售、药店PUP卖点广告、联合用药等; 第五学期:任务学习,在企业综合实训[采购、配送、销售(处方、非处方等)、服务环节的流程]; 第六学期:顶岗

资料来源:作者根据访谈结果信息整理。

表6-8所列只是试点中有代表性的几种形式,并未穷尽试点实践中的全部

[①] Juul, I. & Jørgensen, C. H. Challenges for the Dual System and Occupational Self-governance in Denmark [J]. Journal of Vocational Education and Training, 2011, 63 (3): 289-303.

做法。即便如此,我们也可以看出,学校和企业之间互动之频繁,这给学校教学秩序的稳定带来了巨大压力。这一点可以从被访教师的言语中窥得一斑。而且我们相信,表6-8中所列举的第二种交替形式中,学校利用假期去企业接受训练实属无奈之举。极有可能,只有这个时间段,既不影响企业的生产,也不影响学校教学任务的完成,而且后者的可能性更大。也就是说,在正常的教学区间内,如果学生进入企业,会影响校内课程的正常实施,进而选择在没有课程学习任务的假期进入企业接受训练。当然,这也从另一个侧面反映出,学校为了实现与企业联合育人的目标,在实际行动上采取的灵活做法。且不论假期接受训练的效果如何,但就这种与企业灵活对接的精神就值得称道。可以预见,如果没有这种灵活的对接方式,在传统课程模式下,学徒训练很难得到保障。当然,现代学徒制的成功构建不可能要求所有的学徒都要在假期去企业接受训练,还是需要通过相应的规则设置和行动调整,形成一种长效的机制。与此相关,本书认为,在学校层面进行灵活的课程制度设计,是破解学校与企业计划安排不一致问题的有益尝试,也是现代学徒制顺利运行的重要保障。

2. 灵活的课程制度构建

将正式的学徒制融入职业教育体系改革中去具有一定的优势。拥有健全的职业教育体系的国家通常将学徒制融入高中阶段,或是直接融入中学后的教育体系中。青少年将学校学习和工作场所学习结合起来以获得和职业相关的专业知识、技能和证书,带有明显的双元特征。现代学徒制的主要目的仍然是为年轻的学校毕业生提供专科及以上学历,并促进青年从教育过渡到劳动力市场。但在现有学校运行体制下,企业或学徒个人想在培训项目中改变途径的选择是有限的,因为学校部分学习缺乏灵活性,学徒需要在预定的时间内返回职业学校接受课程学习,这给培训企业的工作任务安排留下了很少的空间。如何协调二者的关系在实践中备受关注。基于此,本书认为,对接企业培训进程,将学校课程进行灵活设置,有望破解这一困境。

现代学徒制的实施对学校教育教学产生了直接影响,其中令一线教师感受最深的就是,以往统一的课程形式往往受到学校与企业之间工学交替的影响,这种影响以往也存在,但其程度远不及此。因而,试点单位不能不思考,现代学徒制运行中课程该如何设置的问题,整体划一的课程形式是否真的适应现代学徒制交替育人的需要。从目前试点来看,恐怕未必。那么,为什么不可以在原有课程组织架构的基础上,对课程进行模块化处理,即在模块化的基础上开发职业课程。也就是说,根据职业能力发展需要将课程重新组织成若干模块,在学徒培训中,根据培训进度由学徒自行选择。这种带有个性化色彩的课程设置,便于学徒根据企业培训进程进行选择,而且在技术操作上是可以实现的。因为,对于学徒而言，学校课程结构主要划分为两类，一类是必修课，另一类是选修课。后一项措施可使课程更具个性化，既能适应企业的利益，又能适应个别学徒的利益。但需要指出的是，课程模块化不是将课程简单地拆解，而是对课程体系中的课程内容进行重新提炼形成相对闭合的内在结构。简单地说，一个模块应该对应着相应的能力点，每个能力点内含相互关联的技能、知识，以及应有的态度要求。这样学徒可以根据工作任务需要进行选择。

不过，这样一来，对学校的教学管理和任课教师提出了挑战。第一，对于专业课教师而言，将原本的必修课纳入选修课，似乎是对课程地位的一种弱化。因为在一线教学中，选修课通常被归为考察课一类，不需要进行正式的考试，而不考试往往意味着不会引起学生的重视，不能引起学生的重视，自然课程地位下降。也正是在这样的逻辑下，对于学徒考核的问题一直争执不下。第二，对教师的挑战远不局限于此，真正的挑战在于这些课程如何开发和实施的问题。对于如何开发的问题，首先需要解决的是根据什么来开发。这就涉及课程开发的标准问题，对于这个问题绝不能仅限于学校层面，否则极有可能将课程内容窄化为某一企业或地方的特有技能，对于学徒未来可转移性就业大为不利。因而，从国家层面进行教学专业标准的开发就显得很有必要，这一点在前文中已有所涉及。其次，对于如何实施的问题，这一问题的核心在于，如何在合适的时间内、选择合适的地点对学徒进行集中授课的问题。这首要需要一份详细的课程目录单，内含详细的开课时间和授课地点。这份目录单应在学徒进企业之前让其周知，并允许其通过信息技术手段，预先选择课程。为了满足学徒学习需要，有些模块课程可能需要重复开设，而且课程开设不应限制最低人数，否则有些课程会因为选课人数太少而被取消，这是不合理的，因为学徒之所以选择这一模块课程，极有可能是因为在企业培训中遇到了难以解决的问题，急需通过这一模块的学习来帮助其化解难题。这就需要从学校层面进行相关制度的设计。

总体而言，学校层面灵活的课程制度安排至少应包含以下几方面内容：一是制定学校层面模块课程的开发标准；二是建立并完善激励制度引导教师开发；三是在规则设置上模糊选修课和必修课的区分，强调选修课的地位；四是对于开设模块课程的教师，在工作量的认定和评级方面，应有所倾斜。否则，模块课程难以维系，学校和企业间的合作又会回到从前，现代学徒制有效运行难以保障。

（三）有效的学徒管理制度设计

现代学徒制试点不仅给学校教学带来了挑战，对学徒管理也提出了更高的要求。如果管理到位，试点中就不会出现学徒不辞而别的现象，更不会出现不按流程办理离任手续的问题。其中的问题，可能与试点中部分企业管理者所说的那样与学校"思想教育"有关。但本书认为，问题的关键在于学徒培养过程中学校与企业间在学徒管理方面缺乏必要的互动。这里仍然需要再一次重申，现代学徒制不同于以往的学生实习，学徒也不是以往的实习生。这一点对于试点专业的老师可能比较清楚，但对于专门负责学校学生事务管理的工作人员（如辅导员）而言，可能并不十分谙熟其中的差别。学徒与实习生最大的差别在于前者是企业的准员工，与企业之间签有协议，在享有协议赋予的权利的同时，也承载了更多的责任和义务，其中就包括严格遵守企业规章制度。而对于实习生而言，虽与企业签有实习协议，但企业对实习生的承诺与预期远不及学徒。再者，由于是准员工身份，所以相比较而言，企业会投入更多人力、物力。因而，对于学徒管理者而言，在学徒进入企业之前应对这些内容有所强调。

当然，在实践中，为了便于管理，很多单位将学徒管理工作分解到班级，即遴选专业教师担当班主任，由其负责管理。不过，在运行中也发现，即使由专业教师担任班主任解决了专业对接的问题，但并不能克服因学徒分散带来的精细化管理问题。而为了解决这一问题，学徒的管理工作被进一步细化，按学徒人数配备校内导师（通常一位导师管理 2~5 人不等，根据学校师资而定），校内导师既承担教学工作，也兼具管理者角色。至此，学徒管理的层级结构已很明显，与普通的学生管理相比，管理层级更细。即便如此，仍存在问题。日常管理中，校内导师并不是全职管理者，需承担教学任务，因而可能会因为本职工作而错过了学徒突发事件的处理。这类突发事件包括学徒与雇主或同事的冲突，以及学徒突然离职等。所有的这些内容都涉及一个问题，即现代学徒制如何有效管理。从试点来看，通常的做法是通过组织架构来实现，这一点从试点单位制定的制度文本内容中也可以看出。为了加强管理，很多学校和企业在校级层面共同组建专门的部门，由专人负责联络，并制定了定期会晤的制度。这些内容安排对试点工作确实起到了促进作用。不过，也应看到，这些安排并非日常性的，相应的管理活动都是定期的，其目的在于学校和企业间就双方合作中遇到的问题进行协调，对于较为微观层面的学徒管理、师傅管理中遇到的突发事件并不过多涉及。而微观层面的管理与个体行动者更为接近，如果处理不好极可能造成人员伤害，不容小觑。由此，与企业、企业师傅、学校及学徒相关的管理制度设计就显得极为重要且必要。制度规则中，除了制度文本中涉及的校级层面专门机构需要保留之外，本书还想强调四个方面内容。

第一，学徒信息互通有无。实践中，学徒管理中最棘手的问题是，企业不知道学徒的过去，学校不知道学生的当下。具体来讲，企业对于来接受培训的学徒知之甚少，尤其是学徒的过去。比如在入学前获得过什么样的荣誉、有什么爱好、是否受过处分等。有些企业可能还需要了解学徒的家庭信息、既往健康状况等内容。这些内容中有些对于企业极为重要，极有可能是企业安排工作任务、指派师傅的重要参照。但这些信息，学校一般不会主动提供。另外，对于学校而言，学徒在企业表现如何，是否能适应企业的生活，同伴相处融洽与否，这些信息企业一般也不会主动提供，通常需要指导教师去企业进行了解，或需要刻意通过其他同学才能掌握。而这些信息，对于学校及时掌握学徒动态，以及干预时机的掌握尤为重要。因此，对于学徒有效管理的第一步需在企业和学校之间建立信息互通制度。在学徒进入企业之前，学校主动准备好学徒相关背景信息，并根据需求进行补充。这些信息，在学生档案中都会有较为详细的记录。相应地，企业也应要求负责指导的师傅以及企业学徒管理者，在校企双方约定的期限内提供学徒在企业的行为信息。企业对学徒信息的反馈，不能仍然停留在实习生时代，即只满足于实习日志的内容。应将学徒近期学习计划完成情况、关键性事件（如获奖）以及思想动态等与合作学校进行交流。

第二，强调企业的过程管理。学徒的有效培养离不开企业的大力参与，但从调查反馈信息来看，很多企业并不知道如何培养学徒，对于学徒的培养仍然停留在师傅的遴选阶段。殊不知，学徒的有效培养不仅需要师傅参与还可能需要班组的共同努力，以及对学徒的过程管理。当然，试点中已有企业注意到了这个问题。大致来看，可将学徒的管理过程与培养过程交替进行：（1）在第一阶段，主要是了解学徒信息、明确培训目标，在管理任务上主要涉及两方面内容：一是把握学徒心理动态；二是增进学徒对培训的了解，提升学徒的适应度。（2）阶段观察，并及时反馈至学校，主要管理任务涉及两方面内容：一是确定学徒接受程度，及时调整培训内容；二是及时发现行为偏差并与校方沟通。（3）班组中期谈话，主要任务：一是总结学徒目前取得成果；二是发掘学徒发展需要和培训不足，及时调整。（4）期满考核，主要任务：一是结果反馈激发学徒参与积极性；二是发现问题，及时补救。在这一过程中，学徒管理是一个连贯的过程，并在不同的阶段形成不同的显性成果。例如，在入徒阶段，形成"学徒谈话记录"、培训过程中形成"学徒观察记录"，以及期满考核还会形成"期满考核记录"。这些内容既是学徒的学习记录，也是对学徒培养的过程管理，记录了学徒的成长经历。

第三，除了上述两点之外，第三点需要强调是，学徒管理中还可以充分发挥同伴作用。这里的同伴一是指一同进入企业的同学；二是指往届进入企业的毕业生。试点中，很多学徒当遇到问题时并不愿意与企业师傅交流，而"更愿意与年龄相差不大的师兄和师姐说"，所以在企业中出现了"小师傅制"，即在正式师傅指导之余，日常的管理由往届毕业生负责。在当前学徒管理制度还不尽完善的情况下，这不失为一种有益的尝试。

第四,校企双方应备有突发事件处理预案,并附有详细的处理流程和相应的责任联系人。试点中,学徒管理的很多问题并不是不可解决或不可避免的,关键是没有问题解决的通路。如果是这样的话,就不会出现"老师联系不上,只能在微信上留言"的尴尬局面。

综上所述,对学徒的有效管理一方面是现代学徒制有序运行的内在要求,另一方面也是对学徒培养质量的极大促进。因为,对学徒而言,最好的管理就是对培养过程的管理。而学校层面需要做的是将这一过程中的有益做法进行制度化,并形成一种长效机制,有效地执行下去。

第四节　本章小结

现代学徒制是一种规则体系,国际发展经验为这种体系的构建提供了重要启示,但特有的中国情境又形塑了该体系构建的特殊性。其中,就包括试点运行中的制度安排,以及这些制度约束下不同行动者互动中的困惑和不畅。继而,本章在既有制度安排的基础上,针对这些困惑和不解,从制度设计角度提出了中国情境下现代学徒制构建的制度基础。主要涉及三个层面上相关但不相同的制度内容。

第一,在学校层面,通过明确的学徒选拔制度、灵活的课程制度以及协调的管理制度构建,破解试点中因学习地点交替(工作场所和学校)带来的诸多不一致性问题。第二,在区域层面,审查制度的构建能有效控制学徒培养质量、企业间协商制度构建能够避免外部挖人行为的发生,同时完善现有财政投入政策,杜绝部分企业以"学徒制"为名,不当获取财政补贴的投机行为。第三,在国家层面,主要从宏观的角度,通过建立协调性劳动力市场、国家专业教学标准与认证体系、完善的导师制度以及打通学徒升学通路,破解试点中学徒教育与劳动力市场间过渡不畅、学徒留任意愿不强,以及学徒培训质量难以衡量等问题。

成功的现代学徒制取决于明确的治理结构,这种结构需要考虑企业主的成本和利益,同时也要考虑学徒的权利和他们的利益。其中政府应发挥积极引导作用,而相关社会合作组织(如行业协会)也应发挥促进作用。

第七章

职业教育现代学徒制构建的实践案例

第一节 杭州职业技术学院现代学徒制实践案例

一、案例实施背景

杭州职业技术学院自 2015 年起，以浙江西子航空工业学院、浙江特种设备学院等校企共同体为依托，整合学校和行业以及主流企业的优势资源，通过现代学徒制人才培养模式改革，培养企业急需的航空制造类人才、电梯装调维修类等技术技能人才。围绕"五个共同"的要求，坚持服务企业发展，秉持就业导向，深化产教融合、校企合作，开展了富有成效的探索与实践，取得了丰硕的成果。探索建立了"企业主体、学校主导"的校企共同体协同培育学徒机制；实施了"招生即招工、入学即入职""先招生、后招工"等多种联合招生机制；全面推进了现代学徒制人才培养模式；完善了学徒培养的教学文件、管理制度及相关标准；推进了专兼结合、校企互聘互用的"双导师"师资队伍建设；建立了科学合理的监督体系与考核体系，实现了校企资源的共建共享，逐步形成了具有杭州职业技术学院特色的现代学徒制人才培养模式和管理制度。

二、合作企业概况

合作单位主要有3家企业，具体情况如下：

（一）浙江西子航空工业有限公司

浙江西子航空工业有限公司（以下简称"浙江西子航空"）成立于2010年，主要承担C919大型客机机体结构件的研制生产及飞机零部件制造等业务。浙江西子航空是中国商飞公司、上海飞机公司等航空制造企业的合格供应商，并通过空客、美国普美、德国瑞凯威、美国GE等公司的供应商评审。2012年，浙江西子航空与杭州经济技术开发区签署合作协议，正式启动"西子航空大江东飞机零部件生产基地建设项目"，2013年底投入生产，形成数控机加工、钣金成型、热表处理和部件装配等10米及以下大部件加工能力。2015年1月，由浙江西子航空、杭州职业技术学院、友嘉实业集团三方强强联合，建立以现代学徒制为主要培养模式的西子航空工业学院，为实现航空加工设备、人才和产品制造的全流程整合打下了基础。

（二）奥的斯电梯有限公司

奥的斯电梯公司是全球电梯、自动扶梯和自动人行道的制造商和服务提供商，是行业的龙头企业，从1853年奥的斯发明安全电梯，至今已为全球超过190万台电梯和自动扶梯提供维护保养服务。奥的斯电梯是世界500强美国联合技术公司旗下公司。目前，集团控股公司——奥的斯电梯（中国）投资有限公司在杭州、天津、北京、上海、广州、西安、苏州、大连及成都九市设有九家合资企业，经营管理着奥的斯（OTIS）、奥的斯机电、大连星玛电梯（SIGMA）和江南快速电梯（Jiangnan Express）四大电梯品牌，生产、销售、安装、维修保养以及改造电梯、扶梯、人行走道、屏蔽门和穿梭机系统，是中国最大的电梯和扶梯生产商和服务商。奥的斯以战略合作协议的形式为杭州职业技术学院提供6部竖梯、2部扶梯以及部分零部件建成华东区域企业培训中心，引入了引领全球行业标准的奥的斯电梯培训模块化课程，常驻学校技师4人，与学校协同培养具有国际视野的电梯专业人才。

（三）浙江省特种设备科学研究院

浙江省特种设备科学研究院（以下简称"浙江省特检院"）是浙江省质量技

术监督局直属公益性事业单位，经国家市场监督管理总局资格核准和政府行政部门授权，主要从事质量技术监督领域的特种设备检验检测、技术鉴定、许可评审和教育培训等工作，是浙江省专业的特种设备节能检测单位。拥有外聘院士3人、博导2人，高层次人才占比达46%，设备总资产9 300余万元。取得国家实验室"三合一"认证，具有6个类别电梯整机和24个类别电梯部件检测能力，检测能力覆盖整个电梯全产业链。浙江省特检院是目前全国同行中唯一拥有"安全、节能、环保"三位一体检测能力的单位。2015年，浙江省特检院与杭州职业技术学院强强联合建立特种设备学院，该学院通过整合行业资源，培养特种设备行业亟须的技术技能人才。

三、杭州职业技术学院现代学徒制实施的基本举措

杭州职业技术学院把现代学徒制人才培养模式改革作为技术技能人才供给侧改革的重要抓手。建立现代学徒制工作领导小组，设置国家级、省级和校级三个层级的现代学徒制试点专业，提供专项经费予以保障。通过体制机制的创新，克服目前制度环境的"瓶颈"，最终促成不同参与主体利益博弈均衡的实现，达成人才培养的目标。

（一）明确现代学徒制实施岗位

不是所有岗位都需要通过现代学徒制的路径来实现技术技能人才的供给，也不是所有的专业都适合开展现代学徒制。确切地讲，能被机器所替代的岗位是不适合开展学徒制的，只有选择那些需要通过"人与人"的"技术技能传承及工匠精神熏陶"的行业岗位，现代学徒制才能可持续地运行。那些技术含量不高、批量生产、流水线操作且机器设备自动操作时间远远超过人的工作时间的岗位，是不适合开展现代学徒制的。因此，可以从三个维度快速有效地判断该岗位是否适合开展现代学徒制：岗位替代性、岗位技能深度或综合性、技能达成所需要的时间。

西子航空工业学院现代学徒制人才培养模式改革主要培养航空钣金学徒，该岗位具有三个基本特点：一是该岗位的技术与工艺含量高，C919大型客机应急舱门的技术含量不亚于一辆高端车的技术含量；二是该岗位面向的产品都是单件操作，非流水线模块式生产，对技术工人的综合能力要求非常强；三是产品质量与师傅指导密切相关，仅靠工作手册无法完成产品生产，需要师傅凭着对产品"望闻问切"的能力对学徒进行指导，并综合各方面的情况实时调整。再如特种设备学院的电梯装调维修学徒岗位，同样具有三个基本特点：第一，电梯的维修

综合性高，完全掌握该技能需要较长时间；第二，该岗位为单台套操作，理论知识和实践技能高度结合；第三，电梯作为特种设备，关乎公共安全，必须精益求精不容试错。故业内有个"伴飞"的说法，即新员工入职后，即使技能也掌握到位了，也需要有老员工带着新员工"教练般"的伴飞一段时间。因此，"师傅带徒弟"是培养电梯装调维修技术技能人才培养的本质需求。

（二）夯实校企合作

现代学徒制是以工作本位学习为主的人才培养模式，校企合作是现代学徒制人才培养模式改革的土壤。但校企合作不等同于现代学徒制，它虽是现代学徒制的基本要素，但不是全部要素。如图 7-1 所示，现代学徒制是基于学校和企业跨界协同的人才培养模式改革。企业提供生产要素来引领学徒培养，职业学校为企业技能培训提供理论基础教育，并补充具有较大可迁移性的普通技能和基本素养的培养，夯实学徒可持续发展基础。招生招工一体化使学徒具有了学生和准员工的双重身份；企业一线技术能手和学校专业教师构建了混编教学队伍；学校的基础课程资源和企业的技能培训资源有机结合，开发了贴合师带徒教学形态的学徒课程；校企共建学徒实践技能培养体系，在学历证书和职业资格证书的基础上，针对学徒岗位的特殊性，制定学徒学力证书，与学徒等级对接，并与入职待遇挂钩。

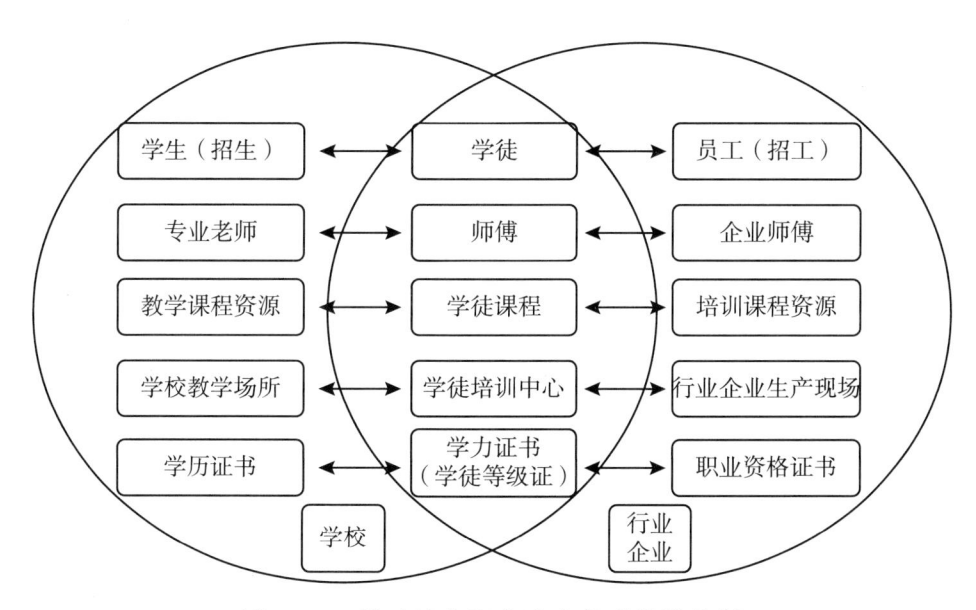

图 7-1 基于校企深度融合的现代学徒制

(三) 基于职业生涯规划的学徒选拔

学徒的遴选是开展现代学徒制人才培养的关键一步，是解决现代学徒制实施过程中学校热、企业冷难题的突破点。企业投入大量的人力、财力和设备用于学徒培养，将学徒纳入企业发展的人才梯度建设，其主要目的是为企业的可持续发展提供可靠的人力资源支撑。而要实现这一点，提高学徒出师后的留任率是关键，为此应主要做好以下三点。

1. 建立学徒生源池

要做到学徒的精准遴选，首先要把好学徒入口关，建立一个对本行业充满兴趣和从业意愿的电梯学徒生源池。电梯工程技术专业采用三种途径构建学徒生源池。一是采用提前招生的模式，选拔对电梯行业感兴趣的学生进入学徒班。在选拔的时候，依靠毕业生反馈数据和电梯行业人才大数据，对学徒进行职业倾向测试和分析，资深电梯企业的人力资源专家全程参与面试过程，这样从源头上建立了对电梯行业认可度高的学生群体。二是采用中高职一体化模式，在中专、职高以及技工学校的学生中进行选拔，这些学生的职业意识比较强，职业倾向也较为清晰。在布局合作学校时，杭州职业技术学院有意识地依据县域电梯产业，布局合作学校，把区域产业人才需求和中职学生本地就业需求有效结合。三是普通高中生源，根据电梯企业销售区域进行布局，和企业的全国范围的销售趋势相结合，在强需求省份投放招生计划，强化生源地学徒培养的力度，解决了本地电梯企业全国范围内用工流失率高的问题。

2. 学徒职业生涯规划

学徒职业生涯的有效规划会让学徒明晰自己的职业预期，有利于提高学徒的学习积极性和入职意愿。杭州职业技术学院在具体实践中，主要做好以下三个融合：第一，学生的始业教育与学徒的职业启蒙融合，企业生产要素融入整个始业教育。这个环节可有效提升学徒对整个行业的认同感。电梯专业的学生第一学期设置一周的始业教育，到国家电梯中心、标志性电梯大厦以及著名电梯企业参观，在学徒的内心中植入工匠的种子。第二，专家大讲堂与企业技术能手讲座融合，定期邀请实施现代学徒制的企业高管来校和学徒进行交流。一方面增强学徒与企业认同感，另一方面也方便企业近距离考察准员工。第三，专业文化与企业文化融合，提高学生对企业认可度。浙江西子航空的勇创一流的精益文化和电梯规格严格的安全文化全过程、全方位地贯彻到学徒培养。

3. 学徒精准遴选

在大学一年级第二学期，企业从学徒生源池中遴选学徒。在选拔过程中，充分调研企业用工的地域需求、能力结构需求和岗位需求，让学生根据自己的就业意愿选择不同的学徒班进行学习。在宣讲过程中，人力资源主管、企业师傅代表和毕业的学徒师兄做典型发言，让学生客观地了解职业前景和该岗位的职业生涯规划路径（见图 7-2）。通过笔试、面试和职业倾向测试等环节，最终实现学徒的精准遴选。学徒选拔后，签订三方培养协议，明确学校、企业和学徒的责权利。

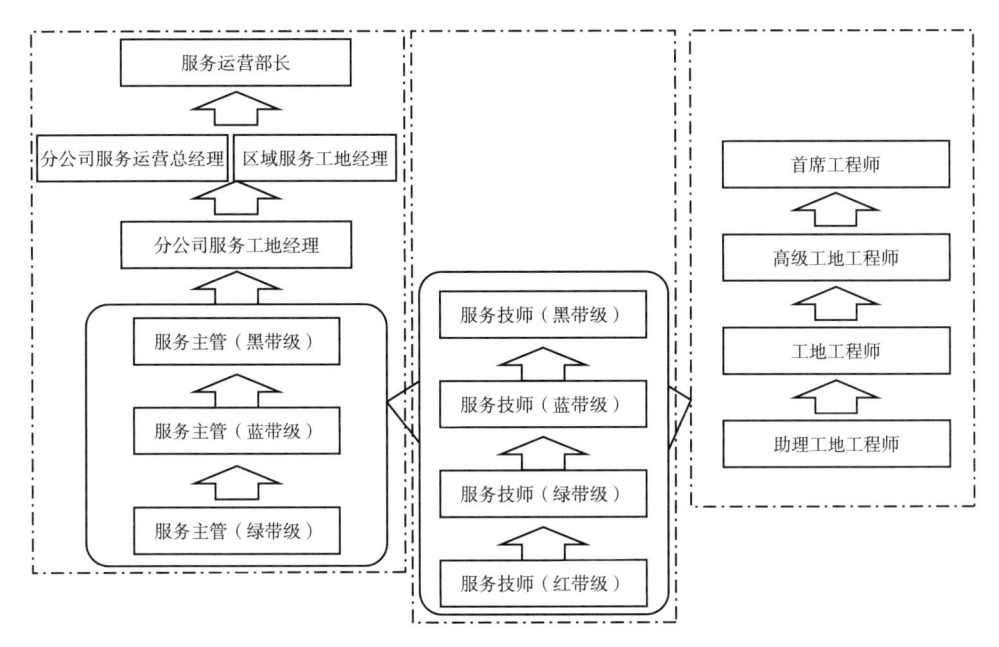

图 7-2　电梯学徒职业生涯规划——以奥的斯电梯学徒为例

4. 签订三方协议，明确学徒的"双重身份"

双向选拔结束后，企业、学徒和学校签订三方协议，如学徒未满 18 周岁，家长须与学徒一起签字，以充分保障学徒权益。协议文本主要由学校和企业初拟，并经学生座谈修订而成。

（四）构建紧贴行业发展动态要求的人才培养方案

按照"强基础，精方向"原则，校企双方共同构建基于现代学徒制的课程体系。所谓强基础，即学徒培养方案要立足于学徒的可持续发展，须把岗位技能所涉及的理论知识教透讲深，同时注意适当扩展技能外延，为学徒今后"Y"形（见图 7-2）发展夯实基础。所谓精方向，指的是现代学徒制培养出的学徒必须能够真正零距离上岗，这既是"准员工"的应有之义，也是校企协同育人最基本的结果。传统方式培养出的学生还需经历一段岗前强化培训，试用合格后才能正式上岗。这种差别，正是实施现代学徒制人才培养模式改革的目的之一。为此，一个具有现代学徒制特征的人才培养方案，须将职业培训模块融入普通学校教育，职业教育与高等教育相互渗透，通过推行职业培训项目化，由此提高职业培训模块化和灵活性，增加学徒培训机会。所以，现代学徒制人才培养方案要体现"学训合一"。杭州职业技术学院电梯工程技术专业根据区域产业变化，利用行企校合作办学市场敏感性强的优势，真正发挥企业和市场的办学主体作用，把全日制学徒学历教育（基于不同学情的分层教学和小班化教学）和社会技能培训（基于员工类型不同的菜单化培训）结合起来，解决学训"两张皮"的问题。通过分析电梯安装、维保及维修岗位及其典型任务，重构课程体系，开发课程标准。充分发挥企业师傅成建制常驻学校的优势，优化人才培养各环节的逻辑关系，在"校中厂"构建现代师徒关系。基于学徒身份的双重性特点（既是学校的学生，又是企业的准员工），现代学徒制的人才培养方案兼具"高等性"和"职业性"。理论课程按系统单元进行模块化构造，实践课程按技能要求进行模块化组合。整个人才培养方案分为职业素养模块、基础技术技能模块、岗位技术技能模块、学徒可持续发展模块四大模块，每个模块与若干课程形成映射关系。四大模块分三阶段培养，第一阶段（1.5年）在校学习理论知识和考取电梯从业资格上岗证；第二阶段（1年）在校电梯学徒培训中心接受学校、行业和企业的专业技术技能培养；第三阶段（0.5年）到奥的斯、西奥等电梯企业进行跟岗锻炼。

（五）开发具有现代学徒制特色的课程体系

电梯学徒班的培养实践中，行校企合作共同构建基于职业能力导向的、体现电梯岗位技能特征的课程体系，充分利用股份制特征的学徒培训中心的市场资源和实践教学资源，制定符合"客户选择"和"精准教学"的现代学徒制教学要求的专业课程体系，提高学徒培养的有效性和针对性。即企业根据自身实际需要进行学徒技能定制，校企协同对各层级学徒实施精准培养。课程设置以实践为导向，学校负责理论培训、基础技能培养，企业负责专业技能培养和岗前技能培训。

与人才培养方案相对应，现代学徒制专业课程体系要有梯度，不同发展技能阶段、不同业务模块进行层级划分。这是现代学徒制分段培养的需要，如前面所述，学徒在每个阶段的培养目标不一样，所对应课程不一样，第一阶段注重理论知识的学习，场所以校内为主；第二阶段注重岗位基础技能培养，以企业培训中心为主；第三阶段注重培养学徒岗位专项技能培养和操作经验积累，以企业生产现场为主。课程体系的构建要充分体现三个阶段相互递进、首尾呼应。学徒在长达三年的培养期间，由于个人能力和兴趣的不同，逐渐出现分化分层。针对这种客观现象，在课程体系的构建中要注意体现阶段课程所针对能力的独立性，即以学期为单位的课程，所针对的知识和技能相对独立，可以实现后续阶段的分流（分层）。分流分三种情况：阶段定级、阶段出师、阶段淘汰。这种分流是基于学徒在该学期阶段考核的结果，最终由企业、学校和学徒三方沟通后确定。另外，小班化教学是现代学徒制人才培养模式的一个基本教学形态，师带徒的技能培养需要通过小班化教学来达到培养绩效平衡点，课程单元要尽量与之匹配，充分发挥现代学徒制所带来的组织形态优势。

在开发现代学徒制课程体系过程中，还需要注意与常规课程体系的逻辑关系，这个是从实践角度不能回避的问题。很多研究学者从课程体系构建的角度，研究如何有效地提高学徒培养的针对性，这个对于从宏观上构建一个完善的现代学徒制课程体系是非常有意义的。但是现代学徒制本质上是基于职业实践的教育，是需要考虑到客观实践资源有限性的问题。在师资、场地、设备以及经费资源都充分理想的情况下，现代学徒制人才培养模式改革在微观层面的实施难度相对较小。然而，在现有投入机制下，这种理想的情况概率是很低的。一个学校规模化推进现代学徒制人才培养模式改革，资源压力是巨大的。在目前情况下，一个学校选择试点专业进行小规模的现代学徒制尝试，进行体制机制探索未尝不可，但是所取得的制度性经验是不具普适价值的。

现代学徒制人才培养首先在形式上是小班化的，意味着对师资及场所的要求更高，而由于学徒制技能培养实战性强的原因，耗材需求也会成倍增加。其次，学徒的培养是双向选择的，在招生过程中，学生选择的多样性决定了同一个专业的一部分学生选择现代学徒制人才培养方案，另一部分学生会按照原有既定人才培养方案。此外，学徒的培养本身有一个淘汰机制，学徒的全日制学生身份决定了其被淘汰后，必须返回原培养方案进行培养。这意味着同一个专业在同时运行两套人才培养方案，实施两套课程体系。厘清这两套课程体系逻辑关系，对于规模化实施现代学徒制人才培养是非常有价值的。

根据几个试点专业的实践，杭州职业技术学院理出了"基础统一化、课程模块化、接口标准化"的基本关系。第一，现代学徒制人才的基础技能培养与原有课程体系要统一，夯实基础技能，以利于学徒的可持续发展；第二，两者课程要实现模块化。现代学徒的培养教学场所和师资具有多元化的特点，决定了教学组织必须结构化，也决定了课程的模块化；第三，两套课程体系要具有标准化接口。理论课程按系统单元进行模块化构造，实践课程按技能要求进行模块化组合，而这种模块化组合要能和原课程体系实现相互嵌套，所以应在学分、学时等课程要素上实现标准化，以利于精准对接。

（六）校企协同开发课程

校企协同开发和确定现代学徒制的课程内容，是保障学徒培养质量的最普遍的办法，也是对企业学徒培训质量进行监督的重要抓手。杭州职业技术学院与企业建立开发课程联合小组，与企业共同实施现代学徒制试点专业课程开发工作。开发过程需注意以下几点：

1. 课程开发团队人员类型要实现结构化

课程开发联合小组涵盖专业教师、行业企业技术骨干和人力资源专家、课程专家。专业教师以理论知识的建构为主，行业企业技术骨干以岗位实践技能构建为主，人力资源专家以企业价值观和职业素养建构为主，课程专家进行工作任务与职业能力分析，理出工作领域、工作任务、职业能力和具体课程。

2. 课程内容应服从企业的生产实际需要

学徒所学知识和技能紧贴实战，以实现真正意义上的零距离就业。课程内容依据学徒培养定位，根据岗位描述、任务分析、能力定位、课程固化、教学安排、教学设计、资源选择、教学实践、教学评价、教学反馈10个环节，螺旋修正课程内容。另外，需特别注意的是，课程内容不能理想化，需要和企业培训中心的资源结合起来，确保课程内容能够落地实施。

3. 课程内容要实现项目化组合

独立且可逻辑组合的项目，可实现前述所说的为学徒增加培训机会的目的。杭州职业技术学院电梯学徒培养课程内容结合电梯企业资源，重组课程内容。将保养与检查、结构与安装、调整与维修、标准与检测分成独立的四大模块，每个模块以周为单位分成若干单元，每个单元以体现不同能力水平的内容进行填充，累计分36个单元（电梯18个、扶梯18个）。这些单元可以根据不同培养层级的需要实现项目内容层次化组合，实践教学时间长短结合。

（七）校企协同进行教学

1. 创新教学组织

教学组织是实施学徒制教育的关键环节，现代学徒制人才培养模式改革中，建立与现代学徒制相适应的教学组织形式和管理制度至关重要。人才培养方案的不同与课程体系的差异，以及课程形态的不同，决定了学校常规的教学组织形式无法用于现代学徒制人才培养模式改革。同时，现代学徒的培养教学场所和师资的多元化特点，需要避免由于不同师傅的个人能力不同影响学徒的质量情况的出现，除制定培养标准外，还需在教学组织上对现代学徒制人才培养进行创新。杭州职业技术学院依据人才培养方案的"四模块三阶段"大框架，实现现代学徒制的教学组织从"非结构化"到"结构化"转变，校企协同育人的内涵呈现了重大转变。一是教学时间的结构化。在试点初期，针对试点专业，学校采用学徒班优先排课的方式，然后再进行本专业其他班级和专业群内其他专业排课。但在试点专业全面铺开后，这种粗放式排课模式并不适用。所以，第一阶段，以两课时为一单元进行排课，有利于学徒班和常规班同步排课；第二阶段，以半天（四课时）为一单元进行排课，利于不同层级的学徒班相互嵌套；第三阶段，除考证与毕业综合实践答辩环节外，可自由排课。二是教学工位的结构化。教学工位的结构化体现在两方面，一方面，教学实践场所的工位依据课程内容进行布局，课程内容的结构化决定了教学内容的结构化；另一方面，制造业技术技能人才培养适合现代学徒制培养，由于承重的因素，其教学工具、设备一般只能放置在一楼，空间极其有限。故结构化工位便于组合，满足不同层级学徒的需要。三是教学团队的结构化，除传统意义上的学校教师与企业师傅根据模块分工协作教学外，技能模块本身还分很多等级，这需要企业建立基于模块化的机构化师傅团队。如奥的斯学徒班使用的是全球同步的新设备用于学徒技能培养，且有常驻学校的师傅4名，另有8名模块技师按照课程进度来校授课。

2. 创新教学方法

现代学徒制人才培养模式改革成本压力是巨大的，需要每个教学单位建立相应的投入机制和管理制度进行有效化解。一方面，需要企业进行支持，加大合作资源投入；另一方面，必须找出一个高效的教学办法，以此提高学徒培养绩效。经过几年探索，杭州职业技术学院形成了看板教学法、可视化教学法、模型教学法、第一视角教学法、错误案例剖析法等特色教学法。

（八）建设企业学徒培训中心

企业学徒培训中心是现代学徒制实施要素集聚地。从场所的维度来分，杭州职业技术学院学徒的培养分为三个阶段，第一阶段是在学校教学场所阶段，学徒学习国家规定的课程，如思政、体育等公共基础课，以基础理论知识和基础专业技能学习为主，主要由学校教师授课。第二阶段在学徒培训中心学习，学徒培训中心形态多样，有西子航空工业学院的"0号车间"，有特种设备学院的跨企业电梯学徒培训中心等。学徒在这里学习岗位理论知识和岗位技术技能，并学习企业文化课程以提升对企业价值的认同感，此阶段以企业人力资源部门为主，学校专业教师协同参与。第三个阶段是在企业的真实生产现场，通过师傅手把手地传授，学习岗位专项技能，提升自身职业素养，并逐步提高独立解决问题的能力，该阶段主要由工艺主管或技术站长负责。因此，具有企业基因的学徒培训中心对于现代学徒制的高效实施至关重要，它既承担了人才培养承上启下的作用，促进学徒培养有序推进。同时它充分整合了企业培训功能，实现了学徒专业基础技能的"批量化"培养，符合市场经济条件下企业追求绩效最大化的要求。从这个意义上讲，学徒培训中心是实施现代学徒制人才培养模式改革的"倍增器"。

学徒培训中心的建设不同于以往的"校中厂"或"厂中校"，须规避两个弊端。一是生产资源满足不了育人需求。大部分的"校中厂"或"厂中校"提供给学生的实习跟岗的工位是在原生产车间或原岗位开辟出来的，虽然具备实战性强的特征，但是基于企业追逐利益的原因，其生产功能属性远大于育人属性。岗位上的师傅主要任务是生产，无暇顾及学徒培养。企业考核的侧重点在于产品数量与质量，薪酬体系的构建也没有体现培养学生的劳动付出。二是校企合作不紧密。大部分的"校中厂"或"厂中校"体制机制并未创新，校企之间的合作形合神不合，校企之间没有共同制订人才培养方案，技能培训与产品生产周期捆绑，与课程有一定的脱节。学校教师参与力度不高，企业师傅传授的岗位能力与专业教师教授的理论基础匹配度存在差异。学生一般是在毕业前一个学期在"校中厂"或"厂中校"实习，此时的学生知识结构和基础技能结构已基本成形，一旦学岗不符，后期调整难度非常大。三是"校中厂"或"厂中校"的行业辐射能力有限，无法适应面向整个产业链来培养人才链（学徒）的现实需求。"校中厂"基于场地等因素，往往规模有限。"厂中校"基于企业自身需求开设，功能相对单一，两者均无法在行业内有较大辐射作用。因此，杭州职业技术学院发挥校企共同体优势，整合各方资源，构建的学徒培训中心如图7-3所示。

学校教学场所	学校培训中心	企业生产现场
➤规定课程	➤岗位基础技能	➤岗位专项技能
➤基础理论知识	➤岗位理论知识	➤职业素养固化
➤基础专业技能	➤企业文化课程	➤单飞能力培养
➤学校教师为主	➤人力资源部门	➤工艺主管或站长
01	02	03

图7-3 学徒培训中心作用

（九）强化师徒关系

在推进现代学徒制人才培养模式改革过程中，师徒关系是核心之一。大量的师徒例证表明，师徒关系的紧密度、良性度在很大程度上决定了这个徒弟的成才率和可持续发展能力，也在很大程度上决定了学徒留任企业的意愿。这里面包含了三个维度：现代师傅、现代学徒，以及在现代社会环境下的师徒关系。

1. 师傅的选择

学徒培养具有诸多双重表征。一是学徒身份的双重性：学徒是学校的在校学生，同时也是企业未来的准员工。二是学徒培养要求的双重性：在培养过程中既要突出高等性，注重学徒的可持续能力发展，同时也要突出职业性，真正实现零距离上岗。三是培养场所的双重性：学徒在培养过程中，需要在学校和企业交替性地进行学习和锻炼。学徒培养的双重表征决定了师傅（队伍）角色的二元性，师傅（队伍）要完成学徒"工"与"学"的具体实施。在培养过程中，师傅是职业技能的指导者，要把实际工作中的岗位技能操作步骤、工具的使用等方法传授给学徒。师傅也是隐性知识的传授者，通过言传身教，把工作中的职业经验、职业意识等非技能能力传授给学徒。同时，师傅也是职业素养的示范者，学徒能够从师傅的身上看到职业道德和职业习惯，并建立职业反思能力，以利于自身的可持续性发展。

德国《职业教育法》第 20 条第 3 款规定：只有品行条件和专业条件合格的人，才能被委任为企业培训师傅，具体条件为：一是在师傅学校或在企业内接受过相应培训的师傅训练；二是懂得职业教育学和劳动教育学；三是至少有 5 年以上的工作实践，并具有丰富的实践经验和娴熟的操作技能；四是生产操作和职业行为习惯均能严格做到规范化；五是不仅带领学徒按计划进行实际生产操作，而且利用空余时间对学徒进行适当的讲解；六是维护受培训人培训工作的计划性和完整性；七是应对遵守与贯彻受训练人的权利进行监督，并尽可能排除来自成年人世界的不良影响；八是代表受培训人的合法权益，并以顾问的身份帮助和解决一些个人的问题，同受培训人建立一种伙伴式的信任关系。

2. 师徒管理

杭州职业技术学院基于企业学徒培训中心，构建主任师傅制和岗位师傅制相结合的师傅带徒弟形态。如图 7-4 所示，岗位基础技能的培养，由企业培训中心批量化完成，培训中心主任担任大师傅（主任师傅），企业另外配置 2 名企业

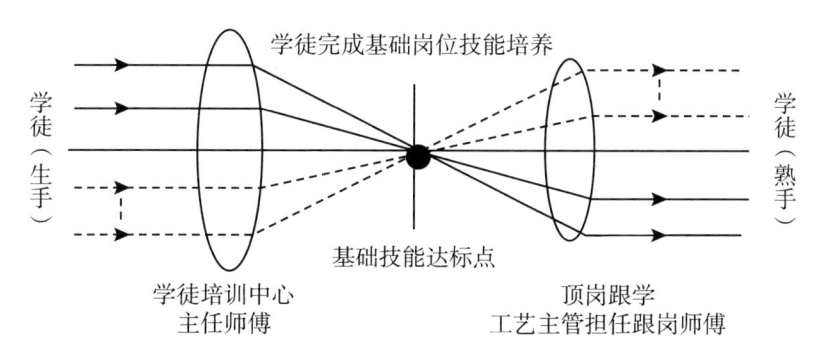

图 7-4 基于企业培训中心的双段制师带徒形态

技师担任教学师傅，学校教师担任理论教师兼班主任，形成高水平、结构化师傅团队，分工协作进行模块化教学。在学生完成基础岗位技能培养后，学生根据自身岗位不同，进入顶岗跟学阶段。该阶段采用基于实际生产岗位的岗位师傅制，由工艺主管担任师傅，1名师傅带2~3名学徒，同班同岗进行技术技能传授。

为规范师傅带徒弟的整个过程，校企双方共同制定《师带徒管理办法》，明确各方责任。同时，企业、师傅与学徒签订三方师徒协议书，明确企业师傅的具体职责和学徒学习的岗位任务。

3. 考核与奖励

师带徒培养一个学期考核一次。师带徒考核遵循过程考核与结果考核相结合的原则，主要考核评价师徒协议履行情况，考核评价学徒理论知识掌握程度和实际操作水平、工作表现、工作任务完成情况及取得的工作业绩等。

学徒的考核分为日常考核和阶段考核。日常考核为过程性考核，侧重于学徒职业素养的考核。阶段性考核每个学期一次，侧重于岗位基础技能的检验。出师考核在最后一个学期进行，主要侧重于行业综合技能检验。阶段性考核采用实际操作和答辩形式进行。出师考核标准参照行业资格标准或企业内部考核标准，西子航空工业学院航空钣金学徒采用取得中航工业的相关资质作为出师标准，奥的斯学徒班以红带标准为出师标准。学徒考核结果分为优秀出师、合格出师和不予出师。在协议期内，本人申请提前参加考核，并达到《师徒协议书》的技能要求，可认定为"优秀出师"，准予提前出师。在协议期满后，按有关规定对学徒进行考核，达到《师徒协议书》的技能要求，可认定为"合格出师"。如果协议期满后，学徒经考核不合格，将"不予出师"。

校企采用多种途径对学徒进行激励。完成月度培训目标的学徒每月领取2 000元左右的学徒津贴。根据技能特点，每个全新技能完成训练后，会进行学徒技能竞赛，优秀者会获得企业设置的专项技能达成奖。每年6月，综合评价学徒过去一年的学习成绩，校企共同奖励优秀学徒，发放优秀学徒奖，该奖与学校其他学生奖项为同一级别，奖金由企业发放。同时，校企共同对通过出师考核的学徒予以奖励，该奖励和入职奖励一起颁发，以鼓励学徒技能达成后留任企业，提高学徒留任率。

调动师傅传授技术技能的积极性，让师傅愿教、敢教。在现代学徒制人才培养中，要求师傅耐心地指导学徒学习，严格地训练学徒技能，及时解决学徒在工作学习中遇到的问题，把岗位本领和自身所长传授给学徒。要做到这一点，杭州职业技术学院与合作企业一起建立了企业师傅激励制度，提高师傅的积极性。

（1）为激发师傅和学徒在教学互动中的积极性，企业支付给师傅100元/月的月度津贴，对所带学徒优秀出师并正式入职的师傅，再一次性给予300元奖励；对所带学徒合格出师并正式入职的师傅，给予200元奖励。经过认定所带学徒为"不予出师"等级的，不予奖励。

（2）根据《师徒协议书》中规定的师傅职责，对师带徒期间的职责履行情况进行评分。考核分数组成：企业方评分占50%、学徒评分占30%、学校专业负责人评分占20%。每年6月，校企双方根据考核分数进行师傅等级评定，评出金牌师傅1人，奖励3 000元；银牌师傅2人，奖励2 000元；铜牌师傅若干人，奖励1 000元。为突出先进，获奖比例不超过参加评比师傅人数的50%，范围包括第三至六学期的所有师傅。

（3）将学徒出师入职后的工作业绩与师傅的业绩进行绑定。实现"青出于蓝而胜于蓝"是企业和学校推进现代学徒制的人才更替目标。在目前市场经济环境下，人才的能上能下成为一种机制。这虽然有利于企业的生产活力，但是显然会给师傅带来压力。部分师傅会出于本能，在技术技能培养方面"留一手"，不愿将最核心的技术工艺传授给徒弟。基于这种状况，校企共同制定师傅待遇管理办法，明确学徒出师后将和师傅编在同一个班组，三年内的工作业绩与师傅业绩进行绑定，即徒弟做得越出色，师傅享受的溢出业绩越多。由于相互利益的长期挂钩，师傅在核心技能传授的意愿方面得到明显提高。

（十）学徒评价体系构建

现代学徒制人才培养模式改革的着眼点在于学徒的技术技能水平达到行业企业的既定标准。所以学徒的培养质量评价体系至关重要，它是学校教学、企业实践、师傅传授和学徒学习质量的撬动点，是避免学徒沦为廉价劳动力的坚实屏障。杭州职业技术学院依据专业特性，构建了"1334"评价体系。

飞机及特种设备岗位技能涉及公共安全，因此在整个评价体系中，核心职业素养实行一票否决制。行企校三方依据培养目标及各自认定流程，按企业技能要求、行业素质评判、学校成绩考核三个维度，对学徒进行四个等级的考核评价。技能考核全部采用量化指标进行分模块考核，操作规范性的考核贯穿学徒培养和考核整个过程。考核过程通过第一视角设备全程录像，由行业专家匿名评判实操的规范性，如果严重违反操作规程，即使学徒操作结果是正确的，也被判定为不合格。

第二节 潍坊工程职业学院现代学徒制实施案例

2016年4月，按照教育部《关于开展现代学徒制试点工作的意见》和《山

东省教育厅 山东省财政厅 山东省经济和信息化委员会关于印发山东省职业院校现代学徒制试点工作实施方案的通知》的有关要求，潍坊工程职业学院申报"装配式建筑技术现代学徒班"获批山东省第二批现代学徒制试点项目。为推进试点，形成省级示范，潍坊工程职业学院与青州市国泰置业有限公司、山东三力工程项目管理有限公司、山东华铭工程有限公司、北京后意象建筑设计咨询有限责任公司（山东后意象文化传媒有限公司）、青州广大工程监理有限公司积极对接，大胆探索实践校企联合招生招工、双主体育人、双导师教学，在"双轨三段式一体化"的现代学徒制培养模式下实施建筑工程技术专业现代学徒制实训项目。通过多措并举推进现代学徒制试点工作，在学徒准备期、准学徒期和学徒期三个阶段分别构建了"专项基础技能""综合实务技能"和"岗位工作技能"三个实训项目群，所开发的实训项目能充分培养学生的专业核心能力和专业拓展能力，项目实施多年来，取得了较好试点成效。

一、现代学徒制项目实施指导思想

潍坊工程职业学院"建筑技术现代学徒班"以立德树人为宗旨，培养拥护党的基本路线，掌握建筑工程全过程建筑信息模型（BIM）工程控制技术、产业化建造技术等知识与技能，坚持服务发展、就业导向，以推进产教融合、适应需求、提高质量为目标，以创新招生制度、管理制度和人才培养模式为突破口，以形成校企分工合作、协同育人、共同发展的长效机制为着力点，以注重整体谋划、增强政策支持、鼓励首创为手段，通过试点、总结、完善、推广，形成具有崭新特色的现代学徒制度。

二、现代学徒制项目工作目标

以科学发展观为指导，全面落实 2014 年全国职业教育工作会议精神，以推进校企合作、产教融合、适应需求、提高质量为目标，以构建专兼结合、校企互聘互用的"双师型"师资队伍建设为重点，以学生（学徒）的技能培养为核心，创新企业和学院双主体育人机制和管理制度，完善"SQC"人才培养模式[①]，积极探索和实践校企联合招生、联合培养、一体化育人的"三段式"现代学徒制，促进学院更好更快地发展。

---

① "SQC"人才培养模式，即聚焦 Specialty——专长，Quality——素质，Capacity——能力，从办学定位、办学条件、课程体系、毕业生去向等方面入手，着手构建的人才培养的新模式。

1. 形成新的现代学徒制人才培养模式

企业师傅教学占总学时的 50% 以上，企业在岗学习占总学时的 50% 以上，形成以企业教学为主、学校教学为辅合的现代学徒制人才培养模式。

2. 形成完善的人才培养制度和标准

以企业为主，校企共同制定《专业教学标准》《岗位标准》《企业师傅标准》《质量监控标准》《教学管理办法》《课程开发办法》《实习实训办法》等教学管理制度和标准。

3. 实现五个"对接"

开展现代学徒制育人，实现专业设置与产业需求对接，课程内容与职业标准对接，教学过程与生产过程对接，毕业证书与资格证书对接，职业教育与终身学习对接。

4. 确立六个共同育人目标

校企共同制订人才培养方案、共同开发现代理论课与岗位技能课教材、共同组织理论课与岗位技能课教学、共同制定学生评价与考核标准、共同做好"双师"（教师与师傅）教学与管理、共同做好学生实训与就业，以认真实现校企联合培养，使现代学徒制落到实处。

三、潍坊工程职业学院建筑技术现代学徒制实施举措

"建筑技术现代学徒制"项目实施以来取得了一些重要性成果：制定了校企共同育人机制、构建了校企共建能力本位课程体系、创新并实施了"双轨三段式一体化"现代学徒制人才培养模式、校企共建了专兼结合的导师制教学团队等，如图 7-5 所示。

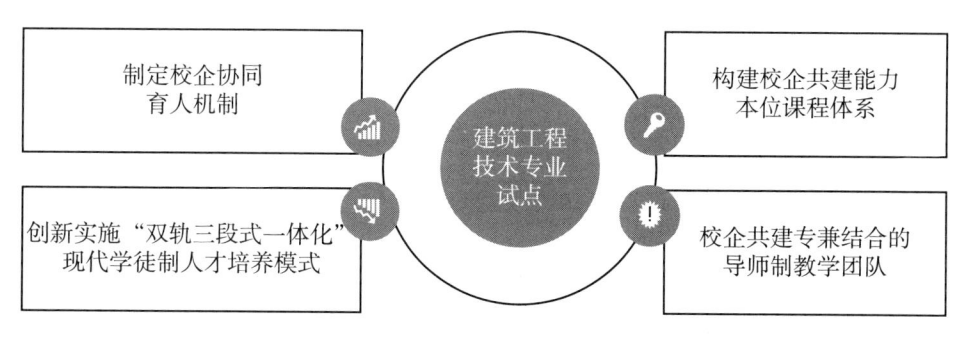

图 7-5 "建筑技术现代学徒制"项目主要成果

(一) 先招生后招工,推进招生招工一体化

2016年5~8月潍坊工程职业学院与青州市国泰置业有限公司签订"现代学徒制试点项目校企合作协议",由青州市国泰置业有限公司人力资源部组织实施,根据用人需求确定学徒培养人数,校企双方面向经高考录取的学生,学生自愿报名并参加校企双方组织的笔试和面试,合格者进入"装配式建筑技术现代学徒班",实行先招生后招工,招生招工11人。

建筑施工技术发展日新月异,以建筑信息化BIM技术为代表的新技术层出不穷,为了培养学生更多的专业技能,使学生更好地实现零距离就业,潍坊工程职业学院又分别于2016年10月与山东三力工程项目管理有限公司和山东华铭工程有限公司、2017年5月与北京后意象建筑设计咨询有限责任公司(山东后意象文化传媒有限公司)和青州广大工程监理有限公司签订了"现代学徒制试点项目校企合作协议",分别培养建筑装配式、钢结构方向学徒和建筑信息化方向学徒41名,实行先招生后招工。

至2017年9月潍坊工程职业学院与三家企业依据校企联合制定的《招生招工办法》,总共招生招工52名学生,组建了5个"建筑技术现代学徒班"。校企联合制定了《建筑技术现代学徒班人才培养方案》《课程标准》《岗位标准》《企业师傅选拔标准》等培养文件。

(二) 改革校企一体化人才培养模式,实施校企双主体教学

2016年7月份以来,潍坊工程职业学院分别与五家企业按照分段育人、学训交替的原则共同制定了校企一体化人才培养模式,形成了多方参与评价的双主体育人机制;校企共同制订《企业师傅管理办法》,明确企业师傅的聘任条件、工作职责、待遇、聘用与考核,选聘在企业一线岗位工作的工程师、技术骨干和技术能手担任企业师傅。在校内导师指导下,学生完成专业基础理论学习和基础技能、专业单向技能与综合技能的训练,掌握企业岗位生产的基本理论和技术。在学校学习后,以学徒身份进入企业,采用"一师多徒、一徒多师、一师一徒"的灵活交替方式跟随师傅学习。通过现场教学的方式,在师傅的示范指导下,徒弟完成学习任务,掌握相应的职业实践技能并积累实践工作经验,再回到学校课堂,进一步巩固和提升。目前,按照《企业师傅选拔标准》,从青州市国泰置业有限公司、山东三力工程项目管理有限公司、山东华铭工程有限公司、北京后意象建筑设计咨询有限责任公司(山东后意象文化传媒有限公司)和青州广大工程监理有限公司选拔了30名高级工程师、项目经理、高级技工等能工巧匠担任企业师傅。

校企双方共同构建了基于现代学徒制的专业课程体系。根据企业建筑施工管理类人才的需求及培养目标，将现代学徒制课程体系分为四个模块：建筑职业素养养成模块、建筑类技术技能基础课程模块、建筑岗位群技术技能模块和学徒职业生涯可持续发展模块。

学习地点以企业为主，授课内容由学院和企业共同商定，并报教务处备案。授课人以高职教师和企业师傅为主。学校教师负责学生的日常学情监督和安全管理。授课采用工学交替模式，主要分为理论集中授课、企业基础培训、专项技能训练和实际岗位培养四种形式。学生超过一半以上的时间在企业的真实生产环境中学习。理论教学实现一周在学校，一周企业的工学交替模式。学生从大学二年级开始，进入以工作岗位培养为主的半工半读模式，由企业专职培训师傅进行岗位基础技能培训。第九个学期为入企实习，学生作为准员工，由企业各岗位工艺人员进行岗位技能训练和生产性实训，如图7-6所示。

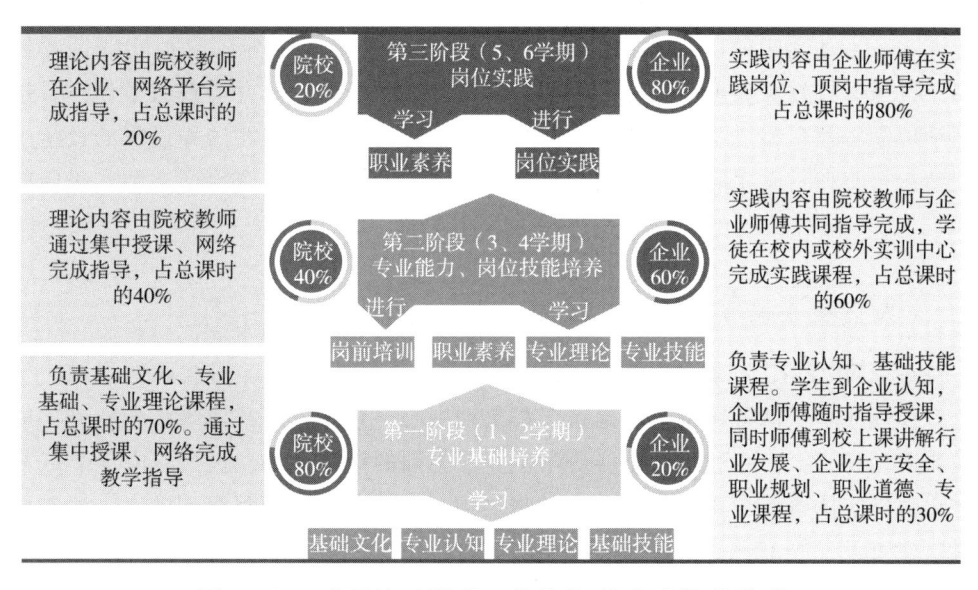

图7-6 "双轨三段式一体化"的人才培养模式

（三）校企开发基于工作岗位的课程与课程体系

校企双方共同开发了基于"装配式工程施工""钢结构工程施工""建筑BIM技术"为典型工作过程的专业课程和专业课程体系，分为学校课程与企业课程，建立了基于企业岗位用人标准和行业技术标准的专业标准体系；按照教学标准和国家职业资格标准要求选取了课程内容，开发了适用于现代学徒班的教材12部。为每个学生建立"千日成长档案"，开展了学校、企业和家庭共同参与的学生成长记录与评价制度探索。

(四) 组建校企共用教学团队

按照学院《潍坊工程职业学院关于加强外聘（返聘）兼职教师管理的规定》文件要求，突破制约学校聘请兼职教师的机制壁垒，从企业聘请技术人员和能工巧匠到学校从事兼职教学工作，确立双导师职责和待遇，完善了双导师制，建立了"建筑技能名师工作室"，派驻 3 名专业教师到合作企业实践，提供技术服务，形成了校企互聘共用的管理机制。

(五) 规范组织管理，注重内涵发展

依据企业岗位标准和职业标准，围绕企业核心岗位知识和能力要求，通过岗位能力分析，校企联合开发符合学校人才培养和企业员工培训的"学校课程＋企业课程"双线交织的课程体系，以及符合岗位职业能力培养的学徒实践课程体系，按照学校教育和企业学徒的标准、内容和组织要求，开发实践教学体系。按照学校学历教育和企业学徒的要求，共同实施现代学徒制人才培养过程的教学组织与运行管理、人才培养质量的考核评价。课程考核评价结合生产实际，采用教学、生产、鉴定并行的操作方式进行过程性评价。

(六) 校企共建"校中厂"，打造一流育人平台

2015 年潍坊工程职业学院借鉴合作企业先进生产经验运用互联网思维，校企合作建成基于信息化技术的建筑工程实训中心，是"建筑技术现代学徒班"的主要实训场所，中心配有供学徒班学生实习实训的训练专区，包括省内首个"数字化建筑实体模型"以及建筑装饰构造展厅、工程测量、项目管理沙盘、建筑材料、建筑设计等 17 个实训室，总建筑面积 1 800 平方米，建立了潍工装饰公司（校中厂）和 35 个校外职场化实训基地。该实训中心能够保证学生实习实训，提升了学徒班整体实训水平。

第三节 本章小结

本章选取了杭州职业技术学院和潍坊工程职业学院作为学校整体实施现代学徒制，以及专业实施现代学徒制的代表。之所以选择这两个案例，是因为它们分

别入选了教育部和省级现代学徒制试点名单，且试点成效显著，试点经验丰富，具有可迁移性。

杭州职业技术学院自 2015 年起，以浙江西子航空工业学院、浙江特种设备学院等校企共同体为依托，整合学校和行业以及主流企业的优势资源，通过现代学徒制人才培养模式改革，培养企业急需的航空制造类人才、电梯装调维修类等技术技能人才。围绕"五个共同"的要求，坚持服务企业发展，秉持就业导向，深化产教融合、校企合作，开展了富有成效的探索与实践，取得了丰硕的成果。该校在现代学徒制实施的过程中采取了十大举措，包括明确现代学徒制实施岗位、夯实校企合作、基于职业生涯规划对学徒进行选拔、构建紧贴行业发展动态要求的人才培养方案、开发具有现代学徒制特色的课程体系、校企协同开发课程、校企协同进行教学、建设企业学徒培训中心、强化师徒关系、构建了"一票、二维、三方、四级"的学徒评价体系。

潍坊工程职业学院装配式建筑技术于 2016 年 4 月开始实施现代学徒制试点工作，先后与青州市国泰置业有限公司、山东三力工程项目管理有限公司、山东华铭工程有限公司、北京后意象建筑设计咨询有限责任公司（山东后意象文化传媒有限公司）、青州广大工程监理有限公司积极对接，大胆探索实践校企联合招生招工、双主体育人、双导师教学，在"双轨三段式一体化"的现代学徒制培养模式下实施建筑工程技术专业现代学徒制实训项目。该专业主要采取了以下六大举措：先招生后招工，推进招生招工一体化；改革校企一体化人才培养模式，实施校企双主体教学；校企开发基于工作岗位的课程与课程体系；组建校企共用教学团队；规范组织管理，注重内涵发展；校企共建"校中厂"，打造一流育人平台。

参 考 文 献

[1] 阿·赫胥黎. 自由教育论 [M]. 北京：商务印书馆，1946：27.

[2] 安妮·梅修. 制度主义的起源 [A]//马克·R. 图尔. 进化经济学（第一卷）：制度思想的基础. 杨怡爽，译. 北京：商务印书馆，2011.

[3] 澳大利亚人口加速老龄化或给政府带来巨大挑战 [EB/OL]. (2016-08-23) [2016-12-26]. http://finance.sina.com.cn/money/forex/forexroll/2016-08-23/doc-ifxvctcc8313106.shtml.

[4] 波兰尼. 个人知识：迈向后批判哲学 [M]. 贵阳：贵州人民出版社，2000：74.

[5] 布瓦耶. 一致性、多样性和资本主义演化：一个制度互补性假说 [J]. 耿纪东，译. 政治经济学评论，2006 (2)：114.

[6] 茶文琼，徐国庆. 小班化教学：现代职业教育内涵建设的基本保障 [J]. 教育探索，2017 (4)：34-38.

[7] 陈桂生. "教育学视界"辨析 [M]. 上海：华东师范大学出版社，1997：40-41.

[8] 陈桂生. 教育原理 [M]. 上海：华东师范大学出版社，2016.

[9] 陈桂生. 学校教育原理 [M]. 长沙：湖南教育出版社，2000：53.

[10] 陈宏艳，徐国庆. 职业教育学生核心素养体系构建：背景与思路 [J]. 当代职业教育，2018 (1)：22-26.

[11] 陈树公，陈俐俐. 制造业生产方式演变过程中的劳动分工及启示 [J]. 西安财经学院学报，2009 (1)：10-14.

[12] 陈向明. 质的研究方法与社会科学研究 [M]. 北京：教育科学出版社，2000：104.

[13] 程宇宁. 广告创意的本质特征研究 [J]. 广告人，2004 (5)：94-96.

[14] 大卫·霍夫曼. 现代营销之父——菲利普·科特勒营销精华 [M]. 乔木，译. 北京：线装书局，2003.

[15] 丹尼尔·贝尔. 后工业社会的来临——对社会预测的一项探索 [M]. 北京：新华出版社，1997.

[16] 道格拉斯·C. 诺思. 制度、制度变迁与经济绩效 [M]. 杭行，译. 上海：格致出版社，2014.

[17] 德国老龄化或将危害其欧盟最大经济体地位 [EB/OL]. (2015 - 08 - 13) [2016 - 12 - 26]. http://business.sohu.com/20150831/n420150501.shtml.

[18] 德国人口老龄化程度居全球第二——德国老龄化现状 [EB/OL]. (2014 - 12 - 30) [2016 - 12 - 26]. http://www.renkou.org.cn/countries/deguo/2014/2139.html.

[19] 邓地，万中兴. 专注——解读中国隐形冠军企业 [M]. 杭州：浙江人民出版社，2006.

[20] 杜威. 杜威全集（第七卷）[M]. 上海：华东师范大学出版社，2012.

[21] 杜威. 民主主义与教育 [M]. 王承绪，译. 北京：人民教育出版社，2001.

[22] 菲利普·葛洛曼，菲利克斯·劳耐尔. 国际视野下的职业教育师资培养 [M]. 石伟平，译. 北京：外语教学与研究出版社，2011：76.

[23] 傅春晖，渠敬东. 单位制与师徒制——总体体制下企业组织的微观治理机制 [J]. 社会发展研究，2015（2）：1 - 21.

[24] 高柏. 经济意识形态与日本产业政策——1931—1965 年的发展主义 [M]. 上海：上海人民出版社，2008.

[25] 高芳祎. 华人精英科学家成长过程特征及影响因素研究 [D]. 上海：华东师范大学，2015.

[26] 高展军，李垣. 组织惯例及其演进研究 [J]. 科研管理，2007（3）：142 - 147.

[27] 关晶. 当代澳大利亚学徒制述评 [J]. 职教论坛，2015（4）：80 - 84.

[28] 关晶. 当前主要国家现代学徒制的制度分析 [J]. 职教论坛，2016（16）：81 - 84.

[29] 关晶，石伟平. 现代学徒制之"现代性"辨析 [J]. 教育研究，2014（10）：97 - 102.

[30] 关晶. 西方学徒制研究——兼论对我国职业教育的借鉴 [D]. 上海：华东师范大学，2010：19 - 37.

[31] 关晶. 职业教育现代学徒制的比较与借鉴 [M]. 长沙：湖南师范大学出版社，2016：221.

[32] 国家统计局. 全国年度统计公报. 1999 - 2016 [EB/OL]. (2017 - 04 -

11）［2017－11－30］. http：//www. stats. gov. cn/tjsj/tjgb/ndtjgb/.

［33］国务院关于大力发展职业教育的决定［EB/OL］.（2005－10－28）［2017－08－30］. http：//old. moe. gov. cn//publicfiles/business/htmlfiles/moe/moe_1778/200710/27730. html.

［34］哈里·布雷弗曼. 劳动与资本垄断——二十世纪中劳动的退化［M］. 方生，等译. 北京：商务印书馆，1979.

［35］韩杰，白文林，尹荣焕，原婧，陈晓月，韩小虎，刘宝山，刘丽霞. 现代学徒制模式在本科院校人才培养实践中的借鉴与探索——以沈阳农业大学为例［J］. 畜牧与饲料科学，2017，38（10）：84－86.

［36］河连燮. 制度分析：理论与争议［M］. 李秀峰，柴宝勇，译. 北京：中国人民大学出版社，2014.

［37］贺斌. 默会知识研究：概述与启示［J］. 全球教育展望，2013，42（5）：35－48.

［38］贺培育. 论制度化［J］. 理论探讨，1990（2）.

［39］贺艳芳，徐国庆. 职业教育国际合作的文化分析框架及其实证［J］. 现代教育管理，2016（5）：79－85.

［40］胡敏中. 论创意思维［J］. 江汉论坛，2008（3）：71－74.

［41］胡新建. 高职院校试行现代学徒制的实践与探索——以宁波城市职业技术学院为例［J］. 中国高教研究，2016（7）.

［42］黄亚生. "中国模式"到底有多独特？［M］. 北京：中信出版社，2011.

［43］黄忠敬. 课程政策［M］. 上海：上海教育出版社，2010.

［44］加里·S. 贝克尔. 人力资本：特别是关于教育的理论与经验分析［M］. 梁小民，译. 北京：北京大学出版社，1987.

［45］杰克·韦尔奇. 赢［M］. 余江，等译. 北京：中信出版社，2005.

［46］金大元，工艺规范体系构建与编制研究［J］. 新技术新工艺，2016（8）：28－30.

［47］凯瑟琳·西伦. 制度是如何演化的. 德国、英国、美国和日本的技能政治经济学［M］. 王星，译. 上海：上海人民出版社，2010.

［48］康芒斯. 制度经济学［M］. 于树生，译. 北京：商务印书馆，1962.

［49］柯荣柱. 制度分析的基本技术［A］//张曙光. 中国制度变迁的案例研究（第四集）. 北京：中国财政经济出版社，2005.

［50］柯武刚，史漫飞. 制度经济学：社会秩序与公共政策［M］. 韩朝华，译. 北京：商务印书馆，2000.

[51] 柯政. 规范性制度对新课程政策实施的影响及其政策意义 [J]. 北京大学教育评论, 2010 (1).

[52] 克里斯托弗. 职业教育的技能积累 [M]. 杨明光, 等译. 北京: 北京师范大学出版社, 2016.

[53] 莱夫, 温格. 情境学习: 合法的边缘性参与 [M]. 王文静, 等译. 上海: 华东师范大学出版社, 2004: 41-42.

[54] 劳动和社会保障部教材办公室组织编写. 金属材料与热处理: 第四版 [M]. 北京: 中国劳动保障出版社, 2001.

[55] 李晋, 宗文, 吕鸿江. 组织制度的合法性起源研究 [J]. 商业经济与管理, 2013 (10).

[56] 李素敏, 纪德奎, 成莉霞. 知识的意义建构与基本条件 [J]. 课程·教材·教法, 2015, 35 (3): 40-47.

[57] 李天舒, 王广慧, 封军丽, 陈赵辉, 蔡勇辉. 代际职业流动及代际教育流动——对中国城乡家庭的比较研究 [J]. 统计与管理, 2017 (5).

[58] 李炜光, 臧建文. 中国企业税负高低之谜: 寻找合理的企业税负衡量标准 [J]. 南方经济, 2017 (2): 1-23.

[59] 李政, 徐国庆. 现代学徒制: 应用型创新人才培养的有效范式 [J]. 江苏高教, 2016 (4): 137-142.

[60] 李政. 职业教育现代学徒制的价值审视——基于技术技能人才知识结构变迁的分析 [J]. 华东师范大学学报 (教育科学版), 2017, 35 (1): 54-62, 120.

[61] 李政. "中国制造2025"与职业教育发展观念的转轨 [J]. 中国职业技术教育, 2015 (33): 38-44.

[62] 理查德·斯科特. 制度与组织——思想观念与物质利益 [M]. 姚伟, 王黎芳译. 北京: 中国人民大学出版社, 2010.

[63] 辽宁省教育厅关于网曝"沈阳城市建设学院学生被强制到山东烟台富士康企业实习"有关情况的声明 [EB/OL]. (2017-07-20) [2017-12-28]. http://www.lnen.cn/jyzx/stxw/288601.shtml.

[64] 林义. 制度分析及其方法论意义 [J]. 经济学家, 2001, 4 (4).

[65] 林宇. 落实双重身份·完善政策保障·加强现代学徒制试点工作动态管理 [J]. 中国职业技术教育, 2017 (1).

[66] 刘芳. 行业语的泛化及其认知基础 [J]. 语文学刊 (教育版), 2010 (5): 67-68.

[67] 刘钢. 奥地利研究机构称老龄化对未来劳动市场威胁增大 [EB/OL].

(2013 – 09 – 16) [2016 – 12 – 26]. http: //world. xinhua08. com/a/20130916/1248766. shtml? f = arelated.

[68] 刘晓, 石伟平. 当前我国职业教育投入现状的分析与思考 [J]. 职教论坛, 2011 (4): 4 – 8.

[69] 刘育锋、姜大源、许竞. 传统与现代的因袭: 英国与澳大利亚新形式的学徒制——传承的创新性 [M]//姜大源. 当代世界职业教育发展趋势. 北京: 电子工业出版社, 2012: 159.

[70] 路风. 光变——一个企业及其工业史 [M]. 北京: 当代中国出版社, 2016.

[71] 罗菁. 上海首次发布技能人才市场工资价 [N]. 劳动报, 2017 – 12 – 15.

[72] 马尔科姆·卢瑟福. 经济学中的制度 [M]. 陈建波, 郁仲莉, 译. 北京: 中国社会科学出版社, 1999.

[73] 马克思. 资本论: 第一卷 [M]. 中共中央马克思恩格斯列宁斯大林著作编译局, 译. 北京: 人民出版社, 2004.

[74] 马克斯·韦伯. 新教伦理与资本主义精神 [M]. 马奇炎, 陈婧, 译. 北京: 北京大学出版社, 2012.

[75] 马学军. 转型时期中等职业教育的"异化"——对一个县级职业高中历史和现实的考察 [J]. 社会发展研究, 2014 (1): 146 – 171.

[76] 梅森. 文化比较 [A]//贝磊, 鲍勃, 梅森. 比较教育研究路径与方法. 李梅主译. 北京: 北京大学出版社, 2010.

[77] 密尔. 代议制政府 [M]. 汪瑄, 译. 北京: 商务印书馆, 1982.

[78] 尼尔·麦考密克, 奥塔·魏因贝格尔. 制度法论 [M]. 周叶谦, 译. 北京: 中国政法大学出版社, 1994.

[79] 聂顺江, 罗云芳, 龙月娥. 企业技能知识: 特征、来源、确认与计量 [J]. 经济问题探索, 2007 (1): 161 – 163.

[80] 潘海生, 王世斌, 龙德毅. 中国高职教育校企合作现状及影响因素分析 [J]. 高等工程教育研究, 2013 (3): 65 – 65.

[81] 潘剑锋. 基于现代学徒制的高端制造业人才培养研究与实践 [J]. 中国职业技术教育, 2016 (5).

[82] 彭南生. 行会制度的近代命运 [M]. 北京: 人民出版社, 2003.

[83] 七类专业慎选"现代学徒制" [EB/OL]. (2017 – 12 – 18) [2018 – 05 – 22] http: //www. sohu. com/a/211134192_ 243614.

[84] 冉云芳, 石伟平. 德国企业参与学徒制培训的成本收益分析与启示 [J]. 教育研究, 2016 (5): 124 – 131.

[85] 冉云芳, 石伟平. 企业参与职业院校校企合作成本、收益构成及差异性分析——基于浙江和上海67家企业的调查 [J]. 高等教育研究, 2015 (9): 56-66.

[86] 人民网·江西频道: 景德镇市陶瓷市场"精品瓷"物流现状调查 [EB/OL]. (2015-06) [2017-10-03]. http://jx.people.com.cn/n/2015/0105/c359068-23446653.html.

[87] 斯蒂芬·沃依格特, 制度经济学 [M]. 史世伟, 等, 译. 北京: 中国社会科学出版社, 2016.

[88] 斯科特. 制度与组织: 思想观念与物质利益 [M]. 姚伟, 王黎芳, 译. 北京: 中国人民大学出版社, 2010: 59.

[89] 覃庆华. 校企合作教育对创新型人才创造力的影响研究——组织创新鼓励的中介作用 [J]. 技术经济与管理研究, 2018 (4): 43-48.

[90] 汤霓. 现代学徒制的国际经验与中国探索——现代学徒制国际研讨会在天津举行 [J]. 中国职业技术教育, 2015 (22): 128-133.

[91] 唐晓嵩. 立法: 为丹麦职业教育的发展护航 [J]. 教育与职业, 2012 (7): 102-103.

[92] 陶行知. 陶行知文集 [M]. 南京: 江苏人民出版社, 1981.

[93] 佟新. 职业生涯研究 [J]. 社会学研究, 2001 (1): 17-27.

[94] 涂尔干. 社会分工论 [M]. 北京: 生活·读书·新知三联书店, 2000: 15.

[95] 涂平荣, 姚电. 孔子职业伦理思想探析 [J]. 中北大学学报 (社会科学版), 2007 (4): 48-52.

[96] 汪丁丁. 制度分析的特征及方法论基础 [J]. 社会科学战线, 2004 (6).

[97] 王不凡. 论技能性知识的"实践—知觉"模型 [D]. 上海: 上海社会科学院, 2013.

[98] 王不凡. 论技能性知识及其增长图式 [J]. 哲学分析, 2014 (4): 103-114, 199.

[99] 王不凡. 哲学视域中的技能知识 [J]. 洛阳师范学院学报, 2012 (9): 12-19.

[100] 王承绪主编. 比较教育学史 [M]. 北京: 人民教育出版社, 2007: 65-66.

[101] 王辉. 论中国行业协会发展中的政府作用 [D]. 长沙: 湖南师范大学, 2008.16.

[102] 王丽. 技术中的符号 [C]//中国自然辩证法研究会. 第三届全国科技哲学暨交叉学科研究生论坛文集. 中国自然辩证法研究会, 2010.

[103] 王平. 新中国成立以来我国学徒制政策的演变、问题与调适 [J]. 教育与职业, 2015 (22).

[104] 王伟巍. 澳大利亚"新学徒制"改革研究 [D]. 大连: 辽宁师范大学, 2014: 23.

[105] 王星. 从分配政治到生产政治转型过程中的单位政治研究 [D]. 长春: 吉林大学, 2008: 123.

[106] 王星. 技能形成的社会建构: 德国学徒制现代化转型的社会学分析 [J]. 社会, 2015 (1).

[107] 王星. 技能形成的社会建构——中国工厂师徒制变迁历程的社会学分析. 北京: 社会科学文献出版社, 2014.

[108] 王亚南, 石伟平. 职业知识概念化的内涵意蕴及课程实现路径——麦克·杨职业教育思想的述评及启示 [J]. 清华大学教育研究, 2017, 38 (4): 78-86.

[109] 王亚楠, 钟莆宁. 1990 年以来中国人口出生水平变动及预测 [J]. 人口与经济, 2017 (1): 1-12.

[110] 王云平. 工业结构升级的制度分析 [M]. 北京: 经济管理出版社, 2004.

[111] 王正平. 美国职业伦理的核心价值理念和基本特点 [J]. 道德与文明, 2014 (1): 141-149.

[112] 温特贝尔特大学认知与技术小组等. 美国课程与教学案例透视——贾斯珀系列 [M]. 王文静, 等译. 上海: 华东师范大学出版社, 2002.

[113] 闻效仪. 改革开放四十年之集体协商与集体合同研究: 历史演进、制度执行与类型化趋势 [J]. 中国人力资源开发, 2018, 35 (10).

[114] 邬志辉, 李涛. 治理体系和能力现代化的三重核心命题 [N]. 中国教育报, 2014-04-28.

[115] 吴毅, 吴刚, 马颂歌. 扎根理论的起源、流派与应用方法述评——基于工作场所学习的案例分析 [J]. 远程教育杂志, 2016, 35 (3): 32-41.

[116] 伍装. 非正式制度论 [M]. 上海: 上海财经大学出版社, 2011.

[117] 现代学徒制需破学历教育瓶颈 [EB/OL]. (2015-08-26) [2018-06-21]. http://news.163.com/15/0826/00/B1TF5R5200014AEE.html.

[118] 辛鸣. 制度论: 关于制度哲学的理论建构 [M]. 北京: 人民出版社, 2005: 103.

[119] 辛涛, 姜宇, 林崇德等. 论学生发展核心素养的内涵特征及框架定位 [J]. 中国教育学刊, 2016 (6): 3-7.

[120] 徐国庆. 高职教育发展现代学徒制的策略：基于现代性的分析 [J]. 江苏高教, 2017 (1)：79-84.

[121] 徐国庆, 李政. 职业教育国家专业教学标准开发：理论与方法 [M]. 上海：华东师范大学出版社, 2017.

[122] 徐金雷. 技术的默会知识及其实践培育 [J]. 华东师范大学学报（教育科学版）, 2018, 36 (6)：19-28, 154.

[123] 徐小英. 校企合作教育对技能型人才创造力的影响研究 [D]. 武汉：武汉大学, 2011.

[124] 亚里士多德. 政治学 [M]. 吴寿彭, 译. 北京：商务印书, 1965.

[125] 姚先国, 张海峰, 乐君杰. 产业转型与大学生就业难 [J]. 劳动经济研究, 2014 (5)：34-48.

[126] 易烨, 石伟平. 澳大利亚新学徒制的改革 [J]. 职教论坛, 2013 (16)：89-92.

[127] 于洪雷, 基于 Web 的工艺知识管理系统研究与开发 [D], 大连：大连交通大学, 2005.

[128] 郁振华. 人类知识的默会维度 [M]. 北京：北京大学出版社, 2012.

[129] 喻忠恩. 职业教育改革的顶层设计及其理路——从"现代学徒制"试点谈起 [J]. 职教通讯, 2016 (7).

[130] 袁庆明. 新制度经济学教程 [M]. 北京：中国发展出版社, 2011：312.

[131] 约翰·L. 坎贝尔, 等. 美国经济治理 [M]. 上海：上海人民出版社, 2009：45-46.

[132] 詹姆斯·M. 布坎南. 自由、市场与国家：80年代的政治经济学 [M]. 平新桥, 莫扶民, 译. 上海：上海三联书店, 1989.

[133] 张光荣. 谈谈绘画技能的教学探索 [J]. 职业教育研究, 2004 (9)：102.

[134] 张建国. 论学徒制职业教育的制度意蕴 [J]. 职业技术教育, 2015, 36 (7)：23-28.

[135] 张启富. 高职院校试行现代学徒制：困境与实践策略 [J]. 教育发展研究, 2015 (3).

[136] 张森. 基于产业转型升级视角下的高技能人才队伍建设对策研究——以 L 省会城市群经济圈为例 [J]. 齐鲁师范学院学报, 2016, 31 (5).

[137] 张旭昆. 制度演化分析导论 [M]. 杭州：浙江大学出版社, 2007：106-113.

[138] 张耀军, 岑俏. 中国人口空间流动格局与省际流动影响因素研究 [J].

人口研究, 2014 (5): 54-71.

[139] 赵志群, 陈俊兰. 现代学徒制建设——现代职业教育制度的重要补充 [J]. 北京社会科学, 2014 (1).

[140] 赵志群. 现代学徒制离政策目标有多远 [N]. 中国教育报, 2016-09-27 (4).

[141] 中国青年报. 高校强制学生到富士康实习 辽宁教育厅叫停 [EB/OL]. (2017-07-21) [2017-08-20]. http://edu.sina.com.cn/l/2017-07-21/doc-ifyihrmf3078108.shtml.

[142] 周国良. 从劳动争议处理看集体劳动关系规范的困惑 [A]//杨鹏飞. 劳动关系集体协商制度研究. 上海: 上海社会科学院出版社, 2012.

[143] 周洁. 现代服务业的内涵及特征 [J]. 品牌 (理论月刊), 2010 (7): 30-31.

[144] 周姝琼. 21 世纪以来奥地利学徒制改革研究 [D]. 重庆: 西南大学, 2012: 22-23.

[145] 朱晓民, 张德斌. 近二十年来教师知识结构研究述评 [J]. 山西师大学报 (社会科学版), 2006 (2): 136-140.

[146] 竹内弘高, 野中郁次郎著. 知识创造的螺旋: 知识管理理论与案例研究 [M]. 李萌, 译. 北京: 知识产权出版社, 2006.

[147] Albritton, R. et al. Phases of Capitalist Development: Booms, Crises and Globalizations [M]. London: Palgrave Macmillan, 2001: 23.

[148] Allen T. D., Eby L. T., Poteet M. L., et al. Career Benefits Associated with Mentoring for Protégés: A Meta-analysis [J]. Journal of Applied Psychology, 2004, 89 (1): 127.

[149] Andrade, D. & Roy, G. Cultural Meaning Systems [A]//In R. A. Shweder & R. A. LeVine. Culture Theory: Essays on Mind, Self, and Emotion [C]. Cambridge: Cambridge University Press, 1984.

[150] Anna Payton. Apprentice and Trainee Completion Rates Slightly Down [EB/OL]. (2015-06-20) [2016-09-05]. https://www.ncver.edu.au/about/news-and-events/media-releases/apprentice-and-trainee-completion-rates-slightly-down.

[151] Apprenticeship and Economic Advantage: A Blueprint for American Industry and Public Policy in the 21st Century [EB/OL]. [2018-05-19]. http://milestoneplanning.net/whitepapers/Apprenticeship%20Article%20Final.pdf.

[152] Aryee S., Chay Y. W., Chew J. The Motivation to Mentor among Manage-

rial Employees: An Interactionist Approach [J]. Group & Organization Management, 1996, 21 (3): 261-277.

[153] Aryee S., Lo S., Kang I. L. Antecedents of Early Career Stage Mentoring among Chinese Employees [J]. Journal of Organizational Behavior, 1999, 20 (5): 563-576.

[154] Aryee S., Wyatt T., Stone R. Early Career Outcomes of Graduate Employees: The Effect of Mentoring and Ingratiation [J]. Journal of Management Studies, 1996, 33 (1): 95-118.

[155] Ashton, D. N. From School to Work: Some Problems of Adjustment Experienced by Young Male Workers [M]//In P. Brannen (ed.), Entering the World of Work: Some Sociological Perspectives, London, 1975: 58-61.

[156] Australian Apprenticeship. Australian Apprenticeships Reforms. [EB/OL]. (2012-03-10) [2016-09-10]. https://www.nswbusinesschamber.com.au/NSWBCWebsite/media/Policy/Workplace%20Skills/Australian-Apprenticeship-Reform-submission-Oct-2010.pdf.

[157] Axmann, M. Overcoming the Work-inexperience Gap Through Quality Apprenticeships—The ILO's Contribution. In Akoojee, S. Apprenticeship in a Globalized World: Premises, Promises and Pitfalls. Berlin: Lit Verlag Dr. W. Hopf, 2013 (19).

[158] Baek, S. W. Does China Follow the East Asian Development Model? [J]. Journal of Contemporary Asia, 2005, 35 (4).

[159] Baethge, M. & Schiersmann, C. Prozeßorientierte Weiterbildung – Perspektiven und Probleme eines neuen Paradigmas der Kompetenzentwicklung für die Arbeitswelt der Zukunft [A]//In Arbeitsgemeinschaft Betriebliche Weiterbildungsforschung e. V. (Hg.). Kompetenzentwicklung 98: Forschungsstand und Perspektiven Münster, 1998.

[160] Bayazit N. Designing: Design Knowledge: Design Research: Related Sciences [M]//Design Methodology and Relationships with Science. Dordrecht: Springer, 1993: 121-136.

[161] Beicht, U. & Andreas, K. Money plays a role! Are trainees satisfied with their pay? [R]. Bonn: The Federal Institute for Vocational Education and Training, 2010.

[162] Beicht, U. Tarifliche Ausbildungsvergütungen 2016: Geringere Erhöhung im Westen, stärkeres Plus im Osten [M]. BIBB. Bonn 2017.

[163] Berger, P. L. & Hansfried, K. Sociology Interpreted: An Essay on Method

and Vocation [M]. New York: Doubleday Anchor, 1981.

[164] Berger, P. L. & Luckmann, T. The Social Construction of Reality: A Treatise in the Sociology of Knowledge [M]. New York: Doubleday Anchor, 1967.

[165] Billett S. Apprenticeship as a Mode of Learning and Model of Education [J]. Education + Training, 2016, 58 (6): 613 – 628.

[166] Billett, S. Learning in the Workplace: Strategies for Effective Practice. Sydney: Allen & Unwin, 2001.

[167] Billetts, S. R. & Barker, M. Understanding Work, Learning and the Remaking of Cultural Practices [J]. Studies in Continuing Education, 2005 (3): 19 – 237.

[168] BMBF. Education and Research in Figures 2015 [M]. Berlin: Bundesministerium für Bildungund Forschung, 2015: 43.

[169] Bourdieu P. The Form of Capital [M]//In J. G Richardson (ed). Handbook of Theory and Research for the Sociology of Education. New York: Greenuood Press, 1989: 245.

[170] Boyer, R. Coherence, Diversity, and the Evolution of Capitalisms: The Institutional Complementarity Hypothesis [J]. Evolutionary and Institutional Economics Review, 2005, 2 (1).

[171] Bozionelos N. Mentoring Provided: Relation to Mentor's Career Success, Personality, and Mentoring Received [J]. Journal of Vocational Behavior, 2004, 64 (1): 24 – 46.

[172] Bremer, R. & Haasler, B. Analyse der Entwicklung fachlicher Kompetenz und beruflicher Identität in der beruflichen Erstausbildung [J]. Bildung im Medium beruflicher Arbeit. Sonderdruck. ZfPäd, 2004, 50 (02): 162 – 181.

[173] Brow N. , Richard. Work Histories, Career Strategies and the Class Structure [M]//Anthony Giddens and Gavin Mackenzie (ed.) Social Class and the Division of Labor. Cambridge: Cambridge University Press, 1982.

[174] Bruner, J. Toward a theory of instruction [M]. Cambridge, MA: Harvard University Press, 1966: 69.

[175] Bundesministerium für Bildung und Forschung. Berufsbildungsbericht 2017 [R]. BMBF Bonn, 2017: 10.

[176] Bundesministerium für Arbeit und Soziales. Arbeitsmarkt-prognose 2030 – Eine strategische Vorausschau auf die Entwicklung von Angebot und Nachfrage in Deutschland [R]. Bundesministerium für Arbeit und Soziales. Bonn, 2013: 6.

［177］Burke R. J. , McKeen C. A. Benefits of Mentoring Relationships among Managerial and Professional Women: A Cautionary Tale［J］. Journal of Vocational Behavior, 1997, 51（1）: 43 - 57.

［178］CEDEFOP. Apprenticeship Supply in the Member States of the European Union（Final Report）［R］. Luxembourg: Publication Office of the European Union, 2012.

［179］CEDEFOP. Apprenticeship-type schemes and structured work-based learning programmes［R］. Luxembourg: Publication Office of the European Union, 2014.

［180］CEDEFOP. Towards a History of Vocational Education and Training in Europe in Comparative Perspective. Luxembourg: Office for Official Publication of the European Communities, 2004: 22 - 43.

［181］Chao G. T. Mentoring Phases and Outcomes［J］. Journal of Vocational Behavior, 1997, 51（1）: 15 - 28.

［182］Common wealth of Australia. A Shared Responsibility: Apprenticeships for the 21 Century［R］. Commonwealth of Australia, 2011: 24.

［183］Davenport, T. H. and Prusak, L. Working Knowledge: How Organizations Manage What They Know. Boston: Harvard Business School Press, 1998.

［184］Deloitte. Econometric Analysis of the Australian Apprenticeships Incentives Program［R］. Kingston: Deloitte Access Economics, 2012.

［185］Department for Business Innovation & Skill. Apprenticeship Evaluation: Learner［R］. London: BIS, 2014: 35.

［186］Department for Business Innovation & Skills. The Future of Appenticeships in England: Implementation Plan［R］. London: BIS, 2013: 3.

［187］Department for Education, Department for Business Innovation & Skills. Rigour and Responsiveness in Skills［Z］. London: BIS and DFE, April 2013: 4.

［188］Dequech, D. Cognition and Valuation: Some Similarities and Contrasts between Institutional Economics and the Economics of Conventions［J］. Journal of Economic Issues, 2005, 39（2）.

［189］Dequech, D. Institutions, social norms, and decision-theoretic norms ［J］. Journal of Economic Behavior and Organization, 2009, 72（1）.

［190］De Vos, A. and Soens, N. Protean Attitude and Career Success: The Mediating Role of Self-management［J］. Journal of Vocational Behavior, 2008, 73（3）: 449 - 456.

［191］Dewey, J. Democracy and Education. New York: The Free Press, 1916.

［192］Dewey, J. The School and Society［M］. Chicago: University of Chicago Press, 1990.

［193］Dickie, I. Skill before knowledge［J］. Philosophy and Phenomenological Research, 2012 (3): 737-745.

［194］DiMaggio, P. Constructing an Organizational Field as a Professional Project: U. S. Art Museums, 1920-1940［A］. In W. Powell & P. DiMaggio (eds.). The New Institutionalism in Organizational Analysis［C］. Chicago: University of Chicago Press, 1991.

［195］DiMaggio, P. Culture and Economy［A］//In N. Smelser & R. Swedberg (eds.). The Handbook of Economic Sociology. Princeton: Princeton University Press, 1994.

［196］DiMaggio, P. & Powell, W. Introduction［A］//In W. Powell & P. DiMaggio (eds.). The New Institutionalism in Organizational Analysis［C］. Chicago: University of Chicago Press, 1991.

［197］Dreyfus H. L., Dreyfus S. E. From Socrates to Expert Systems: The Limits of Calculative Rationality［M］//Philosophy and Technology II. Dordrecht: Springer, 1986: 111-130.

［198］Elliott M. A. Managing a Mid-career Crisis［J］. Nursing Management, 1994, 25 (9): 76.

［199］Engestrom, Y. Learning by expanding: An activity theoretical approach to developmental research［M］. Helsinki: Orienta - Konsultit Oy. 1987.

［200］Expert Panel. Overview of Apprenticeship and Traineeship Institutional structures［EB/OL］. (2012-12-17)［2016-09-16］. https://www.australianapprenticeships.gov.au/sites/-ausapps/files/publication-documents/ncverreport2_0.pdf.

［201］Fend, H. Gesellschaftlicher Bedingungen Schulischer Sozialisation［M］. Weinheim und Bas: Beltz Verlag, 1974.

［202］Fugate, M., Kinicki, A. J., & Ashforth, B. E. Employability: A Psychosocial Construct, its Dimensions, and Applications［J］. Journal of Vocational Behavior, 2004, 65: 14-38.

［203］Gadner, H. The Unschooled Mind［M］. New York: Basic books, 1991.

［204］Gamble, J. Modelling the Invisible: The Pedagogy of Craft Apprenticeship［J］. Studies in Continuing Education, 2001 (2), 185-200.

［205］Gary P. Pisano, Willy C. Shih. 制造繁荣：美国为什么需要制造业复兴

[M]. 机械工业信息研究院战略与规划研究所, 译. 北京: 机械工业出版社, 2014: 24.

[206] Geertz, C. The Interpretation of Cultures [M]. New York: Basic Books, 1973.

[207] Glaser, B. Theoretical Sensitivity [M]. Mill Valley: Sociology Press, 1978, 93 – 115.

[208] Gonos, G. Situation Versus Frame: The Interactionist and Structuralist Analysis of Everyday Life [J]. American Sociological Review, 1977, 42 (6).

[209] Goodwin J., O'Connor H. From Young Workers to Older Workers: Eliasian Perspectives on the Transitions to Work and Adulthood [J]. Belvedere Meridionale, 2016, 28 (1): 5 – 26.

[210] Greinert, W. The German System of Vocational Education: History, Organization Prospects [M]. Baden – Baden: Nomos Verlagsgesellschaft, 1994: 28.

[211] Götz, D., Haensch, G. & Wellmann, H. Langenscheidt Großwörterbuch Deutsch als Fremdsprache [M]. Langenscheidt Kg. Berlin und München, 2003: 349.

[212] Guile D. Professional Knowledge and Professional Practice as Continuous Recontextualisation: A Social Practice Perspective [M]//Knowledge, Expertise and the Professions. Routledge, 2014: 88 – 102.

[213] Haasler, B. & Meyer, K. Kompetenzentwicklung von Gewerblich-technischen Berufsanfängern in Großindustrie und in kleinen und mittleren Unternehmen im Vergleich [A]//In Jenewein, K., Knauth, P., Röben, P. & Zülch, G. (Hg.). Kometenzentwicklung in Arbeitsprozessen. Beiträge zur Konferenz der Arbeitsgemeinschaft gewerblich-technische Wissenschaften und ihre Didaktiken in der Gesellschaft für Arbeitswissenschft am 23./24. September 2002 in Karlsruhe [C]. Baden – Baden Nomos, 2004: 137 – 146.

[214] Hamilton, S. F. Learning on the Job: Apprentices in West Germany [C]. Paper Presented at the Meeting of the American Educational Research Association, San Francisco, 1989.

[215] Hansen, H. Caps and Gowns. Ph. D. Dissertation, Department of History, University of Wisconsin – Madision, Madison, 1997. 转引自凯瑟琳·西伦. 制度是如何演化的. 德国、英国、美国和日本的技能政治经济学 [M]. 王星, 译. 上海: 上海人民出版社, 2010: 158.

[216] Hechter, M., Karl – Dieter O. & Reinhard W. Social Institutions: Their Emergence, Maintenance, and Effects [M]. New York: Aldine de Gruyter, 1990.

[217] Heidegger, G. Gestaltungsorientierte Berufsbildung [A]. In: Fischer, M. etal. (Hg.). Gestalten Statt Anpassen in Arbeit? Technik und Beruf [M]. Bielefeld: Bertelsmann, 2001: 142 – 158. 转引自赵志群. 西方职业教育研究的路径与方向——劳耐尔《职业教育研究手册》读后 [J]. 北京大学教育评论, 2017, 15 (02): 175 – 186.

[218] Heslin P. A. Conceptualizing and Evaluating Career Success [J]. Journal of Organizational Behavior: The International Journal of Industrial, Occupational and Organizational Psychology and Behavior, 2005, 26 (2): 113 – 136.

[219] Hessen Regierungs. Hessische Qualifizierungsoffensive – Förderung der beruflichen Kompetenzen und Qualifikationen: Ausbildungsplatzf? rderung [EB/OL]. (2012 – 04 – 12) [2016 – 09 – 05]. http://www.foerderdatenbank.de/Foerder – DB/Navigation/Foerderrecherche/inhaltsverzeichnis.html? get = d9d7c00252a9864c84786e93f494f2a9; views; document&doc = 8331.

[220] HIA media release, Worst skills shortages since 2005 [R]. Oct. 2010: 25.

[221] Holmberg A. Masters and Apprentices of Textiles Craft [J]. Techne Series: Research in Sloyd Education and Crafts Science. A, 2013, 20 (3): 20 – 32.

[222] House of Commons Library. Apprenticeship Statistics [M]. London: House of Commons Library Standard Note, 2014: 4.

[223] Hutchins, E., & Klausen, T. Distributed Cognition in an Airline Cockpit [M]//In Y. Engestrom & D. Middleton (Eds.). Cognition and Communication at Work. Cambridge: Cambridge University Press, 1998.

[224] Hövels, B. Terug naar de inhoud op het snijvlak tussen onderwijs en arbeid [A]. In B. Hövels & L. Römkens (eds.). Notities over kwalificaties [C]. Hertogenbosch: CIBB, 1993.

[225] Institute for Research on Qualification and Training of the Austrian Economy. Austrian VET Policy Report Progress Report on Developments 2002 – 2008 [R]. Wien: Institute for Research on Qualification and Training of the Austrian Economy, 2008: 6 – 8.

[226] Institute for Research on Qualifications and Training of the Austrian Economy. A Bridge to the Future: European VET Policy 2002 – 2010 National Policy Report – Austria 2010 [R]. Vienna: Institute for Research on Qualifications and Training of the Austrian Economy, 2010: 83.

[227] Karmel, T. & Mlotkowski, P., The impact of wages on the probability of completing an apprenticeship or traineeship [R]. NCVER, 2010.

[228] Kerckhoff A. C. Institutional Arrangements and Stratification Processes in industrial societies [J]. Annual Review of Sociology, 1995, 21 (1): 323 – 347.

[229] Kilbrink, N. & Bjurulf, V. Transfer of Knowledge in Technical Vocational Education: A Narrative Study in Swedish Upper Secondary School, *International Journal of Technology and Design Education*, 2013, 23 (3): 519 – 535.

[230] Knight, Jack. Explaining the Rise of Neo – Liberalism: The Mechanisms of Institutional Change. Unpublished manuscript, Washington University in St. Louis, MO. 1999: 20. 转引自凯瑟琳·西伦. 制度是如何演化的. 德国、英国、美国和日本的技能政治经济学 [M]. 王星, 译. 上海: 上海人民出版社, 2010: 28.

[231] Kram K. E. Improving the Mentoring Process [J]. Training & Development Journal, 1985 (11): 16 – 23.

[232] Kram K. E. Phases of the Mentor Relationship [J]. Academy of Management Journal, 1983, 26 (4): 608 – 625.

[233] Lachmann, L. M. The Legacy of Max Weber [M]. California: The Glendessary Press, 1971.

[234] Laudel G., Gläser J. From Apprentice to Colleague: The Metamorphosis of Early Career Researchers [J]. Higher Education, 2008, 55 (3): 387 – 406.

[235] Laurent Filliettaz. Dropping out of Apprenticeship Programs: Evidence from the Swiss Vocational Education System and Methodological Perspectives for Research [J]. International Journal of Training Research, 2010 (8): 141 – 153.

[236] Leonard, D. and Sensiper, S. The Role of Tacit Knowledge in Group Innovation [J]. California Management Review, 1998, 40 (3): 112 – 132.

[237] Levinson, D. J., Darrow, D. & Klein, E., et al. Seasons of a Man's Life [M]. New York: Knopf, 1978.

[238] Lieshout, H. V. Controle over Verschuivingen in Onderwijsstelsels: Beheersing of besturing? [A]//In B. Boon, J. Demmers, P. van Leeuwen et al (eds.). Alles Onder Controle. Essays van de Wetenschappelijke Generatie X. Utrecht: ISOR, 1995.

[239] Lieshout, H. V. & Wilthagen, T. Transitional Labour Markets in Action: New Developments in the Dutch Vocational Education and Training Market [A]//In S. Roualt, H. Oschmiansky & I. Schömann (eds.). Reacting in Time to Qualification needs: Towards a Cooperative Implementation? Berlin: Wissenschaftszentrum Berlin für Sozialfor-schung, 2002.

[240] Lord, R. G. & Kernan, M. C. Scripts as Determinants of Purposeful Behavior in Organizations [J]. Academy of Management Review, 1987, 12 (2).

[241] Louis, M. R. Surprise and Sense Making: What Newcomers Experience in Entering Unfamiliar Organizational Settings [J]. Administrative Science Quarterly, 1980, 25: 226 – 251.

[242] Luce J. A., Murray J. P. New Faculty's Perceptions of the Academic Work Life [J]. Journal of Staff, Program & Organization Development, 1998, 15 (3): 103 – 10.

[243] Lutz, B. Bildungssystem und Beschäftigungsstruktur in Deutschland und Frankreich [A]. In: ISF München: Betrieb – Arbeitsmarkt – Qualifikation I [C]. Frankfurt am Main, 1976: 83 – 151.

[244] Lynch, R. L. Occupational experience as the Basis for Alternative Teacher Certification in Vocational Education [A]//In A. Gamoran (ed.). The Quality of Vocational Education: Background Papers from the 1994 National Assessment of Vocation Education. Washington, DC: U. S. Department of Education, 1998.

[245] Magill, R. A. Motor Learning and Control: Concepts and Applications (8th ed.) [M]. New York: McGraw Hill, 2006.

[246] Marchand, T. H. J. Muscles, Morals and Mind: Craft Apprenticeship and the Formation of Person [J]. British Journal of Education Studies, 2008, 56 (3): 245 – 271.

[247] March, J. G. & Olsen, J. P. Rediscovering Institutions: The Organizational Basis of Politics [M]. New York: Free Press, 1989.

[248] Markus, H., & Nurius, P. Possible Selves [J]. American Psychologist, 1986, 41, 954 – 969.

[249] Martin J. Profiting from Multiple Intelligences in the Workplace [M]. Routledge, 2018.

[250] Marton, F. Skill as an Aspect of Knowledge [J]. The Journal of Higher Education, 1979 (5): 602 – 614.

[251] McManus S. E., Russell J. E. A. New Directions for Mentoring Research: An Examination of Related Constructs [J]. Journal of Vocational Behavior, 1997, 51 (1): 145 – 161.

[252] Meidinger, H. – P. Auf dem Weg zum Vollkaskokoabitur? Ursachen und mögliche Folgen des Akademisierungswahns [A]//In: Schultz, T. & Hurrelmann, K. (Hrsg.). Die Akademiker – Gesellschaft – Müssen in Zukunft alle studieren? Beltz Juventa. Weinheim und Basel, 2013: 126.

[253] Meijers, F. The development of a Career Identity [J]. International Journal

for the Advancement of Counseling, 1998, 20: 191 – 207.

[254] Mühlemann, S. & Pfeifer, H. The Structure of Hiring Costs in Germany: Evidence from Firm – Level Data [R]. IZA Discussion Paper No. 7656, 2013: 20.

[255] Mühlemann, S. The Cost and Benefits of Work-based Learning [R]. Paris: OECD Publishing, 2016.

[256] Mirsky, R. & Schaufelberger, J. Professional Ethics for the Construction Industry [M]. Taylor and Francis, 2014: 4.

[257] Mirvis P. H., Hall D. T. Psychological Success and the Boundaryless Career [J]. Journal of Organizational Behavior, 1994, 15 (4): 365 – 380.

[258] M. L. Savickas, E. J. Porfeli. Career Adapt-abilities Scale: Construction, Reliability, and Measurement Equivalence Across 13 Countries [J]. Journal of Vocational Behavior, 2012, 80: 661 – 673.

[259] Montessori, M. The Montessori Method [M]. New York: Frederick Stokes, 1913.

[260] Murphree P. H. A Grounded Theory Study: How Workers Link with Each Other and how They form Networks to Solve Problems [D]. George Washington University, 2005.

[261] Nahapiet J., Ghoshal S. Social Capital, Intellectual Capital, and the Organizational Advantage [J]. Academy of Management Review, 1998, 23 (2): 242 – 266.

[262] Newman, D., Griffith, P. & Cole, M. The Construction Zone: Working for Cognitive Change in School [M]. Cambridge, UK: Cambridge University Press, 1989.

[263] Nielsen, K. Scaffold Instruction at the Workplace from a Situated Perspective [J]. Studies in Continuing Education, 2008, 30 (3): 247 – 261.

[264] Noe R. A. An Investigation of the Determinants of Successful Assigned Mentoring Relationships [J]. Personnel psychology, 1988, 41 (3): 457 – 479.

[265] Nonaka, L. and Takeuchi, H. The Knowledge Creating Company: How Japanese Companies Create the Dynamics of Innovation [M]. New York: Oxford University Press, 1995.

[266] North, D. C. Economic performance through time [J]. American Economic Review, 1994, 84 (3).

[267] North, D. C. Institutions, Institutional Change and Economic Performance [M]. Cambridge: Cambridge University Press, 1990.

［268］Oluokun C. O. A Grounded Theory Study of Younger and Older Construction Workers' Perceptions of Each Other in the Work Place［D］. The George Washington University，2008.

［269］Ostrom，E. An agenda for the study of institutions［J］. Public Choice，1986，48（1）.

［270］Patton，M. Q. Qualitative Research & Evaluation Methods（3rd ed.）. Thousand Oaks, CA：Sage，2002.

［271］Pavese，C.，Skill in epistemology I：Skill and Knowledge［J］. Philosophy Compass，2016（11）：642-649.

［272］Pavitt，K.，Technologies，Products and Organisation in the Innovating Firm：What Adam Smith Tells Us and Joseph Schumpeter Doesn't［J］. Industrial and Corporate Change，1998（3）：433-452.

［273］Pfeifer，H. Firms' Motivation for Training Apprentices：An Australian-German Comparison［R］. Adelaide：National Centre for Vocational Education Research，2016.

［274］Potts L E. The Career Plateau—the Differential Diagnosis：Part Ⅲ［J］. Journal of Post Anesthesia Nursing，1991，6（1）：56-62.

［275］Ragins B. R. Antecedents of Diversified Mentoring Relationships［J］. Journal of Vocational Behavior，1997，51（1）：90-109.

［276］Rauner，F.，Frenzel，J.，Piening，D. & Bachmann，N. Engagement und Ausbildungsorganisation – Einstellungen sächsischer Auszubildender zu ihrem Beruf und ihrer Ausbildung［M］. FG I：BB，Universität Bremen. Bremen/Dresden im Frühjahr 2016：147.

［277］Rauner，F. Kosten，Nutzen und Qualität der betrieblichen Ausbildung［A］. In：Piening，D. & Rauner，F.（Hg.）. Innovative Berufsbildung – Auf die Attraktivität für Jungendliche und Unternehmen kommt es an！［C］. Berlin：LIT Verlag，2008：60.

［278］Rauner，F. Methodenhanbuch – Messen und Entwickeln beruflicher Kompetenzen（COMET）［M］. Bielefeld：W. Bertelsmann Verlag，2017：81-86.

［279］Rauner，F. Offene dynamische Kernberufe als Dreh-und Angelpunkt für eine europäische Berufsbildung［A］. In：Grollmann，P.，Kruse，W. & Rauner F.（Hg.）. Europäisierung Beruflicher Bildung［C］. LIT Verlag Münster，2005：25.

［280］Rauner，F. The Apprenticeship Approach：A Way to Overcome Demarcations Between Vocational and Higher Education. In Zhiqun Zhao. Assuring the Acquisition of Expertise：Apprenticeship in the Modern Economy. Beiing：Foreign Language

Teaching and Research Press, 2011: 23.

[281] Recommendation of the European Parliament and of the Council of 18 June 2009 on the establishment of a European Credit System for Vocational Education and Training [EB/OL]. https://ehron.jrc.ec.europa.eu/sites/ehron/files/documents/public/recommendation_of_the_ep_and_the_council_of_18_june_2009.ecvet.pdf. 2009-07-08/2019-02-04.

[282] Reilly B. J. & Kyj M. J. Corporate Citizenship [J]. Review of Business, Saint Johns University, 1994 (16): 37. 转引自: 聂伟. 论企业的职业教育责任——基于企业公民视角的校企合作研究 [D]. 天津: 天津大学, 2013: 26-27.

[283] Rendall, M. & Weiss, F. J. Employment Polarization and the Role of the Apprenticeship System [J]. European Economic Review, 2016 (82): 166-186.

[284] Rhodes, J. E. Stand by Me: The Risks and Rewards of Mentoring Today's Youth. Cambridge, MA: Harvard University Press, 2002.

[285] Rice R. E. Heeding New Voices: Academic Careers for a New Generation [J]. Educational Record, 1996, 66 (4): 25-26.

[286] Richard Review of Apprenticeships [R]. DFE and BIS, November 2012: 20.

[287] Ridzwan, C. R., & Yasin, R. M. Cultivating Learning: A Grounded Theory of Skills Acquisition for Vocation in Modern Apprenticeships [J]. Procedia-Social and Behavioral Sciences, 2015, 174: 275-282.

[288] Ropohl G. Knowledge Types in Technology [M]//Shaping Concepts of Technology. Springer, Dordrecht, 1997: 65-72.

[289] Rosenbaum, J. E. Institutional Career Stuctures and the Social Construction of Ability [M]//in Handbook of Therory and Research for the Sociology of Education, ed. JG Richardson, Westport, CCT: Greenwood, 1986.

[290] Rosenbaum, J. E. Tournament Mobility: Career Patterns in a Corporation [J]. Administrative Science Quarterly, 1979, 24: 220-241.

[291] Sabine Tritscher-Archan, Sabine Nowak, Silvia Weiß, Gabriele Grün. Austria VET in Europe-Country Report 2012 [EB/OL]. (2012-03-10) [2016-09-10]. http://refernet.at/de/dokumente/57-vet-in-europa-country-report-austria-report-within-the-framework-of-refernet-austria/file.

[292] Scandura, T. A. Mentoring and Career Mobility: An Empirical Investigation [J]. Journal of Organizational Behavior, 1992, 13 (2): 169-174.

[293] Scandura, T. A., & Ragins, B. R. The Effects of Sex and Gender Role Orientation on Mentorship in Male-dominated Occupations [J]. Journal of Vocational

Behavior, 1993, 43: 251 - 265.

[294] Schaack, K. Why Do German Companies Invest in Apprenticeship? . In Maclean, R. & Wilson. D. (eds.). International Handbook of Education for the Changing World of Work. Dordrecht: Springer Science&Business Media, 2009: 1760.

[295] Schmid, G. Flexibele coördinatie: de toekomst van het duale systeem uit oogpunt van arbeidsmarktbeleid [J]. Cedefop beroepsopleiding, 1992 (1).

[296] Schotter, A. R. The Economic Theory of Social Institutions [M]. Cambridge: Cambridge University Press, 1981.

[297] Schumann, M., Baethge - Kinsky, V., Kuhlmann, M., Kurz, C. & Neumann, U. Zwischen Neuen Produktionskonzepten und lean production [J]. SOFI - Mitteilungen Nr. 21, Göttingen, 1994 (21): 26 - 35.

[298] Scott, W. R. Institutions and Organizations: Ideas, Interests, and Identities (3rd Edition) [M]. Thousand Oaks: SAGE Publications, 2008.

[299] Searing, D. D. Roles, Rules, and Rationality in the New Institutionalism [J]. American Political Science Review, 1991, 85 (4).

[300] Sennett R. The craftsman [M]. Yale University Press, 2008.

[301] Singleton, J. The Japanese Folkcraft Pottery Apprenticeship: Cultural Patterns of an Educational Institution [M]//in Coy, M. W. (Ed.). Apprenticeship: From Theory to Method and Back Again, SUNY, New York, NY, 1989: 13 - 30.

[302] Skocpol, T. Bringing the State Back In: Strategies of Analysis in Current Research [A]. In B. E. Peter, R. Dietrich & T. Skocpol (eds.). Bringing the State Back In [C]. Cambridge: Cambridge University Press, 1985.

[303] Smith, C. L., Bouchell, J. K., Clark, P. J., & DeHart, M. R. (1995). Georgia youth apprenticeship programs: Initial report (1994 - 1995). Athens, GA: The University of Georgia.

[304] Sosa, E. A Virtue Epistemology: Apt Belief and Reflective Knowledge (Vol. 1) [M]. Oxford: Oxford University Press, 2007: 29 - 31.

[305] Spence, M. Job Market Signaling [J]. Quarterly Journal of Economics, 1973, 87 (3).

[306] Spöttl, G., Hecker, O., Holm, C. & Windelband, L. Dienstleistungsaufgaben sind Facharbeit: Qualifikationsanforderungen für Dienstleistungen des produzierenden Gewerbes [M]. Bielefeld: Bertelsmann, 2003: 95.

[307] Stanley, J. Know how [M]. Oxford: Oxford University Press, 2011.

[308] Stanley, J. & Williamson, T. Skill [J]. Noûs, 2017, 51 (4): 713 - 726.

[309] Statistisches Bundesamt. Bevölkerungsvorausberechnung [EB/OL]. https：//www.destatis.de/DE/ZahlenFakten/GesellschaftStaat/Bevoelkerung/Bevoelkerungsvorausberechnung/Tabellen/2015_2A_AltersgruppenBis2060_.html. (aufgerufen am 06 – 09 – 2017).

[310] Statistisches Bundesamt. Fast jeder zweite Arbeitnehmer seit über zehn Jahren beim gleichen Arbeitgeber [EB/OL]. https：//www.destatis.de/Europa/DE/Thema/BevoelkerungSoziales/Arbeitsmarkt/Dauer_Arbeitsvertrag_EUVergleich.html. (aufgerufen am 06 – 09 – 2017).

[311] Stevens, M. Human capital theory and UK vocational training policy [J]. Oxford Review of Economic Policy, 1999, 15 (1).

[312] Stevenson, J. Concepts of Workplace Knowledge [J]. International Journal of Educational Research, 2002. 37 (1): 1 – 15.

[313] Taylor, E., & Antony, J. S. Stereotype Threat Reduction and Wise Schooling: Towards the Successful Socialization of African American Doctoral Students in Education [J]. The Journal of Negro Education, 2000, 69 (3): 184 – 198.

[314] Tenorth, H. – E. Statuskonstruktion und Qualifikationsbedarf. Akademisierung in Historischer Sicht [A]//Schultz, T. & Hurrelmann, K. (Hrsg.). Die Akademiker – Gesellschaft – Müssen in Zukunft alle studieren? Beltz Juventa. Weinheim und Basel, 2013: 25.

[315] The Danish Ministry of Education. Improving Vocational Education and Training overview of reform of the Danish vocational education system [R]. The Danish Ministry of Education, 2014.

[316] The Danish Ministry of Education. Vocational Education and Training (vet) [EB/OL]. [2014 – 07 – 08]. http：//eng.uvm.dk/upper-secondary-education/vocational-education-and-training—vet – .

[317] Thelen, K. How Institutions Evolve: The Political Economy of Skills in Germany, Britain, the United States, and Japan [M]. New York: Cambridge University, 2004.

[318] Thomas Deißinger. 职业教育体系研究 [A]//菲力克斯·劳耐尔, 鲁珀特·麦克林. 国际职业教育科学研究手册 (上册). 赵志群, 等译. 北京: 北京师范大学出版社, 2014: 157.

[319] Turban D. B., Dougherty T. W. Role of Protégé Personality in Receipt of Mentoring and Career Success [J]. Academy of Management journal, 1994, 37 (3): 688 – 702.

[320] Vandenberg, Paul. North's Institution and the Prospect of Combining Theoretical Approaches [J]. Cambridge Journal of Economics, 2002 (2).

[321] Veblen, T. The Limitations of Marginal Utility [J]. Journal of Political Economy, 1909, 17 (9).

[322] Vickerstaff S A. Apprenticeship in the Golden Age': Were Youth Transitions Really Smooth and Unproblematic Back Then? [J]. Work, Employment and Society, 2003, 17 (2): 269–287.

[323] Vincenti W. G. What Engineers Know and How They Know it [M]. Baltimore: Johns Hopkins University Press, 1990.

[324] Virtanen, A., Tynjälä, P., & Eteläpelto, A. Factors Promoting Vocational Students' Learning at Work: Study on Student Experiences [J]. Journal of Education and Work, 2014, 27 (1): 43–70.

[325] Vygotsky, L. Mind in Society [M]. Cambridge, MA: Cambridge University Press, 1978.

[326] Waters L. Protégé-mentor Agreement about the Provision of Psychosocial Support: The Mentoring Relationship, Personality, and Workload [J]. Journal of Vocational Behavior, 2004, 65 (3): 519–532.

[327] Watson, Tony J. Sociology, Work and Industry, Third Edition, Routledge, 1995.

[328] Weingast, B. R. The Economic Role of Political Institutions: Market Preserving Federalism and Economic Development [J]. Journal of Law Economics and Organization, 1995, 11 (1).

[329] Wolf-Dietrich Greinert. Towards a History of Vocational Education and Training in Europe in a Comparative Perspective, Volume I [M]. Luxembourg: Office for Official Publications of the European Communities, 2004: 19.

[330] Yang, L. & Zhao, Z. Q. Empirical Research on the Vocational Ethics Development of Vocational Institution Students in China [J]. Journal of Asian Vocational Education and Training, 2010, 03 (1): 59–74.

[331] Zerubavel, E. Social Mindscapes: An Invitation to Cognitive Sociology [M]. Cambridge: Harvard University Press, 1997.

[332] Zimmerman, B. J. Development and Adaptation of Expertise: The Role of Self-regulatory Processes and Beliefs [M]//In K. A. Ericsson, N. Charness, P. J. Feltovich, & R. R. Hoffman (Eds.). The Cambridge Handbook of Expertise and Expert Performance (pp. 705–722). Cambridge: Cambridge University Press, 2006.

教育部哲学社会科学研究重大课题攻关项目成果出版列表

序号	书 名	首席专家
1	《马克思主义基础理论若干重大问题研究》	陈先达
2	《马克思主义理论学科体系建构与建设研究》	张雷声
3	《马克思主义整体性研究》	逄锦聚
4	《改革开放以来马克思主义在中国的发展》	顾钰民
5	《新时期 新探索 新征程——当代资本主义国家共产党的理论与实践研究》	聂运麟
6	《坚持马克思主义在意识形态领域指导地位研究》	陈先达
7	《当代资本主义新变化的批判性解读》	唐正东
8	《当代中国人精神生活研究》	童世骏
9	《弘扬与培育民族精神研究》	杨叔子
10	《当代科学哲学的发展趋势》	郭贵春
11	《服务型政府建设规律研究》	朱光磊
12	《地方政府改革与深化行政管理体制改革研究》	沈荣华
13	《面向知识表示与推理的自然语言逻辑》	鞠实儿
14	《当代宗教冲突与对话研究》	张志刚
15	《马克思主义文艺理论中国化研究》	朱立元
16	《历史题材文学创作重大问题研究》	童庆炳
17	《现代中西高校公共艺术教育比较研究》	曾繁仁
18	《西方文论中国化与中国文论建设》	王一川
19	《中华民族音乐文化的国际传播与推广》	王耀华
20	《楚地出土戰國簡册［十四种］》	陈 伟
21	《近代中国的知识与制度转型》	桑 兵
22	《中国抗战在世界反法西斯战争中的历史地位》	胡德坤
23	《近代以来日本对华认识及其行动选择研究》	杨栋梁
24	《京津冀都市圈的崛起与中国经济发展》	周立群
25	《金融市场全球化下的中国监管体系研究》	曹凤岐
26	《中国市场经济发展研究》	刘 伟
27	《全球经济调整中的中国经济增长与宏观调控体系研究》	黄 达
28	《中国特大都市圈与世界制造业中心研究》	李廉水

序号	书　名	首席专家
29	《中国产业竞争力研究》	赵彦云
30	《东北老工业基地资源型城市发展可持续产业问题研究》	宋冬林
31	《转型时期消费需求升级与产业发展研究》	臧旭恒
32	《中国金融国际化中的风险防范与金融安全研究》	刘锡良
33	《全球新型金融危机与中国的外汇储备战略》	陈雨露
34	《全球金融危机与新常态下的中国产业发展》	段文斌
35	《中国民营经济制度创新与发展》	李维安
36	《中国现代服务经济理论与发展战略研究》	陈　宪
37	《中国转型期的社会风险及公共危机管理研究》	丁烈云
38	《人文社会科学研究成果评价体系研究》	刘大椿
39	《中国工业化、城镇化进程中的农村土地问题研究》	曲福田
40	《中国农村社区建设研究》	项继权
41	《东北老工业基地改造与振兴研究》	程　伟
42	《全面建设小康社会进程中的我国就业发展战略研究》	曾湘泉
43	《自主创新战略与国际竞争力研究》	吴贵生
44	《转轨经济中的反行政性垄断与促进竞争政策研究》	于良春
45	《面向公共服务的电子政务管理体系研究》	孙宝文
46	《产权理论比较与中国产权制度变革》	黄少安
47	《中国企业集团成长与重组研究》	蓝海林
48	《我国资源、环境、人口与经济承载能力研究》	邱　东
49	《"病有所医"——目标、路径与战略选择》	高建民
50	《税收对国民收入分配调控作用研究》	郭庆旺
51	《多党合作与中国共产党执政能力建设研究》	周淑真
52	《规范收入分配秩序研究》	杨灿明
53	《中国社会转型中的政府治理模式研究》	娄成武
54	《中国加入区域经济一体化研究》	黄卫平
55	《金融体制改革和货币问题研究》	王广谦
56	《人民币均衡汇率问题研究》	姜波克
57	《我国土地制度与社会经济协调发展研究》	黄祖辉
58	《南水北调工程与中部地区经济社会可持续发展研究》	杨云彦
59	《产业集聚与区域经济协调发展研究》	王　珺

序号	书　名	首席专家
60	《我国货币政策体系与传导机制研究》	刘　伟
61	《我国民法典体系问题研究》	王利明
62	《中国司法制度的基础理论问题研究》	陈光中
63	《多元化纠纷解决机制与和谐社会的构建》	范　愉
64	《中国和平发展的重大前沿国际法律问题研究》	曾令良
65	《中国法制现代化的理论与实践》	徐显明
66	《农村土地问题立法研究》	陈小君
67	《知识产权制度变革与发展研究》	吴汉东
68	《中国能源安全若干法律与政策问题研究》	黄　进
69	《城乡统筹视角下我国城乡双向商贸流通体系研究》	任保平
70	《产权强度、土地流转与农民权益保护》	罗必良
71	《我国建设用地总量控制与差别化管理政策研究》	欧名豪
72	《矿产资源有偿使用制度与生态补偿机制》	李国平
73	《巨灾风险管理制度创新研究》	卓　志
74	《国有资产法律保护机制研究》	李曙光
75	《中国与全球油气资源重点区域合作研究》	王　震
76	《可持续发展的中国新型农村社会养老保险制度研究》	邓大松
77	《农民工权益保护理论与实践研究》	刘林平
78	《大学生就业创业教育研究》	杨晓慧
79	《新能源与可再生能源法律与政策研究》	李艳芳
80	《中国海外投资的风险防范与管控体系研究》	陈菲琼
81	《生活质量的指标构建与现状评价》	周长城
82	《中国公民人文素质研究》	石亚军
83	《城市化进程中的重大社会问题及其对策研究》	李　强
84	《中国农村与农民问题前沿研究》	徐　勇
85	《西部开发中的人口流动与族际交往研究》	马　戎
86	《现代农业发展战略研究》	周应恒
87	《综合交通运输体系研究——认知与建构》	荣朝和
88	《中国独生子女问题研究》	风笑天
89	《我国粮食安全保障体系研究》	胡小平
90	《我国食品安全风险防控研究》	王　硕

序号	书名	首席专家
91	《城市新移民问题及其对策研究》	周大鸣
92	《新农村建设与城镇化推进中农村教育布局调整研究》	史宁中
93	《农村公共产品供给与农村和谐社会建设》	王国华
94	《中国大城市户籍制度改革研究》	彭希哲
95	《国家惠农政策的成效评价与完善研究》	邓大才
96	《以民主促进和谐——和谐社会构建中的基层民主政治建设研究》	徐 勇
97	《城市文化与国家治理——当代中国城市建设理论内涵与发展模式建构》	皇甫晓涛
98	《中国边疆治理研究》	周 平
99	《边疆多民族地区构建社会主义和谐社会研究》	张先亮
100	《新疆民族文化、民族心理与社会长治久安》	高静文
101	《中国大众媒介的传播效果与公信力研究》	喻国明
102	《媒介素养：理念、认知、参与》	陆 晔
103	《创新型国家的知识信息服务体系研究》	胡昌平
104	《数字信息资源规划、管理与利用研究》	马费成
105	《新闻传媒发展与建构和谐社会关系研究》	罗以澄
106	《数字传播技术与媒体产业发展研究》	黄升民
107	《互联网等新媒体对社会舆论影响与利用研究》	谢新洲
108	《网络舆论监测与安全研究》	黄永林
109	《中国文化产业发展战略论》	胡惠林
110	《20世纪中国古代文化经典在域外的传播与影响研究》	张西平
111	《国际传播的理论、现状和发展趋势研究》	吴 飞
112	《教育投入、资源配置与人力资本收益》	闵维方
113	《创新人才与教育创新研究》	林崇德
114	《中国农村教育发展指标体系研究》	袁桂林
115	《高校思想政治理论课程建设研究》	顾海良
116	《网络思想政治教育研究》	张再兴
117	《高校招生考试制度改革研究》	刘海峰
118	《基础教育改革与中国教育学理论重建研究》	叶 澜
119	《我国研究生教育结构调整问题研究》	袁本涛 王传毅
120	《公共财政框架下公共教育财政制度研究》	王善迈

序号	书 名	首席专家
121	《农民工子女问题研究》	袁振国
122	《当代大学生诚信制度建设及加强大学生思想政治工作研究》	黄蓉生
123	《从失衡走向平衡：素质教育课程评价体系研究》	钟启泉 崔允漷
124	《构建城乡一体化的教育体制机制研究》	李 玲
125	《高校思想政治理论课教育教学质量监测体系研究》	张耀灿
126	《处境不利儿童的心理发展现状与教育对策研究》	申继亮
127	《学习过程与机制研究》	莫 雷
128	《青少年心理健康素质调查研究》	沈德立
129	《灾后中小学生心理疏导研究》	林崇德
130	《民族地区教育优先发展研究》	张诗亚
131	《WTO主要成员贸易政策体系与对策研究》	张汉林
132	《中国和平发展的国际环境分析》	叶自成
133	《冷战时期美国重大外交政策案例研究》	沈志华
134	《新时期中非合作关系研究》	刘鸿武
135	《我国的地缘政治及其战略研究》	倪世雄
136	《中国海洋发展战略研究》	徐祥民
137	《深化医药卫生体制改革研究》	孟庆跃
138	《华侨华人在中国软实力建设中的作用研究》	黄 平
139	《我国地方法制建设理论与实践研究》	葛洪义
140	《城市化理论重构与城市化战略研究》	张鸿雁
141	《境外宗教渗透论》	段德智
142	《中部崛起过程中的新型工业化研究》	陈晓红
143	《农村社会保障制度研究》	赵 曼
144	《中国艺术学学科体系建设研究》	黄会林
145	《人工耳蜗术后儿童康复教育的原理与方法》	黄昭鸣
146	《我国少数民族音乐资源的保护与开发研究》	樊祖荫
147	《中国道德文化的传统理念与现代践行研究》	李建华
148	《低碳经济转型下的中国排放权交易体系》	齐绍洲
149	《中国东北亚战略与政策研究》	刘清才
150	《促进经济发展方式转变的地方财税体制改革研究》	钟晓敏
151	《中国—东盟区域经济一体化》	范祚军

序号	书　名	首席专家
152	《非传统安全合作与中俄关系》	冯绍雷
153	《外资并购与我国产业安全研究》	李善民
154	《近代汉字术语的生成演变与中西日文化互动研究》	冯天瑜
155	《新时期加强社会组织建设研究》	李友梅
156	《民办学校分类管理政策研究》	周海涛
157	《我国城市住房制度改革研究》	高　波
158	《新媒体环境下的危机传播及舆论引导研究》	喻国明
159	《法治国家建设中的司法判例制度研究》	何家弘
160	《中国女性高层次人才发展规律及发展对策研究》	佟　新
161	《国际金融中心法制环境研究》	周仲飞
162	《居民收入占国民收入比重统计指标体系研究》	刘　扬
163	《中国历代边疆治理研究》	程妮娜
164	《性别视角下的中国文学与文化》	乔以钢
165	《我国公共财政风险评估及其防范对策研究》	吴俊培
166	《中国历代民歌史论》	陈书录
167	《大学生村官成长成才机制研究》	马抗美
168	《完善学校突发事件应急管理机制研究》	马怀德
169	《秦简牍整理与研究》	陈　伟
170	《出土简帛与古史再建》	李学勤
171	《民间借贷与非法集资风险防范的法律机制研究》	岳彩申
172	《新时期社会治安防控体系建设研究》	宫志刚
173	《加快发展我国生产服务业研究》	李江帆
174	《基本公共服务均等化研究》	张贤明
175	《职业教育质量评价体系研究》	周志刚
176	《中国大学校长管理专业化研究》	宣　勇
177	《"两型社会"建设标准及指标体系研究》	陈晓红
178	《中国与中亚地区国家关系研究》	潘志平
179	《保障我国海上通道安全研究》	吕　靖
180	《世界主要国家安全体制机制研究》	刘胜湘
181	《中国流动人口的城市逐梦》	杨菊华
182	《建设人口均衡型社会研究》	刘渝琳
183	《农产品流通体系建设的机制创新与政策体系研究》	夏春玉

序号	书名	首席专家
184	《区域经济一体化中府际合作的法律问题研究》	石佑启
185	《城乡劳动力平等就业研究》	姚先国
186	《20世纪朱子学研究精华集成——从学术思想史的视角》	乐爱国
187	《拔尖创新人才成长规律与培养模式研究》	林崇德
188	《生态文明制度建设研究》	陈晓红
189	《我国城镇住房保障体系及运行机制研究》	虞晓芬
190	《中国战略性新兴产业国际化战略研究》	汪 涛
191	《证据科学论纲》	张保生
192	《要素成本上升背景下我国外贸中长期发展趋势研究》	黄建忠
193	《中国历代长城研究》	段清波
194	《当代技术哲学的发展趋势研究》	吴国林
195	《20世纪中国社会思潮研究》	高瑞泉
196	《中国社会保障制度整合与体系完善重大问题研究》	丁建定
197	《民族地区特殊类型贫困与反贫困研究》	李俊杰
198	《扩大消费需求的长效机制研究》	臧旭恒
199	《我国土地出让制度改革及收益共享机制研究》	石晓平
200	《高等学校分类体系及其设置标准研究》	史秋衡
201	《全面加强学校德育体系建设研究》	杜时忠
202	《生态环境公益诉讼机制研究》	颜运秋
203	《科学研究与高等教育深度融合的知识创新体系建设研究》	杜德斌
204	《女性高层次人才成长规律与发展对策研究》	罗瑾琏
205	《岳麓秦简与秦代法律制度研究》	陈松长
206	《民办教育分类管理政策实施跟踪与评估研究》	周海涛
207	《建立城乡统一的建设用地市场研究》	张安录
208	《迈向高质量发展的经济结构转变研究》	郭熙保
209	《中国社会福利理论与制度构建——以适度普惠社会福利制度为例》	彭华民
210	《提高教育系统廉政文化建设实效性和针对性研究》	罗国振
211	《毒品成瘾及其复吸行为——心理学的研究视角》	沈模卫
212	《英语世界的中国文学译介与研究》	曹顺庆
213	《建立公开规范的住房公积金制度研究》	王先柱

序号	书名	首席专家
214	《现代归纳逻辑理论及其应用研究》	何向东
215	《时代变迁、技术扩散与教育变革：信息化教育的理论与实践探索》	杨 浩
216	《城镇化进程中新生代农民工职业教育与社会融合问题研究》	褚宏启 薛二勇
217	《我国先进制造业发展战略研究》	唐晓华
218	《融合与修正：跨文化交流的逻辑与认知研究》	鞠实儿
219	《中国新生代农民工收入状况与消费行为研究》	金晓彤
220	《高校少数民族应用型人才培养模式综合改革研究》	张学敏
221	《中国的立法体制研究》	陈 俊
222	《教师社会经济地位问题：现实与选择》	劳凯声
223	《中国现代职业教育质量保障体系研究》	赵志群
224	《欧洲农村城镇化进程及其借鉴意义》	刘景华
225	《国际金融危机后全球需求结构变化及其对中国的影响》	陈万灵
226	《创新法治人才培养机制》	杜承铭
227	《法治中国建设背景下警察权研究》	余凌云
228	《高校财务管理创新与财务风险防范机制研究》	徐明稚
229	《义务教育学校布局问题研究》	雷万鹏
230	《高校党员领导干部清正、党政领导班子清廉的长效机制研究》	汪 曦
231	《二十国集团与全球经济治理研究》	黄茂兴
232	《高校内部权力运行制约与监督体系研究》	张德祥
233	《职业教育办学模式改革研究》	石伟平
234	《职业教育现代学徒制理论研究与实践探索》	徐国庆
	……	